W0211100

WAFFENTECHNIK IM ZWEITEN WELTKRIEG

INFANTERIEWAFFEN · UNGEPANZERTE FAHRZEUGE · GEPANZERTE FAHRZEUGE
ARTILLERIE · SPEZIALWAFFEN · FLUGZEUGE · SCHIFFE

ALEXANDER LÜDEKE

p

Copyright © Parragon Books Ltd
Queen Street House
4 Queen Street
Bath BA 1 1HE, UK

Producing: akapit Verlagsservice, Berlin-Saarbrücken
Projektkoordination und Bildbeschaffung: akapit Verlagsservice
Autor: Alexander Lüdeke
Layout und Satz: Geert Möbius, KONTUR Medienteam, Bergisch Gladbach

Alle Rechte vorbehalten.
Die vollständige oder auszugsweise Speicherung, Vervielfältigung oder Übertragung dieses Werkes, ob elektronisch, mechanisch, durch Fotokopie oder Aufzeichnung, ist ohne vorherige Genehmigung des Rechteinhabers urheberrechtlich untersagt.

ISBN: 978-1-4054-8584-5

Printed in China

INHALT

EINLEITUNG

Der griechische Philosoph Heraklit schrieb: „Der Krieg ist der Vater aller Dinge." So schrecklich der Zweite Weltkrieg auch war, in technischer Hinsicht trifft dieser Ausspruch ohne jeden Zweifel zu. Der von 1939 bis 1945 tobende Krieg war ein durch und durch technisierter Konflikt. Über Sieg oder Niederlage entschieden Mut, Entschlossenheit und persönliches Geschick des Einzelnen nur noch in beschränktem Maße. Weitaus wichtiger für den Sieg war die materielle und vor allem technische Überlegenheit über den Gegner.

Zwar vermochten Kampfgeist, Führungsqualitäten und geschickte Taktik immer wieder einzelne Gefechte oder auch Schlachten zu entscheiden, ein ganzer Krieg konnte auf diese Art und Weise jedoch nicht mehr gewonnen werden.

Um gegenüber dem Gegner nicht ins Hintertreffen zu geraten, stellten die an diesem Krieg beteiligten Staaten ihre gesamte wissenschaftliche und industrielle Kapazität in den Dienst des Militärs. Daher beschleunigte sich die Entwicklung der Waffentechnik in den Jahren 1939–1945 in nie gekanntem Maße, und alle wichtigen Krieg führenden Staaten stellten Waffen und Fahrzeuge in einer Menge und Vielfalt her, wie es zuvor und auch danach nicht wieder geschehen ist.

Innerhalb von nicht einmal sechs Jahren machte die Waffentechnik riesige Fortschritte, für die es sonst wohl Jahrzehnte bedurft hätte. In jedem Bereich der Militärtechnik lassen sich dafür eindringliche Beispiele finden: Waren 1939 etwa ein Großteil der Panzer noch mit Kanonen des Kalibers 40 mm oder geringer ausgerüstet und wogen meist nicht mehr als 15 t, so bewegten sich 1945 bis zu 70 t schwere und mit Waffen bis zu einem Kaliber von 128 mm ausgestattete Ungetüme über die Schlachtfelder. Auch im Bereich der Infanterie kann man eine ähnliche Tendenz beobachten: Gingen bei Kriegsausbruch viele Soldaten noch mit Waffen ins Gefecht, die auch ihre Väter 1914–1918 schon geführt haben könnten, so waren 1945 moderne Modelle in Gebrauch, die zum Teil noch heute produziert werden. Als bestes Beispiel mag hier das deutsche MG 42 dienen.

Fast alle Staaten besaßen 1939 noch Doppeldecker, die sich in ihrer Leistungsfähigkeit kaum von den Maschinen Anfang der 1920er-Jahre unterschieden. 1945 jedoch jagten bis zu 1.000 km/h schnelle, strahl- oder raketengetriebene Flugzeuge über den Himmel, und mehrmotorige Bomber trugen das Zehnfache der Last ihrer Vorgänger von Kriegsbeginn.

Um Verlauf und Ausgang dieses Krieges verstehen zu können, sollte man sich

T-34 der Roten Armee im Vormarsch.

auch mit den waffentechnischen Aspekten vertraut machen. Ohne die Fortschritte und Entwicklungen auf diesem Gebiet zu kennen, kann der historisch Interessierte nicht alle Aspekte dieses fürchterlichen Krieges überblicken und einordnen.

Dieses Buch gibt daher einen umfassenden Überblick über den rasanten Fortschritt der Waffentechnik und die Vielfalt der Entwicklungen 1939–1945. Es stellt alle wichtigen und richtungsweisenden Waffen sowie Fahrzeuge vor, die in jener Zeit bei den beteiligten Nationen im Einsatz waren. Wo immer es möglich ist, werden zudem Angaben über die Produktionsmenge der jeweiligen Typen gemacht, um ihre Relevanz besser beurteilen zu können. Die Nationen werden hier nach Achsenmächten und Alliierten unterteilt und in der Reihenfolge ihres Kriegseintritts aufgelistet.

Möge die Beschäftigung mit diesem Thema dazu führen, sich darüber klar zu werden, dass sich etwas Derartiges niemals wiederholen darf. Denn jedes der über 50 Millionen Opfer auf allen Seiten war eines zu viel.

Die Boeing B-17 Flying Fortress (Fliegende Festung) ist neben der P-51 Mustang sicher das bekannteste amerikanische Kampfflugzeug des Zweiten Weltkrieges.

Russland 1943: ein MG-42-Schütze der Division Großdeutschland.

INFANTERIEWAFFEN

SELBSTLADEPISTOLE MODELL 08 9 MM

Die Entwicklung dieser Pistole ist eng mit den Namen zweier weltbekannter Konstrukteure verbunden: Hugo Borchardt und Georg Luger. Vorläufer dieser Waffe entstanden bereits im letzten Jahrzehnt des 19. Jahrhunderts, und verschiedene Entwicklungsstufen führten zur Pistole 08, die 1908 als Standardfaustfeuerwaffe des kaiserlichen Heeres eingeführt wurde. Bis zum Ende des Ersten Weltkrieges wurden über 1,5 Millionen dieser Waffen gefertigt. Nach 1918 wurden zivile und militärische Versionen dieses Modells – nicht zuletzt wegen seines ausgezeichneten Rufs – in zahlreiche Länder exportiert, so z. B. nach Finnland, Schweden, in die Niederlande, die Schweiz, nach Portugal, Spanien, Brasilien, Lettland, in die Türkei, den Iran und die Vereinigten Staaten.

Ab 1930 wurde die Waffe hauptsächlich von den Mauser-Werken in Oberndorf gefertigt. Für die Wehrmacht und den Export sind bis zur Produktionseinstellung im Juni 1942 über 900.000 Stück produziert worden. Die 08 wurden von Heer, Luftwaffe und Marine eingesetzt und bewährte sich gut. Sie galt als treffsicher und zuverlässig, war allerdings teuer und kompliziert in der Herstellung.

Kaliber:	9 mm
Patrone:	9x19 Parabellum
Mündungsgeschwindigkeit:	320 m/s
Gewicht mit vollem Magazin:	0,968 kg
Magazinkapazität:	8 Schuss
Einsatzschussweite:	50 m

SELBSTLADEPISTOLE MODELL WALTHER P 38 9 MM

Die Wehrmachtsführung hatte schon Mitte der 1930er-Jahre erkannt, dass die 08 nur mit großem Aufwand an Material, Zeit und Kosten produziert werden konnte. Man suchte daher eine neue Waffe, welche die 08 als Ordonanzwaffe ergänzen und sogar ersetzen sollte. Die zunächst von der Thüringer Waffenfabrik Walther vorgeschlagenen Modelle entsprachen jedoch nicht den Anforderungen, erst die dritte Version wurde 1938 unter der Bezeichnung Pistole P 38 als Ordonanzseitenwaffe eingeführt. Allerdings stellte sich bald heraus, dass die P 38 kaum billiger war als die P 08, dafür allerdings schneller und unkomplizierter in der Herstellung. Da Walther den Bedarf der Wehrmacht allein nicht decken konnte, wurde die P 38 auch in anderen Betrieben, z. B. bei den Mauser-Werken in Oberndorf, produziert. Bis Kriegsende 1945 sollen über 1,2 Millionen P 38 produziert worden sein. Waren die ersten Modelle noch von hervorragender Qualität und bestanden aus hochwertigen Materialien, so ließ doch die Verarbeitung ab 1943 ständig nach. Dennoch gilt die P 38 als durchaus gute Waffe mit den besten Eigenschaften. Zahlreiche Versuchsmodelle wurden während des Krieges entwickelt, so auch eine Kurzversion P 38k, die ursprünglich für Spezialeinheiten bestimmt war.

1957 wurde die Produktion durch Walther (nun in Ulm ansässig) wieder aufgenommen. Unter der Bezeichnung P1 wurde die Waffe bei der Bundeswehr, Polizeieinheiten mehrerer Bundesländer und in den Armeen anderer Staaten eingeführt.

Kaliber:	9 mm
Patrone:	9x19 Parabellum
Mündungsgeschwindigkeit:	355 m/s
Gewicht mit vollem Magazin:	0,890 kg
Magazinkapazität:	8 Schuss
Einsatzschussweite:	50 m

MASCHINENPISTOLEN MP 38 UND MP 40 9 MM

Kaliber:	9 mm
Patrone:	9x19 Parabellum
Mündungsgeschwindigkeit:	380 m/s
Feuergeschwindigkeit:	400 Schuss/min
Gewicht mit vollem Magazin:	3,61 kg
Magazinkapazität:	32 Schuss
Einsatzschussweite:	200 m

Diese im angelsächsischen Raum fälschlicherweise oft „Schmeißer MP" genannte Waffe entstand 1938 auf Anforderung der Panzertruppe, die nach den Erfahrungen im Spanischen Bürgerkrieg ein Nahkampfmittel suchte. Der Ursprung der MP 38 als Waffe für Panzerbesatzungen ist auch an späteren Modellen noch deutlich an der Nase unter dem Lauf, der zum Einhaken in Schießscharten dienen sollte, und dem nach unten weisenden Stangenmagazin zu erkennen. Diese Magazinart war nämlich für Infanteristen, die liegend schießen mussten, recht hinderlich. Konstrukteur der Waffe war nicht wie oft angenommen Hugo Schmeißer, sondern Heinrich Vollmer, der für die Erfurter Waffenfabrik Erma tätig war.

Bei der MP 38 verzichtete man auf den bis dahin üblichen Holzschaft und fertigte die Waffe komplett aus Metall und Kunststoff. Zudem war die Schulterstütze zur besseren Handhabung auf engem Raum erstmals klappbar – auch dies wieder ein Hinweis auf den Ursprung als Waffe für die Panzertruppe. Die MP 38 gilt als wegweisende, hervorragende Konstruktion mit einfacher Bedienung, guter Treffsicherheit und Stabilität. Allerdings neigte sie bei schlechter Pflege zur Ladehemmung, und die Sicherung der Waffe gab Anlass zu Kritik, weil es immer wieder zu Unfällen kam. Da die Metallteile der MP 38 gefräst wurden, waren die Herstellungskosten recht hoch. Ab 1940 erschien daher eine in Blechprägetechnik gefertigte Version, die MP 40. Dieses Modell sollte auch die anderen Schwachstellen beseitigen, was aber nicht ganz gelang. Trotzdem war die MP 38 bzw. 40 bei der Truppe beliebt, da sie eine wesentlich höhere Feuerkraft als der Standardkarabiner Mauser 98 k besaß.

Zur weiteren Erhöhung der Feuerkraft wurde das Modell MP 40/1 mit doppeltem Magazin – also 64 Schuss – entwickelt, allerdings bewährte sich diese Ausführung nicht. Die MP 38/40 stand niemals in ausreichender Zahl zur Verfügung. Sogar die Fallschirmjägertruppe war meist mit dem Mauser Karabiner 98 k ausgerüstet. Bis Kriegsende wurden rund 1 Million MP 38/40 produziert.

Die MP 40 in Stalingrad.

STURMGEWEHR 44 STG 44 / MP 43 / MP 44 7,92 MM

Das StG 44 war weltweit die erste Waffe dieser Art und der Vorläufer einer ganzen Reihe von Sturmgewehren.

Kaliber:	7,92 mm
Patrone:	7,92x33
Mündungsgeschwindigkeit:	685 m/s
Feuergeschwindigkeit:	500 Schuss/min
Gewicht mit vollem Magazin:	5,5 kg
Magazinkapazität:	30 Schuss
Einsatzschussweite:	400 m

Diese von Hugo Schmeißer konstruierte Waffe nutzte die Vorteile der neu entwickelten Kurzpatrone 7,92x33. Diese Patrone hatte zwar eine geringere Mündungsgeschwindigkeit und Reichweite als herkömmliche Munition, aber es hatte sich gezeigt, dass die Höchstschussweite konventioneller Waffen fast nie ausgenutzt wurde. Wichtiger war die Feuerkraft. Maschinenpistolen waren keine perfekte Lösung, da ihre Pistolenmunition eine zu geringe Durchschlagskraft besaß. Mit der neuen Patrone, die wesentlich weniger wog und kleiner war als die 7,92x57, konnte mehr Munition mitgeführt werden. 150 Patronen wogen nur 2,5 kg statt 3,9 kg. Ab 1940 liefen erste Versuche, und 1943 begann auf Veranlassung Albert Speers die Massenfertigung unter der Bezeichnung „MP 43". Dieser Name wurde als Tarnung gewählt, da Hitler sich trotz aller positiven Berichte gegen die Einführung des Maschinenkarabiners entschieden hatte.

Im September 1943 verlief die erste groß angelegte Erprobung an der Ostfront. Schließlich ließ sich Hitler durch Bitten von Frontsoldaten – unterstützt durch Speer und das Heeres-Waffenamt – umstimmen und erlaubte die Produktion. 1944 wurde die Bezeichnung in MP 44 und anschließend, angeblich auf Initiative Hitlers, in Sturmgewehr 44 geändert, ohne dass Veränderungen an der Waffe vorgenommen wurden. Die MP 44 war zuverlässig, leicht zu zerlegen und präzise. Der Rückstoßimpuls war verglichen mit dem 98 k um mehr als die Hälfte schwächer. Insgesamt wurden ca. 424.000 Exemplare gebaut. Nach dem Krieg wurde die Waffe von der Volkspolizei der DDR und der jugoslawischen Armee genutzt. Sogar in Afrika sollen MP 44 aufgetaucht sein, die wahrscheinlich aus sowjetischen Beutebeständen stammten.

KARABINER MAUSER 98 K 7,92 MM

Kaliber:	7,92 mm
Patrone:	7,92x57
Mündungsgeschwindigkeit:	755 m/s
Gewicht mit leerem Magazin:	3,7–4,1 kg
Magazinkapazität:	5 Schuss
Einsatzschussweite:	400 m, max. 2.000 m

Der Karabiner 98 k war die Standardwaffe der Soldaten der Wehrmacht seit 1935 und während des gesamten Zweiten Weltkrieges. An die 12,8 Millionen Stück dieser Waffe wurden hergestellt – davon über 2,26 Millionen im Jahr 1944 –, allerdings erfolgte die Produktion auch unter Lizenz im Ausland. Der Ursprung des Karabiners geht auf das 1898 bei der kaiserlichen Armee eingeführte Gewehr 98 zurück, das auch die Standardwaffe der Infanterie 1914–1918 war. Der Hauptunterschied war ein kürzerer Lauf (daher 98 „k" für kurz). Nach 1918 wurden Gewehre dieses Typs von den Mauser-Werken in alle Welt exportiert. Im Krieg wurden zahlreiche unterschiedliche Versionen gebaut, z. B. mit Zielfernrohr oder Schießbecher für Gewehrgranaten.

Aufgrund der großen Bestände wurde der 98 k auch nach dem Krieg weiterverwendet, so etwa in Norwegen, Spanien und Portugal. Auch die junge DDR und die Bundesrepublik setzten Waffen dieses Typs bei ihren Streitkräften und Polizeieinheiten ein.

UNIVERSAL-MASCHINENGEWEHR MODELL 34 MG 34 7,92 MM

Kaliber:	7,92 mm
Patrone:	7,92x57
Mündungsgeschwindigkeit:	755 m/s
Feuergeschwindigkeit:	800–900 Schuss/min
Gewicht mit Zweibein:	11,5 kg
Magazinkapazität:	50 oder 75 Schuss Trommel bzw. 300 Schuss Gurt
Einsatzschussweite (Zweibein):	1.200 m

Im Ersten Weltkrieg zeigten Maschinengewehre ihre verheerende Wirkung und damit ihren Wert im Kampf. Allerdings waren die meisten damaligen Maschinengewehre zu schwer. So suchte man eine neue, universell einsetzbare Waffe, die leicht genug war, um auch von einem Soldaten beim Angriff getragen zu werden. Erste Versuche begannen 1929 und dauerten bis 1933. Offiziell wurde die neue Waffe zwar 1934 als MG 34 eingeführt, die tatsächliche Serienfertigung begann jedoch erst 1936. Das MG sollte als leichtes MG auf Zweibein, als schweres MG auf Dreibein, als Waffe in Panzerfahrzeugen und Bunkern sowie als Flugabwehrwaffe eingesetzt werden. Das MG 34 war eine äußerst präzise schießende, vielseitige Waffe, jedoch aufgrund der komplizierten Herstellungsverfahren teuer und zeitraubend in der Produktion. Zudem war die Technik recht empfindlich, erforderte eine gut ausgebildete Mannschaft und reagierte auf mangelnde Pflege mit Funktionsstörungen. Daher wurde das MG 34 später durch das MG 42 ergänzt und teils ersetzt. In Fahrzeugen fielen diese Nachteile nicht so sehr ins Gewicht, weshalb das MG 34 bis zum Kriegsende das deutsche Standard-Panzer-MG blieb. Die Armeen verbündeter Staaten führten das MG 34 ebenfalls, z. B. Ungarn, Italien, die Slowakei und Finnland.

Nach 1945 wurde das MG 34 noch einige Jahre in der Tschechoslowakei für die eigene Armee und für den Export weiterproduziert (dortige Betriebe hatten während der deutschen Besetzung für die Wehrmacht arbeiten müssen). Nach dem Krieg war das MG 34 auch in Frankreich, Israel, Vietnam, Portugal sowie in einigen afrikanischen Ländern zu finden und nahm so noch an so manchen Konflikten teil, wie etwa am Indochinakrieg, an den Nahostkriegen zwischen Israel und seinen Nachbarn und sogar noch Mitte der 1970er-Jahre an den Kriegen in den portugiesischen Kolonien Angola und Mozambik.

MG 34 auf Dreibeinlafette.

Das MG 34 war in den ersten Kriegsjahren das Standard-MG der Wehrmacht.

UNIVERSAL-MASCHINENGEWEHR MODELL 42 MG 42 7,92 MM

Der Krieg zeigte deutlich die Schwächen des an sich hervorragenden MG 34: Es war nicht nur zu teuer, sondern auch zu empfindlich bei Schmutz, Schnee und Eis. Daher versuchte man eine Vereinfachung der Produktion. Diese Konstruktion – genannt MG 34/41 – wurde aber nicht eingeführt, sondern man entschied sich für einen neuen Entwurf, das MG 42. Es stellte sich heraus, dass diese eine der besten, wenn nicht gar die beste MG-Konstruktion aller Zeiten werden sollte. Das MG 42 wurde unter der Leitung von Dr. Gruner in den Großfußwerken bei Döbeln in Sachsen entwickelt. Dr. Gruner war kein Waffenfachmann, sondern Spezialist für Blechprägetechnik. Er verband einfach die Prinzipien anderer Maschinengewehre zum MG 42. Anstatt einer aufwändigen Herstellung mit engen Toleranzen entschied er sich für eine durch Um- und Urformtechniken geprägte Produktion und entwarf die Waffe aus Blechprägeteilen, Feingusselementen und Kunststoffen. Diese grobe Verarbeitung bewährte sich im Einsatz an allen Fronten hervorragend. Die Anzahl der Werkzeugmaschinen sowie die Zahl der Arbeitsgänge konnten durch diese Produktionsweise reduziert werden und senkten so auch den Stückpreis. Mit der extrem hohen, bis dahin bei Universalmaschinengewehren nicht erreichten Kadenz von 1.500 Schuss in der Minute wurde das MG 42 zum Mythos auf beiden Seiten der Front. Alliierte Soldaten fürchteten es und verwendeten das MG 42, wo immer sie dessen habhaft werden konnten. Bei den deutschen Landsern genoss es ein sehr hohes Ansehen, machte es doch immerhin 75–80 % der Feuerkraft einer nur mit Karabinern bewaffneten Kampfgruppe aus.

Kaliber:	7,92 mm
Patrone:	7,92x57
Mündungsgeschwindigkeit:	750 m/s
Feuergeschwindigkeit:	1.500 Schuss/min
Gewicht mit Zweibein:	11,6 kg
Magazinkapazität:	Gurt mit 50 oder 250 Schuss
Einsatzschussweite (Zweibein):	1.200 m

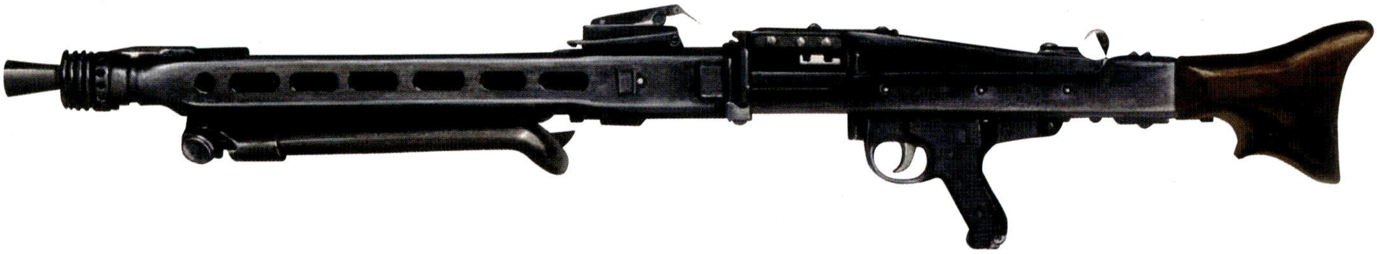

Nach dem Krieg wurde das MG 42 weiterproduziert und – an das NATO-Kaliber 7,62x51 angepasst – bei der Bundeswehr als MG 1 bzw. MG 3 eingeführt. Auch in Italien, Norwegen, Pakistan, der Türkei und Österreich wurde das Modell verwendet. Im ehemaligen Jugoslawien wurde das MG 42 mit dem Original-Kaliber 7,92x57 weiterproduziert und noch in den Kriegen der 1990er-Jahre eingesetzt. Auch heute, über 60 Jahre nach ihrem Debüt, wird diese Waffe noch hergestellt, was für ihre Qualität spricht.

Auch im Schlamm und Schnee an der Ostfront bewährte sich das MG 42.

Russland 1943: ein MG-42-Schütze der Division Großdeutschland.

PANZERFAUST MODELL 30, 60, 100, 150

Kaliber des Rohrs (Panzerfaust 30):	45 mm
Mündungsgeschwindigkeit:	45 m/s
Länge:	1.030 mm
Gewicht:	5,1 kg
Gewicht Sprengladung:	1,5 kg
Max. Einsatzschussweite:	30–40 m
Durchschlagsleistung:	140 mm Panzerstahl

Die Panzerfaust war im Prinzip ein kleines, rückstoßfreies Geschütz von einfachstem Aufbau, das ein überkalibriges Hohlladungsgeschoss mit panzerbrechender Wirkung verschoss. Die desolate Lage Deutschlands machte es erforderlich, über eine günstigere und einfacher in Massen zu produzierende Panzerabwehrwaffe als die Raketenpanzerbüchse 54 „Panzerschreck" zu verfügen. Das Konzept der Panzerfaust wurde schon 1941 entwickelt, erste Prototypen aber erst ab 1943 erprobt. Ab Mitte 1944 wurde die Panzerfaust in verschiedenen Modellen (30 klein, 30, 60, 100, 150) beim Heer eingeführt. Diese Typen unterschieden sich nur geringfügig voneinander, lediglich ihre Reichweite differierte. Die Panzerfaust war zum einmaligen Gebrauch bestimmt. Nach dem Abfeuern konnte man das Rohr wegwerfen, dennoch wurden die leeren Rohre oft eingesammelt und industriell nachgeladen. Die Bedienung war denkbar einfach: Der Schütze klappte das Visier hoch, entsicherte, peilte das Ziel an und drückte den Abzug. Dadurch wurde die Panzerfaust zur idealen Waffe für die schlecht ausgebildeten Soldaten der letzten Kriegsphase sowie für die Kinder und Greise des Volkssturms. Dennoch war der Einsatz nicht unproblematisch. Ähnlich wie beim Panzerschreck sollte sich besser niemand hinter der Panzerfaust aufhalten, wenn sie abgefeuert wurde. Des Öfteren explodierte zudem die Hohlladung beim Aufschlag nicht. Genaue Produktionszahlen lassen sich nicht mehr feststellen, aber die Panzerfaust wurde massenhaft hergestellt. Allein im November 1944 verfügte die Wehrmacht über mehr als eine halbe Million Exemplare, von denen über die Hälfte in jenem Monat auch verbraucht wurde.

Trotz aller Nachteile, die meist durch mindere Qualität aufgrund der Kriegslage und fehlender Ausbildung verursacht waren, war die Panzerfaust eine gefürchtete Waffe. Viele Panzerbesatzungen versuchten, ihren Fahrzeugen durch eine improvisierte „Panzerung" zusätzlichen Schutz zu verleihen. Bedingt durch die Funktionsweise der Panzerfaust genügten dazu oft schon Maschendrahtrollen o. Ä., welche die langsam fliegende Hohlladung „weich" abfingen und vorzeitig zur Detonation brachten. Ähnliches ist auch heute wieder an Fahrzeugen der US-Armee und der Briten im Irak zu sehen, die allerdings serienmäßig mit diesen „Käfigen" ausgestattet werden.

Die Panzerfaust versetzte Infanteristen in die Lage, auch schwere Panzer mit guter Aussicht auf Erfolg bekämpfen zu können.

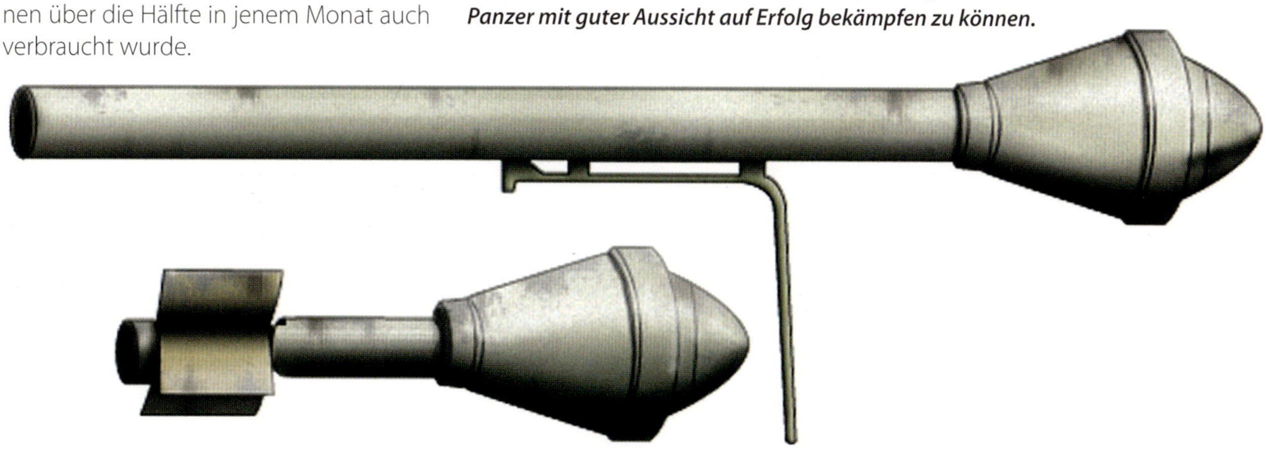

RAKETENPANZERBÜCHSE 54 PANZERSCHRECK 88 MM UND 100 MM

Kaliber:	88 mm
Mündungsgeschwindigkeit:	130 m/s
Länge:	1.640 mm
Gewicht:	9,5 kg
Gewicht der Granate:	2,4–3,3 kg
Einsatzschussweite:	100–200 m
Durchschlagsleistung (Panzerstahl):	150–220 mm/90°

Diese Waffe wurde ab Anfang 1944 bei den Grenadiereinheiten eingeführt. Anlass zur Entwicklung dieser rückstoßfreien Raketenwaffe zur Panzerbekämpfung war die desolate Lage der Infanterie bei Panzerangriffen.

Die bei Kriegsbeginn vorhandenen Panzerbüchsen 39 des Kalibers 7,92 mm zeigten schon 1939 mangelhafte Leistungen. Den Grenadieren blieb nur noch der Einsatz von Behelfsmitteln wie geballten Ladungen, Hafthohlladungen, Molotow-Cocktails oder gar das Einklemmen von Tellerminen zwischen Turm und Wanne eines Panzers. All das erforderte, sich dem Panzer unmittelbar zu nähern, sich von ihm überrollen zu lassen oder gar auf das Fahrzeug zu klettern – eine mehr als tollkühne und oft tödliche Vorgehensweise. Als Ende 1942/Anfang 1943 in Tunesien Raketenwaffen des Typs Bazooka der US-Armee erbeutet wurden, untersuchte man sie eiligst und erkannte, dass diese Waffe der Panzerabwehr eine ungeahnte Schlagkraft verleihen konnte. Von der Bazooka ausgehend, wurde eine verbesserte Waffe mit größerem Kaliber (88 mm statt 60 mm) entwickelt, die zunächst aufgrund ihrer Form „Ofenrohr", später dann „Panzerschreck" genannt wurde. Diese Waffe verschoss ein Raketenprojektil mit Hohlladung.

In ihrer ursprünglichen Form hatte die Waffe noch keinen Schild für den Schützen, sodass dieser eine feuerfeste Maske tragen musste, damit ihn der Strahl des Raketengeschosses nicht verbrannte. Ebenso konnte es einem ergehen, wenn man sich beim Abfeuern direkt hinter einem Panzerschreck aufhielt. Eine 100-mm-Spezialversion mit verbesserter Durchschlagsleistung wurde nur in geringer Stückzahl hergestellt. Von 1943 bis Mitte März 1945 wurden 314.895 Raketenpanzerbüchsen 54 und über 2,2 Millionen Geschosse produziert.

Der Panzerschreck war – ebenso wie die Panzerfaust – Teil des so genannten Wunderwaffenprogramms, welches unter großem Propagandaaufwand dafür Sorge tragen sollte, dass der Glaube an den Endsieg erhalten blieb.

Ladevorgang beim Panzerschreck: Der rechte Soldat führt von hinten ein Raketengeschoss in das Rohr ein. Wohlweislich kniet er neben und nicht hinter der Waffe.

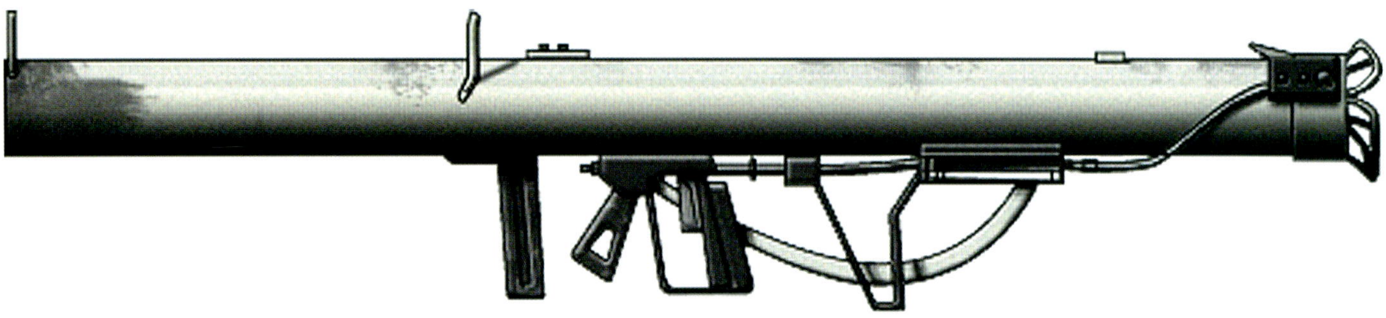

FLAMMENWERFER 35

Flammenwerfer wurden erstmals im Ersten Weltkieg auf deutscher Seite eingesetzt und erwiesen sich als recht erfolgreich – größtenteils wohl auch aufgrund der psychologischen Wirkung, denn die Geräte an sich waren schwer, unhandlich, von geringer Reichweite und auch für den Schützen nicht ungefährlich. Ein Treffer in den Flammölbehälter auf seinem Rücken konnte ihn selbst in Brand setzen. Auch die Wehrmacht (wie die anderen Krieg führenden Nationen) verwendete im Zweiten Weltkrieg Flammenwerfer gegen Bunker, befestigte Stellungen und Panzerfahrzeuge. Das Prinzip der auf deutscher Seite verwendeten Flammenwerfer war Folgendes: Jeder Werfer besaß zwei Tanks: einen für Flammöl, den anderen für ein Treibmittel, meist Stickstoff. Wurde das Ventil geöffnet, drückte das Treibmittel Flammöl durch das Flammrohr, an dessen vorderem Ende es entzündet wurde. Die Reichweite war vom Öldurchsatz der Düse, der Anfangsgeschwindigkeit des Flammöls sowie von der Windrichtung abhängig. Die Anfangsgeschwindigkeit wiederum wurde vom Druck im Behälter und der Schlauchlänge bestimmt.

Der erste deutsche Ein-Mann-Flammenwerfer war der Flammenwerfer 35. Er wog 35,8 kg und war eigentlich zu schwer für den Einsatz. Der Behälter enthielt 11,8 l Flammöl. Der Flammenstrahl reichte 25–30 m weit. Je nach Länge der einzelnen Salven konnten bis zu 15 Einzelstöße abgegeben werden. Der Flammenwerfer 35 wurde bis 1941 produziert. Danach gingen verschiedene weitere Modelle (Flammenwerfer 40, 41, 43, 44, 46) in Produktion, die alle leichter und besser handhabbar waren als die Version 35.

Gewicht:	35,8 kg
Druckgas:	Stickstoff
Flammölmenge:	11,8 l
Anzahl möglicher Feuerstöße:	2–15
Schussweite:	25–30 m

Deutscher Soldat mit Flammenwerfer 35.

8-CM-GRANATWERFER MODELL 34

Ab 1932 entwickelte die Firma Rheinmetall den 8-cm-Granatwerfer (Gr.W.) 34. Die Waffe war ein glatter Vorderlader mit einem Gewicht von 57 kg. Der Werfer bestand aus dem Rohr mit Verschlusskappe, einem Zweibein mit Richtmaschinen und Einkipptrieb, der Bodenplatte sowie dem Richtaufsatz. Das Rohr war 1.143 mm lang, das Kaliber betrug 81,4 mm. Bei einer Mündungsgeschwindigkeit von 172 m/s konnte die 3,5 kg schwere Wurfgranate 34 bis zu 2.400 m weit geschossen werden. Die Streuung bei der maximalen Reichweite lag bei 65 m.

Die ersten Waffen hatte die Truppe 1937 erhalten. Bei Kriegsausbruch verfügte sie über 3.625 Stück. Wenn der Granatwerfer auf Selbstfahrlafetten montiert war (z. B. Sd.Kfz. 250/7), wurde er Granatwerfer 67 genannt. Über 73.000 Exemplare dieser Werfer wurden bis März 1945 produziert. Die Wehrmacht setzte zudem zahlreiche erbeutete Granatwerfer französischer, polnischer, tschechischer oder russischer Herkunft ein.

Kaliber:	81,4 mm
Mündungsgeschwindigkeit:	172 m/s
Länge:	1.143 mm
Gewicht:	57 kg
Gewicht der Granate:	3,5 kg
Max. Einsatzschussweite:	2.400 m

Die Mannschaft eines Gr.W. 34 geht beim Abfeuern in Deckung.

MASCHINENPISTOLE BERETTA MODELL 1938/42 UND VARIANTEN 9 MM

Kaliber:	9 mm
Patrone:	9x19 Parabellum
Mündungsgeschwindigkeit:	370 m/s
Feuergeschwindigkeit.	400 Schuss/min
Gewicht ohne Magazin:	3,27–4,3 kg
Magazinkapazität:	20 oder 40 Schuss
Einsatzschussweite:	200 m

Die Waffe war eine Weiterentwicklung der Beretta-Modelle aus dem Ersten Weltkrieg. Das Modell 38 benutzte die 9-mm-Parabellum-Munition, galt als überaus robust und war sehr beliebt. Zwei unterschiedliche Abzugsbügel erlaubten eine unkomplizierte Wahl von Einzel- oder Dauerfeuer. Ab Ende 1942 wurde die Variante 38/42 hergestellt, welche den Hauptnachteil der MP, nämlich die allzu aufwändige Fertigung, beheben sollte. Das Modell 38/44 wurde noch einmal vereinfacht. Beide Varianten wurden auch für die deutsche Wehrmacht produziert und dort als MP.738 bzw. MP.739 geführt.

Diese Waffe war die Standard-Maschinenpistole der italienischen Armee während des Zweiten Weltkrieges. Das Modell 1938A wurde 1938 eingeführt, Varianten waren noch bis 1975 in Produktion.

MEHRLADEGEWEHRE MANNLICHER-CARCANO 6,5 MM UND 7,35 MM

Kaliber (Modell 1938):	7,35 mm
Patrone:	7,35x52
Mündungsgeschwindigkeit:	755 m/s
Gewicht mit leerem Magazin:	3,09 kg
Magazinkapazität:	6 Schuss
Einsatzschussweite:	600 m

Mannlicher-Carcano-Gewehre galten als wenig zuverlässig und nicht besonders treffsicher.

Die während des Zweiten Weltkrieges von den italienischen Streitkräften in über 15 Varianten geführten Gewehre und Karabiner des Systems Mannlicher-Carcano gingen auf ein erstmalig 1891 eingeführtes Gewehr – das Modell 1891 – zurück. Grundsätzlich hatte sich bis zum Zweiten Weltkrieg nichts an der Konstruktion der konventionell gebauten, manuell bedienten Waffe geändert.

Die Konstruktion und vor allem die dafür entwickelte Patrone des Kalibers 6,5 mm galten jedoch schon zu Beginn des 20. Jahrhunderts als hoffnungslos veraltet. Daher versuchte man im Jahr 1938, durch die Einführung einer neuen Patrone im Kaliber 7,35 mm und eine Verkürzung der Waffe die schlimmsten Schwachstellen zu beseitigen, allerdings ohne Erfolg. Mangels einer Alternative mussten die italienischen Truppen bis Kriegsende mit Waffen dieses Typs im Kaliber 6,5 mm und 7,35 mm ausgerüstet bleiben.

SELBSTLADEPISTOLE MODELL NAMBU TAISHO 14 8 MM

Diese Waffe wurde von Major (später General) Nambu im Jahr 14 der Herrschaft des Kaisers Taisho konstruiert, daher die Bezeichnung. Diese Waffe war die Standardpistole der japanischen Streitkräfte 1941–1945 und wurde vor allem an Offiziere ausgegeben. Insgesamt sollen rund 320.000 Exemplare gebaut worden sein.

Sie ähnelt im Aussehen etwas der deutschen P 08, ist aber wesentlich einfacher aufgebaut und erreichte zu keinem Zeitpunkt deren Zuverlässigkeit oder Güte in der Verarbeitung. Zudem war die japanische 8-mm-Patrone der deutschen Parabellum-Munition in allen Bereichen weit unterlegen, und die Waffe hatte die üble Angewohnheit loszugehen, wenn sie etwas rauer angefasst wurde. Eine Ausführung im Kaliber 7 mm wurde ebenfalls hergestellt. Diese ursprünglich für den zivilen Markt gedachte Variante wurde vor allem an japanische Piloten ausgegeben.

Nach der Niederlage und der folgenden Entwaffnung Japans 1945 fanden viele Nambu-Pistolen ihren Weg in die USA, da heimkehrende GIs – obwohl es gegen die Vorschriften war – häufig derartige Waffen als Souvenir oder Trophäen mit nach Hause nahmen.

Kaliber:	8 mm
Patrone:	8x21,5
Mündungsgeschwindigkeit:	290 m/s
Gewicht mit leerem Magazin:	0,96 kg
Magazinkapazität:	8 Schuss
Einsatzschussweite:	50 m

MEHRLADEGEWEHR ARISAKA MODELL 99 UND VARIANTEN 7,7 MM

Kaliber:	7,7 mm
Patrone:	7,7x58
Mündungsgeschwindigkeit:	755 m/s
Gewicht mit leerem Magazin:	3,79 kg
Magazinkapazität:	5 Schuss
Einsatzschussweite:	600 m

Wie viele andere Nationen auch, so verwendeten die Japaner während des Zweiten Weltkrieges Gewehre und Karabiner, die bereits 1914–1918 in Gebrauch waren, z. B. das Arisaka Modell 38 im Kaliber 6,5 mm. Im Chinesisch-Japanischen Krieg Ende der 1930er-Jahre hatte man jedoch erkannt, dass diese Gewehre und ihre Munition den Anforderungen nicht mehr genügten. 1939 wurde daher ein leicht verändertes und handlicheres Gewehr im Kaliber 7,7 mm eingeführt.

Diese Waffen waren konventionelle, manuelle Mehrlader, ähnlich den europäischen Mauser 98k oder Mannlicher-Carcano. Obschon diese recht durchschnittliche Konstruktion die Standardwaffe der japanischen Truppen werden sollte, wurden niemals genug gefertigt, um auch alle Truppenteile damit ausrüsten zu können. Das Modell 38 blieb daher weiterhin bis 1945 im Dienst. Alles in allem sollen 1897–1945 über 10 Millionen Gewehre des Arisaka-Typs hergestellt worden sein.

LEICHTES MASCHINENGEWEHR MODELL 99 7,7 MM

Kaliber:	7,7 mm
Patrone:	7,7x58
Mündungsgeschwindigkeit:	715 m/s
Feuergeschwindigkeit:	800 Schuss/min
Gewicht mit leerem Magazin und Zweibein:	10,01 kg
Magazinkapazität:	30 Schuss
Einsatzschussweite:	800 m

Wie schon bei den Arisaka-Gewehren, so hatte sich auch bei den Maschinengewehren während des Chinesisch-Japanischen Krieges herausgestellt, dass die bis dahin verwendete Munition vom Kaliber 6,5 mm den Anforderungen nicht mehr genügte. Das leichte MG Modell 96, das erst kurz vor diesem Krieg eingeführt wurde, war damit schon wieder veraltet. Zudem hatte diese Waffe den Nachteil, dass die Patronen vor dem Laden gefettet werden mussten, um eine störungsfreie Funktion zu gewährleisten. 1939 wurde daher ein neues MG, das Modell 99 im Kaliber 7,7 mm, eingeführt. Obwohl man es zur Standardwaffe erklärte, wurde es niemals in ausreichender Stückzahl hergestellt, und ältere Modelle blieben bis zum Kriegsende ebenfalls im Dienst.

Das Modell 99 scheint sich das tschechische ZB 1926 zum Vorbild genommen zu haben und war ebenso zuverlässig und präzise sowie eine bei der Truppe überaus geschätzte Waffe. 100.000 Stück sollen bis 1945 produziert worden sein.

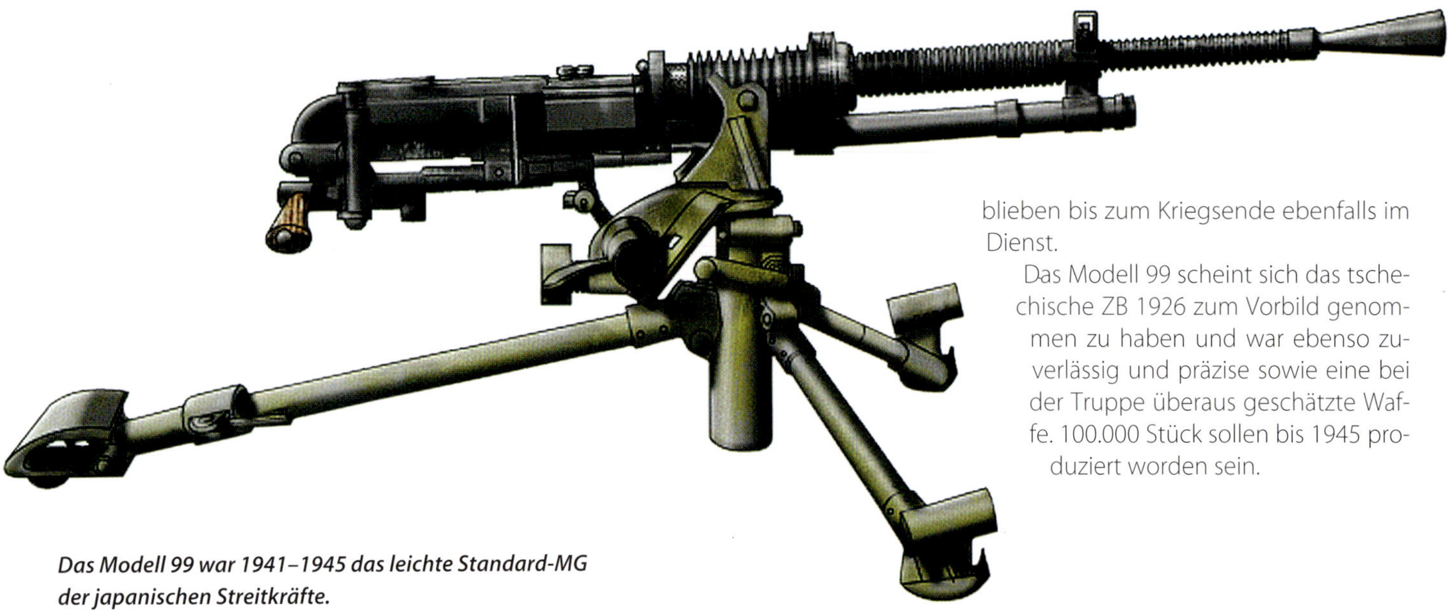

Das Modell 99 war 1941–1945 das leichte Standard-MG der japanischen Streitkräfte.

SCHWERES MASCHINENGEWEHR MODELL 92 7,7 MM

Maschinengewehre dieses Typs waren bis auf das Kaliber (7,7 mm statt 6,5 mm) mit dem Taisho-3-Modell von 1914 identisch. Äußerlich waren diese Waffen gut an den massiven Kühlrippen des Laufs zu erkennen, dennoch war längeres Dauerfeuer nicht möglich. Ein weiterer Nachteil war das hohe Gewicht, das einen Stellungswechsel erschwerte. Auch mussten die Patronen vor dem Einführen geölt werden. Geschah dies nicht sorgfältig genug, kam es zu Fehlfunktionen. Dennoch war Modell 92 das 1941–1945 am häufigsten von japanischen Truppen eingesetzte MG. Die Alliierten nannten es aufgrund seines stotternden Tons beim Feuern „Woodpecker" (Specht).

Kaliber:	7,7 mm
Patrone:	7,7x58
Mündungsgeschwindigkeit:	730 m/s
Feuergeschwindigkeit:	450 Schuss/min
Gewicht mit Dreibein:	55,3 kg
Magazinkapazität (Ladestreifen):	30 Schuss
Einsatzschussweite:	1.000 m

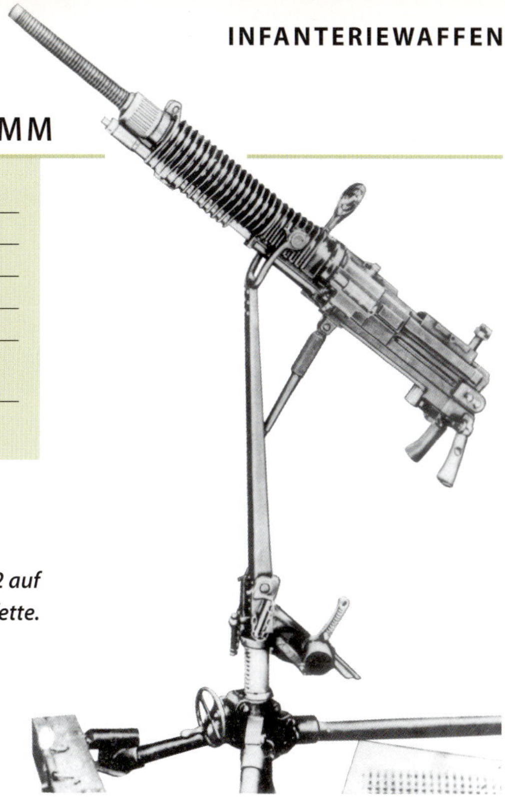

Ein schweres MG Modell 92 auf einer Fla-Laffette.

50-MM-GRANATWERFER MODELL 89

Diese Waffe entstand aus dem Wunsch heraus, die Kluft zwischen der Wurfweite von Handgranaten und der minimalen Schussweite größerer Mörser zu überbrücken. Eingeführt wurde der Granatwerfer 1929 und zunächst nur an Spezialeinheiten ausgegeben. Bis zu Beginn des Zweiten Weltkrieges war er allerdings Teil der Standard-Infanteriebewaffnung. Der Mörser hatte das Kaliber 50 mm, war nur 4,54 kg schwer und hatte eine Rohrlänge von knapp 254 mm. Er verschoss ein 793 g schweres Geschoss über max. 640 m, konnte anstatt eines speziellen Geschosses aber auch die japanische Standard-Handgranate Modell 91 abfeuern.

Kaliber:	50 mm
Mündungsgeschwindigkeit:	k. A.
Länge:	254 mm
Gewicht:	4,54 kg
Gewicht der Granate:	0,793 kg
Max. Einsatzschussweite:	640 m

Da der Mörser über kein Zweibein verfügte, musste der Schütze das Rohr beim Feuern festhalten. Daher geschah der Schussvorgang meist so, dass der Schütze hinter der Waffe kniete. So erhielt der Werfer den Spitznamen „Kniemörser". Angeblich sollen einige US-Marines dies allzu wörtlich genommen und den Versuch unternommen haben, erbeutete Waffen abzufeuern, während deren Bodenplatte sich auf ihrem Knie befand – natürlich mit der Folge eines Knochenbruchs. Trotz ihrer geringen Abmessungen verfügte die Waffe nämlich über einen massiven Rückstoß.

MASCHINENPISTOLE MODELL MAS 1938 7,65 MM

Unter dem Eindruck des Ersten Weltkrieges begannen die staatlichen französischen Waffenfabriken, sich ab Mitte der 1920er-Jahre mit der Konstruktion von Maschinenpistolen zu beschäftigen. Allerdings dauert es bis 1938, ehe man brauchbare Ergebnisse erzielte. Die Serienproduktion lief nur langsam an, sodass bei Beginn des Frankreichfeldzuges 1940 nur wenige Waffen zur Verfügung standen. Allerdings ging die Produktion im unbesetzten Teil Frankreichs nach der Niederlage weiter.

Die Waffe galt insgesamt als präzise, allerdings auch als kompliziert und teuer in der Herstellung. Größter Nachteil war die schwache Leistung der Munition vom Kaliber 7,65 mm, die nicht an die 9-mm-Parabellum-Patrone heranreichte. Dennoch wurde die MAS 1938 auch nach dem Krieg noch verwendet.

Kaliber:	7,65 mm
Patrone:	7,65x20
Mündungsgeschwindigkeit:	350 m/s
Feuergeschwindigkeit:	600 Schuss/min
Gewicht mit vollem Magazin:	3,4 kg
Magazinkapazität:	32 Schuss
Einsatzschussweite:	150 m

Das MAS 38 war weltweit das letzte manuell geladene Gewehr, das bei einer Armee eingeführt wurde.

MEHRLADEGEWEHR MAS 36 7,5 MM

Kaliber:	7,5 mm
Patrone:	7,5x54
Mündungsgeschwindigkeit:	825 m/s
Gewicht mit leerem Magazin:	3,78 kg
Magazinkapazität:	5 Schuss
Einsatzschussweite:	600 m

Die französische Armee war weltweit führend, als sie 1886 rauchlose Gewehrmunition in Form der 8-mm-Lebel-Patrone einführte. In den 1920er-Jahren allerdings begann diese Munition zu veralten. 1929 führte man nach einigen erfolglosen Versuchen eine neue Standard-Patrone mit Kaliber 7,5x54 mm ein. Versuche, die alten Lebel- und Berthier-Gewehre, die noch aus dem Ersten Weltkrieg stammten und in großer Stückzahl vorhanden waren, umzurüsten, waren nicht erfolgreich, sodass man mit der Entwicklung einer neuen Waffe begann, die 1936 als MAS 1936 eingeführt wurde. Allerdings lief auch bei diesem Modell die Serienproduktion nur langsam an. Bis zum 10. Mai 1940 sollen erst 250.000 Stück produziert worden sein. Das MAS 1936 war einer der letzten manuell betätigten, konventionellen Mehrlader. Erbeutete Waffen wurden auch von deutschen Besatzungstruppen verwendet. Nach 1945 gehörte das MAS 1936 noch einige Jahre zur Ausrüstung der französischen Armee. Danach tauchte die Waffe noch bei den Armeen einiger ehemaliger französischer Kolonien auf.

LEICHTES MASCHINENGEWEHR MODELL CHATELLERAULT 1924/29 7,5 MM

Kaliber:	7,5 mm
Patrone:	7,5x54
Mündungsgeschwindigkeit:	790 m/s
Feuergeschwindigkeit:	550 Schuss/min
Gewicht mit leerem Magazin und Zweibein:	8,93 kg
Magazinkapazität:	25 Schuss
Einsatzschussweite:	800 m

Frankreich war eines der ersten Länder, das im Ersten Weltkrieg leichte Maschinengewehre einführte, größtenteils vom Typ Chauchat Modell 1915. Obgleich dieses MG im Kaliber 8 mm den Soldaten wertvolle Feuerkraft verlieh, war es doch alles andere als eine ausgereifte, zuverlässige Waffe. 1920 erging daher an die staatliche Waffenfabrik in Chatellerault der Auftrag, ein Nachfolgemodell zu konstruieren, das die gerade in Entwicklung befindliche Munition des Kalibers 7,5 mm verwenden sollte. Vorbild bei der Entwicklung war das US-Modell Browning BAR M 1918.

1924 wurde das neue MG bei der französischen Armee eingeführt. Allerdings hatte es die Eigenschaft, gelegentlich bei Dauerfeuer zu explodieren. Man fand heraus, dass bei der Produktion minderwertiger Stahl verwendet worden war, welcher die Hitze so schlecht ableitete, dass Patronen schon bei der Zuführung zündeten. Ein verbessertes Modell erschien 1929. Zudem gab es Varianten zum Einbau in Flugzeugen und Festungen. Nach dem Sieg über Frankreich erbeutete die Wehrmacht große Bestände und führte die Waffe als MG Modell 24/29 (f). Auch nach dem Krieg wurde die Waffe noch einige Jahre bei der französischen Armee verwendet.

81-MM-GRANATWERFER BRANDT MODELL 1927/31

Kaliber:	81 mm
Mündungsgeschwindigkeit:	174 m/s
Länge:	1.270 mm
Gewicht:	59,7 kg
Gewicht der Granate:	3,25 kg
Max. Einsatzschussweite:	2.850 m

In den Grabenkämpfen des Ersten Weltkrieges war eine neue Waffe geboren worden: der Granat- oder Minenwerfer. Dieser Granatwerfer entstand 1927 als Verbesserung des britischen Stokes-Modells aus dem Ersten Weltkrieg. Er war Edgar Brandts Meisterstück, das in zahlreiche Staaten exportiert wurde und zugleich Vorbild für viele ähnliche Modelle in aller Welt war.

Der Mörser war eine simple Glattrohrwaffe, wurde von vorne geladen und wog mit Bodenplatte und Zweibein, an dem auch Höhen- und Seitenrichtmechanismus sowie die Visiereinrichtung angebracht waren, 59,7 kg. Aus dem 1.270 mm langen Rohr wurde eine maximal 6,5 kg schwere Granate mit einer Mündungsgeschwindigkeit von 174 m/s abgefeuert. Die Höchstschussweite lag bei 2.850 m.

Der Entwurf dieses Granatwerfers war so vollkommen, dass noch heute fast alle Granatwerfer in irgendeiner Art Abkömmlinge des Brandt-Mörsers sind.

REVOLVER MODELL ENFIELD NR. 2 MK. 1 KALIBER .380

Kaliber:	.380 (ca. 9 mm)
Patrone:	.380 British (9x20 R)
Mündungsgeschwindigkeit:	200 m/s
Gewicht ungeladen:	0,78 kg
Magazinkapazität:	6 Schuss
Einsatzschussweite:	45 m

Die Entwicklung dieses Revolvers in der Staatlichen Waffenfabrik Enfield (Royal Small Arms Factory Enfield, RSA) geschah ab Anfang der 1920er-Jahre, um die zahlreichen unterschiedlichen Webley- und Enfield-Revolver der britischen Armee abzulösen, die aus dem Ersten Weltkrieg stammten und teils noch wesentlich älter waren. Die Briten blieben beim Revolver, obgleich die meisten anderen Nationen Selbstladepistolen entwickelten. Grund hierfür waren eine tief verwurzelte Tradition sowie die unverwüstlichen Eigenschaften und der hohe Wirkungsgrad der Webley- und Enfield-Revolver. Nachteilig waren allerdings das hohe Gewicht und der gewaltige Rückschlag dieser älteren Modelle im Kaliber .455 (ca. 11,5 mm), die einen geübten Schützen voraussetzten.

Man entschied also, beim Revolver zu bleiben, allerdings in einem kleineren Kaliber und von geringerem Gewicht. Das Ergebnis war ein Kompromiss, denn wenn der Enfield Nr. 2 auch robust war und wenig Pflege benötigte, war seine Stoppwirkung nicht immer ausreichend. Trotzdem wurden bis Kriegsende 380.000 Stück der militärischen Variante produziert.

MASCHINENPISTOLE MODELL STEN 9 MM

Kaliber:	9 mm
Patrone:	9x19
Mündungsgeschwindigkeit:	380 m/s
Feuergeschwindigkeit:	500 Schuss/min
Gewicht ohne Magazin:	3,00 kg
Magazinkapazität:	32 Schuss
Einsatzschussweite:	200 m

Die Bezeichnung „Sten Gun" wurde für eine Reihe von sehr einfach und kostengünstig konstruierten, aber dennoch zuverlässigen und wirksamen Maschinenpistolen der britischen Armee verwendet, die im Zweiten Weltkrieg entstanden. Der Name leitet sich ab von den beiden Konstrukteuren, R.V. Shepperd und H.J.Turpin, die in der staatlichen Waffenfabrik Enfield tätig waren. Die Konstruktion der Waffe begann 1940 unter dem Eindruck der deutschen Siege auf dem Kontinent und als man damit rechnen musste, dass die Wehrmacht eine Invasion Großbritanniens, das Unternehmen „Seelöwe", durchführen würde. Was die britische Armee in dieser Situation benötigte – besonders nach den hohen Materialverlusten in Dünkirchen – war eine wirkungsvolle und preiswerte automatische Waffe. 1941 begann die Produktion der Sten Mk. 1, von der über 100.000 Stück gefertigt wurden. Der Erfolg dieser roh und billig aussehenden Waffen führte zu zahlreichen verbesserten Modellen von Mk. 2 bis Mk. 6, von denen insgesamt über 3,5 Millionen Exemplare hergestellt wurden.

Die Sten war nicht nur Teil der Ausrüstung der britischen Streitkräfte während des Krieges, sondern an Fallschirmen abgeworfene Exemplare wurden auch von vielen Partisanen- und Widerstandsgruppen im besetzten Europa verwendet. Das größte Kompliment an die Wirksamkeit und Effektivität der Sten machten sicher die Deutschen, als sie kurz vor Kriegsende einen Nachbau dieser Waffe unter den Tarnnamen „Gerät Potsdam" und „Gerät Neumünster" planten, um den Volkssturm wirkungsvoll und kostengünstig bewaffnen zu können. Allerdings wurden bis Kriegsende nur wenige tausend Stück ausgeliefert. Die original Sten-MP blieb bis in die 1960er-Jahre bei verschiedenen Streitkräften in Gebrauch und wurde stets aufgrund ihrer Zuverlässigkeit und Einfachheit geschätzt.

Sten MP Mk. 2.

MEHRLADEGEWEHRE LEE-ENFIELD .303 (7,7 MM)

Kaliber (alle Angaben Lee-Enfield Nr. 4 Mk. 1):	.303 (7,7 mm)
Patrone:	.303 (7,7x56 R)
Mündungsgeschwindigkeit:	745 m/s
Gewicht mit leerem Magazin:	4,12 kg
Magazinkapazität:	10 Schuss
Einsatzschussweite:	800 m

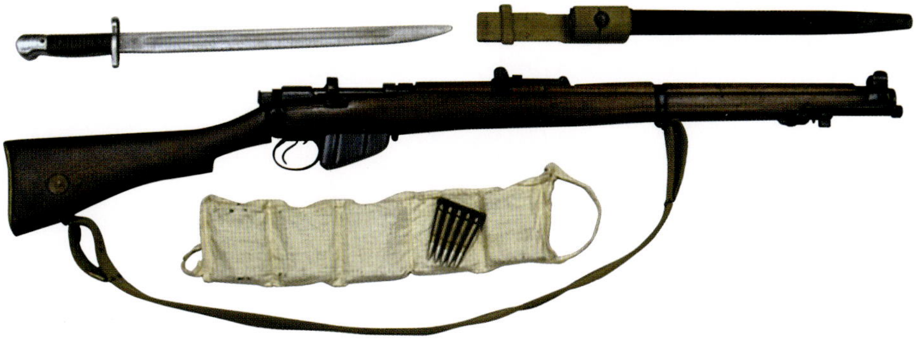

Die britische Armee verwendete im Zweiten Weltkrieg Gewehre vom gleichen Typ wie im Ersten Weltkrieg. Zum Teil waren die Waffen noch aus Kriegsbeständen vorhanden, zum Teil waren es aber auch verbesserte Versionen. Das ursprüngliche Lee-Enfield-Gewehr war 1895 entwickelt und 1902 zur Standardwaffe erklärt worden. Es galt zu jener Zeit als eine der besten Waffen seiner Art, besonders aufgrund des 10-Schuss-Magazins und der für ein manuell geladenes Gewehr hohen Feuergeschwindigkeit.

Verschiedene Versuchswaffen wurden zwischen den Kriegen entwickelt, konnten sich aber aus ökonomischen Gründen nicht durchsetzen. Die großen Bestände an Munition im Kaliber .303 und den entsprechenden Lee-Enfield-Gewehren aus dem Ersten Weltkrieg sorgten dafür, dass dieser Typ in verschiedenen Modellen weiterverwendet wurde. Daher blieb es zwar bei minimalen Veränderungen, dennoch sind die Bezeichnungen der verschiedenen Varianten verwirrend. Am meisten verwendet wurde sicherlich der Typ Nr. 4 Mk. 1, dessen Serienproduktion in den 1930er-Jahren begann und bis 1945 weiterlief. Neben speziellen Scharfschützen-Modellen gab es auch eine Kurzversion für den Dschungel, die sich allerdings in keiner Weise bewährte.

LEICHTES MASCHINENGEWEHR MODELL BREN .303 (7,7 MM)

Kaliber:	.303 (7,7 mm)
Patrone:	.303 (7,7x56 R)
Mündungsgeschwindigkeit:	745 m/s
Feuergeschwindigkeit:	500 Schuss/min
Gewicht mit leerem Magazin und Zweibein:	10,2 kg
Magazinkapazität:	30 Schuss
Einsatzschussweite:	650 m

Der Name dieses MGs basiert auf den ersten Buchstaben der Orte „Brno" (Brünn) und „Enfield". Brno weist auf den tschechischen Ursprung dieser Waffe hin, die 1933 dort konstruiert wurde und auf dem MG ZB v.b.26 basierte. Das Bren verschoss die gleiche Munition wie das Lee-Enfield-Gewehr. Allgemein gilt das Bren als eine sehr zuverlässige Waffe. Besonders hervorgehoben wird der leichte Wechsel des Laufs, wenn dieser bei Dauerfeuer heiß geschossen war. Nachteilig waren das etwas hohe Gewicht und die im Vergleich zum MG 42 geringe Kadenz von 500 Schuss/min zu 1.500 Schuss/min. Die britische Patrone .303 war zudem nicht ideal für automatische Waffen, sodass es zu Ladehemmungen kommen konnte. Daher wurde empfohlen, das oben auf die Waffe zu steckende Kurvenmagazin nur mit 28 statt 30 Schuss zu laden. Dies reichte naturgemäß für ein MG nicht aus, daher wäre eine Gurtzuführung wünschenswert gewesen, wurde aber nie eingeführt. Die Waffe wurde während des Krieges nicht nur in Enfield, sondern auch in Kanada und Australien hergestellt. Nach 1945 wurde das Bren auf das NATO-Kaliber 7,62x51 umgerüstet und von den Briten bis in die 1990er-Jahre eingesetzt.

Das Bren war das leichte Standard-MG der Commonwealth-Truppen bis weit nach 1945.

SCHWERES MASCHINENGEWEHR MODELL VICKERS .303 (7,7 MM)

Kaliber:	.303 (7,7 mm)
Patrone:	.303 (7,7x56 R)
Mündungsgeschwindigkeit:	745 m/s
Feuergeschwindigkeit:	450 Schuss/min
Gewicht mit Dreibein:	41,27 kg
Magazinkapazität:	250 Schuss/Gurt
Max. Einsatzschussweite:	4.000 m

Dieses Maschinengewehr wurde von Vickers ab 1912 hergestellt. Es war eine Weiterentwicklung des 1885 von Hiram Maxim entwickelten Maxim-MGs, dessen Patent Vickers 1896 gekauft hatte. Die Vickers Gun war das Standardmaschinengewehr der britischen Armee im Ersten Weltkrieg und ab 1916 die Standardbewaffnung der britischen und französischen Jagdflugzeuge. Für das Vickers-MG wurde die britische Standardmunition mit dem Kaliber .303 Zoll verwendet. Die Patronen mussten üblicherweise per Hand in die Munitionsgurte aus Stoff geladen werden. Die Bedienung der Waffe erforderte sechs Mann: einen Schützen, ein zweiter Mann musste den Munitionsgurt zuführen, die übrigen Männer trugen die restliche Ausrüstung und sorgten für Munitionsnachschub.

Das Vickers war bei den Soldaten aufgrund seiner Zuverlässigkeit und der soliden Verarbeitung beliebt. Durch seine Wasserkühlung war es hervorragend für Dauerfeuer geeignet. Die Munitionskisten mit je 250 Schuss wogen 10 kg. Als Flugzeugwaffe operierte das Gewehr luftgekühlt und war zur Synchronisierung mit dem Propeller mit einem Unterbrechergetriebe ausgestattet. Es gab zahlreiche Versionen zum Einbau in Flugzeugen, Panzerfahrzeugen und sogar Schiffen, auch im Kaliber .50 (12,7 mm).

Das Vickers blieb bei der britischen Armee bis weit in die 1960er-Jahre hinein im Einsatz.

PANZERBÜCHSE MODELL BOYS .55 MK. 1

Kaliber:	.55 (13,97 mm)
Patrone:	.55 (13,97x99)
Mündungsgeschwindigkeit:	760 m/s
Durchschlagsleistung:	20 mm/90 m/90°
Gewicht mit leerem Magazin und Zweibein:	16,32 kg
Magazinkapazität:	5 Schuss
Einsatzschussweite: (gegen ungepanzerte Ziele auch weiter)	90 m

Diese Waffe wurde ab 1934 von dem britischen Waffenexperten Captain Boys unter dem Eindruck der beginnenden Wiederaufrüstung Deutschlands entwickelt und im November 1937 offiziell bei den britischen Streitkräften eingeführt. Ihre Durchschlagsleistung von 20 mm Panzerstahl aus 90 m Distanz war schon zu dieser Zeit dürftig. Die deutsche Panzerbüchse 39 Kaliber 7,92 mm erreichte auf 100 m Distanz 30 mm! Daher wurde während des Krieges eine verbesserte Version (Mk. 2) konstruiert, die aber durch die Panzerentwicklung schon bald wieder überholt war.

Gegen moderne Panzer war die Boys bei Kriegsausbruch 1939 nur noch bedingt wirkungsvoll, gegen leicht gepanzerte Aufklärungs- oder Schützenpanzer jedoch sowie später gegen leichte japanische Panzer noch brauchbar. 1940 eroberten die Deutschen eine nicht geringe Anzahl dieser Waffen in Dünkirchen und übernahmen sie zeitweise. In Nordafrika wurde die Boys von den Commonwealth-Truppen häufig in gepanzerte Fahrzeuge eingebaut. Neben ihrer geringen Durchschlagsleistung waren das hohe Gewicht und der massive Rückstoß weitere Nachteile. Dennoch wurden bis 1942 ca. 63.000 Stück produziert.

PIAT

Kaliber des Rohrs:	76 mm
Mündungsgeschwindigkeit:	106 m/s
Länge des Rohres:	991 mm
Gewicht ungeladen:	14,52 kg
Gewicht Sprengladung:	1,13 kg
Max. Einsatzschussweite:	25–90 m
Durchschlagsleistung (Panzerstahl):	75 mm/90°

Die PIAT (Projector Infantry Anti Tank) entstand aus der Notwendigkeit, die britischen Truppen mit einer effektiveren Panzerabwehrwaffe als der Boys-Panzerbüchse auszurüsten, die jedoch leicht genug sein sollte, um auch von Fallschirmjägern verwendet zu werden. Ähnlich der Panzerfaust oder der Bazooka nutzt die PIAT das Hohlladungsprinzip, um eine größtmögliche Wirkung im Ziel zu erreichen. Dennoch hat diese Waffe einige Besonderheiten. So funktionierte sie im Prinzip wie eine Armbrust mit Federspannung: Das Geschoss verfügte über ein hohles, mit Flossen zur Stabilisierung versehenes Schwanzstück, in dem auch die Treibladung saß. Im Rohr befanden sich eine starke Spiralfeder und eine Metallstange. Drückte der Schütze den Auslöser, schnellte die Stange nach vorn, jagte das Geschoss hinaus und zündete zugleich die Treibladung. In der Theorie sollte dieser Vorgang die Feder erneut spannen, was aber nicht immer der Fall war. Das Spannen von Hand war mühselig, da hierzu eine Zugkraft von 90 kg benötigt wurde!

Die ab Ende 1942 eingeführte PIAT war eine einfache Konstruktion, die zudem schwer und unhandlich war. Dennoch bewährte sie sich als Panzerabwehrwaffe und im Häuserkampf und wurde auch nach 1945 noch verwendet.

76,2-MM-GRANATWERFER

Dieser Granatwerfer entstand als Verbesserung des ursprünglichen Stokes-Modells aus dem Ersten Weltkrieg, als die britische Armee Ende der 1920er-Jahre plante, die unmittelbare Feuerunterstützung ihrer Infanterie zu verbessern. Zunächst dachte man an leichte Geschütze, entschied sich aber aus Kosten- und Gewichtsgründen für einen 50,8 kg schweren Granatwerfer des Kalibers 76,2 mm, der aus einem 1.370-mm-Rohr ein 4,53-kg-Geschoss mit 198 m/s Mündungsgeschwindigkeit abfeuerte. Die Höchstschussweite lag bei den ersten Modellen bei rund 1.460 m. Während des Krieges stellte sich allerdings heraus, dass der deutsche 8-cm-Granatwerfer 34 eine weitaus größere Schussweite (2.400 m) hatte. Daher wurde eine Variante mit längerem Lauf und ein Geschoss mit stärkerer Treibladung konstruiert, was die Schussweite auf bis zu 2.560 m brachte (Mk. 2).

Kaliber:	76,2 mm
Mündungsgeschwindigkeit:	198 m/s
Länge:	1.370 mm
Gewicht:	50,8 kg
Gewicht der Granate:	4,53 kg
Max. Einsatzschussweite:	Mk. 1: 1.460 m Mk. 2: 2.560 m

SELBSTLADEPISTOLE MODELL TULA-TOKAREW TT 1933 7,62 MM

Kaliber:	7,62 mm
Patrone:	7,62x25
Mündungsgeschwindigkeit:	420 m/s
Gewicht mit leerem Magazin:	0,854 kg
Magazinkapazität:	8 Schuss
Einsatzschussweite:	50 m

Die Tokarew TT-33 war seit den 1930er-Jahren die Standardpistole der Roten Armee und darin der Nachfolger verschiedener älterer Revolver. Die Mechanik wurde den Browning-Konstruktionen nachempfunden. Die Waffe ist für das Kaliber 7,62 mm Tokarew ausgelegt, das mit der sehr rasanten deutschen Patrone 7,63 mm Mauser nahezu identisch ist, die ebenfalls verschossen werden kann. Die Waffe gilt als sehr robust, zuverlässig, sicher und präzise. Die TT-33 wurde bis 1952 in enormen Stückzahlen gefertigt und im gesamten Ostblock eingeführt. Einige Modelle blieben bis in die 1970er-Jahre im Einsatz. Ferner sind auch Kopien der TT-33 u. a. aus China und Ägypten bekannt

MASCHINENPISTOLE MODELL SCHPAGIN PPSCH1941 7,62 MM

Kaliber:	7,62 mm
Patrone:	7,62x25
Mündungsgeschwindigkeit:	500 m/s
Feuergeschwindigkeit:	900 Schuss/min
Gewicht mit vollem Magazin:	4,1–5,3 kg
Magazinkapazität:	35 oder 71 Schuss
Max. Einsatzschussweite:	200 m

Die Maschinenpistole PPSch ist eine Entwicklung des russischen Waffenkonstrukteurs Georgij Schpagin. Das erste Modell entstand 1940 und wurde gemeinsam mit anderen Entwürfen im gleichen Jahr getestet. Dabei wurden die Waffen mit künstlich verstaubten Magazinen und ungeschmiert (dafür wurden die Einzelteile mit Kerosin gereinigt und trocken gerieben) abgefeuert. Zudem wurden 5.000 Schuss abgefeuert, ohne die MP zu reinigen.

Da sie bei diesen rigorosen Tests am besten abschnitt, wurde die PPSch im Dezember 1940 in der Roten Armee eingeführt. Die Lebensdauer wurde auf mindestens 30.000 Schuss angelegt, wobei die Waffe auch danach zufrieden stellende Präzision und Zuverlässigkeit aufweisen sollte.

Zur Zeit der Entstehung der PPSch-41 war das Blechprägeverfahren noch nicht weit verbreitet. Dennoch wurden viele Teile der Maschinenpistole mittels Prägetechnik hergestellt. Da die meisten Einzelteile nicht mehr gegossen, sondern aus Blech von 2–5 mm Stärke gefertigt wurden, konnten Metall gespart und Produktionskosten gesenkt werden. Die aufwändigsten Teile waren der Lauf und das von der Vorgängerwaffe PPD-40 übernommene Trommelmagazin. Die MP besitzt nur zwei Gewindeverbindungen. Insgesamt wurden fast 6 Millionen Stück hergestellt. Die Wehrmacht hatte eine hohe Meinung von der unverwüstlichen Waffe. Erbeutete Exemplare wurden nicht nur inoffiziell von Landsern genutzt, sondern auch strukturmäßig in die Bewaffnung aufgenommen. Die Bezeichnung lautete MP 717(r), zusätzlich gab es auf 9-mm-Parabellum-Patrone umgerüstete Modelle. Die PPSch gehörte zu den besten Waffen ihrer Klasse. Vorteile waren vor allem die hohe Feuerkraft, die unkomplizierte Fertigung sowie die Unverwüstlichkeit. Nachteilig wirkte sich das hohe Gewicht aus.

Eine PPSch mit 35-Schuss-Stangenmagazin.

MEHRLADEGEWEHR MOSIN-NAGANT 91/30 7,62 MM

Kaliber:	7,62 mm
Patrone:	7,62x54 R
Mündungsgeschwindigkeit:	865 m/s
Gewicht mit leerem Magazin:	4,5 kg
Magazinkapazität:	5 Schuss
Einsatzschussweite:	600 m

Waffen dieses Typs waren über sieben Jahrzehnte in Russland bzw. in der Sowjetunion im Dienst. Ursprungsmodell war ein 1891 von Sergej Mosin konstruiertes und bei der zaristischen Armee eingeführtes Repetiergewehr. Diese Waffe wurde Mosin-Nagant genannt, da das Magazin von den belgischen Gebrüdern Nagant konstruiert worden war. Zusammen mit dem Mosin-Nagant wurde eine neue 7,62x54-mm-Patrone eingeführt. Während des Ersten Weltkrieges war dieses Gewehr die Standardwaffe der russischen Infanterie und blieb dies bis nach dem Zweiten Weltkrieg. Die Waffe wurde wegen ihrer robusten Konstruktion und Treffsicherheit geschätzt.

Unterschiedliche Versionen wurden auch in vielen verbündeten Armeen der Sowjetunion eingeführt. In China wurde die Karabinerversion M1938 bzw. deren Variation M1944 als Typ 53 in Lizenz produziert. Auch in der Tschechoslowakei (Scharfschützengewehr Modell 54) und in Jugoslawien wurden Lizenzversionen bzw. Weiterentwicklungen produziert. Die zum Gewehr entwickelte Randpatrone 7,62x54 R ist die inzwischen dienstälteste Gewehrpatrone der Welt und wird auch noch in modernen Waffen wie dem Dragunow-Scharfschützengewehr oder schweren MG vor allem russischer und chinesischer Bauart weltweit produziert und benutzt.

LEICHTES MASCHINENGEWEHR MODELL DEGTJARJOW DP 1928 UND DPM 1944 7,62 MM

Das Degtjarjow DP 1928 war das leichte Standard-MG der Roten Armee während des Zweiten Weltkrieges und darüber hinaus. Sein Ursprung geht auf das Jahr 1924 zurück, als Konstrukteur Degtjarjow begann, ein neues MG für die sowjetischen Streitkräfte zu entwickeln, das möglichst einfach, robust, kostengünstig und vielfältig einsetzbar sein sollte. Bei Tests im Sommer 1927 erwies sich seine Neuentwicklung allen anderen – auch ausländischen MG – als überlegen und wurde daher 1928 bei der Roten Armee eingeführt. Obgleich Degtjarjows Ziele mehr als erreicht wurden und die Waffe als zuverlässig, leicht und robust galt, gab es doch einige Schwachstellen. So bemängelte die Truppe nach der Erfahrung an der Ostfront, dass das Zweibein zu instabil, der Laufwechsel zu kompliziert und das Magazin unter Gefechtsbedingungen zu umständlich zu laden sei. Eine verbesserte Version, Modell DPM 1944, löste das DP 1928 daher in der Produktion ab.

Kaliber:	7,62 mm
Patrone:	7,62x54 R
Mündungsgeschwindigkeit:	840 m/s
Feuergeschwindigkeit:	600 Schuss/min
Gewicht mit Zweibein:	8,4 kg
Magazinkapazität (Tellermagazin):	49 (47) Schuss
Einsatzschussweite:	800 m

Das DP 1928/1944 war während des Zweiten Weltkrieges das leichte Standard-MG der Roten Armee.

SCHWERES MASCHINENGEWEHR MODELL MAXIM PM 1910 7,62 MM

Wie der Name vermuten lässt, ging dieser Veteran 1910 für die zaristische Armee in Produktion. Das Modell PM 1910 ist eine verbesserte Ausführung des Modells 1905, das wiederum auf der ersten erfolgreichen automatischen Waffe überhaupt, dem Maxim-MG, basiert. Der Amerikaner Hiram Maxim entwickelte 1885 dieses Maschinengewehr, das als erste Waffe die beim Feuern entstehenden Rückstoßgase für einen automatischen Lade- und Auswurfvorgang nutzte. Die zuvor entwickelten Waffen, z. B. Gatling- oder Gardener-Gewehre, waren noch auf manuellen Antrieb angewiesen. Der britische Rüstungskonzern Vickers erwarb die Lizenzrechte von Maxim und exportierte Waffen dieser Art in alle Welt.

Waffen nach dem System Maxim waren zu Beginn des 20. Jahrhunderts sehr verbreitet und fanden zahlreiche Nachahmer, darunter auch das deutsche MG 08, das französische Hotchkiss oder das Vickers MG.

Die russische Variante PM 1910 wurden bis 1942 in riesigen Stückzahlen hergestellt; allein 1942 waren es 55.258 Stück. Aufgrund seiner robusten Konstruktion und Zuverlässigkeit blieb die Waffe auch nach 1945 noch im Gebrauch. Die Sowjetunion gab große Mengen dieser Waffe an China und Nordkorea, wo das PM 1910 (bzw. Nachbauten) bis in die 1970er-Jahre in Gebrauch waren.

Kaliber:	7,62 mm
Patrone:	7,62X54 R
Mündungsgeschwindigkeit:	860 m/s
Feuergeschwindigkeit:	520 Schuss/min
Gewicht mit Lafette:	45,27 kg
Magazinkapazität (Textilgurt):	250 Schuss
Einsatzschussweite:	1.000 m

Das PM 1910 bewährte sich auch 1941–1945.

MASCHINENGEWEHR DEGTJARJOW-SCHPAGIN DSCHK 1938 12,7 MM

Diese Waffe ist ein wahrer Klassiker und wird seit nunmehr über sieben Jahrzehnten verwendet. Ihr Ursprung geht zurück auf das Jahr 1930, als die Rote Armee unter Verwendung der 12,7x108-Patrone ein schweres MG zur Bekämpfung von leicht gepanzerten und fliegenden Zielen in Auftrag gab. Der Konstrukteur Degtjarjow übernahm daher Merkmale seines 7,62-mm-MG DP-27 mit Gasdruckladeprinzip. Das als DK bezeichnete MG wurde ab 1934 in kleiner Serie gebaut, war aufgrund der geringen Feuergeschwindigkeit von nur 360 Schuss/min jedoch nicht befriedigend. Um die Feuergeschwindigkeit zu erhöhen, entwickelte Schpagin eine veränderte Patronenzufuhr. Dies brachte die Kadenz auf etwa 600 Schuss/min. Das nunmehr DSchK genannte MG wurde 1938 getestet und 1939 in die Bewaffnung der Roten Armee aufgenommen.

Das Maschinengewehr wurde nicht nur von Infanterieeinheiten als Unterstützungs- und Fla-MG eingesetzt, sondern kam auch als Turmbewaffnung leichter Panzer sowie als Fla-MG auf Schiffen und Panzerzügen zum Einsatz. Der erste sowjetische Panzer, der ein MG diesen Typs erhielt, war ab 1943 der IS-2. Während des Krieges wurden der Zuführmechanismus geändert (Patronenzufuhr über Gurtkasten), die Lafette verbessert, der Laufwechsel vereinfacht und die Lebensdauer wesentlicher Teile erhöht. Insgesamt gilt das DschK als zuverlässige, unverwüstliche Waffe mit hohem Wirkungsgrad im Ziel. Nach dem Krieg erhielt eine modernisierte Version die Bezeichnung DSchKM 38/46. Die als Fla-Bewaffnung mittlerer Panzer modifizierten MG trugen die Bezeichnung DschKMT. Die ehemalige Sowjetunion exportierte Waffen dieses Typs in großen Zahlen, und noch heute steht das DSchK in über 40 Ländern weltweit in Dienst.

Kaliber:	12,7 mm
Patrone:	12,7x108
Mündungsgeschwindigkeit:	850 m/s
Feuergeschwindigkeit:	600 Schuss/min
Gewicht ohne Lafette:	33,3 kg
Magazinkapazität (Metallgurt):	50 Schuss
Einsatzschussweite:	2.000 m

PANZERBÜCHSE MODELL DEGTJARJOW PTRD 1941 14,5-MM

Kaliber:	14,5 mm
Patrone:	14,5x114
Mündungsgeschwindigkeit:	1.010 m/s
Durchschlagsleistung:	40 mm/100 m/90°
Gewicht mit leerem Magazin und Zweibein:	17,3 kg
Magazinkapazität:	1 Schuss
Einsatzschussweite (gegen ungepanzerte Ziele weiter):	400 m

Die Rote Armee setzte im Zweiten Weltkrieg zwei Typen von Panzerbüchsen ein: die Degtjarjow PTRD mit Einzelpatronen und die fünfschüssige, halbautomatische Simonow PTRS. Beide wurden aufgrund der Anforderung entwickelt, in kürzester Zeit eine Panzerbüchse für die 14,5x114-Patrone zu liefern. Schon einen Monat später wurden beide Waffen getestet, aber keine schien besser als die andere zu sein. Also übernahmen die sowjetischen Streitkräfte 1941 beide in den aktiven Dienst. Panzerbüchsen waren im Gegensatz zu einer damals verbreiteten Ansicht nicht völlig nutzlos. Auf dem Schlachtfeld bewegte sich eine große Zahl nur leicht gepanzerter Fahrzeuge, deren Panzerung von einer Panzerbüchse spielend durchschlagen wurde. Auch die Seitenpanzerung früher deutscher Kampfpanzer war gegenüber den Panzerbüchsen der Roten Armee verwundbar.

Die PTRD erscheint auf den ersten Blick als primitive Waffe, ist aber in Wirklichkeit komplex. Der Lauf etwa schiebt sich durch den Rückschlag beim Abfeuern in den Schaft zurück. Dabei wird der Bolzen gedreht und entsperrt. Am Ende dieser Bewegung rastet der Bolzen ein, während der Lauf wieder in seine Ausgangsposition gedrückt wird. Dabei wird der Verschluss geöffnet und die leere Patronenhülse ausgeworfen. Nun kann der Schütze eine neue Patrone laden und den Verschluss manuell schließen.

82-MM-GRANATWERFER MODELL PM-37

Kaliber:	82 mm
Mündungsgeschwindigkeit:	211 m/s
Lauflänge:	1.220 mm
Gewicht:	45 kg
Geschossgewicht:	3,05 kg
Max. Einsatzschussweite:	3.040 m

Die Rote Armee legte von jeher großen Wert auf die artilleristische Unterstützung der Infanterie, und als man Mitte der 1930er-Jahre nach einer Unterstützungswaffe suchte, die den Infanterieeinheiten unmittelbar zur Verfügung stünde, fiel die Entscheidung zugunsten von Granatwerfern. 1936 erwarb die Sowjetunion daher einige französische 81-mm-Brandt-Granatwerfer. Die Bewertung dieser Waffen fiel im Grunde positiv aus, und mit einigen Änderungen wurde ab 1937 eine nicht lizensierte Kopie des Brandt-Mörsers produziert. Das Kaliber wurde auf 82 mm erhöht. Zwischen Rohr und Zweibein setzten die Russen einen Federmechanismus, zudem wurde der Richtmechanismus verbessert, und anstatt der eckigen erhielten die Kopien eine runde Bodenplatte.

Budapest 1945: Soldaten der Roten Armee setzen einen 82-mm-Granatwerfer im Häuserkampf ein.

Dieser Entwurf war überaus erfolgreich und wurde – mit nur wenigen Veränderungen – bis 1945 über 165.000-mal produziert. Auch nach dem Zweiten Weltkrieg lief die Produktion weiter. Zahlreiche Granatwerfer wurden in alle Welt exportiert oder in Lizenz gefertigt. Auch heute wird diese Waffe noch fast unverändert in vielen Armeen eingesetzt.

USA

SELBSTLADEPISTOLE COLT M 1911 A1 .45 (11,43 MM)

Kaliber:	.45 (11,43 mm)
Patrone:	.45 ACP (11,43x23)
Mündungsgeschwindigkeit:	260 m/s
Gewicht (Magazin leer):	1,13 kg
Magazinkapazität:	7 Schuss
Einsatzschussweite:	50 m

Von seiner Einführung 1911 bis zu seiner Ablösung 1992 durch die Beretta 92 FS war der Colt M 1911 die Standardwaffe bei der US-Armee. Doch auch heute noch ist seine Beliebtheit ungebrochen. Nach wie vor wird dieses Modell produziert und verwendet. Die US-Armee brauchte zu Beginn des 20. Jahrhunderts bei ihrer Suche nach einer neuen Pistole nahezu fünf Jahre für rigorose, gründliche Tests, bei denen sich das neue, von Browning konstruierte Colt-Modell als die beste und zuverlässigste Waffe herausstellte. Daraufhin wurde diese Waffe 1911 bei der Armee übernommen, und obwohl man bei Colt mit diesem Ausgang der Testreihen gerechnet hatte, brauchte das Unternehmen einige Zeit, um große Stückzahlen liefern zu können. Als der Erste Weltkrieg über die Welt hereinbrach, stellten verschiedene Firmen die Pistole zusätzlich in Lizenz her. Nach dem Krieg wurden verschiedene Verbesserungen eingeführt und als Modell 1911 A1 standardisiert. Mit dieser Pistole zogen die amerikanischen Streitkräfte auch in den Zweiten Weltkrieg.

Zahllose Exemplare sind seit 1911 entstanden, darunter auch nicht lizensierte Kopien in China. Zu den Vorteilen des Colt M 1911 zählen die extreme Robustheit, Zuverlässigkeit und hohe Wirkung des 11,43-mm-Geschosses. Gleichzeitig führt dies jedoch zu einer schweren, etwas unhandlichen Waffe mit einem recht starken Rückstoß. Viele ihrer Nutzer halten dies jedoch für hinnehmbar und betrachten diese Waffe als eine der besten Pistolen der Welt.

MASCHINENPISTOLE THOMPSON M1928 .45 (11,43 MM)

Kaliber:	.45 (11,43 mm)
Patrone:	.45 ACP (11,43x23)
Mündungsgeschwindigkeit:	280 m/s
Feuergeschwindigkeit:	675 Schuss/min
Gewicht ohne Magazin:	4,88 kg
Magazinkapazität:	je nach Magazinart 20, 30, 50 oder 100 Schuss
Max. Einsatzschussweite:	200 m

Die MP Thompson M1928 – auch als „Thompson A1" oder „Tommy Gun" bekannt – wurde während des Ersten Weltkrieges unter Mitwirkung des US-Generals Thompson entwickelt und sollte als „Grabenputzer" in den Schützengräbenkämpfen dienen. Berühmt wurde sie jedoch in den 1920er-Jahren, als sie von zahlreichen amerikanischen Gangstern, wie Al Capone, benutzt wurde. Von ihnen wurde die Thompson „Chicago Typewriter" genannt und wegen ihrer hohen Feuerkraft geschätzt, der die Polizei zu jener Zeit nichts entgegensetzen konnte. Aufgrund dieser Eigenschaft interessierte sich aber auch die Armee für diese Waffe und führte sie als M1928 A1 ein, allerdings erst ab 1938 in nennenswerten Stückzahlen.

Die Thompson durchlief zahlreiche Veränderungen während ihres militärischen Einsatzes, und fast alle bezogen sich auf die Verringerung von Produktionskosten und -zeit. Letztendlich wurde sie 1944 von der M3 „Grease Gun" ersetzt. Bis dahin waren aber über 1,5 Millionen Exemplare aller Modelle gefertigt worden. Die Thompson wurde allgemein wegen ihrer ruhigen Lage beim Feuern, ihrer hohen Qualität und Feuerkraft geschätzt, galt aber als schwer und teuer.

MASCHINENPISTOLE MODELL M3 KALIBER .45 (11,43 MM) UND 9 MM

Eine M3 Kaliber .45 (11,43 mm).

Kaliber:	.45 (11,43 mm)
Patrone:	.45 ACP (11,43x23)
Mündungsgeschwindigkeit:	ca. 400 m/s
Feuergeschwindigkeit:	270 Schuss/min
Gewicht ohne Magazin:	3,7 kg
Magazinkapazität:	Stangenmagazin 30 Schuss
Max. Einsatzschussweite:	100 m

Die rückstoßladende Maschinenpistole M3 wurde auch „Grease Gun" (Fettpresse) oder „Cake Decorator" (Sahnetülle) genannt. Sie verschießt das Kaliber .45 ACP und wurde im Dezember 1942 vom deutschstämmigen Konstrukteur George J. Hyde entwickelt, um die teuer und kompliziert herzustellende Thompson-MP zu ersetzen. Als Grundlage der Entwicklung dienten die britische Sten und die deutsche MP 38/40. Die M3 kann nur vollautomatisch schießen. Ihr Magazin fasst 30 Patronen. Interessant an der M3 ist, dass sie rasch vom Kaliber .45 auf 9 mm Parabellum umzurüsten war, was die Verwendung erbeuteter deutscher Munition ermöglichte. Dadurch war diese Waffe auch bei Partisanen und Widerstandskämpfern sehr beliebt.

Wenn auch fast schon primitiv im Aufbau, war die M3 doch überaus zielgenau und widerstandsfähig gegen Verschmutzung. Mitunter hatte sie allerdings Probleme bei der Munitionszuführung. Dies wurde bei der Version M3 A 1 behoben.

Nach 1945 exportierten die USA zahlreiche M3. Insgesamt sollen in den USA allein über 655.000 Exemplare gefertigt worden sein, dazu noch Lizenzmodelle in Argentinien, Taiwan und Portugal. Selbst in den 1980er-Jahren waren Waffen dieser Art noch bei Streitkräften zu finden.

MEHRLADEGEWEHR SPRINGFIELD M 1903 UND VARIANTEN KALIBER .30 (7,62 MM)

Kaliber:	.30 (7,62 mm)
Patrone:	.30-06 (7,62x63)
Mündungsgeschwindigkeit:	815 m/s
Gewicht mit leerem Magazin:	3,94 kg
Magazinkapazität:	5 Schuss
Einsatzschussweite:	600 m

Das Springfield-Gewehr war ein weiterer Veteran aus dem Ersten Weltkrieg, der bis 1945 und darüber hinaus im Einsatz blieb. Dafür waren weniger die Eigenschaften des Gewehrs – eine Konstruktion von hoher Qualität – als vielmehr der Mangel an modernem Ersatz verantwortlich. Schon Mitte der 1930er-Jahre plante die US-Armee die Ablösung des M 1903 durch die Neukonstruktion M1 Garand. Doch lief die Fertigung dieser neuen Waffe nicht im erforderlichen Tempo, sodass bei Kriegseintritt der USA im Dezember 1941 noch große Teile der Truppe das Springfield-Gewehr führten. Die danach neu aufgestellten Verbände mussten zunächst mit M 1903 aus Lagerbeständen ausgerüstet werden, sodass das Springfield bis 1945 immer noch nicht komplett ersetzt war.

Das Mehrladegewehr Springfield.

Amerikanische Soldaten mit einer Bazooka, 1944.

Ab Ende 1942 wurde die Bazooka zunächst von der US-Armee bei den Kämpfen gegen das deutsche Afrikakorps in Tunesien eingesetzt. Dort sollen von den Deutschen einige Exemplare erbeutet und nach gründlicher Untersuchung zum Panzerschreck weiterentwickelt worden sein. 1943 erschien das Modell M1A1 mit einer verbesserten Zielvorrichtung und ab 1944 die entscheidend verbesserte Version M9 mit einem zweiteiligen Leichtmetallrohr, welches die Handhabung stark vereinfachte. Neben einem Gefechtskopf zur Panzerbekämpfung mit Hohlladung (HL) standen auch hochexplosive (HE) und Phosphor-Gefechtsköpfe zur Verfügung. Bazookas wurden in großen Zahlen produziert und erfreuten sich großer Beliebtheit bei der Truppe. Die M1 war sozusagen die Urmutter zahlreicher ähnlicher Waffen, die bis heute Verwendung finden.

ÜBERSCHWERES MASCHINENGEWEHR BROWNING M 2 UND M 2 HB .50 (12,7 MM)

Kaliber:	.50 (12,7 mm)
Patrone:	.50US (12,7x99)
Mündungsgeschwindigkeit:	ca. 895 m/s
Feuergeschwindigkeit:	500 Schuss/min
Gewicht ohne Dreibein:	38,11 kg
Magazinkapazität (Metallgurt im Kasten):	110 Schuss
Max. Einsatzschussweite:	2.000 m

Nach dem Ersten Weltkrieg rüstete man MG des Typs M 1917 auf eine neue, auf erbeuteter deutscher Mausermunition beruhende Patrone im Kaliber 12,7 mm um. Diese Waffen waren zur Abwehr von Panzerfahrzeugen und Flugzeugen gedacht und trugen die Bezeichnung M 1921. Mitte der 1930er-Jahre wurde das schwere Browning M 1921 mit einem luftgekühlten Rohr versehen und in M 2 Browning umbenannt, allerdings neigte diese Version zum Überhitzen. Daher wurde ein schwereres Rohr eingesetzt, und das so entstandene M 2 HB (Heavy Barrel: schweres Rohr) wurde zum standardmäßigen 12,7-mm-Maschinengewehr der US-Streitkräfte und auch einiger Verbündeter. Das M 2 erwies sich als äußerst langlebig und wurde zu einem echten Klassiker. Noch heute ist das „Fifty Cal" in den USA und weiteren 20 Staaten vertreten. Einsatz fand und findet es in Flugzeugen und Hubschraubern, in Panzern und gepanzerten Fahrzeugen, als schweres Infanterie-MG oder auch auf Schiffen. Das hohe Gewicht und die relativ niedrige Feuerrate ergeben sich aus der Verwendung der schweren M-2-Patrone 12,7x99, die aufgrund ihrer enormen Durchschlagskraft und ihres starken Rückstoßes nach einer stabilen Konstruktion verlangt. Gegen ungeschützte Ziele ist die Munition bis zu 2.000 m Entfernung wirksam. Auf 500 m kann noch eine Panzerung von bis zu 34 mm durchschlagen werden. Bei den neueren Versionen des M 2 lassen sich über Modifikationen die Rohre schneller wechseln als bei früheren Varianten, bei denen ein mühsames Einstellen des Rohres auf das Geschoss nötig war.

Einige Quellen geben die Stückzahl der hergestellten M 2 mit über 3 Millionen Einheiten an. Die luftgekühlte Version des M 2 wurde während des gesamten Weltkrieges – starr eingebaut oder beweglich – auch als Bordwaffe in Flugzeugen verwendet. Hauptunterschied zur HB-Version ist der Lauf, welcher sowohl gekürzt als auch mit einem gelochten Mantel umgeben wurde, um die Kühlung zu verbessern, da kein Laufwechsel möglich ist. Die wassergekühlten Versionen des M 2 fanden vor allem als leichte Fla-MG Verwendung. Den Lauf umhüllte ein Tank mit Kühlflüssigkeit, die im Inneren zirkulierte.

Ein M 2 auf einer in Panzerfahrzeugen verwendeten Lafette.

BAZOOKA MODELLE M1, M1A1 UND M9 2.36 (60 MM)

Kaliber:	60 mm
Mündungsgeschwindigkeit:	105 m/s
Länge:	1.390 mm
Gewicht:	5,8 kg
Gewicht der Granate:	1,54–2,8 kg
Einsatzschussweite:	200 m
Durchschlagsleistung (Panzerstahl):	ca. 100 mm/90°

Die US-Armee suchte nach Eintritt der USA in den Krieg einen neue, leistungsstarke Panzerabwehr für die Infanterie. Als 1942 eine Testvorführung von neuen Panzerbüchsen stattfand, durfte der Waffenexperte Skinner seine auf dem Hohlladungsprinzip basierende Raketenwaffe quasi außer Konkurrenz ebenfalls zeigen und deklassierte damit alle anderen Konstruktionen. Daraufhin wurde direkt ein Auftrag zur Produktion der M1 genannten Waffe erteilt.

Skinners Konstruktion war im Prinzip wenig mehr als ein an beiden Enden offenes Metallrohr, das zum Abschuss eines elektrisch gezündeten Raketenprojektils mit Hohlladungsgefechtskopf im Kaliber 2.36 (60 mm) diente. Dennoch war dies eine Revolution, denn erstmals verfügte ein einzelner Soldat über die Möglichkeit, (für die damalige Zeit) schwer gepanzerte Ziele mit Erfolg und auf eine gewisse Entfernung zu bekämpfen. Da der Treibstrahl des Raketenprojektils nach hinten aus dem offenen Rohr austrat, entstand kein Rückstoß, was ein dünnwandiges Rohr und die Kontrolle durch einen einzelnen Schützen ermöglichte. Die Truppe taufte die Waffe „Bazooka" – den Namen verdankt sie einem ähnlich aussehenden Musikinstrument des amerikanischen Radio-Komikers Bob Burns.

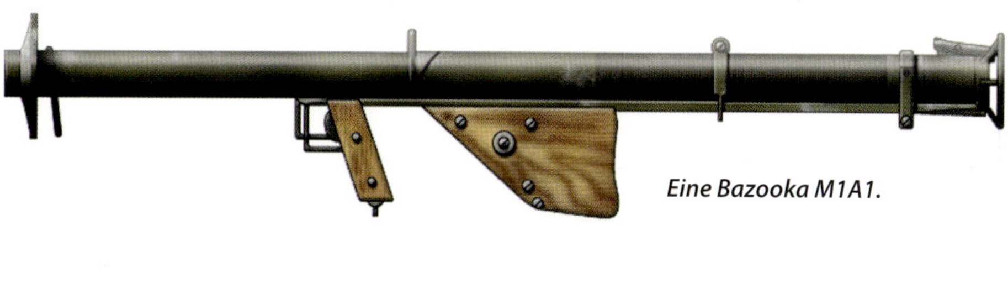

Eine Bazooka M1A1.

USA

SELBSTLADEGEWEHR M1 GARAND KALIBER .30 (7,62 MM)

Kaliber:	.30 (7,62 mm)
Patrone:	.30-06 (7,62x63)
Mündungsgeschwindigkeit:	855 m/s
Feuergeschwindigkeit:	30 Schuss/min
Gewicht ungeladen:	4,37 kg
Magazinkapazität:	8 Schuss
Einsatzschussweite:	600 m

John C. Garand entwickelte bereits in den 1920er-Jahren erste Selbstladegewehre, aus denen Mitte der 1930er-Jahre das M1 entstand. Wenn auch geplant war, das manuell geladene Modell M 1903 relativ schnell durch die neue Waffe abzulösen, geschah dies vollständig erst nach 1945.

Das M1, ein zuverlässiger, robuster Gasdrucklader, war das erste halbautomatische Gewehr im Truppengebrauch und verhalf der US-Armee zu erhöhter Feuerkraft. Nachteilig war das hohe Gewicht, dieses sorgte jedoch auch für eine stabile Lage der Waffe und einen vergleichsweise geringen Rückstoß, der den Schützen weniger belastete. Das Magazin des M1 musste mit speziellen Ladestreifen gefüllt werden, welche erst nachgeladen werden konnten, wenn sie nach dem letzten Schuss aus der Waffe fielen. Dabei entstand ein charakteristisches Geräusch, das dem Gegner verriet, dass der Schütze ohne Munition war und auch wo er sich befand. Allerdings nutzten die M1-Schützen diesen Nachteil für sich aus, indem sie dieses Geräusch nachahmten und so ihr Gegenüber aus der Deckung lockten. Bis zur Einstellung der Produktion im Jahr 1957 wurden über 5,5 Millionen M1-Garand-Gewehre produziert. Nach 1945 wurde diese Waffe auch von anderen Staaten genutzt und z. B. in Italien von Beretta in Lizenz hergestellt.

SELBSTLADEGEWEHR M1 CARBINE KALIBER .30 (7,62 MM)

Kaliber:	.30 (7,62 mm)
Patrone:	30 M1 Carbine (7,62x33)
Mündungsgeschwindigkeit:	610 m/s
Feuergeschwindigkeit:	45 Schuss/min
Gewicht ungeladen:	2,48 kg
Magazinkapazität:	15 Schuss Stangenmagazin
Einsatzschussweite:	250 m

Während der späten 1920er-Jahre beschloss die US-Armee, eine automatische Waffe für Truppenteile zu entwickeln, die nicht an vorderster Front eingesetzt waren. Diese Waffe sollte kompakter als ein normales Gewehr und effektiver als eine Pistole oder eine Maschinenpistole sein. Da man zu jener Zeit ebenfalls dabei war, das neue M1 Garand einzuführen, kam dieses Projekt aus finanziellen Gründen nur langsam voran.

Die Lage in Europa zwang die USA 1940 jedoch zum Handeln, und so wurde ein Wettbewerb für eine höchstens 2,5 kg schwere automatische Infanteriewaffe ausgeschrieben. Schnell wurde jedoch klar, dass diese Anforderung mit bestehender Munition nicht zu erfüllen war. So entstand die neue Patrone 30 M1 Carbine im Kaliber 7,62 mm. Ab Oktober 1941 lief die Fertigung der neuen Waffe unter der Bezeichnung M1 Carbine an. Trotz des ursprünglichen Einsatzzwecks wurde der M1 Carbine auch an vorderster Front eingesetzt und spielte z. B. bei der Landung der US-Truppen in Nordafrika und in der Normandie eine Rolle. Obwohl die Reichweite und die Durchschlagskraft geringer waren als beim Garand, hatte der Carbine doch eine höhere Feuergeschwindigkeit und ein geringeres Gewicht. Der M1 Carbine ist vom Aufbau dem M1 Garand nicht unähnlich. Neben der M1-Standardversion gab es noch das Modell M1A1 mit abklappbarer Schulterstütze, die Version M2 für Dauerfeuer sowie das Scharfschützengewehr M3. Bis 1945 wurden insgesamt 6.117.827 Waffen dieser Art hergestellt.

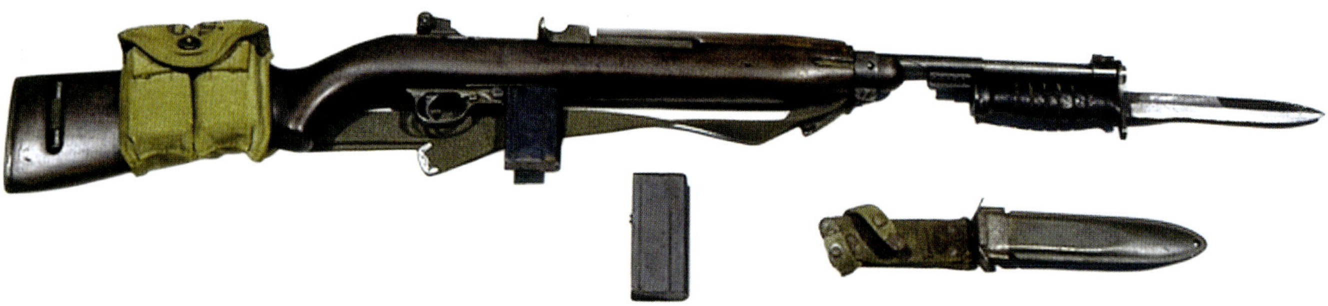

LEICHTES MASCHINENGEWEHR BROWNING AUTOMATIC RIFLE (BAR) MODELL M 1922 UND M 1918 A1 UND A2 .30 (7,62 MM)

Kaliber:	.30 (7,62 mm)
Patrone:	.30 06 (7,62x63)
Mündungsgeschwindigkeit:	ca. 855 m/s
Feuergeschwindigkeit:	350–550 Schuss/min
Gewicht ohne Magazin:	9,5 kg
Magazinkapazität:	20 Schuss Trapezmagazin
Einsatzschussweite:	800 m

Als die USA 1917 in den Ersten Weltkrieg eintraten, waren ganze 1.100 schwere und wenige leichte MG in der Ausrüstung der Armee vorhanden. Versuche mit französischen Chauchat-MG waren wenig erfolgreich, sodass die Entwicklung neuer Waffen in Auftrag gegeben wurde. Der Waffenkonstrukteur John Moses Browning entwarf daraufhin zwei unterschiedliche Modelle: das schwere MG M 1917 und eine Art leichtes MG mit der Bezeichnung Browning Automatic Rifle (BAR), das ab September 1918 bei der Armee im Einsatz war.

Das BAR, obgleich ein Gasdrucklader, ist kein MG im eigentlichen Sinne, eher ein automatisches Schnellfeuergewehr. Dafür spricht auch die für ein MG zu geringe Magazinkapazität von nur 20 Schuss, die eher für gezielte Einzelschüsse und kurze Salven als Dauerfeuer taugte. Ein weiterer Nachteil des BAR war sein hohes Gewicht von über 10 kg (geladen). Die Waffe von 1918 wurde zum M 1922 weiterentwickelt. Die Feuergeschwindigkeit konnte von 350 Schuss/min auf 550 Schuss/min umgestellt werden, jedoch lag sie in der Praxis bei nur 60–80 Schuss. Die weiter verbesserten Modelle M 1918 A1 und M 1918 A2 (1937 bzw. 1940 eingeführt) erhielten Läufe mit für Dauerfeuer besser geeigneten, dickeren Wandstärken, die Magazinkapazität blieb. Obwohl das BAR nicht den Anforderungen eines leichten MGs gerecht wurde, zählte es im Zweiten Weltkrieg erstaunlicherweise zu einer der wichtigsten automatischen Waffen. Die verschiedenen BAR-Modelle wurden auch noch im Koreakrieg (1950–1953) und zu Beginn des Vietnamkrieges verwendet. Die Produktion aller Versionen des BAR betrug über 350.000 Stück.

SCHWERES MASCHINENGEWEHR BROWNING M 1919 A4 UND VERSIONEN

Kaliber:	.30 (7,62 mm)
Patrone:	.30-06 (7,62x63)
Mündungsgeschwindigkeit:	ca. 855 m/s
Feuergeschwindigkeit:	500 Schuss/min
Gewicht ohne Dreibein:	14,1 kg
Magazinkapazität (Textilgurt im Kasten):	250 Schuss
Einsatzschussweite:	1.400 m

Der Waffenkonstrukteur J. M. Browning baute 1917 das schwere, wassergekühlte MG M 1917, das noch zu Beginn des Zweiten Weltkrieges Standard-MG der US-Armee war. Schon 1919 wurde daraus eine leichtere Waffe mit Luftkühlung für den Einbau in Flugzeugen und Panzerfahrzeugen entwickelt: das M 1919. Da das BAR kein echtes MG und das M 1917 aufgrund der Wasserkühlung zu schwer war, wurden diese Versionen zum M 1919 A4 weiterentwickelt und von den Alliierten massenweise eingesetzt. Dennoch war das Gewicht des M 1919 A4 im Vergleich mit anderen luftgekühlten Waffen jener Zeit immer noch zu hoch: 14,1 kg gegenüber 10,2 kg des Bren-MG. Zudem wurde die Waffe von einer Dreibeinlafette aus eingesetzt, die zusätzlich noch einmal 6,35 kg wog. Insgesamt war das M 1919 A4 also rund doppelt so schwer wie das Bren. Auch war die Funktionstüchtigkeit aufgrund der nicht ausreichenden Rückstoßenergie nicht immer gegeben. Dennoch war das Browning M 1919 A4 eine solide Konstruktion, die von der US-Armee bis in die 1960er-Jahre, von anderen Staaten noch bis Ende der 1980er-Jahre, eingesetzt wurde.

Ein M 1919 A4 auf einer in Panzerfahrzeugen verwendeten Lafette.

Italien, November 1944: Eine Granatwerferabteilung der 92. US-Infanteriedivison feuert auf Stellungen der Wehrmacht.

Granatwerfer dieses Typs wurden auch in Halbkettenfahrzeuge des Modells M3 eingebaut, die dann als „M21 Mörserträger" bezeichnet wurden. Noch während des Koreakrieges setzten US-Truppen diesen Granatwerfer ein.

FLAMMENWERFER M1, M1 A1 UND M 2-2

Der erste amerikanische Flammenwerfer, das Modell M1, wurde 1942 eingeführt. Er funktionierte im Prinzip genauso wie die Flammenwerfer der deutschen Wehrmacht. Die US-Armee setzte Handflammenwerfer in Europa jedoch nur recht selten ein. Häufiger wurden sie auf dem pazifischen Kriegsschauplatz benutzt, waren diese fürchterlichen Waffen doch oftmals die einzige Möglichkeit, den fanatischen Widerstand japanischer Truppen zu brechen.

Der größte Nachteil des M1 und seines Nachfolgers M1 A1 – der Napalm für eine erhöhte Schussweite verwendete – war die elektrische Zündung des Flammstrahls, die häufig versagte, sodass der Schütze sein Feuerzeug benutzen musste! Das ab 1944 eingeführte Modell M 2-2 verwendete anstelle der problematischen elektrischen Zündung spezielle Zündpatronen, die in einer revolverartigen Trommel an der Spitze des Flammrohres saßen.

Wegen der Gefahr für den Schützen, selbst in Flammen aufzugehen, wenn der Flammöltank getroffen wurde, ersetzten die US-Armee und die Marines diese Waffen nach und nach durch in Sherman-Panzer eingebaute Flammenwerfer, welche zudem über eine höhere Schussweite und einen größeren Flammölvorrat verfügten.

Gewicht (M1):	31,78 kg
Druckgas:	Stickstoff
Flammölmenge:	18 l
Anzahl der möglichen Flammenstöße:	5 Flammstöße von je 2 Sekunden
Schussweite:	40–45 m

Ausbildung in den USA: Ein GI lernt den Umgang mit einem Flammenwerfer.

81-MM-GRANATWERFER MODELL M1

Kaliber:	81 mm
Mündungsgeschwindigkeit:	213 m/s
Lauflänge:	1.158 mm
Gewicht:	61,74 kg
Geschossgewicht:	HE: 3,12–6,81 kg
Max. Einsatzschussweite:	3.010 m

Wie viele andere Granatwerfer jener Zeit basierte auch der M1 auf dem französischen Brandt-Modell 1927/31. Als simple Glattrohrwaffe, die nur Steilfeuer schoss, wurde der M1 von der Mündung her geladen. Das Projektil rutschte dann zum Rohrboden, wo es durch einen Schlagbolzen gezündet wurde. Da das Rohr über keine Züge verfügte, welche das Geschoss zur Stabilisierung der Flugbahn in Drall versetzt hätten, wurde es durch Flossen am Heck stabilisiert. Neben einem leichten HE-Splitter-Geschoss, mit dem Schussweiten von über 3.000 m erzielt wurden, gab es für den M1-Granatwerfer auch spezielle Munition mit größerer Sprengkraft, die auch entsprechend mehr Masse hatte und daher nur eine Schussweite von rund 1.190 m erreichte. Zudem waren Rauch- und Leuchtgeschosse für den M1 verfügbar.

4
TSU 205
41M-EV

UNGEPANZERTE FAHRZEUGE

SCHWERE KRAFTRÄDER 750 CCM MIT SEITENWAGEN BMW R 75, ZÜNDAPP KS 750

Die Wehrmacht verwendete zahlreiche unterschiedliche Motorräder, die in drei Kategorien eingeteilt waren: leicht (bis 350 ccm), mittel (bis 500 ccm) und schwer (über 500 ccm). Größte Lieferanten der Wehrmacht waren BMW, Zündapp und NSU. Zwei der bekanntesten Maschinen waren sicherlich die Gespanne BMW R 75 und Zündapp KS 750. Beide Modelle tauchten ab Herbst 1940 auf und waren wohl zunächst nur für den Mittelmeerraum und besonders für das Afrikakorps gedacht. Sie hatten fest installierte, angetriebene Seitenwagen. Zudem verfügten sie über einen Rückwärtsgang. Zunächst war auch geplant, die großen, schweren Maschinen als Zugmittel leichter Geschütze bei den Fallschirmjägern zu verwenden. Da beim Ziehen jedoch das Vorderrad vom Boden abhob und damit die Lenkfähigkeit verloren ging, verzichtete man darauf. Beide Maschinen waren für drei Mann ausgelegt und häufig mit einem MG 34 bewaffnet. Meist wurden sie bei den Kradschützen und Aufklärungsabteilungen eingesetzt. Die Gespanne erwiesen sich als robust und zuverlässig, eine Maschine kostete jedoch rund doppelt so viel wie ein VW-Kübelwagen. BMW stellte insgesamt 16.510, Zündapp 18.635 Gespanne her.

Eine BMW R 75.

	BMW R 75	Zündapp KS 750
Leergewicht:	420 kg	400 kg
Zuladung:	250 kg	270 kg
Abmessungen in mm (Länge/Breite/Höhe):	2.400/1.730/1.000	2.385/1.650/1.010
Motor:	BMW 2-Zylinder-Boxer, Luftkühlung, 746 ccm, 26 PS (19,1 kW)	Zündapp 2-Zylinder-Boxer, Luftkühlung, 751 ccm, 26 PS (19,1 kW)
Geschwindigkeit:	max. 92 km/h	max. 95 km/h
Fahrbereich:	ca. 340 km Straße, 270 km Gelände	ca. 330 km Straße, ca. 260 km Gelände
Bewaffnung:	teils ein 7,92-mm-MG 34	teils ein 7,92-mm- MG 34
Furttiefe:	0,35 m	0,4 m

VW TYP 82 „KÜBELWAGEN"

Der Typ 82 von Volkswagen war der meistgebaute PKW der Wehrmacht. Seine Anspruchslosigkeit und Zuverlässigkeit machten ihn berühmt und beliebt. Besonders die Luftkühlung bewährte sich bei eisigen Temperaturen. Die Truppe nannte ihn „Kübelwagen" oder kurz „Kübel". Alle offenen PKW der Reichswehr und der Wehrmacht hatten kübelartige Sitze, um zu verhindern, dass die Soldaten bei scharfer Kurvenfahrt oder im Gelände herausrutschten. Ab 1939 wurde der Typ 82 von Prof. Porsche auf der Basis des VW-Käfers entwickelt. Zur Erhöhung der Geländegängigkeit wurden die Bodenfreiheit auf 29 cm angehoben, das Fahrgestell verstärkt, die Karosserie vereinfacht, leichter gemacht und auf den militärischen Einsatz abgestimmt. Das Getriebe wurde mit einem Sperrdifferenzial und einer kürzeren Gesamtübersetzung versehen, und der Luftfilter wurde vergrößert. So kam der „Kübel" auch dort durch, wo sonst nur noch wenige Fahrzeuge fuhren. Je nach Quelle wurden bis 1945 50.000 oder 55.000 Stück gebaut. Die Karosserie wurde allerdings nicht bei VW, sondern bei Ambi-Budd in Berlin gefertigt und dann zur Montage per Bahn zu VW gebracht. Neben der Standardversion gab es auch Versuchs- und Sondermodelle, die jedoch nie in Serie gingen. 1943 führte der Mangel an Betriebsstoffen zu einer neuen Variante mit einem Holzgasgenerator – erkennbar an dem „Buckel" in der Fronthaube. Es gab Ausführungen für den Betrieb mit Braunkohle, Anthrazitkohle oder Holz.

Leergewicht:	750 kg
Zuladung:	400 kg
Abmessungen in mm (Länge/Breite/Höhe):	3.773/1.600/1.650 (mit Verdeck)
Motor:	bis März 1943: 4-Zylinder-Boxer, Luftkühlung, 985 ccm, 24 PS (17,9 kW); danach: 1.131 ccm, 25 PS (18,6 kW)
Geschwindigkeit:	max. 80 km/h
Fahrbereich:	400–450 km
Bewaffnung:	teils ein 7,92-mm-MG 34 oder MG 42
Furttiefe:	0,45 m

Kfz. 82, Afrikakorps, Libyen 1942.

VW TYP 166 „SCHWIMMWAGEN"

Obwohl sich der Typ 82 im Einsatz bewährte, fehlte ihm doch die uneingeschränkte Gelände- und Schwimmfähigkeit. Besonders Aufklärungsabteilungen und Pioniere wünschten sich ein Fahrzeug, mit dem sie Flüsse oder Seen nicht zu umgehen brauchten. Prof. Porsche entwickelte daher auf Basis des VW Typs 60 den Typ 128, der eine wasserdichte, wannenförmige Karosserie und Allradantrieb besaß. Nach nur 30 Exemplaren wurde die Fertigung des Modells jedoch eingestellt, da es sich als zu komplex und schwer erwies. So entstand der Typ 166, dessen Karosserie erneut von Ambi-Budd in Berlin gebaut wurde. Die Wanne des Typs 166 war türlos, aus Stahlblech geschweißt und hatte eine bootsähnliche Form. Der Motor und das Getriebe wurden vom Typ 128 übernommen. Der neue Schwimmwagen bot Platz für vier voll ausgerüstete Soldaten und verfügte über Allradantrieb. Bei Wasserfahrt wurde eine dreiblättrige Schiffsschraube am Heck des Fahrzeugs heruntergeklappt, durch Schwenken des Propellers konnte gesteuert werden. Sowohl unter den Bedingungen an der Ostfront als auch in der Wüste bewährten sich die Schwimmwagen und wurden oft in Aufklärungseinheiten verwendet. Der eigentliche Vorteil des VW 166 war aber seine Geländegängigkeit, sodass er Kettenfahrzeugen kaum nachstand. Daher war der Schwimmwagen ein beliebter Kommandeur- und Aufklärungswagen. 1942–1944 wurden rund 14.300 Stück gefertigt.

Leergewicht:	910 kg
Zuladung:	435 kg
Abmessungen in mm (Länge/Breite/Höhe):	3.825/1.480/1.615 (mit Verdeck)
Motor:	4-Zylinder Boxer, Luftkühlung, 1.131 ccm, 25 PS (18,6 kW)
Geschwindigkeit: im Wasser:	max. 80 km/h, 10 km/h
Fahrbereich:	ca. 520 km
Bewaffnung:	teils ein 7,92-mm-MG 34 oder MG 42
Furttiefe:	schwimmfähig

VW Typ 166, der „Schwimmwagen".

LEICHTER GELÄNDEGÄNGIGER EINHEITS-PERSONENKRAFTWAGEN

Reichswehr und Wehrmacht waren zunächst mit einer Vielzahl handelsüblicher Fahrzeuge ausgerüstet. 1934–1936 begann das Heereswaffenamt daher mit einer Vereinfachung des PKW-Fuhrparks. Ziel war der Einheits-PKW in drei Gewichtsklassen: leicht, mittel und schwer. Diese PKWs sollten folgende Merkmale aufweisen: permanenter Allradantrieb, Sperrdifferenzial, einheitliches Fahrgestell und austauschbare Verschleißteile. Der leichte Einheits-PKW wurde von BMW mit einem BMW-325-Motor (45 PS/32,85 kW), von Hanomag mit dem Motor 20 b (50 PS/36,8 kW) und von Stöwer mit dem R-180-W-Motor oder AW-2-Motor (beide 50 PS/36,8 kW) hergestellt. Je nach Verwendung und Aufbau erhielten die Fahrzeuge unterschiedliche Kfz.-Nummern, Kfz. 1 war der leichte geländegängige PKW , Kfz. 4 ein Trupp-Luftschutz-Kraftwagen mit einen Zwillings-Fla-MG 34. Insgesamt wurden rund 14.500 Stück gebaut. Diese Fahrzeuge waren überaus wendig und sehr geländegängig, jedoch zu kompliziert und vor allem für die Ostfront kaum geeignet.

Leergewicht:	1.775 kg
Zuladung:	425 kg
Abmessungen in mm (Länge/Breite/Höhe):	3.580/1.570/1.780 (mit Verdeck)
Motor:	4-Zylinder Benzin, Wasserkühlung, 45–50 PS (32,85–36,8 kW)
Geschwindigkeit:	max. 100 km/h
Fahrbereich:	ca. 400 km
Bewaffnung:	als Kfz. 4: zwei 7, 92-mm-MG 34
Furttiefe:	0,6 m

Kfz. 1, leichter geländegängiger PKW.

MITTLERER GELÄNDEGÄNGIGER EINHEITS-PERSONENKRAFTWAGEN

Leergewicht:	2.700 kg
Zuladung:	600 kg
Abmessungen in mm (Länge/Breite/Höhe):	4.440/1.680/1.730 (mit Verdeck)
Motor:	Opel: 6-Zylinder-Reihe, Benzin, Wasserkühlung, 3.600 ccm, 68 PS (50 kW), Horch: V-8, 3.800 ccm, 75 PS (55,2 kW), sonst identische Daten
Geschwindigkeit:	max. 90 km/h
Fahrbereich:	ca. 400 km
Bewaffnung:	keine
Furttiefe:	0,6 m

Der mittlere Einheits-PKW wurde von den Firmen Auto-Union und Opel gebaut. Wegen des langen Radstandes hatten sämtliche PKWs zunächst seitlich an einer besonderen Stützachse angebrachte Reserveräder, um ein Aufsetzen zu verhindern. Ab 1940 wurden die Fahrzeuge jedoch auch ohne diese gefertigt, bei der Auto-Union mit Horch-V8-3800-ccm-Motor. Insgesamt wurden etwa 12.000 Fahrzeuge hergestellt und je nach Einsatzart mit unterschiedlichen Aufbauten versehen, nach denen sich dann die Kfz.-Nummer richtete. Das Kfz. 11 war der mittlere geländegängige PKW ohne Anhängerkupplung, das Kfz. 15 mit Anhängerkupplung, Kfz. 16 und 17 waren Funkwagen. Der Opel-Motor war viel robuster und einfacher, daher wurde er von der Truppe dem Horch-Motor vorgezogen. Im Krieg, besonders an der Ostfront, erwiesen sich diese Fahrzeuge jedoch als zu schwer und kompliziert.

Mittlerer geländegängiger Einheits-PKW Kfz.15 Horch, 16. Infanterie-Division (mot).

SCHWERER GELÄNDEGÄNGIGER EINHEITS-PERSONENKRAFTWAGEN

Das Fahrgestell des schweren Einheits-PKWs wurde ausschließlich bei der Auto-Union bzw. Wanderer gefertigt und von einem Horch-Motor angetrieben. Es gab zwei Ausführungen: A mit 3.000 kg und B mit einem Gesamtgewicht von fast 5.000 kg. Je nach Einsatzzweck erhielten die Fahrzeuge wiederum unterschiedliche Kennnummern, als 8-sitziger PKW z. B. die Bezeichnung Kfz. 18. Weiter gab es u. a. Kranken-Kraftwagen (Kfz. 31), Protzen-Kraftwagen (Kfz. 69) zum Ziehen leichter Geschütze, Funk-Kraftwagen (Kfz. 81) und Mannschafts-Kraftwagen (Kfz. 70). Letzterer wurde mitunter als Behelfsselbstfahrlafette mit der 2-cm-Flak 30 oder 38 ausgerüstet. Alles in allem erwiesen sich auch diese Fahrzeuge im Lauf des Krieges als zu teuer, kompliziert und schwer.

Leergewicht:	A: 3.000 kg, B: 5.000 kg
Zuladung:	900 kg
Abmessungen in mm (Länge/Breite/Höhe):	4.440/1.680/1.730 (mit Verdeck)
Motor:	A: Horch V-8, Benzin, Wasserkühlung, 3.500 ccm, 75 PS (55,2 kW), B: 3.800 ccm, 90 PS (66,2 kW) sonst identische Daten
Geschwindigkeit:	max. 90 km/h
Fahrbereich:	ca. 400 km
Bewaffnung:	als Kfz. 70: 2-cm-Flak 30/38
Furttiefe:	0,6 m

Schwerer geländegängiger Einheits-PKW Kfz.18 Horch, Artillerie-Regiment 606, Afrika 1942.

KRUPP 1,5-TONNER „KRUPP-PROTZE“

Krupp 1,5-Tonner.

Leergewicht:	2.450 kg
Zuladung:	1.500 kg
Abmessungen in mm (Länge/Breite/Höhe):	4.950/1.950/2.300 (mit Verdeck)
Motor:	Krupp 4-Zylinder-Boxer M304, Luftkühlung, 3.308 ccm, 60 PS (44,2 kW)
Geschwindigkeit:	max. 70 km/h
Fahrbereich:	ca. 400 km Straße, Gelände 275 km
Bewaffnung:	Behelfsmäßig 2-cm-Flak 30/38 oder 3,7-cm-Pak 36
Furttiefe:	0,6 m

Von diesem Fahrzeug gab es zwei Ausführungen, L 2 H 43 und L 2 H 143. Der Unterschied zwischen beiden Modellen lag im Radabstand der Hinterachse. Die Fahrzeuge wurden mit folgenden Aufbauten versehen: Protzen-Kraftwagen zum Ziehen von Geschützen (Kfz. 69 „Krupp-Protze“), Mannschafts-Kraftwagen (Kfz. 70) und leichter Scheinwerfer-Kraftwagen (Kfz. 83). Auf Kfz. 69 wurden mitunter 2-cm-Flak oder 3,7-cm-Pak aufgesetzt und so provisorische Selbstfahrlafetten geschaffen. Als problematisch erwies sich der Krupp-Motor, der Benzin mit einer hohen Oktan-Zahl benötigte, das nicht immer zur Verfügung stand. Krupp-Fahrzeuge dieser Art wurden von 1934 bis Anfang 1942 in rund 7.000 Exemplaren gebaut.

OPEL BLITZ 1,5- UND 3-TONNER

Der bekannteste und wohl am häufigsten bei der Wehrmacht eingesetzte LKW war der Opel-Blitz, dessen Versionen bis 1945 in annähernd 130.000 Exemplaren geliefert wurden, davon jedoch nur rund 25.000 der vierradgetriebenen Militärversion 6700A. Damals war der Opel Blitz sicher einer der zuverlässigsten LKW. Der Motor entstammte einem Baukastensystem und war in vielen Teilen mit dem 4-Zylinder aus der PKW-Reihe austauschbar, der auch im NSU-Kettenkrad verwendet wurde. Durch beständige Weiterentwicklung ab 1931 übertraf der Blitz seine Mitbewerber von Daimler-Benz, Borgward oder Magirus. Er erwies sich unter allen Bedingungen als zuverlässig, haltbar und gutmütig. Wie geschätzt er wirklich war, zeigte sich, als Daimler-Benz gezwungen wurde, ihn unverändert in Lizenz zu fertigen und seine eigene 3-Tonner-LKW-Reihe einzustellen. Als DB 701 wurde der Opel ab Juli 1944 mit Wehrmachts-Einheitsführerhaus (jedoch ohne jede Opel-Kennzeichnung) hergestellt. Der Blitz wurde in zahlreichen Versionen gefertigt: als 1,5- oder 3-Tonner, mit Pritschen-, Koffer- oder Busaufbau und mit unterschiedlichen Radständen (36–3.600 mm; 42–4.200 mm; 47–4.700 mm) und Antriebsarten (2x4, 4x4). Sogar eine Halbkettenversion (Opel Maultier) wurde gebaut. Von der Truppe wurden Maultier und LKW gelegentlich auch mit 2-cm- oder 3,7-cm-Flak bewaffnet und als Selbstfahrlafetten eingesetzt. Auch nach 1945 lief die Produktion des Blitz bei Opel weiter.

	1,5-Tonner Typ 2,3–32	3-Tonner Typ 3,6–6700A
Leergewicht:	1.525 kg	3.350 kg
Zuladung:	1.675 kg	3.100 kg
Abmessungen in mm (Länge/Breite/Höhe):	5.400/1.940/1.845	5.950/2.340/3.180 (mit Verdeck)
Motor:	Opel 6-Zylinder-Reihe, Wasserkühlung, 2.473 ccm, 55 PS (39 kW)	Opel 6-Zylinder-Reihe, Wasserkühlung, 3.600 ccm, 75 PS (55,2 kW)
Geschwindigkeit:	max. 80 km/h	max. 80 km/h
Fahrbereich:	ca. 340 km Straße	300 km Straße, 230 km Gelände
Bewaffnung:		behelfsmäßig 2-cm-Flak 30/38 oder 3,7-cm-Flak 36
Furttiefe:	0,5 m	0,5 m

Opel Blitz.

HALBKETTEN-ZUGKRAFTWAGEN SD.KFZ. 6, 7, 8, 9, 10 UND 11

Im Zuge der Motorisierung der Wehrmacht entwickelte das Heereswaffenamt die Idee für insgesamt sechs unterschiedliche Zugkraftwagenmodelle, die einheitliche konstruktive Merkmale besitzen sollten. Die einzelnen Typen waren nach ihrer Anhängelast in unterschiedliche Gruppen eingeteilt. Hauptzweck der Fahrzeuge sollte das Ziehen von Artilleriegeschützen sein. Aufträge für Entwurf und Produktion der Modelle gingen an verschiedene deutsche Hersteller (siehe Tabelle).

Allen Modellen gemeinsam war das relativ lange Gleiskettenlaufwerk mit großen Laufrädern in der typischen Schachtelanordnung und vorn liegendem Antriebsrad. Die luftbereiften Vorderräder waren ohne Antrieb oder Bremse und dienten einzig der Lenkung, allerdings griff ab einem bestimmten Lenkwinkel auch eine Kettensteuerung. Alle Zugkraftwagen bewährten sich im Krieg gut, ja teilweise hervorragend. Sie waren aber technisch zu aufwändige Friedenskonstruktionen mit einer viel zu großen Modellvielfalt, die den Erfordernissen einer rücksichtslosen Massenproduktion unter schwierigsten Bedingungen nicht gerecht werden konnten. Dies zeigte sich dann auch deutlich an den Nachfolgeentwicklungen der Kriegszeit – Wehrmachtsschlepper und Raupenschlepper Ost –, die viel primitiver, aber auch kostengünstiger waren.

Dennoch entstand eine erstaunliche Anzahl der Zugkraftwagen. Die 1-t-Modelle dienten vor allem als Zugmittel für leichte Flak und Pak, die im Lauf des Krieges auch auf die Ladefläche montiert wurden, woraus z. B. das Sd.Kfz. 10/4 mit 2-cm-Flak oder das Sd.Kfz. 10/5 mit 5-cm-Pak entstanden. Der1-t-Zugkraftwagen bildete die Basis für den Schützenpanzerwagen Sd.Kfz. 250. Sd.Kfz. 11 (3-t-Modelle) wurden meist als Zugmittel für leichte Haubitzen und Nebelwerfer eingesetzt. Auf der Basis dieser Fahrgestelle entstand der Schützenpanzer Sd.Kfz. 251. Die 5-t-Zugkraftwagen wurden nicht so häufig eingesetzt und ähnlich wie die 3-t-Modelle verwendet.

Mittlerer Zugkraftwagen 8 t Sd.Kfz. 7.

	Sd.Kfz. 10; 1 t Demag	Sd. Kfz. 11; 3 t Hanomag	Sd. Kfz. 6; 5 t Büssing-NAG	Sd. Kfz. 7; 8 t Kraus-Maffei	Sd. Kfz. 8; 12 t Daimler-Benz	Sd.Kfz. 9; 18 t Famo
Leergewicht:	3.400 kg	5.550 kg	7.500 kg	9.750 kg	12.700 kg	15.200 kg
Zuladung:	1.500 kg	1.550 kg	1.500 kg	1.800 kg	2.000 kg	2.800 kg
Anhängelast:	1.000 kg	3.000 kg	5.000 kg	8.000 kg	14.000 kg	18.000 kg
Abmessungen in mm (Länge/Breite/Höhe):	4.750/1.930/1.620	5.550/2.000/2.150	6.325/2.260/2.500	6.850/2.350/2.620	7.350/2.500/2.770	8.250/2.600/2.850
Motor:	Maybach HL42 6-Zylinder-Reihe, Wasserkühlung, 4.170 ccm, 100 PS (73,6 kW)	Maybach HL42 6-Zylinder-Reihe, Wasserkühlung, 4.170 ccm, 100 PS (73,6 kW)	Maybach HL 54 6-Zylinder-Reihe, Wasserkühlung, 5.420 ccm, 115 PS (84,6 kW)	Maybach HL 62 6-Zylinder-Reihe, Wasserkühlung, 6.191 ccm, 140 PS (103 kW)	Maybach HL 85 V-12, Wasserkühlung, 8.520 ccm, 185 PS (136,2 kW)	Maybach HL 108 V-12, Wasserkühlung, 10.830 ccm, 250 PS (184 kW)
Geschwindigkeit:	max. 65 km/h	max. 52,5 km/h	max. 50 km/h	max. 50 km/h	max. 51 km/h	max. 50 km/h
Fahrbereich:	300 km Straße, 170 km Gelände	240 km Straße, 140 km Gelände	310 km Straße, 150 km Gelände	250 km Straße, 120 km Gelände	250 km Straße, 110 km Gelände	240 km Straße, 100 km Gelände
Furttiefe:	0,7 m	0,5 m	0,6 m	0,65 m	0,63 m	0,8 m
Stückzahl:	ca. 25.000	ca. 25.000	ca. 3.000	ca. 12.000	ca. 4.000	ca. 2.500

Schwerer Zugkraftwagen 18 t (Sd.Kfz. 9).

Eine gewisse Berühmtheit als Zugmittel der legendären „Acht-Acht" erlangte die 8-t-Zugmaschine (Sd.Kfz. 7), auf deren Basis ebenfalls Flak-Selbstfahrlafetten geschaffen wurden. Das Sd.Kfz. 8 (12 t) war als Zugmittel der „schweren Brocken" der Artillerie, wie 15-cm-Haubitzen und 21-cm-Mörser, gedacht. Einige wurden 1940 sogar mit 8,8-cm-Flak bestückt, bewährten sich jedoch nicht. Das größte und schwerste Modell, Sd.Kfz. 9 (18 t), kam meist als Abschleppfahrzeug für liegen gebliebene Panzer zum Einsatz. Als jedoch schwere Modelle wie Tiger und Panther zu bergen waren, brauchte es drei 18-t, um diese Fahrzeuge zu bewegen, sodass die Sd.Kfz. 9 schließlich durch Bergepanzer abgelöst werden mussten.

Sd.Kfz. 10/4 1-t-Zugmaschine mit 2-cm-Flak 30.

Sd.Kfz.10 mit 5-cm-Pak 38.

SD.KFZ. 2 LEICHTES KETTENKRAD NSU HK-101

Kettenkrad NSU.

Leergewicht:	1.280 kg
Zuladung:	325 kg
Abmessungen in mm (Länge/Breite/Höhe):	3.000/1.000/1.200
Motor:	Opel-Olympia, 4-Zylinder-Reihe, Wasserkühlung, 1.500 ccm, 36 PS (26,5 kW)
Geschwindigkeit:	max. 70 km/h
Fahrbereich:	ca. 250 km Straße, 175 km Gelände
Furttiefe:	0,44 m

Das Heereswaffenamt suchte 1939 ein Zugmittel für kleinere Lasten, wie die Leichtgeschütze der Fallschirmjäger, Granatwerfer oder Feldkabel. Dipl.-Ing. Heinrich Ernst entwickelte ein Fahrzeug mit motorradähnlichem Vorderrad und Bedieneinrichtungen und einem hinteren Gleiskettenlaufwerk. Die Produktion übernahmen die NSU-Werke in Neckarsulm und später in Lizenz das Werk Stöwer in Stettin. Die ersten 500 Stück wurden ab Juli 1940 ausgeliefert. Am 5. Juni 1941 wurde das Fahrzeug offiziell als Sd.Kfz. 2 eingeführt. Obgleich sich das Kettenkrad besonders gut im Winter und im Schlamm bewährte, war es im Grunde zu teuer und zu kompliziert (124 Schmierstellen!). Weitere Versionen waren das Sd.Kfz. 2/1 für Feldfernkabel und das Sd.Kfz. 2/2 für schwere Feldkabel. Insgesamt wurden bis 1944 8.733 Kettenkräder gebaut.

GLEISKETTEN-LKW 2 TONNEN „MAULTIER"

Leergewicht:	3.930 kg
Zuladung:	2.000 kg
Abmessungen in mm (Länge/Breite/Höhe):	6.000/2.880/2.710
Motor:	Opel 6-Zylinder-Reihe, Wasserkühlung, 3.600 ccm, 75 PS (55,2 kW)
Geschwindigkeit:	max. 38 km/h
Fahrbereich:	160 km Straße, 80 km Gelände
Furttiefe:	0,44 m

Bedingt durch die schlechten Wetter- und Straßenverhältnisse in der Sowjetunion versuchte man, die LKWs der deutschen Nachschubtruppen geländegängiger zu machen. Man übernahm dafür das Versuchsfahrzeug der Waffen-SS. Dort hatte man ein britisches Carden-Lloyd-Fahrgestell unter einen normalen 3-t-LKW montiert. Die Montage dieses einfachen Gleiskettenlaufwerks an Stelle der Hinterachse bewährte sich, und die Fahrzeuge wurden unter dem Namen „Maultier" (Sd.Kfz. 3) bei der Wehrmacht eingeführt. Umbauten erfolgten bei Opel (Typ 3,6–36 S), bei Klöckner-Humboldt-Deutz (Typ 3000 S mit Diesel) und bei Ford (Typ G 398 TS/V 3000 S). 1942 wurden 635, 1943 rund 13.000 und 1944 erneut 7.310 Fahrzeuge hergestellt. Einige Maultiere wurden mit 2-cm- oder 3,7-cm-Flak ausgestattet. 300 Fahrzeuge wurden mit einem Panzeraufbau versehen und erhielten den 15-cm-Nebelwerfer 41, dessen zehn Rohre um 360 ° schwenkbar waren (Panzerwerfer 42). 90 Fahrzeuge wurde unbewaffnet als Munitionsträger für die Werfer verwendet. Eine 4,5-Tonnen-Ausführung wurde von Daimler-Benz entwickelt, wobei das Fahrgestell eines Panzers II benutzt wurde. Von diesem schweren Modell wurden 1.480 Stück produziert. Als bestes und zuverlässigstes Maultier erwies sich das Magirus-Modell aufgrund des unverwüstlichen Dieselmotors.

Maultier auf der Basis des Opel Blitz.

RAUPENSCHLEPPER OST RSO/01

Ein Raupenschlepper Ost mit 75-mm-Pak.

Leergewicht:	3.500 kg
Zuladung:	1.700 kg
Anhängelast:	3.000 kg
Abmessungen in mm (Länge/Breite/Höhe):	4.425/1.990/2.530
Motor:	Steyr V-8, Luftkühlung, 3.517 ccm, 70 PS (51,5 kW)
Geschwindigkeit:	max. 17 km/h
Fahrbereich:	300 km Straße, 150 km Gelände
Bewaffnung:	Varianten mit 7,5-cm-Pak oder 7,5-cm-Haubitze
Furttiefe:	0,85 m

Da die LKW der Wehrmacht im russischen Schlamm und Eis häufig stecken blieben, die Halbketten-Zugkraftwagen jedoch zu aufwändig in der Fertigung waren, schuf man ein einfach herzustellendes Vollkettenfahrzeug, das selbst unter den widrigsten Bedingungen noch bewegungsfähig sein sollte: den Raupenschlepper Ost, abgekürzt RSO. Als Vorlage dienten beim Vormarsch im Osten erbeutete Kettenschlepper, die äußerst robust und zuverlässig waren. Der RSO/01 wurde ab 1942 bei Steyr gefertigt. Aufgrund des hohen Bedarfs an einem solchen Fahrzeug kamen 1944 die Firmen Klöckner-Humboldt-Deutz und Gräf & Stift sowie Auto-Union dazu. Insgesamt wurden bis Kriegsende fast 26.000 Stück dieser Baureihe gebaut. Eine Selbstfahrlafette auf Basis des RSO mit 7,5-cm-Pak 40 wurde ebenfalls gebaut. Diese Variante bewährte sich jedoch nicht.

Für die Gebirgsjäger wurde der Raupenschlepper-Gebirge (RSG) gefertigt, der eine 7,5-cm-Gebirgshaubitze 34 trug.

SCHWERER WEHRMACHTSSCHLEPPER S.WS

Leergewicht:	13.500 kg
Zuladung:	4.000 kg
Anhängelast:	8.000 kg
Abmessungen in mm (Länge/Breite/Höhe):	6.675/2.500/2.830
Motor:	Maybach HL42, 6-Zylinder, Wasserkühlung, 4.170 ccm, 100 PS (73,6 kW)
Geschwindigkeit:	max. 27 km/h
Fahrbereich:	300 km Straße, 150 km Gelände
Bewaffnung:	Variante mit 3,7-cm-Flak
Furttiefe:	1 m

Als Nachfolger der Zugkraftwagen sollten statt der bisherigen sechs nur noch zwei unterschiedliche Fahrzeuge gebaut werden, die einfach und kostengünstig zu produzieren, aber sehr robust sein sollten: der leichte und der schwere Wehrmachtsschlepper. Von Ersteren entstanden nur Prototypen, die schwere Version ging jedoch ab Herbst 1943 bei Büssing-NAG in Produktion. Zwar wurden die Vorgaben erreicht, jedoch musste auch die Marschgeschwindigkeit stark reduziert werden, sodass diese Fahrzeuge nicht mehr in Panzereinheiten, sondern nur in Infanteriedivisionen eingesetzt wurden. Als Varianten entstanden ein Modell mit 3,7-cm-Flak und ein teilgepanzertes Modell für die Versorgung von Fronteinheiten.

Nur 825 schwere Wehrmachtsschlepper wurden bis März 1945 gebaut.

CAMIONETTA 42 SAHARIANA SPA AS 42

Diese ungepanzerten Fahrzeuge wurden von SPA (damals Teil des Fiat-Konzerns) speziell für den Einsatz in Nordafrika geschaffen, daher die Bezeichnung AS („Africa Settentrionale", was sich ungefähr mit „Nordafrika" übersetzen lässt). Sie basierten auf dem Fahrgestell des Panzerspähwagens AB-41. Die Wagen erhielten übergroße Reifen für den Einsatz im Sand sowie einen großen Treibstofftank und Vorrichtungen für zahlreiche Zusatzkanister, um einen hohen Fahrbereich zu erzielen. Meist wurden die Fahrzeuge von Aufklärungseinheiten und Spezialverbänden, z. B. für Einsätze hinter den gegnerischen Linien, benutzt. Die Bewaffnung der Fahrzeuge war sehr unterschiedlich und reichte von 8-mm-Breda-MG über 2-cm-Breda-Flak bis zu 4,7-cm-Panzerabwehrgeschützen. Auch 2-cm-Panzerbüchsen oder 12,7-mm-MG wurden mitunter verwendet.

Leergewicht:	3.950 kg
Zuladung:	800 kg
Abmessungen in mm (Länge/Breite/Höhe):	5.750/2.250/2.150
Motor:	SPA 6-Zylinder-Reihe, Benzin, 4.995 ccm, Wasserkühlung, 88 PS (64,8 kW)
Geschwindigkeit:	max. 80 km/h
Fahrbereich:	800 km
Bewaffnung:	von 8-mm-MG bis zu 4,7-cm-Pak
Furttiefe:	0,6 m

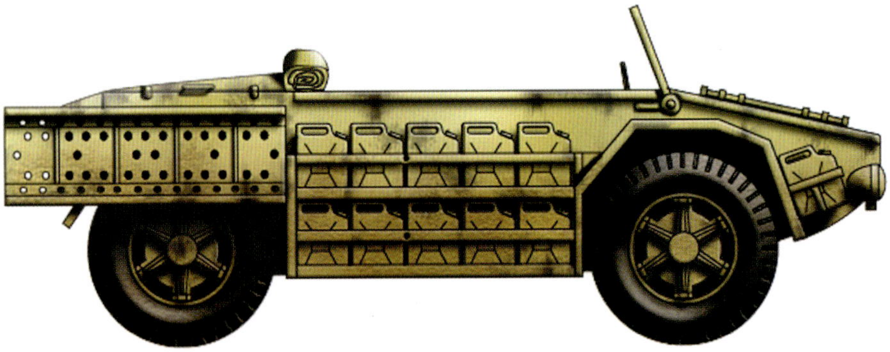

BEDFORD MWD 4X2 15-CWT 0,75-TONNER

Bedford-MWD-Fahrzeuge waren die häufigsten leichten LKWs der britischen Truppen. Die ersten Vorserienmodelle erschienen 1937. Die Serienproduktion lief den gesamten Krieg über bei Vauxhall Motors, wo insgesamt 66.000 Exemplare hergestellt wurden. Neben einer Pritschenversion gab es auch einen Kastenaufbau mit Funkausstattung oder eine Tankausführung mit 200 Gallonen (ca. 900 l) Fassungsvermögen. Von der ganzen 15-cwt-Klasse entstanden in Großbritannien während des Krieges über 230.000 Fahrzeuge. Die Armeen des Britischen Empire gaben die Nutzlast ihrer LKWs in der Abkürzung cwt („hundredweight") an. Diese Gewichtseinheit entspricht 100 englischen Pfund oder 50,8 kg. 15 cwt Zuladung waren also 762 kg. Als vielseitiger und robuster Transporter sehr geschätzt, liefen die letzten Bedford MWD noch in den späten 1950er-Jahren bei den britischen Streitkräften. Leichte LKWs des Typs Bedford MWD (und zahllose weitere Fahrzeuge) wurden 1940 von der Wehrmacht in ansehnlicher Zahl sowohl in Frankreich – besonders beim britischen Rückzug aus Dünkirchen – als auch in Norwegen erbeutet. Da die Wehrmacht chronisch knapp an Fahrzeugen aller Art war, wurden Beutefahrzeuge in den eigenen Fuhrpark übernommen und so lange eingesetzt, wie Ersatzteile vorhanden waren. Teilweise wurden sogar Umbauten und Anpassungen der Orginalfahrzeuge an die deutschen Bedürfnisse vorgenommen. Auch in den Diensten der Wehrmacht bewährte sich der robuste Bedford gut.

Leergewicht:	2.140 kg
Zuladung:	762 kg
Abmessungen in mm (Länge/Breite/Höhe):	4.380/1.990/2.290 (mit Verdeck)
Motor:	Bedford OHV, 6-Zylinder-Reihe, 3.518 ccm, Wasserkühlung, 72 PS (53 kW)
Geschwindigkeit:	max. 80 km/h
Fahrbereich:	385 km
Furttiefe:	0,7 m

Ein Bedford MWD.

BEDFORD QLD 4X4 3-TONNER

Der Bedford QLD war der meistgebaute britische 3-Tonner. Die Konstruktion des allradgetriebenen Fahrzeugs begann kurz nach Ausbruch des Krieges. 1941 wurden die ersten Exemplare an die Truppe geliefert. Vauxhall in Luton baute 52.245 QLD, die nicht nur bei der britischen Armee liefen. Auch die Sowjetunion erhielt im Rahmen der alliierten Militärhilfe 1942 eine Reihe der Fahrzeuge. Die vielseitigen und zuverlässigen LKWs wurden für die unterschiedlichsten Rollen eingesetzt, von der Zugmaschine für Artillerie über Transportaufgaben bis zum Tankfahrzeug. Größter Nachteil des Bedford war sein schwacher Motor.

Leergewicht:	9.700 kg
Zuladung:	3.000 kg
Abmessungen in mm (Länge/Breite/Höhe):	5.990/2.260/3.000
Motor:	Bedford OHV, 6-Zylinder-Reihe, 3.518 ccm, Wasserkühlung, 72 PS (53 kW)
Geschwindigkeit:	max. 60 km/h
Fahrbereich:	370 km
Furttiefe:	0,4 m

Bedford QLD.

MORRIS COMMERCIAL C 8 „QUAD" ARTILLERIEZUGMASCHINE

Leergewicht:	9.700 kg
Zuladung:	3.000 kg
Abmessungen in mm (Länge/Breite/Höhe):	5.990/2.260/3.000
Motor:	Bedford OHV, 6-Zylinder-Reihe, 3.518 ccm, Wasserkühlung, 72 PS (53 kW)
Geschwindigkeit:	max. 60 km/h
Fahrbereich:	370 km
Furttiefe:	0,4 m

Ursprünglich entwickelte die Firma Guy Motors auf der Basis des allradangetriebenen Fahrgestells des Morris Commercial C 8 im Jahr 1937 eine Artilleriezugmaschine für 25-Pfünder-Geschütze. Als mit Ausbruch des Krieges allerdings der Bedarf an solchen Fahrzeugen stark anstieg, begann auch Morris selbst mit der Produktion dieses Fahrzeugs. Später stellte auch Chevrolet Canada eine ganze Anzahl der Fahrzeuge her. Allgemein als „Quad" bekannt, boten diese Zugkraftwagen ausreichend Platz für Mannschaft und Munition. Aufgrund ihres 4x4-Antriebs waren sie überaus zugstark und ausgesprochen geländetauglich. Zusätzlich verfügten die „Quads" über eine Winde mit 4.000 kg Zugkraft. Neben Modellen mit einer geschlossenen Metallkarosserie gab es später auch solche, die ein Segeltuchverdeck erhielten. Insgesamt wurden von allen Herstellern über 10.000 Exemplare produziert und bei den Streitkräften des Commonwealth eingesetzt.

Morris Commercial C 8 „Quad".

FORD F15A 4X4 15-CWT 0,75-TONNER

Ein Ford 15A mit Allradantrieb.

Leergewicht:	2.490 kg
Zuladung:	762 kg
Abmessungen in mm (Länge/Breite/Höhe):	4.216/2.100/2.188
Motor:	Ford V-8, Wasserkühlung, 95 PS (69,9 kW)
Geschwindigkeit:	max. 90 km/h
Fahrbereich:	350 km
Bewaffnung:	Variante mit 2-cm-Flak
Furttiefe:	0,6 m

Kanada produzierte während des Krieges über 710.000 LKWs aller Art, die bei den Commonwealth-Streitkräften eingesetzt wurden. Viele ähnelten sich, denn sie wurden nach dem Standard des Canadian Military Pattern (CMP) hergestellt. Schon 1937 begannen auf der Grundlage eines britischen Anforderungskatalogs bei Ford of Canada Planungen für einen leichten Militär-LKW mit 4x4-Antrieb. Ein Jahr später schloss sich General Motors bzw. Chevrolet den Planungen an, und man entwarf Fahrzeuge unterschiedlicher Klassen, die ein Höchstmaß an gemeinsamen Komponenten haben sollten. Das Ergebnis waren die CMP-LKWs, die sich meist nur in der Motorisierung voneinander unterschieden. Erste Prototypen wurden 1939 rigorosen Tests unterzogen, und ab 1940 begann die Serienfertigung. Bei Ford und Chevrolet gebaute 0,75-Tonner (15-cwt) waren die zahlreichsten leichten LKWs dieses Programms. Die Fahrzeuge waren vielseitig, robust und fanden in jedem Bereich der Streitkräfte Verwendung. Fords 0,75-Tonner existierten in den unterschiedlichsten Varianten: Der Ford 15A verfügte über Allradantrieb, die Variante Ford 15 nur über Hinterradantrieb. Zudem gab es Modelle, die ein Segeltuchverdeck über der Fahrerkabine trugen. Wieder andere hatten ein Metalldach. Ähnliches gilt für die bei Chevrolet gebauten 0,75-Tonner gleichen Musters. Vom Ford 15A gab es auch eine Version mit einer auf der Ladefläche aufgesetzten 2-cm-Polsten-Flak, einer Variante der bekannten 2-cm-Oerlikon.

CHEVROLET C60L 4X4 3-TONNER

Leergewicht:	3.023 kg
Zuladung:	3.048 kg
Abmessungen in mm (Länge/Breite/Höhe):	5.664/2.100/2.276
Motor:	Chevrolet 6-Zylinder-Reihe, Wasserkühlung, 3.600 ccm, 85 PS (62,6 kW)
Geschwindigkeit:	max. 70 km/h
Fahrbereich:	270 km
Furttiefe:	0,5 m

Chevrolet of Canada, Teil des riesigen General-Motors-Konzerns, baute wie Ford of Canada während des Zweiten Weltkrieges große Stückzahlen von standardisierten Militärfahrzeugen. Eines dieser CMP-Fahrzeuge war der C60L („C“ für Chevrolet, „60“ für 60 cwt – also ca. 3 t –, „L“ für den langen Radstand). Der Chevrolet unterschied sich vor allem durch einen anderen Motor von dem Ford-LKW gleichen Musters. Für Laien sind beide Varianten, wie fast alle CMP-Fahrzeuge, nur am Firmenemblem voneinander zu unterscheiden. Insgesamt wurden rund 209.000 CMP-3-Tonner gebaut. Sie galten zwar als untermotorisiert und langsam, jedoch auch als unverwüstlich und zuverlässig. Dank ihres 4x4-Antriebs waren sie auch als Zugmaschinen geeignet. Die Zuladung von 3 t konnte problemlos um einiges überschritten werden. Zahlreiche Varianten, die sich vor allem in ihren Aufbauten, langen oder kurzen Radständen und den Fahrerkabinen unterschieden, wurden gebaut. Wie auch die 0,75-Tonner wurden 3-Tonner an fast jeden denkbaren Zweck angepasst, vom Pritschenwagen bis zum Kofferaufbau mit OP-Saal. Einige dieser LKWs wurden auch an die Sowjetunion geliefert.

GAZ-AA UND GAZ-AAA

Leergewicht:	1.810 kg
Zuladung:	1.500 kg
Abmessungen in mm (Länge/Breite/Höhe):	5.300/2.000/1.950
Motor:	GAZ 4-Zylinder-Reihe, Wasserkühlung, 3.285 ccm, 40 PS (29,4 kW)
Geschwindigkeit:	max. 70 km/h
Fahrbereich:	200 km
Furttiefe:	0,4 m

Dieser altertümlich wirkende LKW war der sowjetische Standard-1,5-Tonner und beruhte auf dem Ford-AA aus den späten 1920er-Jahren. Bei ihren Bemühungen, die junge Sowjetunion rasch zu einer Industrienation zu machen, scheute die KPdSU auch nicht vor einer Zusammenarbeit mit Kapitalisten zurück. So gewann man Ford zunächst für die Lieferung von Fahrzeugen in Einzelteilen und später für die Lizenzproduktion von LKWs. 1930 trafen die ersten Bausätze aus den USA ein, und ab 1932 lief die Lizenzproduktion in Gorky. Der GAZ-AA, wie das Ford-Modell nun hieß, war ein einfaches, jedoch hervorragend an die russischen Verhältnisse angepasstes Fahrzeug. Die Deutschen erbeuteten 1941/1942 zahlreiche GAZ 1,5-Tonner, die von der Wehrmacht weiterverwendet wurden.

Der GAZ war extrem robust und trotz fehlenden Allradantriebs recht geländegängig. Weil in der Sowjetunion nur ein 1,5-Tonner produziert wurde, waren riesige Stückzahlen möglich. 1932–1946 wurden über 1 Million GAZ-AA und GAZ-AAA (die dreiachsige Version) hergestellt.

ZIS-5 3-TONNER

Wie in der 1,5-Tonnen-Klasse wurde auch bei den 3-Tonnern vor und während des Krieges nur ein einziges Modell in der Sowjetunion gebaut. Auch der ZIS-5 beruhte auf einem US-Vorbild, nämlich einem LKW der Marke Autocar. Ab 1933 wurden im Moskauer ZIS-Werk (ZIS: Zavod Imeni Stalina – Stalin-Fabrik) LKWs dieses Typs hergestellt. Als im Herbst 1941 die Wehrmacht bedrohlich an Moskau heranrückte, wurde das Werk nach Osten verlegt, die Produktion aber rasch wieder aufgenommen. Ähnlich dem GAZ 1,5-Tonner war auch der ZIS-5 eher primitiv, allerdings extrem robust und belastbar. Die Wehrmacht setzte erbeutete Exemplare mit Vorliebe ein, da sie unter russischen Verhältnissen leistungsfähiger waren als die meisten deutschen Modelle. Im Juni 1941 verfügte die Rote Armee über rund 105.000 ZIS-5, bis 1945 wurden noch einmal 84.000 gebaut. Allerdings verließ sich die Rote Armee im LKW Bereich während des Krieges größtenteils auf Lieferungen aus den USA. Allein rund 500.000 3-Tonner und 50.000 Jeeps wurden im Rahmen des Leih- und Pacht-Abkommens geliefert.

Leergewicht:	k. A.
Zuladung:	3.000 kg
Abmessungen in mm (Länge/Breite/Höhe):	6.060/2.235/2.160
Motor:	GAZ 6-Zylinder-Reihe, Wasserkühlung, 5.557 ccm, 73 PS (53,7 kW)
Geschwindigkeit:	max. 70 km/h
Fahrbereich:	200 km
Furttiefe:	0,5 m

Viele LKWs der Roten Armee wurden aus Materialmangel mit Fahrerhäusern aus Holz ausgerüstet, wie dieser ZIS-5.

VOLLKETTENSCHLEPPER STALINEZ 65SG

Stalinez (russisch für „Stalinist") war in den 1930er-Jahren die stolze Bezeichnung für eine ganze Reihe landwirtschaftlicher Nutzfahrzeuge in der Sowjetunion. Neben der friedlichen Verwendung wurden jedoch auch verschiedene Modelle als Artillerieschlepper eingesetzt, so auch der Stalinez 65SG. Aufgrund der teils miserablen Straßenverhältnisse mit Schlamm und hohem Schnee waren Vollkettenschlepper die einzigen Fahrzeuge, die stets Mobilität gewährleisten konnten. Diese bittere Erfahrung mussten auch die deutschen Truppen machen, als sich ihre Fahrzeuge im russischen Matsch und Schnee festfuhren. Erbeutete Vollkettenschlepper waren daher bei der Wehrmacht sehr begehrt.

Obwohl von geradezu primitivem Erscheinungsbild, waren sie an die harten klimatischen Bedingungen bestens angepasst. Breite Ketten und bullige Motoren sorgten für ein langsames, jedoch stetiges Vorankommen in tiefstem Schlamm und Schnee. Dank einer Vorwärmanlage sprangen diese Schlepper auch bei den kältesten Temperaturen an. Besonders zum Ziehen von Artillerie oder liegen gebliebener Fahrzeuge waren die Schlepper auf beiden Seiten unentbehrlich. Der Raupenschlepper Ost der deutschen Wehrmacht entstand nach dem Vorbild dieser Fahrzeuge. Vom Stalinez 65 und 65SG wurden 1937–1941 insgesamt 37.626 Stück gebaut. Die Vielfalt der Varianten war sehr groß. Je nachdem, aus welchem Werk die Zugmaschine kam, unterschieden sich Details wie etwa der Aufbau voneinander.

Leergewicht:	11.200 kg
Anhängelast:	4.000 kg
Abmessungen in mm (Länge/Breite/Höhe):	4.086/2.416/2.803
Motor:	Stalinez 17, 4-Zylinder-Diesel, Wasserkühlung, 18.500 ccm, 75 PS (55,2 kW)
Geschwindigkeit:	7 km/h
Fahrbereich:	300 km Straße
Furttiefe:	0,8 m

Ein Stalin-Traktor als Zugmaschine für eine 15,2-cm-Haubitze ML-20.

Ein ehemals sowjetischer Schlepper dient als Zugmaschine für eine deutsche 8,8-cm-Flak.

WILLYS MB „JEEP"

Leergewicht:	1.106 kg
Zuladung:	550 kg (Straße) oder 360 kg (Gelände)
Abmessungen in mm (Länge/Breite/Höhe):	3.370/1.570/1.303 (Windschutzscheibe geklappt)
Motor:	Willys 442, 4-Zylinder-Reihe, Benzin, Wasserkühlung, 2.199 ccm, 60 PS (44,7 kW)
Geschwindigkeit:	100 km/h Straße, 80 km/h Gelände
Fahrbereich:	450 km
Bewaffnung:	teils mit einem 12,7-mm-MG
Furttiefe:	0,5 m

Der Jeep war sicher das bekannteste Militärfahrzeug des Zweiten Weltkrieges, und die Bezeichnung „Jeep" ist heute zum Synonym für Geländefahrzeuge geworden. Begonnen hat die Geschichte des Jeeps 1940, als die US-Armee ein kleines, geländegängiges, günstiges und für die Massenproduktion geeignetes Fahrzeug suchte. Vorserienfahrzeuge dreier Werke (Bantam, Ford und Willys) wurden rigoros getestet, woraus der Entwurf MA der Firma Willys-Overland als Sieger hervorging. Im Lauf des Jahres 1941 wurden 18.600 Stück dieses Modells hergestellt, allerdings waren sowohl Willys als auch die US-Armee noch nicht ganz zufrieden. Willys überarbeitete daher den Entwurf und stellte unter der Bezeichnung MB die endgültige Version vor. Neben Willys stieg auch Ford in die Serienproduktion ein. Die dort produzierten Wagen trugen die Bezeichnung GPW und unterschieden sich nur in kleinen Details vom MB. Bis Kriegsende stellten beide zusammen rund 640.000 Jeeps her (zum Vergleich: Der VW-Kübel brachte es auf nur ca. 52.000 Stück!). Wo auch immer alliierte Truppen auftauchten, war der Jeep in vorderster Front dabei. Der MB verfügte durch seinen Vierradantrieb und das geringe Gewicht über eine extreme Geländegängigkeit, zudem war er robust und zuverlässig. Bei der Truppe waren Jeeps „Mädchen für alles", daher wurden zahlreiche Varianten gebaut oder vor Ort umgerüstet. Zu den wichtigsten gehörten mit MG bewaffnete Modelle, eine Funkversion mit Antennenausstattung und Ambulanzversionen.

Ford entwickelte mit Marmon-Herrington und Sparkman & Stevens eine Amphibienversion, die sich jedoch bei der Truppe nicht bewährte, sodass die Produktion 1943 eingestellt wurde. Die meisten „Seeps" (Sea Jeeps) wurden an die Sowjetunion geliefert, wo man ironischerweise so beeindruckt war, dass man daraus ein eigenes Modell entwickelte. Am berühmtesten waren die Jeeps des britischen Special Air Service (SAS), einer Eliteeinheit, die Überfälle hinter den feindlichen Linien ausführte. Diese Jeeps waren schwer bewaffnet, teils gepanzert und führten so viel Ausrüstung mit, dass alles „Unnötige", z. B. Stoßstangen und Kühlergrill, entfernt wurde, um Gewicht zu sparen.

Diese Amphibienausführung des Jeeps stand in den Diensten der Roten Armee – als eines von 50.000 der im Rahmen des Leih- und Pacht-Abkommens gelieferten Exemplaren.

DODGE 0,75-TONNER DER SERIE T-214

Dodge, Teil des Chrysler-Konzerns, baute während des Zweiten Weltkrieges eine verwirrende Anzahl unterschiedlicher 0,75-Tonner. Die Serie hieß T-214, hinzu kamen Kennziffern zur Bezeichnung des Aufbautyps, die von WC-51 bis zu WC-60 reichten. Die Hauptversion war der Kommando- und Aufklärungswagen (WC-56). Zusätzlich gab es verschiedene Waffenträger, die teils sogar eine 3,7-cm-Pak trugen (WC-55), Funk- und Werkstattwagen sowie Versionen mit Kofferaufbau. Allen gemeinsam waren Motor, Fahrgestell und 4x4-Antrieb. Die Version WC-56 war das meistgebaute Modell und wurde meist als Verbindungsfahrzeug, Wagen für hohe Offiziere oder bei Aufklärungseinheiten eingesetzt. Entsprechend ihres Einsatzes verfügten die Wagen über Funkausrüstung, Landkartentische und ein abnehmbares Segeltuchverdeck. Die Dodge-Reihe T-214 (auch „Beep-Big Jeep" genannt) zeichnete sich durch hohe Zuverlässigkeit und den widerstandsfähigen Motor aus, der auch die schlechteste Behandlung ertrug. Dodge baute rund 253.000 Fahrzeuge dieses Typs, die noch Jahrzehnte nach 1945 bei Streitkräften in aller Welt im Einsatz waren.

Leergewicht (alle Daten WC-56):	2.443 kg
Zuladung:	750 kg
Abmessungen in mm (Länge/Breite/Höhe):	4.240/1.980/2.060
Motor:	Dodge T-214, 6-Zylinder-Reihe, Benzin, 3.772 ccm, Wasserkühlung, 92 PS (67,7 kW)
Geschwindigkeit:	110 km/h Straße; 80 km/h Gelände
Fahrbereich:	380 km
Bewaffnung:	3,7-cm-Pak (WC-55)
Furttiefe:	0,86 m

Ein Dodge WC-51.

Eine Dodge-Ambulanz.

Dieser Dodge WC-52 stand in den Diensten der Roten Armee – als einer von 25.000 Exemplaren, die im Rahmen des Leih- und Pacht-Abkommens geliefert wurden.

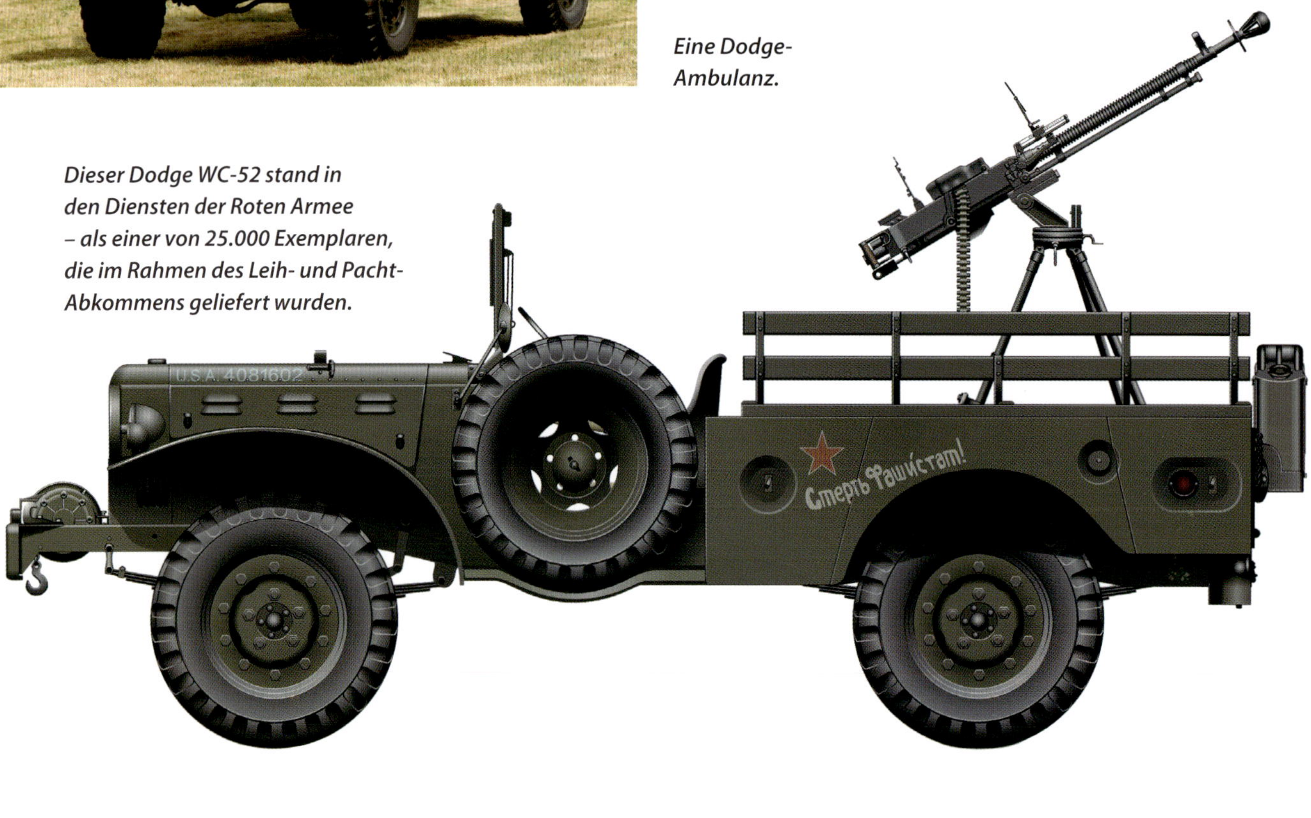

GMC CCKW 2,5-TONNER

Das Standardisierungsprogramm der US-Streitkräfte sah ab 1939 nur zwei verschiedene Fahrzeuge in jeder Klasse vor. Eine dieser Fahrzeugklassen waren 2,5-Tonnen-LKW, von denen bis 1945 über 800.000 Einheiten gebaut wurden. Der größte Hersteller war General Motors (GMC) mit – je nach Quelle – 562.750 oder 625.000 Einheiten. Aber auch Firmen wie Studebaker, Reo oder International stellten während des Krieges 2,5-Tonner her. GMC baute eine große Anzahl unterschiedlicher Versionen. Es gab Fahrgestelle mit kurzem (CCKW-352) und langem Radstand (CCKW-353), 6x6- oder 6x4-Antrieb und sogar Typen mit nur zwei Achsen statt der üblichen drei. Frühe Modelle verfügten über eine geschlossene Fahrerkabine, spätere Versionen hatten ein Segeltuchdach. Auf diese verschiedenen Fahrgestelle setzte man die unterschiedlichsten Aufbauten, vom Kofferaufbau über Tanks für Benzin oder Wasser, Krananlagen, bis zu Aufbauten für Werkstatt- oder Feuerwehrwagen. Am häufigsten war jedoch die hier abgebildete Version mit Ladepritsche und Plane.

Leergewicht (alle Daten CCKW 353):	5.420 kg
Zuladung:	2.500 kg
Abmessungen in mm (Länge/Breite/Höhe):	6.928/12.235/2.200
Motor:	GMC 6-Zylinder-Reihe, OHV, Benzin, 4.420 ccm, Wasserkühlung, 90 PS (66,2 kW)
Geschwindigkeit:	80 km/h
Fahrbereich:	280 km
Bewaffnung:	12,7-mm-Fla-MG
Furttiefe:	0,75 m

DUKW AMPHIBIEN-LKW

Leergewicht:	7.400 kg
Zuladung:	2.500 kg
Abmessungen in mm (Länge/Breite/Höhe):	9.449/2.515/2.841 (mit Verdeck)
Motor:	GMC 6-Zylinder-Reihe, OHV, Benzin, Wasserkühlung, 4.420 ccm, 90 PS (66,2 kW)
Geschwindigkeit:	80 km/h (im Wasser 10 km/h)
Fahrbereich:	280 km
Furttiefe:	0,75 m

Dieses wegen seiner militärischen Kennung DUKW „Duck" (Ente) genannte Fahrzeug war im Grunde nichts anderes als ein GMC 2,5-Tonner mit einem bootsförmigen Rumpf. Die US-Armee benötigte für ihre amphibischen Landungen ein Transportfahrzeug, das Truppen und Material von Schiffen an die Küste und auch noch weiter ins Landesinnere bringen konnte. GMC entwickelte daher mit der Bootswerft Sparkman & Stevens eine Amphibienversion des bewährten GMC 2,5-Tonners. Um auch bei Beschussschäden schwimmfähig zu bleiben, waren die DUKW mit leistungsfähigen Lenzpumpen ausgestattet. Obgleich von plumpem Aussehen, waren die DUKW recht seetüchtig und erwiesen sich als wertvoll im Pazifik, aber auch 1944 in der Normandie. Bis 1945 wurden über 21.000 Exemplare gebaut.

M4 VOLLKETTENZUGMASCHINE

Leergewicht:	14.288 kg
Anhängelast:	17.000 kg
Abmessungen in mm (Länge/Breite/Höhe):	5.230/2.460/2.520
Motor:	6-Zylinder-Reihe, Benzin, Wasserkühlung, 210 PS (154,6 kW)
Geschwindigkeit:	53 km/h (Straße)
Fahrbereich:	280 km Straße
Bewaffnung:	teils ein 12,7-mm-Fla-MG M2HB
Furttiefe:	1 m

Der M4 „High-Speed-Tractor" entstand aufgrund einer Forderung der US-Armee nach einer neuen, beweglichen Zugmaschine für schwere Artillerie- und Flakgeschütze, wie die 9-cm-Flak M1, die 15,5-cm-Kanone M2 „Long Tom" oder die 20,3-cm-Haubitze M1. Die Entwicklung des M4 begann 1941, der Ausgangspunkt war das Fahrgestell des leichten Panzers M2A1. 1942 erhielt die neue, bei Allis-Chalmers gefertigte Zugmaschine die Bezeichnung M4 und wurde an die Truppe ausgegeben. Der M4 verfügte neben bis zu zehn Sitzen für die gesamte Geschützmannschaft im Vorderbereich auch über Stauraum für ausreichend Munition, sodass Protzen überflüssig wurden. Der Motor befand sich im Mittelbereich. Zum Laden der schweren Geschosse stand zudem ein kleiner Kran zur Verfügung. Eine Seilwinde mit 13 t Zugkraft war im Heck oberhalb der Hängerkupplung installiert. Oftmals war auf dem Dach der Besatzungskabine ein Drehkranz mit einem 12,7-mm-Fla-MG des Typs Browning M2HB angebracht. Allis-Chalmers baute 1943–1945 rund 5.500 Fahrzeuge dieses Typs, die sich in allen Aufgaben bestens bewährten – sowohl auf der Straße als auch im Gelände. Nach dem Krieg wurden den Vollkettenzugmaschinen dieser Art von den USA im Zuge ihres Militärhilfeprogramms an zahlreiche Nationen geliefert, z. B. Brasilien, Japan, Pakistan und Jugoslawien. Auch die junge Bundeswehr profitierte von diesen Lieferungen und nutzte bis Anfang der 1960er-Jahre eine Anzahl von M4, um ihre schweren Geschütze zu ziehen.

Die Vollkettenzugmaschine M4.

M29 WEASEL

Ursprünglich wurde dieses Gleiskettenfahrzeug für Spezialeinheiten entwickelt, die Fabriken in Norwegen angreifen sollten, in denen von den Nationalsozialisten „schweres Wasser" (Deuterium), das man für den Bau von Atombomben benötigt, produziert wurde. Da man damit rechnete, dass die Truppen Schnee und Eis überwinden müssten, wollte man sie mit einem neuen Fahrzeug ausrüsten. Am 17. Mai 1942 erhielt Studebaker den Auftrag, und nur 34 Tage später wurde der erste Prototyp vorgestellt, der aber nicht sofort alle Anforderungen erfüllte. Daher wurden am zweiten Prototypen Veränderungen vorgenommen, allerdings wurde kurz darauf der geplante Angriff abgeblasen. Trotzdem erkannte die US-Armee das Potenzial des „Weasel" genannten Fahrzeugs und rüstete Gebirgstruppen und Pioniere mit ihm aus. M29 dienten vor allem zum Transport von Nachschub und Verwundeten. In abgelegenen Gebieten wie Alaska, Grönland oder Island wurden M29 auch für Rettungseinsätze benutzt. Frühe Serienmodelle hießen M28, das Hauptserienmodell M29. Obwohl auch die Basisversion schwimmfähig war, ließ sie sich im Wasser nur schwer steuern. Daher entstand eine Amphibienversion, der M29C mit bootsförmigen Bug, Auftriebshilfen und Seilwinde. Insgesamt baute Studebaker 1942–1945 rund 15.124 Exemplare. Nach dem Krieg dienten M29 bei den US-Streitkräften. Im zivilen Bereich wurden M29 für die Polarforschung eingesetzt. Die letzten M29 wurden bis in die 1980er-Jahre in Norwegen verwendet, also in jenem Terrain, für das sie entworfen worden waren.

Leergewicht:	1.851 kg
Zuladung:	545 kg
Abmessungen in mm (Länge/Breite/Höhe):	3.194/1.708/1.524
Motor:	Studebaker 6-Zylinder-Reihe, Benzin, Wasserkühlung, 75 PS (55,2 kW)
Geschwindigkeit:	58 km/h
Fahrbereich:	250 km
Furttiefe:	0,8 m

Der M29 „Weasel" der US-Armee.

GEPANZERTE FAHRZEUGE

LEICHTER PANZERSPÄHWAGEN SD.KFZ. 221, 222, 223

Sd.Kfz. 223, 15. Pz.Div., Libyen 1942.

	Sd.Kfz. 223 Ausführung B
Gefechtsgewicht:	4.400 kg
Besatzung:	3 Mann
Abmessungen in mm (Länge/Breite/Höhe):	4.800/1.950/1.800; Höhe mit Antenne 2.060
Motor:	Horch V-8, Benzin, Wasserkühlung, 3.823 ccm, 81 PS (59,6 kW)
Leistungsgewicht:	16,9 PS/t
Geschwindigkeit:	Straße 80 km/h
Fahrbereich:	Straße 280 km, Gelände 200 km
Bewaffnung:	1 x 7,92-mm-MG 34
Panzerung:	8–14,5 mm, später bis 30 mm
Furttiefe:	0,6 m

Die Wehrmacht nutzte eine ganze Serie von leichten Spähwagen, die alle auf dem gleichen Fahrgestell beruhten. Ab 1936 kam das Sd.Kfz. 221 – zunächst nur mit einem MG 34 bewaffnet – zur Truppe. Ab 1942 kam jedoch auch die 2,8-cm-Panzerbüchse zum Einbau. Diese leichten Aufklärungsfahrzeuge bestanden im Grunde aus einem gepanzerten Aufbau auf einem herkömmlichen Kfz-Fahrgestell mit einem drehbaren Turm. Das Sd.Kfz. 222 besaß zusätzlich zum MG 34 eine 2-cm-KwK und hatte einen größeren Turm. Das Sd.Kfz. 223 war ein Sd.Kfz. 221 mit einer großen, auffälligen Rahmenantenne und einer leistungsstarken Funkanlage. Fahrzeuge dieser Reihe wurden in den Panzerspähwagenabteilungen der Aufklärungsbataillone eingesetzt, meist als Team aus Kanonen- und Funkwagen. Die Sd.Kfz. 260 und 261 waren turmlose, unbewaffnete Versionen des Sd.Kfz. 223. Sie trugen eine komplette Funkausrüstung und wurden unter der Bezeichnung „kleiner Panzerfunkwagen" hauptsächlich in Hauptquartieren und Panzerfunkkompanien eingesetzt. Alle Modelle blieben bis Kriegsende im Einsatz und waren gute, jedoch zu komplizierte Entwürfe. In Russland wurde ihre Aufgabe schließlich von speziellen Halbkettenfahrzeugen übernommen. Insgesamt wurden 1936–1942 2.118 Wagen gebaut.

SCHWERER PANZERSPÄHWAGEN SD.KFZ. 231 UND 232 (6-RAD)

	Sd.Kfz. 231 Typ G31 (Büssing-NAG)
Gefechtsgewicht:	5.700 kg
Besatzung:	4 Mann
Abmessungen in mm (Länge/Breite/Höhe):	5.570/1.820/2.250; Höhe mit Antenne 2.900
Motor:	Büssing-NAG Typ G 4-Zylinder-Reihe, Benzin, Wasserkühlung, 3.920 ccm, 60 PS (44,2 kW)
Leistungsgewicht:	10,5 PS/t
Geschwindigkeit:	Straße 65 km/h
Fahrbereich:	Straße 260 km, Gelände 140 km
Bewaffnung:	1 x 2-cm-KwK 30, 1 x 7,92-mm-MG 34
Panzerung:	8–14,5 mm
Furttiefe:	0,5 m

Sd.Kfz. 232 (6-Rad) mit Bügelantenne.

Diese Panzerspähwagen entstanden auf der Basis handelsüblicher LKW-Fahrgestelle, die man mit einem überpanzerten Aufbau und mit einem Drehturm versah. Drei Firmen (Daimler-Benz, Büssing und Magirus) bauten ab den frühen 1930er-Jahren jeweils leicht unterschiedliche Modelle. Keines von ihnen hatte Allradantrieb, und ihre Geländegängigkeit war relativ gering. Nach 1940 wurden sie nicht mehr an der Front verwendet. Das Sd.Kfz. 231 (6-Rad) war der so genannte Kanonenwagen, das Sd.Kfz. 232 (6-Rad) verfügte über eine Funkausrüstung und eine große Bügelantenne. In wenigen Stückzahlen wurde auch das Sd.Kfz. 263 gebaut, das als Befehlsfahrzeug diente und einen großen Aufbau anstelle des Turms trug. Als Besonderheit verfügten alle Versionen über zwei Fahrstände im Bug und Heck des Fahrzeugs. Insgesamt wurden von allen 6-Rad-Spähwagen 928 Stück hergestellt.

SCHWERER PANZERSPÄHWAGEN SD.KFZ. 231 UND 232 (8-RAD)

Sd.Kfz. 232 (8-Rad).

	Sd.Kfz. 232
Gefechtsgewicht:	8.800 kg
Besatzung:	4 Mann
Abmessungen in mm (Länge/Breite/Höhe):	5.850/2.200/2.340; Höhe mit Antenne 2.900
Motor:	Büssing-NAG Typ L 8V-GS V-8, Benzin, Wasserkühlung, 8.360 ccm, 180 PS (132,5 kW)
Leistungsgewicht:	20,5 PS/t
Geschwindigkeit:	Straße 85 km/h
Fahrbereich:	Straße 300 km, Gelände 160 km
Bewaffnung:	1 x 2-cm-KwK 30, 1 x 7,92-mm-MG 34
Panzerung:	8–14,5 mm, später 30 mm
Furttiefe:	1 m

Die Heeresleitung war sich über die Beschränkungen des 6-Rad-Spähwagens recht bald im Klaren, daher erteilte sie bereits 1934 einen Auftrag zur Entwicklung eines Nachfolgetyps. 1937 lieferte Büssing-NAG die ersten Exemplare an die Wehrmacht. Die aufgrund der gleichen Rolle wie die 6-Rad-Version ebenfalls „Sd.Kfz. 231" und „Sd.Kfz. 232" genannten Spähwagen waren die besten und geländefähigsten Modelle, die zu jener Zeit gebaut werden konnten. Allerdings konnte dies nur mit einem recht komplexen Fahrgestell mit Allradantrieb und -lenkung erreicht werden. Zudem waren die Wagen relativ hoch und groß geraten – für ein Spähfahrzeug ein ziemlicher Nachteil. Auch die 8-Rad-Wagen hatten wiederum Front- und Hecksteuerung. Im Lauf des Krieges erwiesen sich die Fahrzeuge aufgrund ihrer Größe als leicht verwundbar. Daher erhielten sie zunächst einen so genannten Pak-Schutz: eine 10-mm-Panzerplatte in einigem Abstand vor dem Bug. Später wurde die Frontpanzerung auf 30 mm angehoben. Neben den zwei Hauptversionen gab es ein Befehlsfahrzeug (Sd.Kfz. 263) mit großem Aufbau und eine Unterstützungsvariante mit oben offenem Aufbau und einer kurzen 7,5-cm-Stuk L/24 (Sd.Kfz. 233). Bis zur Einstellung der Produktion 1942 wurden 1.235 8-Rad-Spähwagen gebaut.

SCHWERER PANZERSPÄHWAGEN SD.KFZ. 234 PUMA

Die erste Generation der 8-Rad-Spähwagen war zwar ziemlich erfolgreich, hatte aber dennoch einige gravierende Nachteile, vor allem den hohen Aufzug mit der großen Rahmenantenne und die geringe Reichweite abseits der Straße. Büssing-NAG konstruierte daher ein Fahrzeug mit selbsttragender Wanne und ohne Rahmenantenne, was die Höhe senkte. Zudem verfügte es über einen neuen, luftgekühlten Tatra-Diesel und große Tanks, was eine Reichweite von 900 km ergab. Hierbei hatte man besonders an Nordafrika und die russische Steppe gedacht. Ab 1943 begann die Produktion des nun Sd.Kfz. 234 genannten Wagens in vier Versionen: Das Sd.Kfz. 234/1 verfügte über einen dem Sd.Kfz. 222 ähnlichen Turm mit 2-cm-KwK, das Sd.Kfz. 234/2 hatte den Turm des nie in Serie gebauten, leichten Panzers Leopard mit 5-cm-KwK, das Sd.Kfz. 234/3 erhielt die kurze 7,5-cm-Stuk 24 in einem festen, oben offenen Aufbau, die beim Sd.Kfz. 234/4 durch die lange 7-5-cm-Pak 40 L/46 ersetzt wurde. Diese Fahrzeuge waren technisch ihrer Zeit weit voraus und beeinflussten die Entwicklung von Spähwagen nachhaltig. Im Ganzen wurden rund 1.000 Sd.Kfz. 234 hergestellt.

	Sd.Kfz. 234/2
Gefechtsgewicht:	11.700 kg
Besatzung:	4 Mann
Abmessungen in mm (Länge/Breite/Höhe):	6.000/2.330/2.380
Motor:	Tatra 103 V-12 Diesel, Luftkühlung, 14.825 ccm, 210 PS (154,6 kW)
Leistungsgewicht:	18,2 PS/t
Geschwindigkeit:	Straße 90 km/h
Fahrbereich:	Straße 900 km, Gelände 600 km
Bewaffnung:	1 x 5-cm-KwK 39, 1 x 7,92-mm-MG 34 oder MG42
Panzerung:	8–30 mm
Furttiefe:	1 m

SD.Kfz. 234/2.

LEICHTER SCHÜTZENPANZERWAGEN SD.KFZ. 250

	Sd.Kfz. 250/1
Gefechtsgewicht:	5.700 kg
Besatzung:	2 + 4 Mann
Abmessungen in mm (Länge/Breite/Höhe):	4.560/1.950/1.660 (ohne MG-Schild)
Motor:	Maybach HL 42 TRKM, 6-Zylinder-Reihe, Wasserkühlung, 4.170 ccm, 100 PS (73,6 kW)
Leistungsgewicht:	17,5 PS/t
Geschwindigkeit:	Straße 65 km/h
Fahrbereich:	Straße 350 km, Gelände 200 km
Bewaffnung:	2 x 7,92-mm-MG 34 oder MG 42
Panzerung:	8–12 mm
Furttiefe:	0,7 m

Sd.Kfz. 250/1, Div. Großdeutschland, Ostfront.

Ein Teil des Blitzkrieg-Konzepts waren schnelle, tiefe Panzervorstöße, die von Infanterie begleitet werden sollten. Die Wehrmacht schuf daher als erste Armee der Welt spezielle Schützenpanzerwagen, die der Infanterie ermöglichten, mit den Panzern Schritt zu halten. Zudem wurden für diese Strategie Unterstützungsfahrzeuge aller Art benötigt, die das gleiche Fahrgestell benutzten. Der leichte Schützenpanzerwagen (le. SPW) basierte auf dem Fahrgestell der 1-Tonnen-Zugmaschine und wurde in einer Vielzahl von Varianten hergestellt. Das Basismodell war das mit einem MG bewaffnete Sd.Kfz. 250/1, ein schlichter Mannschaftstransporter, der meist von Zug- oder Kompanieführern benutzt wurde. Des Weiteren gab es Funkwagen mit oder ohne Rahmenantenne (z. B. Rommels „Greif", Sd.Kfz. 250/3) und Beobachtungspanzer der Artillerie mit Scherenfernrohr und sonstigen Spezialausrüstungen (Sd.Kfz. 250/5). So genannte Kanonenwagen sollten den Panzergrenadieren Feuerunterstützung geben und waren mit der 3,7-cm-Pak (Sd.Kfz. 250/10) oder der 7,5-cm-Stuk 24 (Sd.Kfz. 250/8) ausgerüstet. Das Sd.Kfz. 250/9 war eine spezielle Aufklärungsvariante und trug den Turm des Sd.Kfz. 222 mit 2-cm-KwK. Zusätzlich gab es noch Mörserträger und Munitionstransporter auf der Basis des Sd.Kfz. 250. 1943 wurde der winkelige, recht komplizierte Aufbau des Fahrzeug stark vereinfacht, um die Produktion zu erleichtern. Das Sd.Kfz. 252, ein Munitionsfahrzeug auf der Basis des leichten SPW, hatte einen geschlossenen, verkürzten Aufbau und wurde – wie die Beobachtungsvariante Sd.Kfz. 253 – Sturmgeschützabteilungen zugeteilt. Alle Wagen dieser Reihe haben sich hervorragend bewährt und waren bei der Truppe sehr geschätzt. Bis 1945 wurden rund 7.500 Stück produziert.

Sd.Kfz. 250/3.

MITTLERER SCHÜTZENPANZERWAGEN SD.KFZ. 251

Der mittlere Schützenpanzerwagen (SPW) entstand auf der Basis des Fahrgestells der 3-Tonnen-Zugmaschine. Auch bei den SPW war die Vorderachse weder angetrieben noch gebremst. Sie diente einzig der Lenkung. Bei starken Lenkbewegungen griff jedoch auch eine Kettenbremse mit ein. Die ersten Fahrzeuge wurden 1939 an die Truppe ausgeliefert und erlebten ihre Feuertaufe im Polenfeldzug. Wie der leichte SPW, so wurde auch der mittlere SPW in zahlreichen Varianten gebaut. Es gab offizielle Bezeichnungen für 22 unterschiedliche Modelle. Das Grundmodell (Sd.Kfz. 251/1) war ein Mannschaftswagen für zehn Grenadiere und mit zwei MG bewaffnet. Des Weiteren gab es zahlreiche Spezialversionen, z. B. Funk-, Befehls-, Ambulanz-, Pionier-, Munitions- und Artilleriebeobachtungsfahrzeuge. Auch die Bewaffnung war sehr unterschiedlich. Recht häufig war das Sd.Kfz. 251/10 mit 3,7-cm-Pak als Zugführerwagen oder die Version Sd.Kfz. 250/9 mit kurzer 7,5-cm-Stuk als Feuerunterstützung. Ab Ende 1944 wurde auch die 7,5-cm-Pak 40 eingebaut (Sd.Kfz. 250/22). Mörserträger, Raketen- und Flammenwerfermodelle sowie Flakselbstfahrlafetten, wie das Sd.Kfz. 250/21 mit 1,5-cm Fla-Drilling MG 151, gehörten auch zur Variantenvielfalt des mittleren SPW. Im Lauf des Krieges wurde der Panzeraufbau mehrfach leicht geändert und ab 1944 stark vereinfacht. Der mittlere SPW bewährte sich an allen Fronten außerordentlich und schuf praktisch eine völlig neue Gattung von gepanzerten Fahrzeugen. Wo auch immer deutsche Truppen auftauchten, waren Sd.Kfz. 251 dabei und prägten das Bild der Wehrmacht. Bis 1945 wurden ca. 16.000 mittlere SPW gebaut.

	Sd.Kfz. 251/1
Gefechtsgewicht:	8.500 kg
Besatzung:	2 + 10 Mann
Abmessungen in mm (Länge/Breite/Höhe):	5.800/2.000/1.750 (ohne MG-Schild)
Motor:	Maybach HL 42 TRKM, 6-Zylinder-Reihe, Wasserkühlung, 4.170 ccm, 100 PS (73,6 kW)
Leistungsgewicht:	11,8 PS/t
Geschwindigkeit:	Straße 52,5 km/h
Fahrbereich:	Straße 320 km, Gelände 180 km
Bewaffnung:	2 x 7,92-mm-MG 34 oder MG 42
Panzerung:	8–12 mm
Furttiefe:	0,5 m

Sd.Kfz. 251/1 Ausführung A, 1941, 5. Pz.Div.

Sd.Kfz. 251/1 Ausführung C, SS-Panzergrenadier-Division Totenkopf, Russland 1943.

PANZERKAMPFWAGEN I SD.KFZ. 101

Panzerbefehlswagen I, Tula 1941, 11. Pz.Div.

	Pz.Kpfw. I Ausführung A
Gefechtsgewicht:	5.400 kg
Besatzung:	2 Mann
Abmessungen in mm (Länge/Breite/Höhe):	4.020/2.060/1.720
Motor:	Krupp 4-Zylinder-Boxer, Benzin, Luftkühlung, 3.460 ccm, 60 PS (44,2 kW)
Leistungsgewicht:	19,5 PS/t
Geschwindigkeit:	37 km/h
Fahrbereich:	Straße 200 km, Gelände 140 km
Bewaffnung:	2 x MG 7,92 mm
Panzerung:	6–13 mm
Furttiefe:	0,6 m

Panzer I Ausführung A, Pz.Rgt. 5, Libyen 1941.

Der Vertrag von Versailles untersagte Deutschland grundsätzlich den Bau von gepanzerten Fahrzeugen. Nach der Machtergreifung 1933 begannen die Nationalsozialisten jedoch im Geheimen mit der Planung von Panzern. Einige Prototypen eines neuen Panzers – der zunächst zur Tarnung „Landwirtschaftlicher Schlepper", später dann „Panzerkampfwagen I" genannt wurde –, erprobte man bereits 1934. Ihre Bewaffnung bestand aus lediglich zwei MG 13 Kaliber 7,92 mm in einem drehbaren Turm. Die Ausführung A wurde zunächst von einem 60 PS starken Motor angetrieben, der bei Ausführung B durch einem 100-PS-Motor ersetzt wurde. Dazu wurde sie noch um 40 cm verlängert. Obwohl ihre Kampfkraft verhältnismäßig gering war, kämpften die Panzer I in Polen und Frankreich mit. Nach dem Westfeldzug wurden sie aus der vordersten Front abgezogen, blieben aber noch den ganzen Krieg über in Sonderversionen oder als Schulfahrzeuge im Dienst. Auf der Basis des Panzers I wurde eine der ersten Selbstfahrlafetten der Wehrmacht geschaffen. Hierbei setzte man das 15-cm-sIG33 mitsamt Rädern und Lafette auf eine Panzer-I-Wanne und umgab das Ganze anschließend mit einem Panzeraufbau. Richtungsweisend waren die Panzerbefehlswagen auf Panzer-I-Basis, die eine bewegliche Panzerkriegsführung erst möglich machten. Es wurde auch versucht, eine Panzer-I-Variante zur direkten Infanterieunterstützung mit einer 80 mm starken Panzerung zu versehen, jedoch kam dieses Konzept nicht über den Bau einiger Prototypen hinaus. Insgesamt entstanden 1934–1939 rund 2.800 Exemplare des Panzers I in allen Varianten.

SIG 33 auf Panzer I.

PANZERKAMPFWAGEN II SD.KFZ. 121

Ähnlich wie der Panzer I war auch der Panzerkampfwagen II zunächst nur als Zwischenlösung bis zum Erscheinen der geplanten Panzer III und IV gedacht. Krupp, Henschel und MAN entwickelten Vorschläge für einen 10-Tonnen-Panzer, der aus Geheimhaltungsgründen „Landwirtschaftlicher Schlepper 100" genannt wurde. Die Heeresleitung entschied sich für das MAN-Modell, von dem 1935 die ersten Einheiten an die Truppe geliefert wurden. Die allerersten Versionen hatten noch ein Fahrwerk aus sechs kleinen Laufrollen an einem Tragbalken und wurden nur in geringen Stückzahlen gebaut. Erst mit der Ausführung A erhielt der Panzer II seine endgültige Form mit fünf mittelgroßen Laufrollen. Diese Form blieb auch bei den Versionen B, C und F erhalten, die sich nur durch ihre Panzerungen voneinander unterschieden. Die Ausführungen D und E besaßen dann ein Christie-Laufwerk mit vier großen Laufrollen und einen stärkeren Motor. Sie waren bis zu 55 km/h schnell und als Schnellkampfwagen ausgelegt. Die Panzer II waren zwar gut konstruiert, jedoch galten die Panzerung und die Bewaffnung als nicht ausreichend. Dennoch wurden sie noch bis 1941 als Kampfpanzer eingesetzt. Danach fanden sie meist nur noch in der Aufklärung Verwendung. Ausführung L war speziell als Spähpanzer entwickelt worden, es wurden jedoch nur wenige Exemplare gebaut. Auf der Basis des Panzers II entstanden auch Flammpanzer (Flamingo) sowie tauchfähige Fahrzeuge für die geplante Invasion Großbritanniens. Weitaus erfolgreicher und bekannter wurden jedoch die Pak- und Artillerieselbstfahrlafetten Marder und Wespe.

Panzer II Ausführung B, Pz.Rgt. 6 im September 1938

	Pz.Kpfw. II Ausführung C
Gefechtsgewicht:	9.500 kg
Besatzung:	3 Mann
Abmessungen in mm (Länge/Breite/Höhe):	4.810/2.280/2.020
Motor:	Maybach HL 62 TRM, 6-Zylinder-Reihe, Benzin, Wasserkühlung, 6.190 ccm, 140 PS (103,4 kW)
Leistungsgewicht:	14,7 PS/t
Geschwindigkeit:	Straße 40 km/h, Gelände 19 km/h
Fahrbereich:	Straße 150 km, Gelände 100 km
Bewaffnung:	2-cm-KwK-30, 1 x 7,92-mm-MG 34
Panzerung:	5–30 mm
Furttiefe:	0,92 m

Panzer II Ausführung C, Pz.Rgt. 8, Libyen 1941.

Panzer II Ausführung C, 7. Pz.Div.

PANZERKAMPFWAGEN 35(T) ŠKODA LT35

Dieser Panzer wurde in den 1930er-Jahren von Škoda in der Tschechoslowakei konstruiert und 1936 von den dortigen Streitkräften eingeführt. Nach der Annektierung der Tschechoslowakei fielen der Wehrmacht auch zahlreiche tschechische Panzer in die Hände, darunter auch diese Fahrzeuge. Das Škoda Modell LT 35 verfügte über eine 3,7-cm Kanone und erwies sich als sehr zuverlässig. Das bei der Wehrmacht Panzerkampfwagen 35(t) genannte Fahrzeug war dem deutschen Panzer II mindestens ebenbürtig und leistete einen entscheidenden Beitrag zur Ausrüstung der Panzerdivisionen. Das (t) in der Bezeichnung stand dabei für „tschechisch". Französische Beutewaffen erhielten die Kennzeichnung (f), russische (r) usw. Die Panzerung war zwar genietet, was die Kampfkraft etwas beeinträchtigte, die Qualität der Konstruktion jedoch insgesamt hervorragend. Das Antriebsrad lag hinten, um mehr Platz im Kampfraum zu schaffen. Für die Steuerung von Getriebe und Lenkung wurde Druckluft verwendet, was dem Fahrer die Bedienung eigentlich erheblich erleichterten sollte. Im Winter an der Ostfront erwies sie sich jedoch als sehr anfällig, sodass sie durch mechanische Elemente ersetzt wurde. Das Laufwerk des Panzers war sehr gut konstruiert, und die Lebensdauer der Ketten lag bei bis zu 7.000 km. Die Pz.Kpfw. 35(t) wurden in die deutschen Panzertruppen eingegliedert und kämpften in Polen und Frankreich. Auch an der Ostfront waren sie noch bis 1942 im Einsatz. Dann galten die Panzer jedoch als veraltet. Die restlichen Exemplare wurden zu Bergepanzern oder Zugmaschinen umgerüstet. Die Wehrmacht hatte rund 300 Lt-35 im Dienst. Vor dem Zweiten Weltkrieg hatte Škoda einige Exemplare an Rumänien geliefert, das die Fahrzeuge an der Seite der Wehrmacht in Russland einsetzte. Die Ungarn überarbeiteten den Škoda-Entwurf gründlich und bauten ab 1940 ihre eigene Version, den Turan, in unterschiedlichen Modellen.

	Pz.Kpfw. 35(t)
Gefechtsgewicht:	11.000 kg
Besatzung:	4 Mann
Abmessungen in mm (Länge/Breite/Höhe):	4.650/2.250/2.350
Motor:	Škoda 4-Zylinder-Reihe, Benzin, Wasserkühlung, 8.620 ccm, 115 PS (84,6 kW)
Leistungsgewicht:	10,5 PS/t
Geschwindigkeit:	Straße 34 km/h
Fahrbereich:	Straße 190 km, Gelände 120 km
Bewaffnung:	3,7-cm-Škoda-Kanone, 2 x 7,92-mm-MG
Panzerung:	16–25mm
Furttiefe:	0,77 m

Der Panzer 35(t).

Ein Škoda R-2 der 1. rumänischen Panzerdivision, Ostfront im November 1942.

PANZERKAMPFWAGEN 38(T) PRAGA TNHP-S LT-38

	Pz.Kpfw. II Ausführung C
Gefechtsgewicht:	10.500 kg
Besatzung:	4 Mann
Abmessungen in mm (Länge/Breite/Höhe):	4.650/2.250/2.350
Motor:	Praga 6-Zylinder-Reihe, Benzin, Wasserkühlung, 7.754 ccm, 125 PS (92 kW)
Leistungsgewicht:	11,9 PS/t
Geschwindigkeit:	Straße 42 km/h
Fahrbereich:	Straße 240 km, Gelände 160 km
Bewaffnung:	3,7 cm Kanone, 2 x 7,92-mm-MG
Panzerung:	15–25 mm, später bis zu 50 mm
Furttiefe:	0,9 m

Im Westen 1940: Ein Pz.Kpfw. 38(t) auf dem Vormarsch.

Als zweiten tschechischen Panzer übernahm die Wehrmacht den von der Firma CKD gefertigten Panzer LT 38. Die Fahrzeuge wurden ab Mai 1939 erprobt und waren den deutschen Pz.Kpfw. I und II deutlich überlegen. Aus diesem Grund ordnete das Heereswaffenamt ihren Weiterbau in der zu „Böhmisch-Mährische-Maschinenfabrik (BMM)" umbenannten Firma an. Bis Kriegsbeginn wurden 98 Fahrzeuge ausgeliefert, welche die offizielle Bezeichnung Panzer 38(t) Ausführung A erhielten. Für die 3,7-cm-KwK 38(t) L/48 wurden 90 Schuss mitgeführt. Bei einer Mündungsgeschwindigkeit von 740 m/s durchschlug die Waffe auf 500 m sogar 35 mm Panzerstahl. Die Panzerung war recht schwach und vernietet, was bei Treffern dazu führte, dass Nieten im Fahrzeuginneren abplatzten und für die Besatzung zu gefährlichen Geschossen wurden. Vier große Laufräder verfügten über eine einfache, aber effektive Federung mittels Blattfedern und ergaben gute Fahreigenschaften. Die Konstruktion war insgesamt gut durchdacht und sollte sich als sehr zuverlässig und vielseitig erweisen. Die folgenden Ausführungen B, C und D unterschieden sich nur in Details. Die Fahrzeuge der Versionen E und F hatten eine zusätzlich aufgenietete Panzerung von 25 mm im Frontbereich. Die letzte Ausführung (G) wurde bis Juni 1942 produziert. Die Ausführung S war eine Exportversion, die an Ungarn (102 Exemplare), an die Slowakei (69) sowie an Rumänien (50) und Bulgarien (10) ging. Schweden hatte noch bei CKD 92 Fahrzeuge bestellt, die aber nicht mehr geliefert wurden und stattdessen an die Wehrmacht gingen. Die Schweden erhielten jedoch im Dezember 1942 die Rechte zur Lizenzfertigung. Auf der Basis des 38(t) entstanden 1943 70 Stück des Aufklärungspanzers 38. Auf die unveränderte Wanne des Pz.Kpfw. 38(t) hatte man dabei den Turm des Sd.Kfz. 222 mit einer 2-cm-KwK 38 und einem MG 42 gesetzt. Wesentlich bekannter wurden die zahlreichen Selbstfahrlaffen auf der Basis des 38(t), die für die Wehrmacht von großer Bedeutung waren. Die deutschen Streitkräfte setzten rund 1.500 Panzerkampfwagen 38(t) ein, nach 1942 allerdings nicht mehr als Kampfpanzer.

Panzer 38(t) Ausführung E, 8. Pz.Div., 1941.

PANZERKAMPFWAGEN III SD.KFZ. 141

	Pz.Kpfw. III Ausführung J
Gefechtsgewicht:	22.300 kg
Besatzung:	5 Mann
Abmessungen in mm (Länge/Breite/Höhe):	5.560/2.950/2.510 (Länge ohne Rohr)
Motor:	Maybach HL 120 TRM, V-12, Benzin, Wasserkühlung, 11.870 ccm, 300 PS (221 kW)
Leistungsgewicht:	13,5 PS/t
Geschwindigkeit:	Straße 40 km/h, Gelände 19 km/h
Fahrbereich:	Straße 140 km, Gelände 90 km
Bewaffnung:	5-cm-KwK-39 L/60, 2 x 7,92-mm-MG 34
Panzerung:	18–50 mm
Furttiefe:	1 m

Panzer III Ausführung F im Winter 1941 in Russland.

Da der Panzer III als Standardpanzer gedacht war, sollte er aus logistischen Gründen (die Infanterie nutzte bereits eine 3,7-cm-Pak) eine 3,7-cm-KwK erhalten, obgleich führende Generäle wie Guderian eine 5-cm-Waffe wünschten. Entwicklungsaufträge wurden 1935 an MAN, Daimler-Benz, Rheinmetall und Krupp vergeben, aus denen 1936 Daimler-Benz als Sieger hervorging. Die ersten Modelle (Ausführungen A bis D) dienten vor allem der Erprobung unterschiedlicher Laufwerke. Erst mit der Ausf. E von 1939 hatte der Panzer III sein typisches Aussehen mit sechs mittelgroßen Laufrollen erhalten. Der Panzer III war eine ordentliche Konstruktion, litt jedoch von Anfang an unter einer zu schwachen Bewaffnung und Panzerung. Dies wurde ab 1940 besonders deutlich, sodass man die späteren Modelle mit leistungsfähigeren Kanonen (zunächst 5-cm-L/42, dann L/60) ausstattete. Auch die Panzerung nahm stetig zu (Ausf. E maximal 30 mm, Ausf. L maximal 70 mm). Schließlich rüstete man den Panzer III auch mit Zerschellplatten und seitlichen Panzerschürzen aus. Das letzte Serienmodell war 1943 die Ausf. N mit 7,5-cm-KwK L/24. Im Vergleich zum Panzer IV, der ähnliche Dimensionen hatte, war der Panzer III stets unterbewaffnet. Die Größe des Turmdrehkranzes ließ die Ausrüstung mit der langen 7,5-cm-KwK nicht zu, wie es ab 1941 gegen den T-34 nötig gewesen wäre. Dennoch war der Panzer III aufgrund seiner fortschrittlichen Auslegung (fünf Mann Besatzung, Ausrüstung mit Funk, Torsionsstabfederung) richtungsweisend und kampfstark. Ab 1942 war er allerdings seinen Gegnern nur noch bedingt gewachsen und dem T-34 oder dem KW-1 klar unterlegen. Neben Befehlspanzern und einem Flammpanzer wurde für die Operation Seelöwe auch ein tauchfähiges Modell geschaffen. Bis 1943 wurden rund 5.700 Panzer III aller Varianten gebaut. Zahlreicher waren allerdings die auf der Basis des Pz.Kpfw. III entstandenen Sturmgeschütze. Die Sowjets schufen aus erbeuteten Panzer III unter der Bezeichnung SU-76i eine Art Sturmgeschütz mit festem Aufbau und einer 7,62-cm-Kanone.

Panzer III Ausführung N, Kursk, Juli 1943.

Panzer III Ausführung J mit 5-cm-KwK L/60, Panzerregiment Wiking, 1942.

PANZERKAMPFWAGEN IV SD.KFZ. 161

Panzer IV Ausführung D-1, ungarische Pz.Div. Don 09, 1942.

Der Panzer IV war zunächst als schweres Unterstützungsfahrzeug gedacht. Im Lauf des Krieges wurde er jedoch das Rückgrat der Panzertruppe. Seine Entwicklung begann 1934 bei Krupp. Die ersten 35 Stück der 17,3 t schweren Ausf. A mit 7,5-cm-KwK L/24, zwei MG und einer Panzerung von 14,5 mm rundum waren bis 1938 ausgeliefert. Im Grunde hatte der Panzer IV damit schon fast seine endgültige Form gefunden, denn während des Krieges wurden außer der Verstärkung der Bewaffnung und der Panzerung keine wichtigen Änderungen mehr vorgenommen. Ab Mitte 1942 wurde die Ausf. F2 mit der 7,5-cm-KwK-40 L/43 ausgerüstet. Man verstärkte außerdem die Panzerung durch zusätzliche 30-mm-Platten an Bug und Turmfront, sodass der T-34 nun endlich mit Erfolg bekämpft werden konnte. Bei der Ausf. G kam die noch bessere KwK-40 L/48 zum Einbau. Die Ausf. H (ab Mai 1943) erhielt ein stärker gepanzertes Turmdach und eine Frontpanzerung von 80 mm, zudem seitliche Schürzen gegen Panzerbüchsen und Hohlladungsgeschosse sowie die breiteren Ostketten für den Einsatz in Schnee und Schlamm. Ab September 1943 wurden die Panzer mit einer Zimmerit-Schicht versehen, um das Anbringen magnetischer Ladungen zu erschweren. Bei der Ausf. J (April 1944 bis Kriegsende) entfiel das elektrische Turmschwenkwerk. Dafür erhielten die Fahrzeuge einen zusätzlichen Treibstofftank, wodurch sich der Fahrbereich auf 260 km erhöhte. Ab September 1944 verwendete man zur Gewichtsersparnis oft Schürzen aus Drahtgeflecht. Bis Kriegsende blieb der Panzer IV ein ernst zu nehmender Gegner – kein schlechtes Ergebnis für einen Entwurf von 1934. Zusätzlich gab es Brückenlege-, Berge- und Munitionstransportvarianten sowie eine Reihe von Selbstfahrlafetten. Rund 9.200 Panzer IV wurden produziert, die auch bei den Verbündeten der Wehrmacht und in neutralen Staaten Verwendung fanden. Die letzten Panzer IV wurden wahrscheinlich 1973 von den Syrern eingesetzt, die sie aus sowjetischen Beutebeständen billig erhalten hatten.

Panzer IV H einer Sturmgeschütz-Abteilung an der Ostfront.

	Pz.Kpfw. IV Ausführung H
Gefechtsgewicht:	25.000 kg
Besatzung:	5 Mann
Abmessungen in mm (Länge/Breite/Höhe):	5.930/2.880/2.680 ohne Rohr und Schürzen, 7.020/3.350/2.680 mit Rohr und Schürzen
Motor:	Maybach HL 120 TRM, V-12, Benzin, Wasserkühlung, 11.870 ccm, 300 PS (221 kW)
Leistungsgewicht:	12 PS/t
Geschwindigkeit:	Straße 38 km/h, Gelände 16 km/h
Fahrbereich:	Straße 180 km, Gelände 120 km
Bewaffnung:	7,5-cm-KwK-40 L/48, 2 x 7,92-mm-MG 34
Panzerung:	10–80 mm, Schürzen 5 mm
Furttiefe:	1,2 m

PANZERKAMPFWAGEN V PANTHER SD.KFZ. 171

Panzer V Ausführung D1, Pz.Abt. Das Reich.

Panzer V Ausführung D2, Pz.Rgt. 9 Hohenstaufen, Normandie 1944.

	Pz.Kpfw. V Ausführung D
Gefechtsgewicht:	45.500 kg
Besatzung:	5 Mann
Abmessungen in mm (Länge/Breite/Höhe):	6.870/3.270/3.100 ohne Rohr und Schürzen; 8.650/3.420/3.100 mit Rohr und Schürzen
Motor:	Maybach HL 230 P30, V-12, Benzin, Wasserkühlung, 23.880 ccm, 700 PS (515,2 kW)
Leistungsgewicht:	15,3 PS/t
Geschwindigkeit:	Straße 46 km/h, Gelände 24 km/h
Fahrbereich:	Straße 160 km, Gelände 100 km
Bewaffnung:	7,5-cm-KWK-42 L/70, 2–3 7,92-mm-MG 34
Panzerung:	26–100 mm
Furttiefe:	1,7 m

Die Entwicklung des Panthers wurde maßgeblich vom Auftauchen des sowjetischen T-34 beeinflusst, der im Panzerbau neue Maßstäbe setzte. Das Heereswaffenamt vergab als Antwort darauf an MAN und Daimler-Benz Aufträge, einen 35-t-Panzer zu entwickeln, der die herausragenden Eigenschaften des T-34 besitzen sollte: ballistisch günstige Form zur Geschossablenkung, durchschlagskräftige Bewaffnung und hohe Beweglichkeit. Der MAN-Entwurf wurde ausgewählt, und Ende 1942 begann die Serienfertigung. Sein Debüt erlebte der Panther in der Panzerschlacht bei Kursk (Zitadelle) im Juli 1943 – allerdings ohne Erfolg, denn die ersten Panther hatten noch „Kinderkrankheiten", da sie überhastet in den Kampf geschickt wurden. Getriebe und Laufwerk versagten, und viele brachen schon auf dem Weg zur Front zusammen. Erst als diese Mängel ausgemerzt waren, wurde der Panther zu einem der besten, wenn nicht dem besten Panzer des Zweiten Weltkrieges. Er verband Feuerkraft, Panzerung und Beweglichkeit und war nicht ohne Grund bei gegnerischen Panzerbesatzungen gefürchtet. Seine 7,5-cm-KwK L/70 durchschlug auf 1 km fast jeden Panzer. Dennoch hatte auch der Panther seine Fehler, so war z.B. die Turmschwenkanlage so schwach, dass der Turm bei Neigung des Panzers nicht drehen konnte. Der Motor hatte eine Lebensdauer von nur 1.000 km. Die Seiten- und Heckpanzerung war relativ dünn, nur frontal bot der Panther erstklassigen Schutz, weshalb Panzer IV oft als Flankenschutz fungierten. Hinzu kam die Form der Walzenblende: Abpraller konnten das Wannendach durchschlagen. Neben den Kampfpanzerausführungen D, A, und G gab es noch eine Anzahl Bergepanther, da die üblichen 18-Tonnen-Zugmaschinen zum Abschleppen von Panther und Tiger nicht reichten. Bis zum Kriegsende wurden rund 6.000 Panther gebaut. Nach dem Krieg setzte die französische Armee noch eine Zeit lang erbeutete Panther ein.

Ein Panther im schweren Gelände. Trotz seiner 45 t Gewicht war das Fahrzeug recht beweglich.

JAGDPANTHER (8,8-CM-PANZERJÄGER PANTHER) SD.KFZ. 173

Nachdem mehrere Versuche, die erstklassige, aber unhandliche 8,8-cm-Pak 43 als Bewaffnung von Selbstfahrlafetten zu verwenden, zu Fahrzeugen geführt hatten, die nicht restlos überzeugen konnten (Nashorn, Elefant), entschied man sich für das Fahrgestell des sehr erfolgreichen Panthers. Der erste Prototyp des neuen Fahrzeugs wurde im Oktober 1943 vorgestellt. Anfang 1944 erhielt der neue Kampfwagen auf Anregung Hitlers die Bezeichnung „Jagdpanther". Die Serienfertigung erfolgte ab Februar 1944 bei MIAG. Insgesamt wurden bis Kriegsende nur 382 Jagdpanther gebaut. Der Jagdpanther war recht mobil, gut gepanzert und hatte eine ballistisch sehr günstig geneigte Panzerung. Das Fahrzeug musste jedoch – wie andere deutsche Sturmgeschütze und Jagdpanzer auch – grob auf ein Ziel ausgerichtet werden, da die Kanone nur begrenzt schwenkbar war. Der Panzeraufbau war geräumig, daher wurden bei Krupp auch Entwürfe für eine Umrüstung auf die 12,8-cm-Pak erarbeitet. Die Kombination aus 8,8-cm-Pak und Panther-Fahrgestell erwies sich als sehr erfolgreich. Die Pak konnte jeden alliierten Panzer vernichten, das Fahrgestell war mobil und robust. Das Fahrzeug war bei den Besatzungen beliebt und bei den Alliierten gefürchtet. Der Jagdpanther gilt als ein Meisterstück der mittleren Panzerkonstruktion.

In der Frontansicht sind die abgeschrägten Seitenwände des Jagdpanthers besonders gut erkennbar.

Gefechtsgewicht:	46.000 kg
Besatzung:	5 Mann
Abmessungen in mm (Länge/Breite/Höhe):	6.870/3.270/2.715, ohne Rohr und Schürzen; 9.860/3.420/2.715
Motor:	Maybach HL 230 P30, V-12, Benzin, Wasserkühlung, 23.880 ccm, 700 PS (515,2 kW)
Leistungsgewicht:	15,2 PS/t
Geschwindigkeit:	Straße 46 km/h, Gelände 24 km/h
Fahrbereich:	Straße 150 km, Gelände 100 km
Bewaffnung:	8,8-cm-Pak 43/3 L/71, 7,92-mm-MG 34
Panzerung:	17–80 mm
Furttiefe:	1,55 m

Jagdpanther der Panzer-Lehrdivison, Raum Uelzen, März 1945.

Ein Jagdpanther im Panzermuseum Munster.

PANZERKAMPFWAGEN VI TIGER SD.KFZ. 181

	Pz.Kpfw. VI Ausführung E
Gefechtsgewicht:	55.000 kg
Besatzung:	5 Mann
Abmessungen in mm (Länge/Breite/Höhe):	6.200/3.550/2.880 ohne Rohr und Schürzen; 8.240/3.730/2.880 mit Rohr und Schürzen
Motor:	Maybach HL 230 P45, V-12, Benzin, Wasserkühlung, 21.353 ccm, 700 PS (515,2 kW)
Leistungsgewicht:	12,3 PS/t
Geschwindigkeit:	Straße 38 km/h, Gelände 20 km/h
Fahrbereich:	Straße 90 km, Gelände 60 km
Bewaffnung:	8,8-cm-KwK-36 L/56, 2 x 7,92-mm-MG 34
Panzerung:	26–110 mm
Furttiefe:	1,2 m (erste Exemplare: 4 m tauchfähig)

Ein Sturmtiger der Sturmmörser-Kompanie 1002 in den Ardennen im Winter 1944/45.

Tiger Ausführung E, 101. schwere SS-Pz.Abt., Normandie 1944.

Tiger Ausführung H1, schwere Pz.Abt. 503, Rostov im Januar 1943.

Die Erfahrungen im Westfeldzug 1940 und das Auftauchen der T-34 und KW-1 bestätigten, dass die Wehrmacht dringend einen schweren Panzer benötigte. Daher erteilte das Heereswaffenamt 1941 an Porsche und Henschel einen Auftrag zur Entwicklung eines solchen Fahrzeugs. Beide Firmen griffen dabei auf Entwürfe und Prototypen zurück, die seit 1937 entwickelt worden waren. Der Porsche-Entwurf erwies sich als technisch zu komplex, Henschels Prototyp war konventioneller und wurde zur Produktion ausgewählt. In der sicheren Annahme des Sieges seiner Konstruktion hatte Prof. Porsche aber schon 90 Fahrgestelle herstellen lassen, die später zum Panzerjäger Elefant umgerüstet wurden. Henschels Entwurf war stark gepanzert, zeigte jedoch nicht die innovative Schrägstellung der Panzerung wie der T-34. Der Turm stammte von Krupp und trug ein 8,8-cm-Geschütz, das auf der legendären 8,8-cm-Flak basierte. Damit war der nun Tiger genannte neue Panzer fähig, die Panzerung jeden Gegners zu durchschlagen. Die Serienfertigung begann 1942, und im Spätsommer jenes Jahres gingen die ersten Tiger nach Nordafrika und an die Ostfront. Die überhastete Entwicklung führte aber zu mechanischer Unzuverlässigkeit, zudem musste erst noch die entsprechende Taktik zum richtigen Einsatz des 55-t-Kolosses ersonnen werden. Als diese Schwächen ausgemerzt waren, erwies sich der Tiger allerdings als von den Gegnern sehr gefürchtete Waffe. Auch wenn seine Panzerung nicht abgeschrägt war, war sie mit 100 mm an der Front und 80 mm an den Seiten dick genug, den meisten Granaten zu widerstehen. Der Tiger konnte so auch schwerste Schäden einstecken, und seine 8,8-cm-KwK 36 durchschlug im Gegenzug die Panzerung des T-34/76 bereits auf über 1,5 km Entfernung.

Richtig eingesetzt, beherrschte der Tiger die Schlachtfelder an der Ost- und Westfront. So zerstörte 1944 ein einziger Tiger in der Normandie 25 alliierte Panzer und hielt damit eine ganze Division auf, bevor er selbst getroffen wurde. Aber auch der mächtige Tiger hatte seine Schwachstellen: Sein hohes Gewicht führte immer wieder zu Schwierigkeiten. So konnte er z. B. viele Brücken nicht befahren. Seine große Gesamtbreite war hinderlich, denn zur Eisenbahnverladung mussten schmale Transportketten aufgezogen werden – ein langwieriger und mühsamer Prozess. Das Schachtellaufwerk neigte im schweren Schlamm oder bei gefrierendem Schnee zum Blockieren. Eine Variante des Tigers diente speziell zum Abschleppen anderer Tiger. Eine weitere Version war der so genannte Sturmtiger, der statt des Turms einen gepanzerten Aufbau mit einem 38-cm-Raketenmörser erhielt. Allerdings wurden von dieser Version nur 18 Stück gebaut. Im August 1944 lief die Fertigung des Tigers nach nur rund 1.350 Einheiten aus. Das war nicht viel, wenn man bedenkt, welchen legendären Ruf sich der Tiger erworben hatte.

FERDINAND/ELEFANT JAGDPANZER TIGER (P) SD.KFZ. 184

	Jagdpanzer Tiger (P) Ferdinand
Gefechtsgewicht:	68.000 kg
Besatzung:	6 Mann
Abmessungen in mm (Länge/Breite/Höhe):	6.800/3.430/2.970
Motor:	2 Maybach HL 120 TRM/112, V-12, Benzin, Wasserkühlung, 11.870 ccm, 300 PS (221 kW)
Leistungsgewicht:	8,8 PS/t
Geschwindigkeit:	Straße 20 km/h
Fahrbereich:	Straße 130 km, Gelände 90 km
Bewaffnung:	8,8-cm-Pak 43/2 L/71
Panzerung:	Seiten und Heck 80 mm, Front 200 mm
Furttiefe:	1 m

Jagdpanzer Ferdinand mit der langen 8,8-cm-Pak 43.

Nachdem das Porsche-Tiger-Fahrgestell sich gegen das Henschel-Modell nicht durchsetzen konnte, wurde nach einer neuen Verwendung für die bereits produzierten Exemplare gesucht. Schon 1941 hatte Hitler ein Panzerfahrzeug mit einer 8,8-cm-KwK L/71 gefordert, daher wurde im September 1942 ein Fahrzeug mit dieser Kanone auf der Basis des Porsche-Tigers in Auftrag gegeben. Im Februar 1943 ordnete Hitler die schnellstmögliche Auslieferung an. Der Jagdpanzer Tiger (P) Sd.Kfz. 184 besaß das unveränderte Laufwerk des Porsche-Tigers. Der Kampfraum mit einem bis zu 200 mm gepanzerten, festen Aufbau befand sich hinten, der Motorraum in der Mitte. Das Fahrzeug hatte einen interessanten Antrieb, der unter mechanischen und konstruktiven Aspekten durchaus einige Vorteile hatte: Zwei Panzermotoren Maybach HL 120 TRM trieben über Generatoren Elektromotoren an, welche direkt auf die Antriebsräder am Bug wirkten. Das Fahrzeug war stark bewaffnet und gepanzert, allerdings auch extrem schwer und langsam. Zudem fehlte jede Möglichkeit der Verteidigung gegen Infanterieangriffe, nicht einmal ein MG war vorhanden. Insgesamt wurden 90 Fahrzeuge hergestellt. Ihr Debüt gaben die zunächst „Ferdinand" genannten Jagdpanzer im Juli 1943 bei Kursk. Angeblich schossen dort 90 Ferdinand über 500 gegnerische Panzer ab, jedoch fielen auch reihenweise Ferdinand aus. Nur 48 Stück waren danach noch vorhanden, fast alle waren beschädigt. Nach diesem Debakel wurden sie zur Überholung ins Werk gebracht und endlich mit einem MG und einer Kommandantenkuppel ausgestattet. Von da an wurden sie in Kämpfen – nun unter der Bezeichnung „Elefant" – vor allem in Italien eingesetzt. Dort beeindruckten sie, solange man sie defensiv – sozusagen als fahrende Bunker – einsetzte. Alles in allem war das Fahrzeug jedoch zu schwer, zu unbeweglich und zu unzuverlässig.

Ein Tiger im Winter 1943 an der Ostfront.

Jagdpanzer Elefant mit einem nachgerüsteten Bug-MG.

PANZERKAMPFWAGEN TIGER II SD.KFZ. 182

Ein Königstiger mit Henschelturm. Schwere Panzerabteilung 502, Ardennen im Winter 1944/45.

	Pz.Kpfw. VI B (Henschelturm)
Gefechtsgewicht:	69.700 kg
Besatzung:	5 Mann
Abmessungen in mm (Länge/Breite/Höhe):	7.260/3.625/3.090 ohne Rohr und Schürzen; 10.286/3.755/3.090
Motor:	Maybach HL 230 P30, V-12, Benzin, Wasserkühlung, 23.889 ccm, 700 PS (515,2 kW)
Leistungsgewicht:	10 PS/t
Geschwindigkeit:	Straße 38 km/h, Gelände 17 km/h
Fahrbereich:	Straße 120 km, Gelände 80 km
Bewaffnung:	8,8-cm-KwK 43 L/71, 2 x 7,92-mm-MG 34
Panzerung:	40–185 mm
Furttiefe:	1,6 m

Obwohl die Produktion des Tigers gerade erst begonnen hatte, vergab das Heereswaffenamt schon Aufträge für die Entwicklung eines Nachfolgers, der eine ballistisch günstigere Formgebung und die exzellente 8,8-cm-KwK 43 besitzen sollte. Wieder konkurrierten Porsche und Henschel miteinander, und wieder war sich Prof. Porsche seines Sieges so gewiss, dass er auf eigene Rechnung bereits mit der Produktion von Panzertürmen begann. Das Heereswaffenamt entschied sich jedoch erneut für den Henschel-Entwurf. Die Porschetürme wurden daher in den ersten 50 Henschelfahrzeugen verbaut, die ab Dezember 1943 in Produktion gingen. Der Tiger II oder „Königstiger" – wie die Alliierten ihn nannten – verfügte über eine hervorragende, günstig geneigte Panzerung, die kaum zu knacken war, und eine der stärksten Panzerkanonen des Krieges. Zugleich war er jedoch auch extrem schwer. Der Motor war ständig überlastet, das Fahrzeug unbeweglich und mechanisch unzuverlässig. Das Maybach-Triebwerk verbrauchte auf 100 km im Gelände rund 1.000 l wertvolles Benzin, das es 1944/45 oft einfach nicht mehr gab. Daher wurden die meisten Tiger II auch nicht von feindlichen Treffern, sondern durch Motorschäden oder Spritmangel ausgeschaltet. Dennoch – oder gerade deshalb – erwarb er sich einen legendären Ruf für seine Feuerkraft und Panzerstärke. Nur 485 Tiger II wurden bis Kriegsende gebaut.

JAGDTIGER SD.KFZ. 186

	Jagdtiger Ausführung B
Gefechtsgewicht:	72.000 kg
Besatzung:	5 Mann
Abmessungen in mm (Länge/Breite/Höhe):	7.800/3.625/2.945, Länge mit Rohr: 10.654
Motor:	Maybach HL 230 P30, V-12, Benzin, Wasserkühlung, 23.889 ccm, 700 PS (515,2 kW)
Leistungsgewicht:	9,8 PS/t
Geschwindigkeit:	Straße 35 km/h, Gelände 16 km/h
Fahrbereich:	Straße 120 km, Gelände 80 km
Bewaffnung:	12,8-cm-Pak 44 L/55, 2 x 7,92-mm-MG 34
Panzerung:	30–250 mm
Furttiefe:	1,75 m

Jagdtiger der schweren Panzerjäger-Abteilung 653, Westfalen im April 1945.

Auch auf der Basis des Tigers II entstand ein Jagdpanzer mit festem Aufbau und beschränktem Richtbereich der Kanone. Die Auftragserteilung erfolgte schon im Februar 1943, der erste Prototyp wurde im April 1944 in den Nibelungenwerken fertig gestellt. Die ersten Jagdtiger wurden im November 1944 der Truppe übergeben. Auch hier war Prof. Porsche wieder beteiligt, daher erhielten die ersten beiden Fahrzeuge ein von ihm entworfenes Laufwerk, das sich jedoch nicht bewährte und durch das Henschel-Laufwerk des Tigers II ersetzt wurde. Der Jagdtiger sollte auf große Entfernung sämtliche Panzer der Alliierten, auch schwerste Typen, effektiv bekämpfen. Seine 12,8-cm-Pak 44 war dazu auch durchaus in der Lage, denn mit einer Mündungsgeschwindigkeit von 920 m/s konnte die 28,3-kg-Panzergranate 43 auf 3.000 m noch 170 mm Panzerstahl durchschlagen. Allerdings war die Munition sehr schwer und Geschoss und Kartusche wurden jeweils getrennt geladen. Dies ergab eine geringe Feuergeschwindigkeit. Seine massive Frontpanzerung von 250 mm machte den Jagdtiger annähernd unverwundbar – allerdings nur im Frontbereich, denn Seiten und Heck waren mit 80 mm durchaus zu durchschlagen. Dennoch war er aufgrund der massiven Panzerung überaus schwer. Der Motor und das Getriebe waren überlastet, da sie ständig im Grenzbereich laufen mussten. Der Jagdtiger fiel daher oft ohne Feindeinwirkung aus und wurde wegen des hohen Gewichts selten als Jagdpanzer eingesetzt, sondern eher als „fahrender Bunker" zur Infanterieunterstützung. Insgesamt war er bei den Besatzungen nicht sehr beliebt. Nur 74 Jagdtiger wurden bis Kriegsende gebaut.

4,7-CM-PAK (T) SELBSTFAHRLAFETTE AUF PZ.KPFW. I AUSF. B PANZERJÄGER I

Panzerjäger I, Div. LAH, Frankreich 1942.

	Panzerjäger I
Gefechtsgewicht:	6.400 kg
Besatzung:	3 Mann
Abmessungen in mm (Länge/Breite/Höhe):	4.420/1.850/2.250
Motor:	Maybach NL-38 TRKM, 6-Zylinder-Reihe, Benzin, Wasserkühlung, 3.790 ccm, 100 PS (73,6 kW)
Leistungsgewicht:	15,6 PS/t
Geschwindigkeit:	Straße 40 km/h
Fahrbereich:	Straße 180 km, Gelände 130 km
Bewaffnung:	4,7-cm-Pak 36(t) L/43
Panzerung:	6–14,5 mm
Furttiefe:	0,6 m

Die 4,7-cm-Pak-(t)-Selbstfahrlafette auf Pz.Kpfw. I Ausf. B – der „Panzerjäger I" – war die erste in einer langen Reihe von speziell für die Panzerabwehr gebauten Selbstfahrlafetten. Schon 1939 war klar, dass der Panzer I gegen andere Panzer wirkungslos war. Um das Fahrgestell jedoch weiter nutzen zu können, setzte man in jenem Jahr die (für ihre Zeit) hervorragende tschechische 4,7-cm-Pak L/43 auf die Wanne eines Pz.Kpfw. I Ausf. B. und umgab das Ganze auf drei Seiten mit einem bis zu 14,5 mm starken Panzeraufbau, der jedoch hinten offen war. Alkett in Berlin baute 132 Panzer I Ausf. B um. Umbauten auf Basis der Ausf. A kamen aufgrund der mangelnden Motorleistung und geringeren Größe nicht in Frage. Im Westfeldzug, in Nordafrika und in der ersten Zeit des Russlandfeldzugs erwies sich der Panzerjäger I als durchaus kampfkräftig und wurde seiner Rolle gerecht. Allerdings war mit der Kampfkraft in der Sowjetunion bald Schluss. Gegen die neueren T-34 und KW-1 war die 4,7-cm-Pak zu schwach und der Panzerschutz faktisch nicht vorhanden, sodass die Fahrzeuge ab 1942 zurückgezogen wurden. In Afrika blieb der Panzerjäger I allerdings bis 1943 recht erfolgreich.

BISON 15-CM-SIG AUF GW.38(T) SD.KFZ 138/1

	Bison Ausführung H
Gefechtsgewicht:	12.700 kg
Besatzung:	5 Mann
Abmessungen in mm (Länge/Breite/Höhe):	4.870/2.150/2.470, Länge mit Rohr: 5.600
Motor:	Praga 6-Zylinder-Reihe, Benzin, Wasserkühlung, 7.754 ccm, 125 PS (92 kW)
Leistungsgewicht:	9,8 PS/t
Geschwindigkeit:	Straße 35 km/h
Fahrbereich:	Straße 210 km, Gelände 140 km
Bewaffnung:	15-cm-SIG-33
Panzerung:	10–40 mm
Furttiefe:	0,9 m

Ein weiteres Fahrzeug, das auf der Basis des zuverlässigen und belastbaren Panzers 38(t) entstand, war die Bison-Selbstfahrlafette, die mit einem 15-cm-Infanteriegeschütz bewaffnet war. Diese Fahrzeuge waren nicht als Panzerjäger gedacht, sondern sollten als mobile Artillerie Feuerunterstützung geben. Es gab zwei Ausführungen des Bisons oder manchmal auch Grille genannten Fahrzeuges, die analog zum Marder III ihren Motor hinten (Ausf. H) oder in der Mitte (Ausf. M) hatten. 1942–1944 wurden insgesamt 370 Exemplare beider Ausführungen hergestellt.

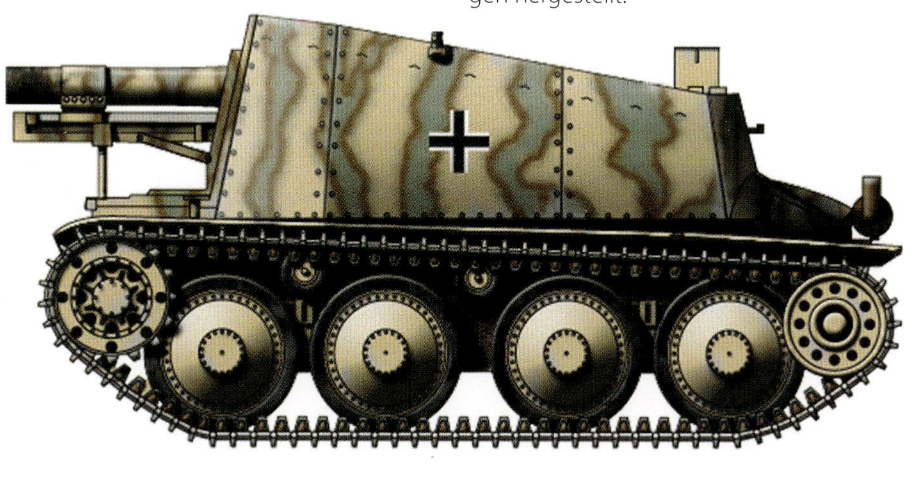

Bison Ausführung H einer unbekannten Einheit, Russland 1944.

MARDER I, II UND III

	Marder II Sd.Kfz. 132	Marder III Sd.Kfz. 139
Gefechtsgewicht:	11.500 kg	10.800 kg
Besatzung:	4 Mann	4 Mann
Abmessungen in mm (Länge/Breite/Höhe):	4.640/2.300/2.600, Länge mit Rohr: 5.650	4.870/2.150/2.500, Länge mit Rohr: 5.850
Motor:	Maybach HL 62 TRM, 6-Zylinder-Reihe, Benzin, Wasserkühlung, 6.190 ccm, 140 PS (103,4 kW)	Praga 6-Zylinder-Reihe, Benzin, Wasserkühlung, 7.754 ccm, 125 PS (92 kW)
Leistungsgewicht:	12,2 PS/t	11,6 PS/t
Geschwindigkeit:	Straße 55 km/h	Straße 42 km/h
Fahrbereich:	Straße 150 km, Gelände 100 km	Straße 240 km, Gelände 160 km
Bewaffnung:	7,62-cm-Pak 36(r) L/51,1 und ein MG 34	7,62-cm-Pak 36(r) L/51,1 und ein MG 34
Panzerung:	14,5–30 mm	10–50 mm
Furttiefe:	0,85 m	0,9 m

Der Einmarsch in der Sowjetunion 1941 und insbesondere das Auftauchen des T-34 zeigten deutlich, dass die Wehrmacht dringend Fahrzeuge zur Panzerabwehr benötigte. Da die Fertigungskapazitäten ausgelastet waren und Neukonstruktionen Zeit brauchten, folgte man dem Beispiel des Panzerjägers I und rüstete eine Anzahl von veralteten Fahrgestellen mit leistungsfähigen schweren Pak aus. Diese Marder-Panzerjäger beruhten auf insgesamt drei verschiedenen Fahrgestellen und wurden als Marder I, II und III bezeichnet. Beim Einmarsch in Frankreich 1940 hatten die deutschen Truppen ca. 300 so genannte Lorraine-Schlepper erbeutet, kleinere Nachschubfahrzeuge mit vorn liegendem Motor. Diese fanden zunächst nur wenig Beachtung. Erst die Entwicklung an der Ostfront brachte sie wieder in Erinnerung. Hauptmann Becker, ein in Frankreich stationierter Artillerieoffizier und Ingenieur, hatte in Eigeninitiative seine Batterie mit selbst gebauten Selbstfahrlafetten auf der Basis erbeuteter britischer Mark VI ausgerüstet. Hitler war davon so beeindruckt, dass ein „Baustab Becker" gebildet wurde, der die Aufgabe hatte, die noch verwendbaren französischen Beutepanzer einer sinnvollen Verwendung zuzuführen. So sollte nach einem Befehl vom 25. August 1942 auf der Basis des Lorraine-Schleppers ein leichter Panzerjäger mit dem Namen Marder I konstruiert werden. Etwa 160 Schlepper waren zur Umrüstung eingeplant. 60 sollten zu Pak-Fahrzeugen mit 7,5-cm-Pak 40/1 L/46, der Rest zu Artillerie-Selbstfahrlafetten mit 10,5-cm- und 15-cm-Haubitzen umgerüstet werden. Als schließlich weitere Lorraine-Schlepper verfügbar waren, wurden auch sie diesem Programm zugeführt. Das Laufwerk der

Ein Marder I mit 7,5-cm-Pak 40 auf der Basis des Lorraine-Schleppers.

Ein Marder II mit 7,5-cm-Pak 40.

Insgesamt wurden 811 Marder II geschaffen, die aufgrund ihrer hohen Feuerkraft durchaus ihrer Aufgabe als Panzerjäger gerecht wurden.

Marder III Ausführung H mit 7,5-cm-Pak 40 (von oben).

Fahrzeuge war robust und ausdauernd. Sowohl die Panzerjäger als auch die Artilleriefahrzeuge erhielten einen kastenförmigen Aufbau aus maximal 12 mm starken Panzerblechen. Das Pak-Fahrzeug wog 8,3 t und erreichte mit seinem 70 PS starken Delahaye-103-TT-6-Zylinder-Reihenmotor 38 km/h bei einer Reichweite von 150 km. Ab Juni 1942 wurden 184 Marder I umgerüstet, die fast alle in Frankreich verblieben. Nur wenige kamen nach Italien und an die Ostfront, weil Einheiten aus Frankreich dorthin verlegt wurden. Zusammen mit anderen improvisierten gepanzerten Pak-Fahrzeugen auf der Basis französischer Beutepanzer, die vom Baustab Becker konstruiert wurden, erhielten diese Wagen den Namen Marder I. Die meisten Marder I waren ab Mitte 1944 beim Kampf in der Normandie beteiligt und gingen dort verloren.

Marder-II-Fahrzeuge basierten auf Panzer-II-Fahrgestellen, auf die man zunächst meist in der Sowjetunion erbeutete 7,62-cm-Pak 36(r) oder 7,62-cm-Feldgeschütze, später auch deutsche Pak 40 L/46 aufsetzte. Zunächst rüstete man Panzer II der Ausf. D und E, so genannte Schnellkampfwagen, um. Insgesamt wurden 185 Panzer II Ausf. D und E umgebaut, darunter auch 30, die vorher schon zum Flammpanzer II Flamingo umgebaut worden waren. Turm und restlicher Aufbau des Panzers II wurden entfernt, um Platz für die mittig aufgesetzte Pak zu bekommen, die von einem kastenförmigen Aufbau aus bis zu 14,5 mm starken Blechen umgeben war (Sd.Kfz. 132). Nachdem alle verfügbaren Ausführungen D und E umgebaut waren, kam die Version F an die Reihe. Weitere 50 Marder II konnten so fertig gestellt werden. Aufgrund des großen Erfolgs an der Ostfront kamen neue Aufträge. So wurden auch die Panzer II der Ausf. A, B, C und F umgebaut, die sich äußerlich jedoch um einiges von den ersten Versionen unterschieden. Diese Versionen erhielten die Bezeichnung Sd.Kfz. 131.

Marder-III-Selbstfahrlafetten basierten auf Panzer-38(t)-Fahrgestellen und waren mit 1.143 Exemplaren die meistgebaute Version. Die erste Ausführung (Panzerjäger 38(t) Sd.Kfz. 139, Marder III) erschien im März 1942 und war mit der russischen 7,62-cm-Pak bewaffnet, die auf das Panzerkastenoberteil montiert war und nur einen kleinen Schutzschild besaß. 344 Stück wurden produziert. Die folgende Ausführung (Sd.Kfz. 138, Marder III Ausf. H) verfügte über eine 7,5-cm-Pak 40, für die ein Aufbau aus 10 mm starken Panzerblechen geschaffen wurde, der viel umfangreicher war als bei der ersten Ausführung. Diese ersten Modelle waren allerdings leicht kopflastig, weshalb bei der nächsten Version der Motor in die Fahrzeugmitte und der Kampfraum ins Heck verlagert wurden. Das ergab ein wesentlich ausbalancierteres Fahrzeug und einen größeren Kampfraum. Panzerung und Bewaffnung blieben gleich. Durch Veränderungen am Motor wurden zudem immerhin 150 PS erreicht. Die Bezeichnung lautete Sd.Kfz. 138, Marder III Ausf. M. Von den Ausführungen H und M wurden 1942–1944 418 bzw. 381 Einheiten gebaut.

Marder III Ausführung H einer Panzerjäger-Abteilung der 9. Pz.Div., Kursk im Juli 1943.

STURMGESCHÜTZ III SD.KFZ. 142

	StuG III Ausführung D Sd.Kfz. 142	StuG 40 Ausführung G Sd.Kfz. 142/1
Gefechtsgewicht:	22.200 kg	23.900 kg
Besatzung:	4 Mann	4 Mann
Abmessungen in mm (Länge/Breite/Höhe):	5.400/2.950/1.960	5.560/2.950/2.150; mit Rohr und Schürzen: 6.770/3.410/2.150
Motor:	Maybach HL 120 TRM, V-12, Benzin, Wasserkühlung, 11.870 ccm, 300 PS (221 kW)	Maybach HL 120 TRM, V-12, Benzin, Wasserkühlung, 11.870 ccm, 300 PS (221 kW)
Leistungsgewicht:	13,5 PS/t	12,5 PS/t
Geschwindigkeit:	Straße 40 km/h, Gelände 19 km/h	Straße 40 km/h, Gelände 19 km/h
Fahrbereich:	Straße 140 km, Gelände 90 km	Straße 130 km, Gelände 80 km
Bewaffnung:	7,5-cm-Stuk L/24	7,5-cm-Stuk 40 L/48, 1 x 7,92-mm-MG 34
Panzerung:	18–50 mm	18–80 mm, Schürzen: 5 mm
Furttiefe:	0,8 m	0,8 m

Das deutsche Blitzkriegkonzept sah vor, dass Panzerdivisionen schnelle Vorstöße von Panzergrenadieren begleitet durchführen sollten. Die Infanterie benötigte, da ihr Panzer im Regelfall nicht zur Verfügung standen, also eigene gepanzerte Fahrzeuge. Schon 1935 forderte General von Manstein daher ein Infanterieunterstützungsfahrzeug. Im Juni 1936 bekam Daimler-Benz den Auftrag, ein solches Fahrzeug mit einer 7,5-cm-Kanone zu entwickeln. Daimler nutzte den bereits in Produktion befindlichen Panzer III als Ausgangsbasis. Um eine niedrige Silhouette zu erhalten, bekam das Fahrzeug keinen Turm, sondern einen festen Aufbau, der die 7,5-cm-Sturmkanone L/24 beherbergte und auf das nahezu unveränderte Fahrwerk des Panzers III aufgesetzt wurde. Die ersten Prototypen wurden 1937 bei Alkett gebaut und ausgiebig getestet. Im Januar 1940 startete mit der Ausf. A des Sturmgeschützes III mit 7,5-cm-Kanone (Sd.Kfz. 142) die Serienproduktion auf der Basis des Pz.Kpfw. III Ausf. F. Die Wanne des Pz.Kpfw III wurde dem StuG III angepasst und die Frontpanzerung von 30 auf 50 mm erhöht. Motor und Laufwerk waren jedoch identisch mit dem Panzer III. Ausf. F. Die ersten Sturmgeschütze wurden im Frankreichfeldzug versuchsweise eingesetzt und bewährten sich dort hervorragend, woraufhin die Serienproduktion begann.

StuG III Ausführung G mit Saukopf-Blende.

Von den Ausführungen B bis E wurden 734 Stück gebaut, die sich nur in Details unterschieden. Ursprünglich nur als Unterstützung von Infanterieangriffen geplant, wurden Sturmgeschütze mit zunehmender Zahl an Feindpanzern immer öfter als Jagdpanzer verwendet. Die 7,5-cm-Sturmkanone L/24 besaß aufgrund der geringen Mündungsgeschwindigkeit aber für die Panzerbekämpfung zu wenig Leistung. Die Ausf. F bekam deshalb die Sturmgeschützkanone (StuK) 40 L/43, mit der die Feuerkraft erheblich verbessert wurde und Ziele schon auf größere Entfernungen bekämpft werden konnten. Ab der Ausführung F lautete die Kennnummer Sd.Kfz. 142/1, das StuG III wurde wegen der Sturmkanone 40 oft auch als StuG 40 bezeichnet. Nachdem rund 300 Fahrzeuge der Ausf. F gebaut waren, wurde diese Version noch einmal verbessert und in F/8 umbenannt. Neben Änderungen am Panzerkastenoberteil kam nun auch die 7,5-cm-StuK 40 L/48 zum Einsatz, die auf 1.000 m 85 mm Panzerstahl bei einem Auftreffwinkel von 60° durchschlug. Die Frontpanzerung wurde von 50 auf 80 mm angehoben. Viele Fahrzeuge der früheren Versionen wurden später nachgerüstet und erhielten die lange StuK 40. Ab 1943 erhielten die StuG III Seitenschürzen zum Schutz vor Panzerbüchsen- und Hohlladungsgeschossen. Die letzte und meistproduzierte Version des StuG III war die

StuG III Ausführung D der StuG.Abt. 243.

StuG 40, StuG.Abt. der SS, Div. LAH.

Ausf. G, die ab Dezember 1942 gefertigt wurde. Sie war erneut stärker gepanzert und hatte zudem eine neue zylindrische Kommandantenkuppel. Ein klappbares MG-Schild war nun Standard. Im Februar 1944 wurde anstelle der verbolzten Kastenblende eine gegossene Saukopfblende eingeführt, die einen besseren Schutz versprach. Außerdem erhielten die frühen StuG Ausf. G drei Nebelwurfbecher auf jeder Seite. Kettenschürzen wurden ebenso Standard wie eine Zimmeritbeschichtung. 1942 wurden erfolgreiche Versuche unternommen, die 10,5-cm-Sturmhaubitze 42 in das StuG III zu integrieren. Diese Version ging unter der Bezeichnung Sturmhaubitze 42 in Serienfertigung. Bis Ende 1944 wurden 1.114 dieser Fahrzeuge hergestellt. StuG III Ausf. G wurden bis Kriegsende hergestellt, als der Panzer III schon lange nicht mehr gebaut wurde. Die Sturmgeschütze bewährten sich hervorragend und waren – obgleich zunächst nur Notlösungen – bei Kriegsende die wichtigsten Panzerfahrzeuge der Wehrmacht. Der Vorteil war ihr niedriger Preis aufgrund des fehlenden Turmes und die Tatsache, dass im Gegensatz zum Panzer III eine lange 75-mm-Kanone untergebracht werden konnte. Neben der Wehrmacht nutzen auch deren Verbündete StuG III, Finnland z. B. noch viele Jahre nach Kriegsende. Die Sowjets setzten erbeutete StuG III ein und rüsteten diese teils sogar auf 7,62-cm-Kanonen um. Insgesamt wurden rund 7.900 StuG III Ausf. F und G gebaut.

STURMINFANTERIEGESCHÜTZ 33 AUF PANZERKAMPFWAGEN III

Das StuIG 33 wurde bereits Mitte 1941 geplant, zunächst wurde jedoch die Entwicklung eines gepanzerten Aufbaus in Auftrag gegeben, um das 15-cm-SiG 33 unterzubringen. Dies war der dritte Versuch, das SiG 33 mobil zu machen, denn es waren auch schon Selbstfahrlafetten auf Basis der Panzer I und II mit diesem Geschütz entstanden. Mitte September 1942 erging dann der Auftrag, vorhandene Sturmgeschütze mit dem neuen Aufbau und dem SiG 33 umzurüsten. Es wurden, je nach Quellenlage, entweder zwölf oder 24 StuIG 33 hergestellt. Wenn diese Fahrzeuge auch mit einem schweren Infanteriegeschütz bewaffnet waren und damit zur Panzerartillerie gehörten, wurden sie zur direkten Bekämpfung von festen Zielen wie Bunkern oder Häusern eingesetzt. Die Kanone war daher eher für direktes Feuer ausgelegt: Sie konnte nur bis 25° gehoben werden. Alle hergestellten Fahrzeuge gingen im Herbst 1942 an die Ostfront, wo die meisten in Stalingrad verloren gegangen sein sollen.

Gefechtsgewicht:	22.000 kg
Besatzung:	5 Mann
Abmessungen in mm (Länge/Breite/Höhe):	5.500/2.950/2.300
Motor:	Maybach HL 120 TRM, V12, Benzin, Wasserkühlung, 11.870 ccm, 300 PS (221 kW)
Leistungsgewicht:	13,5 PS/t
Geschwindigkeit:	Straße 38 km/h, Gelände 19 km/h
Fahrbereich:	Straße 140 km, Gelände 90 km
Bewaffnung:	15-cm-Sturminfanteriegeschütz 33 L/11, 1 x 7,92-mm-MG 34
Panzerung:	18–80 mm
Furttiefe:	0,8 m

SIG33 auf Pz.Kpfw. III, Russland im Herbst 1942.

STURMGESCHÜTZ IV SD.KFZ. 163

	Pz.Kpfw. IV Ausf. H
Gefechtsgewicht:	23.000 kg
Besatzung:	5 Mann
Abmessungen in mm (Länge/Breite/Höhe):	5.930/2.900/2.200 ohne Rohr und Schürzen; 6.700/3.350/2.200 mit Rohr und Schürzen
Motor:	Maybach HL 120 TRM, V-12, Benzin, Wasserkühlung, 11.870 ccm, 300 PS (221 kW)
Leistungsgewicht:	12 PS/t
Geschwindigkeit:	Straße 38 km/h, Gelände 16 km/h
Fahrbereich:	Straße 180 km, Gelände 120 km
Bewaffnung:	7,5-cm-StuK 40 L/48, 2 x 7,92-mm-MG 34
Panzerung:	10–80 mm, Schürzen 5 mm
Furttiefe:	1,2 m

StuG IV, aufgenommen im September 1944 in den Krupp-Werken in Essen.

Das StuG IV war im Grunde nichts anderes als das Panzerkastenoberteil des StuG III auf dem Fahrgestell des Panzers IV, allerdings mit einer etwas besseren Panzerung. Erste Versuche mit dieser Kombination fanden 1943 statt, denn man plante ein reines Fahrzeug zur Panzerjagd (den späteren Jagdpanzer IV) und suchte bis dahin eine Übergangslösung. Ende 1943 jedoch wurde das Herstellungswerk der Panzer-III-Fahrgestelle für das StuG III so schwer bombardiert, dass praktisch die gesamte Produktion ausfiel. Hitler persönlich befahl daher, einen Teil der Panzer-IV-Produktion zu Sturmgeschützen umzurüsten. Krupp stellte deshalb seine Produktion vom Panzer IV auf das StuG IV um. Insgesamt wurden rund 1.500 dieser Fahrzeuge gebaut, die sich ähnlich wie das StuG III bestens bewährten.

STURMPANZER IV BRUMMBÄR SD.KFZ. 166

	Brummbär – frühes Modell
Gefechtsgewicht:	28.200 kg
Besatzung:	5 Mann
Abmessungen in mm (Länge/Breite/Höhe):	5.930/2.880/2.520 ohne Schürzen; Breite mit Schürzen: 3.350
Motor:	Maybach HL 120 TRM, V-12, Benzin, Wasserkühlung, 11.870 ccm, 300 PS (221 kW)
Leistungsgewicht:	10,6 PS/t
Geschwindigkeit:	Straße 38 km/h, Gelände 16 km/h
Fahrbereich:	Straße 180 km, Gelände 120 km
Bewaffnung:	15-cm-StuH 43 L/12
Panzerung:	10–100 mm, Schürzen 5 mm
Furttiefe:	1,2 m

Der Sturmpanzer IV Brummbär in einer frühen Bauausführung.

Alkett und Krupp entwickelten dieses Fahrzeug gemeinsam Mitte 1942. Alkett fertigte die Aufbauten, während Krupp die Fahrgestelle seiner Panzer IV modifizieren sollte. Ähnlich dem Sturminfanteriegeschütz 33 sollte der Brummbär vor allem im Häuserkampf und gegen Befestigungen eingesetzt werden. Er basierte auf dem Fahrgestell des Panzers IV und verfügte in einem stark gepanzerten Aufbau (Front bis 100 mm, Seiten 50 mm) über eine 15-cm-Sturmhaubitze in einer Kugelblende. Zunächst war dies die einzige Bewaffnung, Erfahrungen im Einsatz zeigten aber, dass gegen Infanterieangriffe ein MG unerlässlich war. Deshalb erhielten später produzierte Fahrzeuge ein MG 34 in einer Kugelblende. Schürzen und Zimmeritschicht waren Standard. Das Fahrgestell des Panzers IV war aber aufgrund des hohen Gewichts als überlastet. Der Sturmpanzer-Abteilung 216 wurden 1943 die ersten Fahrzeuge zugeführt, von denen beim Unternehmen „Zitadelle“ im Juli 1943 bei Kursk 17 Stück verloren gingen. Bis Ende 1944 wurden rund 300 Sturmpanzer IV hergestellt.

JAGDPANZER IV SD.KFZ. 162

Jagdpanzer IV/70 der 116. Pz. Div., Wesel, Frühjahr 1945.

	Jagdpanzer IV Ausf. F
Gefechtsgewicht:	24.000 kg
Besatzung:	4–5 Mann
Abmessungen in mm (Länge/Breite/Höhe):	5.900/2.900/1.860, mit Rohr und Schürzen: 6.850/3.170/1.860
Motor:	Maybach HL 120 TRM, V-12, Benzin, Wasserkühlung, 11.870 ccm, 300 PS (221 kW)
Leistungsgewicht:	12,5 PS/t
Geschwindigkeit:	Straße 38 km/h, Gelände 16 km/h
Fahrbereich:	Straße 190 km, Gelände 130 km
Bewaffnung:	7,5-cm-StuK L/48, 1 x 7,92-mm-MG 34
Panzerung:	10–80 mm, Schürzen 5 mm
Furttiefe:	1 m

Sturmgeschütze wurden ab 1941 immer mehr als Panzerjäger eingesetzt – eine Rolle, für die sie eigentlich nicht entworfen waren. Wenn sie auch von sehr niedrigem Aufzug waren, boten ihre eckigen Aufbauten doch zahlreiche Fangstellen für Geschosse. Ab 1943 begannen bei Vomag in Plauen die Konstruktionsarbeiten für einen reinen Jagdpanzer, der das StuG III ablösen sollte. Das neue Fahrzeug sollte möglichst niedrig und ballistisch günstig geformt sein. Ein Holzmodell wurde Hitler im Mai 1943 vorgeführt, der sich sehr beeindruckt von der geringen Höhe des Fahrzeuges zeigte. Fünf Monate später verließ das erste Serienfahrzeug die Werkshalle.

Der Jagdpanzer IV war ein modifiziertes StuG IV mit abgeschrägten Seitenflächen zur Geschossablenkung und einer 7,5-cm-Pak L/48 mit saukopfartiger Blende. Die ursprünglich 80 mm dicke Frontpanzerung musste zugunsten besserer Fahreigenschaften auf 60 mm reduziert werden (diese Version wurde Panzerjäger 39 genannt). Als zusätzliche Variante Jagdpanzer IV/70 (V) wurde der Jagdpanzer IV mit der 7,5-cm-Pak L/70 (ähnlich der Waffe des Panthers) ausgerüstet. Diese besaß eine enorme Durchschlagskraft, führte jedoch auch zu einer starken Kopflastigkeit des Panzers, der dadurch nur sehr schwer zu steuern war. Aufgrund dessen erhielt das Fahrzeug den Spitznamen „Guderian-Ente". Alkett stellte ebenfalls einen Panzer IV mit L/70-Kanone her. Diese Fahrzeuge waren eine Zwischenlösung, und im Gegensatz zu den Vomag-Fahrzeugen wirkten die Aufbauten hier aufgesetzt und improvisiert, da unmodifizierte Panzer-IV-Fahrgestelle als Basis dienten. Als „Jagdpanzer IV/70 (A)" gelangte dieses Fahrzeug zur Truppe. Bis zur Einstellung der Produktion wurden alles in allem rund 1.800 Jagdpanzer IV gebaut.

Der Jagdpanzer IV/70 von oben.

Prototyp des Jagdpanzers IV/70 (A).

JAGDPANZER 38(T) HETZER

Obwohl die Marder-Panzerjäger durchaus erfolgreich waren, hatten sie auch eine Reihe von Nachteilen. Dazu zählte etwa die recht dünne Panzerung im Front- und Seitenbereich bzw. das völlige Fehlen von Panzerschutz oben und hinten, was die Fahrzeuge gegenüber Artilleriebeschuss und Luftangriffen recht verwundbar machte. General Guderian persönlich soll daher die Anregung zur Entwicklung eines rundum geschlossenen Jagdpanzers, ähnlich den Sturmgeschützen, auf der Basis des Panzers 38(t) gegeben haben. So vergab das Heereswaffenamt im Mai 1943 den Auftrag zur Entwicklung eines solchen Fahrzeugs. Als Waffe wurde eine modifizierte Version der 7,5-cm-Pak 39 L/48 ausgewählt. Diese Version hatte eine weiterentwickelte Rohrbremse, die eine Mündungsbremse nicht mehr erforderlich machte. Um das auf 16 t gestiegene Gewicht besser verkraften zu können, wurden breitere und verstärkte Ketten montiert sowie das Letzte aus dem ursprünglich 125 PS starken Motor herausgeholt. Um das Fahrzeug gegen Infanterieangriffe zu sichern, wurde ein fernsteuerbares MG auf dem Dach angebracht, das um 360° geschwenkt werden konnte. Die Form des Hetzers war ballistisch hervorragend. Die rundherum abgeschrägten Flächen sorgten für ein Maximum an Geschossablenkung. Auch die Dimensionen des Panzers waren sehr vorteilhaft, allerdings zum Leidwesen der Besatzung, die sich förmlich in den Panzer hineinquetschen musste. Im Mai 1944 wurden die ersten Hetzer der Truppe übergeben. Die Serienproduktion lief zunächst nur bei BMM, ab September 1944 kam noch Škoda hinzu.

Der Hetzer war einer der besten deutschen Jagdpanzer: klein, dadurch gut zu verbergen und mit ausreichender Feuerkraft und Panzerung ausgestattet. Eigentlich sollten Hetzer die Marder-Panzerjäger ersetzen, aber durch Verzögerungen in der Produktion sowie hohe Verluste wurde dieses Ziel nie erreicht. Am 1. April 1945 waren noch 627 Hetzer einsatzbereit. Damit war er nach dem StuG III das wichtigste gepanzerte Fahrzeug in den letzten Kriegsmonaten. Selbst im letzten Kriegsmonat wurden noch 121 Hetzer gebaut und an die Truppe ausgeliefert. Auch das ungarische Heer erhielt noch einige Hetzer. Insgesamt wurden rund 1.500 Fahrzeuge produziert, darunter auch Berge- und Flammpanzer. Nach dem Krieg baute Škoda weitere Hetzer für das tschechische Heer, und die Schweizer erwarben 158 Fahrzeuge, die bis 1970 als G13 im Dienst waren.

Gefechtsgewicht:	16.000 kg
Besatzung:	4 Mann
Abmessungen in mm (Länge/Breite/Höhe):	4.870/2.630/2.170, Länge mit Rohr: 6.270
Motor:	Praga 6-Zylinder-Reihe, Benzin, Wasserkühlung, 7.754 ccm, 160 PS (117,8 kW)
Leistungsgewicht:	10 PS/t
Geschwindigkeit:	Straße 42 km/h
Fahrbereich:	Straße 260 km, Gelände 170 km
Bewaffnung:	7,5-cm-Pak 39 L/48, 1 x 7,92-mm-MG 42
Panzerung:	8–60 mm
Furttiefe:	1 m

Ein Hetzer einer unabhängigen Panzerjäger-Abteilung, Westfront im Winter 1944/45.

In der Frontansicht ist gut zu erkennen, wie weit die 7,5-cm-Hauptwaffe nach rechts versetzt ist.

Heckansicht des gleichen Fahrzeugs. Beide Bilder: im BMM-Werk, Spätsommer 1944.

WESPE SD.KFZ. 124

Panzerhaubitze Wespe, 10. Pz.Div. Frundsberg, Frankreich 1944.

Gefechtsgewicht:	11.800 kg
Besatzung:	5 Mann
Abmessungen in mm (Länge/Breite/Höhe):	4.810/2.280/2.320
Motor:	Maybach HL 62 TRM, 6-Zylinder-Reihe, Benzin, Wasserkühlung, 6.190 ccm, 140 PS (103,4 kW)
Leistungsgewicht:	13 PS/t
Geschwindigkeit:	Straße 40 km/h
Fahrbereich:	Straße 140 km, Gelände 90 km
Bewaffnung:	10,5-cm-le.F.H. 18/2 L/28, 1 x 7,92-mm-MG 34 oder 42
Panzerung:	10–20 mm
Furttiefe:	0,8 m

Die deutsche Blitzkriegstrategie setzte voraus, dass Panzer auf ihren schnellen Vorstößen auch von Artillerie begleitet werden sollten. Um dies zu erreichen, schuf die Wehrmacht eine ganze Anzahl an mehr oder weniger gelungenen Artillerieselbstfahrlafetten. Eine der bekanntesten und meistgebauten war die Wespe auf dem Fahrgestell des Panzers II, bewaffnet mit einer 10,5-cm-leichten-Feldhaubitze 18. 1942 begann die Entwicklung bei Alkett, MAN und Rheinmetall-Borsig. Kurz darauf lief die Serienfertigung bei Famo in Warschau an. Wespen entstanden auf neuen, aber auch auf beschädigten bzw. ausgemusterten Fahrgestellen des Panzers II. Bis 1944 baute Famo insgesamt 683 Wespen. Ihr Munitionsvorrat war recht knapp bemessen (40 Schuss), daher wurden zusätzlich 158 Munitionsträger gebaut, die ohne Bewaffnung waren, aber 90 Schuss mitführen konnten. Falls eine Wespe ausfiel, konnten die Feldtruppen die Haubitze ausbauen und auf einen Munitionsträger montieren, um so eine „neue" Wespe zu schaffen. Die Panzerung des Aufbaus bestand nur aus 10–12 mm starken Blechen, und zudem blieb er oben offen. Die Panzerung der Wanne betrug 15–20 mm. Da die Fahrzeuge jedoch meist ohnehin nicht direkt an der Front operierten, stellte dies im Normalfall kein Problem dar. Wespen wurde bei den Panzerartillerie-Batallionen der Panzer- und Panzergrenadierdivisionen eingesetzt. Die Verbände verfügten normalerweise über zwei Wespen-Batterien mit jeweils sechs Wespen und einem Munitionsträger.

HUMMEL SD.KFZ. 165

Das von der Wehrmacht in den ersten Kriegsjahren verfolgte Konzept der „beweglichen Panzerkriegsführung" bedeutete, dass auch die Artillerie den Panzertruppen folgen können musste. So entstanden einige Selbstfahrlafetten auf mehr oder weniger geeigneten Fahrgestellen. Ein Versuch, eine gemeinsame Basis für verschiedene Artillerieselbstfahrlafetten zu schaffen, war der Geschützwagen III/IV auf dem Fahrgestell des Panzers IV. Der Motor wurde nach vorn verlegt, um hinten Platz für einen großen Kampfraum zu schaffen. Nach oben und hinten war der Schutz des Fahrzeuges dürftig, allerdings muss man bedenken, dass die Konzeption entstand, als die Luftwaffe noch die Luftüberlegenheit besaß und mit Jagdbomber-Angriffen nur bedingt zu rechnen war. Oft empfand die Truppe in den ersten Kriegsjahren oben offene Fahrzeuge wegen der besseren Übersicht sogar als Vorteil. In der Version mit der schweren Feldhaubitze 18 Kaliber 15 cm erhielt der Gw III/IV die Bezeichnung Hummel. Da nur 18 Schuss Bereitschaftsmunition mitgeführt werden konnten, entstand zusätzlich ein unbewaffneter Munitionstransporter. Der erste Einsatz der Hummeln erfolgte Mitte 1943 an der Ostfront. Bis Kriegsende blieben sie bei den Artillerieabteilungen der Panzerdivisionen im Einsatz. Insgesamt wurden 666 Panzerhaubitzen Hummel und 150 Munitionsträger produziert, die sich bestens bewährten.

Gefechtsgewicht:	23.500 kg
Besatzung:	6–7 Mann
Abmessungen in mm (Länge/Breite/Höhe):	6.200/2.950/2.940, mit Rohr: 6.670
Motor:	Maybach HL 120 TRM, V-12, Benzin, Wasserkühlung, 11.870 ccm, 300 PS (221 kW)
Leistungsgewicht:	12,8 PS/t
Geschwindigkeit:	Straße 40 km/h, Gelände 20 km/h
Fahrbereich:	Straße 250 km, Gelände 160 km
Bewaffnung:	15-cm-s.FH 18 L/30, 1 x 7,92-mm-MG 34
Panzerung:	10–20 mm
Furttiefe:	0,8 m

Panzerhaubitze Hummel der Artillerie-Abteilung der Division Großdeutschland, Ostfront 1944.

NASHORN SD.KFZ. 164

Die ungemein leistungsstarke 8,8-cm-Pak 43 hatte den großen Nachteil, auf dem Schlachtfeld recht unbeweglich zu sein, denn aufgrund ihres hohen Gewichts von rund 4 t war ein Stellungswechsel nur mit Zugmaschinen zu bewerkstelligen. Daher entstand schon früh die Idee, das Geschütz auf eine Selbstfahrlafette zu setzen. Die Basis hierfür war der „Geschützwagen III/IV", ein Panzer IV mit nach vorn verlegtem Motor, der als Grundlage für verschiedene Artilleriegeschütze gedacht war, z. B. auch für die Panzerhaubitze Hummel. Im Februar 1942 erging der Auftrag an Alkett zur Entwicklung eines Prototypen. Die Serienexemplare (insgesamt 493 Stück) wurden von den Deutschen Eisenwerken hergestellt, die auch den Aufbau des Nashorn anfertigten. Als „8,8-cm-Pak 43 L/71 auf Fahrgestell Panzerkampfwagen III/IV(Sf)" kam das Fahrzeug ab November 1942 zur Truppe, und bereits nach wenigen Exemplaren kam die verbesserte Pak 43/1 zum Einbau. Der ursprüngliche Name „Hornisse" wurde für alle Modelle mit Pak 43/1 auf Befehl Hitlers im Februar 1944 in „Nashorn" geändert, da ihm der Name Hornisse zu harmlos erschien.

Wenn das Fahrzeug auch recht kampfstark war und eine durchaus gelungene Konstruktion darstellte, waren einige Nachteile offensichtlich. Dazu gehörten vor allem die dünne Panzerung und der sehr hohe Aufzug. Außerdem war das Fahrzeug oben und hinten offen und bot so kaum Schutz vor Luftangriffen oder Infanteriewaffen. Dennoch erzielten mit Nashorn-Panzerjägern ausgerüstete Verbände erstaunliche Erfolge – besonders wenn sie aus gut vorbereiteten Stellungen agierten und sich auf die gewaltige Schlagkraft und Reichweite der Pak 43 verließen. So gibt es einige Berichte darüber, wie Schüsse über mehr als 1,5 km Entfernung sowjetische Panzer mit solcher Wucht trafen, dass ihnen der gesamte Turm von der Wanne gerissen wurde. Nashorn-Panzerjäger waren bis Kriegsende im Einsatz. Einem Nashorn gelang noch kurz vor Kriegsende als einzigem deutschen Kampffahrzeug der Abschuss eines amerikanischen Panzers des Typs M26 Pershing.

Gefechtsgewicht:	24.000 kg
Besatzung:	4–5 Mann
Abmessungen in mm (Länge/Breite/Höhe):	6.200/2.950/2.940, mit Rohr: 8.440
Motor:	Maybach HL 120 TRM, V-12, Benzin, Wasserkühlung, 11.870 ccm, 300 PS (221 kW)
Leistungsgewicht:	12,5 PS/t
Geschwindigkeit:	Straße 40 km/h, Gelände 20 km/h
Fahrbereich:	Straße 250 km, Gelände 160 km
Bewaffnung:	8,8-cm-Pak 43/1 L/71, 1 x 7,92-mm-MG 34
Panzerung:	10–30 mm
Furttiefe:	0,8 m

Nashorn einer unbekannten Einheit, Ostfront im März 1945.

Man beachte die lange 8,8-cm-Pak 43/1, die dem Nashorn eine enorme Schlagkraft verlieh.

FLAKPANZER IV MÖBELWAGEN, WIRBELWIND UND OSTWIND

	Flakpanzer IV Wirbelwind
Gefechtsgewicht:	22.000 kg
Besatzung:	5 Mann
Abmessungen in mm (Länge/Breite/Höhe):	5.920/2.900/2.760
Motor:	Maybach HL 120 TRM/112, V-12, Benzin, Wasserkühlung, 11.870 ccm, 310 PS (221 kW)
Leistungsgewicht:	14,1 PS/t
Geschwindigkeit:	Straße 40 km/h, Gelände 20 km/h
Fahrbereich:	Straße 180 km, Gelände 120 km
Bewaffnung:	2-cm-Flak-Vierling, 1 x 7,92-mm-MG 34
Panzerung:	Wanne 10–80 mm, Turm 16 mm rundum

Flakpanzer Wirbelwind mit 2-cm-Flak-Vierling 38.

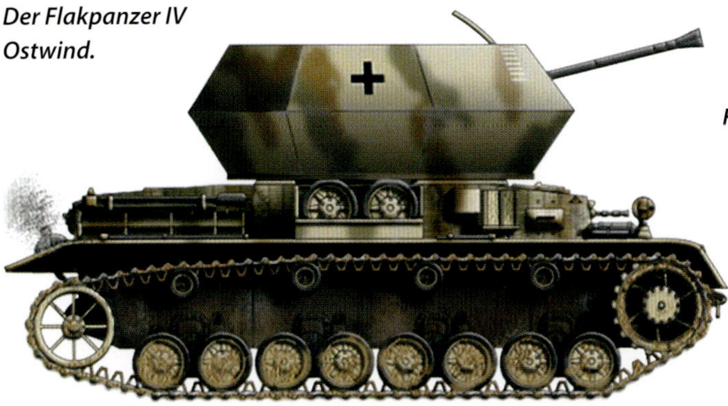

Der Flakpanzer IV Ostwind.

Flakpanzer I, Fla.Abt. 614, Stalingrad, Januar 1943.

Als die Luftwaffe die Luftherrschaft zunehmend verlor, musste man die Panzertruppe vor feindlichen Luftangriffen schützen. Elitetruppen wie die Waffen-SS, die Division Großdeutschland u.a. verfügten zwar schon in den ersten Kriegsjahren über Fla Selbstfahrlafetten doch waren diese meist un- oder teilgepanzert. Schon nach dem Frankreichfeldzug entstanden die ersten, noch sehr provisorischen Flakpanzer auf der Basis des Panzers I, allerdings auch ohne Rundumschutz. Man hatte einfach eine 2-cm-Flak 38 auf die Wanne eines ausrangierten Panzers I gesetzt. 24 dieser Fahrzeuge wurden gebaut, die sich trotz allem gut bewährten. Die letzen gingen 1943 in Stalingrad verloren. Erst im Oktober 1943 kam es zu weiteren Umbauten, als Hitler den Umbau von 150 Panzern 38(t) zu Flakpanzern mit einer 2-cm-Flak 38 genehmigte. Bald zeigte sich jedoch, dass deren Feuerkraft nicht ausreichend war. Um einen 2-cm-Flak-Vierling oder eine 3,7-cm-Flak unterbringen zu können, benötigte man ein größeres Fahrgestell, weshalb auf den Panzer IV zurückgegriffen wurde. Erste Prototypen besaßen einen 2-cm-Vierling, aber erst eine Version mit 3,7-cm-Flak 43 wurde ab März 1944 in einer Stückzahl von 240 Exemplaren in Serie gefertigt. Die Flak wurde dabei auf die Wanne des Panzers gesetzt und war von hohen Seitenwänden aus 20-mm-Stahl umgeben, die zum Feuern jedoch abgeklappt werden mussten, was die Mannschaft erneut feindlichem Feuer aussetzte. Eine Verbesserung stellte die Version „Wirbelwind" dar, die über einen 2-cm-Vierling in einem Turm aus 16-mm-Blechen verfügte. Aus Gründen der Feuerleitung ließ man jedoch den Turm oben offen. 105 Wirbelwind entstanden aus dem Umbau beschädigter Panzer IV. Die Version „Ostwind" trug eine 3,7-cm-Flak 43 in einem dem Wirbelwind ähnlichen Turm. Hiervon wurden durch Umbau noch 43 Stück hergestellt. Wenn auch alle Modelle im Grunde provisorisch blieben und die Richtmittel aus heutiger Sicht primitiv wirken, bewährten sich die Flakpanzer doch gut. In den letzten Kriegsmonaten entstanden noch einige Prototypen und Projekte, z. B. eine Ostwind-Variante mit 3,7-cm-Zwilling, ein „Kugelblitz" genanntes Modell auf Panzer IV oder 38(t) mit einem 3-cm-Flak-Zwilling 103/38 in einem rundum geschlossenen Turm oder der „Zerstörer 45" mit einem 3-cm-Flak-Vierling 103/38 in einem Wirbelwind-Turm. Die Bewaffnung reichte von einem 2-cm-Flak-Vierlings-MG 151/20 über einen 3,7-cm-Flak-Zwilling 44 bis zu einem 5,5-cm-Flak-Zwillings-Geschütz.

PANZERSPÄHWAGEN AUTOBLINDA AB 40 UND 41

Die Panzerspähwagen AB 40 und AB 41 entstanden aufgrund einer Ausschreibung für einen Panzerwagen, der sowohl von der italienischen Polizei in den afrikanischen Kolonien als auch von Kavallerieeinheiten eingesetzt werden sollte. Die Anforderungen lauteten: Allradlenkung und -antrieb, Steuerrad vorn und hinten, um sowohl vorwärts als auch rückwärts fahren zu können, sowie hohe Geländegängigkeit. Als Bewaffnung waren zunächst nur MG vorgesehen. Der Mitte 1940 erschienene Panzerwagen AB 40 erfüllte die Kriterien. Um die Feuerkraft zu erhöhen, wurde jedoch schon nach wenigen Exemplaren mit einem neuen Turm mit einer 2-cm-Kanone statt des 8-mm-Zwillings-MG erfolgreich experimentiert und die Fertigung auf dieses nun AB 41 genannte Fahrzeug umgestellt. Viele der AB 40 wurden zudem umgerüstet. Für seine Zeit war das Fahrzeug sehr fortschrittlich und leistungsfähig, wurde jedoch von Steuerungsproblemen geplagt, die nie ganz auszumerzen waren. Einige Fahrzeuge hatte zusätzlich noch ein Fla-MG auf dem Turm. Mit einem speziellen Umrüstsatz konnten AB 41 auch auf Schienen fahren, wovon auf dem Balkan oft Gebrauch gemacht wurde. AB 41 wurden auch von den italienischen Truppen in Nordafrika häufig eingesetzt. Eine Kommando- und Beobachtungsversion wurde ebenfalls in geringer Zahl hergestellt. Die Modelle AB 42 und 43 hatten einen neuen, flacheren Turm mit 4,7-cm-Kanonen L/32, wurden aber vor September 1943 nur in geringen Stückzahlen gebaut. Auch die Wehrmacht setzte erbeutete Fahrzeuge dieser Art ein.

Autoblinda AB 41 in Nordafrika.

Gefechtsgewicht:	7.500 kg
Besatzung:	4 Mann
Abmessungen in mm (Länge/Breite/Höhe):	5.200/1.920/2.480
Motor:	SPA 6-Zylinder-Reihe, Benzin, Wasserkühlung, 4.995 ccm, 88 PS (64,8 kW)
Leistungsgewicht:	11,7 PS/t
Geschwindigkeit:	Straße 78 km/h
Fahrbereich:	Straße 400 km
Bewaffnung:	2-cm-Kanone Breda M 35, 2 x 8-mm-Breda-MG
Panzerung:	Wanne: 6–9 mm, Turm: max. 18 mm
Furttiefe:	0,6 m

CARRO VELOCE CV 33 UND CV 35

	CV 33
Gefechtsgewicht:	3.435 kg
Besatzung:	2 Mann
Abmessungen in mm (Länge/Breite/Höhe):	3.160/1.400/1.280
Motor:	SPA CV-3 4-Zylinder-Reihe, Benzin, Wasserkühlung, 43 PS (31,6 kW)
Leistungsgewicht:	12,5 PS/t
Geschwindigkeit:	Straße 42 km/h
Fahrbereich:	Straße 125 km
Bewaffnung:	8-mm-Zwillings-MG Fiat M18/35
Panzerung:	6,5–13,5 mm

CV 33, 67. Bersalgieri-Regiment, Nordafrika 1940.

Während der späten 1920er- und frühen 1930er-Jahre waren die Zwei-Mann-Kleinpanzer der britischen Firma Carden-Loyd aufgrund ihres geringen Preises recht populär. Auch Italien erwarb zwei Carden-Loyd Mk. VI sowie die Lizenzrechte. Nach einigen Veränderungen wurde daraus der CV 33. in der Serie I waren die Wagen mit einem wassergekühlten 6,5-mm-MG bewaffnet, das aber so katastrophale Leistungen zeigte, dass es durch ein 8-mm-Zwillings-MG Fiat M18/35 ersetzt wurde (Serie II). Später wurden weitere Veränderungen vorgenommen, so wurde z. B. der Aufbau modifiziert und die Bewaffnung in ein 13,2-mm-MG geändert. Diese neue Version hieß CV 35. Eingesetzt wurden CV 33 und 35 von der Infanterieunterstützung bis zur Aufklärung. Es gab Versionen als Kommando- und Flammpanzer sowie als Sturmbrückenträger. Auch leichte Pak wie die 2-cm-Solothurn kamen zum Einbau. CV 33 und 35 wurden im Spanischen Bürgerkrieg, in Griechenland, Afrika und in der Sowjetunion eingesetzt. Jedesmal zeigte sich, dass der CV 33/35 bei ernst zu nehmenden Gegnern ein fahrender Sarg für seine Besatzung war. Obwohl dies schon in Spanien offensichtlich war, wurden die Wagen erst nach den katastrophalen Erfahrungen in Russland zurückgezogen. Nach 1943 setzte auch die Wehrmacht einige erbeutete Panzer dieses Typs ein.

CARRO ARMATO M 13/40

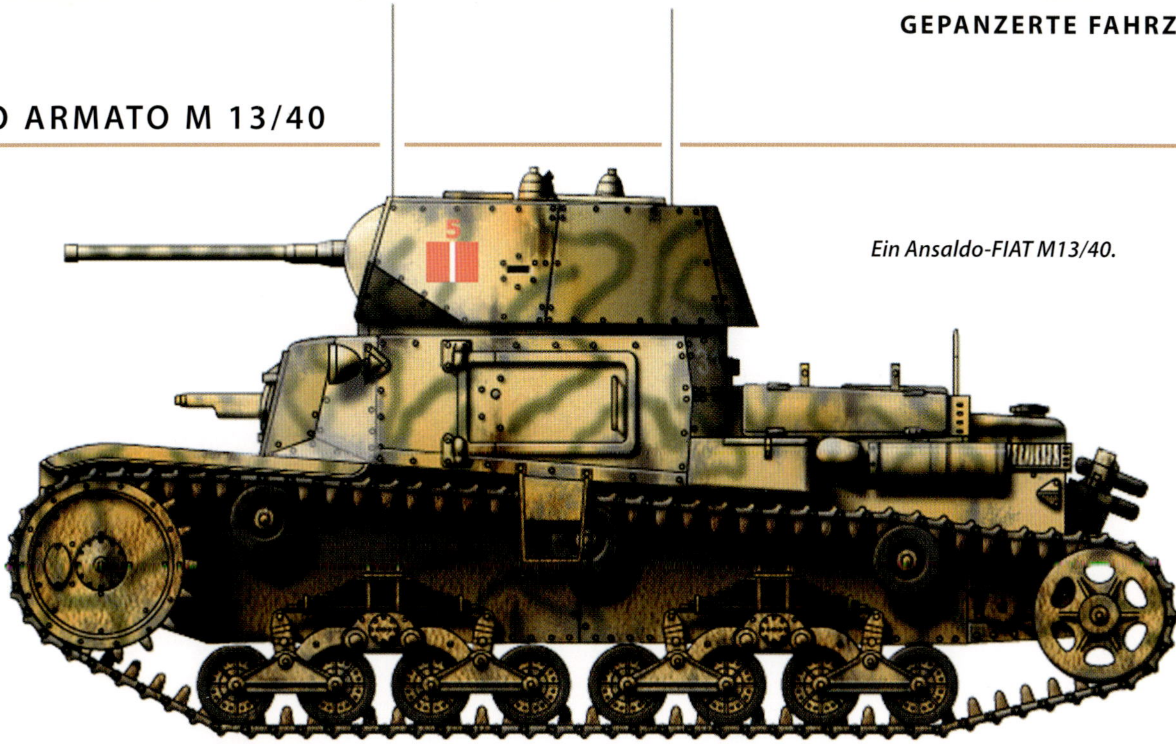

Ein Ansaldo-FIAT M13/40.

	M13/40
Gefechtsgewicht:	14.000 kg
Besatzung:	4 Mann
Abmessungen in mm (Länge/Breite/Höhe):	4.920/2.200/2.380
Motor:	SPA 8 TM 40 V-8-Diesel, Wasserkühlung, 125 PS (92 kW)
Leistungsgewicht:	8,9 PS/t
Geschwindigkeit:	Straße 32 km/h
Fahrbereich:	Straße 200 km
Bewaffnung:	4,7-cm-Kanone L/32 im Turm, 1 x 8-mm-MG koaxial, 1 x 8-mm-Zwillings-MG vorn in der Wanne
Panzerung:	6–42 mm
Furttiefe:	k. A.

Der M 13/40 war der italienische Standardpanzer des Zweiten Weltkrieges. Sein Vorläufer, der M 11/39, konnte aufgrund seiner ungeschickten Formgebung, des mangelhaften Laufwerks und der 3,7-cm-Kanonen in der Wanne anstatt im Turm nicht überzeugen. Weniger als 100 Exemplare wurden gebaut, die fast alle 1940/41 in Nordafrika verloren gingen. Der M 13/40 hatte ein besseres Laufwerk, besaß eine schlagkräftige 4,7-cm-Kanone, die von der ausgezeichneten 4,7-cm-Pak abgeleitet war, und verfügte über eine verbesserte Panzerung. Alles in allem war er zeitgenössischen Panzern anderer Nationen nicht unterlegen, aber auch kein herausragendes Fahrzeug. Die Kanone des M 13/40 konnte 1941 die Panzerung der meistens britischen Panzer durchschlagen und hatte eine höhere Reichweite als die britischen 2-Pfünder. Die Commonwealth-Truppen in Nordafrika verwendeten jeden M 13/40, den sie erobern konnten. Über 100 Fahrzeuge standen zeitweise in ihrem Dienst. Auf dem gleichen Fahrgestell und mit kleinen Änderungen gingen zwei weitere Panzer in Produktion: Der M 14/41 hatte eine auf 145 PS erhöhte Motorleistung, der M 15/42 erhielt eine stärkere Panzerung. Insgesamt wurden von diesen Panzern rund 2.000 Stück produziert. Zusätzlich entstanden noch eine Reihe von Sturmgeschützen auf dieser Basis.

Amerikanische GIs untersuchen einen erbeuteten M 13/40, Tunesien 1943. Man beachte die als Zusatzpanzerung gedachten Sandsäcke an der Fahrerfront.

CARRO SEMOVENTE M 40 DA 75/18, 75/34 UND 105/25

	Semovente da 75/18
Gefechtsgewicht:	17.000 kg
Besatzung:	4 Mann
Abmessungen in mm (Länge/Breite/Höhe):	4.920/2.200/1.810
Motor:	SPA 8 TM 40 V-8-Diesel, Wasserkühlung, 145 PS (106,8 kW)
Leistungsgewicht:	8,5 PS/t
Geschwindigkeit:	Straße 30 km/h
Fahrbereich:	Straße 200 km
Bewaffnung:	7,5-cm-Kanone L/18 1 x 6,5-mm-MG
Panzerung:	6–70 mm

Auf dem Chassis der Baureihe M 13–15 wurden nach dem Vorbild des StuG III Sturmgeschütze (italienisch Semovente) konstruiert. Der Prototyp der ersten Ausführung erschien im Februar 1941 und besaß eine 7,5-cm-Kanone L/18 in einem festen Aufbau auf einem M-13/40-Fahrgestell. Den ersten Einsatz erlebten diese Fahrzeuge im Januar 1942 in Nordafrika, wo sie recht erfolgreich waren. Insgesamt wurden von dieser Version 222 Sturmgeschütze gebaut. Ende 1942 erschien die Version 75/34 auf der Basis des M 15/42 mit einer längeren 7,5-cm-Kanone L/34. Die Serienproduktion dieser Version lief jedoch erst im April 1943 an. Bis zum Waffenstillstand am 8. September 1943 wurden noch 192 Fahrzeuge gefertigt. Die leistungsfähigste Version war die 105/25 mit einer 10,5-cm-Haubitze L/25 auf einem verbreitertem M-15/42-Fahrgestell, von der noch rund 250 Exemplare hergestellt wurden. Nach dem Waffenstillstand im September 1943 übernahmen die deutschen Truppen alle Semovente-Typen, derer sie habhaft werden konnten, und ließen – da die Herstellungswerke in ihrem Machbereich lagen – die Fertigung weiterlaufen.

Semovente M 40 75/18.

SEMOVENTE M 41 DA 90/53

Diese italienische Selbstfahrlafette entstand aus den Erfahrungen an der Ostfront nach dem Auftauchen der T-34 und KW-1. Man benötigte eine mobile, durchschlagsfähige Waffe zur Panzerabwehr. Das beste vorhandene Geschütz in Italien war die 9-cm-Flak L/53. Ansaldo veränderte also den Panzer M 14/41 dahingehend, dass der Motor in die Mitte verlegt und das Panzerkastenoberteil entfernt wurde. Hinten wurde die ausgezeichnete 9-cm-Flak hinter einem großen Schutzschild montiert. Der erste Prototyp war am 5. März 1942 fertig. Im April des gleichen Jahres begann die Serienfertigung, die allerdings nur 30 Exemplare umfasste. Da nur sechs Schuss Bereitschaftsmunition mitgeführt werden konnte, wurden diese Fahrzeuge im Feld von speziellen Munitionstransportern begleitet. Größter Nachteil war allerdings, dass die Mannschaft völlig ungeschützt hinter dem Fahrzeug stehen musste.

Gefechtsgewicht:	16.800 kg
Besatzung:	4 Mann
Abmessungen in mm (Länge/Breite/Höhe):	5.280/2.270/2.260
Motor:	SPA 15 TM-41 V-8-Diesel, Wasserkühlung, 145 PS (106,8 kW)
Leistungsgewicht:	8,6 PS/t
Geschwindigkeit:	Straße 35 km/h
Fahrbereich:	Straße 200 km
Bewaffnung:	9-cm-Kanone L/53
Panzerung:	6–30 mm

Semovente M 41 90/53.

TYP 2 KA-MI

Typ 2 Ka-Mi.

Gefechtsgewicht (m. Pontons):	11.300 kg
Besatzung:	4–5 Mann
Abmessungen in mm (Länge/Breite/Höhe):	7.420/2.790/2.340
Motor:	Mitsubishi 6-Zylinder-Reihe, Diesel, Luftkühlung, 120 PS (88,3 kW)
Leistungsgewicht:	10,6 PS/t
Geschwindigkeit:	Straße 37 km/h, im Wasser 9,6 km/h
Fahrbereich:	Straße 200 km, Wasser 100 km
Bewaffnung:	3,7-cm-Kanone Typ 94, 2 x 7,7-mm-MG
Panzerung:	9–13 mm
Furttiefe:	amphibisch

Schon 1928 führte das japanische Heer Versuche mit amphibischen Panzerfahrzeugen durch. 1940 übernahm die Marine die Regie, da diese Panzer bei der Marineinfanterie eingesetzt werden sollten. Es entstand ein ganze Reihe von Amphibienfahrzeugen, von denen der Typ 2 das meistgebaute war. Der ab 1942 in Dienst gestellte Typ 2 verwendete zahlreiche Baugruppen aus dem Typ 95, hatte jedoch eine neue, wasserdichte Wanne. Für die Schwimmfähigkeit wurden an Bug und Heck große Pontons oder Schwimmkörper angebracht, die an Land abgeworfen werden konnten. Im Wasser sorgten zwei Schrauben für den Vortrieb. Gesteuert wurde mit zwei Rudern, die der Kommandant aus dem Turm bediente. Für den Angriff auf die kleinen Inseln und Atolle im Pazifik waren die Fahrzeuge ideal und bewährten sich zunächst gut. Als Japan in die Defensive gedrängt wurde und schwerere US-Panzer auftauchten, waren die leicht gepanzerten und bewaffneten Vehikel jedoch chancenlos. Laut japanischen Quellen wurden 184 Typ-2-Amphibienpanzer gebaut.

TYP 97 TE-KE

Dieser leichte Panzer erschien erstmals 1937 und wurde ab 1938 für die kaiserlich-japanische Armee in Serie gebaut. Der Te-Ke war zunächst als Aufklärungsfahrzeug gedacht, wurde jedoch auch häufig zur Infanterieunterstützung eingesetzt, was aber nur funktionierte, wenn der Gegner über keine oder wenig Panzerabwehrwaffen verfügte. Wie beim Typ 95 war auch beim Typ 97 der allein im Turm sitzende Kommandant überfordert. Trotz dieser Nachteile wurde dieses Fahrzeug zu einem der wichtigsten japanischen Panzer und war den ganzen Krieg über im Einsatz. Obwohl der Typ 97 in China noch mit Erfolg eingesetzt wurde, hatte er gegen die M3 und M4 der US-Armee keine Chance. Interessant ist, dass die US-Panzer im Lauf des Krieges dazu übergingen, nicht mit Panzergranaten, sondern mit Sprenggeschossen auf japanische Kampfwagen zu schießen. Panzergranaten gingen aufgrund der sehr dünnen Panzerung nämlich meist einfach durch diese hindurch und richteten – wenn sie dabei keine lebenswichtigen Teile oder die Besatzung trafen – keine großen Schäden an. Vom Typ 97 gab es auch einen gepanzerten Munitionsschlepper mit gepanzertem Anhänger.

Gefechtsgewicht:	4.748 kg
Besatzung:	2 Mann
Abmessungen in mm (Länge/Breite/Höhe):	3.680/1.800/1.770
Motor:	Ikega 4-Zylinder-Reihe, Diesel, Luftkühlung, 65 PS (47,8 kW)
Leistungsgewicht:	13,7 PS/t
Geschwindigkeit:	Straße 42 km/h
Fahrbereich:	Straße 250 km
Bewaffnung:	3,7-cm-Kanone Typ 94 oder 1 x 7,7-mm-MG im Turm
Panzerung:	6–16 mm

Typ 97 Te-Ke.

TYP 95 HA-GO

Gefechtsgewicht:	7.400 kg
Besatzung:	3 Mann
Abmessungen in mm (Länge/Breite/Höhe):	4.380/2.060/2.180
Motor:	Mitsubishi 6-Zylinder-Reihe, Diesel, Luftkühlung, 120 PS (88,3 kW)
Leistungsgewicht:	16,2 PS/t
Geschwindigkeit:	Straße 45 km/h
Fahrbereich:	Straße 250 km
Bewaffnung:	3,7-cm-Kanone Typ 94, 1 x 6,5-mm-MG oder 2 x 7,7-mm-MG
Panzerung:	6–13 mm

Typ 95 Ha-Go.

Der Prototyp dieses leichten Panzers wurde 1934 von Mitsubishi gebaut. Zu jenem Zeitpunkt konnte sich das Fahrzeug durchaus mit den Panzern anderer Nationen messen, bei Kriegsausbruch im Dezember 1941 war es jedoch restlos veraltet. Fahrer und Bug-MG-Schütze saßen vorn in der Wanne, der Kommandant allein im Turm. Dort sollte er das Fahrzeug führen, die Waffen richten, laden und abfeuern und in einer späteren Version sogar noch ein Turm-MG bedienen – was selbst den fähigsten Kommandanten überforderte. Panzer des Typs 95 wurden zunächst im Krieg gegen China und dann den ganzen Zweiten Weltkrieg hindurch eingesetzt. Gemäß der japanischen Taktik dienten sie einzig der Infanterieunterstützung und waren ab Ende 1941 meist in kleinen Gruppen auf den zahlreichen besetzten Inseln im Pazifik zu finden. Die Panzerung schützte nur vor Handfeuerwaffen, was sie zur leichten Beute für alliierte Panzerabwehrgeschütze und Kampfwagen machte. Von Vorteil waren allerdings ihre Mobilität und Verlässlichkeit. 2.375 Exemplare wurden bis 1945 hergestellt, was den Typ 95 zum wichtigsten leichten japanischen Panzer machte.

Typ 95 des 16. Panzerregiments auf Marcus Island (US Navy).

Ein vom USMC auf Guam erbeuteter Typ 95 Ha-Go.

TYP 89 B OTSU

Wenn er auch nicht schwerer oder größer als der Typ 95 war, so galt der Typ 89 B aufgrund seiner 5,7-cm-Kanone als mittlerer Kampfpanzer. Der Typ 89 basierte auf importierten britischen Vickers-C-Panzern. 1929 erschien als japanische Variante der Typ 89, zu jenem Zeitpunkt noch mit Benzinmotor. Als 1934 ein Mitsubishi-Diesel den Benziner ersetzte, wurde diese neue Version Typ 89 B genannt. In dieser Form wurde das Fahrzeug zum mittleren japanischen Standardpanzer während der späten 1930er-Jahre und auch 1941/42 noch eingesetzt. Zu diesem Zeitpunkt war er allerdings schon völlig überholt. Wie alle japanischen Panzer war auch der Typ 89 B lediglich zur Infanterieunterstützung gedacht, doch dies war nur gegen schlecht ausgerüstete Gegner mit Erfolg möglich. Seine dünne Panzerung machte ihn sehr verwundbar, zudem war er langsam und unbeweglich. Nach 1942 wurden Panzer des Typs 89 B von der Front abgezogen. Vom Typ 89 und 89 B wurden rund 400 Fahrzeuge gebaut.

Gefechtsgewicht:	11.500 kg
Besatzung:	4 Mann
Abmessungen in mm (Länge/Breite/Höhe):	4.300/2.150/2.200
Motor:	Mitsubishi 6-Zylinder-Reihe, Diesel, Luftkühlung, 120 PS (88,3 kW)
Leistungsgewicht:	10,5 PS/t
Geschwindigkeit:	Straße 27 km/h
Fahrbereich:	Straße 200 km
Bewaffnung:	5,7-cm-Kanone Typ 90, 2 x 6,5-mm-MG
Panzerung:	9–17 mm

Typ 89 Otsu.

TYP 97 CHI-HA

Gefechtsgewicht:	15.000 kg
Besatzung:	4 Mann
Abmessungen in mm (Länge/Breite/Höhe):	5.520/2.330/2.230
Motor:	Mitsubishi V-12, Diesel, Luftkühlung, 170 PS (88,3 kW)
Leistungsgewicht:	11,3 PS/t
Geschwindigkeit:	Straße 38 km/h
Fahrbereich:	Straße 210 km
Bewaffnung:	5,7-cm-Kanone Typ 90, 2 x 7,7-mm-MG
Panzerung:	8–25 mm

Der Typ 97 Chi-Ha war der mittlere Standardpanzer der japanischen Armee während des Zweiten Weltkrieges. Sein Vorgänger, der Typ 89, machte schon 1936 deutlich, dass er gegnerischen Panzern nicht mehr wirklich gewachsen war. Daher erging ein Auftrag an die Industrie, einen Nachfolger zu entwickeln. Mitsubishi gewann die Ausschreibung und begann 1938 mit der Serienfertigung, in die später auch andere Unternehmen eingeschaltet wurden. Fahrer und MG-Schütze saßen vorn in der Wanne, im Turm befanden sich Richtschütze und Kommandant, während der Dieselmotor im Heck untergebracht war. Das Laufwerk war gut durchdacht und erbrachte ordentliche Leistungen. Obwohl moderner als andere japanische Fahrzeuge, war auch der Typ 97 primär zur Infanterieunterstützung gedacht. Seine kurze 5,7-cm Kanone war gegen Panzer nicht besonders wirkungsvoll, und die Panzerung nach wie vor zu schwach, was sich 1939 bei Grenzzwischenfällen mit sowjetischen Truppen in der Mandschurei zeigte. Daher wurde unter der Bezeichnung Typ 97 Shinhoto Chi-Ha eine Spezialversion zur Panzerbekämpfung geschaffen, die über einen neuen Turm mit langer 4,7-cm-Kanone mit guter Durchschlagskraft verfügte. Diese Variante kam allerdings erst 1942 zum Einsatz. Auf der Basis des Typs 97 entstanden zudem Berge- und Brückenlegepanzer sowie Selbstfahrlafetten mit Waffen von bis zu 15 cm Kaliber. Vom Typ 97 wurden inklusive aller Varianten 2.208 Einheiten produziert.

Typ 97 Shinhoto Chi-Ha mit der langen 4,7-cm-Kanone.

TK-3 TANKETTE

Gefechtsgewicht:	2.435 kg
Besatzung:	2 Mann
Abmessungen in mm (Länge/Breite/Höhe):	2.580/1.780/1.310
Motor:	Ford Modell A, 4-Zylinder-Reihe, Wasserkühlung, 40 PS (29,4 kW)
Leistungsgewicht:	16,4 PS/t
Geschwindigkeit:	Straße 45 km/h
Fahrbereich:	Straße 200 km
Bewaffnung:	1 x 7,92-mm-MG
Panzerung:	4–10 mm
Furttiefe:	0,4 m

Polen kaufte 1929 einen britischen Panzer vom Typ Carden-Loyd Mk. IV und entwickelte daraus seine Reihe von „Tanketten" bzw. Kleinpanzern. Diese Fahrzeuge waren sehr klein, beweglich, hatten zwei Mann Besatzung und waren meist nur mit einem MG bewaffnet. Nach einigen oben offenen Typen, wie dem TK-1 und TK-2, folgte ab 1931 die Produktion eines rundum geschlossenen Fahrzeugs, des TK-3. Rund 300 Stück wurden von diesem Typ hergestellt. Da spätestens 1939 klar war, dass die Wagen anderen Panzern hoffnungslos unterlegen waren, versuchten die Polen, die Feuerkraft zu verbessern. Kurz vor Kriegsbeginn wurden noch wenige Fahrzeuge auf eine 2-cm-Pak umgerüstet. Aber auch das gab ihnen gegen die Panzer der Wehrmacht keine Chance. Alle übrig gebliebenen TK-3 wurden von der Wehrmacht auf französische 8-mm-MG Hotchkiss M 1914 umgerüstet und für Sicherungsaufgaben eingesetzt.

Ein polnischer TK-3.

7TP

	7TP jw
Gefechtsgewicht:	9.900 kg
Besatzung:	3 Mann
Abmessungen in mm (Länge/Breite/Höhe):	5.020/2.410/2.160
Motor:	Saurer Diesel, Luftkühlung, 110 PS (81 kW)
Leistungsgewicht:	11,1 PS/t
Geschwindigkeit:	Straße 32 km/h
Fahrbereich:	Straße 160 km, Gelände 120 km
Bewaffnung:	3,7-cm-Kanone Bofors, 1 x 7,92-mm-MG
Panzerung:	5–18 mm (einige bis 40 mm)
Furttiefe:	0,7 m

Der 7TP konnte es 1939 durchaus mit den deutschen Panzern aufnehmen – allein ihrer Übermacht war er nicht gewachsen.

Anfang der 1930er-Jahre kaufte Polen beim britischen Rüstungskonzern Vickers-Armstrong 50 Panzer des damals sehr modernen und erfolgreichen Typs Vickers-6-Tonner. Die Polen entwickelten aus diesen Fahrzeugen den Typ 7TP, der 1934–1939 in 169 Exemplaren hergestellt wurde. Das Fahrzeug war der erste mit einem Dieselmotor ausgerüstete Panzer in Europa und für seine Zeit sehr respektabel. Die ersten Modelle hatten einen Doppelturm mit jeweils einem 7,92-mm-Browning-MG (7TP dw), spätere Modelle hatten einen Turm mit einer schwedischen 3,7-cm-Bofors-Kanone und koaxialem 7,92-mm-MG. Ungewöhnlich war zu jener Zeit nicht nur der Dieselmotor, sondern dass die meisten Wagen auch schon mit Funk ausgerüstet waren. Kurz vor Ausbruch des Krieges entstand noch eine schwerer gepanzerte Version (frontal bis zu 40 mm), die jedoch über Prototypen nicht hinauskam. Im Kampf gegen die deutschen Angreifer schlugen sich die 7TP tapfer und wurden allein von der Übermacht der Wehrmacht erdrückt. Unter der Bezeichnung Kampfpanzer 7TP(p) setzte die Wehrmacht die übrig gebliebenen Fahrzeuge zur Schulung und für Sicherungsaufgaben ein.

PANZERSPÄHWAGEN PANHARD AMD-178

Der bedeutendste französische Panzerwagen 1940 war der Panhard AMD-178. Die Planungen begannen Mitte der 1930er-Jahre, und für jene Zeit war er ein erstklassiges Fahrzeug. Der Wagen besaß zwar eine genietete Panzerung, was bei Treffern dazu führen konnte, dass Nieten als Geschosse durch den Kampfraum flogen, hatte aber viele interessante und innovative Merkmale. Dazu gehörten z. B. der zweite, nach hinten schauende Fahrer, der bei Gefahr die Steuerung übernehmen konnte, damit das Fahrzeug nicht wenden musste. Der Motor war ein recht seltenes Zweitaktmodell mit Drehschiebern statt Ventilen. Neben der mit einer 2,5-cm-Kanone bewaffneten Version gab es auch einen unbewaffneten Funkwagen sowie eine nur mit einem 7,5-mm-Zwillings-MG ausgerüstete Variante. Bis zur Niederlage Frankreichs wurden ca. 300 AMD-178 aller Modelle gebaut. Davon übernahm die Wehrmacht rund 190 Stück als Panzerspähwagen P 204(f). Dafür wurden sie mit deutschen Funkgeräten und teilweise auch Rahmenantennen ausgestattet. Einige wurden zur Überwachung von Schienenwegen auch mit Eisenbahnrädern ausgerüstet. Wenige Fahrzeuge waren 1940 den Besatzern entgangen und konnten in den unbesetzten Teil Frankreichs gebracht werden. Als die Wehrmacht auch diesen Teil besetzte, wurden die Panzerwagen direkt den deutschen Truppen eingegliedert. Die Wehrmacht schätzte den Panhard sehr und betrachtete ihn als wertvolle Ergänzung der Aufklärungseinheiten. Nach der Befreiung 1944 lief die Fertigung des AMD-178 bei Panhard direkt wieder an.

Panhard AMD-178.

Gefechtsgewicht:	8.500 kg
Besatzung:	4 Mann
Abmessungen in mm (Länge/Breite/Höhe):	4.790/2.010/2.290
Motor:	Panhard 4-Zylinder-Reihe, Benzin, Wasserkühlung, 6.330 ccm, 105 PS (78 kW)
Leistungsgewicht:	12,4 PS/t
Geschwindigkeit:	Straße 72 km/h
Fahrbereich:	Straße 330 km, Gelände 120 km
Bewaffnung:	2,5-cm-Kanone, 1 x 7,5-mm-MG
Panzerung:	7–20 mm
Furttiefe:	0,6 m

RENAULT UE CHENILLETTE

Der Renault UE war ein gepanzertes Nachschubfahrzeug. In den frühen 1930er-Jahren betrieb die französische Armee mit Nachdruck ihre Mechanisierung und dachte dabei auch an gepanzerte Fahrzeuge, welche die Fronttruppen mit Nachschub versorgen sollten. Auf der Basis des Carden-Loyd-Laufwerks konstruierte Renault das Modell UE, das ab 1931 in Serie ging. Die zweiköpfige Besatzung saß nebeneinander und verfügte über einen halbkugelförmigen Kopfschutz mit Sehschlitzen, der wegklappbar war. Der Motor befand sich zwischen Fahrer und Beifahrer. Hinten war eine kippbare Ladebrücke angebracht, sodass die Ladung ohne Verlassen des Fahrzeug gelöscht werden konnte. Zusätzlich wurde von Renault ein gepanzerter Kettenanhänger entwickelt, der aber auch nur auf Laufrädern rollen konnte. UE-Schlepper wurden auch zum Ziehen leichter Pak und Flak eingesetzt, waren selbst jedoch gewöhnlich unbewaffnet. Die Wehrmacht erbeutete rund 1.200 dieser Fahrzeuge und setzte sie zum Teil als Versorgungs- und Zugfahrzeuge ein, etwa für die 3,7-cm-Pak, schuf aber auch eine Anzahl von Selbstfahrlafetten und Waffenträgern. So montierte man die 3,7-cm-Pak auf das Fahrzeug, wobei die Kanoniere nur den Schild der Pak als Schutz hatten. Für Sicherungsaufgaben entstanden zahlreiche Umbauten mit MG-Bewaffnung. 1944 ordnete Rommel die Ausrüstung noch vorhandener UE-Schlepper mit Rahmen für je vier Wurfgranaten im Kaliber 28 oder 32 cm an, die seitlich am Fahrzeug oder auf der Wanne saßen.

Leergewicht:	2.700 kg
Besatzung:	2 Mann
Zuladung:	400 kg
Anhängelast:	500 kg
Abmessungen in mm (Länge/Breite/Höhe):	2.690/1.700/1.040
Motor:	Renault 4-Zylinder-Reihe, Benzin, Wasserkühlung, 2.120 ccm, 38 PS (30 kW)
Geschwindigkeit:	max. 33,5 km/h
Fahrbereich:	Straße 125 km, Gelände 60 km
Bewaffnung:	siehe Text
Panzerung:	9 mm rundum
Furttiefe:	0,4 m

Renault UE Chenillette.

LORRAINE 37 L

Leergewicht:	5.650 kg
Besatzung:	2 Mann
Zuladung:	810 kg
Anhängelast:	800 kg
Abmessungen in mm (Länge/Breite/Höhe):	4.200/1.570/1.250
Motor:	Delahaye 135 6-Zylinder-Reihe, Benzin, Wasserkühlung, 3.556 ccm, 70 PS (51,5 kW)
Geschwindigkeit:	max. 35 km/h
Fahrbereich:	Straße 135 km
Bewaffnung:	siehe Text
Panzerung:	6–12 mm
Furttiefe:	0,7 m

Dieses Fahrzeug wurde ab 1937 als Nachfolger für den Renault UE gebaut, hatte aber 1940 seinen Vorgänger in der Nachschubrolle noch keineswegs ersetzt. Die Besatzung des 37 L saß im Bug, in der Mitte befand sich der Motorraum und im Heck ein relativ großer Laderaum. Wie beim UE konnte man durch Kippen der Ladefläche entladen, ohne das Fahrzeug verlassen zu müssen. Auch der 37 L verfügte über einen gepanzerten Anhänger, mit dem auch Treibstoff transportiert werden konnte. Bis zur Niederlage Frankreichs wurden 432 37 L produziert. Davon übernahm die Wehrmacht etwa 300 Fahrzeuge, die bald feststellte, dass diese sich aufgrund des hinteren Laderaums und der Mittelmotorauslegung bestens zum Umbau zu Selbstfahrlafetten eigneten. So entstanden Umbauten, zunächst mit der 7,5-cm-Pak 40 (siehe S. 78), später auch mit 10,5-cm- und 15-cm-Haubitzen. Obgleich diese Umbauten das Fahrgestell des 37 L bis an die Grenze belasteten, war die Grundkonstruktion so solide, dass diese Fahrzeuge dennoch recht erfolgreich waren.

Lorraine-37-Kettenschlepper mit gepanzertem Anhänger.

RENAULT FT-17

Nachdem die ersten französischen Panzer nicht die erwarteten Leistungen gebracht hatten, stellte Renault 1917 einen neuen leichten Panzer vor, dessen Auslegung Vorbild für alle späteren Kampfwagen werden sollte. Der Fahrer war vorn in der Wanne, der Turm mit dem Kommandanten saß mittig, und der Motor war im Heck untergebacht. Dem FT-17 kommt die Ehre zu, der erste Panzer mit einer Hauptbewaffnung in einem um 360° drehbaren Turm zu sein. Allerdings war er technisch ein Kind seiner Zeit und im Grunde nur eine genietete Kiste aus Panzerblechen mit einem schwachen Motor auf einem unausgereiften Laufwerk. Dennoch war er 1918 einer der besten Panzer. Bis 1918 wurden rund 3.000 Stück von Renault und anderen Firmen gebaut. Auch nach dem Krieg lief die Fertigung weiter, da die Nachfrage aus dem Ausland groß war. Zahllose Nationen kauften nach 1918 FT-17 und bauten mit ihm ihre Panzertruppen auf. Dementsprechend gab es eine Vielzahl an Varianten, von der Ausrüstung mit einer 7,5-cm-Kanone über Funkwagen bis hin zu Brücken- und Scheinwerferpanzern. Auch im Mai 1940 waren noch rund 2.500 Panzer bei den Franzosen im Einsatz, davon allerdings nur etwa 500 bei Fronteinheiten.

Gefechtsgewicht:	7.000 kg
Besatzung:	2 Mann
Abmessungen in mm (Länge/Breite/Höhe):	4.100/1.740/2.300
Motor:	Renault 4-Zylinder-Reihe, Benzin, Wasserkühlung, 4.500 ccm, 35 PS (25,8 kW)
Leistungsgewicht:	5 PS/t
Geschwindigkeit:	Straße 7,5 km/h
Fahrbereich:	Straße 38 km
Bewaffnung:	3,7-cm-Kanone oder 2 x 8-mm-MG (zahlreiche Varianten)
Panzerung:	6–22 mm
Furttiefe:	0,5 m

Nun waren die Renaults allerdings restlos veraltet, und gegen die Panzer der Wehrmacht chancenlos. Zahlreiche erbeutete Exemplare wurden von den Deutschen als Panzerkampfwagen 17/18 R(f) für Sicherungsaufgaben eingesetzt. Zudem wurden einige Türme von FT-17 in deutsche Befestigungen an der Atlantikküste eingebaut. Es ist wohl als Verzweiflungstat anzusehen, dass 1944 beim Kampf in Paris auf deutscher Seite noch einmal FT-17 zum Einsatz kamen.

Von der Wehrmacht erbeuteter FT-17.

RENAULT R-35

R-35.

Die französische Armee forderte 1934 verschiedene Hersteller auf, einen Nachfolger für den Renault FT-17 zu entwickeln. Sieger wurde das Renault-Modell R-35, für das im Mai 1935 ein Auftrag über 300 Fahrzeuge erging. Insgesamt wurden bis Juni 1940 ca. 1.600 R-35 gebaut. Wie sein Vorgänger, der FT-17, war auch der R-35 vor allem zur Infanterieunterstützung vorgesehen. Die Wanne war für damalige Verhältnisse respektabel gepanzert (bis zu 40 mm im Frontbereich) und bestand aus verschraubten Gussteilen. Der Fahrer saß im Bug, der Kommandant allein im Turm. Die Hauptbewaffnung, eine kurze 3,7-cm-Kanone M 1918, war im Einsatz gegen andere Panzer praktisch nutzlos. Einige R-35 wurden daher mit einer längeren 3,7-cm-Kanone L/33 ausgestattet. Obwohl das Laufwerk durchaus gelungen war, sorgte das schlechte Leistungsgewicht von nur 8,4 PS/t für eine unzureichende Mobilität. Die ersten Exemplare waren noch ohne Funk. Eine Variante unter der Bezeichnung AMX-40 bzw. R-40 besaß ein neues Laufwerk mit zwölf kleinen Laufrollen und Ketten ähnlich denen des Char B, nur wenige wurden jedoch produziert. Interessant ist, dass der Turm des R-35 mit dem des H-35/38/39 identisch war. Als Infanterieunterstützung war der R-35 durchaus geeignet, doch waren die Tage dieser Art der Kriegsführung 1940 vorbei. Daher wurden zahlreiche R-35 einfach überrannt und von den deutschen Truppen erbeutet. Diese rund 800 Fahrzeuge wurden als Pz.Kpfw. 35 R(f) für Sicherungsaufgaben, zur Partisanenbekämpfung, als Zugmaschinen sowie als Basis verschiedener Selbstfahrlafetten verwendet.

Gefechtsgewicht:	9.800 kg
Besatzung:	2 Mann
Abmessungen in mm (Länge/Breite/Höhe):	4.200/1.850/2.100
Motor:	Renault 4-Zylinder Reihe, Benzin, Wasserkühlung, 5.878 ccm, 82 PS (60,4 kW)
Leistungsgewicht:	8,4 PS/t
Geschwindigkeit:	Straße 20 km/h
Fahrbereich:	Straße 140 km
Bewaffnung:	3,7-cm-Kanone M 1918 L/21, 1 x 7,5-mm-MG koaxial
Panzerung:	max. 45 mm
Furttiefe:	0,5 m

HOTCHKISS H-35, H-38 UND H-39

Der Hotchkiss H-35 entstand aufgrund der gleichen Ausschreibung für einen Infanteriepanzer wie der R-35. Die Infanterie lehnte das Fahrzeug allerdings ab, da die Mobilität noch schlechter war als beim R-35. Der H-35 verfügte bei 11,5 t Gewicht nur über einen 75-PS-Motor. Ironischerweise zeigte jedoch die Kavallerie Interesse, sodass der Panzer dort in Dienst gestellt wurde. Die Panzerung war 34 mm stark, die Bewaffnung war die gleiche wie beim R-35. Die Turmfront war bis zu 45 mm stark gepanzert. Rund 400 H-35 wurden bis 1938 gebaut, dann stellte man die Produktion auf das Modell H-38 um, das eine veränderte Wanne und eine Motorleistung von 120 PS hatte, die eine Geschwindigkeit von 36,5 km/h ermöglichten. Fahrzeuge, bei denen die längere 3,7-cm-Kanone L/33 zum Einbau kam, die besser zum Einsatz gegen Panzer geeignet war, trugen die Bezeichnung H-39. Insgesamt wurden bis Juni 1940 1.080 H-35, H-38 und H-39 produziert. Der H-38 und H-39 sowie mit Einschränkungen auch der H-35 waren zu ihrer Zeit gelungene Fahrzeuge, allerdings schränkte die auf zwei Mann begrenzte Besatzung den Kampfwert sehr ein. Fahrzeuge dieser Baureihe wurden in großer Zahl von der Wehrmacht erbeutet und erhielten die Bezeichnung Panzerkampfwagen 35, 38 oder 39 H(f). Neben den Besatzungstruppen in Frankreich verwendeten meist Panzereinheiten auf dem Balkan, in Griechenland oder Norwegen Hotchkiss-Panzer.

	H-39
Gefechtsgewicht:	12.100 kg
Besatzung:	2 Mann
Abmessungen in mm (Länge/Breite/Höhe):	4.220/1.850/2.140
Motor:	Hotchkiss 6-Zylinder-Reihe, Benzin, Wasserkühlung, 5.976 ccm, 120 PS (88,3 kW)
Leistungsgewicht:	8,4 PS/t
Geschwindigkeit:	Straße 36,5 km/h, Gelände 16 km/h
Fahrbereich:	Straße 150 km, Gelände 90 km
Bewaffnung:	3,7-cm-Kanone SA 38 L/33, 1 x 7,5-mm-MG koaxial
Panzerung:	max. 45 mm
Furttiefe:	0,5 m

H-39 mit der 3,7-cm-Kanone L/33 einer unbekannten Einheit, Juni 1940.

SOMUA S-35

Der S-35 war 1940 sicher der beste französische Panzer. Größter Nachteil war der Ein-Mann-Turm, der den Kampfwert des ausgezeichneten Wagens stark minderte. Auch die französische Doktrin, Panzer nur in kleinen Gruppen zur Infanterieunterstützung einzusetzen, verhinderte, dass der S-35 sein gesamtes Potenzial zeigen konnte. Anfang der 1930er-Jahre forderte die Kavallerie einen neuen mittleren Kampfpanzer und entschied sich 1935 für den Prototypen der Firma Somua, die 1936 die ersten Serienexemplare lieferte. Das Fahrzeug war gut gepanzert (Wanne max. 35 mm, Turm max. 55 mm) und verfügte über eine ausgezeichnete 4,7-cm-Kanone SA 35 L/32. Die Wanne bestand aus drei Gussstahlteilen, die miteinander verschraubt wurden. Fahrer und Funker saßen vorn im Bug, der Kommandant allein im Turm. Der Motor befand sich im Heck. 1940 entstanden eine verbesserte Version mit 220-PS-Motor, der jedoch nur in wenigen Exemplaren gebaut wurde, sowie der Prototyp eines Sturmgeschützes mit einer 7,5-cm-Kanone in der Wanne. Die französische Niederlage führte zur Einstellung des Experiments. Bei Beginn des Frankreichfeldzuges im Mai 1940 waren über 418 S-35 bei den Franzosen im Dienst. Die Wehrmacht übernahm 297 als Pz.Kpfw. 35 S(f) und setzte sie meist auf Nebenkriegsschauplätzen ein.

Der S-35 war 1940 einer der besten Panzer überhaupt.

	H-38
Gefechtsgewicht:	19.500 kg
Besatzung:	3 Mann
Abmessungen in mm (Länge/Breite/Höhe):	5.380/2.120/2.624
Motor:	Somua V-8, Benzin, Wasserkühlung, 12.700 ccm, 190 PS (139,8 kW)
Leistungsgewicht:	9,7 PS/t
Geschwindigkeit:	Straße 45 km/h, Gelände 37 km/h
Fahrbereich:	Straße 260 km, Gelände 130 km
Bewaffnung:	4,7-cm-Kanone SA 35 L/32, 1 x 7,5-mm-MG koaxial
Panzerung:	max. 55 mm
Furttiefe:	0,7 m

CHAR B-1-BIS

Gefechtsgewicht:	32.000 kg
Besatzung:	4 Mann
Abmessungen in mm (Länge/Breite/Höhe):	6.370/2.500/2.790
Motor:	Renault 6-Zylinder-Reihe, Benzin, Wasserkühlung, 16.500 ccm, 300 PS (220,8 kW)
Leistungsgewicht:	9,4 PS/t
Geschwindigkeit:	Straße 25 km/h
Fahrbereich:	Straße 140 km, Gelände 100 km
Bewaffnung:	1 x 4,7-cm-Kanone, SA 34 L/32 im Turm, 1 x 7,5-mm-MG koaxial, 1 x 7,5-cm-Kanone und 1 x 7,5-mm-MG in der Wanne
Panzerung:	max. 60 mm
Furttiefe:	0,75 m

Die deutschen Pak waren bis auf die 8,8-cm-Flak gegen den B-1-bis chancenlos.

Die bis zu 60 mm starke Panzerung des Char B-1-bis konnte von der deutschen 3,7-cm-Pak nicht durchschlagen werden, und auch die deutschen Panzer waren auf Glückstreffer angewiesen. Einzig die 8,8-cm-Flak konnte seine Panzerung bezwingen. Rund 400 waren 1940 auf französischer Seite im Einsatz. Die Ursprünge des Fahrzeugs gehen auf die späten 1920er-Jahre zurück, als die französische Armee einen schweren Panzer in Auftrag gab. Der Char B war mit einer kurzläufigen 7,5-cm-Kanone L/17 und einem Zwillings-MG in der Wanne ausgerüstet. Die Kanone besaß keinen Schwenkbereich zur Seite, sondern es musste mit dem gesamten Fahrzeug gezielt werden. Deshalb verfügte der Char B über ein für seine Zeit modernes hydrostatisches Lenkgetriebe. Im Turm befand sich ein weiteres Zwillings-MG. Nach nur 35 Exemplaren wurde die Fertigung auf die Version B-1-bis umgestellt, die einen stärkeren Motor, stärkere Panzerung und neben der 7,5-cm-Kanone in der Wanne auch eine 4,7-cm-Kanone im Turm hatte. Die Wehrmacht setzte erbeutete Exemplare als Pz.Kpfw. B 1(f) häufig als Fahrschulwagen ein. Rund 60 Fahrzeuge wurden 1941–1942 zu Flammpanzern umgerüstet und an der Ostfront eingesetzt. Dabei wurde die 7,5-cm-Kanone in der Wanne entfernt und durch ein Flammrohr ersetzt. Der Turm mit der 4,7-cm-Kanone blieb erhalten. Ein Behälter mit Flammöl befand sich hinten auf der Wanne, bis zu 200 Flammstöße waren möglich.

PANZERSPÄHWAGEN DAIMLER DINGO

Der Daimler Spähwagen wurde 1937 von BSA entworfen und nach der Übernahme durch Daimler ab 1939 als Daimler Dingo in Serie gebaut. Der Dingo war ein kleines, vierradgetriebenes Fahrzeug, das relativ leicht gepanzert war und dessen Bewaffnung nur aus einem Bren-MG in der Fahrerfront bestand. Allerdings war der Dingo auch sehr wendig und schnell, zudem aufgrund seiner geringen Größe unauffällig – keine schlechten Eigenschaften für ein Spähfahrzeug. Der Dingo war bei den Streitkräften des Commonwealth sehr erfolgreich und wurde in großen Stückzahlen gebaut. Daimler/BSA und Humber bauten bis 1945 insgesamt 6.626 Exemplare. In Kanada übernahm Ford den Entwurf und überarbeitete ihn.

Gefechtsgewicht:	3.048 kg
Besatzung:	2 Mann
Abmessungen in mm (Länge/Breite/Höhe):	3.180/1.710/1.500
Motor:	Daimler 6-Zylinder-Reihe, Benzin, Wasserkühlung, 2.500 ccm, 60 PS (44,2 kW)
Leistungsgewicht:	19,7 PS/t
Geschwindigkeit:	Straße 88 km/h
Fahrbereich:	Straße 325 km
Bewaffnung:	1 x 7,7-mm-MG
Panzerung:	max. 30 mm
Furttiefe:	0,6 m

Die kompakte Form des Dingo ist hier gut zu erkennen.

Heraus kam der Lynx (Luchs), der schwerer und stärker gepanzert war, aber auch einen kräftigeren Ford-Motor erhielt. Die Produktion bei Ford-Kanada belief sich auf 3.255 Fahrzeuge. Der Dingo blieb noch bis in die 1950er-Jahre im Dienst. Die Italiener erbeuteten in Nordafrika einige Dingos und waren von diesem Fahrzeug so überzeugt, dass er als Lince bei Lancia fast identisch nachgebaut wurde.

PANZERSPÄHWAGEN DAIMLER MK. 1

Der Daimler Mk. 1 kann seine Verwandtschaft mit dem Dingo nicht leugnen: Beides sind kurze Fahrzeuge mit fast quadratischer Radanordnung und vielkantigem Aufbau. Neu am Mk .1 ist seine selbsttragende Wanne, die half, Gewicht zu sparen und die Höhe des Wagens zu senken. Die Fahrzeuge hatten Funkausrüstung, Servolenkung und ein Vorwahlgetriebe. Ursprünglich sollten sich im Turm nur zwei 7,7-mm-MG oder ein 12,7- und ein 7,7-mm-MG befinden. Erste Kriegserfahrungen führten jedoch dazu, dass man stattdessen einen 4-cm-Zweipfünder und ein achsparalleles 7,92-mm-MG einbaute. 1941 wurden die ersten Fahrzeuge an die britische Armee ausgeliefert und auf sämtlichen Schauplätzen des Zweiten Weltkrieges eingesetzt. Der Daimler Mk. 1 war ein beliebtes Fahrzeug, zuverlässig und mobil. In der Endphase des Krieges war seine Zweipfünder-Bewaffnung allerdings nicht mehr ausreichend, da damit nur Panzergranaten verschossen werden konnten. Alles in allem wurden etwa 2.700 Stück aller Baureihen gefertigt. Nach dem Krieg wurden Daimler Mk. 1 noch bis in die späten 1950er-Jahre verwendet.

Daimler Mk. 1.

Gefechtsgewicht:	7.610 kg
Besatzung:	3 Mann
Abmessungen in mm (Länge/Breite/Höhe):	3.960/2.440/2.230
Motor:	Daimler 6-Zylinder-Reihe, Benzin, Wasserkühlung, 4.500 ccm, 95 PS (70 kW)
Leistungsgewicht:	12,5 PS/t
Geschwindigkeit:	Straße 80 km/h
Fahrbereich:	Straße 330 km
Bewaffnung:	4-cm-Zweipfünder-Kanone im Turm,1 x 7,92-mm-Besa-MG koaxial
Panzerung:	max. 30 mm
Furttiefe:	0,6 m

PANZERSPÄHWAGEN HUMBER MK. 1

Zahlenmäßig war der Humber mit rund 5.600 produzierten Fahrzeugen der wichtigste Panzerwagen der britischen Armee während des Zweiten Weltkrieges. Der Entwurf basierte auf einem von der Firma Guy gebauten Modell von 1939, welches das Fahrgestell ihrer Artillerie-Zugmaschine nutzte. Hiervon wurden 101 Exemplare gebaut, von denen die meisten in Frankreich 1940 verloren gingen. Da Guy mit der Produktion von Zugmaschinen völlig ausgelastet war, übernahm Humber den Entwurf und entwickelte ihn weiter. Der Humber Mk. 1 basierte daher nun auf dem 4x4-Fahrgestell der Rootes-Karrier-Zugmaschine, verwendete jedoch gegenüber dem ursprünglichen Modell einen nur leicht veränderten, geschweißten Panzeraufbau. Die Einteilung des Kampfraums war klassisch: vorn im Bug der Fahrer, Schütze und Kommandant im Turm, der Motor durch ein Brandschott abgetrennt

Humber Mk. 1.

im Heck. Die Bewaffnung war relativ leicht, weshalb bei späteren Modellen eine 3,7-cm-Kanone in einem Dreimannturm zum Einbau kam. Eine Fla-Version mit einem 7,92-mm-Vierlings-MG wurde 1943–1944 in Dienst gestellt, bewährte sich jedoch aufgrund des kleinen Kalibers nicht. Humber-Panzerwagen waren bei fast allen Commonwealth-Armeen zu finden und wurden, leicht verändert, auch in Kanada bei GM unter der Bezeichnung „Fox" gebaut. Bis in die späten 1950er-Jahre waren Humber-Panzerwagen bei den Briten im Dienst.

Gefechtsgewicht:	6.846 kg
Besatzung:	3 Mann
Abmessungen in mm (Länge/Breite/Höhe):	4.570/2.180/2.390
Motor:	Rootes 6-Zylinder-Reihe, Benzin, Wasserkühlung, 90 PS (66,3 kW)
Leistungsgewicht:	13,1 PS/t
Geschwindigkeit:	Straße 72 km/h
Fahrbereich:	Straße 400 km
Bewaffnung:	1 x 15-mm-Besa-MG im Turm, 1 x 7,92-mm-Besa-MG koaxial, 1 x 7,7-mm-Bren Fla-MG
Panzerung:	max. 15 mm
Furttiefe:	0,75 m

UNIVERSAL CARRIER (BREN CARRIER)

Gefechtsgewicht:	4.013 kg
Besatzung:	2 + 3 Mann
Abmessungen in mm (Länge/Breite/Höhe):	3.750/2.100/1.600
Motor:	Ford V-8-Reihe, Benzin, Wasserkühlung, 85 PS (62,6 kW)
Leistungsgewicht:	21,2 PS/t
Geschwindigkeit:	Straße 51 km/h
Fahrbereich:	Straße 260 km
Bewaffnung:	1 x 7,7-mm-Bren-MG und/oder eine 14-mm-Boys-Panzerbüchse
Panzerung:	7–12 mm
Furttiefe:	0,5 m

Der Bren-Carrier wurde von den Truppen der Alliierten intensiv und vielfältig genutzt.

Diese Fahrzeuge waren eine Weiterentwicklung der Vickers-Carden-Loyd-Kleinpanzer des Typs Mk. VI der späten 1920er-Jahre. Der Universal Carrier sollte eine MG-Gruppe mitsamt ihren Waffen und Munition heil durch feindliches Infanteriefeuer zu ihrem Einsatzort bringen. Im Grunde waren diese Fahrzeuge oben offene Kästen aus Stahlblech mit einem Motor und Laufwerk, was sie aber auch unverwüstlich und extrem robust machte. Vorn saß der Fahrer mit einem MG-Schützen neben sich. Dahinter befand sich mittig der Motor, zu dessen beiden Seiten sich Abteile für die Nutzlast (Soldaten, Waffen, Munition oder Nachschub) befanden. Da häufig eine MG-Gruppe mit einem Bren-MG transportiert wurde, nannte man die Wagen volkstümlich auch Bren Carrier. 1939 wurden die ersten Universal Carrier in Dienst gestellt. Die übliche Version hatte drei Laufräder pro Seite. Es gab aber auch ein vergrößertes Modell, das über vier Laufräder verfügte und bis zu neun Mann transportieren konnte. Universal Carrier erwiesen sich als überaus flexible „Mädchen für alles". Es gab unzählige Umrüstungen und Veränderungen, teils von der Feldtruppe inoffiziell vorgenommen. Zahlreiche Unternehmen im ganzen Commwealth bauten bis 1945 über 84.000 Exemplare aller Varianten. Zahlreiche Fahrzeuge gingen im Zuge des Leih- und Pacht-Abkommens auch in die Sowjetunion. Die Wehrmacht erbeutete 1940 eine große Zahl in Frankreich und setzte sie als gepanzerten MG-Träger Br 731(e), als Panzerjäger-Fahrzeuge, Nachschubtransporter und für Sicherungsaufgaben ein.

VICKERS MARK VI

Vickers konstruierte während der späten 1920er- und frühen 1930er-Jahre eine ganze Reihe leichter Panzer auf der Basis von Carden-Loyd- bzw. Horstmann-Laufwerken. Der Vickers Mark VI war der Endpunkt dieser Reihe und kam 1936 heraus. Er wurde mit Funk ausgerüstet und erhielt einen neuen, größeren Turm. Der Fahrer saß vorn links in der Wanne und hatte neben sich einen 88-PS-Motor, der das leichte Fahrzeug recht mobil machte. Der Turm mit einem 12,7-mm- und einem 7,7-mm-Vickers-MG sowie dem Kommandanten und dem Schützen befand sich hinten. Vickers Mark VI B waren bei Ausbruch des Zweiten Weltkrieges die leichten Standardpanzer des britischen Heeres und blieben bis 1941 im Dienst. Das Modell VI C wurde mit dem stärkeren 15-mm-Besa-MG ausgestattet, konnte aber an der Unterbewaffnung des Typs nichts ändern. Die Wehrmacht erbeutete 1940 in Frankreich eine ganze Anzahl Vickers Mark VI und begegnete ihnen auch in Nordafrika, Griechenland und Kreta. Das Baukommando Becker schuf in Frankreich auf Grundlage dieses Typs rund 20 10,5-cm- und 15-cm-Panzerhaubitzen sowie noch einmal die gleiche Anzahl Munitions- und Beobachtungspanzer, die sich an der Ostfront erfolgreich bewährten.

	Mark VI B
Gefechtsgewicht:	5.283 kg
Besatzung:	3 Mann
Abmessungen in mm (Länge/Breite/Höhe):	3.990/2.050/2.230
Motor:	Meadows 6-Zylinder-Reihe, Benzin, Wasserkühlung, 88 PS (64,8 kW)
Leistungsgewicht:	16,7 PS/t
Geschwindigkeit:	Straße 56 km/h
Fahrbereich:	Straße 200 km
Bewaffnung:	1 x 12,7-mm- und 1 x 7,7-mm-MG im Turm
Panzerung:	4–14 mm

Vickers Mk. VI B, Tobruk im Frühjahr 1942.

INFANTRY TANK MK. I MATILDA

Gefechtsgewicht:	11.161 kg
Besatzung:	2 Mann
Abmessungen in mm (Länge/Breite/Höhe):	4.850/2.280/1.860
Motor:	Ford V-8, Benzin, Wasserkühlung, 3.600 ccm, 70 PS (51,5 kW)
Leistungsgewicht:	6,3 PS/t
Geschwindigkeit:	Straße 13 km/h
Fahrbereich:	Straße 130 km
Bewaffnung:	1 x 12,7-mm- oder 1 x 7,7-mm-MG im Turm
Panzerung:	12–60 mm
Furttiefe:	0,7 m

Infantry Tank Mk. I Matilda.

Das britische Konzept zum Einsatz von Panzern vor und während des Krieges sah zwei Haupttypen vor: schwer gepanzerte, langsame Infanteriepanzer und so genannte Cruiser, die schnell und relativ schwach gepanzert waren. Der Mk. I Matilda war der erste nach diesem Konzept gebaute Kampfwagen zur Infanterieunterstützung – und ein kompletter Misserfolg. Um den Preis niedrig zu halten, war Konstrukteur Sir John Carden gezwungen, den Panzer auf das absolut Notwendigste zu beschränken. Das Ergebnis war ein Zweimann-Fahrzeug mit nur 13 km/h Höchstgeschwindigkeit auf der Straße, sodass es selbst von einem Läufer überholt werden konnte. Die dürftige Bewaffnung von nur einem MG im Turm war nutzlos. Dennoch akzeptierte der Generalstab im April 1937 das Fahrzeug, und die Serienproduktion begann. Allerdings war man sich über die Unzulänglichkeiten im Klaren und stufte den Panzer als Zwischenlösung ein. Bis 1940 wurden insgesamt 139 Matilda I produziert. Sämtliche Fahrzeuge gingen in Frankreich verloren. Einziger Pluspunkt war die starke Panzerung von bis zu 60 mm im Frontbereich, die für die deutsche 3,7-cm-Pak undurchdringbar war. Die Wehrmacht, die sonst alle erbeuteten Panzer für ihre eigenen Zwecke einsetzte, befand das Fahrzeug für nutzlos.

INFANTRY TANK MK. II MATILDA II A 12

	Matilda II Mk. III
Gefechtsgewicht:	26.926 kg
Besatzung:	4 Mann
Abmessungen in mm (Länge/Breite/Höhe):	5.610/2.590/2.510
Motor:	zwei Leyland 6-Zylinder-Diesel, Wasserkühlung, insg. 190 PS (140 kW)
Leistungsgewicht:	7 PS/t
Geschwindigkeit:	Straße 24 km/h, Gelände 13 km/h
Fahrbereich:	Straße 145 km, Gelände 90 km
Bewaffnung:	4-cm-Zweipfünder-Kanone im Turm, 1 x 7,92-mm-Besa-MG koaxial
Panzerung:	20–78 mm
Furttiefe:	0,91 m

Matilda II Mk. III, 7th Royal Tank Regiment, Libyen 1941.

Typisch ist die Tarnbemalung in Dunkelgrau-Himmelblau und Sandfarben auf diesen Fahrzeugen.

Sowjetischer Matilda II einer unbekannten Einheit, 1942.

Schon während noch die Prototypen des Matilda I getestet wurden, wurde dem britischen Generalstab klar, dass sie ein besseres Fahrzeug für die Rolle eines Infanteriepanzer brauchten. Man vergab daher den Auftrag, einen neuen Kampfwagen zu entwickeln. Das Ergebnis war der Matilda II, dessen Prototyp 1938 vorgestellt wurde. Das Fahrzeug war für seine Zeit ungemein schwer gepanzert (Bug bis zu 78 mm, Seiten 65 mm, Turm 75 mm rundum) und hatte eine Zweipfünder-Kanone und ein koaxiales MG im Turm. Obgleich immer noch nicht besonders schnell, war die Geschwindigkeit doch doppelt so hoch bei beim Matilda I. Problematisch war allerdings die Bauweise aus Gussstahl, da der Bau nun nicht an die üblichen Werke, sondern Gießereien und Lokomotivbaufirmen vergeben wurde, die nicht viel Erfahrung im Bau von Kampffahrzeugen hatten und daher nie die benötigte Produktionsmenge erreichten.

1940 waren in Frankreich daher nur zwei Dutzend Matilda II im Einsatz, die allerdings den deutschen Truppen große Probleme bereiteten. Ihre Panzerung war für deutsche Panzer und Pak undurchdringlich, nur die 8,8-cm-Flak hatte eine Chance. Der Zweipfünder des Matilda durchschlug im Gegenzug auf Kampfentfernung die Panzerung jedes generischen Fahrzeugs. Auch in Nordafrika erzielten die Matilda (so ihr volkstümlicher Name) zunächst große Erfolge gegen die Italiener. Der Panzer erwarb sich den Namen „Queen of the desert" (Königin der Wüste). Als Mitte 1941 Rommels Afrikakorps in Libyen auftauche und die 8,8-cm-Flak zum Einsatz kam, wendete sich das Blatt allerdings. Versuche, den Matilda mit einem Sechspfünder auszurüsten, scheiterten am geringen Durchmesser des Turmdrehkranzes. Seinen letzten Einsatz als Kampfpanzer in Westeuropa bzw. Nordafrika hatte der Matilda bei der zweiten Schlacht um EL Alamein im Juli 1942. Danach wurde er für Spezialaufgaben, z. B. zum Minenräumpanzer, umgerüstet. Bis Produktionsende gab es keine größeren Veränderungen. Einzig die Motorleistung wurde geringfügig von zunächst 174 PS auf später 190 PS erhöht. Zudem entstand eine Variante mit einer 7,8-cm-Haubitze im Turm. Die Sowjetunion erhielt im Zuge des Leih- und Pacht-Abkommens bis Mitte 1943 gut 1.000 der insgesamt fast 3.000 gebauten Matilda II, die eine wichtige Rolle an der Ostfront spielten.

INFANTRY TANK MK. III VALENTINE

Der Valentine wurde 1939–1944 gebaut und war mit 8.275 in Großbritannien und Kanada hergestellten Einheiten der am meisten produzierte britische Panzer des Zweiten Weltkrieges. Er entstand auf den Reißbrettern von Vickers-Armstrong unter Verwendung von Teilen des Kreuzerpanzers A 10. Am 14. Februar 1938, dem Valentinstag, wurde der Prototyp dem Kriegsministerium vorgeführt, daher der Name „Valentine". Die Serienproduktion lief ab 1939, und die ersten Panzer wurden im Mai 1940 an die Truppe ausgeliefert.

Als Infanteriepanzer war der Valentine recht stark gepanzert, jedoch auch langsam und nur mit einem Zweipfünder bewaffnet. Die Briten setzten ihn erstmals 1941 in Nordafrika ein und verwendeten ihn bis 1945. Der Valentine machte sich einen guten Namen für seine Robustheit und Zuverlässigkeit. Hauptproblem war allerdings der kleine Turm, der für zwei Mann und einen Zweipfünder gerade noch ausreichend Platz bot, als das Fahrzeug jedoch mit 5,7-cm- und 7,5-cm-Kanonen ausgestattet wurde, quälend eng war. Dennoch bevorzugten viele Kommandanten die Enge eines Dreimannturms, da sie in einem Zweimannturm einfach überfordert waren, wenn sie gleichzeitig den Panzer führen, funken, die Hauptwaffe laden und den Überblick behalten sollten, vor allem da es für den Kommandanten nur einen einzigen Winkelspiegel gab. Der Valentine war recht wandlungsfähig: Es gab allein elf Versionen des Kampfpanzers mit Kanonen von 4–7,5 cm und unterschiedlicher Motorisierung. Dazu kamen zahlreiche Selbstfahrlafetten und Spezialversionen, wie Brückenleger oder Schwimmpanzer. Die bekannteste Selbstfahrlafette auf der Basis des Valentine war sicher der Panzerjäger „Archer", der mit der ausgezeichneten 17-Pfünder-Pak ausgerüstet war. Interessanterweise zeigte die Waffe nicht nach vorn, sondern war nach hinten weisend mit geringem Schwenkbereich in einem gepanzerten Aufbau montiert. Da der Archer aus dem Hinterhalt feuern und dann verschwinden sollte, stand der Panzer so schon in der richtigen Richtung. Im Rahmen des Leih- und Pacht-Abkommens lieferten Kanada und Großbritannien 2.690 Valentine verschiedener Versionen an die Sowjetunion. Die Sowjets schätzten den Valentine sehr und lobten dessen zuverlässigen Motor sowie das robuste Laufwerk. Allerdings befanden sie die 4-cm-Kanone der ersten Modelle als zu schwach, weshalb mitunter russische 7,62-cm-Kanonen zum Einbau kamen. Das Afrikakorps erbeutete einige Valentine in Nordafrika und setzte diese ein, bis sie aufgrund von Ersatzteilmangel zusammenbrachen.

	Valentine Mk. I
Gefechtsgewicht:	16.257 kg
Besatzung:	3 Mann
Abmessungen in mm (Länge/Breite/Höhe):	5.410/2.630/2.270
Motor:	AEC 6-Zylinder-Reihe, Wasserkühlung, 9.600 ccm, 135 PS (99,4 kW)
Leistungsgewicht:	8,3 PS/t
Geschwindigkeit:	Straße 24 km/h, Gelände 15 km/h
Fahrbereich:	Straße 140 km, Gelände 80 km
Bewaffnung:	4-cm-Zweipfünder-Kanone im Turm, 1 x 7,92-mm-Besa-MG koaxial
Panzerung:	8–65 mm
Furttiefe:	0,9 m

Valentine Mk. I, 8. Royal Tank Regiment, Bardia, Libyen, Januar 1942.

INFANTRY TANK MK. IV CHURCHILL A 22

Churchill Mk. IV.

	Churchill Mk .VII
Gefechtsgewicht:	40.600 kg
Besatzung:	5 Mann
Abmessungen in mm (Länge/Breite/Höhe):	7.540/3.250/2.490
Motor:	Bedford 12-Zylinder-Boxer, Wasserkühlung, 21.100 ccm, 350 PS (257,6 kW)
Leistungsgewicht:	8,6 PS/t
Geschwindigkeit:	Straße 25 km/h, Gelände 13 km/h
Fahrbereich:	Straße 145 km, Gelände 80 km
Bewaffnung:	1 x 7,5-cm-Kanone im Turm, je 1 x 7,92-mm-Besa-MG koaxial und in der Wanne, 1 x 7,7-mm-Bren-Fla-MG
Panzerung:	19–152 mm
Furttiefe:	1,02 m

Mitte 1940 begannen unter der Bezeichnung A 22 bei Vauxhall die Konstruktionsarbeiten für einen Nachfolger des Matilda II. Der Krieg war im vollen Gange, die meisten britischen Panzer waren in Frankreich verloren gegangen, und man brauchte dringend Ersatz. Die Zeit für die Neukonstruktion war also mehr als knapp. Vauxhall nutzte daher die Pläne des A 20, der unter dem Eindruck entstanden war, der Krieg würde ähnlich wie 1914–1918 vor allem als Stellungskrieg mit Gräben und Befestigungen ausgefochten. Also verfügte er über Ketten, die um die Wanne herumliefen, um breite Gräben zu überwinden. Schon im Juli 1941 rollten die ersten Prototypen aus den Werkshallen, und die Großserie begann nur wenig später. Der Zeitdruck, unter dem der Churchill konstruiert worden war, machte Probleme unausweichlich. Der Motor – im Prinzip zwei verbundene, auf die Seite gelegte Bedford-LKW-Motoren – machte permanent Ärger, und die Steuerung sowie das Getriebe waren nicht ausgereift. Zudem war eine 4-cm-Kanone, die keine Spreng-, sondern nur Panzergranaten verschoss, in einem 40-Tonnen-Panzer fast lächerlich, doch in jener Zeit stand nichts Besseres zur Verfügung. Einige der ersten Fahrzeuge wurden daher mit einer 7,62-cm-Haubitze in der Wanne ausgerüstet, die aufgrund des minimalen Schwenkbereichs jedoch nur von beschränktem Wert war. Ab dem Mk. III kam jedoch der bessere 5,7-cm-Sechspfünder zum Einbau, der den Kampfwert des Churchill wesentlich erhöhte. In Nordafrika wurde eine Anzahl von Churchill Mk. IV auch mit dem 7,5-cm-Geschütz des Sherman ausgestattet (Mk. IV NA 75). Ab dem Modell Mk. VI waren die Panzer serienmäßig mit einer 7,5-cm-Kanone bewaffnet. Ihr erster Einsatz erfolgte im August 1942 bei der Landung in Dieppe. In Nordafrika, Italien und später Frankreich kamen Churchill oft zum Einsatz und bewährten sich bestens. Ihre schwere Panzerung und ihr robustes Laufwerk halfen ihnen, auch schwere Schäden und raues Gelände wegzustecken. Aufgrund der breiten, geräumigen Wanne und des robusten Laufwerks eignete sich der Churchill auch für verschiedene Spezialversionen (siehe S. 109). Insgesamt wurden bis 1945 5.460 Churchill gebaut.

Churchill Mk. VII, 34. britische Panzerbrigade, Nordfrankreich, September 1944.

Churchill Mk. IV, Tunesien 1943.

CRUISER MARK I A 9

Ein von den Italienern im Oktober 1940 erbeuteter Cruiser Mark I A 9.

Gefechtsgewicht:	13.013 kg
Besatzung:	6 Mann
Abmessungen in mm (Länge/Breite/Höhe):	5.790/2.490/2.640
Motor:	AEC 6-Zylinder-Reihe, Wasserkühlung, 9.600 ccm, 150 PS (110,4 kW)
Leistungsgewicht:	11,5 PS/t
Geschwindigkeit:	Straße 40 km/h, Gelände 24 km/h
Fahrbereich:	Straße 240 km
Bewaffnung:	4-cm-Zweipfünder-Kanone im Turm, 1 x 7,7-mm-Vickers-MG koaxial, 2 x 7,7-mm-Vickers-MG in kleinen Türmen
Panzerung:	6–14 mm
Furttiefe:	0,8 m

Erster in der Reihe der beweglichen Cruiser oder Kreuzerpanzer war der Mark I A 9. Diese Fahrzeuge wurden Mitte der 1930er-Jahre unter finanziellen Restriktionen bei Vickers-Armstrong konstruiert und waren viel zu dünn gepanzert sowie ungeschickt in der Formgebung, um im Gefecht bestehen zu können. Interessant waren zwei MG-Türme links und rechts des Fahrers mit je einem 7,7-mm-MG. Allerdings erwiesen sich diese Türme wegen ihrer extremen Enge für die Schützen oft als Todesfalle. Als der Mark I 1937 in Serienfertigung ging, war der hydraulische Antrieb zum Schwenken des Turms allerdings sehr fortschrittlich, ebenso ein Ventilator zur Belüftung des Kampfraums. Das Laufwerk war robust und geländegängig. Es wurde später in leicht veränderter Form für den Valentine übernommen. Der A 9 war aber kein Erfolg, schon nach 125 Exemplaren wurde die Fertigung gestoppt. Die letzten A 9 wurden 1941 in Nordafrika eingesetzt.

Frankreich, Juni 1940: ein abgeschossener A 9.

CRUISER MARK II A 10

Gefechtsgewicht:	14.400 kg
Besatzung:	5 Mann
Abmessungen in mm (Länge/Breite/Höhe):	5.590/2.530/2.640
Motor:	AEC 6-Zylinder-Reihe, Wasserkühlung, 9.600 ccm, 150 PS (110,4 kW)
Leistungsgewicht:	10,4 PS/t
Geschwindigkeit:	Straße 26 km/h, Gelände 13 km/h
Fahrbereich:	Straße 240 km
Bewaffnung:	4-cm-Zweipfünder-Kanone im Turm, 1 x 7,7-mm-Vickers-MG koaxial
Panzerung:	8–30 mm
Furttiefe:	0,8 m

Cruiser Mark II A 10.

Der A 10 war eigentlich als Infanteriepanzerausführung des A 9 gedacht, für diese Rolle jedoch zu schwach gepanzert und wurde daher als schwerer Kreuzerpanzer Mark II eingestuft. Dafür wiederum war er eigentlich zu langsam. Man konnte also ahnen, dass auch dem A 10 kein großer Erfolg beschieden sein würde. Obwohl man die nutzlosen MG-Türme beim A 10 beseitigt hatte, blieb das Panzerkastenoberteil mit zu vielen Fangstellen behaftet. Insgesamt wurden 175 A 10 produziert, die zunächst 1940 in Frankreich zum Einsatz kamen, wo einige in deutsche Hände fielen. Die übrigen wurden in Nordafrika aufgebraucht, wo sie gegen die Italiener zunächst einige Erfolge erzielten, mit dem Auftauchen des Afrikakorps jedoch völlig deklassiert wurden.

CRUISER TANK MARK VI CRUSADER

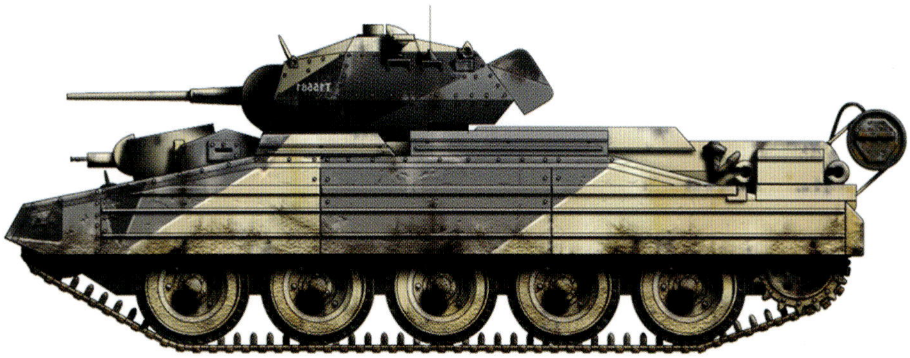

Crusader Mk. I der britischen 7. Panzer-Division, Nordafrika 1941.

	Crusader Mk. III
Gefechtsgewicht:	20.067 kg
Besatzung:	3 Mann
Abmessungen in mm (Länge/Breite/Höhe):	5.990/2.640/2.230
Motor:	Nuffield-Liberty V-12, Wasserkühlung, 340 PS (254 kW)
Leistungsgewicht:	16,9 PS/t
Geschwindigkeit:	Straße 43 km/h, Gelände 24 km/h
Fahrbereich:	Straße 322 km
Bewaffnung:	5,7-cm-Sechspfünder-Kanone im Turm, 1 x 7,92-mm-Besa-MG koaxial
Panzerung:	7–51 mm
Furttiefe:	1 m

Crusader Mk. III der britischen 6. Panzer-Division, Tunesien, Anfang 1943.

Da bald klar wurde, dass die Laufwerke der Typen A 9 und A 10 die für einen Kreuzerpanzer geforderte Geschwindigkeit nicht bewältigen konnten, begann man, sich nach einer Alternative umzusehen. Der Ingenieur Walter Christie hatte in den USA während der 1920er- und 1930er-Jahre mit einem neuartigen Laufwerk experimentiert, das hohe Geschwindigkeiten und exzellente Geländegängigkeit ermöglichte. Dieses so genannte Christie-Laufwerk nutzte große, gummigepolsterte Laufräder sowie ein in der Wanne liegendes Federungssystem. Der erste nach diesem Muster gebaute Kampfwagen, der Cruiser Mark III A 13, wurde nur in 65 Exemplaren hergestellt. Wesentlich erfolgreicher war der Cruiser Mark VI Crusader, der zum wichtigsten britischen Panzer des Wüstenkrieges in Nordafrika werden sollte. Das neu gegründete Unternehmen Nuffield Mechanisation and Aero begann 1939 mit der Entwicklung eines Kreuzerpanzers mit Christie-Laufwerk unter Verwendung eines Liberty-Flugzeugmotors. Noch aus dem Ersten Weltkieg stammend, war der Motor erprobt und vor allem leistungsstark, denn obwohl er von 400 auf 340 PS gedrosselt worden war, machte er das neue Fahrzeug recht agil. Die Bewaffnung bestand zunächst aus einem Zweipfünder im Turm mit koaxialem MG und einem MG-Turm im Bug neben dem Fahrer, der im Feld allerdings häufig entfernt wurde. Beim Modell Mk. II wurde der MG-Turm ganz fallen gelassen. Der Mk.III wurde mit der ausgezeichneten 5,7-cm-Sechspfünder-Kanone ausgestattet.

Unter der Bezeichnung „Crusader" (Kreuzritter) hatte der neue Panzer im Juni 1941 in Nordafrika seine Feuertaufe. Dabei fielen mehr Crusader durch Pannen als durch feindlichen Beschuss aus. Problematisch waren dabei weder Motor noch Laufwerk, sondern vor allem Motorkühlung und Luftfilter. Der Motor wurde von der Truppe oft selbst wieder auf die ursprünglichen 400 PS gebracht, sodass der Crusader bis zu 64 km/h erreichen konnte. Die Christie-Aufhängung machte dies durchaus mit, die Lebensdauer des Motors verkürzte sich allerdings. Ab Mitte 1942 stand der Crusader III mit 5,7-cm-Kanone zur Verfügung, die einen größeren, aber flacheren Turm erforderte. Bis zum Ende des Afrikafeldzugs waren Crusader die wichtigsten britischen Panzer, danach wurden sie rasch durch US-Fahrzeuge ersetzt, denn ihre dünne Panzerung und die Unfähigkeit, eine schwerere Bewaffnung als die 5,7-cm-Kanone aufnehmen zu können, ließen sie ab 1943 rasch veralten. Allerdings waren bis Kriegsende noch Spezialversionen im Einsatz, z. B. Flakfahrzeuge oder Artillerieschlepper. Insgesamt wurden rund 5.300 Crusader aller Versionen produziert.

CRUISER TANK MARK VIII CROMWELL

	Cromwell Mk. IV
Gefechtsgewicht:	27.942 kg
Besatzung:	5 Mann
Abmessungen in mm (Länge/Breite/Höhe):	6.420/3.040/2.840
Motor:	Rolls-Royce Meteor V-12, Wasserkühlung, 27.000 ccm, 600 PS (441,6 kW)
Leistungsgewicht:	21,5 PS/t
Geschwindigkeit:	Straße 52 km/h, Gelände 29 km/h
Fahrbereich:	Straße 280 km
Bewaffnung:	7,5-cm-Kanone im Turm, 1 x 7,92-mm-Besa-MG koaxial, teils 1 x 7,92-mm-MG in der Wanne
Panzerung:	8–76 mm
Furttiefe:	1,22 m

Der britische Generalstab erarbeitete 1941 einen Anforderungskatalog für einen schweren Kreuzerpanzer, da sich die bisherigen Modelle in Bezug auf Schutz und Feuerkraft nicht bewährt hatten. Das neue Modell sollte 70-mm-Panzerung und eine 5,7-cm-Kanone besitzen. Nuffield und Leyland reichten je einen Entwurf ein. Nuffields Konstruktion wurde von einem Liberty-Motor angetrieben, der Leyland-Panzer sollte ein Meteor-Triebwerk erhalten. Der Meteor war eine Variante des berühmten Rolls-Royce-Merlin-Flugzeugmotors, der auch die Spitfire, Hurricane und Lancaster der Royal Air Force antrieb. Nuffield erhielt, ohne einen Prototyp gebaut zu haben, einen Auftrag zur Herstellung. Dieser „Cavalier" war aber ein kompletter Fehlschlag und wurde nur zur Schulung verwendet. Leylands Entwurf wurde daher reaktiviert und ging zunächst, da noch keine Meteor-Motoren geliefert worden waren, mit einem Liberty-Antrieb als Centaur in Serie. Als endlich Meteor-Motoren geliefert wurden, entstand aus dem Centaur der Cromwell. Da die britische Armee schlechte Erfahrungen mit der Zuverlässigkeit ihrer Panzer gemacht hatte, wurde der Cromwell vor seiner Auslieferung an die Truppe intensiv erprobt. So kamen die ersten Serienmodelle erst Anfang 1943 heraus. Zwischenzeitlich verlangte der Generalstab auch eine 7,5-cm- anstelle der 5,7-cm-Bewaffnung, was eine weitere Verzögerung bedeutete. Der Rolls-Royce-Meteor erwies sich, ebenso wie das Merrit-Brown-Getriebe, als hervorragende Wahl, da der Motor zuverlässig und leistungsstark war. Seine 600 PS brachten das Fahrzeug auf 64 km/h und gaben ihm eine erstklassige Mobilität. Besonders im Gelände beanspruchte dies aber das Laufwerk derart, dass ab dem Mk. IV die Höchstgeschwindigkeit auf 52 km/h gedrosselt wurde. 1943 und 1944 wurden Cromwell nur zur Schulung eingesetzt, ihr erster Einsatz kam erst im Juni 1944 mit der Invasion.

Bis zum Kriegsende wurde der Cromwell zum wichtigsten britischen Panzer und bewährte sich durchaus. Besonders seine Beweglichkeit war erstklassig. Im Vergleich zu deutschen Panzern blieb er jedoch stets zu leicht bewaffnet und gepanzert, auch wenn die maximale Panzerung in späten Modellen auf 102 mm stieg. Zudem war seine Formgebung, obwohl er erst 1943 erschien, weit weniger günstig als beim T-34 oder Panther. Hätte der Cromwell schon 1942 in der nordafrikanischen Wüste zur Verfügung gestanden, wäre er sicher ein sehr erfolgreicher Panzer geworden. So aber hinkte er seiner Zeit hinterher. Dennoch blieb er bis 1950 bei den Briten in Dienst. Von allen Varianten wurden insgesamt über 4.500 Stück hergestellt.

Cromwell Mk. IV der britischen 7. Panzer-Division, Normandie, Juli 1944.

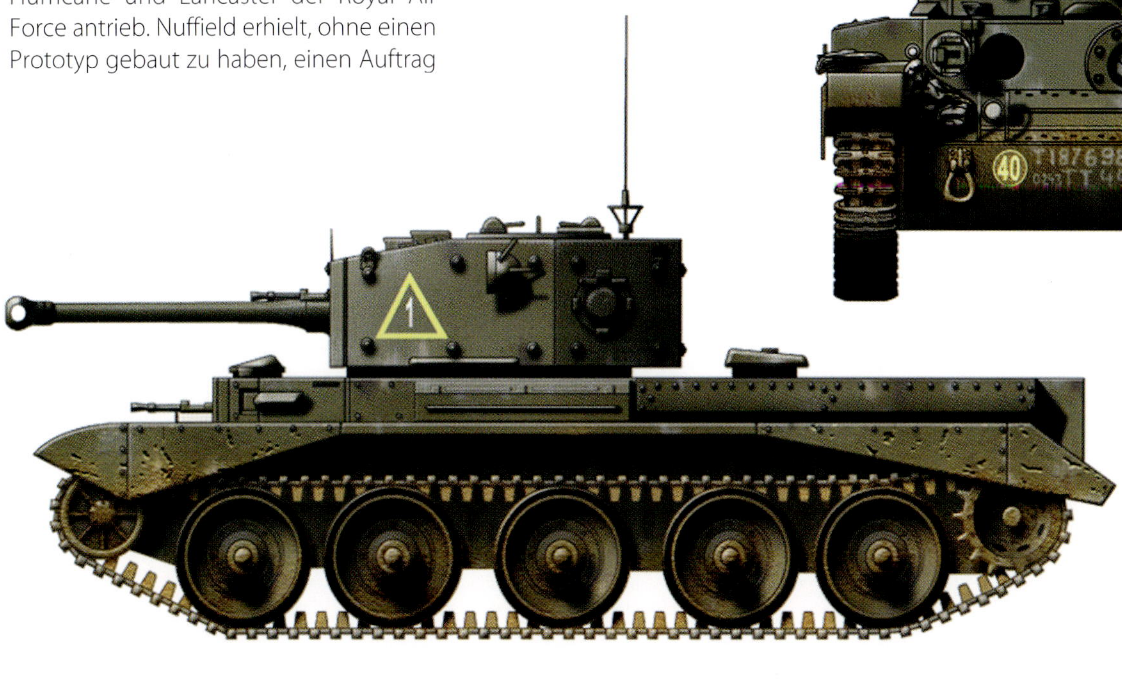

Der Cromwell war agil und schnell, jedoch noch immer zu schwach bewaffnet.

FUNNIES

M4-Sherman Duplex Drive DD.

Sherman Duplex Drive DD

Ein Rüstsatz zur Umwandlung in einen Amphibienpanzer. Ein faltbarer Segeltuchmantel gab dem Fahrzeug den notwendigen Auftrieb, den Vortrieb besorgten zwei an den Motor angekuppelte Schrauben. Raue See am 8. Juni 1944 sorgte allerdings dafür, dass einige der DD-Umbauten voller Wasser liefen und mit ihren Besatzungen versanken.

Sherman Amphibian Exhaust Device

Die US-Armee ging einen anderen Weg und rüstete ihre Sherman mit langen Schächten für die Luftzufuhr bzw. Abgase aus und dichtete die Panzer ab, sodass sie durch tiefes Wasser an Land waten konnten.

Den alliierten Planern war klar, dass der Erfolg der Invasion in der Normandie von der Geschwindigkeit abhängen würde, mit der die Befestigungen und Hindernisse an der Küste überwunden werden konnten. Durch die Erfahrungen von Dieppe hatten besonders die Briten und Kanadier erkennen müssen, dass die erste Welle von Landungstruppen unbedingt der Unterstützung durch Panzerfahrzeuge bedurfte, um Widerstandsnester und Bunker auszuschalten, aber auch um von den Deutschen gebaute Hindernisse unter Feuerschutz überwinden zu können. Daher entstand nach den Ideen von Generalmajor Hobart eine ganze Menagerie von teils recht seltsamen, aber wirkungsvollen Panzerfahrzeugen, die „Funnies".

M4-Sherman-AED (Sherman Amphibian Exhaust Device).

Sherman Dozer.

Sherman Dozer

Eine recht häufige Version war die Ausrüstung des Sherman mit einem Planierschild, um Hindernisse jeder Art aus dem Weg zu räumen. Besonders in der Normandie mit ihren vielen Hecken wurde davon oft Gebrauch gemacht. Auf Basis des britischen Churchill entstand eine Reihe gepanzerter Pionierfahrzeuge (AVRE: Armoured Vehicle Royal Engineers). Neben den hier abgebildeten Varianten gab es auch eine Version mit einem 29-cm-Ladungswerfer zum Kampf gegen Bunker sowie weitere Modelle, z. B. Ladungsleger, Sturmbrückenträger, Minensuchfahrzeuge und Faschinenträger zum Auffüllen von Panzergräben.

Sherman Crab

Eine Minenräumausführung des Sherman. Vor dem Fahrzeug rotierten mit Gewichten beschwerte Ketten dreschflegelartig, schlugen auf den Boden auf und sollten so Minen zur Detonation bringen.

AVRE Bobbin

Die Vorrichtung auf einem Churchill-Fahrgestell wurde entwickelt, um einen 3 m breiten Segeltuchteppich über den weichen Sand an den Stränden legen zu können. Dies sollte das Einsinken schwerer Fahrzeuge verhindern.

AVRE Bridgelayer

Dieser Brückenlegepanzer verfügte über eine 9 m lange Brücke mit 60 t Tragkraft, die hydraulisch verlegt wurde.

Churchill-Bobbin.

Churchill-Bridgelayer.

Sherman Crab Minenräumfahrzeug.

BISHOP

Gefechtsgewicht:	17.500 kg
Besatzung:	4 Mann
Abmessungen in mm (Länge/Breite/Höhe):	5.530/2.630/2.870
Motor:	AEC 6-Zylinder-Reihe, Diesel, Wasserkühlung, 9.600 ccm, 131 PS (99,4 kW)
Leistungsgewicht:	7,4 PS/t
Geschwindigkeit:	Straße 24 km/h, Gelände 15 km/h
Fahrbereich:	Straße 145 km, Gelände 90 km
Bewaffnung:	25-Pfünder-Kanone, 1 x 7,7-mm-Bren-MG
Panzerung:	8–60 mm Wanne, Aufbau 13–51 mm
Furttiefe:	0,9 m

Bishop einer unbekannten Einheit, Libyen 1942.

Die schnelle und bewegliche Kriegsführung in Nordafrika machte die Notwendigkeit einer Artillerie-Selbstfahrlafette deutlich, die den Panzereinheiten rasch folgen konnte. In größter Eile wurde daher auf der Basis des Valentine-Infanteriepanzers ein solches Fahrzeug konstruiert, das den Namen Bishop erhielt. In einem großen, eckigen Aufbau wurde die Standardwaffe der britischen Feldartillerie, die 25-Pfünder-Kanone, montiert. Größter Nachteil dabei war, dass nur eine maximale Rohrerhöhung von 15° möglich war – für eine Panzerhaubitze ein katastrophaler Wert, denn die Höchstschussweite sank so um die Hälfte! Oftmals wurden die Fahrzeuge daher auf schräge Erdrampen gefahren, um so einen größeren Erhöhungswinkel zu erzielen. Den ersten Einsatz erlebte der Bishop bei der zweiten Schlacht um El Alamein 1942 und blieb nur bis Ende 1943 im Einsatz. Aufgrund der für den Valentine typischen geringen Geschwindigkeit und des geringen Höhenrichtbereichs des 25-Pfünders konnte der Bishop die ihm zugedachte Rolle nicht erfüllen und wurde durch bessere Typen wie Sexton und Priest ersetzt. Nach verschiedenen Quellenangaben wurden 100 oder 150 Bishop produziert.

SEXTON

Obwohl Sexton-Panzerhaubitzen in Kanada gebaut wurden, war die britische Armee Hauptnutzer.

Gefechtsgewicht:	25.855 kg
Besatzung:	6 Mann
Abmessungen in mm (Länge/Breite/Höhe):	6.120/2.720/2.440
Motor:	Continental R 975-4, 9-Zylinder-Sternmotor, luftgekühlt, 484 PS (356,2 kW)
Leistungsgewicht:	18,7 PS/t
Geschwindigkeit:	Straße 40 km/h
Fahrbereich:	Straße 290 km
Bewaffnung:	25-Pfünder-Kanone, 2 x 7,7-mm-Bren-MG
Panzerung:	max. 26 mm
Furttiefe:	1 m

Großbritannien erhielt 1942 die ersten Lieferungen an US-Kriegsmaterial, darunter auch M7 Priest-Selbstfahrlafetten. Beim Einsatz in Nordafrika erwiesen sich die M7 als sehr effektiv und besser als der Bishop. Einziger Nachteil war, dass das amerikanische Fahrzeug mit einer 10,5-cm-Haubitze ausgestattet war, das Standardkaliber der Commonwealth-Feldartillerie jedoch das 25-Pfünder-Geschütz war. Um Schwierigkeiten bei der Versorgung mit einem nicht standardisierten Munitionstyp zu vermeiden, forderte der britische Generalstab ein ähnliches Fahrzeug mit einem 25-Pfünder. Der M7 basierte auf der Wanne und dem Laufwerk des mittleren Kampfpanzers M3, der in Kanada in veränderter Form (4-cm-Kanone im Turm statt einer 7,5-cm-Kanone in einer seitlichen Kasematte) als Ram nachgebaut wurde. Die Kanadier nahmen also den Ram als Basis für eine dem M7 ähnliche Selbstfahrlafette mit 25-Pfünder, die den Namen Sexton erhielt. Insgesamt produzierten die Montreal Locomotive Works 1943–1945 2.150 Sexton, die sich als erfolgreiche Panzerhaubitzen erwiesen und bei den Briten bis in die 1950er-Jahre in Dienst blieben.

PANZERSPÄHWAGEN BA-10

BA-10M einer unbekannten Einheit, Majkop, Anfang 1942.

Gefechtsgewicht:	5.140 kg
Besatzung:	4 Mann
Abmessungen in mm (Länge/Breite/Höhe):	4.650/2.070/2.210
Motor:	GAZ-M1 4-Zylinder-Reihe, Wasserkühlung, 3.300 ccm, 50 PS (36,8 kW)
Leistungsgewicht:	9,7 PS/t
Geschwindigkeit:	Straße 55 km/h
Fahrbereich:	Straße 300 km
Bewaffnung:	4,5-cm-Kanone, 1 x 7,62-mm-MG koaxial, 1 x 7,62-mm-MG in der Wanne
Panzerung:	6–15 mm
Furttiefe:	0,6 m

Der BA-10 war letzter in einer langen Reihe von sowjetischen 6-Rad-Panzerwagen, deren Entwicklung schon 1930 begonnen hatte und die auf handelsüblichen LKW-Fahrgestellen der Marke GAZ beruhten. Der BA-10 kam 1938 heraus und war für einen Panzerwagen jener Zeit schwer bewaffnet: Die 4,5-cm-Kanone war stärker als die Bewaffnung der meisten deutschen Panzerkampfwagen. Die bis 1941 gebauten Fahrzeuge waren zum Zeitpunkt des deutschen Angriffs auf die Sowjetunion die Standardfahrzeuge der Aufklärungseinheiten und wurden auch in selbstständigen Panzerbrigaden verwendet. Neben einer schwimmfähigen Version existierten auch Mannschafts- und Munitionstransporter sowie eine Sanitätsausführung. Bei der Roten Armee blieben BA-10 bis Anfang 1943 im Dienst, dann wurden sie zurückgezogen. Die Wehrmacht erbeutete 1941 zahlreiche BA-10 und setzte sie als Panzerspähwagen BA-10(r) hauptsächlich für Sicherungsaufgaben und zur Partisanenbekämpfung ein.

PANZERSPÄHWAGEN BA-64

Gefechtsgewicht:	2.400 kg
Besatzung:	2 Mann
Abmessungen in mm (Länge/Breite/Höhe):	3.660/1.530/1.900
Motor:	GAZ-MM 4-Zylinder-Reihe, Wasserkühlung, 3.300 ccm, 54 PS (39,7 kW)
Leistungsgewicht:	22,5 PS/t
Geschwindigkeit:	Straße 80 km/h
Fahrbereich:	Straße 600 km
Bewaffnung:	normalerweise 1 x 7,62-mm-MG DT im Turm
Panzerung:	4–12 mm

Panzerspähwagen BA-64.

Dieses leichte und kleine Erkundungs- und Verbindungsfahrzeug wurde 1942 bei den Aufklärungseinheiten der Roten Armee in Dienst gestellt. Es basiert auf dem Fahrgestell des leichten Geländewagens GAZ-64, und der winkelige Panzeraufbau war stark von den leichten deutschen Panzerspähwagen beeinflusst. Es gab Modelle mit oder ohne Funk sowie eine Version mit einem 12,7-mm-DSchK-MG. Mitunter wurden im Feld auch 14,5-mm-Panzerbüchsen oder erbeutete deutsche 2-cm-MK eingebaut. Zur Kontrolle von Schienenwegen entstand eine Variante, die auf Schienen fahren konnte (BA-64ZhD). Insgesamt wurden 3.500 BA-64 aller Versionen gefertigt, die auch nach 1945 noch eingesetzt wurden, z. B. auf nordkoreanischer Seite im Koreakrieg. Die Volkspolizei und NVA der neu entstandenen DDR erhielten als Erstausrüstung ebenfalls gebrauchte BA-64.

T-60

	T-60 Modell 1941
Gefechtsgewicht:	5.500 kg
Besatzung:	2 Mann
Abmessungen in mm (Länge/Breite/Höhe):	4.100/2.350/1.750
Motor:	GAZ-202 6-Zylinder-Reihe, Wasserkühlung, 3.300 ccm, 70 PS (51,5 kW)
Leistungsgewicht:	12,7 PS/t
Geschwindigkeit:	Straße 45 km/h Gelände 19 km/h
Fahrbereich:	Straße 615 km, Gelände 315 km
Bewaffnung:	2-cm-ShVak-Kanone, 1 x 7,62-mm-MG koaxial
Panzerung:	7–33 mm
Furttiefe:	0,87 m

Ein T-60 M 1941 der 3. Garde-Panzerbrigade, Kalinin-Front, 1942.

Die Rote Armee hatte im Sommer 1941 riesige Mengen an Panzerfahrzeugen verloren und zudem feststellen müssen, dass sich einige Typen nicht bewährten. Man suchte eine Möglichkeit, schnell Panzer in großen Mengen produzieren zu können, und konzentrierte sich dabei auf leichte Panzer. Da der leichte, nur mit einem MG bewaffnete Amphibienpanzer T-40 aufgrund seiner minimalen Panzerung nur geringe Überlebenschancen hatte, wollte man einen neuen leichten Panzer auf der Basis des T-40 schaffen. Dieser sollte stärker bewaffnet und gepanzert sein als sein Vorgänger. Auf die Schwimmfähigkeit glaubte man verzichten zu können. Der so entstandene T-60 sollte zunächst eine 3,7-cm-Kanone erhalten, aber der Turm war zu klein dafür. Man entwickelte daher eine schlagkräftige 2-cm-Waffe, welche die gleichen Durchschlagswerte erzielte wie das 3,7-cm-Geschütz. Unter dem Druck des Krieges geschah all dies ungeheuer schnell: Schon im November 1941 ging der T-60 in Serie. 1942 wurde ein verbessertes Modell mit einer stärkeren Panzerung eingeführt. Die meisten T-60 gingen an Aufklärungseinheiten oder dienten der direkten Infanterieunterstützung. Als der T-70 verfügbar war, wurden die T-60 zu Zug- oder Trägerfahrzeugen für M-8-Raketenstarter (Katjuscha bzw. Stalinorgel) umgerüstet. Insgesamt wurden 6.292 T-60 hergestellt.

T-70

T-70 M 1942 einer unbekannten Einheit, Winter 1942/43.

	T-70 Modell 1942
Gefechtsgewicht:	9.950 kg
Besatzung:	2 Mann
Abmessungen in mm (Länge/Breite/Höhe):	4.660/2.470/2.040
Motor:	zwei GAZ-202 6-Zylinder-Reihe, Wasserkühlung, 3.300 ccm mit zusammen 140 PS (103 kW)
Leistungsgewicht:	12,7 PS/t
Geschwindigkeit:	Straße 51 km/h, Gelände 19 km/h
Fahrbereich:	Straße 450 km, Gelände 180 km
Bewaffnung:	eine 4,5-cm-Kanone L/46, 1 x 7,62-mm-MG koaxial im Turm
Panzerung:	10–60 mm
Furttiefe:	0,9 m

Schon wenige Monate, nachdem der T-60 zur Truppe gekommen war, begann die Fertigung des T-70, der ihn ersetzten sollte. Allerdings lief die Produktion beider Typen fast noch ein Jahr lang parallel. Der T-70 verfügte über eine bessere Panzerung und eine aus der 45-mm-Pak abgeleitete Waffe. Da sich auch das Gewicht fast verdoppelt hatte, bestand der Antrieb aus zwei LKW-Motoren. Obwohl der T-70 einen Fortschritt darstellte, war sein Kampfwert – vor allem durch die Zwei-Mann-Auslegung – beschränkt. Da die Sowjets 1942 nicht wählerisch sein durften, wurden trotzdem T-70 gebaut. So konnte man Einheiten mit einem leichten Panzer ausrüsten, die sonst wohl gar keine Kampffahrzeuge erhalten hätten. Im September 1943 erschien ein Modell mit verstärkter Panzerung und veränderter Turmform, allerdings wurde schon im Oktober die Produktion des T-70 eingestellt. Das veränderte Laufwerk fand weiterhin in der SU-76 Verwendung. Insgesamt wurden 8.226 T-70 produziert.

T-26

Im Sommer 1941 wurden tausende von T-26 zerstört.

Ein früher T-26 mit zwei MG-Türmen.

	T-26 C
Gefechtsgewicht:	9.600 kg
Besatzung:	3 Mann
Abmessungen in mm (Länge/Breite/Höhe):	4.880/2.410/2.010
Motor:	GAZ T-26 6-Zylinder-Reihe, Wasserkühlung, 90 PS (66,2 kW)
Leistungsgewicht:	9,4 PS/t
Geschwindigkeit:	Straße 32 km/h, Gelände 12 km/h
Fahrbereich:	Straße 345 km, Gelände 175 km
Bewaffnung:	1 x 4,5-cm-Kanone L/46 im Turm, 1 x 7,62-mm-MG koaxial, 1 x 7,62-mm-MG in der Wanne
Panzerung:	6–15 mm
Furttiefe:	0,8 m

Die Sowjetunion erwarb zwei Vickers-6-Tonner und die Lizenz zum Bau der Fahrzeuge. Ab 1931 wurden die T-26 genannten Panzer in Serie hergestellt. Die erste Ausführung, T-26 A, besaß zwei nebeneinander liegende MG-Türme. Ab 1933 wurde nach Versuchen mit einer 3,7-cm-Waffe eine 4,5-cm-Kanone L/46 eingeführt. Dieser Typ trug die Bezeichnung T-26 B. Ab 1937 wurde der T-26 C gebaut, der einen neuen, leicht konischen Turm sowie Funkausstattung erhielt. Zwei Flammpanzer (OT-130 und OT-133) wurden ebenfalls auf der Basis des T-26 geschaffen und in großer Zahl gebaut. Zahlreiche Varianten (Brückenlege- und Kommandopanzer sowie Selbstfahrlafetten) wurden nur in geringer Stückzahl produziert. T-26 waren vor allem zur Infanterieunterstützung und zur Aufklärung gedacht. Aufgrund der Kampferfahrungen im Spanischen Bürgerkrieg, in der Mandschurei und im Winterkrieg 1939/40 wurden zahlreiche Fahrzeuge mit Zusatzpanzerungen versehen. Beim Einmarsch der Wehrmacht waren die Fahrzeuge, obwohl nach wie vor gut bewaffnet, veraltet und zu schwach gepanzert. Tausende wurden von den Deutschen zerstört, von ihren Besatzungen verlassen und gesprengt oder von der Wehrmacht erbeutet. Als Pz.Kpfw. T-26(r) wurden sie nur für Sicherungsaufgaben und zur Partisanenbekämpfung verwendet. 1931–1941 wurden ca. 14.000 T-26 aller Modelle produziert.

T-28

	T-28 M
Gefechtsgewicht:	32.000 kg
Besatzung:	6 Mann
Abmessungen in mm (Länge/Breite/Höhe):	7.440/2.810/2.820
Motor:	M 17L V-12, Benzin, Wasserkühlung, 46.900 ccm, 500 PS (368 kW)
Leistungsgewicht:	15,6 PS/t
Geschwindigkeit:	Straße 37 km/h, Gelände 12,5 km/h
Fahrbereich:	Straße 240 km
Bewaffnung:	7,62-cm-Kanone L/26, 1–2 7,62-mm-MG im Hauptturm, 2 x 7,62-mm-MG in MG-Türmen links und rechts neben dem Fahrer
Panzerung:	15–80 mm
Furttiefe:	0,8 m

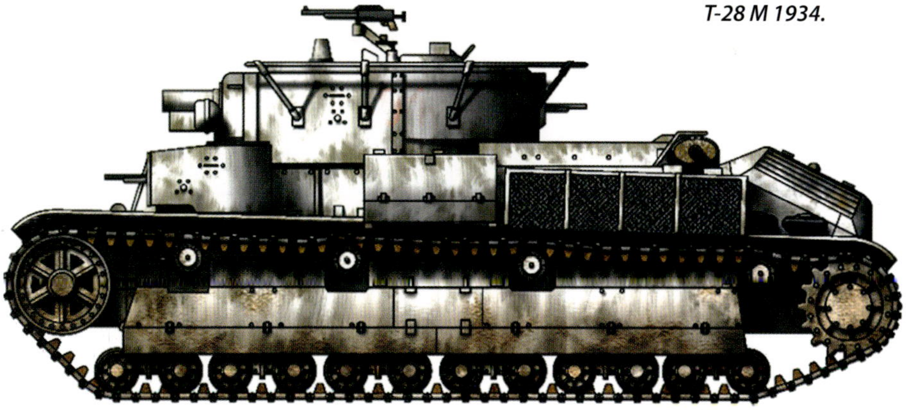

T-28 M 1934.

Der Prototyp des T-28 wurde im August 1933 als Durchbruchspanzer vorgestellt. Daher verfügte er über eine große Kletter- und Grabenüberschreitfähigkeit sowie über zwei MG-Türme vorn auf der Wanne. Alle waren mit Funk ausgestattet und hatten eine Vorrichtung, um sich einzunebeln. Die ersten Modelle hatten eine kurze 7,62-cm-Kanone L/16,5, die später durch eine längere L/26 ersetzt wurde. In der Mandschurei und im Winterkrieg gegen Finnland wurde klar, dass die Panzerung von maximal 40 mm nicht ausreichte. Daher wurde eine überarbeitete Version, der T-28 M, geschaffen, dessen Panzerung vorn 80 mm, seitlich und hinten 40 mm betrug. Obwohl das Gewicht um gut 4 t stieg, litt die Mobilität nicht, und die Panzer erwarben sich 1940 beim Durchbruch durch die Mannerheim-Linie einen guten Ruf. Den Angriff der Wehrmacht überstanden nur wenige, einige waren aber noch Anfang 1943 im Einsatz. Insgesamt wurden rund 600 T-28 gebaut.

T-34

Der russische T-34 war ohne Zweifel einer der besten und erfolgreichsten Panzer des Zweiten Weltkrieges. Er war eine gelungene Synthese der drei Haupteigenschaften eines Panzers, nämlich Beweglichkeit, Panzerschutz und Feuerkraft. Die Geschichte des T-34 begann 1937 als konsequente Weiterentwicklung der BT-Reihe. Man verzichtete auf die selten genutzte Möglichkeit des Räderantriebs und schuf ein Fahrzeug mit allseits abgeschrägten Flächen zur maximalen Geschossablenkung. Über den Prototyp A-20 und den T-32 kam man im Frühjahr 1940 zum T-34. Seine breiten Gleisketten sorgten für einen geringen Bodendruck und machten ihn auch in Schlamm und Schnee beweglich. Ein kraftvoller 500-PS-Diesel und ein verbessertes Christie-Laufwerk sorgten für Mobilität, zudem sank die Feuergefahr, da Diesel schwerer entflammbar ist als Benzin. Die 1940 gebauten Modelle verfügten noch über eine kurze 7,62-cm-Kanone L-11 L/30, ab dem Modell 1941 kam dann aber die leistungsstärkere F-34 L/41 zum Einbau.

Abwerfbare Zusatztanks verliehen dem T-34/85 eine große Reichweite.

Ein von der Wehrmacht erbeuteter und eingesetzter T-34 M1943.

	T-34/76 Modell 1943	T-34/85
Gefechtsgewicht:	26.500 kg	32.000 kg
Besatzung:	4 Mann	4–5 Mann
Abmessungen in mm (Länge/Breite/Höhe):	6.100/3.000/2.650, Länge mit Rohr 6.750	6.100/3.000/2.650, Länge mit Rohr 8.100
Motor:	W-2-34 V-12 Diesel, Wasserkühlung, 38.900 ccm, 500 PS (386 kW)	W-2-34 V-12 Diesel, Wasserkühlung, 38.900 ccm, 500 PS (386 kW)
Leistungsgewicht:	18,7 PS/t	15,6 PS/t
Geschwindigkeit:	Straße 55 km/h, Gelände 25 km/h	Straße 50 km/h, Gelände 20 km/h
Fahrbereich:	Straße 270 km, Gelände 210 km	Straße 300 km, Gelände 240 km
Bewaffnung:	7,62-cm-Kanone F-34 L/41 im Turm, 1 x 7,62-mm-MG koaxial, 1 x 7,62-mm-MG in der Wanne	8,5-cm-Kanone L/51,5 im Turm, 1 x 7,62-mm-MG koaxial, 1 x 7,62-mm-MG in der Wanne
Panzerung:	14–70 mm	22–90 mm
Furttiefe:	1,3 m	1,3 m

Als die Wehrmacht im Sommer 1941 auf die ersten T-34 stieß, erlebte sie einen regelrechten Schock. Sämtliche Panzerabwehrwaffen und Panzerkanonen – bis auf die 8,8-cm-Flak – waren mit einem Mal nahezu nutzlos. Die 3,7-cm-Pak 35/36 wurde zum „Heeresanklopfgerät" degradiert. Natürlich hatte aber auch der T-34 Nachteile, so war z. B. das Getriebe ein ständiger Schwachpunkt, und viele Panzer, die der Wehrmacht in die Hände fielen, waren mit Getriebeschaden liegen geblieben. Der Turm war nur mit zwei Mann besetzt, was dem Kommandanten zusätzliche Aufgaben aufbürdete und die Kampfkraft einschränkte, besonders mit den unerfahrenen Besatzungen der ersten Kriegszeit. Der T-34 hatte zu Beginn noch keine Funkausrüstung und war daher den deutschen Panzern taktisch unterlegen.

Im Lauf der Serienproduktion wurden mehrere Veränderungen, insbesondere an Turmform, Luken und Laufrädern, vorgenommen. Die wichtigste Modifikation

T-34/76 M 1942 der 129. mot. Brigade.

wurde jedoch im Herbst 1943 durchgeführt, als es gelang, eine auf der hervorragenden 8,5-cm-Flak beruhende Panzerkanone in einem neuen Guss-Stahlturm auf die Wanne des T-34 zu setzen. Dies war notwendig, um der jüngsten Generation deutscher Panzer wie Panther oder Tiger Paroli zu bieten, die sich dem T-34/76 überlegen zeigten. Diese neue Version verfügte über stärkere Panzerung und konnte mit der 8,5-cm-Kanone auf 1000 m 100 mm Panzerstahl durchschlagen. Nun saßen auch endlich drei Mann im Turm, allerdings in fast unerträglicher Enge. Der T-34 war der Standardpanzer der Roten Armee und wurde in riesigen Mengen produziert. Bis 1945 sollen es rund 55.000 Stück gewesen sein, davon 19.430 T-34/85.

Die Wehrmacht erbeutete zu Beginn des Krieges im Osten eine große Zahl von T-34 und auch später hin und wieder einige Exemplare. Strukturmäßig wurden diese Panzer allerdings nie in die Ausrüstung der Truppe übernommen. Da von der deutschen Panzerabwehr beim Anblick eines T-34 oftmals erst geschossen und dann nachgesehen wurde, ob das Fahrzeug eventuell ein Balkenkreuz trägt, war diese Art des Einsatzes nicht ungefährlich. Häufig wurden daher die Türme abgenommen und so improvisierte Bergepanzer geschaffen. Nach 1945 lief die Produktion noch eine Weile weiter, und der T-34 blieb noch lange der Standard-Panzer der Sowjetunion und ihrer Verbündeten. In großen Zahlen wurden T-34 auch in die Dritte Welt exportiert und dort häufig eingesetzt, so in Korea, Vietnam, in den Nahostkriegen sowie in zahllosen afrikanischen Konflikten. Selbst in den 1990er-Jahren waren T-34 noch an den Konflikten im zerfallenden Jugoslawien beteiligt.

Der T-34/76 M 1943 verfügte über einen geänderten Turm mit Kommandantenkuppel.

Der T-34/85 mit Guss-Stahlturm und einer 8,5-cm-Kanone L/51.

T-35

Auf dem Papier und bei Paraden sah der T-35 wie eine mächtige, unschlagbare Waffe aus. Mit seinen fünf Türmen, einer Bewaffnung von drei Kanonen und sechs MG sowie seiner enormen Größe erinnerte das Fahrzeug eher an ein Schlachtschiff als an einen Panzer. In der Realität erwies er sich allerdings als völliger Fehlschlag, da er zu unbeweglich, mechanisch unzuverlässig und zu schwach gepanzert war. Außerdem war jeder Kommandant mit der Koordination der fünf Türme und der zehn Mann, welche sie bedienten, restlos überfordert. Der erste Prototyp des T-35 erschien 1933 und sollte wie der T-28 als schwerer Durchbruchspanzer dienen. Schon im Winterkrieg gegen Finnland 1939–1940 zeigten sich die Schwächen des T-35 deutlich, dennoch wurde er auch 1941 noch in den Kampf geschickt. Die meisten T-35 erreichten die Frontlinie wegen mechanischer Probleme aber erst gar nicht oder wurden sehr schnell abgeschossen, da sie vor allem eine riesige Zielscheibe abgaben. Ihren letzten Einsatz erlebten T-35 im Winter 1941 bei der Schlacht um Moskau, dann wurden die restlichen Fahrzeuge außer Dienst gestellt. Die Rote Armee verfügte längst über wesentlich bessere schwere Panzer. Insgesamt wurden nur rund 60 T-35 gebaut.

	T-35 M
Gefechtsgewicht:	49.985 kg
Besatzung:	11 Mann
Abmessungen in mm (Länge/Breite/Höhe):	9.720/3.200/3.430
Motor:	M 17M V-12, Benzin, Wasserkühlung, 46.900 ccm, 500 PS (368 kW)
Leistungsgewicht:	10 PS/t
Geschwindigkeit:	Straße 30 km/h, Gelände 12,5 km/h
Fahrbereich:	Straße 150 km
Bewaffnung:	7,62-cm-Kanone L/16, 2 x 7,62-mm-MG (Hauptturm), je 1 x 4,5-cm-Kanone L/46 in zwei Nebentürmen, je 1 x 7,62-mm-MG in zwei MG-Türmen
Panzerung:	10–30 mm
Furttiefe:	1,2 m

T-35 Modell 1935.

Ein wegen eines mechanischen Defekts liegen gebliebener und verlassener T-35, Russland im Sommer 1941.

Ein abgeschossener T-35 war aufgrund seiner Größe stets eine Attraktion.

BT-5 UND BT-7

Obwohl sehr mobil, waren die BT-7 doch nur dünn gepanzert und daher verwundbar.

BT ist die russische Abkürzung des Begriffs „schneller Panzer". Der BT-7 war der Endpunkt einer langen Reihe von solchen Panzern, die während der 1930er-Jahre konstruiert wurden. Alle Fahrzeuge besaßen ein Christie-Laufwerk (die Sowjets hatten 1930 ein solches in den USA gekauft) und konnten nicht nur auf Ketten, sondern auch direkt auf den Laufrädern fahren, wobei die Ketten mitgeführt wurden. Die hinteren Laufräder waren daher angetrieben und die vorderen lenkbar, sodass der Panzer wie ein Radfahrzeug aussah. Allerdings war das Auf- und Abziehen der Ketten mühsam und Zeit raubend, zudem war schnelles Fahren ohne Ketten nur auf der Straße möglich. Häufig wurde diese Option daher nicht genutzt. Der BT-5 wurde ab Ende 1932 in Serie gebaut und besaß eine erstklassige Bewaffnung (4,5-cm-Kanone L/46) und Mobilität, jedoch nur eine geringe Panzerung, die auch noch genietet war, was unter Beschuss zu im Kampfraum umherfliegenden Nieten führte. Der BT-7 war eine äußerlich sehr ähnliche Weiterentwicklung, jedoch mit neuem Turm, neuem Getriebe, stärkerem Motor (500 PS) und stärkerer, geschweißter Panzerung. Diese Fahrzeuge sollten in schnellen Vorstößen die gegnerischen Linien durchbrechen oder umfahren und dann im Hinterland Verwirrung stiften. Zu diesem Zweck brauchten sie eine mobile Feuerunterstützung, weshalb der BT-7A mit einer 7,62-cm-Haubitze geschaffen wurde. Fahrzeuge der BT-Serie wurden im Spanischen Bürgerkrieg, in der Mandschurei, in Finnland und im Zweiten Weltkrieg eingesetzt, wo sie 1941 in großen Mengen verloren gingen. Die Wehrmacht nutzte erbeutete BT-Panzer nur für Sicherungsaufgaben im Hinterland, setzte sie jedoch nicht in den Panzerdivisionen ein. Vom BT-5 wurden rund 5.000, vom BT-7 ca. 2.700 Einheiten hergestellt.

Sommer 1941: Soldaten der Wehrmacht begutachten einen BT-5.

	BT-7
Gefechtsgewicht:	13.900 kg
Besatzung:	3 Mann
Abmessungen in mm (Länge/Breite/Höhe):	5.660/2.290/2.420
Motor:	M 17T V-12, Benzin, Wasserkühlung, 46.900 ccm, 500 PS (368 kW)
Leistungsgewicht:	36 PS/t
Geschwindigkeit:	auf Rädern 73 km/h, auf Ketten 53 km/h
Fahrbereich:	Straße 730 km (auf Rädern), 430 km (auf Ketten)
Bewaffnung:	4,5-cm-Kanone L/46 Turm, 1 x 7,62-mm-MG koaxial, teilweise 1 x 7,62-mm-MG im Turmheck
Panzerung:	10–22 mm
Furttiefe:	1,2 m

KW-1 UND KW-2

	KW-1 Modell 1941	KW-2
Gefechtsgewicht:	47.500 kg	52.000 kg
Besatzung:	5 Mann	6 Mann
Abmessungen in mm (Länge/Breite/Höhe):	6.250/3.300/2.710	6.250/3.300/3.500, Länge mit Rohr 7.310
Motor:	W-2-K V-12 Diesel, Wasserkühlung, 38.900 ccm, 600 PS (441 kW)	W-2-K V-12 Diesel, Wasserkühlung, 38.900 ccm, 600 PS (441 kW)
Leistungsgewicht:	12,6 PS/t	11,5 PS/t
Geschwindigkeit:	Straße 30 km/h, Gelände 19 km/h	Straße 26 km/h, Gelände 15 km/h
Fahrbereich:	Straße 250 km	Straße 250 km
Bewaffnung:	7,62-cm-Kanone F-34 L/41 im Turm, 1 x 7,62-mm-MG koaxial, je 1 x 7,62-mm-MG im Turmheck und in der Wanne	15,2-cm-Haubitze M 1938/40 L/20 im Turm, 1 x 7,62-mm-MG koaxial, je 1 x 7,62-mm-MG im Turmheck und in der Wanne
Panzerung:	30–110 mm	30–110 mm
Furttiefe:	1,5 m	1,5 m

Die Entwicklung des KW-1 (benannt nach dem damaligen sowjetischen Verteidigungsminister Klimenti Woroshilow) begann Anfang 1939. Er sollte die schweren Multi-Turm-Panzer T-28 und T-35 ersetzen. Um Gewicht zu sparen, war er von konventionellerem Design als seine Vorgänger, jedoch ungleich stärker gepanzert. Die Front- und Seitenpanzerung von 110 mm bzw. 75 mm waren 1939 sensationell. Die Bewaffnung bestand aus der gleichen 7,62-cm-Kanone wie beim T-34. Die ersten Serien-KW-1 wurden ab Februar 1940 gebaut und sofort im Winterkrieg gegen Finnland erprobt. Beim Durchbruch durch die Mannerheim-Linie wurde kein einziger KW-1 abgeschossen, während zahlreiche T-28 und T-35 vernichtet wurden. Allerdings zeigten sich dort auch mechanische Mängel, weswegen der Entwurf eigentlich noch einmal überarbeitet werden sollte. Die politische Lage in Europa ließ dies jedoch nicht zu, sodass die Fahrzeuge trotz Mängeln weiter in Großserie gebaut wurden.

Bis zum deutschen Einmarsch in die Sowjetunion waren bereits 636 KW-1 im Einsatz und stellten für die Wehrmacht eine böse Überraschung dar. Panzer und Pak waren geradezu hilflos, selbst die 8,8-cm-Flak hatte mitunter Schwierigkeiten, diese Kolosse auszuschalten. Bis zum Erscheinen des Tigers 1942 war der KW-1 der bestgeschützte und wohl auch schlagkräftigste Panzer der Welt.

Zur Unterstützung der KW-1-Verbände wurde eine Version mit einer 15,2-cm-Haubitze in einem riesigen, plumpen Turm entwickelt: der KW-2. Obwohl auch dieses Modell recht kampfstark war, bot der Turm vor allem eine gute Zielscheibe für die Gegner, und das Fahrzeug selbst war nicht mobil genug. Nachdem die Wehrmacht die Fabriken zur Herstellung des KW-2 überrannt hatte, wurde die Produktion nicht wieder aufgenommen.

Obwohl immer noch respektabel gepanzert, geriet der KW-1 mit der Auftreten von Panther und Tiger in Schwierigkeiten, da seine 7,62-cm-Kanone nicht mehr leistungsfähig genug war, um deren Panzerung zu durchschlagen. Man setzte daher ab Mitte 1943 die 8,5-cm-Flak in einem neuen Guss-Stahlturm auf die Wanne des KW-1 (KW-85). Allerdings wurde diese Version beim Auftauchen des T-34/85 mit gleicher Bewaffnung obsolet. Die Entwicklung ging dann in Richtung JS-1 und JS-2 weiter. Insgesamt wurden bis Herbst 1943 rund 3.000 KW-1, 336 KW-2 und 130 KW-85 gebaut.

Die Formgebung des KW-1 war nicht so gelungen wie die des T-34.

KW-1 der 235. mot. Brigade, Stalingrad, September 1942.

KW-2 M 1940.

Der hohe Turm des KW-2 gab eine hervorragende Zielscheibe ab.

JS-2

Gefechtsgewicht:	46.250 kg
Besatzung:	4 Mann
Abmessungen in mm (Länge/Breite/Höhe):	6.770/3.360/2.730
Motor:	W-2-IS V-12 Diesel, Wasserkühlung, 38.900 ccm, 600 PS (441 kW)
Leistungsgewicht:	11,3 PS/t
Geschwindigkeit:	Straße 37 km/h, Gelände 19 km/h
Fahrbereich:	Straße 250 km, Gelände 150 km
Bewaffnung:	12,2-cm-Kanone D-25 L/43 im Turm, je 1 x 7,62-mm-MG koaxial und im Turmheck, 1 x 12,7-mm-DShk-Fla-MG
Panzerung:	19–132 mm
Furttiefe:	1,3 m

Auf der KW-Reihe basierend, entstand die JS-Serie schwerer Kampfpanzer („JS" stand für Josef Stalin). Der JS-1 erschien im Herbst 1943 und war mit der gleichen 8,5-cm-Kanone wie der T-34/85 und die SU-85 bewaffnet. Es erschien aber unsinnig, einen schweren Panzer mit der gleichen Waffe wie einen mittleren Kampfwagen auszustatten, weshalb einige Prototypen mit einer 10-cm-Kanone ausgerüstet wurden. Als man schließlich sogar eine Möglichkeit fand, eine 12,2-cm-Waffe unterzubringen, entschied man sich für diese Variante. Daher endete die Produktion des JS-1 nach 100 Exemplaren. Das neue, stärker bewaffnete Modell mit einem vergrößerten Turm ging als JS-2 ab Ende 1943 in Produktion. Viele JS-1 wurden später zum JS-2 aufgerüstet. Seinen ersten Kampfeinsatz erlebte das Fahrzeug im Februar 1944. Sein 12,2-cm-Geschütz hatte keinerlei Probleme, einen Panther oder Tiger zu vernichten. Allerdings hatte auch der JS-2 einige Nachteile: Der Innenraum war extrem beengt, und da Geschoss und Kartusche getrennt geladen werden mussten, verfügte er nur über eine langsame Feuergeschwindigkeit. Da das Fahrzeug für einen schweren Kampfpanzer recht leicht war, war die Panzerung alles andere als unverwundbar. Der nächste Schritt in der Entwicklung war daher der JS-3 – eine mächtige Waffe, die jedoch nur in einzelnen Exemplaren noch vor Kriegsende zum Einsatz kam. Insgesamt wurden ca. 3.800 JS-2 produziert.

JS-2 einer unbekannten Einheit, Berlin, Mai 1945.

SU-76

	SU-76M
Gefechtsgewicht:	11.200 kg
Besatzung:	4 Mann
Abmessungen in mm (Länge/Breite/Höhe):	4.990/2.740/2.200
Motor:	zwei GAZ-202 6-Zylinder-Reihe, Wasserkühlung, 3.300 ccm mit zusammen 140 PS (103 kW)
Leistungsgewicht:	12,5 PS/t
Geschwindigkeit:	Straße 44 km/h, Gelände 19 km/h
Fahrbereich:	Straße 265 km, Gelände 140 km
Bewaffnung:	7,62-cm-Kanone ZIS-3
Panzerung:	10–35 mm
Furttiefe:	0,9 m

SU-76M.

Die SU-76 war ein recht erfolgreicher Versuch, das Fahrgestell des leichten Panzers T-70, der zusehends veraltete, weiter zu nutzen. Die Wanne des T-70 wurde daher verbreitert, das Laufwerk um ein Rad verlängert. Der Motorraum wurde mittig platziert und im Heck ein oben offener Kampfraum geschaffen, in dem man die bekannte ZIS-3 7,62-cm-Feldkanone montierte. Die Fahrzeuge gingen ab Ende 1942 an die Truppe, erwiesen sich zunächst aber als extrem pannenanfällig, sodass der Entwurf erneut überarbeitet werden musste. Diese neue Ausführung wurde dann ab Mai 1943 als SU-76M in großen Stückzahlen hergestellt. Insgesamt wurden 12.671 SU-76 produziert. Die Fahrzeuge waren recht flexibel und wurden sowohl als Panzerjäger als auch in der Rolle als Panzerhaubitze als mobile Artillerieunterstützung eingesetzt. Oft dienten sie auch als Sturmgeschütze zur direkten Infanterieunterstützung, obwohl sie dafür eigentlich nicht genügend gepanzert waren. Auf diesem Fahrgestell baute man unter der Bezeichnung ZSU-37 auch einen Flakpanzer mit 3,7-cm-Flak, der jedoch nur in geringen Zahlen gefertigt wurde.

SU-122

SU-122.

Die SU-122 war das erste sowjetische Sturmgeschütz des Zweiten Weltkrieges. Seine Entwicklung begann noch unter dem Namen SU-35 im Sommer 1942. Auf das Fahrgestell des T-34 wurde ein fester, kastenförmiger Aufbau mit allseits abgeschrägten Seiten gesetzt. Die Bewaffnung bestand aus einer 12,2-cm-Haubitze M-30 mit beschränktem Schwenkbereich an der Frontseite. Für die Hauptwaffe wurden 40 Granaten mitgeführt, ein MG war nicht vorhanden. Ab Januar 1943 wurden die ersten SU-122 an die Truppe ausgeliefert. Das Fahrzeug war wegen der geringen Mündungsgeschwindigkeit der Haubitze nicht besonders für den Kampf gegen feindliche Panzer geeignet, auch ein speziell entwickeltes Hohlladungsgeschoss überzeugte nicht. Bei der Unterstützung der Infanterie oder dem Beschuss von Befestigungen konnte die SU-122 jedoch überzeugen. Ab Ende 1943 übernahm zunehmend die noch effektivere SU-152 die Rolle der SU-122. Da die Rote Armee vor allem einen Jagdpanzer wünschte, ging die Entwicklung in Richtung SU-85 und SU-100 weiter. Bis März 1944 wurden insgesamt 1.148 SU-122 produziert.

Gefechtsgewicht:	30.900 kg
Besatzung:	4–5 Mann
Abmessungen in mm (Länge/Breite/Höhe):	5.950/3.000/2.300, Länge mit Rohr 6.950
Motor:	W-2-34 V-12 Diesel, Wasserkühlung, 38.900 ccm, 500 PS (386 kW)
Leistungsgewicht:	16,2 PS/t
Geschwindigkeit:	Straße 55 km/h, Gelände 25 km/h
Fahrbereich:	Straße 300 km, Gelände 200 km
Bewaffnung:	12,2-cm-Haubitze M-30 L/23
Panzerung:	14–45 mm, Blende bis zu 70 mm
Furttiefe:	1,3 m

SU-85 UND SU-100

Man benötigte ab 1943 eine Möglichkeit, die neuen deutschen Panzer wie Panther und Tiger auszuschalten, und weder der T-34/76 noch die SU-122 waren dazu in der Lage. Um Zeit zu sparen, nutzten die Sowjets die Wanne der SU-122 und rüsteten sie mit der 8,5-cm-Flak aus. Die Verwendung vorhandener Elemente verkürzte die Entwicklungszeit und senkte die Kosten. Im August 1943 war der erste Prototyp fertig gestellt, bis Ende des Jahres hatten 750 SU-85 die Werkshallen verlassen. Das Erscheinen des T-34/85 mit der gleichen 8,5-cm-Waffe machte die SU-85 allerdings überflüssig, sodass die Produktion nur bis September 1944 lief. Bis dahin waren rund 2.000 SU-85 hergestellt worden. Nachfolger ab September 1944 war die SU-100, die sich vor allem durch eine neue, leistungsstarke 10-cm-Kanone unterschied. Diese Waffe war ursprünglich ein Marinegeschütz und erforderte aufgrund ihrer Größe, dass die Kommandantenkuppel nun rechts über die schrägen Wände des Panzeraufbaus hinausragte. Auch die Blende der Kanone war eine andere als bei der SU-85. Die ersten Fahrzeuge erreichten Anfang 1945 die Einheiten und bewährten sich bestens. Die Produktion wurde im Juni 1945 gestoppt, bis dahin waren 1.675 SU-100 produziert worden.

	SU-85	SU-100
Gefechtsgewicht:	29.600 kg	31.600 kg
Besatzung:	4 Mann	4 Mann
Abmessungen in mm (Länge/Breite/Höhe):	5.950/3.000/2.450, Länge mit Rohr 8.150	5.950/3.000/2.250, Länge mit Rohr 9.450
Motor:	W-2-34 V-12 Diesel, Wasserkühlung, 38.900 ccm, 500 PS (386 kW)	W-2-34 V-12 Diesel, Wasserkühlung, 38.900 ccm, 500 PS (386 kW)
Leistungsgewicht:	16,9 PS/t	15,8 PS/t
Geschwindigkeit:	Straße 55 km/h, Gelände 25 km/h	Straße 50 km/h, Gelände 20 km/h
Fahrbereich:	Straße 300 km, Gelände 200 km	Straße 300 km, Gelände 200 km
Bewaffnung:	8,5-cm-Kanone D-5S L/53	10-cm-Kanone D-10S L/56
Panzerung:	14–45 mm, Blende bis zu 75 mm	20–54 mm, Blende bis zu 75 mm
Furttiefe:	1,3 m	1,3 m

SU-85 einer unbekannten Einheit, Berlin, Mai 1945.

SU-152

Gefechtsgewicht:	45.500 kg
Besatzung:	5 Mann
Abmessungen in mm (Länge/Breite/Höhe):	6.250/3.300/2.450, Länge mit Rohr 8.950
Motor:	W-2-K V-12 Diesel, Wasserkühlung, 38.900 ccm, 600 PS (441 kW)
Leistungsgewicht:	13,2 PS/t
Geschwindigkeit:	Straße 40 km/h, Gelände 19 km/h
Fahrbereich:	Straße 250 km
Bewaffnung:	15,2-cm-Kanonenhaubitze ML-20 L/32,3
Panzerung:	20–75 mm
Furttiefe:	1,5 m

SU-152.

Schon Ende 1942 forderte das sowjetische Oberkommando eine stark bewaffnete und gepanzerte Selbstfahrlafette zum Beschuss von Befestigungen und schweren Feindpanzern. Im Februar 1943 wurde der erste Prototyp auf der Basis des KW-1 vorgestellt. In einen eckigen, festen Aufbau hatten die Konstrukteure eine 15,2-cm-Kanonenhaubitze ML-20 gesetzt, die ein 48,8 kg schweres Panzergeschoss verfeuerte, dessen schiere Wucht reichen sollte, jeden Panzer zu vernichten. Ihren ersten großen Einsatz erlebte die SU-152 im Juli 1943 in der Panzerschlacht von Kursk. Angeblich sollen in dieser Schlacht zwölf Tiger und sieben Ferdinand von SU-152 vernichtet worden sein. Nach Einstellung der Produktion des KW-1-Fahrgestells wurde auch die Fertigung der SU-152 gestoppt. Bis dahin waren 704 Exemplare hergestellt worden

Die SU-152 basierte auf dem Fahrgestell des KW-1.

JSU-122 UND JSU-152

JSU-122.

JSU-152.

Da sich die SU-152 im Einsatz bewährt hatte, beschloss man, ein ähnliches Fahrzeug auch auf dem Fahrgestell des JS-2 zu bauen. Der Aufbau des neuen Modells war zwar kantiger und höher, aber ansonsten glichen die Fahrzeuge einander sehr. Da die Produktion der ML-20-Haubitze den Bedarf nicht decken konnte, wurde unter Verwendung der 12,2-cm-A-19 und später dann der D-25-Kanone eine weitere, JSU-122 genannte Version geschaffen, die vor allem als Jagdpanzer dienen sollte. Außer in der Bewaffnung unterschieden sich die beiden Modelle kaum voneinander. Hauptnachteil aller drei Versionen (SU-152, JSU-152 und JSU-122) war der sehr beschränkte Stauraum für Granaten und die beschränkte Schussfolge von nur 2–3 Schuss/min durch die zweiteilige Munition. Oftmals wurde daher auf der Motorabdeckung zusätzliche Munition mitgeführt, was in Gefechtssituationen extrem gefährlich werden konnte. Trotz dieser Nachteile überzeugte jedoch vor allem die enorme Feuerkraft dieser Fahrzeuge, sodass sie auch nach 1945 noch lange im Dienst der Roten Armee blieben. Insgesamt wurden bis zur Einstellung der Produktion 1945 4.075 JSU-122 und- JSU-152 gebaut.

	JSU-152
Gefechtsgewicht:	41.800 kg
Besatzung:	4 Mann
Abmessungen in mm (Länge/Breite/Höhe):	6.770/3.360/2.680, Länge mit Rohr 9.050
Motor:	W-2-IS V-12 Diesel, Wasserkühlung, 38.900 ccm, 600 PS (441 kW)
Leistungsgewicht:	14,4 PS/t
Geschwindigkeit:	Straße 37 km/h, Gelände 19 km/h
Fahrbereich:	Straße 220 km, Gelände 100 km
Bewaffnung:	15,2-cm-Kanonenhaubitze ML-20 L/32,3, 1 x 12,7-mm-DShk-Fla-MG
Panzerung:	19–110 mm
Furttiefe:	1,3 m

PANZERSPÄHWAGEN M3A1 SCOUT CAR

General Pattons M3-Befehlsfahrzeug.

Gefechtsgewicht:	5.624 kg
Besatzung:	8 Mann
Abmessungen in mm (Länge/Breite/Höhe):	5.620/2.030/2.110
Motor:	Hercules JXD 6-Zylinder-Reihe, Benzin, Wasserkühlung, 87 PS (64 kW)
Leistungsgewicht:	15,7 PS/t
Geschwindigkeit:	Straße 88 km/h
Fahrbereich:	Straße 400 km
Bewaffnung:	1 x 12,7-mm-MG-Browning M2HB (manchmal 1 x 7,62-mm-MG M1919A4 zusätzlich)
Panzerung:	6–12,7 mm
Furttiefe:	0,7 m

Der M3 wurde 1938 von der White Motor Company entwickelt und 1939 mit einigen Veränderungen als M3A1 von der US-Armee als Späh- und Befehlsfahrzeug übernommen. Der M3A1 basierte auf einem handelsüblichen LKW-Fahrgestell und war oben offen. Um den offenen Kampfraum verlief eine Schiene, auf der ein Browning-M2-MG aufgesetzt war. Vorn hatte das Fahrzeug eine Bugwalze, die verhindern sollte, dass es sich in schwerem Gelände festfuhr. Die Panzerglasscheiben vor dem Fahrer konnten durch eine 12,7 mm starke Panzerplatte abgedeckt werden. Von der US-Armee und den britischen Streitkräften wurde der M3A1 nur selten als Spähfahrzeug eingesetzt, häufiger diente er als Mannschaftswagen, führte Patrouillen durch das Hinterland oder war Befehlsfahrzeug. General Patton zum Beispiel verwendete einen solchen Wagen. Zusätzlich gab es auch eine Variante des M3A1 als Ambulanzfahrzeug. Von den bis 1944 gebauten 20.918 Exemplaren gingen viele an die Sowjetunion und an die nach Juni 1944 neu aufgestellten französischen Verbände.

PANZERSPÄHWAGEN M8 GREYHOUND

Gefechtsgewicht:	7.711 kg
Besatzung:	4 Mann
Abmessungen in mm (Länge/Breite/Höhe):	5.010/2.540/2.230
Motor:	Hercules JXD 6-Zylinder-Reihe, Benzin, Wasserkühlung, 110 PS (81 kW)
Leistungsgewicht:	14,5 PS/t
Geschwindigkeit:	Straße 88 km/h
Fahrbereich:	Straße 460 km
Bewaffnung:	3,7-cm Kanone M6 L/56, 1 x 7,62-mm-MG M1919A4 koaxial, 1 x 12,7-mm-Browning M2HB-Fla-MG
Panzerung:	3–19 mm
Furttiefe:	0,6 m

M8, 2. Cavalry Division, Belgien, Winter 1944/45.

Der M8.

Ursprünglich wurde dieses Fahrzeug als Panzerjäger entwickelt. Als es Mitte 1942 produktionsbereit war, war seine 3,7-cm-Kanone jedoch nicht mehr wirkungsvoll gegenüber Panzern, also wurde es unter Bezeichnung M8 als Panzerspähwagen übernommen. Der Turm war manuell angetrieben und oben offen. Auf einer Schiene, die oben rund um den Turm lief, war oft ein 12,7-mm-Fla-MG montiert. Die ersten M8 waren ohne Bodenpanzerung, später wurde ein nur 3 mm starkes Panzerblech nachgerüstet. Diese unzulängliche Bodenpanzerung war auch zugleich die größte Schwäche des Fahrzeugs, das ansonsten durch Verlässlichkeit, gute Geländegängigkeit und Robustheit überzeugte. Seine Feuertaufe erlebt der M8 1943 in Italien. Auch die Briten nutzten den M8 und tauften ihn Greyhound. Auf Basis des M8 wurde 1943 ein Mannschaftstransporter und Befehlsfahrzeug geschaffen, indem man den Turm entfernte und Bänke im offenen Kampfraum montierte (M20). Bis 1945 wurden bei Ford 11.667 M8 und 3.791 M20 hergestellt.

M24 CHAFFEE

Gefechtsgewicht:	18.370 kg
Besatzung:	4–5 Mann
Abmessungen in mm (Länge/Breite/Höhe):	4.990/2.950/2.450, Länge mit Rohr 5.490
Motor:	Cadillac Twin, bestehend aus zwei V-8-Benzinern, Wasserkühlung, mit zusammen 220 PS (162 kW)
Leistungsgewicht:	12,2 PS/t
Geschwindigkeit:	Straße 56 km/h, Gelände 38 km/h
Fahrbereich:	Straße 160 km
Bewaffnung:	7,5-cm Kanone M6 im Turm, je 1 x 7,62-mm-MG M 1919A4 koaxial und in der Wanne, 1 x 12,7-mm-Fla-MG
Panzerung:	12–38 mm
Furttiefe:	1 m ohne, 2 m mit Vorbereitung

In einigen Staaten, z. B. in Norwegen und Portugal, war der M24 – wenn auch mehrfach modernisiert – noch bis vor kurzem im Dienst.

Im April 1943 begannen die Entwurfsarbeiten für einen neuen leichten Panzer, der den M3 und den M5 ersetzen sollte. Im Oktober jenes Jahres waren die ersten Prototypen fertig. Noch bevor die Tests abgeschlossen waren, wurden vom US-Verteidigungsministerium zunächst 1.000, dann 5.000 Fahrzeuge geordert. Die ersten der nun M24 Chaffee (nach dem amerikanischen General Adna R. Chaffee) genannten Panzer wurde im November 1944 nach Europa geliefert. Der Chaffee war wohl der erste moderne leichte Panzer und verfügte über eine günstig gestaltete Wanne mit allseits abgeschrägten Flächen zur maximalen Geschossablenkung. Seine 7,5-cm-Kanone wäre noch 1940 als Bewaffnung eines schweren Kampfpanzers durchgegangen. Dennoch war der M24 mobil und relativ klein – günstige Voraussetzungen für ein Aufklärungsfahrzeug. Zwar wurden bis Mitte 1945 rund 4.400 M24 gebaut, zum Einsatz kam jedoch nur ein Bruchteil dieser Panzer. Die meisten waren beim Kriegsende in Europa noch bei Ausbildungseinheiten. Nach 1945 wurden Chaffee jedoch in viele Länder exportiert und nahmen z. B. am Korea- und Indochinakrieg teil.

M24 der 8. US-Panzer-Division, Rheinberg, März 1945.

HALBKETTENFAHRZEUGE M2, M3, M5, M9 UND VARIANTEN

Bis Anfang 1940 waren in den USA vor allem durch die White Motor Company eine Reihe verschiedener Halbkettenfahrzeuge konstruiert und erprobt worden, aus denen sich zwei Haupttypen herauskristallisierten. Beide basierten auf einem kommerziellen LKW-Chassis und dem leicht veränderten Panzeraufbau des White M3A1 Scout Car. Der Typ M2 sollte als Späh- und Zugfahrzeug dienen und besaß keine Hecktüren. Der M3 verfügte über einen etwas verlängerten Aufbau mit Hecktüren und war vor allem als Mannschaftstransporter gedacht. In der Version M4 sollte er einen 81-mm-Granatwerfer samt Bedienungsmannschaft und Munition transportieren. Alle Fahrzeuge waren oben offen und verfügten über ein bis zwei MG der Kaliber 7,62 und 12,7 mm. Der Kampfraum konnte bei schlechtem Wetter nach oben durch eine Plane abgedeckt werden, bot aber keinen Schutz gegen Angriffe aus der Luft oder Artilleriegeschosse. Kurz nachdem die US-Armee Aufträge vergeben hatte, wurde klar, dass White allein nicht in der Lage sein würde, die benötigte Anzahl von Fahrzeugen herzustellen. Daher wurden zunächst die Firmen Autocar und Diamond T in die Produktion einbezogen. Später kam noch International Harvester dazu und baute prinzipiell gleiche Halbkettenfahrzeuge mit nur kleinen Modifikationen unter der Bezeichnung M5 und M9. All diese Fahrzeuge waren praktisch das alliierte Gegenstück zum deutschen Sd.Kfz. 251 und wurden ebenso vielfältig eingesetzt. Auf der Basis dieser Fahrzeuge entstanden u. a. eine Anzahl von Artillerie- und Flak-Selbstfahrlafetten. Dazu wurden Geschütze vom Kaliber 5,7–10,5 cm hinter Schutzschilden im offenen Kampfraum montiert oder spezielle Flak-Türme aufgesetzt, die Zwillings- oder Vierlings-MG Kaliber 12,7 mm trugen. Nicht nur die USA, sondern auch alle anderen Alliierten verwendeten US-Halbkettenfahrzeuge im großen Stil. Tausende wurden im Rahmen des Leih- und Pacht-Abkommens auch an die Sowjetunion geliefert, die ihre eigenen Varianten schuf. Auch nach 1945 war die Karriere dieser Vehikel noch nicht vorbei. Aus überschüssigen US-Beständen wurden sie in die gesamte Welt exportiert.

	M3
Gefechtsgewicht:	9.072 kg
Besatzung:	3 + 10–12 Mann
Abmessungen in mm (Länge/Breite/Höhe):	6.170/2.220/2.260
Motor:	White 160AX 6-Zylinder-Reihe, Benzin, Wasserkühlung, 147 PS (108,2 kW)
Leistungsgewicht:	16,5 PS/t
Geschwindigkeit:	Straße 72 km/h
Fahrbereich:	Straße 310 km
Bewaffnung:	1 x 12,7-mm-MG Browning M2HB und/oder 1 x 7,62-mm-MG M1919A4
Panzerung:	6–16 mm
Furttiefe:	0,7 m

Ein Halbkettenfahrzeug der 1. Infanterie-Division.

Der M17 basierte auf dem M5, der mit einer Maxson-M45-12,7-mm-Vierlingslafette ausgerüstet wurde. Die Sowjetunion erhielt ab 1944 rund 1.000 dieser Flugabwehrfahrzeuge, die sich auch im Kampf gegen Erdziele bewährten.

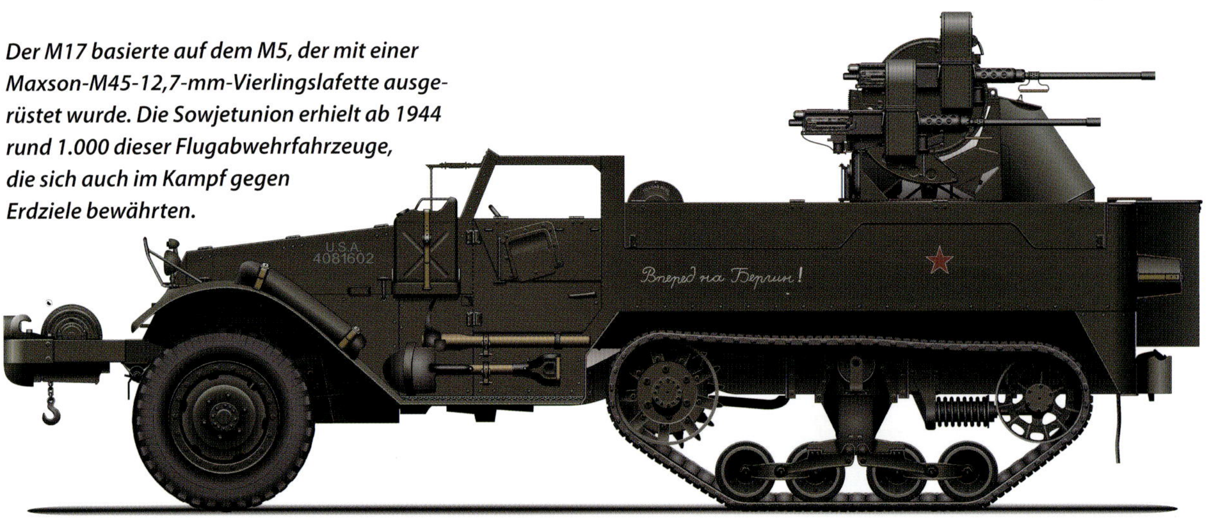

Ein M3-Halbkettenfahrzeug.

Der M2 kann leicht an dem verkürzten Panzeraufbau erkannt werden. Im Winter 1942/43 erreichten die ersten dieser Halbkettenfahrzeuge die Sowjetunion und wurden zumeist im südlichen Frontabschnitt als Aufklärungsfahrzeuge oder Artillerie-Zugmaschinen eingesetzt.

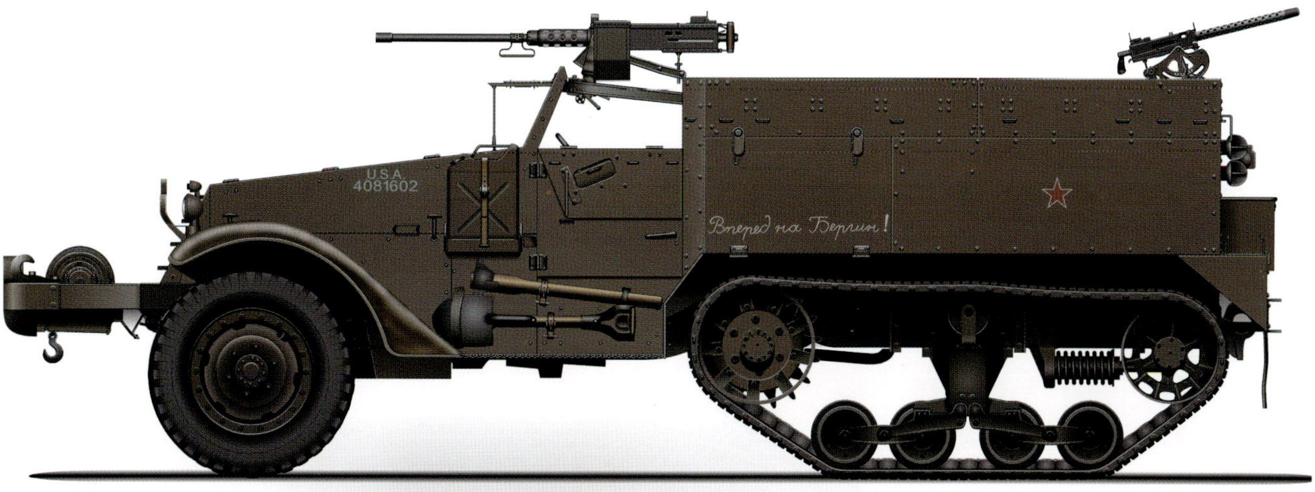

M3 UND M5 STUART

M3 Stuart I der Royal Irish Hussars, 7. Panzer-Divison, Nordafrika, November 1941.

Aufgrund der Ereignisse in Europa erkannte die US-Armee 1940, dass ihre leichten Panzer veraltet waren. Man fasste den Entschluss, den M2 zu modernisieren. Im Juli 1940 wurde der Entwurf eines verbesserten Modells mit stärkerer Panzerung angenommen, und ab Mitte 1941 lief die Serienproduktion des nun M3 genannten Panzers. Das Fahrzeug war zunächst nur genietet, wurde später aber geschweißt und verfügte über einen 250-PS-Sternmotor aus dem Flugzeugbau. Dieser verschaffte dem leichten M3 für die damalige Zeit eine beispielhafte Mobilität, war jedoch stets knapp, da ihn auch die Flugzeugindustrie verwendete. Einige M3 wurden daher mit Dieselmotoren ausgerüstet. Sehr innovativ war auch die weltweit erstmalig verwendete Kreiselstabilisierung der Hauptwaffe, welche die Treffgenauigkeit erhöhte. Anachronistisch wirkten dagegen zwei seitlich in der Wanne angebrachte MG. Während der Produktion wurden Änderungen an Turm und Wanne vorgenommen, z. B. ließ man die seitlichen MG weg. Ab der Version M3A3 besaßen diese Fahrzeuge eine durchgehende Frontplatte ohne Abstufung. Die M3 erlebten ihre Feuertaufe in Nordafrika gegen Rommel. Die Briten hatten eine Anzahl M3 im Rahmen des Leih- und Pacht-Abkommens erhalten und schätzten die Zuverlässigkeit und Mobilität des M3 so sehr, dass die Truppe ihn „Honey" taufte. Sein offizieller Name war allerdings „Stuart".

	M3	M5
Gefechtsgewicht:	12.430 kg	14.969 kg
Besatzung:	4 Mann	4 Mann
Abmessungen in mm (Länge/Breite/Höhe):	4.530/2.230/2.510	4.340/2.300/2.250
Motor:	Continental W-670, 7-Zylinder-Sternmotor, Benzin, Luftkühlung, 250 PS (184 kW)	Cadillac Twin, bestehend aus zwei V-8-Benzinern, Wasserkühlung, mit zusammen 242 PS (178 kW)
Leistungsgewicht:	20,4 PS/t	16,1 PS/t
Geschwindigkeit:	Straße 58 km/h, Gelände 32 km/h	Straße 58 km/h, Gelände 30 km/h
Fahrbereich:	Straße 120 km	Straße 160 km
Bewaffnung:	3,7-cm Kanone M6 L/56 im Turm, 1 x 7,62-mm-MG M 1919A4 koaxial, 2 x 7,62-mm-MG in der Wanne, 1 x 7,62-mm-MG auf dem Turm	3,7-cm Kanone M6 L/56, je 1 x 7,62-mm-MG M 1919A4 koaxial und auf dem Turm
Panzerung:	10–44,5 mm	12–67 mm
Furttiefe:	0,9 m	0,9 m

Die ständige Knappheit an Continental-Motoren veranlasste Cadillac Ende 1941, den M3 mit einem neuen Zwillingsmotor aus zwei Automobiltriebwerken und einem handelsüblichen Automatikgetriebe auszurüsten. Diese Antriebsform überzeugte, und nach einigen weiteren Änderungen an Turm und Wanne ging diese Weiterentwicklung unter dem Namen M5 ab Frühjahr 1942 in Produktion. Die Großserie lief aber erst mit dem Ende der Herstellung des M3 im Herbst 1943 an.

Der M5 blieb bis Kriegsende bei den Alliierten im Einsatz und diente vor allem als Aufklärungsfahrzeug und bei den amerikanischen Kavallerieeinheiten, wo er sich gut bewährte. Wenn er auch unterbewaffnet und recht leicht gepanzert war, war der Stuart doch zuverlässig und schnell.

Unter der Bezeichnung M8 wurde eine Version des M5 mit kurzer 7,5-cm-Haubitze in einem oben offenen Turm gebaut. Sowjets und französische Verbände erhielten beide eine größere Anzahl der insgesamt 24.522 gebauten Stuart aller Modelle.

Obwohl offiziell von den Briten Stuart genannt, war die Truppe vom M3 so angetan, dass sie ihn „Honey" taufte.

M5A1 Stuart im Yad-la-Shiryon-Museum, Israel.

M3 LEE UND GRANT

	M3 Grant Mk I
Gefechtsgewicht:	27.900 kg
Besatzung:	6 Mann
Abmessungen in mm (Länge/Breite/Höhe):	5.640/2.720/3.020
Motor:	Continental R-975-EC2, 9-Zylinder-Sternmotor, Benzin, Luftkühlung, 340 PS (250,4 kW)
Leistungsgewicht:	12,6 PS/t
Geschwindigkeit:	Straße 42 km/h, Gelände 26 km/h
Fahrbereich:	Straße 170 km
Bewaffnung:	7,5-cm-Kanone M2 oder M3 L/31 in einer Kasematte rechts in der Wanne, eine 3,7-cm Kanone M5 oder M6 L/56 im Turm,1 x 7,62-mm-MG M 1919A4 koaxial, 2 x 7,62-mm-MG in der Wanne
Panzerung:	12–51 mm
Furttiefe:	1 m

M3A1 Lee einer unbekannten Einheit der Roten Armee, Kaukasus, Mitte 1942.

Dass der mittlere US-Panzer M2 nicht mehr der Zeit entsprach, da er nur mit einer 3,7-cm-Kanone im Turm bewaffnet war, war 1940 klar geworden. Um Zeit zu sparen, schuf man auf der Basis des M2 ein neues Fahrzeug mit veränderter Wanne, das vorn rechts im Panzeraufbau eine 7,5-cm-Kanone mit begrenztem Schwenkbereich trug. Ein Turm mit 3,7-cm-Kanone und koaxialem MG war ebenso vorhanden, dazu besaß der Kommandant noch einen eigenen kleinen Turm mit einem 7,62-mm-MG. Der so entstandene Panzer M3 war als Übergangslösung bis zum Erscheinen des noch zu konstruierenden M4 gedacht. Die Serienfertigung des M3 begann im August 1941 und lief bis Dezember 1942. In dieser Zeit wurden 6.258 M3 aller Varianten gebaut. Die meisten M3 hatten genietete Wannen und einen 9-Zylinder-Flugzeug-Sternmotor. Da der M3 jedoch von verschiedenen Firmen gebaut wurde, kam es auch hierbei zu unterschiedlichen Ausführungen. Bei späteren M3 fiel der MG-Turm weg. Da die eigene Industrie überlastet war, kaufte die britische Regierung Panzer in den USA an, darunter auch den mittleren M3, der auf englischen Wunsch einen neuen, größeren Turm mit Funkanlage und ohne MG-Turm erhielt. Die Bezeichnung dieser Fahrzeuge war M3 Grant I, und sie wurden ab Anfang 1942 an die 8. britische Armee nach Nordafrika gesandt. Zusätzlich wurden aber auch Standard-M3 nach Großbritannien verschifft, die den Namen M3 Lee erhielten (Grant und Lee waren Generäle des Amerikanischen Bürgerkriegs).

Gls der 1. US-Panzer-Division machen Rast vor ihrem M3, Tunesien, 23. November 1942.

Beide Modelle machten sich bei den Wüstenkämpfen 1942 einen guten Namen und waren bei der Truppe beliebt. Nachteil war allerdings der begrenzte Schwenkbereich der Hauptwaffe, der hohe Aufzug und die insgesamt ungeschickte Formgebung mit vielen Fangstellen bzw. senkrechten Wänden. Ab 1943 begann der M3 rasch zu veralten und wurde in Nordafrika und Europa durch den M4 ersetzt. In Asien und im Pazifikraum jedoch wurden M3 bis zum Kriegsende eingesetzt. Im Zuge des Leih- und Pacht-Abkommens wurden etwa 1.400 M3 in die Sowjetunion verschifft. Das robuste Fahrgestell des M3 diente auch als Basis für verschiedene Selbstfahrlafetten, z. B. M7, M12 oder für den britisch-kanadischen Sexton.

M3 Grant Mk. I der britischen 7. Panzer-Division, El Alamein 1942.

Ein M3 auf einem Trainingsgelände der US-Armee, 1942.

M12

Gefechtsgewicht:	26.650 kg
Besatzung:	6 Mann
Abmessungen in mm (Länge/Breite/Höhe):	6.730/2.670/2.700
Motor:	Continental R-975-EC2, 9-Zylinder-Sternmotor, Benzin, Luftkühlung, 340 PS (250,4 kW)
Leistungsgewicht:	12,6 PS/t
Geschwindigkeit:	Straße 38 km/h, Gelände 26 km/h
Fahrbereich:	Straße 220 km
Bewaffnung:	15,5-cm-Haubitze M 1918 M1
Panzerung:	12–63,5 mm
Furttiefe:	1,2 m

Im Juni 1941 wurde die Entwicklung einer Selbstfahrlafette für die 15,5-cm-Kanone M1918 auf Basis des M3 in Auftrag gegeben. Der daraus entstandene Prototyp T6 GMC wurde dann jedoch abgelehnt, da die Armee keinen Bedarf für diese Waffe sah. Trotzdem bestellte das Waffenamt 100 Exemplare zu Testzwecken. Als M12 begann die Produktion im August 1942. Die Wanne des M3 war so umgestaltet, dass der Motor in der Mitte und der Kampfraum hinten lagen. Die Geschützbedienung blieb ohne Panzerschutz, was aber – zumindest theoretisch – kein Problem sein sollte, da die M12 als Fernartillerie einsetzt werden sollte. Erst 1944, nach der Landung in der Normandie, zeigte die US-Armee plötzlich doch noch Interesse an der M12, und 75 davon wurden grundüberholt und nach Europa geschickt. Dort zeigten sie exzellente Eigenschaften als Artilleriewaffe. Die M12 konnte nur 10 Schuss mitführen, daher wurden sie ständig von einem M30-Transporter (M12 ohne Waffe) begleitet, der die Mannschaft und weitere Munition beförderte.

M12 mit dem sinnigen Namen „Adolph's Assassin" (Adolfs Mörder).

USA

M4 SHERMAN

Der M4 Sherman war der wohl wichtigste und vielseitigste Panzer der westlichen Alliierten während des Zweiten Weltkrieges. Schon im August 1940 begannen die Entwurfsarbeiten für einen Nachfolger des mittleren M3-Panzers, dessen Entwurf gerade erst genehmigt worden war. Grundforderung an das Fahrzeug war eine 7,5-cm-Kanonne mit Kreiselstabilisierung in einem um 360° schwenkbaren Turm. Um Zeit zu sparen, konstruierte man den M4 so, dass möglichst viele Teile des M3 verwendet werden konnten. So waren das Laufwerk, die untere Wanne, die Ketten und zunächst auch der Antrieb identisch. Der erste Prototyp wurde im Herbst 1941 vorgestellt, und ab Anfang 1942 lief die Serienproduktion an, die bis Kriegsende andauerte. Insgesamt elf Unternehmen bauten eine verwirrende Anzahl von unterschiedlichen Varianten und Spezialversionen. Hauptunterschiede waren eine entweder gegossene, recht rundliche, obere Wanne oder eine geschweißte, die dann eckiger war. Zudem kam eine Vielzahl unterschiedlicher Motoren zum Einbau, nachdem der Sternmotor des ersten Modells nicht in ausreichender Zahl zur Verfügung stand. Die Bewaffnung des M4 mit der 7,5-cm-M3-Kanone gab oft Anlass zu Kritik, weshalb ab 1944 eine 7,6-cm-Waffe in neuem Turm zum Einsatz kam. Die Briten, die den Sherman ebenfalls in großer Zahl nutzten, schufen durch den Einbau des hervorragenden 17-Pfünders Kaliber 7,62 cm ihre eigene, besser bewaffnete Version und gaben ihr den Namen Firefly. Mit diesen beiden Versionen konnten nun endlich die schweren deutschen Panzer auf große Entfernung bekämpft werden. Die ersten Exemplare des M4 waren jedoch dafür berüchtigt, rasch in Flammen aufzugehen, weshalb spätere Versionen die Munition sicherheitshalber in speziellen Wasserbehältern lagerten. Auch die Panzerung des M4 wurde im Lauf der Produktion immer weiter verstärkt.

Hauptversion gegen Ende des Krieges war das Modell M4A3E8 (HVSS), das die lange 7,6-cm-Kanone und eine neue Aufhängung mit horizontalen Spiralfedern statt der vorher verwendeten vertikalen besaß. Zur direkten Infanterieunterstützung gab es zudem eine Variante mit einer 10,5-cm-Haubitze. Unter der Bezeichnung M4A3E2 Jumbo wurde ein spezieller Sturmpanzer mit bis auf 152 mm verstärkter Panzerung eingesetzt. Dazu gab es eine große Anzahl Spezialversionen wie Flamm-, Berge- und Brückenlegepanzer, Minensuchfahrzeuge, Raketenwerfer und Artilleriezugmaschinen sowie Panzer mit einem Panierschild und sogar Schwimmversionen.

Seinen ersten Kriegseinsatz erlebte der M4 1942 bei El Alamein in Nordafrika. Ab dann war er überall dort im Einsatz, wo alliierte Truppen auftauchten. Auch die Sowjetunion setzte rund 2.000 M4 ein, die

	M4A2
Gefechtsgewicht:	31.350 kg
Besatzung:	5 Mann
Abmessungen in mm (Länge/Breite/Höhe):	5.890/2.670/2.740
Motor:	GM 6-71 6046 V-12 Diesel, Wasserkühlung, 420 PS (309,1 kW)
Leistungsgewicht:	13,4 PS/t
Geschwindigkeit:	Straße 40 km/h, Gelände 28 km/h
Fahrbereich:	Straße 250 km
Bewaffnung:	7,5-cm-Kanone M3 L/40 im Turm, je 1 x 7,62-mm-MG M1919A4 koaxial und in der Wanne, 1 x 12,7-mm-Fla-MG
Panzerung:	12,7–105 mm
Furttiefe:	1 m

M4A3E8 (HVSS)-Sherman der 11. US-Panzer-Division, Rhein, März 1945.

Der M4A3E8 war mit der langen 7,6-cm-Kanone wesentlich leistungsstärker als Modelle mit der kurzen 75-mm-Kanone.

Die Sowjetunion erhielt rund 2.000 M4 Sherman. Dieser M4A2 trägt die russische Aufschrift: „Vpered na Berlin" („Nach Berlin").

sie im Zuge der Leih- und Pachtlieferungen erhalten hatte, allerdings war die Rote Armee alles andere als zufrieden mit dem Fahrzeug und erachtete den T-34 als weit überlegen. Der M4 wird generell häufig unterschätzt und im Vergleich zum deutschen Panther negativ beurteilt. Dabei sollte man aber nicht vergessen, dass der Panther rund 15 t mehr wog und der Sherman bei aller Kritik drei Eigenschaften besaß, die dem Panther fehlten: Er war ausgesprochen zuverlässig, robust und in riesigen Mengen verfügbar. Bis Mai 1945 wurden insgesamt 49.243 M4 aller Modelle hergestellt. Nach Ende des Zweiten Weltkrieges wurden Sherman aus US-Überschussbeständen zu Spottpreisen an zahlreiche Streitkräfte geliefert. So waren sie noch lange Jahre bei Armeen in aller Welt im Einsatz. Sogar dann lief die Verbesserung des M4 noch weiter: Die Israelis schufen in den 1960er-Jahren ihre eigenen, mit 10,5-cm-Geschützen bewaffneten Versionen.

M4-Sherman bereiten sich auf einen Angriff vor, Westfront, Anfang 1945.

Sherman der US-Army gehen an Land, Sizilien, 1943.

USA

M26 PERSHING

Gefechtsgewicht:	41.891 kg
Besatzung:	5 Mann
Abmessungen in mm (Länge/Breite/Höhe):	6.510/3.510/2.780, Länge mit Rohr 8.650
Motor:	Ford GAF V-8, Benzin, Wasserkühlung, 500 PS (368 kW)
Leistungsgewicht:	10,9 PS/t
Geschwindigkeit:	Straße 40 km/h, Gelände 18 km/h
Fahrbereich:	Straße 160 km
Bewaffnung:	9-cm-Kanone M3 im Turm, je 1 x 7,62-mm-MG M 1919A4 koaxial und in der Wanne, 1 x 12,7-mm-Fla-MG
Panzerung:	12,7–114 mm
Furttiefe:	1,22 m

Bereits mit Beginn der Serienproduktion des M4 begann die Suche nach einem Nachfolgemodell. Die Konstruktions- und Entwicklungsarbeiten des neuen Panzers gestalteten sich allerdings recht schwierig und kompliziert, da die Anforderungen an das Fahrzeug immer wieder geändert wurden und die US-Armee an einem Punkt sogar erklärte, den neuen Panzer gar nicht mehr zu benötigen. Erst die Ardennenoffensive Ende 1944 bekräftigte die Notwendigkeit eines Panzers, der mit dem Panther und dem Tiger gleichziehen konnte, sodass kurz darauf die Serienproduktion begann. Bei Kriegsende waren erst 310 M26 Pershing in Europa angekommen, von denen nur noch wenige im Kampf eingesetzt wurden. Diese bewährten sich allerdings hervorragend, und die neue 9-cm-Kanone erwies sich als ungemein leistungsstark. Die Frontpanzerung des M26 wiederum trotzte auf Kampfentfernung der 7,5-cm-KwK des Panthers. Im pazifischen Raum kamen noch einige Pershing beim der Schlacht um Okinawa im Mai 1945 zum Einsatz.

M26-Pershing der 2. US-Panzer-Division, Deutschland, Mai 1945.

M18 HELLCAT

Gefechtsgewicht:	17.036 kg
Besatzung:	5 Mann
Abmessungen in mm (Länge/Breite/Höhe):	6.140/3.050/2.710, Länge mit Rohr 7.460
Motor:	Continental R-975-C4, 9-Zylinder-Sternmotor, Benzin, Luftkühlung, 400 PS (294,4 kW)
Leistungsgewicht:	23,5 PS/t
Geschwindigkeit:	Straße 80 km/h, Gelände 32 km/h
Fahrbereich:	Straße 170 km
Bewaffnung:	7,62-cm-Kanone-M1A1 im Turm, 1 x 12,7-mm-Fla-MG
Panzerung:	8–25,4 mm
Furttiefe:	1,22 m

Der M18 entstand aufgrund der Forderung der US-Armee nach einen schnellen Panzerjäger mit 7,62-cm-Kanone und ging ab Mitte 1943 in Serienproduktion. Der Turm war oben offen, um Gewicht zu sparen. Der M18 war mit 80 km/h der schnellste Panzer des Krieges und ein perfekter Vertreter der Taktik „shoot and scoot" (schießen und verschwinden). Zwar durchschlug die 7,62-cm-Kanone nicht die Frontpanzerung eines Tigers oder Panthers, und seine eigene Panzerung war nur minimal, aber der M18 war schnell und wendig genug, um sich fast immer in eine günstige Angriffsposition oder aber in Sicherheit zu bringen. M18-Einheiten erzielten erstaunliche Abschusszahlen: Das 630. Tank Destroyer Battalion meldete im Juli 1944 den Abschuss von 53 Tigern und Panthern sowie 15 StuG III bei nur 17 eigenen Verlusten. Unter der Bezeichnung M39 wurde auf der Basis des M18 ein gepanzertes Transportfahrzeug geschaffen, das 1956 auch die junge Bundeswehr erhielt. Insgesamt wurden 2.507 M18 gebaut. Nach 1945 wurden überzählige Exemplare u. a. nach Österreich, Argentinien und Jugoslawien geliefert.

M18 Hellcat des 701. Tank Destroyer Battalion, Po-Ebene, Italien, Frühjahr 1945.

M10 WOLVERINE

Gefechtsgewicht:	29.937 kg
Besatzung:	5 Mann
Abmessungen in mm (Länge/Breite/Höhe):	5.970/3.050/2.480, Länge mit Rohr 6.530
Motor:	GM 6-71 6046 V-12 Diesel, Wasserkühlung, 420 PS (309,1 kW)
Leistungsgewicht:	14 PS/t
Geschwindigkeit:	Straße 48 km/h, Gelände 28 km/h
Fahrbereich:	Straße 320 km
Bewaffnung:	7,62-cm-Kanone-M7 im Turm, 1 x 12,7-mm-Fla-MG
Panzerung:	12,7–51 mm
Furttiefe:	1 m

Auf Basis des M4A2 entstand 1942 ein Panzerjäger mit einer aus einer Flak entwickelten 7,62-cm-Kanone. Die obere Wanne des M4A2 wurde verändert. Das Fahrzeug bekam einen oben offenen Turm mit einem großen Kontergewicht am Turmheck, um die Masse des langen Rohrs auszugleichen. Insgesamt wurden 6.346 Einheiten produziert. Seine Feuertaufe erlebte der M10 Ende 1942 in Nordafrika und wurde danach sowohl in Italien als auch in Frankreich oft eingesetzt. Auch die freien französischen Verbände und die Briten erhielten größere Mengen an M10. In Großbritannien wurde bei einigen M10 der 17-Pfünder Kaliber 7,62 cm in den Turm montiert. Diese Fahrzeuge erhielten den Namen Achilles und erwiesen sich als hervorragende Jagdpanzer. Hauptschwäche des M10 war der oben offene Turm, der die Besatzung bei Artilleriebeschuss oder Luftangriffen schutzlos ließ. Daher wurde im Feld oft eine improvisierte Panzerung auf das Turmdach gesetzt.

M10-GM

M36

Gefechtsgewicht:	28.123 kg
Besatzung:	5 Mann
Abmessungen in mm (Länge/Breite/Höhe):	6.140/3.050/2.710, Länge mit Rohr 7.460
Motor:	Ford GAF V-8, Benzin, Wasserkühlung, 500 PS (368 kW)
Leistungsgewicht:	17,8 PS/t
Geschwindigkeit:	Straße 48 km/h, Gelände 32 km/h
Fahrbereich:	Straße 240 km
Bewaffnung:	9-cm-Kanone-M3 im Turm, 1 x 12,7-mm-Fla-MG
Panzerung:	12,7–102 mm
Furttiefe:	1 m

War die 7,62-cm-Kanone des M10 1942 noch durchaus zufriedenstellend, zeigte sie ab Mitte 1943 doch ihre Schwächen, da sie die Frontpanzerung von Panther und Tiger nicht durchdringen konnte. Daher entstand unter Verwendung der 9-cm-Kanone M3 ein neuer Jagdpanzer mit der Bezeichnung M36. Die Wannenform des M10 wurde fast unverändert übernommen, der Turm war allerdings eine völlige Neukonstruktion. Die Basis war nun das Fahrgestell des M4A3, weswegen auch ein stärkerer Ford-Motor zum Einsatz kam. Der erste Kampfeinsatz des M36 war im Juli 1944 in Europa, und das Fahrzeug erwies sich als mächtiger Panzerjäger. Seine 9-cm-Waffe durchschlug die Panzerung von Panther und Tiger ohne Mühe. Bis Kriegsende wurden 1.949 M36 produziert, die auch nach dem Krieg noch verwendet wurden. Die letzten waren in den 1990er-Jahren noch in Jugoslawien im Einsatz.

M36 des 701. Tank Destroyer Battalion, Italien, 1945.

M7 PRIEST

Zur mobilen Feuerunterstützung von Panzereinheiten entstand auf Basis des mittleren M3 die Panzerhaubitze M7. Die obere Wanne des M3 wurde dem neuen Zweck angepasst und in einen oben offenen Kampfraum eine 10,5-cm-Haubitze gesetzt. Zur Flugabwehr und Nahverteidigung erhielt das Fahrzeug auf der rechten Seite ein 12,7-mm-MG in einem runden Anbau, der an die Kanzel eines Priesters erinnerte – daher der Name „Priest".

Die Serienproduktion begann im April 1942, und schon bald wurden die ersten M7 bei der 8. britischen Armee in Nordafrika eingesetzt, wo sie sich gut bewährten. Die britischen M7 wurden jedoch nach und nach durch den Sexton ersetzt und für andere Zwecke umgerüstet. So entstand z. B. der Kangaroo-Schützenpanzer für maximal 20 Soldaten. Bei der US-Armee jedoch blieb der M7 bis Kriegsende die Standard-Panzerhaubitze. Als die Produktion des M3 auslief, wurden die M7 auf Basis des M4A3 weitergebaut. Diese Version trug die Bezeichnung M7B1. Insgesamt wurden 4.267 M7 aller Varianten hergestellt und auch nach 1945 noch viele Jahre eingesetzt, selbst die neu aufgestellte Bundeswehr erhielt dieses Fahrzeug im Jahr 1956.

Gefechtsgewicht:	22.967 kg
Besatzung:	7 Mann
Abmessungen in mm (Länge/Breite/Höhe):	6.020/2.870/2.920
Motor:	Continental R-975-EC2, 9-Zylinder-Sternmotor, Benzin, Luftkühlung, 340 PS (250,4 kW)
Leistungsgewicht:	12,6 PS/t
Geschwindigkeit:	Straße 42 km/h, Gelände 26 km/h
Fahrbereich:	Straße 200 km
Bewaffnung:	1 x 10,5-cm-Haubitze M1A2, 1 x 12,7-mm-Fla-MG
Panzerung:	12–63,5 mm
Furttiefe:	1,2 m

M7 der 7. US-Panzer-Divsion, Ardennen, Dezember 1944.

Das gleiche Fahrzeug von oben.

M7 im Einsatz während des Koreakrieges.

AMPHIBIENTRANSPORTER LVT (A) LANDING VEHICLE TRACKED

Während des Zweiten Weltkrieges schufen die USA unter der Bezeichnung LVT eine ganze Reihe von amphibischen Transport- und Kampffahrzeugen, die es in gepanzerten und ungepanzerten Varianten gab. Diese Reihe basierte auf einem Vorkriegsentwurf eines schwimmfähigen Gleiskettenfahrzeuges für den Einsatz in Katastrophengebieten. Es sollte im Wasser über seine Ketten angetrieben werden.

Die ersten vom US-Marine Corps eingesetzten Fahrzeuge (LVT1) waren ungepanzert, was sich aber unter Gefechtsbedingungen rasch als wenig praktikabel erwies. Daher entstand eine gepanzerte und bewaffnete Version, das LVT1 (A), wobei das A für „armored", also gepanzert, steht. Das LVT2 (A) war ein gepanzerter Truppentransporter und konnte bis zu 25 Marines oder eine ähnlich schwere Last aufnehmen. Von Nachteil war allerdings der mittig gelegene Motor. Die Modelle LVT3 und LVT4 erhielten daher seitlich bzw. vorn gelegene Motoren, um das Heck für eine Laderampe frei zu machen. Von allen Modellen gab es auch mit Panzertürmen versehene Varianten zur Feuerunterstützung, die meist eine 3,7-cm-Kanone oder eine 7,5-cm-Haubitze trugen. An die britische Armee gelieferte LTV nahmen 1945 auch an der Überquerung des Rheins teil. Insgesamt wurden 18.322 LVT aller Versionen produziert.

	LVT2 (A)
Gefechtsgewicht:	14.528 kg
Besatzung:	3 + 25 Mann
Abmessungen in mm (Länge/Breite/Höhe):	7.950/3.250/2.500
Motor:	Wright W-670, 7-Zylinder-Sternmotor, Benzin, Luftkühlung, 250 PS (184 kW)
Leistungsgewicht:	17,5 PS/t
Geschwindigkeit:	Straße 32 km/h, Wasser 12 km/h
Fahrbereich:	Straße 240 km, Wasser 160 km
Bewaffnung:	1 x 12,7-mm-MG M2HB, 2 x 7,62-mm-MG M 1919A4
Panzerung:	max. 12,7 mm
Furttiefe:	amphibisch

LVT4 des USMC.

LVT (A) 4, US-Marines, Iwo Jima, 1945.

LVT (A) 2: Kwajalein-Atoll, Februar 1945.

ARTILLERIE

3,7-CM-PAK 35/36

Kaliber:	37 mm
Gefechtsgewicht:	435 kg
Rohrlänge:	1.665 mm (L/45)
Höhenrichtbereich:	–5° bis +25°
Seitenrichtbereich:	60°
Munitionsarten und Geschossgewicht:	Panzerbrechend (AP): 0,69 kg; Hartkern (APCR): 0,35 kg; Sprenggranate (HE): 0,65 kg; Überkaliber-Hohlladung (HL): 8,5 kg
Mündungsgeschwindigkeit:	AP: 760 m/s; APCR: 1030 m/s
Wirksame Schussweite:	600 m
Durchschlagsleistung (Panzerstahl):	AP: 48 mm/500 m/90°; APCR: 55 mm/500 m/30°

Eine 3,7-cm-Pak 36 einer Panzerjägereinheit des Afrikakorps.

Bei Kriegsbeginn im September 1939 war die Pak 35/36 die Standard-Panzerabwehrkanone der Wehrmacht. Das bei Rheinmetall entwickelte Geschütz bewährte sich bei der Erprobung im Spanischen Bürgerkrieg 1937–1938 und wurde danach in großer Zahl bei den Panzerabwehrkompanien der Wehrmacht eingeführt. Anfang September 1939 waren 11.200 dieser Pak im Bestand. Aufgrund ihrer geringen Größe ließ sich die Pak gut tarnen und bewegen – zwei wichtige Punkte für ein erfolgreiches Panzerabwehrgeschütz. Doch schon im Westfeldzug 1940 erhielt sie von der Truppe den Spitznamen „Heeresanklopfgerät", da ihre Leistung gegen die Panzerungen der mittleren und schweren französischen und britischen Panzer nicht mehr ausreichte. Häufig mussten daher 8,8-cm-Flak die Aufgabe der Panzerabwehr übernehmen. Obgleich spätestens 1940 feststand, dass die Pak 35/36 veraltet war, blieb sie auch beim Überfall auf die Sowjetunion im Juni 1941 in großer Zahl im Einsatz. Dort traten ihre Mängel erneut dramatisch zu Tage. Gegen russische Panzer der Typen T-26 oder BT-7 waren zwar noch Erfolge zu erzielen, gegen die neuesten T-34, KW-1 und KW-2 war die 3,7-cm-Pak allerdings chancenlos. Die Einführung einer neuen Munitionsart mit Wolframkern (Panzergranate 40) steigerte zwar die Durchschlagsleistung, diese war aber immer noch nicht ausreichend. Daher erhielt die Truppe ab Februar 1942 die Stielgranate 41, ein durch ein Leitwerk stabilisiertes Überkaliber-Geschoss. Diese Geschosse (738 mm lang, Durchmesser 159 mm) trugen eine Hohlladung mit 2,3 kg Sprengstoff. Die Granate wurde auf die Rohrmündung aufgesteckt und konnte maximal 180 mm Panzerstahl durchschlagen. Dabei musste der feindliche Panzer aber wegen der geringen Mündungsgeschwindigkeit (110 m/s) auf 200 m an das Geschütz herankommen. Im März 1942 wurde die Produktion schließlich nach 14.459 Exemplaren eingestellt. Dennoch blieb diese Waffe weiter in Verwendung, z. B. als Unterstützungswaffe in Halbkettenfahrzeugen des Typs Sd.Kfz. 250 und 251 bis 1945.

Die 3,7-cm-Pak im Einsatz in Russland. Mit dem Auftauchen des T-34 war die Waffe überholt.

5-CM-PAK 38

Kaliber:	50 mm
Gefechtsgewicht:	986 kg
Rohrlänge:	2.975 mm (L/60)
Höhenrichtbereich:	–8° bis +27°
Seitenrichtbereich:	65°
Munitionsarten und Geschossgewicht:	AP: 2,06 kg; APCR: 0,975 kg; HE: 1,96 kg, Überkaliber-HL: 13,5 kg
Mündungsgeschwindigkeit:	AP: 823 m/s; APCR: 1.198 m/s
Wirksame Schussweite:	2.500 m
Durchschlagsleistung (Panzerstahl):	AP: 78 mm/500 m/90° ; APCR: 120 mm/500 m/90°

Eine 5-cm-Pak 38 des Afrikakorps.

Schon 1935 begann bei Rheinmetall die Entwicklung einer 5-cm-Pak. Die Version Pak 37 konnte aber nicht überzeugen. Sie wurde zur Erhöhung der Mündungsgeschwindigkeit mit einem längeren Rohr (L/60) ausgestattet und dann als Pak 38 bezeichnet. Nach Ende des Westfeldzuges im Sommer 1940 wurde die neue Pak bei der Truppe eingeführt. Die Waffe wurde bei einzelnen Zügen der Panzerjägerkompanien als „schwerer Zug" eingesetzt. Die maximale Schussweite lag bei 9.400 m. Interessant war der Aufbau des Schutzschildes: Er bestand aus zwei 4 mm starken Panzerplatten, die in einem Abstand von 25 mm angeordnet waren. Obwohl die Pak 38 mit Wolfram-Hartkernmunition (APCR) eine gute Leistung erbrachte, schränkte der Mangel an Wolfram deren Verwendung stark ein. Mit normaler panzerbrechender Munition (Pz.Gr. 39) reichte die Leistung jedoch gegen die neuen sowjetischen Panzer nicht immer aus, sodass auch für dieses Geschütz eine Stielgranate entwickelt und im März 1943 als Stielgranate 42 vom Waffenamt akzeptiert wurde. Diese Granate wog 13,5 kg und hatte eine 2,3 kg schwere Hohlladung, mit der 180 mm Panzerstahl durchschlagen werden konnte. Da die Pak 38 recht schwer war, wurde sie gewöhnlich von einer 1-t-Zugmaschine gezogen oder auch direkt auf diese aufgesetzt, woraus eine behelfsmäßige, aber kampfstarke Pak-Selbstfahrlafette entstand. Selbst in Flugzeuge wurden Abarten der Pak 38 eingebaut. Insgesamt wurden über 9.500 Exemplare produziert.

Eine 5 cm Pak 38 auf einer ungepanzerten 1-t-Zugmaschine.

Ein Raupenschlepper Ost mit 5-cm-Pak 38 im russischen Winter.

7,5-CM-PAK 40

Die 7,5-cm-Pak wurde im Februar 1942 eingeführt. Zu Beginn lag die Monatsproduktion bei ganzen 15 Stück, obwohl zu jener Zeit ein leistungsfähiges Geschütz zur Abwehr der T-34, KW-1 und KW-2 dringend gebraucht wurde. Die Pak 40 war eine leistungsfähige Waffe, die jedoch den Trend, der gezogene Pak schließlich vom Schlachtfeld verschwinden ließ, vorwegnahm: Sie wurde zu schwer. Im Mannschaftszug war die Pak 40 nur noch mit Mühe zu bewegen (1.425 kg), daher war man auf Zugfahrzeuge zum Stellungswechsel angewiesen. Obendrein blieb sie aufgrund ihres Gewichts mitunter schlicht im russischen Schlamm stecken, wodurch gerade bei den Rückzugsbewegungen ab 1943 viele Geschütze zurückblieben. Hohes Gewicht war allerdings der Preis, den alle Konstrukteure zahlen mussten, um Geschütze zu schaffen, welche die immer stärkeren Panzerungen durchschlagen konnten. Konsequenterweise wurde die Pak 40 dann auch häufig auf Selbstfahrlafetten gesetzt. So diente sie als Bewaffnung der unterschiedlichen Marder-Panzerjäger, wurde im 8-Rad-Spähwagen, in Halbkettenfahrzeuge und sogar in Flugzeuge eingebaut.

Kaliber:	75 mm
Gefechtsgewicht:	1.425 kg
Rohrlänge:	3.450 mm (L/46)
Höhenrichtbereich:	–5° bis +22°
Seitenrichtbereich:	65°
Munitionsarten und Geschossgewicht:	AP: 6,8 kg; APCR: 4,1 kg; HE: 5,74 kg, HL: k. A.
Mündungsgeschwindigkeit:	AP: 790 m/s; APCR: 990 m/s; HE: 550 m/s
Wirksame Schussweite:	AP: 2.500 m; HE: 7.600 m
Durchschlagsleistung (Panzerstahl):	AP: 132 mm/500 m/90°; APCR: 154 mm/500 m/90°

Die Pak 40 war in der zweiten Kriegshälfte die meistverwendete Pak der Wehrmacht.

Auch in Italien und im übrigen Mittelmeerraum war die Pak 40 im Einsatz.

Die Pak 40 bewährte sich bis zum Kriegsende, da sie in der Lage war, die Panzerung der meisten gegnerischen Panzer zu durchschlagen. Insgesamt wurden über 23.303 Stück (davon allein 1944 11.728 Exemplare) produziert.

8,8-CM-PAK 43 UND 43/41

Die 8,8-cm-Pak 43.

Kaliber:	88 mm
Gefechtsgewicht:	3.650 kg (Pak 43); 4.380 kg (Pak 43/41)
Rohrlänge:	6.610 mm (L/71)
Höhenrichtbereich:	–8° bis +40° (Pak 43); –8° bis +38° (Pak 43/41)
Seitenrichtbereich:	360° (Pak 43); 56° (Pak 43/41)
Munitionsarten und Geschossgewicht:	AP: 10,2 kg; APCR: 7,3 kg; HE: 9,3 kg
Mündungsgeschwindigkeit:	AP: 1.000 m/s; APCR: 1.130 m/s; HE: 750 m/s
Wirksame Schussweite:	AP: 4.000 m; HE: 15.300 m
Durchschlagsleistung: (Panzerstahl)	AP: 190 mm/1.000 m/90°; APCR: 241 mm/ 1.000 m/90°

Die Pak 43 wurde bei Krupp entworfen und war eigentlich als Konkurrenzmuster zur 8,8-cm-Flak 41 von Rheinmetall gedacht. Das Geschütz wurde vom Waffenamt jedoch als Pak akzeptiert. Die Waffe hatte eine neuartige Kreuzlafette, die einen Schwenkbereich von 360° erlaubte. Aufgrund dieser teuren und komplizierten Lafette kamen die ersten Serienwaffen erst Februar 1944 zur Truppe. Die Rohre der 8,8-cm-Pak 43 wurden auch auf die Lafette der leichten Feldhaubitze 18 gesetzt, um so ein kostengünstigeres und schneller verfügbares Geschütz zu schaffen: die 8,8-cm-Pak 43/41. Die ersten Exemplare diesen Waffen konnten bereits im Februar 1943 ausgeliefert werden. Die Fertigung lief bis April 1944. Wegen des hohen Aufzugs wurde das Geschütz auch „Scheunentor" genannt. Die extrem große Spreizlafette machte es überaus unhandlich. Dennoch verfügte die Waffe über eine gewaltige Durchschlagsleistung und war von gegnerischen Panzerbesatzungen gefürchtet. Die Pak wurde auch in Selbstfahrlafetten verwendet, etwa als Bewaffnung der Panzerjäger Nashorn und Elefant. Von ihr abgeleitet wurde die KwK 43 L/71, die z. B. im Königstiger oder Jagdpanther eingesetzt wurde. Von beiden Varianten der Pak 43 wurden insgesamt 3.500 Exemplare gefertigt.

7,5 CM LEICHTES INFANTERIEGESCHÜTZ LEIG 18

Das 7,5 cm leichtes Infanteriegeschütz leIG 18 im Einsatz an der Ostfront.

Kaliber:	75 mm
Gefechtsgewicht:	400 kg
Rohrlänge:	884 mm (L/11,2)
Höhenrichtbereich:	–10° bis +35°
Seitenrichtbereich:	12°
Munitionsarten und Geschossgewicht:	HE: 6,0 kg
Mündungsgeschwindigkeit:	HE: 220 m/s
Höchstschussweite:	HE: 3.375 m

Schon 1927 wurde das 7,5-cm-leichte Infanteriegeschütz leIG 18 entwickelt. Es besaß einen Kipprohrverschluss, eine einfache Kastenlafette und war für den Pferdezug bestimmt. Daher hatte es zunächst noch Holzräder, die jedoch später durch gummibereifte Stahlräder ersetzt wurden. Die Waffe wurde 1932 bei der Truppe eingeführt, und bei Kriegsbeginn waren 2.933 Exemplare vorhanden. Zwei verschiedene, in Teillasten zerlegbare Versionen für die Gebirgstruppe und die Fallschirmjäger wurden ebenfalls entwickelt. Insgesamt wurden von allen Versionen fast 12.000 Exemplare produziert.

10,5-CM-LEICHTE FELDHAUBITZE LEFH 18 UND LEFH 18M

Die leichte Feldhaubitze18 war die Standardwaffe der Divisionsartillerie der Wehrmacht. Rheinmetall hatte diese Haubitze schon 1929 entworfen, die Einführung erfolgte aber erst ab 1935. Obgleich sie eine solide Konstruktion mit modernen Elementen wie Spreizlafette und hydropneumatischem Rücklaufsystem war, besaß die leFH18 weiterhin die traditionellen Holz- oder Ganzstahlräder, da sie noch für den Pferdezug entworfen worden war. Die modernisierte Version, die leFH18 M, war für den Motorzug eingerichtet, erhielt eine Mündungsbremse und erzielte mit verbesserter Munition eine gesteigerte Schussweite von 12.325 m. Beide Modelle waren bis zum Kriegsende im Einsatz und wurden zu Batterien von je vier Geschützen zusammengefasst. Bewährt haben sich die Geschütze auch im direkten Richten gegen Panzer und andere bewegliche Ziele. In Selbstfahrlafetten wie der Wespe waren die Haubitzen ebenfalls zu finden. Insgesamt wurden 6.986 leFH 18 gefertigt. Auch nach 1945 setzten einige Staaten (Jugoslawien, Tschechoslowakei, Chile, Argentinien, Österreich, Schweden, Portugal) diese Waffe noch ein.

Kaliber:	105 mm
Gefechtsgewicht:	1.985 kg
Rohrlänge:	2.941 mm (L/28)
Höhenrichtbereich:	–5° bis +42°
Seitenrichtbereich:	56°
Munitionsarten und Geschossgewicht:	HE: 14,81 kg; AP: 14 kg; HL: 12,3 kg
Mündungsgeschwindigkeit:	HE: 470 m/s
Höchstschussweite:	HE: 10.675 m

Eine 10,5-cm-leFH 18 des Afrikakorps.

15-CM-SCHWERES INFANTERIEGESCHÜTZ SIG 33

Kaliber:	150 mm
Gefechtsgewicht:	1.750 kg
Rohrlänge:	1.688 mm (L/11,3)
Höhenrichtbereich:	0° bis +75°
Seitenrichtbereich:	11°
Munitionsarten und Geschossgewicht:	HE: 28,8 kg; HL: 24,6 kg; Überkaliber-HL: 54 kg
Mündungsgeschwindigkeit:	HE: 240 m/s; Überkaliber: 105 m/s
Höchstschussweite:	HE: 4.700 m; Überkaliber: 1.000 m

Ein sIG 33 mit Kaliber 15 cm.

Bereits 1927 hatte die Firma Rheinmetall mit der Entwicklung einer 15-cm-Waffe zur Infanterieunterstützung begonnen. Die schließlich im Kaliber 149,1 mm angefertigte Waffe wurde 1933 als schweres Infanteriegeschütz sIG 33 eingeführt. Im September 1939 waren 410 Geschütze bei der Truppe. Seit Juli 1942 wurden überkalibrige Stielgranaten für das Geschütz produziert. Deren Kopf im Kaliber 300 mm trug 27 kg Sprengstoff. Insgesamt war dieses Geschütz ein robuster, kampfstarker Entwurf, allerdings für die Infanterie eigentlich schon zu schwer. Bis zum März 1945 wurden insgesamt 4.565 Stück des sIG 33 hergestellt.

15-CM-SCHWERE FELDHAUBITZE SFH 18 UND SFH 18M

Kaliber:	150 mm
Gefechtsgewicht:	5.512 kg
Rohrlänge:	4.440 mm (L/29,6)
Höhenrichtbereich:	–3° bis +45°
Seitenrichtbereich:	64°
Munitionsarten und Geschossgewicht:	HE: 43,5 kg; AP: 14,6 kg; HL: 25 kg
Mündungsgeschwindigkeit:	HE: 620 m/s
Höchstschussweite:	HE: 13.325 m

Die 15-cm-sFH 18.

Die 1934 eingeführte 15-cm-schwere Feldhaubitze 18 war eine Gemeinschaftsentwicklung von Krupp (Lafette) und Rheinmetall (Rohr). 1939 verfügte die Wehrmacht über 1.353 dieser 5.512 kg schweren Waffen. Unter dem Namen „schwere Feldhaubitze 18 M" wurde ab 1943 eine Version mit Mündungsbremse eingeführt. Die Waffe war für den Pferdezug zu schwer und hatte eine zu geringe Schussweite – vor allem, wenn man sie mit der russischen 15,2-cm-Kanonenhaubitze ML-20 mit 17.300 m verglich. Daher wurden für die sFH 18 weltweit erstmals Geschosse mit Raketenzusatzantrieb entwickelt, welche bis zu 19.000 m weit reichten, jedoch nicht sehr zielgenau waren und das Rohr rasch verschlissen. Nach dem Krieg wurden einige Haubitzen von Albanien, Bulgarien, Portugal und von der Tschechoslowakei eingesetzt und zum Teil noch modernisiert.

21-CM-MÖRSER MRS 18

Kaliber:	150 mm
Gefechtsgewicht:	5.512 kg
Rohrlänge:	4.440 mm (L/29,6)
Höhenrichtbereich:	–3° bis +45°
Seitenrichtbereich:	64°
Munitionsarten und Geschossgewicht:	HE: 43,5 kg; AP: 14,6 kg; HL: 25 kg
Mündungsgeschwindigkeit:	HE: 620 m/s
Höchstschussweite:	HE: 13.325 m

Ab 1939 wurde der 21-cm-Mörser 18 eingeführt, der die noch von 1916 stammende 21-cm-Mörser ersetzen sollte, die aber bis 1942 ebenfalls noch bei der Truppe blieben. Bei Kriegsausbruch waren 27 Stück der neuen Waffe im Einsatz, dazu 8.300 Schuss Munition. Da der 21-cm-Mörser als Belagerungsartillerie gedacht war, gab es betonbrechende Geschosse (CP – Concrete Piercing), so genannte Röchling-Granaten für den Beschuss von Bunkern. Aufgrund des recht hohen Gewichts musste der Mörser in zwei Teillasten transportiert werden. Insgesamt wurden 711 Mörser hergestellt.

Der 21-cm-Mörser MRS 18.

2-CM-FLAK 30

Die 2-cm-Flak-30 wurde bei Rheinmetall entwickelt und kam 1934 als die verbesserte Version des 2-cm-MG C/30 L zur Truppe. Die Munitionszufuhr erfolgte von der linken Seite aus einem Flachmagazin mit 20 Patronen. Die Unterlafette bestand aus einem dreieckigen Stahlrahmen, welcher auf den Sonderanhänger 51 aufgesetzt werden konnte. Die theoretische Kadenz betrug 280 Schuss/min – in der Realität wurden eher 120 Schuss/min erreicht. Zur Bedienung der Waffe waren acht Mann nötig: ein Geschützführer, ein Richtschütze, ein Mann am Entfernungsmesser und fünf Kanoniere, die vollauf damit beschäftigt waren, Munition herbeizuschaffen und heiß geschossene Rohre zu wechseln. Ihren ersten Einsatz sah die 2-cm-Flak 30 im Spanischen Bürgerkrieg, wo ab 1936 zwei Batterien im Einsatz waren. Im Krieg wurde die Waffe meist in leichten Flak-Kompanien zusammengefasst, die eine Stärke von 12 (Front) bzw. 16 (Heimat) Geschützen hatten. Um die Waffe mobiler zu machen, wurden mit ihr verschiedene Selbstfahrlafetten geschaffen, etwa das Sd.Kfz. 10/4. Man setzte sie auch auf Maultier-Halbkettenfahrzeuge oder behelfsmäßig auf LKW oder schwere PKW. Bis März 1945 wurden von den 2-cm-Flak 30 und 38 über 147.000 Stück produziert.

Kaliber:	20 mm
Gefechtsgewicht:	463 kg
Rohrlänge:	2.300 mm
Höhenrichtbereich:	–12° bis +90°
Seitenrichtbereich:	360°
Munitionsarten und Geschossgewicht:	HE-I: 0,120 kg
Mündungsgeschwindigkeit:	900 m/s
Feuergeschwindigkeit:	280 Schuss/min (theor.)
Höchstschussweite:	4.800 m
Schusshöhe:	3.700 m

Eine 2-cm-Flak 30 auf ihrem Transportanhänger.

2-CM-FLAK 38

Kaliber:	20 mm
Gefechtsgewicht:	405 kg
Rohrlänge:	2.252,5 mm
Höhenrichtbereich:	–20° bis +90°
Seitenrichtbereich:	360°
Munitionsarten und Geschossgewicht:	HE-I: 0,120 kg
Mündungsgeschwindigkeit:	900 m/s
Feuergeschwindigkeit:	450 Schuss/min (theor.)
Höchstschussweite:	4.800 m
Schusshöhe:	3.700 m

Die Flak 38 wurde 1939 als Verbesserung der Flak 30 eingeführt. Das Gewicht der Waffe konnte auf 405 kg gesenkt und die Kadenz auf theoretische 450 Schuss/min gesteigert werden. Außerdem wurde an die Waffe ein Fangnetz angebaut, um die Umstehenden vor den leeren Geschosshülsen zu schützen. Auch diese Waffe wurde auf dem Sonderanhänger 51 transportiert. Erwähnenswert ist der 2-cm-Flakvierling 38 mit einer theoretischen Kadenz von 1.800 Schuss/min, der ursprünglich auf Initiative der Marine entstand, jedoch auch von Heer und Luftwaffe häufig genutzt wurde. Die ballistischen Leistungen entsprachen denen der 2-cm-Flak 38. Die ersten Geschütze wurden im Mai 1940 ausgeliefert. Der Schütze hatte zwei Fußhebel zur Feuerwahl zur Verfügung. Bei Betätigung eines Fußhebels schossen jeweils nur zwei der Waffen (eine links und eine rechts), während die anderen beiden nachgeladen werden konnten. Wurden beide Fußhebel gleichzeitig betätigt, schossen alle vier Flak. Zum Schutz der Mannschaft konnte ein Schutzschild angebracht werden. Die Waffen wurden entweder auf dem Sonderanhänger 52 transportiert oder motorisiert, indem man sie auf verschiedene Halbkettenfahrzeuge (Sd.Kfz. 6/1 und Sd.Kfz. 7/1) oder Panzerfahrgestelle setzte. Auch in Panzerzügen fand die Flak als Einling und Vierling Verwendung.

Eine 2-cm-Vierlingsflak 38 wird in Stellung gebracht.

3,7-CM-FLAK 36

Kaliber:	37 mm
Gefechtsgewicht:	1.552 kg
Rohrlänge:	3.626 mm
Höhenrichtbereich:	–8° bis +85°
Seitenrichtbereich:	360°
Munitionsarten und Geschossgewicht:	HE-I: 0,635 kg; AP-T: k. A.
Mündungsgeschwindigkeit:	820 m/s
Feuergeschwindigkeit:	160 Schuss/min (theor.)
Höchstschussweite:	6.500 m
Schusshöhe:	4.800 m

Die 3,7-cm-Flak 36 auf einem Maultier-Halbkettenfahrzeug.

Die ursprünglich bei der Wehrmacht eingeführte 3,7-cm-Flak 18 nutzte eine komplizierte und teure, vor allem aber auch zu schwere vierrädrige Lafette. Daher führte man schließlich einen einachsigen Anhänger (ähnlich dem der 2-cm-Flak) ein, womit das Geschützgewicht um über 200 kg sank. Die ballistischen Werte blieben gleich. Diese Waffe erhielt die Bezeichnung 3,7-cm-Flak 36 und verfügte zunächst über ein simples Vorhaltevisier Typ 36. Waffen, die mit dem Flakvisier 40 ausgerüstet wurden, das einen mechanischen Rechner enthielt, trugen die Bezeichnung Flak 37. Wie die 2-cm-Flak wurden auch die 3,7-cm-Geschütze häufig auf Selbstfahrlafetten gesetzt, um ihre Beweglichkeit zu erhöhen. Geschütze dieses Typs waren den ganzen Krieg über bei allen Waffengattungen im Einsatz und bewährten sich nicht nur in der Fla-Rolle, sondern auch im Erdkampf. Bis zum Kriegsende wurde 15.170 Flak 36/37 gebaut.

3,7-CM-FLAK 43

Kaliber:	37 mm
Gefechtsgewicht:	1.392 kg
Rohrlänge:	3.300 mm
Höhenrichtbereich:	–7,5° bis +90°
Seitenrichtbereich:	360°
Munitionsarten und Geschossgewicht:	HE-I: 0,635 kg; AP-T: k. A.
Mündungsgeschwindigkeit:	820 m/s
Feuergeschwindigkeit:	150 Schuss/min (prakt.)
Höchstschussweite:	6.500 m
Schusshöhe:	4.800 m

Eine weiter verbesserte Waffe war die 3,7-cm-Flak 43, deren Gewicht erneut gesenkt (1.392 kg), die Kadenz jedoch erhöht werden konnte. Die Munition wurde in Magazinen zu je acht Schuss zugeführt. Die Mannschaft wurde durch einen splittersicheren Schild geschützt. Die ballistischen Leistungen entsprachen denen der 3,7-cm-Flak 36. Die ersten Geschütze konnten im Februar 1944 ausgeliefert werden. Von dieser Waffe gab es auch eine Zwillingslafette, deren Rohre ungewöhnlicherweise nicht nebeneinander, sondern übereinander angeordnet waren. Das Gewicht dieser Version lag bei 2.780 kg und die reale Schussgeschwindigkeit bei 300 Schuss/min. Für den Einsatz auf Schiffen wurde die Flak 43 in der dreiachsig stabilisierten Doppellafette LM-42 eingesetzt. Bis 1945 wurden 6.103 Flak 43 gefertigt.

Ein 3,7-cm-Flak 43 Zwilling.

8,8-CM-FLAK 18 UND 36

Kaliber:	88 mm
Gefechtsgewicht:	4.983 kg
Rohrlänge:	4.930 mm (L/56)
Höhenrichtbereich:	–3° bis +85°
Seitenrichtbereich:	360°
Munitionsarten und Geschossgewicht:	HE: 9,4 kg; AP: 10,2 kg
Mündungsgeschwindigkeit:	820 m/s
Durchschlagsleistung (Panzerstahl):	106 mm/1.000 m/30°
Höchstschussweite:	14.600 m
Wirksame Schusshöhe:	8.000 m (max. 10.600 m)

Die legendäre „Acht-Acht" wurde ab 1933 als Flak 18 bei der Wehrmacht eingeführt. Da Deutschland nach dem Versailler Vertrag von 1919 keine schwere Flak entwickeln oder herstellen durfte, gingen Krupp-Ingenieure zum Waffenproduzenten Bofors nach Schweden, um dort ihr Können anzuwenden. In Schweden entstanden auch die ersten Pläne für die Flak 18. In der Regel gibt bei der Bezeichnung von Wehrmachtswaffen die Zahl das Jahr der Konstruktion bzw. der Einführung bei der Truppe an. Aus Geheimhaltungsgründen erhielten aber alle Waffen, die zur Zeit der Rüstungsbeschränkung ab 1919 entwickelt wurden, die Modellbezeichnung 18. Die ursprüngliche Flak 18 hatte ein einteiliges Rohr, da aber der Rohrverschleiß nicht gleichmäßig, sondern nahe der Kammer besonders groß war, wurde bei der Flak 36 ein dreiteiliges Rohr eingeführt, bei dem man nur den besonders beanspruchten Teil austauschen konnte. Eine Version mit verbesserter Datenübertragung vom Kommandogerät zur Waffe trug die Bezeichnung Flak 37.

Ihre Feuertaufe erlebte die „Acht-Acht" im Spanischen Bürgerkrieg. 1939–1945 war sie an praktisch allen Fronten und bei allen Waffengattungen im Einsatz. Ihren legendären Ruf erwarb sie sich nicht so sehr in ihrer geplanten Rolle als Flak, sondern vor allem durch ihren Einsatz im Erdkampf, vor allem bei der Panzerabwehr. In den ersten Jahren des Krieges war die 8,8-cm-Flak oft die einzige Waffe, die schwere Panzer mit Erfolg bekämpfen konnte. Durch ihre Feuerkraft war sie bei den Alliierten gefürchtet. Die „Acht-Acht" konnte mühelos gepanzerte Ziele aus 1.800 m Entfernung zerstören. Nachteilig waren allerdings der hohe Aufzug sowie das relativ große Gewicht der Waffe.

Die 8,8-cm-Flak 36 als Schutz einer Industrieanlage im Ruhrgebiet.

Eine 8,8-cm-Flak 18 bei der Stellungsvorbereitung.

Die legendäre Acht-Acht beim Ladevorgang.

Im Sommer 1944 waren über 10.000 Exemplare der 8,8-cm-Flak im Einsatz. Allein im Oktober 1944 wurden durch diese Geschütze über 3,1 Millionen Schuss abgegeben. Ihre Bedeutung verdeutlicht auch die Tatsache, dass ein Drittel aller in jenem Jahr in Deutschland hergestellten Geschützrohre für diese Waffe bestimmt war. Erbeutete Exemplare wurden auch von britischen und amerikanischen Truppen eingesetzt. Insgesamt wurden 20.754 8,8-cm-Flak dieser Reihe hergestellt.

8,8-CM-FLAK 41

Kaliber:	88 mm
Gefechtsgewicht:	7.800 kg
Rohrlänge:	6.545 mm (L/74)
Höhenrichtbereich:	–3° bis +90°
Seitenrichtbereich:	360°
Munitionsarten und Geschossgewicht:	HE: 9,4 kg; AP: 10,2 kg
Mündungsgeschwindigkeit:	1.000 m/s
Durchschlagsleistung (Panzerstahl):	192 mm/1.000 m/90°, 127 mm/2.000 m/90°
Wirksame Schusshöhe:	10.675 m

Krupp baute 1941 eine experimentelle Fla-Selbstfahrlafette, den „Schweren Versuchsflakwagen" mit 8,8-cm-Flak 41.

Um mit den immer größeren Flughöhen der gegnerischen Flugzeuge Schritt halten zu können, schrieb die deutsche Luftwaffe 1939 eine neue Flak im Kaliber 8,8 cm aus. Es gewann die Firma Rheinmetall. Die Flak 41 genannte Waffe war in großen Teilen eine Neuentwicklung. Trotz des gleichen Kalibers verwendete sie eine andere Munition als frühere Modelle, besaß ein längeres Rohr, eine andere Lafette und eine elektrische Zünderstellmaschine. Die Waffe wurde erstmals 1941 vorgestellt, kam aber erst zwei Jahre später zum Einsatz.

Die Leistung der Flak 41 war den Flak-Versionen 18, 36 und 37 überlegen. Sie erreichte nicht nur größere Schusshöhen, sondern auch eine höhere Feuergeschwindigkeit (bis zu 25 Schuss pro Minute). Allerdings war sie auch deutlich komplizierter und aufwändiger in der Fertigung und Wartung. So führten etwa sich verklemmende Geschosshülsen immer wieder zu Problemen. Die Flak 41 wurde in deutlich geringeren Stückzahlen gefertigt als die früheren Versionen.

Die 8,8-cm-Flak 41 in Feuerstellung.

Eine 8,8-cm-Flak 41 auf einem Sonderfahrgestell.

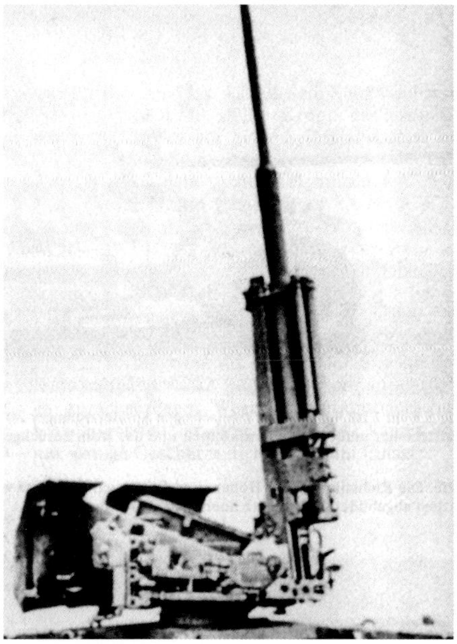

Die 8,8-cm-Flak 41.

Eine der ersten 8,8-cm-Flak 41 mit Kreuzlafette.

10,5-CM-FLAK 38

Die 10,5-cm-Flak 38 wurde ursprünglich für die Marine entwickelt, vom Heereswaffenamt erging jedoch Anfang 1933 der Auftrag, sie für Heer und Luftwaffe umzukonstruieren. Für ihre Zeit war die Waffe sehr modern und hatte viele neue Merkmale. So besaß das Geschütz auf Pivot-Sockellafette elektrisch angetriebene Richtmaschinen und automatische Ladeeinrichtungen. Bis 1939 wurden monatlich vier Geschütze ausgeliefert. Sie zeigten einige Störungen, da die elektrischen Einrichtungen noch nicht einwandfrei funktionierten. Daher wurden 1939 einige Veränderungen vorgenommen, vor allem an der elektrischen Anlage. Die so umgerüsteten Waffen erhielten die Bezeichnung 10,5-cm-Flak 39. Von beiden Versionen waren 1944 2.068 Exemplare im Einsatz, insgesamt wurden 3.755 hergestellt.

Kaliber:	105 mm
Gefechtsgewicht:	10.224 kg
Rohrlänge:	6.648 mm (L/63,3)
Höhenrichtbereich:	–3° bis +85°
Seitenrichtbereich:	360°
Munitionsarten und Geschossgewicht:	HE: 14,8 kg
Mündungsgeschwindigkeit:	881 m/s
Höchstschussweite:	17.500 m
Wirksame Schusshöhe:	9.450 m (max. 12.100 m)

Eine 10,5-cm-Flak 38.

12,8-CM-FLAK 40

Jeder der Ringe um den Lauf dieser 12,8-cm-Flak 40 steht für einen Abschuss.

Kaliber:	128 mm
Gefechtsgewicht:	18.000 kg
Rohrlänge:	7.835 mm (L/61,2)
Höhenrichtbereich:	–3° bis +88°
Seitenrichtbereich:	360°
Munitionsarten und Geschossgewicht:	HE: 26,02 kg
Mündungsgeschwindigkeit:	880 m/s
Höchstschussweite:	20.900 m
Wirksame Schusshöhe:	10.675 m (max. 14.800 m)

Der Auftrag über die Entwicklung der 12,8-cm-Flak 40 wurde 1936 an Rheinmetall erteilt. Erst 1941 jedoch erhielt die Truppe die ersten einsatzfähigen Geschütze. Die Waffe war mit elektrisch angetriebenen Richtmaschinen und einer automatischen Ladeeinrichtung ausgestattet. Die ersten Geschütze waren auf zwei Lasten teilbar, später wurde das Geschütz dann in einer Last auf dem Sonderanhänger 220 transportiert. Aufgrund des hohen Gewichts wurde die 12,8-cm-Flak jedoch meist ortsfest oder auf Eisenbahnlafetten verwendet. So waren im August 1944 bei der Luftwaffe sechs fahrbare, 242 ortsfeste und 201 Geschütze als Eisenbahn-Flak im Einsatz. Die 12,8-cm-Flak bewährte sich ausgezeichnet, erreichte jedoch bei den Hochangriffen Ende 1944 die Grenzen ihrer Leistungsfähigkeit. Bis zum Kriegsende wurde insgesamt 1.129 Exemplare produziert.

21-CM-EISENBAHNGESCHÜTZ K 12 (E)

Das 21-cm-Eisenbahngeschütz K 12 (E).

Die Wehrmacht führte zahlreiche Eisenbahngeschütze verschiedener Kaliber zwischen 17 und 80 cm in jeweils nur geringer Anzahl und ohne großen Einfluss auf den Verlauf des Krieges. Technisch jedoch waren einige dieser Konstruktionen wahre Meisterleistungen! Eine dem berühmten Paris-Geschütz des Ersten Weltkrieges nachempfundene Waffe war die 21-cm K 12 (E) mit einer maximalen Reichweite von 115.000 m, was die größte Schussweite eines Geschützes im Zweiten Weltkrieg bedeutete und auch heute noch ein überaus respektabler Wert ist. Das erste Geschütz wurde im März 1939 in Dienst gestellt, ein zweites – die 21-cm K 12 N – wurde im Juli 1940 übergeben. Beide Geschütze hatten kein Seitenrichtfeld. Zum Richten der Waffe musste diese auf den Gleisen auf eine Drehscheibe oder in eine Schießkurve gestellt werden. Insgesamt wurden während des Krieges von der Eisenbahn-Artilleriebatterie 701, bei der die Geschütze im Einsatz standen, ganze 83 Schuss abgegeben! Der Aufwand und die Energie, die in die Konstruktion, Produktion und in den Einsatz dieser Geschütze gesteckt wurde, wäre in anderen Bereichen sinnvoller gewesen. So bleiben sie ein Denkmal der Ingenieurskunst, jedoch ohne praktischen Wert.

Kaliber:	210 mm
Gefechtsgewicht:	308.000 kg
Rohrlänge:	33.300 mm (L/158,5)
Höhenrichtbereich:	+ 25° bis +55°
Seitenrichtbereich:	0°
Munitionsarten und Geschossgewicht:	HE: 107,5 kg
Mündungsgeschwindigkeit:	1500 m/s
Höchstschussweite:	HE: 115.000 m

Ein 21-cm-Eisenbahngeschütz feuert von der französischen Küste aus auf Ziele in England – über den Ärmelkanal hinweg. Ein Foto aus der Wehrmachtszeitung „Signal".

80-CM-EISENBAHNGESCHÜTZE DORA UND GUSTAV

Kaliber:	800 mm
Gefechtsgewicht:	1.350.000 kg
Rohrlänge:	32.800 mm (L/41)
Höhenrichtbereich:	+10° bis +65°
Seitenrichtbereich:	0°
Munitionsarten und Geschossgewicht:	HE: 4.800 kg; CP: 7.100 kg
Mündungsgeschwindigkeit:	HE: 820 m/s; CP: 710 m/s
Höchstschussweite:	HE: 47.000 m; CP: 38.000 m
Durchschlagsleistung (Beton) CP:	10.000 mm

Wahre Giganten waren die beiden 80-cm-Geschütze Dora und Gustav, die 1937 von der Wehrmachtsführung zur Beschießung von Festungswerken der Maginotlinie in Auftrag gegeben wurden. Gustav war nach dem Seniorchef der Entwicklungsfirma Krupp, Gustav Krupp von Bohlen und Halbach, benannt. Das Geschütz Dora hatte seinen Namen von der Gattin des verantwortlichen leitenden Ingenieurs. Beide Riesengeschütze kamen für ihre geplante Aufgabe zu spät zur Truppe und wurden daher an der Ostfront eingesetzt. Diese größten Geschütze, welche die Welt jemals gesehen hat und wohl auch sehen wird, mussten in Einzelteilen zerlegt an ihren Einsatzort gebracht und dort in einer vorbereiteten Stellung montiert werden. Der Auf- und Abbau des Geschützes, der Stellung und der notwendigen Gleisanlagen nahmen Wochen in Anspruch und erforderten rund 4.000 Mann! Zum Schutz vor Fliegerangriffen begleitete ein eigenes Flak-Regiment das Geschütz. Zudem sollte ein Wachregiment es vor Partisanenangriffen schützten. Da die Waffe keinen Seitenrichtbereich hatte, mussten die Gleise im Kreis verlegt werden, sodass durch Verschieben des ganzen Geschützes ein Seitenrichten ermöglicht wurde. Zum Verschieben der Waffe in der Feuerstellung kamen zwei eigens von Krupp für diese Aufgabe entwickelte Diesellokomotiven des Typs V188 zum Einsatz, die Feinrichtung erfolgte in Selbstfahrt durch eingebaute Elektromotoren in den Drehgestellen des Geschützes. Die Kartuschen der Granaten wurden wie bei allen schweren deutschen Eisenbahngeschützen seit dem Paris-Geschütz des Ersten Weltkrieges in einem Extra-Klimawagen gelagert, um die für die optimale und vor allem berechenbare Verbrennung des verwendeten Nitroglyzerinpulvers erforderliche Temperatur von ca. 15 °C zu gewährleisten.

Nur eine der Waffen, Gustav, kam 1942 bei der Belagerung der Festung Sewastopol in der Sowjetunion zum Einsatz und verfeuerte insgesamt 48 Schuss. Die Durchschlagskraft des gewaltigen 80-cm-Geschosses von 7.100 kg Gewicht ermöglichte dabei die Zerstörung eines Munitionslagers, das 30 m tief im gewachsenen Fels lag. Die zweite Kanone, Dora, kam nie zum Einsatz, und eine dritte Waffe war bei Kriegsende 1945 noch nicht fertig gestellt. Zusätzlich gab es Pläne für ein Geschoss mit Raketenantrieb, das bis zu 150 km weit reichen sollte. Nach Kriegsende erbeutete die US-Armee die Überreste von zwei der drei Geschützen in Grafenwöhr. Man hatte sie gesprengt, damit sie dem Feind nicht unversehrt in die Hände fielen. Ein weiteres Geschütz fiel den Sowjets in Auerswalde (Sachsen) in die Hände – ebenfalls teilweise gesprengt. Die noch intakten Teile und auch einige Trümmer wurden von sowjetischen Fachleuten analysiert, über den weiteren Verbleib ist nichts bekannt. Wenn sie auch insgesamt eine technische Meisterleistung darstellten, waren Dora und Gustav jedoch im Grunde eine Verschwendung von Material, Erfindungsgeist und Personal.

Das 80-cm-Eisenbahngeschütz Dora.

4,7-CM-PAK M 35

Diese 4,7-cm-Pak wurde ursprünglich von der österreichischen Firma Böhler entworfen und international zum Verkauf angeboten, sodass sie neben Österreich auch Italien und die Niederlande verwendeten. Italien fertigte sie in Lizenz als Kanone 47/32 M 35 und setzte sie sowohl als Pak als auch als Infanteriegeschütz ein. Die Produktion in Italien war so hoch, dass die Waffe schon fast als italienisch galt. In Österreich lief die Produktion bis September 1940 weiter. Die beim Anschluss Österreichs vorgefundenen und bis zum Produktionsstopp hergestellten Geschütze (330 Stück) wurden von der Wehrmacht übernommen (4,7-cm-Pak 35/36(ö) genannt), im Februar 1941 allerdings fast alle an Italien verkauft. Dort wurden damit Selbstfahrlafetten auf Basis des Sahariana-Geländefahrzeugs geschaffen. Die Pak wurde auch als Panzerbewaffnung adaptiert.

Kaliber:	47 mm
Gefechtsgewicht:	277 kg
Rohrlänge:	1.525 mm (L/32)
Höhenrichtbereich:	–15° bis +56°
Seitenrichtbereich:	62°
Munitionstyp und Geschossgewicht:	AP: 1,44 kg; HEAT: 2,37 kg
Mündungsgeschwindigkeit:	AP: 630 m/s; HEAT: 250 m/s
Höchstschussweite:	HE: 7.000 m
Durchschlagsleistung (Panzerstahl):	AP: 43 mm/500 m/90°

Eine 4,7-cm-Pak M 35.

7,5-CM-HAUBITZE 75/18 M 35

Kaliber:	75 mm
Gefechtsgewicht:	1.100 kg
Rohrlänge:	1.572 mm (L/18,3)
Höhenrichtbereich:	–10° bis +45°
Seitenrichtbereich:	50°
Munitionstyp und Geschossgewicht:	HE: 6,3 kg
Mündungsgeschwindigkeit:	HE: 400 m/s
Höchstschussweite:	HE: 9.400 m

Italien verwandte schon immer große Anstrengung darauf, seine „Alpini" (die Gebirgstruppe) mit gutem und modernem Material auszurüsten. Daher entstand 1934 zur Ablösung der alten Škoda-Waffen von vor dem Ersten Weltkrieg die Gebirgshaubitze 75/18 M 34. Dieses Geschütz war schnell und unkompliziert in mehrere Teillasten zerlegbar, um den Transport mit Maultieren im Gebirge zu ermöglichen. 1935 entstand auf der Basis dieses Geschützes eine Haubitze für die Feldtruppe, die einfacher im Aufbau war, jedoch die gleichen ballistischen Eigenschaften hatte. Dieses Modell wurde 1940 auch nach Portugal exportiert. Weitere Exemplare gingen im Austausch gegen Rohstoffe an einige südamerikanische Staaten. Die M 35 erwies sich als gute, moderne Waffe, und so setzte auch die Wehrmacht 1943 erbeutete Exemplare als 7,5-cm-leFh 255(i) ein.

7,5-cm-Haubitze 75/18.

2-CM-FLAK BREDA MODELL 35

Kaliber:	20 mm
Gefechtsgewicht:	307 kg
Rohrlänge:	1.300 mm (L/65)
Höhenrichtbereich:	–5° bis +80°
Seitenrichtbereich:	360°
Munitionstyp und Geschossgewicht:	HE: 0,135 kg
Mündungsgeschwindigkeit:	HE: 840 m/s
Schussgeschwindigkeit:	230 Schuss/min
Wirksame Schusshöhe:	HE: 2.600 m

Wie der Name schon andeutet, wurde diese Flak 1935 bei der italienischen Armee eingeführt. Sie sollte sowohl als Flugabwehrwaffe als auch im Erdkampf eingesetzt werden und besaß daher Visiere für beide Einsatzzwecke. Ein besonderes Merkmal war die Munitionsversorgung: Ein Metallstreifen mit 12 Schuss wurde von der Seite eingeschoben und trat auf der anderen Seite der Waffe wieder aus. Dabei platzierte die Flak die leeren Hülsen wieder sorgsam auf dem Streifen. Flak dieses Typs dienten in Nordafrika auch zur Bewaffnung von Geländefahrzeugen des Typs Sahariana. Die Wehrmacht nutzte nach 1943 zunächst erbeutete und dann auch von Breda unter deutscher Aufsicht produzierte 2-cm-Flak Modell 35 bis zum Kriegsende.

Die 2-cm-Flak Breda M 35.

9-CM-FLAK 90/53

Kaliber:	90 mm
Gefechtsgewicht:	6.240 kg
Rohrlänge:	4.736 mm (L/52,6)
Höhenrichtbereich:	–2° bis +85°
Seitenrichtbereich:	360°
Munitionstyp und Geschossgewicht:	HE: 10,33 kg
Mündungsgeschwindigkeit:	HE: 830 m/s
Wirksame Schusshöhe:	HE: 10.500 m

Diese 9-cm-Flak war eine solide, vernünftige Konstruktion und von allen italienischen Flak des Zweiten Weltkrieges die leistungsfähigste, die keinen Vergleich mit Modellen anderer Nationen zu scheuen brauchte. Entwickelt und produziert wurde die Waffe von Ansaldo, und ab 1939 waren die ersten Geschütze einsatzbereit. Die italienische Armee setzte sie nicht nur als Flak, sondern auch als Pak und in Küstenbatterien ein. In der Rolle Flak und Pak konnte sich die Waffe durchaus mit der berühmten deutschen 8,8-cm-Flak messen. Eine Reihe der 9-cm-Flak wurde auch zur Schaffung von Selbstfahrlafetten auf LKWs und Panzern genutzt. Insgesamt wurden 1.087 Stück bestellt, bis Juli 1943 aber nur 539 Exemplare abgeliefert. Danach fielen die Ansaldo-Werke in deutsche Hände, und die Fertigung wurde für die Wehrmacht weitergeführt. Meist wurden die Waffen zur Verteidigung der norditalienischen Industriegebiete gegen Bomberangriffe eingesetzt und trugen die Bezeichnung 9-cm-Flak 309/I(i). Auch die britischen Truppen eroberten auf ihrem Weg durch Italien zahlreiche dieser Geschütze und setzen sie zur Verteidigung der von ihnen besetzten Häfen ein.

Die italienische 9-cm-Flak 90/53.

7-CM-INFANTERIEGESCHÜTZ TYP 92

Kaliber:	70 mm
Gefechtsgewicht:	212,25 kg
Rohrlänge:	790 mm (L/11,3)
Höhenrichtbereich:	–8° bis +70°
Seitenrichtbereich:	45°
Munitionstyp und Geschossgewicht:	HE: 3,97 kg
Mündungsgeschwindigkeit:	HE: 197 m/s
Höchstschussweite:	HE: 2.800 m

Eine von den Chinesen im Koreakrieg benutzte ehemals japanische 7-cm-Kanone Typ 92.

Dieses 1932 eingeführte Geschütz war die Standardwaffe der japanischen Armee zur unmittelbaren Infanterieunterstützung während des Zweiten Weltkrieges. Jedes Infanteriebattalion besaß zwei dieser Geschütze. Durch den großen Höhenrichtbereich war sowohl eine Verwendung als Kanone mit flacher Geschossflugbahn als auch als Mörser mit bogenförmiger Flugbahn möglich. Da sie recht leicht und zudem in mehrere Teillasten zerlegbar war, konnte die Waffe einfach bewegt werden, was bei den Dschungelkämpfen in Asien einen nicht zu unterschätzenden Vorteil darstellte. Nach 1945 nutzten chinesische und koreanische Truppen Waffen dieser Art noch bis weit in die 1950er-Jahre hinein.

15-CM-HAUBITZE TYP 96

Kaliber:	149,1 mm
Gefechtsgewicht:	4.140 kg
Rohrlänge:	3.523 mm (L/23,6)
Höhenrichtbereich:	–5° bis +65°
Seitenrichtbereich:	30°
Munitionstyp und Geschossgewicht:	HE: 31,3 kg
Mündungsgeschwindigkeit:	HE: 540 m/s
Höchstschussweite:	HE: 11.900 m

Obwohl von dieser Haubitze im Vergleich zu westlichen Waffen nur eine geringe Stückzahl produziert wurde (440), war sie doch die Hauptwaffe der schweren Batterien der japanischen Artillerie 1941–1945. Die Waffe war für japanische Artilleriegeschütze sehr modern und von Anfang an für den Zug durch Kfz ausgelegt. Ihre Feuertaufe erlebte die Haubitze Typ 96 im Chinesisch-Japanischen Krieg ab 1937. Bei der japanischen Artillerietruppe war dieses Geschütz sehr beliebt und geschätzt.

Die 15-cm-Haubitze Typ 96.

7,5-CM-KANONE MODELL 1897

Diese Kanone war praktisch der Urahn aller modernen Schnellfeuergeschütze und bei ihrer Einführung in die französische Armee Ende des 19. Jahrhunderts weltweit führend. Im Ersten Weltkrieg war diese Waffe das Standardgeschütz der französischen Artillerie und wurde nach 1918 häufig exportiert, etwa nach Polen, Rumänien, Portugal und Griechenland. Insgesamt sollen über 17.000 Kanonen dieses Modells hergestellt worden sein. Die Franzosen setzten es auch 1940 noch in großer Zahl ein. Die Wehrmacht schuf nach dem ersten Auftauchen der russischen T-34 und KW-1 aus in Polen und Frankreich erbeuteten Geschützen als Provisorium die 7,5-cm-Pak 97/38. Dabei wurden die Original-Rohre mit einer Mündungsbremse versehen und in die Lafette der 5-cm-Pak 38 eingelegt. Rund 700 Geschütze sollen so entstanden sein. Zunächst wurde noch polnische und französische Beutemunition verschossen, die sich jedoch nicht bewährte. Erst ein spezielles Hohlladungsgeschoss (HEAT) brachte die erhoffte Leistung.

	Modell 1897	Pak 97/38
Kaliber:	75 mm	75 mm
Gefechtsgewicht:	1.160 kg	1.190 kg
Rohrlänge:	2.700 mm (L/36)	2.700 mm (L/36)
Höhenrichtbereich:	-11° bis +18°	-8° bis +18°
Seitenrichtbereich:	6°	60°
Munitionsarten und Geschossgewicht:	HE: 5,2 kg; FRAG: 7,24 kg	AP: 6,8 kg; HEAT: 4,8 kg
Mündungsgeschwindigkeit:	HE: 584 m/s; FRAG: 529 m/s	AP: 570 m/s; HEAT: 450 m/s
Wirksame Schusshöhe:	HE: 8.500 m	8.500 m
Durchschlagsleistung (Panzerstahl):	k. A.	AP: 58 mm/1.000 m/60°; HEAT: 90 mm/jede Entf./60°

Die 7,5-cm-Kanone M 1897 war das erste als modern zu bezeichnende Geschütz.

2,5-CM-FLAK HOTCHKISS MODELL 38/39

Kaliber:	25 mm
Gefechtsgewicht:	805 kg
Rohrlänge:	1.500 mm (L/60)
Höhenrichtbereich:	–3° bis +110°
Seitenrichtbereich:	360°
Munitionstyp und Geschossgewicht:	HE: 0,25 kg; AP: 0,3 kg
Mündungsgeschwindigkeit:	HE: 900 m/s
Schussgeschwindigkeit:	250–300 Schuss/min
Wirksame Schusshöhe:	HE: 2.500 m
Durchschlagsleistung (Panzerstahl):	AP: 35 mm/500 m/90°

Eine Hotchkiss 2,5-cm-Flak M 39 in Feuerstellung.

Diese Flak wurde ab 1938 vom französischen Rüstungskonzern Hotchkiss produziert. Modelle mit Verbesserungen an der Lafette erhielten die Bezeichnung M 39. Diese Waffe sollte nicht nur als Flak, sondern auch in der Panzerabwehr eingesetzt werden und erhielt daher ein für seine Zeit wirksames AP-Geschoss. Es wurden nur rund 1.000 Flak dieses Typs hergestellt. Nach der Niederlage Frankreichs 1940 fiel die Mehrzahl der Geschütze der Wehrmacht in die Hände, wo sie unter der Bezeichnung 2,5-cm-Flak Hotchkiss 38/39(f) weiterverwendet wurden.

7,5-CM-FLAK MODELL 1930 UND 1936

Eine 7,5-cm-Flak M 30.

	Modell 1930	Modell 1936
Kaliber:	75 mm	75 mm
Gefechtsgewicht:	3.800 kg	4.100 kg
Rohrlänge:	3.375 mm (L/45)	3.675 mm (L/49)
Höhenrichtbereich:	+1° bis +70°	+1° bis +70°
Seitenrichtbereich:	360°	360°
Munitionsarten und Geschossgewicht:	HE: k. A.	HE: k. A.
Mündungsgeschwindigkeit:	700 m/s	810 m/s
Wirksame Schusshöhe:	8.000 m	8.200 m

Frankreich stellte vor 1940 viele verschiedene Typen von 7,5-cm-Flakgeschützen her. Allein aus den Beständen des Ersten Weltkrieges wurden drei verschiedene Geschütze nach 1918 weiterverwendet und so unterschiedlich modifiziert, dass daraus wiederum eine Vielzahl neuer Typen entstanden. Die meisten wurden durch ein Rohr von Schneider modernisiert. Mindestens fünf völlig neue Typen wurden vor 1940 konstruiert und in Dienst gestellt. Die französische Flaktruppe war durch die vielen unterschiedlichen Typen in jeweils nur bescheidenen Stückzahlen in ziemlicher Unordnung, sodass kaum ein vernünftiger Einsatz dieser Kanonen erfolgte. Da sich die Leistungen untereinander jedoch glichen, wurden hier als Beispiel zwei relativ moderne Modelle ausgewählt, die zudem nach der französischen Niederlage auch von der Wehrmacht als 7,5-cm-Flak M 30(f) und M 36(f) weiter eingesetzt wurden.

Eine Luftwaffen-Batterie mit französischen 7,5-cm-Flak M 36 an der Kanalküste.

2-PFÜNDER-PAK 4 CM

Beim ihrem Erscheinen 1936 war die britische 2-Pfünder-Pak ohne Zweifel in ihrer Klasse führend. Sie verfügte über eine innovative Lafette, die einen Schwenkbereich von 360° ermöglichte – im Einsatz gegen Panzer eine nützliche Eigenschaft. Ein Nachteil war allerdings, dass keine Sprenggranaten (HE) zur Verfügung standen. Die meisten der britischen Panzer vor 1942 waren ebenfalls mit dieser Waffe ausgerüstet, wo sich der Mangel an HE-Munition besonders nachteilig bemerkbar machte. Ihre Feuertaufe erlebte die 2-Pfünder-Pak im Westfeldzug 1940, wo sie ohne Probleme mit den deutschen Panzern fertig wurde. Ab 1941 war sie allerdings überholt. Um die hohen Materialverluste beim britischen Rückzug aus Frankreich (allein über 500 Exemplare dieser Pak) auszugleichen, wurde die 2-Pfünder-Pak weitergebaut, obschon die 6-Pfünder-Pak bereits in der Entwicklung war. Als die Briten 1941–1942 in Nordafrika auf Rommels Afrikakorps trafen, rächte sich diese Entscheidung.

Kaliber:	40 mm
Gefechtsgewicht:	797 kg
Rohrlänge:	2.082 mm (L/52)
Höhenrichtbereich:	–5° bis +23°
Seitenrichtbereich:	360°
Munitionsarten und Geschossgewicht:	AP: 0,907 kg
Mündungsgeschwindigkeit:	AP: 808 m/s
Wirksame Schussweite:	AP: 1.000 m
Durchschlagsleistung (Panzerstahl):	AP: 42 mm/1.000 m/60°

Die britische 2-Pfünder-Pak mit ihrer Mannschaft.

6-PFÜNDER-PAK 5,7 CM

Kaliber:	57 mm
Gefechtsgewicht:	1.144 kg
Rohrlänge (Mk. 2):	2.564 mm (L/45)
Höhenrichtbereich:	–5° bis + 15°
Seitenrichtbereich:	90°
Munitionsarten und Geschossgewicht:	AP: 2,72 kg; APDS: 1,47 kg
Mündungsgeschwindigkeit:	AP: 821 m/s; APDS: 1.235 m/s
Wirksame Schussweite:	AP: 1.500 m (max. 4.600 m)
Durchschlagsleistung (Panzerstahl):	AP: 74 mm/1.000 m/60°; APDS: 146 mm/ 1.000 m/60°

Obwohl die Konstruktion schon 1938 begann, dauerte es bis Ende 1941, ehe die 6-Pfünder-57-mm-Pak in Produktion ging. Dann allerdings erwies sie sich als großer Erfolg und war bei der Truppe sehr geschätzt. Sie wurde nicht nur in den USA in Lizenz produziert, sondern auch als Bewaffnung einiger britischer Panzer verwendet. Für den 6-Pfünder gab es endlich auch HE-Munition sowie zunächst Hartkernmunition (APCR) und ab Mitte 1944 weltweit erstmals unterkalibrige Wuchtgeschosse mit Treibspiegel (APDS). Diese neue Munition erhöhte die Durchschlagsleistung erheblich. Obgleich die 57-mm-Pak gegen Ende des Krieges selbst mit dieser neuen Munition Mühe hatte, Panther und Königstiger auf Kampfentfernung frontal auszuschalten, blieb die Waffe noch bis Mitte der 1960er-Jahre im Arsenal der britischen Armee. Neben unterschiedlichen Modellen mit oder ohne Mündungsbremse und verschiedenen Rohrlängen gab es noch eine interessante Version mit automatischem Lader zum Einbau in DeHavilland-Mosquito-Kampfflugzeuge. Die amerikanische Pak M1 basierte auf der 6-Pfünder-Pak und war ab Ende 1943 die Standard-Panzerabwehrwaffe der US-Armee. Hauptunterschied zum 6-Pfünder war das etwas längere Rohr (L/50 statt L/45), dennoch waren die Leistungen der US-Version etwas schlechter als die des britischen Modells.

Die 6-Pfünder-Pak.

17-PFÜNDER-PAK 7,62 CM

Kaliber:	76,2 mm
Gefechtsgewicht:	2.097 kg
Rohrlänge:	4.580 mm (L/60)
Höhenrichtbereich:	–6° bis +16,5°
Seitenrichtbereich:	60°
Munitionstyp und Geschossgewicht:	AP: 7,26 kg; APDS: 3,45 kg; HE: 6,98 kg
Mündungsgeschwindigkeit:	AP: 884 m/s; 1.203 m/s; HE: 876 m/s
Höchstschussweite:	HE: 9.14 5 m
Durchschlagsleistung:	AP: 109 mm/ 1.000 m/60°; APDS: 231 mm/ 1.000 m/60°

Die britische 17-Pfünder-Pak stellte sich als eines der besten Geschütze seiner Art heraus und wurde mit praktisch allen Panzern fertig, was nicht zuletzt an der neuartigen Treibspiegel-Munition lag. Die ersten Modelle wurden 1942 provisorisch auf die Lafetten von 25-Pfünder-Haubitzen gesetzt, um schnell in Nordafrika gegen die neuen deutschen Tiger-Panzer eingesetzt werden zu können. Reguläre Serienmodelle erhielten jedoch eine schwere Spreizlafette, die auch den einzigen Nachteil dieser Waffe darstellte. Ihr hohes Gewicht machte es der Mannschaft fast unmöglich, sie ohne ein Fahrzeug zu bewegen. Der 17-Pfünder wurde auch auf Selbstfahrlafetten gesetzt (Archer) bzw. diente als Bewaffnung von Jagdpanzern (Wolverine) und Panzern (Sherman Firefly, Centurion) bis weit nach Kriegsende.

Die 17-Pfünder-Pak.

25-PFÜNDER-FELDKANONE 8,76 CM

Der 25-Pfünder wurde ab 1938 gebaut, war die Standard-Feldkanone der Commonwealth-Armeen und wurde von vielen Staaten auch nach 1945 verwendet. Bis zum Ende des Zweiten Weltkrieges wurden rund 12.000 Stück dieser Waffe hergestellt. Die Bezeichnung 25-Pfünder richtete sich traditionell nach dem ungefähren Geschossgewicht. Diese Kanone war äußerst erfolgreich und bei der Truppe beliebt, da sie sehr zuverlässig und technisch problemlos war. Ein kanadischer Artillerist beschreibt in seinen Erinnerungen, wie seine Batterie von 25-Pfündern 1944 in der Normandie oftmals so lange feuerte, bis die Rohre sprichwörtlich rot glühten! Es wurden verschiedene Ausführungen („Marks") der Lafette, der Rohrwiege und des Rohrs gebaut, die z. T. in unterschiedlichen Kombinationen miteinander verwendet wurden. Der 25-Pfünder war zudem eine der ersten Waffen, die

Kaliber:	87,6 mm
Gefechtsgewicht:	1.800 kg
Rohrlänge:	2.716 mm (L/31)
Höhenrichtbereich:	–5° bis +45°
Seitenrichtbereich:	360°
Munitionstyp und Geschossgewicht:	HE: 7,36 kg; AP: 9 kg; Rauch: k. A.
Mündungsgeschwindigkeit:	HE: 518 m/s
Höchstschussweite:	HE: 12.250 m

nicht nur als Kanone, sondern auch als Haubitze eingesetzt werden konnten. Die Kastenlafette sah konservativ aus, war aber gut durchdacht, da sie einen großen Höhenrichtbereich zur Verwendung als Haubitze hatte und einen absenkbaren Teller an der Unterseite besaß, durch den die Kanoniere das ganze Geschütz schnell um 360° drehen konnten. Dies war besonders in der Panzerabwehrrolle sehr nützlich. Die Vielseitigkeit des 25-Pfünders machte ihn auch zu einer hervorragenden Waffe für Selbstfahrlafetten. Die britischen Truppen verwendeten in Nordafrika anfangs spezielle LKW-Ladeflächen und ließen die Kanone über das Führerhaus feuern. Die Selbstfahrlafette „Bishop" verwendete ebenfalls den 25-Pfünder. Die meistgebaute britische Panzerhaubitze war allerdings der Sexton mit einem 25-Pfünder in einem oben offenen Aufbau.

Die britische 25-Pfünder-Feldkanone.

14-CM-FELDGESCHÜTZ MK. 2

Kaliber:	140 mm
Gefechtsgewicht:	6.190 kg
Rohrlänge:	2.716 mm (L/31)
Höhenrichtbereich:	–5° bis +45°
Seitenrichtbereich:	60°
Munitionstyp und Geschossgewicht:	HE: 45,36 kg
Mündungsgeschwindigkeit:	HE: 517 m/s
Höchstschussweite:	HE: 14.813 m

Um die veralteten 11,4- und 12,7-cm-Geschütze und Haubitzen zu ersetzen, die bei der britischen Armee in Verwendung waren, wurde unter dem Eindruck der wachsenden Kriegsgefahr in Europa Anfang 1939 ein Auftrag zur Entwicklung eines neuen Geschützes dieser Klasse vergeben. Die ersten Einheiten erhielten das neue Geschütz im Mai 1942 und setzten es im Kampf gegen das Afrikakorps in Nordafrika ein. Zunächst jedoch enttäuschte die Höchstschussweite, und erst die Einführung eines um rund 9 kg leichteren Geschosses erbrachte akzeptable Werte. Dennoch bleib das Geschütz bis Anfang der 1980er-Jahre bei der britischen Armee im Dienst – in Südafrika, Pakistan und Neuseeland sogar bis heute. Charakteristisch waren die beiden „Hörner" an beiden Seiten des Rohres, die zum Ausgleich des hohen Rohrgewichts dienten.

Das 14-cm-Feldgeschütz Mk. 2.

9,4-CM-FLAK MK. 1

Kaliber:	94 mm
Gefechtsgewicht:	9.316 kg
Rohrlänge:	4.700 mm (L/50)
Höhenrichtbereich:	–5° bis +80°
Seitenrichtbereich:	360°
Munitionstyp und Geschossgewicht:	HE: 12,7 kg
Mündungsgeschwindigkeit:	HE: 792 m/s
Höchstschussweite:	HE: 18.800 m
Wirksame Schusshöhe:	HE: 9.755 m

Dieses 9,4-cm-Geschütz war die schwere Standard-Flak der britischen Flugabwehr während des Zweiten Weltkrieges. Ihre Entwicklung hatte schon Anfang der 1930er-Jahre begonnen, in Produktion ging die Waffe jedoch erst ab 1937 – gerade noch rechtzeitig, damit bei Ausbruch des Krieges größere Stückzahlen zur Verfügung standen. Die 9,4-cm-Flak verfügte über viele innovative Merkmale, z. B. Fernsteuerung und automatische Datenübertragung vom Kommandogerät aus. Einzig das Laden erfolgte noch von Hand. Allerdings fehlte dadurch eine Zieleinrichtung für den Erdkampf, was eine Verwendung als Pak, ähnlich der deutschen 8,8-cm-Flak, verhinderte. Ab 1943 wurde zusätzlich noch eine automatische Laderichtung eingeführt, welche eine Kadenz von 25–30 Schuss/min ermöglichte.

Eine 1940 bei Dünkirchen von der Wehrmacht erbeutete britische 9,4-cm-Flak.

4,5-CM-PAK MODELL 1937

Als die Rote Armee Anfang der 1930er-Jahre nach einer modernen Panzerabwehrwaffe suchte, bestanden noch enge wirtschaftliche Beziehungen zum Deutschen Reich, sodass es möglich war, einige Rheinmetall 3,7-cm-Pak zu erwerben. Diese Waffen wurden studiert und nach einigen Veränderungen (größeres Kaliber, andere Zieloptiken) als 4,5-cm-Pak Modell 32 produziert. Dieses Modell hatte allerdings noch Holzräder und keine Federung. Die Hauptvariante, das Modell 1937, erhielt moderne Gummibereifung und Federung. Während des Winterkrieges zwischen Finnland und der Sowjetunion 1939–1940 erbeuteten die Finnen hunderte dieser Pak und setzten sie selbst ein. Im Juni 1941 war sie die Standard-Pak der Roten Armee. Ihre Leistungen waren allerdings – ähnlich der deutschen 3,7-cm-Pak – nicht mehr ausreichend, weshalb 1942 eine Version mit längerem Rohr (L/68,6; 3.087 mm) eingeführt wurde. Erbeutete Pak beider Versionen wurden auch von der Wehrmacht unter der Bezeichnung 4,5 cm Pak 184(r) verwendet. Bei der Roten Armee wurde das Modell 1942 bis über das Kriegsende hinaus eingesetzt. Insgesamt wurden laut russischen Quellen 56.742 Stück produziert.

Kaliber:	45 mm
Gefechtsgewicht:	425 kg
Rohrlänge:	2.070 mm (L/46)
Höhenrichtbereich:	–5° bis +25°
Seitenrichtbereich:	60°
Munitionsarten und Geschossgewicht:	AP: 1,43 kg; HE: 2,15 kg
Mündungsgeschwindigkeit:	AP: 760 m/s; HE: 340 m/s
Wirksame Schussweite:	AP: 500 m (max. 4.400 m)
Durchschlagsleistung (Panzerstahl):	AP: 35 mm/500 m/60°

Die 4,5-cm-Pak Modell 1937.

5,7-CM-PAK ZIS-2 MODELL 1943

Da absehbar war, dass die 4,5-cm-Pak veralten würde, begann 1940 die Entwicklung einer neuen 5,7-cm-Pak. Technische Schwierigkeiten ließen die Serienproduktion erst 1943 anlaufen, und am 15. Juni 1943 wurde die Waffe in die sowjetischen Streitkräfte eingeführt. Die Fertigung der Pak wurde 1949 nach insgesamt 13.400 Stück eingestellt. Dieses Geschütz war für seine Zeit sehr leistungsstark und konnte die Panzerung der meisten deutschen Kampfwagen durchschlagen, besonders wenn Hartkernmunition (APCR) zum Einsatz kam. Durch den Einbau von ZIS-2 in von den USA gelieferte M-3-Halbkettenfahrzeuge entstand die Selbstfahrlafette SU-57. Einige T-34 wurden ebenfalls mit 5,7-cm-Pak bestückt, woraus die Variante T-34/57 entstand. Erbeutete Exemplare der 5,7-cm-Pak setzte auch die Wehrmacht als 5,7-cm-Pak 208(r) mit Erfolg ein.

Kaliber:	57 mm
Gefechtsgewicht:	1.250 kg
Rohrlänge:	4.159 mm (L/73)
Höhenrichtbereich:	–5° bis +25°
Seitenrichtbereich:	54°
Munitionsarten und Geschossgewicht:	AP: 1,43 kg; APCR: 1,79 kg
Mündungsgeschwindigkeit:	AP: 990 m/s; APCR: 1.270 m/s
Wirksame Schussweite:	AP: 2.000 m
Durchschlagsleistung m/90°; (Panzerstahl):	AP: 80 mm/1.000 APCR: 105 mm/ 1.000m/90°

Eine russische 5,7-cm-Pak ZIS-2.

7,62-CM-FELDGESCHÜTZ MODELL 1936, 1939 UND 1942 ZIS-3

	Modell 1936	Modell 1939	Modell 1942
Kaliber:	76,2 mm	76,2 mm	76,2 mm
Gefechtsgewicht:	1.620 kg	1.470 kg	1.116 kg
Rohrlänge:	3.894 mm (L/51,1)	3.200 mm (L/42)	3.240 mm (L/42,6)
Höhenrichtbereich:	–6° bis +43°	–6° bis +45°	–5° bis +37°
Seitenrichtbereich:	57°	57°	54°
Munitionstyp und Geschossgewicht:	HE: 6,3 kg; AP: 6,3 kg	HE: 6,23 kg; AP: 6,3 kg	HE: 6,3 kg; AP: 6,3 kg; HEAT: 3,94 kg
Mündungsgeschwindigkeit:	HE: 700 m/s	HE: 662 m/s	HE: 680 m/s
Höchstschussweite:	HE: 13.620 m	HE: 13.290 m	HE: 13.290 m

Feldgeschütze des Kalibers 7,62 cm waren die Standard-Waffen der sowjetischen Divisionsartillerie und wurden sowohl als Pak als auch im indirekten Beschuss vielfältig eingesetzt. Das ursprüngliche Modell 1936 (insgesamt 2.844 Exemplare), empfand die Rote Armee als zu schwer, weswegen ab 1939 eine leichtere Version mit gekürztem Rohr und geändertem Rücklaufsystem in Produktion ging. Von dieser Variante wurden 9.812 Stück produziert. Da diese Waffen über eine relativ hohe Mündungsgeschwindigkeit und einen charakteristischen Ton beim Abschuss verfügten, erhielten sie von deutschen Soldaten den Spitznamen „Ratsch-Bumm“. Nach dem Einmarsch in Russland erbeutete die Wehrmacht riesige Mengen dieser Geschütze samt Munition und stellte sie als 7,62-cm-Pak 36(r) und Pak 39(r) in Dienst. Da auf deutscher Seite an vergleichbaren Pak Mangel herrschte, wurde schließlich passende Munition produziert, mit der sogar bessere Leistungen erzielt werden konnten. Die Pak 36(r) und 39(r) dienten auch als Bewaffnung von Marder-Selbstfahrlafetten. Um die riesigen Verluste der ersten Monate auszugleichen, ging ab 1942 in der Sowjetunion das 7,6-cm-Feldgeschütz ZIS-3 in Produktion. Erneut wurde viel Gewicht gespart und die gesamte Waffe auf eine rasche und kostengünstige Serienfertigung ausgelegt, weshalb die Lafetten der Geschütze ZIS-3 und ZIS-2 auch viele Gemeinsamkeiten aufwiesen. Die ZIS-3 war für viele Jahre eine der Hauptstützen der Artillerie der Sowjetunion und ihrer Verbündeten. Bis 1945 wurden 49.016 Exemplare dieser vielseitigen und kampfstarken Waffe gebaut, mit der auch die Selbstfahrlafette SU-76 bestückt war. Nach 1945 lief die Fertigung in der Sowjetunion und unter Lizenz z. B. in China weiter. ZIS-3-Geschütze wurden in großen Zahlen weltweit exportiert, weswegen sie auch heute noch im Inventar manchen Staates der Dritten Welt zu finden sind.

7,62-cm-Feldgeschütz M 1939.

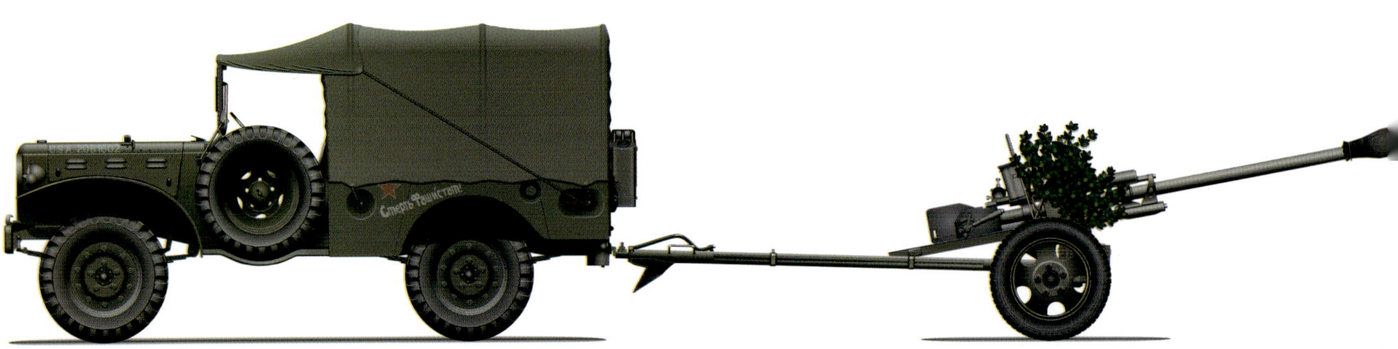

Eine 7,62-cm-ZIS-3 im Schlepp eines Dodge WC-51, der im Rahmen des Leih- und Pacht-Abkommens an die Sowjetunion ging.

12,2-CM-HAUBITZE M-30 MODELL 1938

Ab 1938 wurde die Haubitze M-30 hergestellt, daher auch die Bezeichnung Modell 1938. Wie die meisten anderen sowjetischen Geschütze zeichnete sich auch diese Waffe durch eine große Unverwüstlichkeit aus, die einiges wegstecken konnte. Die Selbstfahrlafette SU-122 auf T-34-Fahrgestell war mit einer M-30-Haubitze bestückt. Aufgrund ihrer eigenen desolaten Ausrüstungslage setzte die Wehrmacht auch diese Haubitze unter der Bezeichnung 12,2-cm-schwere Feldhaubitze 396(r) ein. Bis 1945 entstanden 17.526 M-30, und auch danach wurden Geschütze dieser Art noch über Jahrzehnte hinweg verwendet. China stellte nach 1945 die Waffe unter der Bezeichnung Typ 54 bzw. 54-1 in großen Stückzahlen in Lizenz her.

Kaliber:	122 mm
Gefechtsgewicht:	2.450 kg
Rohrlänge:	2.800 mm (L/23)
Höhenrichtbereich:	–3° bis +65,5°
Seitenrichtbereich:	49°
Munitionstyp und Geschossgewicht:	HE: 21,76 kg; HEAT: 13,2 kg
Mündungsgeschwindigkeit:	HE: 515 m/s
Höchstschussweite:	HE: 11.800 m
Durchschlagsleistung (Panzerstahl):	HEAT: 200 m/ 500 mm/90°

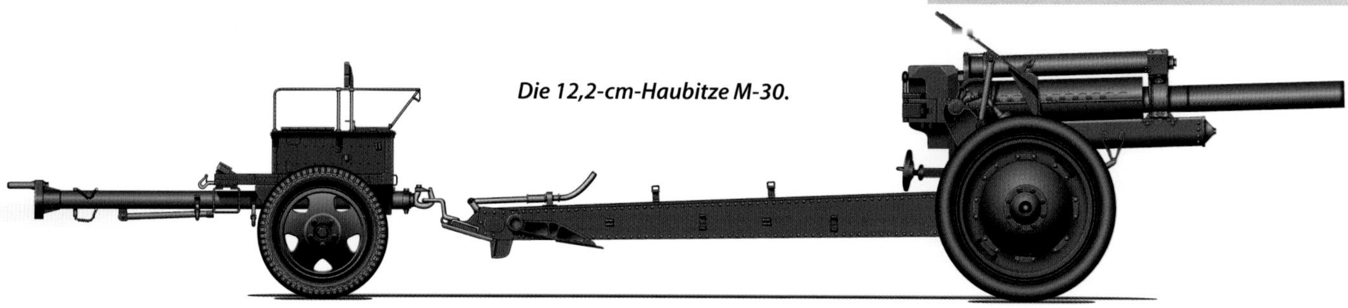

Die 12,2-cm-Haubitze M-30.

Die ZIS-3 war die Standard-Artilleriewaffe der Roten Armee.

15,2-CM-HAUBITZE D-1 MODELL 1943

Kaliber:	152,4 mm
Gefechtsgewicht:	3.600 kg
Rohrlänge:	4.201 mm (L/24,6)
Höhenrichtbereich:	–3° bis +65,5°
Seitenrichtbereich:	35°
Munitionstyp und Geschossgewicht:	HE: 40 kg
Mündungsgeschwindigkeit:	HE: 508 m/s
Höchstschussweite:	HE: 12.400 m

Um die Produktion zu vereinfachen, aber auch um Gewicht zu sparen, wandte man bei diesem Geschütz eine in der Sowjetunion während des Krieges verbreitete Praxis an: Das Rohr der 15,2-cm-Haubitze Modell 1938 wurde mit der verstärkten Spreizlafette der 12,2-cm-Haubitze M-30 verbunden. Damit dieses Gespann funktionierte, musste eine große Mündungsbremse zur Minderung der Rückstoßkräfte angebracht werden, um die kleinere Lafette nicht zu überlasten. Das Ergebnis war dennoch eine leistungsfähige Haubitze, die über 0,5 t leichter war als ihre Vorgängerin. 1943–1945 wurden 1.404 Haubitzen des Typs D-1 produziert, allerdings lief auch nach Kriegsende die Fertigung weiter. Das Geschütz war im ehemaligen Ostblock und in mit der Sowjetunion befreundeten Staaten der Dritten Welt noch bis in die 1990er-Jahre weit verbreitet.

Die 15,2-cm-Haubitze D-1.

15,2-CM-KANONENHAUBITZE ML-20 MODELL 1937

Kaliber:	152,4 mm
Gefechtsgewicht:	7.128 kg
Rohrlänge:	4.925 mm (L/32,3)
Höhenrichtbereich:	–2° bis +65,5°
Seitenrichtbereich:	58°
Munitionstyp und Geschossgewicht:	HE: 43,56 kg; AP: 48,8 kg
Mündungsgeschwindigkeit:	HE: 655 m/s
Höchstschussweite:	HE: 17.250 m
Durchschlagsleistung (Panzerstahl):	AP: 124 mm/ 1.000 m/90°

Diese Waffe wurde Mitte der 1930er-Jahre konstruiert, um veraltete Geschütze abzulösen. Sie war eine der ersten Kanonenhaubitzen, d. h., man konnte sowohl mit flacher Flugbahn als auch mit Steilfeuer schießen. Die ersten Exemplare der ab 1937 produzierten ML-20 verfügten noch nicht über Gummibereifung, sondern waren mit Metallrädern ausgerüstet. Im Lauf der Produktion wurden weitere Änderungen vorgenommen, z. B. wurde die Rohrlänge von L/29 auf L/32,3 vergrößert. Auffällig waren die beiden „Hörner" beiderseits des Rohrs, die Schraubenfedern zum Ausgleich des Rohrgewichts enthielten. Die Kanonenhaubitze war die Standardwaffe der sowjetischen Korps-Artillerie und wurde für ein schweres Geschütz in großen Zahlen (bis 1945 ca. 7.000 Stück) produziert. Bei Beginn des Ostfeldzugs im Juni 1941 waren 2.800 Exemplare vorhanden. Die deutsche Wehrmacht erbeutete 974 Stück dieser von ihr sehr geschätzten Waffe und setzte sie als 15,2-cm-Kanonenhaubitze 433/1(r) so häufig ein, dass spezielle deutsche Munition gefertigt wurde. Die ML-20 diente auch als Bewaffnung der Selbstfahrlafetten SU-152 und JSU-152. Die letzten Exemplare dieser Kanonenhaubitze wurden im Ostblock erst in den 1980er-Jahren aus dem Dienst genommen.

15,2-cm-Kanonenhaubitze ML-20.

20,3-CM-HAUBITZE B-4 M 1931

Kaliber:	203 mm
Gefechtsgewicht:	15.800 kg
Rohrlänge:	4.466 mm (L/22)
Höhenrichtbereich:	0° bis +60°
Seitenrichtbereich:	8°
Munitionstyp und Geschossgewicht:	HE: 100 kg; CP: 146 kg
Mündungsgeschwindigkeit:	HE: 573 m/s
Höchstschussweite:	HE: 16.000 m
Durchschlagsleistung (Beton):	CP: 1.000 mm

Die 20,3-cm-Haubitze B-4 M 1931.

Diese Haubitze war das meistgebaute sowjetische schwere Artilleriegeschütz des Zweiten Weltkrieges. Während von anderen Waffen der Kaliber 20,3 cm bis 30,5 cm stets maximal einige Dutzend vor 1941 gebaut wurden, sind die beiden Hauptversionen B-4 und B-4 M (Änderungen an Fahrgestell und Lafette, Rohrlänge L/25) in immerhin 994 Exemplaren angefertigt worden. Geschütze dieser Art standen unter dem Kommando der Armeeführung eines jeweiligen Frontabschnitts und waren vor allem für Belagerungen gedacht, weswegen auch ein spezielles betonbrechendes Geschoss (CP) zur Verfügung stand. Aufgrund des hohen Gewichts setzte die Rote Armee die Lafette auf ein Kettenfahrgestell – wohl in der richtigen Annahme, dass so die Straßenverhältnisse der Sowjetunion besser zu meistern wären. Zu Beginn des Russlandfeldzuges eroberten deutsche Truppen einige dieser Geschütze, so z. B. 27 B-4 und B-4 M in Dubno im Juni 1941. Unter der Bezeichnung 20,3-cm-Haubitze 503/1(r) und 503/2(r) nutzte die Wehrmacht auch diese Beutewaffen. Im März 1944 waren bei der Wehrmacht aber nur noch drei dieser Haubitzen vorhanden.

3,7-CM-FLAK MODELL 1939

Kaliber:	37 mm
Gewicht ohne Lafette:	2.100 kg
Rohrlänge:	2.729 mm (L/74)
Höhenrichtbereich:	–5° bis +85°
Seitenrichtbereich:	360°
Munitionsarten und Geschossgewicht:	HE: 0,732 kg; AP: 0,758 kg
Mündungsgeschwindigkeit:	HE: 880 m/s
Feuergeschwindigkeit:	180 Schuss/min (theor.)
Höchstschussweite:	8.400 m
Wirksame Schusshöhe:	4.000 m

Eine 3,7-cm-Flak M 39(r) im Dienst der Wehrmacht.

Die Entwicklung dieser 3,7-cm-Flak begann im Oktober 1938. Das Vorbild waren Bofors Konstruktionen der 1930er-Jahre, was sich auch im Erscheinungsbild recht deutlich zeigt. Die ersten 15 Geschütze wurden 1939 gefertigt. Im gleichen Jahr wurde die Waffe als 37-mm-61-K Modell 1939 in die Rote Armee eingeführt. Insgesamt wurden 1939–1946 rund 19.000 Stück produziert. Waffen dieses Typs gehörten zur Erstausstattung der Streitkräfte der DDR und wurden dort bis in die 1960er-Jahre benutzt. Eine Marineversion unter der Bezeichnung 37-mm-70-K wurde ebenfalls in großen Stückzahlen hergestellt und war auf fast allen Schiffen der Sowjetunion bis in die 1950er-Jahre zu finden.

7,6-CM-FLAK MODELL 1931 UND 1938

Eine 7,62-cm-Flak M 1938.

Kaliber:	76,2 mm
Gefechtsgewicht:	3.650 kg
Rohrlänge:	4.200 mm (L/55)
Höhenrichtbereich:	–3° bis +82°
Seitenrichtbereich:	360°
Munitionstyp und Geschossgewicht:	HE: 6,3kg; AP: k. A.
Mündungsgeschwindigkeit:	HE: 815 m/s
Wirksame Schusshöhe:	HE: 7.500 m
Durchschlagsleistung (Panzerstahl):	AP: 68 mm/1.000 m/90°

Diese sowjetische Konstruktion beruhte zu großen Teilen auf der 7,5-cm-Bofors-Flak Modell 1925 sowie auf Rheinmetall-Entwürfen einer 7,5-cm-Flak. Die ersten Exemplare, die 1932 an die Truppe übergeben wurden (Modell 1931), hatten eine einachsige Lafette mit nur zwei Rädern. Da sich dies bei einer schweren Flak als nicht praktikabel erwies, wurde das Modell 1938 mit einer verbesserten, vierrädrigen Lafette sowie kleineren Änderungen am Geschütz eingeführt. Bei Beginn des Ostfeldzuges war diese Waffe die Stütze der schweren Flak der Roten Armee. Von den Deutschen in großer Zahl erbeutete Geschütze wurden als Flak 31(r) bzw. 38(r) häufig zur Heimatverteidigung eingesetzt oder an Verbündete weitergegeben. Als keine russische Munition mehr vorhanden war, wurden die Waffen auf das Kaliber 8,8 cm umgerüstet. Bis zur Produktionseinstellung 1939 wurden insgesamt 4.781 7,6-cm-Flak hergestellt.

8,5-CM-FLAK MODELL 1939

Kaliber:	85 mm
Gefechtsgewicht:	3.057 kg
Rohrlänge:	4.460 mm (L/52)
Höhenrichtbereich:	–2° bis +82°
Seitenrichtbereich:	360°
Munitionstyp und Geschossgewicht:	HE: 9,2 kg; AP: 9,2 kg
Mündungsgeschwindigkeit:	HE: 800 m/s
Wirksame Schusshöhe:	HE: 7.600 m
Durchschlagsleistung (Panzerstahl):	AP: 71 mm/1.000 m/60°

Die 8,5-cm-Flak war eines der besten und vielseitigsten der ohnehin meist leistungsfähigen sowjetischen Geschütze. Obgleich sie bei ihrem Erscheinen 1939 keine besonderen Merkmale aufwies, war die Waffe doch sauber und ordentlich konstruiert. Von vornherein war die Flak auch auf den Beschuss von Erdzielen ausgelegt und mit den entsprechenden Zieloptiken und Munition ausgestattet. Als im Lauf des Krieges eine durchschlagskräftige Panzerkanone gesucht wurde, erwies sich die 8,5-cm-Flak als hervorragende Basis für die Bewaffnung des T-34/85 und der SU-85. Die Wehrmacht setzte erbeutete Exemplare dieses Geschützes als 8,5-cm-Flak M 39(r) ein, bis die Beutemunition verschossen war. Dann wurden viele Geschütze mit neuen Kammern und Rohren auf das Kaliber 8,8 cm umgerüstet, um deutsche Munition verschießen zu können. Einige Waffen wurden auch an Finnland weitergegeben. Bis 1945 wurden 13.422 Exemplare der Flak hergestellt. Nach 1945 war diese Waffe in fast allen Ostblock-Staaten bis in 1970er-Jahre zu finden.

Die 8,5-cm-Flak M 1939.

3,7-CM-PAK M3

Kaliber:	37 mm
Gefechtsgewicht:	413,7 kg
Rohrlänge:	2.095 mm (L/56,6)
Höhenrichtbereich:	–10° bis +15°
Seitenrichtbereich:	60°
Munitionsarten und Geschossgewicht:	AP: 0,87 kg; HE: 0,87 kg; FRAG: 0,73 kg
Mündungsgeschwindigkeit:	AP: 762 m/s
Wirksame Schussweite:	AP: 500 m (HE: max. 8.700 m)
Durchschlagsleistung (Panzerstahl):	AP: 53 mm/500 m/60°

Dieses 1937 eingeführte Geschütz war die Standard-Pak der US-Streitkräfte beim Kriegseintritt der USA im Dezember 1941. Die M3 war jedoch zu diesem Zeitpunkt schon veraltet. Als ab Ende 1943 die 5,7-cm-Pak M1 zur Verfügung stand, wurde die Produktion gestoppt. Auf dem pazifischen Kriegsschauplatz bleib diese Pak jedoch bis Kriegsende im Einsatz, da die japanischen Panzer nur leicht gepanzert waren. Das niedrige Gewicht war im Dschungel von Vorteil, da kein Fahrzeug zum Stellungswechsel benötigt wurde. Besonders effektiv waren M3 mit Splittergeschossen (FRAG) auch gegen japanische Infanterieangriffe. Diese Pak verwendete die gleiche Munition wie die Panzerkanonen M5 und M6.

Die 3,7-cm-Pak M3 ...

7,62-CM-PAK M5

Diese Pak wurde ab 1940 aus der Flugabwehrwaffe M3 des gleichen Kalibers entwickelt und nutzte die Lafette der 10,5-cm-Haubitze M2. Erste Prototypen waren bereits Ende 1941 fertig gestellt, doch aufgrund des hohen Gewichts der neuen Pak entschied die US-Armee, dass eine Selbstfahrlafette mit diesem Geschütz sinnvoller sei. Da sich dieses Projekt (aus dem schließlich der M-10-Jagdpanzer wurde) jedoch hinzog, wurde Ende 1942 dann doch mit der Serienproduktion der M5 begonnen. Die Waffe war eine solide Konstruktion und blieb bis zum Kriegsende im Einsatz, konnte die 5,7-cm-Pak jedoch nicht ersetzen.

Kaliber:	76,2 mm
Gefechtsgewicht:	2.210 kg
Rohrlänge:	3.800 mm (L/50)
Höhenrichtbereich:	–5° bis +20°
Seitenrichtbereich:	45°
Munitionsarten und Geschossgewicht:	AP: 6,8 kg
Mündungsgeschwindigkeit:	AP: 792 m/s
Wirksame Schussweite:	AP: 2.000 m
Durchschlagsleistung (Panzerstahl):	AP: 71 mm/ 1.000 m/60°

... und die 7,62-cm-Pak M5.

9-CM-FLAK M1

Kaliber:	90 mm
Gefechtsgewicht:	8.618 kg
Rohrlänge:	4.728 mm (L/52,5)
Höhenrichtbereich:	0° bis +80°
Seitenrichtbereich:	360°
Munitionstyp und Geschossgewicht:	HE: 10,61 kg
Mündungsgeschwindigkeit:	HE: 823 m/s
Wirksame Schusshöhe:	HE: 10.300 m (max. 12.050 m)

Die M1-Flak entstand aus der Notwendigkeit heraus, die bewährte, aber in die Jahre gekommene 7,6-cm-Flak M3 zu ersetzen, da diese die Flughöhe moderner Kampfflugzeuge nicht mehr erreichen konnte. So wurde ab 1938 diese 9-cm-Flak entworfen und ab Mai 1941 bei der Truppe eingeführt. Die Waffe war eine gute Konstruktion mit vielen modernen Elementen wie Fernsteuerung des Seiten- und Höhenrichtbereichs vom Kommandogerät der Flak aus sowie einem federbetätigten Ansetzer, um die Arbeit der Ladeschützen zu erleichtern und die Schussfolge zu erhöhen. Leider erwies sich dieser Ansetzer als Fehlkonstruktion und wurde häufig von den Mannschaften entfernt. Die 9-cm-Flak blieb bis weit nach 1945 die schwere Standard-Flak der USA.

Eine M1-Flakstellung der US-Armee auf Okinawa.

7,5-CM-HAUBITZE M1A1 UND M8 PACK-HOWITZER

Kaliber:	75 mm
Gefechtsgewicht:	607,4 kg
Rohrlänge:	1.200 mm (L/16)
Höhenrichtbereich:	–5° bis +45°
Seitenrichtbereich:	6°
Munitionstyp und Geschossgewicht:	HE: 6,35 kg
Mündungsgeschwindigkeit:	HE: 381 m/s
Höchstschussweite:	HE: 8.780 m

Die 7,5-cm M8 Pack-Howitzer.

Die Waffe wurde schon 1927 entwickelt, aber nicht vor Ausbruch des Krieges in großen Stückzahlen gefertigt. Sie war ursprünglich für Gebirgstruppen und ähnliche Verbände gedacht, die eine leichte, aber dennoch schlagkräftige Haubitze benötigten, welche im Mannschaftszug oder mit Packtieren bewegt werden konnte (daher Pack-Howitzer). Um den Transport zu erleichtern, war es möglich, das Geschütz schnell in sechs Teillasten zu zerlegen, von denen die schwerste 100 kg wog. Für den Zusammenbau benötigte eine geübte Mannschaft nur ganze drei Minuten. Eine modernere Version mit Metallrädern und Gummibereifung speziell für die Fallschirmjäger wurde 1936 eingeführt und erhielt die Bezeichnung M 8. In dieser Form wurde die Waffe von amerikanischen und britischen Luftlandetruppen bis in die 1960er-Jahre eingesetzt.

10,5-CM-HAUBITZE M2 A1

Die 10,5-cm-Haubitze M2 A1 war die Standardwaffe der Divisionsartillerie der US-Armee im Zweiten Weltkrieg und darüber hinaus. Obwohl erste Modelle dieser Waffe schon 1928 entstanden, begann die Großserienproduktion erst Anfang 1941. Die robuste, ja geradezu unverwüstliche Waffe verfügte über eine Spreizlafette, ein hydropneumatisches Rücklaufsystem und einteilige Munition, d. h., Geschoss und Kartusche wurden gemeinsam geladen. Zur Panzerabwehr wurde die Haubitze auch mit einem Hohlladungsgeschoss ausgerüstet.

Kaliber:	105 mm
Gefechtsgewicht:	2.030 kg
Rohrlänge:	2.310 mm (L/22)
Höhenrichtbereich:	–5° bis +66°
Seitenrichtbereich:	46°
Munitionstyp und Geschossgewicht:	HE: 14,97 kg
Mündungsgeschwindigkeit:	HE: 472 m/s
Höchstschussweite:	HE: 11.200 m

10,5-cm-Haubitze M2 A1.

Eine Batterie M2 A1 in Feuerstellung.

Nach 1945 wurde die M2 A1 in M101 umbenannt und im großen Umfang exportiert. Insgesamt 67 Staaten nutzten oder nutzen noch immer dieses Geschütz. Die Munition der Haubitze ist aufgrund ihrer weiten Verbreitung in der westlichen Welt praktisch zum Standard in diesem Kaliber geworden.

Frankreich, August 1944: Eine M2 A1-Haubitze beschießt deutsche Stellungen.

15,5-CM-HAUBITZE M 1

Die 15,5-cm-Haubitze M 1 im Einsatz.

Kaliber:	155 mm
Gefechtsgewicht:	5.760 kg
Rohrlänge:	3.620 mm (L/23,4)
Höhenrichtbereich:	–2° bis +63°
Seitenrichtbereich:	49°
Munitionstyp und Geschossgewicht:	HE: 42,96 kg
Mündungsgeschwindigkeit:	HE: 564 m/s
Höchstschussweite:	HE: 14.600 m

Die Haubitze M 1 war eine weitere der neuen Generation von amerikanischen Artilleriewaffen, die Anfang der 1940er-Jahre eingeführt wurde. Der Entwurf des Geschützes begann 1940, und 1941 wurden die ersten Exemplare an die US-Streitkräfte geliefert. Die M 1 genannte Haubitze war zu ihrer Zeit ein sehr moderner Entwurf, der von Anfang an auf den Zug durch Motorfahrzeuge ausgelegt wurde – 1940 keineswegs eine Selbstverständlichkeit. Die Wehrmacht beispielsweise, die 1940 sicher eine der bestausgerüsteten Armeen der Welt war, führte damals noch zahlreiche bespannte Geschütze. Die Spreizlafette verfügte nur über einen kleinen Schutzschild, war jedoch sehr robust und belastbar. Markant waren zwei große Augleichsfedern links und rechts des Rohrs. Wo auch immer die US-Armee im Zweiten Weltkrieg kämpfte, war auch die 15,5-cm-Haubitze M 1 dabei. Über 6.000 Stück wurden bis 1945 hergestellt. Nach dem Krieg wurde die Bezeichnung in M 114 geändert und die Waffe in über 40 Länder exportiert. Praktisch jeder Staat, der nach 1945 US-Militärhilfe erhielt, bekam auch diese Haubitze. Noch heute wird diese Waffe recht häufig genutzt, und verschiedene Firmen bieten Rüstsätze zur Modernisierung an.

15,5-CM-KANONE M 2 „LONG TOM"

Kaliber:	155 mm
Gefechtsgewicht:	13.880 kg
Rohrlänge:	6.970 mm (L/45)
Höhenrichtbereich:	–1,5° bis +63°
Seitenrichtbereich:	60°
Munitionstyp und Geschossgewicht:	HE: 90,72 kg
Mündungsgeschwindigkeit:	HE: 853 m/s
Höchstschussweite:	HE: 23.220 m

Aufgrund ihres langen Rohrs wurde die M 2-Kanone mit dem Spitznamen „Long Tom" versehen. Ihre Ursprung geht auf französische 15,5-cm-Geschütze zurück, die von der US-Armee während des Ersten Weltkrieges verwendet wurden. Da die Amerikaner von der Leistungsfähigkeit dieser Waffen sehr beeindruckt warten, konstruierten sie in den 1930er-Jahren eine eigene Version, die jedoch nicht vor 1941 in Produktion ging. Diese M 1 war eine große und schwere, aber sehr leistungsfähige und treffsichere Waffe. Allerdings hatte sie einen Nachteil: Der Verschluss schloss nicht immer dicht, was zu Unfällen führen konnte. In der verbesserten Version M 2 wurde die Kanone zur Standardwaffe auf Armeekorps-Ebene und erwies sich als eines der besten Geschütze dieser Art überhaupt. Wegen des hohen Gewichts verfügte die Lafette über acht Räder, die beim Feuern jedoch angehoben wurden, sodass die Waffe dann direkt auf der Lafette ruhte. Das kam der Stabilität und damit der Zielgenauigkeit zugute. Auch nach Ende des Krieges wurde diese Kanone noch bei der US-Armee und bei verbündeten Streitkräften eingesetzt.

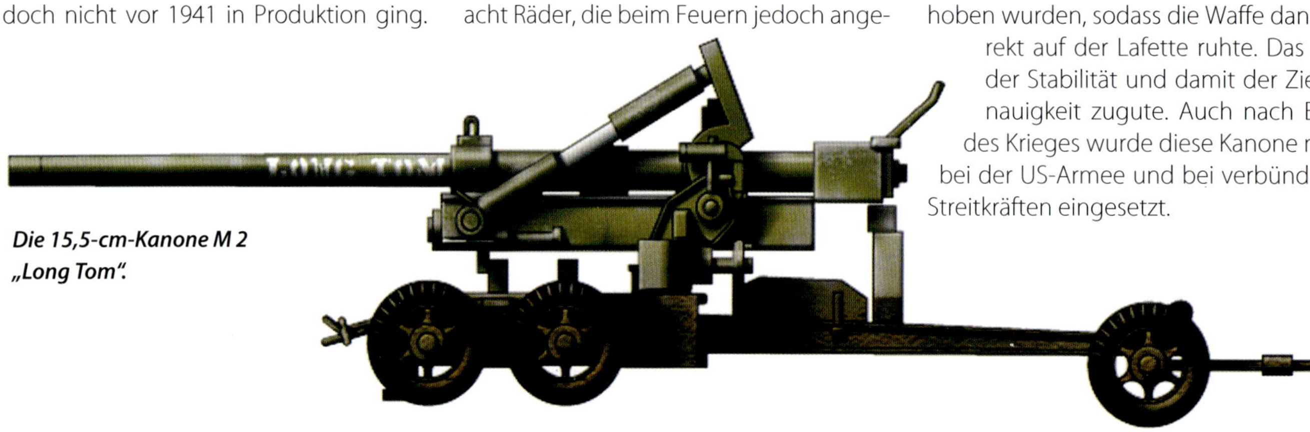

Die 15,5-cm-Kanone M 2 „Long Tom".

20,3-CM-HAUBITZE M 1

Neben der 15,5-cm-Kanone M 2 war diese Haubitze die schwere Standard-Artilleriewaffe der US-Armee in der letzten Kriegsphase. Beide Waffen verwendeten die gleiche achträdrige Lafette und zweirädrige Protze. Die Entwicklung begann schon 1939, zog sich aufgrund technischer Probleme allerdings sehr lange hin, sodass die ersten Haubitzen erst im Januar 1944 an die Truppe ausgeliefert wurden. Obwohl die 90,72 kg schweren Sprenggeschosse der M 1 eine verheerende Wirkung im Ziel hatten, war die Treffsicherheit nie so gut wie bei der 15,5-cm Kanone M 2.

Kaliber:	203 mm
Gefechtsgewicht:	134.380 kg
Rohrlänge:	5.080 mm (L/25)
Höhenrichtbereich:	–2° bis +65°
Seitenrichtbereich:	60°
Munitionstyp und Geschossgewicht:	HE: 90,72 kg
Mündungsgeschwindigkeit:	HE: 595 m/s
Höchstschussweite:	HE: 17.000 m

Die 20,3-cm-Haubitze M 1 in Feuerstellung.

Die 20,3-cm-Haubitze M 1 im Einsatz in Korea.

Ähnlich wie die 15,5-cm-Waffe blieb auch diese Haubitze noch lange nach dem Krieg im Arsenal der US-Streitkräfte und ihrer Verbündeten. Während des Kalten Krieges wurde für sie sogar ein Nuklear-geschoss entwickelt.

2-CM-OERLIKON FLAK

Ähnlich der 4-cm-Bofors wurde auch diese Waffe von praktisch allen am Zweiten Weltkrieg beteiligten Nationen verwendet. Ursprünglich 1914 vom Deutschen Reinhold Becker entworfen, gingen das Patent und die Fertigungsrechte 1919 an die Schweizer Semag, die später von Oerlikon übernommen wurden. Bei Oerlikon wurde das Geschütz weiterentwickelt und weltweit vermarktet. In zahlreichen Ländern (teils mit Änderungen) in Lizenz hergestellt, war die Oerlikon wahrscheinlich die meist gebaute Flak des Zweiten Weltkrieges. Allein die USA produzierten bis zum Kriegsende 124.735 Exemplare und über 1 Milliarde Schuss Munition. Genaue Zahlen über die Produktion in Großbritannien und im Commonwealth liegen nicht vor, jedoch im Mai 1945 waren dort über 55.000 Stück im Einsatz, von denen allerdings wohl ein Teil aus den USA stammte.

Die Oerlikon galt als zuverlässige, robuste und simple Konstruktion, die leicht zu warten war. Zudem war sie erfolgreich: 32 % aller von US-Streitkräften abgeschossenen japanischen Flugzeuge zwischen Dezember 1941 und September 1944 gingen auf das Konto dieser Flak. Ab Ende 1944 allerdings begannen die Alliierten, sie durch die 4-cm-Bofors zu ersetzen, da diese eine größere Wirkung im Ziel hatte, was unter dem Eindruck der beginnenden japanischen Kamikaze-Angriffe überlebenswichtig war. Auch bei Wehrmacht und Kriegsmarine war die Waffe unter der Bezeichnung 2-cm-Flak 28/29 im Einsatz. Versionen zum Einbau in Flugzeuge und Panzerfahrzeuge wurden ebenfalls entwickelt. 1939 wurde in Polen eine stark vereinfachte, kostengünstige Variante konstruiert. Es gelang vor der deutschen Besetzung Polens noch, die Pläne für diese Waffe nach England zu bringen, wo sie unter der Bezeichnung „Polsten-Gun" in Produktion ging. Selbst heute ist die Oerlikon noch bei manchen Streitkräften zu finden – eine erstaunliche Tatsache für eine Flak, deren Ursprung bis 1914 zurückreicht.

Kaliber:	20 mm
Gewicht der Waffe ohne Lafette:	68,04 kg
Rohrlänge:	1.400 mm (L/70)
Höhenrichtbereich:	–10° bis +90°
Seitenrichtbereich:	360°
Munitionsarten und Geschossgewicht:	HE-I: 0,12 kg
Mündungsgeschwindigkeit:	835 m/s
Feuergeschwindigkeit:	450 Schuss/min (theor.)
Höchstschussweite:	4.400 m
Schusshöhe:	3.050 m

Die 2-cm-Oerlikon als Zwillingswaffe mit Trommelmagazinen.

Die Oerlikon 2-cm-Flak, hier als Bewaffnung eines amerikanischen U-Boots der Gato-Klasse.

4-CM-FLAK BOFORS L/60

Kaliber:	40 mm
Gefechtsgewicht:	1.981 kg
Rohrlänge:	2.250 mm (L/56,25)
Höhenrichtbereich:	–5° bis +90°
Seitenrichtbereich:	360°
Munitionstyp und Geschossgewicht:	HE: 0,9 kg; AP: 0,889 kg
Mündungsgeschwindigkeit:	HE: 829–881 m/s
Schussgeschwindigkeit:	120 Schuss/min
Max. Schusshöhe:	6.800–7.200 m (je nach Modell)
Durchschlagsleistung:	AP: 30 mm/1.800 m/90°

Die 4-cm-Flak des schwedischen Rüstungskonzerns Bofors war sicher eine der am weitest verbreiteten Fla-Waffen aller Zeiten. Praktisch alle am Zweiten Weltkrieg beteiligten Nationen setzten sie ein. Mitunter war vom ursprünglichen Bofors-Entwurf allerdings nicht mehr allzu viel zu erkennen, da die in Lizenz produzierten Geschütze oft stark verändert wurden. Die Wurzeln der Waffe lassen sich bis zu einem Krupp-Entwurf von 1918 zurückverfolgen, der von Bofors (bis 1930 teilweise in der Hand von Krupp) wesentlich verändert und verbessert wurde. Der erste Prototyp erschien 1933, aber erst nach erneuten Veränderungen wurde das 1936er-Modell zur Serienfertigung ausgewählt. Bofors exportierte dieses Geschütz vor 1939 in zahlreiche europäische Länder und vergab auch Rechte zur Lizenzfertigung. Die britische Armee orderte 1937 die ersten 100 Bofors-Flak und war sehr zufrieden mit der Waffe, sodass man die Rechte zur Lizenzproduktion erwarb. Genaue Angaben über die Anzahl der in allen Commonwealth-Staaten bis 1945 gefertigten, luftgekühlten Bofors-Flak liegen nicht vor, doch sprechen Schätzungen von bis zu 2.800 Stück. Auch die britische Marine setzte diese Flak auf fast allen Schiffen ein, entwickelte jedoch eine wassergekühlte Version. Die US-Streitkräfte nutzten sowohl an Land als auch bei der Marine Bofors-Waffen. Die in den USA hergestellten Flak wurden stark verändert, um für eine schnelle Massenfertigung besser geeignet zu sein. Der ursprüngliche Entwurf benötigte recht viel Handarbeit und war aufwändig und kompliziert in der Herstellung. Auch die Munition wurde in dieser Weise überarbeitet. Die US-Marine setzte ab Mitte 1942 Einzel-, Zwillings- und Vierlingslafetten auf praktisch all ihren Schiffen ein. Bis Kriegsende wurden von dieser wassergekühlten Version insgesamt 39.200 Stück produziert.

Die Bofors-Flak erwies sich als zuverlässige, robuste Waffe. Gegen Ende des Krieges im Pazifik zeigte sich jedoch, dass die Sprengkraft des 4-cm-Geschosses nicht immer ausreichte, einen entschlossenen Kamikaze-Piloten aufzuhalten, weshalb sich die US-Marine nach dem Krieg entschied, 7,6-cm-Flak einzuführen. Auch die Wehrmacht und vor allem die Kriegsmarine nutzten erbeutete 4-cm-Bofors-Flak, die aus Polen, Norwegen und den Niederlanden kamen. In Dünkirchen war ebenfalls eine ganze Anzahl solcher Geschütze in deutsche Hände gefallen. Die norwegische Firma Kongsberg führte die Lizenzproduktion im beschränkten Umfang für die Wehrmacht fort. Die Japaner eroberten Anfang 1942 einige britische Bofors und entwickelten daraus einen eigenen Typ, die 4-cm-Flak Typ 5.

Eine improvisierte Fla-Selbstfahrlafette der Wehrmacht mit einer 4-cm-Bofors-Flak.

Eine Bofors einer Flak-Abteilung der Wehrmacht.

Leichtes 4-cm-Bofors-Flugzeugabwehrgeschütz der Wehrmacht an der Atlantikküste.

SPEZIALWAFFEN

FERNGELENKTE LADUNGSTRÄGER

Der Ladungsträger Goliath.

	Goliath (Vergasermotor)	Borgward IV Ausf. A
Gefechtsgewicht:	360 kg	3.450 kg
Besatzung:	keine	keine
Abmessungen in mm (Länge/Breite/Höhe):	1.600/850/600	3.350/1.800/1.250
Motor:	Zündapp 2-Zylinder, Benzin, Luftkühlung, 703 ccm, 12,5 PS (9,2 kW)	Borgward 4-Zylinder, Reihe, Benzin, Wasserkühlung 49 PS (36,1 kW)
Geschwindigkeit:	10 km/h Straße	40 km/h Straße
Fahrbereich:	7 km Straße	120 kmStraße
Bewaffnung:	75 kg Sprengladung	450 kg Sprengladung
Panzerung:	k. A.	max. 20 mm

Die Wehrmacht verfügte über zwei Typen von ferngelenkten Ladungsträgern: den Borgward IV und den Goliath. Das Borgward-Modell war zunächst als Munitionsschlepper und dann als ferngelenkter Minensucher vorgesehen. Da die Fahrzeuge dies jedoch meist selbst nicht überstanden und dafür zu teuer waren, entschied man sich, sie zu Ladungsträgern umzurüsten. Die ersten Exemplare wurden im April 1942 vom Heereswaffenamt abgenommen und ab November 1942 eingesetzt. Das Fahrzeug trug dabei eine 450 kg schwere Sprengladung, die es auf Funkbefehl abwarf, sobald es das Ziel erreicht hatte. Dann zog es sich – wiederum per Funk gelenkt – zurück, und die Ladung explodierte. Bis Juni 1943 wurden insgesamt 613 Stück der Ausf. A ausgeliefert, daran schlossen sich die verbesserten Ausführungen B und C an (565). Es gab auch Versuche, die Fahrzeuge mit Kameras auszustatten, um sie auf größeren Entfernungen besser steuern zu können, diese Versuche waren allerdings bis Kriegsende noch nicht abgeschlossen. Anfang 1945 wurden einige Borgward-Fahrzeuge mit drei Panzerschreck-Abschussrohren zu ferngelenkten Panzerjägern umgebaut und vor allem in der Schlacht um Berlin verwendet.

Der Goliath war wesentlich kleiner als das Borgward-Modell und wurde ab April 1942 an die Truppe ausgeliefert. Diese Fahrzeuge waren drahtgelenkt und explodierten, sobald sie ihr Ziel erreicht hatten. Da sie wegen ihrer Elektromotoren zu kostspielig waren, entwickelte man eine neue Variante mit Benzinmotor. Bis Juli 1944 wurden aber noch 2.650 Exemplare mit Elektromotor gebaut. Die ersten Goliath mit einem Zündapp-Benzinmotor wurden im April 1943 ausgeliefert und 4.594-mal angefertigt. Ein größeres Modell mit 100 kg Sprengstoff wurde ab November 1944 325-mal hergestellt. Aber alle Goliaths waren empfindlich, schwer zu handhaben, und ihre Sprengladungen waren zu klein. Die erheblichen Bestände von 2.527 mit Elektro- und 3.797 mit Vergasermotor ausgerüsteten Goliaths am 1. März 1945 zeigen den geringen Einsatzwert dieser Fahrzeuge. Dennoch waren sowohl die Borgward- als auch die Goliath-Modelle ihrer Zeit vom Konzept her weit voraus, allein die technischen Möglichkeiten waren zu jener Zeit noch nicht gegeben.

Der Ladungsträger Borgward IV.

NEBELWERFER 41 UND 42

	Modell 41	Modell 42
Kaliber:	150 mm	210 mm
Gefechtsgewicht (geladen):	770 kg	1.100 kg
Rohrlänge:	1.300 mm	1.300 mm
Länge der Rakete:	931 mm	1.260 mm
Gewicht der Rakete:	34,2 kg	110 kg
Gefechtskopf:	HE: 2,83 kg	He: 28,6 kg
Mündungsgeschwindigkeit:	340 m/s	320 m/s
Höchstschussweite:	6.700 m	7.850 m

Ein Nebelwerfer 42 der Division Großdeutschland.

Nach den Bestimmungen des Versailler Vertrages war es Deutschland untersagt, schwere Artilleriewaffen zu entwickeln, über Raketen sagte die Bestimmungen jedoch nichts. Daher wurden schon ab 1931 Forschungen auf diesem Gebiet aufgenommen, u. a. auch um chemische Kampfstoffe per Rakete ins Ziel zu bringen. Dies alles musste natürlich streng geheim bleiben, weshalb die Waffen den Namen „Nebelwerfer" und die Truppe, die diese einsetzen sollte, den Namen „Nebeltruppe" erhielten. Daher rührt die oftmals verwirrende Bezeichnung der Waffen als Nebelwerfer. Die Wehrmacht setzte während des Krieges zahlreiche ungelenkte Artillerie-Raketen ein, am bekanntesten waren jedoch die Nebelwerfer. Der 15-cm-Nebelwerfer bestand aus sechs kreisförmig angeordneten Rohren, die auf der Lafette der 3,7-cm-Pak montiert waren. Die sechs Geschosse konnten innerhalb von sechs Sekunden verschossen werden. Der Treibsatz mit einem Gewicht von 6,5 kg befand sich im vorderen Teil des Geschosses und beschleunigte das Projektil durch 26 schräg angebrachte Düsen, die auch den notwendigen Drall erzeugten. Die 2,8 kg schwere Sprengladung befand sich im Heck, wodurch eine größere Splitter- und Druckwirkung beim Aufschlag erzeugt wurde. Die ersten Waffen wurden im März 1940 produziert.

Der Werfer wurde auch auf gepanzerte Halbkettenfahrzeuge (Sd.Kfz. 4/1 Maultier) gesetzt. Dabei wurde neben der veränderten Anordnung auch die Zahl der Abschussrohre auf zehn erhöht. Eine noch wesentlich höhere Feuerkraft hatte der 21-cm-Nebelwerfer 42. Bei diesem Werfer waren fünf Rohre von 1.300 mm Länge in einem Bündel auf die Lafette des 15-cm-Werfers gesetzt. Innerhalb von acht Sekunden konnten die fünf Projektile verschossen werden. Zudem konnte mittels Einlegeschienen auch jede 15-cm-Werfermunition verschossen werden. Die Drallstabilisierung wurde durch 22 Einzeldüsen erzielt. Der 21-cm-Nebelwerfer 42 wurde ab März 1942 bis Kriegsende produziert. Insgesamt wurden für das Heer 6.009 Nebelwerfer 41 und 1.487 Nebelwerfer 42 hergestellt. Für die Luftwaffe wurden noch einmal 17.678 Rohre mit 21.000 Werfergranaten geliefert. Sie waren unter den Tragflächen von Jägern und Zerstörern angebracht, und mit ihnen wurden Bomberverbände bekämpft.

Der Panzerwerfer 42 auf dem teilgepanzerten Fahrgestell des Maultier-Halbkettenfahrzeugs.

HENSCHEL HS 293

Die Henschel Hs 293 war eine funkgelenkte Raketen-Gleitbombe, die 1943–1945 vornehmlich gegen Schiffe zum Einsatz gebracht wurde. Die Hs 293 basierte auf der Sprengbombe SC 500, die mit Tragflächen, einem Leitwerk, einem Steuerungssystem und einem untergehängten Walther-Raketentriebwerk ausgestattet wurde. Nach dem Start von einem Trägerflugzeug (z. B. Do 217, He 177, Fw 200) brannte das Triebwerk zehn Sekunden, dann ging die Waffe in den Gleitflug über. Am Heck des Flugkörpers befand sich ein Leuchtsatz, um die Beobachtung durch den Schützen bei Tag und Nacht zu erleichtern. Die Steuerung erfolgte mittels Funk. Eine Draht-Lenkung war in Entwicklung, kam jedoch nicht zum Einsatz. (Damit wäre die Hs 293 gegen Funkstörungen unempfindlich gewesen.) Eine mittels Kamera in der Flugkörpernase gelenkte Version wurde ebenfalls entwickelt, gelangte aber nicht mehr zur Serienreife. Die Zielgenauigkeit lag im Training bei bis zu 90 %, in realen Einsätzen sank sie jedoch auf ca. 50 %.

Der erste Einsatz der Hs 293 erfolgte am 25. August1943. Zwei Tage später wurde die britische Korvette HMS Egret versenkt, und die Hs 293 entwickelte sich zur erfolgreichsten Lenkwaffe des Krieges. Auf ihr Konto gehen mehrere Zerstörer sowie zahlreiche Handelsschiffe. Für den Einsatz gegen Kreuzer oder Schlachtschiffe reichte ihre Durchschlagskraft jedoch nicht aus. Im späteren Verlauf des Krieges wurde die Hs 293 vereinzelt auch im Osten und in der Normandie gegen Landziele, z. B. Brücken, eingesetzt. Mindestens 1.200 Hs 293 wurden bis 1945 verfeuert. Gegen Ende des Krieges waren jedoch die Frequenzen des Steuergerätes bekannt, und die Alliierten behinderten durch Störungen dieser Frequenzen massiv ihre Wirksamkeit.

Startgewicht:	975 kg
Länge/Spannweite:	3,82 m/3,2 m
Triebwerk:	Walther-Raketentriebwerk HWK 109–507 mit 590 kp Schub
Höchstgeschwindigkeit:	950 km/h
Abwurfhöhe:	400–2000 m
Reichweite:	3–18 km
Bewaffnung:	Sprengkopf 320–500 kg

Eine Hs 293 unter einer Do 217 E-5 des KG 100.

Eine Hs 293 aus der Beutesammlung der US Air Force.

Lenkanlage für Hs 293 FuG 203 (Kehl III).

RUHRSTAHL SD 1400 „FRITZ X"

Startgewicht:	1.570 kg
Abmessungen (Länge/Spannweite):	3,62 m/1,35 m
Treibwerk:	keins
Max. Fallgeschwindigkeit:	280 m/s
Mind. Abwurfhöhe:	4.000 m
Reichweite:	9.000 m
Bewaffnung:	Sprengkopf 320 kg

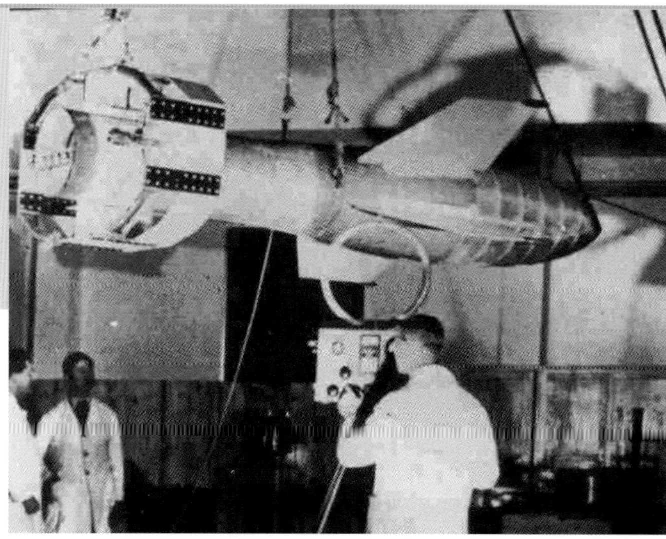

Eine „Fritz X" bei Tests.

Diese funkgesteuerte Bombe, kurz meist „Fritz X" genannt, wurde ab Anfang der 1940er-Jahre von Max Kramer bei der Firma Ruhrstahl entwickelt und war vor allem zum Einsatz gegen schwer gepanzerte Schiffsziele vorgesehen.

Die Fritz X basierte auf einer gewöhnlichen, panzerbrechenden Bombe vom Typ SD 1400. Sie besaß eine aerodynamisch günstiger gestaltete Spitze als die SD 1400, vier Stummelflügel mit einer Spannweite von 1,35 m und ein kastenförmiges Leitwerk. Gesteuert wurde die Bombe per Funk. Dabei musste der Bombenschütze die Waffe immer mit dem Ziel in Deckung halten, was den Nachteil hatte, dass das Trägerflugzeug sein Ziel überfliegen musste.

Die Fritz X kam am 29. August 1943 zur Truppe. Schon am 9. September 1943 konnte die Luftwaffe ihren größten Erfolg mit dieser Waffe verzeichnen. Nach dem Waffenstillstand zwischen Italien und den Alliierten nahm die italienische Flotte Kurs auf Malta, um sich den Alliierten zu ergeben. Um dies zu verhindern, starteten zwölf Kampfflugzeuge des Typs Do 217 des KG 100 mit je einer Fritz X an Bord. Das Schlachtschiff Roma erhielt mehrere Treffer und sank mit 1.455 Mann nach einer Explosion der Munitionskammer. Das Schwesterschiff Italia wurde beschädigt.

Im weiteren Verlauf des Krieges versenkten Fritz X noch den Kreuzer HMS Spartan, den Zerstörer HMS Janus sowie das Lazarettschiff Newfoundland. Sie beschädigten mehrere Schiffe schwer, so auch das Schlachtschiff HMS Warspite, das sich nach drei Fritz-X-Treffern nur mit größer Mühe noch nach Malta retten konnte. Ähnlich erging es dem Kreuzer USS Savannah. Von rund 2.000 gebauten Fritz X wurden nur ca. 200 im Kampf eingesetzt. Da die Trägerflugzeuge ihre Ziele überfliegen mussten und während der Lenkphase keine abrupten Ausweichbewegungen möglich waren, hatten die mit Fritz X ausgerüsteten Kampfgruppen ebenfalls hohe Verluste zu verzeichnen.

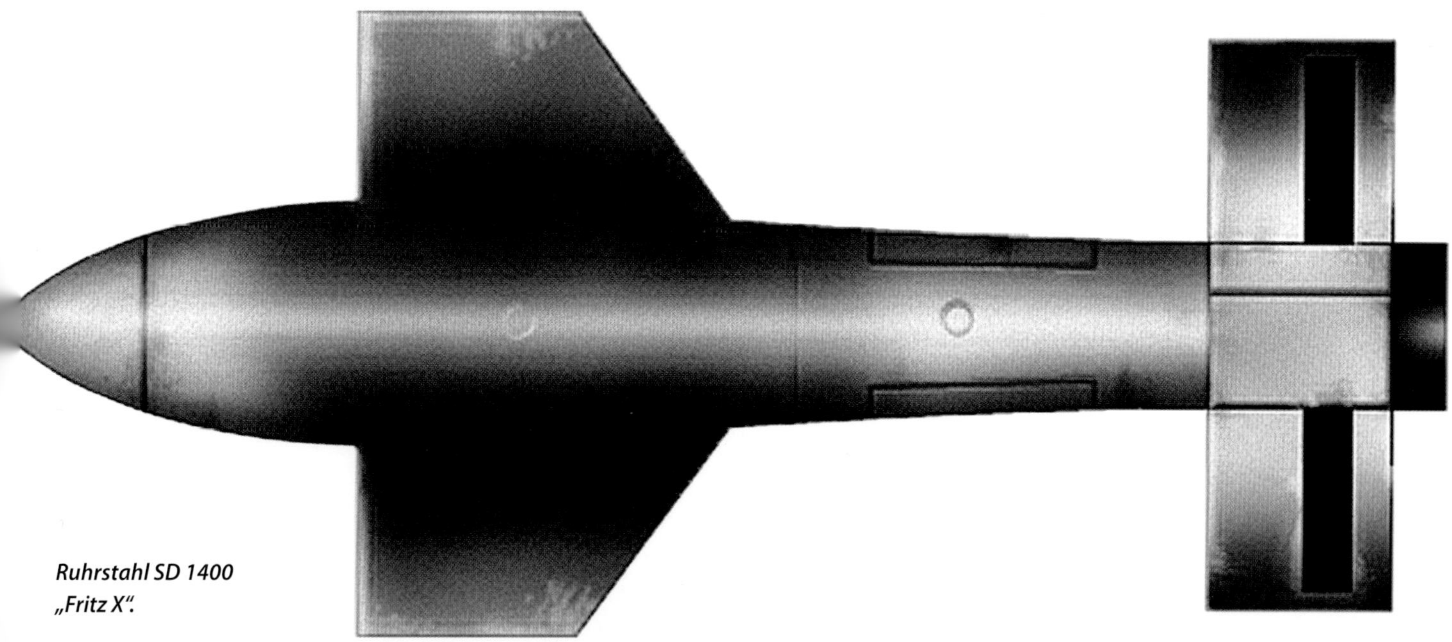

Ruhrstahl SD 1400 „Fritz X".

FIESELER FI 103 V1

Die V1 – oder korrekter Fi 103 – war im Grunde eine primitive Cruise Missile, jedoch ohne die raffinierte Steuerung der modernen Variante. Am 25. Juni 1942 erhielt Fieseler den Auftrag, eine automatisch gesteuerte Flügelbombe zu bauen. Dabei sollte das neu entwickelte Pulso-Schubrohr, ein einfaches Strahltriebwerk, verwendet werden. Der Projektname lautete aus Geheimhaltungsgründen „FZG 76" (Flak-Zielgerät 76). Zu Propagandazwecken wurde dieser Waffe kurz vor ihrem Einsatz die Bezeichnung „V1" (Vergeltungswaffe 1) gegeben. Die V1 hatte den Aufbau eines Flugzeugs und wurde von einem Pulso-Schubrohr mit 335 kp Maximalschub angetrieben, das oben auf dem hinteren Rumpf saß. Die Lenkung erfolgte durch eine automatische Kreiselkurssteuerung. Die Steuerung der Reichweite wurde durch einen Zählpropeller in der Rumpfspitze erreicht, der nach einer bestimmten Umdrehungszahl die Treibstoffzufuhr unterbrach. Zur Herstellung einer V1 wurden nur 280 Arbeitsstunden benötigt, was eine Produktion in großen Zahlen zuließ. Gestartet wurde die V1 entweder von ortsfesten Startschienen oder von Trägerflugzeugen aus der Luft. Die ortsfesten Stellungen bestanden aus einem 55 m langen Katapult mit einer Steigung von 6°.

Der erste Einsatz fand am 16. August 1944 statt. Innerhalb der nächsten 80 Tage wurden mehr als 9.300 V1 gestartet. Ihr Hauptziel waren London und andere südenglische Städte. Von diesen Geschossen fielen etwa 2.000 unmittelbar nach dem Start durch technische Fehler aus. Von den übrigen wurden ca. 25 % durch Jäger und weitere 25 % durch Flak oder Ballonsperren abgefangen. Britische Jäger entwickelten eine besondere Taktik, um die V1 zum Absturz zu bringen. Sie schoben eine ihrer Tragflächen seitlich unter eine Tragfläche der V1 und kippten dann ab. Das genügte, um die Steuerung des Geschosses so zu verwirren, dass es abstürzte. Auch Lüttich (3.141 V1) und Antwerpen (8.696 V1) wurden beschossen.

Startgewicht:	2.810 kg
Abmessungen (Länge/Spannweite):	7,92 m/5,71 m
Triebwerk:	Argus As 014-Pulso-Strahltriebwerk mit 335 kp Schub
Höchstgeschwindigkeit:	625 km/h
Dienstgipfelhöhe:	k. A.
Reichweite:	350 km
Bewaffnung:	Sprengkopf 850 kg

Gegen Kriegsende entstanden Pläne, die V1 auch als Rammjäger gegen alliierte Bomber einzusetzen. Für diese Aktion unter dem Namen Reichenberg sollten V1 zu einer bemannten Version, der Fi 103/R 3, umgerüstet werden. Zum Einsatz kamen diese Selbstmord-Waffen aber nicht mehr. Schon Anfang 1945 – also noch vor der deutschen Kapitulation – wurden erbeutete V1 und technische Unterlagen in die USA verschifft. Innerhalb kürzester Zeit wurde dort von Ford und Republic Aircraft eine Kopie der V1 mit der Bezeichnung JB 2 produziert, die gegen Japan zum Einsatz kommen sollte, aber nur zu Testzwecken eingesetzt wurde.

Der große Nachteil der ortsfesten Stellungen war, dass sie durch Bomber leicht zu zerstören waren. Viele Abschussrampen gingen zudem nach der Landung der Alliierten in der Normandie verloren. Daher wurde immer öfter auf Trägerflugzeuge zurückgegriffen. Der Start erfolgte von He-111 H-22 aus. Der erste Einsatz wurde am 7. Juli 1944 geflogen und der letzte am 15. Januar 1945. Insgesamt gingen dabei 80 Trägerflugzeuge verloren, und rund 1.600 V1 wurden gestartet. Davon erreichten etwa 50 % London.

PEENEMÜNDE AGGREGAT A4 V2

Eine V2 wird zum Start auf dem so genannten Meilerwagen aufgerichtet. Bis zum 27. März 1945 wurden insgesamt 5.500 A4 abgefeuert. Davon trafen etwa 2.000 den Großraum London und 1.600 Antwerpen. Weitere Ziele waren Brüssel, Lüttich, Paris und die Brücke von Remagen, auf welche elf Raketen abgefeuert wurden, allerdings ohne einen Treffer zu erzielen.

Startgewicht:	12.825 kg
Abmessungen (Länge/Spannweite):	14,026 m/3,564 m
Triebwerk:	Raketentriebwerk mit 27.500 kp Schub
Höchstgeschwindigkeit:	1500 m/s, entspricht Mach 5
Dienstgipfelhöhe:	80 km
Reichweite:	zunächst 320 km, später 380 km
Bewaffnung:	Sprengkopf 975 kg

Die V2 wurde am 7. September 1944 erstmals eingesetzt. In der Raketenversuchsanstalt Peenemünde auf Usedom wurde Hitler im März 1939 eine neue Rakete vorgeführt, die Vorläuferin der A4. Er befahl, dieses Versuchsmuster zu einer frontreifen Fernrakete zu entwickeln. Aber erst im Juli 1943 wurde die A4 serienreif. Nach Bombenangriffen verlagerte man die Produktion in ein unterirdisches Werk bei Nordhausen. Beim Ausbau der Stollen sowie dem Bau der V2 wurde massiv auf KZ-Häftlinge zurückgegriffen. Etwa 60.000 mussten am Stollen mitarbeiten, über ein Drittel von ihnen starb an Hunger, Kälte oder Krankheit.

Die Produktion der nun V2 genannten Waffe begann im Oktober 1943. Im Januar 1944 konnten die ersten Raketen geliefert werden, die aber wegen Qualitätsmängel fast alle unbrauchbar waren. Eine Steuerung der Rakete nach dem Abschuss war nicht möglich. Man konnte einzig über die Reichweite eine grobe Ausrichtung vornehmen, die Abweichung vom Ziel betrug jedoch oft mehrere Kilometer. Die V2 war daher eigentlich nur als Terrorwaffe tauglich. Anfangs lag die Produktion bei 500 V2 im Monat, geplant war aber eine Erhöhung auf 900 Stück. Bei diesen Zahlen muss jedoch berücksichtigt werden, dass ca. 6 % der V2 direkt nach dem Start explodierten und weitere 60 % wegen Qualitätsmängel nachgebessert werden mussten.

Nachdem die festen Raketenbasen von alliierten Fliegern angegriffen worden waren, wich man auf den Abschuss von mobilen Startrampen aus. Jede mobile Abschussgruppe bestand aus 25 Spezialfahrzeugen. Um vor Luftangriffen geschützt zu sein, bewegten sich diese Einheiten nur nachts, die Starts erfolgten dann tagsüber aus wind- und fliegergeschützten Waldgebieten.

Auf der Basis der V2 gab es mehrere Projekte, z. B. eine zweistufige Variante mit 5.500 km Reichweite oder eine bemannte Kamikaze-Version. Zudem gab es Pläne, die V2 aus tauchfähigen Containern abzuschießen, die von einem U-Boot geschleppt werden sollten, um so New York anzugreifen.

YOKOSUKA MXY-7 OHKA

Die Yokosuka MXY-7 Ohka war ein raketengetriebenes Flugzeug, das speziell für Kamikaze-Angriffe konstruiert worden war. Der Prototyp flog im September 1944, und noch im gleichen Monat begann auch die Serienfertigung. Die Maschinen wurden unter der Verwendung möglichst weniger kriegswichtiger Rohstoffe gebaut und waren sehr simpel konstruiert. Insgesamt gab es vier unterschiedliche Modelle, die sich hauptsächlich durch den Antrieb voneinander unterschieden. Normalerweise wurde die Ohka unter dem Rumpf einer Mitsubishi G4M in Zielnähe getragen und dort ausgeklinkt. Der Pilot versuchte, im Gleitflug möglichst nahe an sein Ziel heranzukommen, um dann die Raketentriebwerke zu zünden und sich auf das Ziel zu stürzen. Aufgrund der hohen Endgeschwindigkeit waren die Ohkas im Zielanflug kaum noch abzufangen. Trotzdem waren die Angriffe wenig erfolgreich, denn auf dem Anflug waren die Trägerflugzeuge und im Gleitflug die Ohkas leicht verwundbar. Um mit dem Raketenantrieb erfolgreich zu manövrieren, musste man als Pilot außerdem relativ viel Erfahrung haben. Dennoch wurde zumindest ein US-Zerstörer von dieser Waffe versenkt. Die amerikanischen Soldaten gaben der Ohka den Spitznamen „Baka", was auf Japanisch so viel wie „Dummkopf" bedeutet.

Besatzung:	1 Mann
Startgewicht:	2.142 kg
Länge/Spannweite:	6,04 m/5,30 m
Triebwerk:	Feststoff-Raketentriebwerk mit 800 kp Schub
Höchstgeschwindigkeit:	Marschflug 660 km/h, Endgeschwindigkeit 920 km/h
Dienstgipfelhöhe:	k. A.
Reichweite:	bis 80 km
Bewaffnung:	Sprengkopf 1.200 kg

Eine von der US-Armee erbeutete Yokosuka MXY-7.

MEHRFACHRAKETENWERFER BM-8 UND BM-13 „KATJUSCHA"

	BM-8	BM-13	BM-31
Kaliber:	82 mm	132 mm	300 mm
Gefechtsgewicht:	k. A.	k. A.	k. A.
Höhenrichtbereich:	+4° bis +45°	+4° bis + 45°	+4° bis +45°
Seitenrichtbereich:	20°	20°	20°
Länge der Rakete:	714 mm	1.415 mm	1.760 mm
Gewicht der Rakete:	8 kg	42,5 kg	92,4 kg
Gefechtskopf:	HE: 0,6 kg	HE: 4,9 kg	HE: 28,8 kg
Mündungsgeschwindigkeit:	315 m/s	355 m/s	255 m/s
Höchstschussweite:	5.500 m	8.500 m	4.300 m

Das Nachladen einer „Stalinorgel".

Im Landserjargon wurden diese sowjetischen Raketenwerfer „Stalinorgel" genannt, wohl aufgrund der Abschussschienen, die über- und nebeneinander angeordnet an Orgelpfeifen erinnerten, und nicht zuletzt wegen des heulenden Geräusches, das die Geschosse verursachten. Die Soldaten der Roten Armee dagegen nannten diese Waffen „Katjuscha" (liebevoll für Katja).

Die „Stalinorgel" zählt zu den bekanntesten Waffen des Zweiten Weltkrieges. Eine kurze Beschreibung fällt schwer, da es zahlreiche unterschiedliche Versionen auf verschiedenen Fahrgestellen gab. Grundsätzlich waren jedoch immer mehrere Raketenabschussschienen (zwischen 16 und 48) mit beschränktem Seitenrichtbereich auf einem LKW oder Panzer montiert, die innerhalb weniger Sekunden gezündet wurden. Durch den massenhaften Einsatz solcher Fahrzeuge entstand trotz der mangelnden Zielgenauigkeit eine verheerende Wirkung gegen Flächenziele. Der schrille Ton, den die Geschosse verursachten, trug mit zur psychologischen Wirkung der Waffe bei.

Die Entwicklung der zunächst RS-82 und RS-132 genannten Raketen begann schon in den 1930er-Jahren, ursprünglich jedoch als Flugzeugbewaffnung. In dieser Form wurden sie von fast allen Jagdbombern und Schlachtflugzeugen der Sowjetunion auch lange eingesetzt. 1938 fanden erste Versuche mit bodengebundenen Startvorrichtungen statt, und im Mai 1941 wurden schließlich die ersten Serienexemplare unter der Bezeichnung BM-13 ausgeliefert. Ihre Feuertaufe erlebte die neue Waffe am 14. Juli 1941 gegen auf Smolensk vorrückende deutsche Truppen. Sieben BM-13 feuerten 112 Geschosse auf eine Truppenkonzentration bei Orscha und richteten schwerste Schäden an. Dennoch sollte die neue Waffe zunächst so geheim wie möglich bleiben und durfte nur von NKWD-Mannschaften (sowjetischer Geheimdienst) bedient werden. Im weiteren Verlauf des Krieges entwickelten sich die unterschiedlichen Modelle der „Stalinorgel" zum Schrecken der gegnerischen Truppen und wurden in großen Zahlen eingesetzt. Genaue Produktionsziffern sind nicht erhältlich, da sich die Quellen stark widersprechen, jedoch darf davon ausgegangen werden, dass von allen Versionen zehntausende gefertigt wurden.

Ein Studebaker 2,5-Tonner mit BM-8-48.

Ein Studebaker 2,5-Tonner mit BM-31-12.

Ein BM-13 feuert eine Raketensalve ab.

LITTLE BOY UND FAT MAN, DIE ATOMBOMBEN VON HIROSHIMA UND NAGASAKI

	Little Boy	Fat Man
Gewicht:	4.040 kg	4.670 kg
Länge:	3.200 mm	3.660 mm
Durchmesser:	710 mm	1.520 mm
Sprengkraft:	ca. 13.000 t TNT	ca. 22.000 t TNT

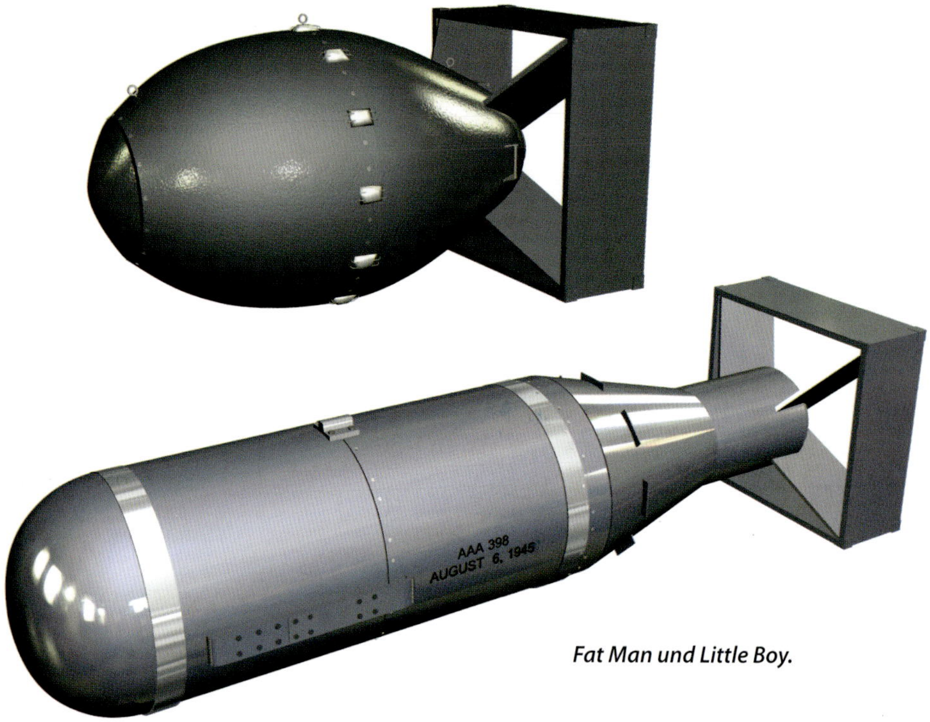

Fat Man und Little Boy.

Als diese Bomben am 6. bzw. 9. August 1945 auf Japan abgeworfen wurden, begann nicht nur ein neues Zeitalter der Waffentechnik, sondern auch eine neue Ära der Menschheit.

Die Entwicklung der Waffen begann ab 1942. Sie waren ursprünglich nicht zum Einsatz gegen Japan, sondern gegen Deutschland gedacht. In den USA war der Eindruck entstanden, deutsche Physiker, die damals zu den besten der Welt zählten, würden Hitler eine atomare Bombe bauen. Um im Falle eines Erfolges dieser Bemühungen nicht wehrlos zu sein, wurde 1942 in der Wüste New Mexicos mit dem Bau eines riesigen, geheimen Forschungszentrums begonnen. Dieser Komplex, Los Alamos, war ein wichtiger Teil des so genannten Manhattan-Projekts zum Bau einer Atombombe. Ab 1943 leitete und koordinierte der Physiker Robert Oppenheimer tausende Physiker, Ingenieure und Techniker, deren Bemühungen erfolgreich waren, denn am 16. Juli 1945 wurde im so genannten Trinity-Test die erste atomare Waffe der Welt erfolgreich oberirdisch getestet.

Da der Krieg in Europa seit dem 8. Mai 1945 vorbei war, er im Pazifik aber noch immer tobte, entschloss sich die US-Regierung zum Einsatz der neuen Bomben gegen Japan. Obwohl Japans Truppen zu diesem Zeitpunkt schon mit dem Rücken an der Wand standen und der Sieg wohl nur noch eine Frage der Zeit gewesen wäre, wollte man doch eine Invasion des japanischen Mutterlandes vermeiden. Hohe Opferzahlen auf beiden Seiten wären dabei unvermeidlich gewesen. Zudem hätten die verheerenden konventionellen Bombenangriffe fortgesetzt werden müssen, die Fürchterliches anrichteten – jedoch ohne Japan in die Knie zu zwingen. Nachdem am 6. und am 9. August 1945 zwei einzelne B-29 Bomber, „Enola Gay" und „Bocks Car", Hiroshima und Nagasaki mit diesen neuen Bomben verwüstet und hunderttausende Einwohner getötet hatten, sah die japanische Regierung die Aussichtslosigkeit einer Weiterführung des Krieges ein und stimmte den alliierten Kapitulationsbedingungen zu.

Wäre das Manhattan-Projekt schon früher erfolgreich gewesen oder hätte der Krieg in Europa länger gedauert, wäre wohl auch Deutschland von einer Atombombe getroffen worden.

Hiroshima nach dem Abwurf der Atombombe.

Die Crew der „Enola Gay" vor ihrem B-29-Bomber.

FLUGZEUGE

DEUTSCHLAND

MESSERSCHMIDT BF 109

	Bf 109E-7	Bf 109G-10
Typ:	Jagdflugzeug	Jagdflugzeug
Besatzung:	1 Mann	1 Mann
Leergewicht/max. Startgewicht:	2.014 kg/2.767 kg	1.970 kg/3.500 kg
Länge/Spannweite/Höhe:	8,75 m/9,86 m/3,40 m	8,95 m/9,97 m/3,40 m
Triebwerk:	ein Daimler-Benz DB 601N hängender V-12-Motor mit 1.200 PS (895 kW)	ein Daimler-Benz DB 605 hängender V-12-Motor mit 1.475 PS (1.085 kW) Normalleistung und 1.800 PS (1.324 kW) Notleistung mit Methanol/Wasser-Einspritzung (MW 50)
Höchstgeschwindigkeit:	578 km/h in 3.750 m	685 km/h in 7.400 m
Dienstgipfelhöhe:	11.125 m	12.500 m
Reichweite:	1.094 km	560 km
Bewaffnung:	1 x 20-mm-MGFF als Motorkanone durch die Propellernabe schießend, 4 x 7,92-mm-MG17 starr nach vorn gerichtet in Rumpf und Tragflächen	ein 20-mm-MG151/20 oder eine 30-mm-MK108 als Motorkanone durch die Propellernabe schießend, zwei 13-mm-MG131 starr nach vorn gerichtet im Rumpf, dazu verschiedene Rüstsätze für Kanonenbehälter mit MG151/20 oder MK108 oder bis 500 kg Abwurflasten extern

Die Bf 109 war mit rund 35.000 Exemplaren eines der meistgebauten Militärflugzeuge überhaupt und während des gesamten Zweiten Weltkrieges die Standardmaschine der Jagdgeschwader der Luftwaffe. Die noch junge deutsche Luftwaffe suchte 1935 einen modernen, schnellen Jagdeinsitzer und testete dazu vier Entwürfe, von denen die Messerschmidt- und Heinkel-Konstruktionen in die engere Wahl kamen. Die Bf 109 flog erstmals am 28. Mai 1935, angetrieben von einem Rolls-Royce-Motor. Der zweite Prototyp erhielt ein Jumo-210-Triebwerk. Die Vorserienmodelle verfügten über unterschiedliche Bewaffnung und Motorisierung.

Das erste Serienmodell war die Bf 109B-1, die Anfang 1937 ausgeliefert wurde und bald danach auch im Spanischen Bürgerkrieg zum Einsatz kam. Dort erwies sich die Bf 109 als bestes der dort kämpfenden Jagdflugzeuge. Die Luftwaffe erprobte in Spanien nicht nur ihre neuen Kampfflugzeuge, sondern auch neue Taktiken. Und auch Piloten wie Mölders oder Galland lernten bei der Legion Condor ihr Handwerk. Eine modifizierte Bf 109 brach im November 1937 den Geschwindigkeitsweltrekord für Landflugzeuge und gewann den Alpenrundflug. Wie von allen in großer Zahl gebauten Flugzeugen der Luftwaffe gab es auch von der Bf 109 eine riesige Anzahl von unterschiedlichsten Versionen und Projekten, deren ausführliche Darstellung hier nicht möglich ist. Hauptmodell im Herbst 1939 war die Bf 109E oder „Emil", die als großen Vorteil gegenüber der Spitfire und Hurricane eine Einspritzpumpe statt eines Vergasers besaß, sodass die Benzinversorgung auch bei negativen G-Kräften gewährleistet blieb. Mitte 1941 erschien die Bf 109 F, deren unterschiedliche Versionen (F-0 bis F-6) allgemein als attraktivste Variante der Bf 109 galten. Durch eine größere Propellerhaube, eine neue Motorverkleidung, ein frei tragendes Leitwerk und ein einziehbares Spornrad war dieses Modell aerodynamisch hochwertiger und erbrachte verbesserte Leistungen. Die meistgebaute Version der Bf 109 war das Modell G, das ab Spätsommer 1942 zum Einsatz kam. Die

Eine restaurierte Bf 109 G-6 der Messerschmidt-Stiftung.

Bf 109E-4, JG 3, Frankreich, Herbst 1940.

Bf 109F-4 Trop, JG 53, Sizilien, Mai 1942.

Bf 109G erhielt den stärkeren DB 605 und eine stärkere Bewaffnung mit zwei 13-mm-MG131 über dem Motor, deren großen Verkleidungen sie den Spitznamen „Beule" verdankte. Mithilfe unterschiedlicher Rüstsätze konnte sie diversen Aufgaben angepasst werden. Die Höhenversion H mit vergrößerter Spannweite wurde in nur geringen Stückzahlen gebaut. Kurz vor Kriegsende erschien noch die Bf-109K-Reihe, die aus der G-Version abgeleitet war. Zum Einsatz auf dem nie fertig gestellten Flugzeugträger „Graf Zeppelin" wurden einige Dutzend Bf 109T-1 mit Fanghaken und klappbaren Flächen gebaut, die nach Einstellung des Projekts und Ausbau der Spezialausrüstung als T-2 in den Einsatz gingen. Verschiedene Projekte, etwa die Bf 109Z, bei der zwei Bf-109F-Rümpfe mittels einer neuen Tragfläche verbunden waren, kamen nicht mehr zum Einsatz.

Die Bf 109 wurde in den unterschiedlichsten Rollen verwendet: als Abfangjäger, Jagdbomber und Aufklärer. Sie war während der ersten Kriegsjahre neben der Spitfire das beste Jagdflugzeug, geriet aber ab etwa 1943 ins Hintertreffen, besonders gegenüber der P-51 und P-47. Ihre aus den 1930er-Jahren stammende Aerodynamik und der Mangel an Hochleistungsmotoren ließen eine Weiterentwicklung nicht mehr zu. Obwohl sie der Fw 190 in der Höhenleistung klar überlegen war, fehlte ihr deren Robustheit. Das schmale Fahrwerk der Bf 109 führte zu manchen Unfällen, und für unerfahrene Piloten konnte sie recht gefährlich sein. Dennoch wurde die Produktion der Bf 109 auch nach dem Krieg fortgeführt. Hispano in Spanien baute das Modell ab 1942 in Lizenz (Ha-1109, HA-1110, Ha-1112) und verwendete dabei Hispano-Suiza- und später Rolls-Royce-Merlin-Motoren. Auch Avia in der Tschechoslowakei baute nach 1945 noch Bf 109, zuerst mit Original DB 605 (Avia 99), dann mit Jumo 211F (Avia 199). Von der Tschechoslowakei geschenkte Avia 199 zählten zu den ersten Flugzeugen der israelischen Luftwaffe.

Bf 109G.

MESSERSCHMIDT BF 110

Die Bf 110 entstand aufgrund der Forderung des Reichsluftfahrtministeriums (RLM) nach einem schweren Jäger. Der Erstflug fand am 12. Mai 1936 statt. Nach anfänglichen Problemen mit dem DB 600 wurde der Typ auf Jumo 210 umgerüstet, was aber zu eher enttäuschenden Leistungen führte. Daher verzögerte sich die Entwicklung, und erst mit der Ausf. C mit DB-601-Triebwerken kam 1939 die erste in großen Stückzahlen gebaute Variante zur Luftwaffe. Die Ausf. D und E unterschieden sich nur in Details von der C, während die Bf 110E aufgewertete DB 610 mit 1.350 PS besaß. Die Bf 110G und H erhielten DB-605-Motoren und waren die letzten Versionen.

	Bf 110C-4	Bf 110G-4/R3
Typ:	schwerer Jäger/Zerstörer	Nachtjäger
Besatzung:	2 Mann	3 Mann
Leergewicht/max. Startgewicht:	4,500 kg/6.750 kg	5.090 kg/9.890 kg
Länge/Spannweite/Höhe:	12,11 m/16,29 m/4,18 m	13,05 m/16,29 m/4,18 m
Triebwerk:	zwei Daimler-Benz DB 601B-1 hängende V-12-Motoren mit 1.020 PS (750 kW)	zwei Daimler-Benz DB 605B hängende V-12-Motoren mit 1.475 PS (1.085 kW)
Höchstgeschwindigkeit:	560 km/h in 3.750 m	550 km/h in 6.980 m
Dienstgipfelhöhe:	10.000 m	8.000 m
Reichweite:	1.300 km	2.100 km mit zwei 300-l-Zusatztanks
Bewaffnung:	2 x 20-mm-MG/FF und 4 x 7,92-mm-MG17 starr im Bug, 1 x 7,92-mm-MG15 im hinteren Cockpit, bis 500 kg Abwurflasten extern	2 x 20-mm-MG151/20 und 2 x 30-mm-MK108 starr im Bug, 1 x MG81Z im hinteren Cockpit, 2 x 20-mm-MG/FF schräg nach oben feuernd im Rumpf, Radarausrüstung

In den ersten Kriegsmonaten waren die Bf 110 überaus erfolgreich und erzielten zahlreiche Luftsiege. Als sie im Spätsommer und Herbst 1940 jedoch über England bei Begleitschutzeinsätzen für deutsche Bomber auf Hurricane und Spitfire trafen, erlitten die Bf 110 schwere Verluste, sodass sie selbst Begleitschutz durch Bf 109 gebraucht hätten. Im Mittelmeerraum und im Osten erwies sich die Bf 110 aufgrund ihrer Feuerkraft und Reichweite jedoch weiterhin als wertvolle Maschine. Auch als Aufklärer und Jagdbomber war die Bf 110 durchaus erfolgreich, ihre wahre Bestimmung fand sie jedoch als Nachtjäger. Erste Versuche dazu fanden bereits im Winter 1940/41 statt, waren aber mangels Radar noch nicht überzeugend. Bessere Ergebnisse erzielte man durch den Einsatz einfacher Infrarotsensoren sowie durch die Leitung mittels Bodenradarstellen. Wirklich erfolgreich wurden die Bf-110-Nachtjäger aber erst ab Ende 1942 durch den Einsatz von Bordradargeräten, gut erkennbar an den großen „Hirschgeweih-Antennen". Bis zum Ende des Krieges lieferten sich die Luftwaffe und die Royal Air Force dramatische Kämpfe über Deutschland, bei denen auch erstmals die elektronische Kampfführung eine wichtige Rolle spielte. Auch gegen die Tagbomber der USAAF (United States Army Air Force) wurden 1943/44 Bf 110 eingesetzt, erlitten dabei allerdings schwere Verluste, vor allem durch die Begleitjäger der Typen P-47 und P-51. Bis zur Einstellung der Produktion im März 1945 wurden insgesamt rund 6.050 Bf 110 aller Exemplare gebaut.

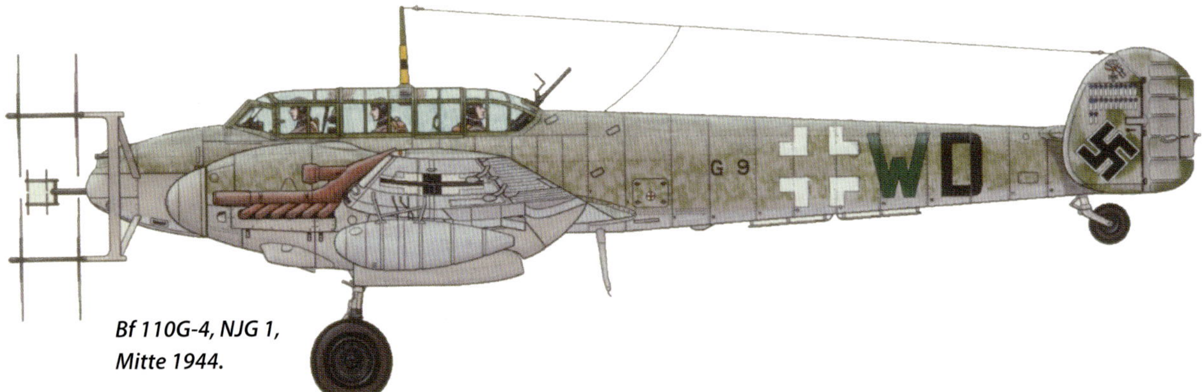

Bf 110G-4, NJG 1, Mitte 1944.

Bf 110C-4, ZG 26, Frankreich, Juni 1940.

FOCKE-WULF 190 WÜRGER

Fw 190A-8/R 2, JG 300, Loebnitz, Oktober 1944.

	Fw 190A-8/R2	Fw 190D-9
Typ:	Jagdbomber	Jagdbomber
Besatzung:	1 Mann	1 Mann
Leergewicht/max. Startgewicht:	3.170 kg/4.900 kg	3.490 kg/4.840 kg
Länge/Spannweite/Höhe:	8,84 m/10,50 m/3,96 m	10,20 m/10,50 m/3,35 m
Triebwerk:	ein BMW 801D-2-14 Zylinder-Doppelsternmotor mit Normalleistung 1.730 PS (1.273 kW) und Notleistung 2.100 PS (1.567 kW) mit MW-50-Einspritzung	ein Junker Jumo 213A-1 hängender V-12-Motor mit Normalleistung 1.775 PS (1.306 kW) und Notleistung 2.100 PS (1567 kW) mit MW-50-Einspritzung
Höchstgeschwindigkeit:	655 km/h; 685 km/h mit MW-50	676 km/h, 705 km/h mit MW-50
Dienstgipfelhöhe:	11.400 m	12.000 m
Reichweite:	805 km	835 km
Bewaffnung:	2 x 7,92-mm-MG17 starr über dem Motor, 4 x 20-mm-MG151/20 starr in den Tragflächen, bis zu 1.000 kg Abwurflasten extern	2 x 13-mm-MG131 starr über dem Motor, zwei 20-mm-MG151/20 starr in den Tragflächen, bis 500 kg Abwurflasten extern

Die Focke-Wulf Fw 190 war wohl das vielseitigste und beste deutsche Jagdflugzeug mit Kolbenmotor des Zweiten Weltkrieges. Fw 190 dienten als Jäger, Jagdbomber, Nachtjäger, Schlachtflugzeuge, Aufklärer, Torpedobomber und Schulmaschinen. Der Prototyp machte seinen Erstflug am 1. Juni 1939. Zunächst bereitete der neue BMW-801-Doppelsternmotor erhebliche Probleme und verzögerte den Einsatz der Fw 190. Nach dem Erlangen der Einsatzreife wurden die ersten Serienmaschinen Fw 190A-1 ab Sommer 1941 an die Luftwaffe ausgeliefert. Sofort erwies sich die neue Maschine der Me 109 in Geschwindigkeit, Feuerkraft und Vielseitigkeit überlegen, allerdings hatte die Me 109 eine bessere Kurvenwendigkeit, Steig- sowie Höhenleistung aufgrund des für niedrige und mittlere Höhen optimierten BMW-801-Motors. Dieses Manko blieb bis zur Einführung der als Höhenjäger gedachten D-Baureihe mit Jumo-213-V-12-Triebwerk 1944 erhalten. Die Fw 190A war bei ihrer Einführung den alliierten Jägern leistungsmäßig weit überlegen. Im Verlauf des Krieges zogen die Alliierten allerdings nach und übertrafen die Fw 190 wieder. Insbesondere die P-51 und P-47 waren in über 7 km Höhe selbst der D-9 klar überlegen.

Die FW 190 wurde in zahlreichen Versionen und Untervarianten hergestellt. Maschinen der Version A waren Jagdflugzeuge mit einer Zweiteignung als Jagdbomber, die Baureihen F und G waren Jagdbomber und Schlachtflugzeuge mit zusätzlicher Bombenlast und verstärkter Panzerung, die Version S war ein doppelsitziges Schulflugzeug. Die auffälligste Veränderung im Erscheinungsbild zeigte die D-Version, welche für eine bessere Höhenleistung einen Jumo-213-V-12-Motor erhielt. Der Einbau des flüssigkeitsgekühlten Motors brachte verschiedene Änderungen der Zelle mit sich, obwohl der ringförmige Kühler des Jumo den Eindruck eines mit Sternmotor ausgerüsteten Flugzeugs erweckte. Die Tragflächen und das Leitwerk der A-Serie blieben unverändert erhalten, der Rumpf wurde jedoch auf 10,20 m verlängert, und die Höhenflosse wurde etwas verbreitert. Wie bei späteren Sternmotor-Modellen war auch bei dieser Version die Einspritzung eines Methanol-Wasser-Gemisches (MW-50 genannt) in den Motor möglich, das für kurze Zeit die Leistung der Maschine erheblich steigerte.

Von sämtlichen Fw-190-Varianten wurden bis zur Einstellung der Produktion rund 20.000 Stück produziert. Die weitere Entwicklung der von Jumo angetriebenen D-Reihe wurde unter der Bezeichnung Ta 152 fortgesetzt, die aber nur noch in wenigen Exemplaren gebaut wurde.

Fw 190A-5, JG 51, Ostfront, Juli 1943.

MESSERSCHMIDT ME 210 UND 410 HORNISSE

	Me 410B-1
Typ:	schwerer Jäger/Aufklärer/Schnellbomber
Besatzung:	2 Mann
Leergewicht/max. Startgewicht:	7.930 kg/11.237 kg
Länge/Spannweite/Höhe:	12,48 m/16,35 m/4,28 m
Triebwerk:	zwei Daimler-Benz DB 603G hängende V-12-Motoren mit je 1.900 PS (1.400 kW)
Höchstgeschwindigkeit:	630 km/h
Dienstgipfelhöhe:	9.500 m
Reichweite:	1.690 km
Bewaffnung:	2 x 20-mm-MG151/20 und 2 x 13-mm-MG131 starr im Bug, 2 x 13-mm-MG131 in ferngesteuerten Waffenständen (FDSL.131) seitlich am Rumpf, bis zu 1.000 kg Abwurflast im internen Bombenschacht oder 2 x 20-mm-MG151/20 bzw. 1 x 50-mm-BK5 im internen Bombenschacht

Die Me 210 wurde als Nachfolgemuster der Bf 110 entwickelt und flog zum ersten Mal bereits am 5. September 1939. Dabei stellten sich jedoch ernsthafte Stabilitäts- und Manövrierprobleme heraus. Trotzdem ging die Maschine nach einigen Modifikationen in Serie – allerdings ohne großen Erfolg, denn nach nur 200 Me 210 wurde die Produktion wieder eingestellt und das Muster komplett überarbeitet. Durch den Einbau automatischer Vorflügel, einen verlängerten Rumpf und stärkere DB-603A-Motoren gelang es, die Probleme zu beheben. Das neue Modell erhielt die Bezeichnung Me 410. Die ersten Me 410 wurden Anfang 1943 ausgeliefert. Die Me 410 wurde als Zerstörer (A-1), Schnellbomber (A-2) und Aufklärer (A-3) eingesetzt. Die Verwendung der Versionen B-1 bis B-3 entsprach denen der A-Serie, jedoch verfügte die B über etwas stärkere DB-603G-Triebwerke und 13-mm-MG131 statt der 7,92-mm-MG17 im Bug. Insgesamt wurden bis September 1944 1.160 Me 410 in ungefähr 30 Baureihen mit verschiedenen Waffenkonfigurationen hergestellt. Sie wurden zur Bombardierung der englischen Südküste sowie zur Abwehr der alliierten Bomberverbände eingesetzt. Die Me 410 konnte die Bf 110 allerdings zu keinem Zeitpunkt vollständig ersetzen, weshalb die Bf 110 auch bis Kriegsende als Nachtjäger im Einsatz blieb. Eine projektierte Me 410C mit vergrößerter Spannweite und Höhenladern für die DB 603 sowie die Serie D blieben im Planungsstadium.

Me 410B-3, 2. Gruppe der Fernaufklärungsstaffel 122, Italien 1944.

Me 262B-2a Nachtjäger.

General Galland war von der Me 262 derart beeindruckt, dass er nach seinem ersten Flug mit ihr sagte: „Als ob ein Engel schiebt." Er setzte den Kampfwert einer Me 262 so hoch an wie den von fünf Bf 109.

MESSERSCHMIDT ME 262 SCHWALBE

Die Me 262 war das erste in Serie gebaute Kampfflugzeug. Ihre Entwicklung begann bereits 1938, als das RLM Messerschmidt den Auftrag erteilte, unter Verwendung der neuen Strahltriebwerke ein Jagdflugzeug zu entwickeln. Die Zelle war schon bald konstruiert, allein die BMW-Strahltriebwerke waren noch immer im Versuchsstadium. Daher musste der Erstflug der Me 262 am 18. April 1941 mit einem konventionellen Junkers-Kolbenmotor im Bug erfolgen. Allerdings zeigte sich schon, dass die Maschine gute Flugeigenschaften besaß. Da sich die Entwicklung der BMW-Triebwerke weiter hinzögerte, wurde die Me 262 für die Verwendung von Junkers-Strahltriebwerken umgerüstet und flog in dieser Form erstmals am 18. Juli 1942. Oft wird behauptet, Hitlers Wunsch, die Me 262 als Schnellbomber einzusetzen, hätte zur Verzögerung bei der Me 262 geführt, doch waren vor allem die Probleme bei der Entwicklung hinreichend starker und zuverlässiger Triebwerke der Hauptgrund. Daher nahmen erst im Juli 1944 die ersten Me 262A-1a den Dienst auf. Die A-2 war der von Hitler geforderte Schnellbomber mit bis zu 1.000 kg Bomben, die A-5 ein Aufklärer. Die Me 262B war zweisitzig und diente als Schulflugzeug (B-1a) sowie als Nachtjäger mit Radar (B-2a). Insgesamt wurden 1.433 Me 262 gebaut, von denen aber nie mehr als 250 gleichzeitig in Dienst waren. Viele wurden am Boden zerstört oder waren wegen Treibstoff- und Pilotenmangels zur Untätigkeit verdammt.

Trotz ihrer überlegenen Geschwindigkeit wurden zahlreiche Me 262 abgeschossen, da sie besonders bei der Landung verwundbar waren. Daher wurden Einheiten mit Bf 109 oder Fw 190 zum Schutz der Me-262-Flugplätze abgestellt. Dennoch verzeichneten die Me 262 durch ihre starke Bewaffnung aus vier 30-mm-MK108 (und die Möglichkeit, 24 Raketengeschosse mitzuführen) durchschlagende Erfolge. Verschiedene Projekte wurden wegen der Kriegslage nicht mehr verwirklicht.

Me 262A-1a Schwalbe.

	Me 262A-1a
Typ:	Jagdflugzeug/Jagdbomber
Besatzung:	1 Mann
Leergewicht/max. Startgewicht:	3.800 kg/6.400 kg
Länge/Spannweite/Höhe:	10,60 m/12,48 m/3,84 m
Triebwerk:	zwei Junkers-Jumo-004B-1/2/3-Strahltriebwerke mit je 900 kp Startschub
Höchstgeschwindigkeit:	870 km/h in 6.000 m
Dienstgipfelhöhe:	11.450 m
Reichweite:	1.050 km
Bewaffnung:	4 x starre 30-mm-MK108 im Bug, optional 24 R4M-55-mm-Raketengeschosse unter den Tragflächen

Me 262A-2a Sturmvogel.

HEINKEL HE 219 UHU

He 219A-7/R 4, NJG 1, Westerland (Sylt), Frühjahr 1945.

	He 219A-7/R-4
Typ:	Nachtjäger
Besatzung:	2 Mann
Leergewicht/max. Startgew.:	11.200 kg/15.300 kg
Länge/Spannweite/Höhe:	15,54 m/18,50 m/4,10 m
Triebwerk:	zwei DB 603G hängende V-12 mit je 1.900 PS (1.400 kW)
Höchstgeschwindigkeit:	615 km/h
Dienstgipfelhöhe:	9.800 m
Reichweite:	1.850 km
Bewaffnung:	2 x 20-mm-MG151/20 starr in den Flügelwurzeln, 2 x 20-mm-MG151/20 starr in Rumpfwanne, 2 x 30-mm-MK108 schräg nach oben feuernd im Rumpf (schräge Musik), Radarausrüstung

Die He 219 war ein Nachtjäger der Luftwaffe und in vielen Bereichen ein überaus fortschrittliches Flugzeug. Sie war die erste Maschine der Luftwaffe mit Dreibeinfahrwerk und die erste der Welt mit Schleudersitzen. Serienmäßig war sie mit Radar (erkennbar an den großen Dipol-Antennen am Bug) ausgerüstet. Ursprünglich basierte der Typ auf dem Entwurf eines Bombers, der von Heinkel jedoch abgeändert wurde, um den Anforderungen des Reichsluftfahrtministeriums für einen Nachtjäger zu genügen. Der erste Prototyp flog im November 1942, und in Scheingefechten mit Do 217N und Ju 88S übertraf er beide um Längen. Aus unerfindlichen Gründen besaß die Maschine aber trotz ihrer Leistungsfähigkeit niemals echte Priorität, obwohl die RAF-Nachtbomber Deutschland in Schutt und Asche legten. Als Mitte 1943 die ersten A-0-Vorserienmaschinen an das 1. NJG in Venlo gingen, erzielten diese innerhalb weniger Tage 20 Abschüsse, darunter sechs Mosquito-Schnellbomber. Die Lieferung der He 219 erfolgte nur schleppend, und die NJG bekamen niemals die Anzahl an Maschinen, die sie gebraucht hätten. Schließlich wurden die He 219 von neueren Versionen der Mosquito wieder übertroffen, weshalb eine Kleinserie (A-6) mit Höhenmotoren und verringerter Bewaffnung aufgelegt wurde, die in 12.000 m Höhe 650 km/h erreichte. Insgesamt wurden inklusive Prototypen und Vorserienmaschinen ganze 294 He 219 gebaut, bevor im Zuge des Notprogramms im November 1944 die Fertigung eingestellt wurde.

MESSERSCHMIDT ME 163 KOMET

Me 163B.

Die Me 163 war das erste raketengetriebene Jagdflugzeug der Welt und die erste Maschine, die schneller als 1.000 km/h flog. Ihr Entwurf geht zurück auf Dr. Lippisch, der sich in den 1930er-Jahren mit leitwerklosen Segelflugzeugen beschäftigt und auf dem Gebiet des Deltaflügels geforscht hatte. Lippisch und sein Team kamen 1939 zu Messerschmidt. Ein erster Prototyp der Me 163a flog bereits 1941, aber Probleme führten dazu, dass eine verbesserte Me 163B erst Mitte 1944 zur Auslieferung kam. Die Me 163 startete auf einem abwerfbaren Fahrwerk und landete auf einer Kufe unter dem Rumpf. Dabei sollte allerdings tunlichst kein Treibstoff mehr in den Tanks sein, da dieser bei schweren Erschütterungen explo-

	Me 163B-1a
Typ:	Jagdflugzeug
Besatzung:	1 Mann
Leergewicht/max. Startgew.:	1.905 kg/4.110 kg
Länge/Spannweite/Höhe:	5,84 m/9,32 m/2,77 m
Triebwerk:	ein Walther-HWK-509A-2-Raketenmotor mit 1.700 kp Schub
Höchstgeschwindigkeit:	1.002 km/h in 9.150 m
Dienstgipfelhöhe:	12.100 m
Flugdauer:	mit Antrieb ca. 8 min.
Bewaffnung:	2 x 30-mm-MK108 in den Flügelwurzeln

dieren konnte. Die Me 163 verfügte über eine minimale Reichweite und sollte als Objektschutzjäger eingesetzt werden, der erst dann aufstieg, wenn die feindlichen Bomber schon ganz in der Nähe waren – was mit einer Steiggeschwindigkeit von 4.800 m/min nicht schwer fiel. Die hohe Geschwindigkeit war zugleich auch das größte Problem der Me 163, denn ihre Piloten hatten beim Anflug nur wenige Sekunden Zeit, zu zielen und zu schießen, bevor die Me 163 am Ziel vorbeiraste. Das JG 400, der Haupteinsatzverband der Me 163, erzielte bis Ende März 1945 nur neun Abschüsse von US-Bombern. Das fehlende Fahrwerk, der empfindliche Treibstoff und Qualitätsmängel machten die Me 163 für ihre Besatzungen gefährlicher als für ihre Gegner. Daher wurde im Februar 1945 die Fertigung nach nur 400 Exemplaren schon wieder eingestellt.

HEINKEL HE 162 SALAMANDER

Die He 162 Salamander – auch „Volksjäger" genannt – wurde innerhalb kürzester Zeit von Heinkel entwickelt und serienreif gemacht. Nach Genehmigung bekam Heinkel am 15. September 1944 den Bauauftrag, und schon 69 Tage später, am 6. Dezember 1944, flog der erste Prototyp, stürzte jedoch wegen Materialversagens ab. Beim Entwurf hatte man nämlich versucht, möglichst ohne knappe Rohstoffe wie Aluminium auszukommen, und daher die Flächen und Teile der Zelle aus Holz konstruiert. Materialversagen bleibt ein Hauptproblem der He 162. Schließlich wurde ein Limit von 600 km/h verhängt. Nur um feindlichen Jägern zu entkommen, durfte schneller geflogen werden. Wie auch die Ar 234 war die He 162 mit einem Schleudersitz ausgerüstet, der aufgrund der Schwächen der Maschine wohl auch oft benutzt wurde. Der erste Kampfeinsatz des neuen Jägers fand am 26. April 1945 statt, wobei angeblich ein Abschuss erzielt wurde. Bis Mai 1945 wurden rund 270 He 162 fertig gestellt, rund 800 waren bei Kriegsende in Bau. Wegen der fortgeschrittenen Kriegslage kamen nur noch wenige He 162 zu den Einsatzverbänden. Etwa 50 Maschinen des JG 1 wurden nach der Kapitulation auf dem Fliegerhorst Leck/Schleswig von den Briten erbeutet.

	He 162A
Typ:	Jagdflugzeug
Besatzung:	1 Mann
Leergewicht/max. Startgew.:	2.050 kg/2.690 kg
Länge/Spannweite/Höhe:	9,05 m/7,20 m/2,55 m
Triebwerk:	ein BMW-003A-1-Strahltriebwerk mit 800 kp Start und 920 kp Notschub (max. 30 s)
Höchstgeschwindigkeit:	840 km/h bei Vollschub und 905 km/h bei Notschub in 6.000 m
Dienstgipfelhöhe:	12.000 m
Reichweite:	900 km
Bewaffnung:	2 x starre 20-mm-MG151/20 im Rumpf

Diese He 162A-2 wurde von der US-Luftwaffe nach dem Krieg intensiv erprobt.

HENSCHEL HS 123

Schon 1933 suchte man für die im Aufbau begriffene Luftwaffe einen Sturzbomber. Sieger dieser Ausschreibung wurde die Hs 123, deren erste Prototypen 1935 flogen. Nach dem Verlust zweier Prototypen bei Sturzversuchen musste die Konstruktion komplett überarbeit werden. Das Ergebnis war dann jedoch ein überaus robustes Flugzeug, das in seiner Rolle Hervorragendes leistete. Die ersten Serienmaschinen (Hs 123A-1) gingen 1936 in Dienst und erlebten ihre Feuertaufe bei der Legion Condor im Spanischen Bürgerkrieg. Im Oktober 1938 lief die Produktion der Hs 123 bereits aus, da sie aufgrund ihrer Doppeldeckerkonfiguration veraltet erschien. Der Einsatz der Hs 123 im Krieg strafte diese Einschätzung allerdings Lügen, denn die Maschinen bewährten sich bestens. Ihre robuste Bauweise bewies ihren Wert besonders beim Einsatz als Schlachtflugzeug an der Ostfront, wo die verbliebenen Maschinen bis Anfang 1944 im Einsatz waren.

	Hs 123A-1
Typ:	Sturzkampf- und Schlachtflugzeug
Besatzung:	1 Mann
Leergewicht/max. Startgewicht:	1.500 kg/2.215 kg
Länge/Spannweite/Höhe:	8,33 m/10,50 m/3,20 m
Triebwerk:	ein BMW-132Dc-9-Zyl.-Sternmotor mit 880 PS (656 kW)
Höchstgeschwindigkeit:	340 km/h
Dienstgipfelhöhe:	9.000 m
Reichweite:	855 km
Bewaffnung:	2 x 7,92-mm-MG17 starr im Rumpf, bis zu 450 kg Abwurflast extern (1 x 250-kg- und 4 x 50-kg-Bomben)

Hs 123A-1.

JUNKERS JU 87 STUKA

	Ju 87D-1
Typ:	Sturzkampfbomber und Schlachtflugzeug
Besatzung:	2 Mann
Leergewicht/max. Startgewicht:	3.900 kg/6.600 kg
Länge/Spannweite/Höhe:	11,50 m/13,80 m/3,90 m
Triebwerk:	ein Junkers-Jumo-211J-1 hängender V-12-Motor mit 1.410 PS (1.051 kW)
Höchstgeschwindigkeit:	410 km/h in 3.840 m
Dienstgipfelhöhe:	7.300 m
Reichweite:	1.535 km
Bewaffnung:	2 x 7,92-mm-MG17 starr in den Tragflächen, 1 x 7,92-mm-MG81Z im hinteren Cockpit, max. 1.800 kg Abwurflast extern

Ju 87D-5 der III. SG 2, Ostfront, Juli 1943.

Die Junkers Ju 87 Stuka (Sturzkampfbomber) ist sicher eines der bekanntesten Flugzeuge des Zweiten Weltkrieges und Symbol der Blitzkriege 1939–1941. Dies liegt wohl auch am einprägsamen Äußeren der Ganzmetallmaschine mit ihren charakteristischen Knickflügeln und dem starren Fahrwerk. 1934 stellte Junkers in Dessau den ersten Prototypen vor, der noch ein doppeltes Seitenleitwerk hatte. Ab 1937 wurde die erste Serienversion (Ju 87 B-1) an die Sturzkampfgeschwader ausgeliefert und bald darauf in Spanien bei der Legion Condor erprobt. Bei Beginn des Krieges verfügte die Luftwaffe über 336 Ju 87B. Solange die Luftwaffe die Luftüberlegenheit besaß, erwies sich die Ju 87 als sehr effektive Waffe, die im Sturzflug Punktziele bekämpfen konnte und allein durch ihr martialisches Aussehen sowie mit dem beim Sturzflug durch spezielle „Jericho-Sirenen" erzeugten Heulton Angst und Schrecken verbreitete. Als die Ju 87 jedoch in der Luftschlacht um England

Ju 87B-2 während des Frankreichfeldzugs 1940.

entschlossenen Hurricane und Spitfire begegnete, wendete sich das Blatt. Der für unbesiegbar gehaltene Stuka musste schwere Verluste hinnehmen. Im Westen wurden die Ju 87 daher nicht mehr eingesetzt, in Afrika, dem Mittelmeerraum und Russland erzielten sie jedoch weiterhin Erfolge. Bei Kriegsbeginn war die schon erwähnte Ausf. B das Hauptmodell. Für Schiffsbekämpfungseinsätze speziell im Mittelmeerraum entstand die Version Ju 87R, die zwei 300-l-Zusatztanks unter den Flächen tragen konnte. Die Ju 87 C sollte auf dem Flugzeugträger Graf Zeppelin zum Einsatz kommen, der jedoch nie fertig gestellt wurde. Die meistproduzierte Variante war die Ju 87D mit einem stärkerem Motor, verbesserter Aerodynamik (Wegfall des großen Kinnkühlers, neue Motor- und Cockpithaube) und einer schwereren Bombenlast von bis zu 1.800 kg. Eine Schulversion mit Doppelsteuerung trug den Namen Ju 87H. Die letzte Serienversion war die Ju 87G-1 mit zwei 3,7-cm-Kanonen unter den Tragflächen zur Panzerbekämpfung. Dieses Modell entstand auf Initiative Oberst Rudels, der im Lauf des Krieges 519 Panzer vernichtete und 30-mal seinen eigenen Abschuss überlebt haben soll. Ab 1944 wurden die Ju 87 häufig nachts eingesetzt, da sie tagsüber zu gefährdet gewesen wären.

Ju 87G-1 mit zwei 3,7-cm-BK unter den Flächen.

Insgesamt wurden 5.709 Stuka hergestellt. Trotz aller Nachteile war die Ju 87 sicherlich eines der erfolgreichsten Sturzkampf- und Schlachtflugzeuge des Zweiten Weltkrieges, das seinen legendären Ruf jedoch nicht zuletzt auch einer geschickten Propaganda verdankt.

HENSCHEL HS 129

Hs 129B-2R1, Stabskette der 2. Gruppe des SG1, Ostfront, November 1942.

	Hs 129B-1/R-2
Typ:	Schlachtflugzeug
Besatzung:	1 Mann
Leergewicht/max. Startgew.:	3.810 kg/5.110 kg
Länge/Spannweite/Höhe:	9,75 m/14,20 m/3,25 m
Triebwerk:	zwei Gnome-Rhone-14M-4/5-14-Zyl.-Sternmotoren mit je 700 PS (522 kW)
Höchstgeschwindigkeit:	407 km/h in 3.800 m
Dienstgipfelhöhe:	9.000 m
Reichweite:	560 km
Bewaffnung:	2 x 7,92-mm-MG17 und 2 x 20-mm-MG151/20 starr im Rumpf, 1 x 30-mm-MK-101 in einem Behälter unter dem Rumpf oder vier 50-kg-Bomben unter den Tragflächen

Die Hs 129 war ein speziell für die Nahunterstützung der Bodentruppen konstruiertes Schlachtflugzeug. 1939 stellte Henschel den ersten Prototypen vor, der jedoch untermotorisiert war und auch sonstige Mängel aufwies. Erst die völlig überarbeitete Version B-1 mit französischen 700-PS-Sternmotoren und neuem vorderem Rumpf wurde ab Ende 1941 in Serie hergestellt. Ab Mitte 1942 flogen Hs 129 erste Einsätze. Haupteinsatzgebiet war die Ostfront, aber auch in Nordafrika und Italien flogen Hs 129. Die Maschine war ihrem Einsatzzweck entsprechend schwer gepanzert (Cockpitscheiben aus bis zu 75 mm Panzerglas) und bewaffnet, allerdings machten die Gnome-Rhone-Triebwerke immer wieder Probleme, was die Einsatzfähigkeit des Typs behinderte. Neben der Unterstützung der Infanterie wurde die HS 129 vor allem zur Panzerbekämpfung eingesetzt, was ihr den Spitznamen „Fliegender Büchsenöffner" eintrug. Es gab zahlreiche Rüstsätze mit verschiedenen Bewaffnungsmöglichkeiten. So konnten unter dem Rumpf 30-mm-, 37-mm- oder 75-mm-Kanonenbehälter mitgeführt werden. Insgesamt sind über 800 Hs 129 entstanden.

DORNIER DO 17

	Do 17Z-2
Typ:	Bomber
Besatzung:	4 Mann
Leergewicht/max. Startgewicht:	5.210 kg/8.590 kg
Länge/Spannweite/Höhe:	15,80 m/18 m/4,55 m
Triebwerk:	zwei BMW-Bramo-323P-9-Zyl.-Sternmotoren mit je 1.000 PS (736 kW)
Höchstgeschwindigkeit:	410 km/h in 1220 m
Dienstgipfelhöhe:	8.200 m
Reichweite:	1.160 km
Bewaffnung:	6–7 7,92-mm-MG15 bewegl. im Waffenkopf, max. 1.000 kg Bomben intern

Die Do 17 wurde, ebenso wie die He 111, bereits 1932 in Auftrag gegeben. Das überaus elegant wirkende, sehr schlanke Flugzeug erhielt den Spitznamen „Fliegender Bleistift" und war ein zweimotoriger Metall-Schulterdecker mit elektrisch einziehbarem Spornradfahrwerk. Beim internationalen Flugtreffen in Zürich-Dübendorf 1937 flog es den Jagdflugzeugen anderer Nationen einfach davon. Die zunächst produzierten Kampf- und Aufklärungsversionen wurden nur in relativ kleinen Stückzahlen gebaut. Erst die Baureihe Z wurde in Großserie gefertigt (insgesamt 506 Stück) und stellte in den ersten Monaten des Krieges einen Großteil der Maschinen der Kampf- und Aufklärungsgeschwader. Um mehr Raum für die Besatzung zu schaffen, wurde bei dieser Ausführung der Rumpfvorderteil völlig neu gestaltet. Die vierköpfige Besatzung wurde in einem so genannten Waffenkopf zusammengefasst, worunter die schlanke Linie der Maschine sichtlich litt. Als weitere Einsatzmöglichkeit kam noch die Nachtjagd hinzu, wozu eine besondere Infrarot-Geräteausstattung mit der Bezeichnung „Spanner" und eine starre, nach vorn gerichtete Bewaffnung aus vier MG17 und vier 20-mm-MGFF eingebaut wurde. War die Leistung der Do 17 1937 noch phänomenal, so war sie zum Zeitpunkt der Luftschlacht um England schon nicht mehr ausreichend. Danach wurden die noch vorhandenen Flugzeuge zunehmend an Schulen oder Verbündete wie Kroatien abgegeben oder – vor allem die Ausführungen E und F – zum Schleppen von Lastenseglern verwendet.

Do 17Z.

HEINKEL HE 111

	He 111H-6
Typ:	Bomber
Besatzung:	5 Mann
Leergewicht/max. Startgewicht:	8.680 kg/14.000 kg
Länge/Spannweite/Höhe:	16,40 m/22,50 m/3,40 m
Triebwerk:	zwei Junkers-Jumo-211F-2 hängende V-12-Motoren mit je 1.350 PS (1.007 kW)
Höchstgeschwindigkeit:	435 km/h in 6.000 m
Dienstgipfelhöhe:	6.700 m
Reichweite:	2.900 km
Bewaffnung:	1 x 20-mm-MG/FF in der Nase, 1 x 13-mm-MG131 oder 1 x 7,92-mm-MG81Z auf dem Rumpfrücken), 2 x 7,92-mm-MG81 in der Bodenwanne, 2 x 7,92-mm-MG81 seitlich, max. 3.000 kg Abwurflast intern und extern

Der Prototyp der He 111 flog erstmals im Februar 1935 und war, ähnlich die Do 17, zunächst offiziell ein Schnellverkehrsflugzeug. Einige Maschinen gingen auch tatsächlich in den Dienst der Lufthansa, wichtiger war jedoch die militärische Variante der He 111. Da das Modell mit BMW-Motoren zunächst enttäuschte, wurde ab Anfang 1936 eine Variante mit 1.000 PS starken DB 600A-Triebwerken erprobt, die sich weit besser bewährten. Ab Ende 1936 wurden die ersten He 111 B-1 an die Luftwaffe ausgeliefert und bald darauf bei der Legion Condor in Spanien eingesetzt. Ab der Ausf. E wurden Junkers-Jumo-Triebwerke eingesetzt, da die Daimler-Motoren vor allem für Jagdflugzeuge benötigt wurden. Die elliptischen Tragflächen der He 111 sorgten zwar für eine optimale Auftriebsverteilung, waren jedoch schwierig zu fertigen. Daher wurden bei der Ausf. G neue Tragflächen mit gerader Vorder- und Hinterkante eingeführt. Wichtigste Änderung im Aussehen der He 111 war jedoch wohl die Einführung der Vollsichtkanzel anstelle des abgestuften Cockpits ab der Version P ab Ende 1938. Im September 1939 war die Ausf. P bereits von der Ausf. H abgelöst worden, die den gesamten Krieg über das Hauptserienmodell bleib. Insgesamt verfügte die Luftwaffe beim Angriff auf Polen über 808 He 111 aller Varianten.

Während der ersten Kriegsmonate trugen diese Maschinen die Hauptlast der Angriffe und waren permanent im Einsatz. Auch im Westfeldzug im Mai 1940 und bei der Luftschlacht um England im Spätsommer 1940 war die He 111 der Standardbomber der Luftwaffe. Während der Angriffe auf Großbritannien zeigte sich jedoch ihre Verwundbarkeit gegenüber einer entschlossenen Jägerabwehr, und der Typ musste große Verluste hinnehmen. Daraufhin wurde die He 111 als Nachtbomber eingesetzt und für Spezialaufgaben verwendet, z. B. als Torpedobomber, Aufklärer, Transporter und Schleppflugzeug für Lastensegler. An der Ostfront wurden He 111 jedoch auch wieder als Tagbomber eingesetzt. Bis zur Produktionseinstellung im Herbst 1944 wurden rund 7.300 He 111 gebaut. Die Anzahl der Varianten, Umbauten und Rüstsätze ist verwirrend vielfältig. Hinzu kommen noch 236 in Spanien in Lizenz gefertigte He 111H, die dort die Bezeichnung CASA 2.111 trugen. Nachdem keine Junkers-Motoren mehr verfügbar waren, wurden diese Maschinen ironischerweise mit Rolls-Royce-Merlin-Triebwerken ausgestattet.

He 111E der Flugzeugführerschule C19 in Ohlau, Dezember 1942.

He 111H-6.

JUNKERS JU 88

Ju 88G-1.

Die Junkers Ju 88 war sicher das vielseitigste Flugzeug der Luftwaffe und befand sich in zahlreichen Versionen den ganzen Krieg über in Produktion. Insgesamt wurden rund 15.000 Ju 88 aller Varianten gebaut. Der Erstflug des Prototypen, der als schneller mittlerer Bomber konstruiert war, fand im Dezember 1936 statt. Im März 1939 stellte der fünfte Prototyp einige Weltrekorde auf, und bald darauf gingen die ersten Ju 88A-1 an die Kampfgeschwader. In ersten Kampfeinsätzen zeigte sich bereits die unzureichende Abwehrbewaffnung, weshalb diese bei der A-4 beträchtlich erhöht wurde. Die A-4 blieb die Hauptserienversion, obgleich weitere Varianten der A-Reihe (bis zur A-17) gebaut wurden. Die Ju 88 wurde in einer verwirrenden Vielzahl von Varianten und Untervarianten gebaut.

	Ju 88A-4	Ju 88G-6c
Typ:	Bomber/Sturzkampfbomber	Nachtjäger
Besatzung:	4 Mann	3 Mann
Leergewicht/max. Startgewicht:	9.860 kg/14.000 kg	9.081 kg/13.100 kg
Länge/Spannweite/Höhe:	14,40 m/20,08 m/4,85 m	15,55 m/20,08 m/4,85 m
Triebwerk:	zwei Junkers-Jumo-211J-1 hängende V-12-Motoren mit je 1.350 PS (1.007 kW)	zwei Junkers-Jumo-213A-1 hängende V-12-Motoren mit je 1.750 PS (1.288 kW)
Höchstgeschwindigkeit:	470 km/h in 5.300 m	625 km/h
Dienstgipfelhöhe:	8.200 m	10.000 m
Reichweite:	2.730 km	2.250 km (mit Zusatztanks)
Bewaffnung:	1 x 13-mm-MG131 oder 1 x 7,92-mm-MG81 nach vorn gerichtet in der Kanzel, 2 x MG81 hinten in der Bodenwanne, 2 x MG81 im hinteren Cockpit, bis zu 3.000 kg Abwurflasten intern und extern	4 x 20-mm-MG151/20 starr in einer Bodenwanne, 2 x MG151/20 schräg nach oben gerichtet hinter dem Cockpit (schräge Musik)

War die Ausf. A primär als Bomber gedacht, so wurde die Ju-88C-Reihe als schwerer Jäger und Zerstörer eingesetzt. Die Modelle der Reihe D waren Aufklärungsbomber mit erhöhter Reichweite, und die Maschinen der Reihe G dienten als Nachtjäger mit Radar. Die Ju 88H war ein Fernaufklärer und Fernzerstörer mit verlängertem Rumpf für Zusatztanks. Die in wenigen Exemplaren gebaute Ju 88P war mit 3,7-cm-, 5-cm- oder 7,5-cm-Kanonen in einer Bodenwanne zur Panzerbekämpfung bestückt. Aufgrund der immer weiter steigenden Abwehrbewaffnung und Ausrüstung fiel auch die Geschwindigkeit der Ju 88 immer mehr ab. Um ihrem eigentlichen Auftrag als

Ju 88A-6U mit FuG-200-Radar zur Schiffsortung, Mittelmeerraum.

schneller Bomber weiterhin gerecht werden zu können, wurden daher als letzte Versionen die aerodynamisch und triebwerksmäßig verbesserte Ju 88S als Bomber und die Ju 88T als Aufklärer gebaut.

Obwohl die ersten Ju 88 noch nicht ausgereift waren und einige Probleme verursachten, entwickelte sich der Typ im Lauf des Krieges zu einer der besten und vielseitigsten Maschinen auf beiden Seiten. Gegen Kriegsende fanden noch Versuche und Einsätze mit so genannten Mistel-Gespannen statt, d. h., betagten Ju 88 wurde der vordere Rumpf entfernt und durch einen 3.800 kg schweren Hohlladungsgefechtskopf ersetzt. Auf Streben über dem Rumpf trugen diese Ju 88 Me 109 oder Fw 190, welche die Steuerung übernahmen und dieses Gespann in Zielnähe brachten. Dort sollte der Jägerpilot die Ju 88 auf ihr Ziel ausrichten und dann die Verbindung zu ihr lösen, damit sie als Bombe allein weiterflog. Obwohl man sich davon große Erfolge versprochen hatte, war die Trefferquote doch recht gering, da die Ju 88 nach der Trennung vom Jäger nicht mehr zu steuern war.

Ju 88A des KG 51 Edelweiß.

DORNIER DO 217

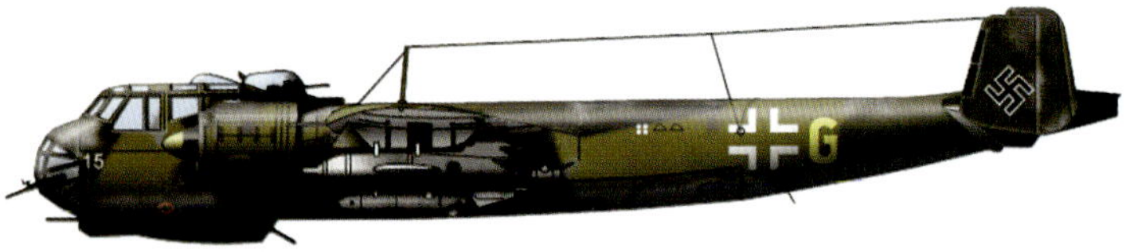

Do 217E des KG 100 mit Hs 293 unter den Tragflächen.

	Do 217M-1
Typ:	Bomber
Besatzung:	4 Mann
Leergewicht/max. Startgew.:	8.840 kg/16.700 kg
Länge/Spannweite/Höhe:	16,90 m/19 m/5 m
Triebwerk:	zwei Daimler-Benz-DB 603A hängende V-12-Motoren mit je 1.750 PS (1.305 kW)
Höchstgeschwindigkeit:	560 km/h in 5.700 m
Dienstgipfelhöhe:	9.500 m
Reichweite:	2.150 km
Bewaffnung:	2 x 13-mm-MG131 und bis zu 6 x 7,92-mm-MG81 beweglich in verschiedenen Richtungen im Waffenkopf, max. 4.000 kg Abwurflast intern und extern

Die Do 217 wurde besonders durch den Einsatz von Hs 293 und Fritz X (siehe Spezialwaffen) bekannt. Der Prototyp flog bereits 1938 und war eine Weiterentwicklung der Do 17 mit stärkeren Motoren und höherer Zuladung. Die Baureihe A wurde als Aufklärer mit DB-601-Motoren in nur acht Exemplaren hergestellt. Ab 1940 wurde dann die Ausf. E produziert, die zwei 1.600 PS starke BMW-801-A/B-Sternmotoren besaß und als Bomber, Aufklärer und Torpedobomber verwendet wurde. Die E-5 war auch erstmals mit der Hs 293 bewaffnet. Die ab Herbst 1942 gebaute Version K hatte einen überarbeiteten Rumpfbug, der nun nicht mehr gestuft, sondern völlig rund und verglast war, und einen insgesamt breiteren Rumpf. Der Antrieb erfolgte durch 1.730 PS starke BMW-801-G/H-Motoren. Die K-2 besaß eine vergrößerte Spannweite zum Mitführen der Fritz X. Bei der Ausführung M war man von BMW- zu DB-603-Triebwerken gewechselt, ansonsten waren diese Versionen annähernd identisch. Neben den Bombern und Aufklärern wurden auch Nachtjäger auf der Basis der Do 217 geschaffen. Durch Umbau von Bombern der E-Reihe entstand die Version J mit vier 20-mm-MGFF und vier 7,92-mm-MG17 sowie „Lichtenstein"-Radar im Bug. Aus der M- Version wurden die Nachtjäger der N-Reihe entwickelt. Zu ihrer üblichen Bewaffnung und dem Radar trugen diese Maschinen oft noch vier MG151/20 schräg nach oben feuernd im Rumpf, die „schräge Musik". Die Do 217 J und N zeichneten sich durch ihre gute Reichweite und Stabilität als Waffenplattform aus, waren aber selbst für Nachtjäger zu wenig manövrierbar. Von der Version P als Höhenaufklärer wurden nur wenige Exemplare gebaut, sie erreichte dank eines DB-605-Motors als Lader im Rumpf über 16 km Höhe. Insgesamt wurden 1.730 Do 217 aller Baureihen hergestellt.

JUNKERS JU 188 RÄCHER

	Ju 188E-1
Typ:	Bomber und Aufklärer
Besatzung:	4 Mann
Leergewicht/max. Startgewicht:	9.860 kg/15.200 kg
Länge/Spannweite/Höhe:	14,95 m/22,00 m/4,44 m
Triebwerk:	zwei BMW-801D-2-14-Zyl.- Doppelsternmotoren mit je 1.730 PS (1.273 kW)
Höchstgeschwindigkeit:	500 km/h in 6.000 m
Dienstgipfelhöhe:	9.345 m
Reichweite:	1.945 km
Bewaffnung:	1 x 20-mm-MG151/20 beweglich im Bug, 1 x 13-mm-MG131 im Drehturm auf dem Kabinendach, 1 x 13-mm-MG131 im hinteren Cockpit, 1 x 7,92-mm-MG81Z nach hinten gerichtet in der Bodenwanne, max. 3.000 kg Abwurflast intern und extern

Bereits 1940 hatte Junkers mit der Entwicklung eines Nachfolgers für die Ju 88 begonnen. Da aber bald klar wurde, dass sich die Konstruktion dieser Ju 288 genannten Maschine wegen Triebwerksproblemen noch hinziehen würde, suchte man ein Interimsmodell zur Modernisierung der Ju 88. Aus den Versuchsmaschinen Ju 88B und E, die einen neuen vorderen Rumpf und eine vergrößerte Spannweite hatten, entstand die Ju 188. Der Prototyp des neuen Typs flog erstmals im Januar 1943, die ersten Serienexemplare folgten bereits im März. Als Besonderheit hatte das RLM gefordert, dass die Maschinen ohne Umbau sowohl für BMW-801-Sternmotoren als auch für Jumo-213-Reihenmotoren geeignet sein sollten. Ju 188 wurden vor allem als Aufklärer (z. T. mit dem Radar FuG 200 zum Aufspüren von Schiffen), Bomber und Torpedobomber eingesetzt. Die Maschine verfügte über eine gute Manövrierfähigkeit und Handhabung, kam jedoch zwei Jahre zu spät. Das Projekt einer Höhenversion entwickelte sich zur Ju 388, von der aber nur eine Hand voll gebaut wurde. Insgesamt wurden bis Ende 1944 1.076 Ju 188 aller Versionen gebaut.

Ju 188D-2.

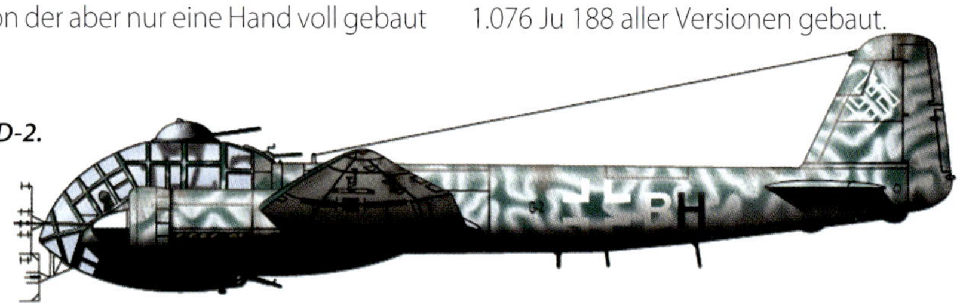

FOCKE-WULF FW 200 CONDOR

	Fw 200C-3
Typ:	Seeaufklärungs- und Transportflugzeug
Besatzung:	7–8 Mann
Leergewicht/max. Startgew.:	17.005 kg/24.520 kg
Länge/Spannweite/Höhe:	23,46 m/32,84 m/6,30 m
Triebwerk:	vier BMW-Bramo-323R-9-Zyl.-Sternmotoren mit je 1.200 PS (895 kW)
Höchstgeschwindigkeit:	360 km/h in Meereshöhe
Dienstgipfelhöhe:	6.000 m
Reichweite:	3.560 km
Bewaffnung:	1 x 20-mm-MG151/20 im Rückenturm, 1 x 20-mm-MG151/20 vorn in der Bodenwanne, 1 x 7,92-mm-MG15 hinten in der Bodenwanne, 1 x MG15 auf dem Rumpfrücken, je 1 x MG15 seitlich

Die Fw 200 war ursprünglich ein Langstrecken-Passagierflugzeug. Die ersten Pläne stammten von 1935. 1937 absolvierte der erste Prototyp seinen Jungfernflug. Die Probeflüge waren so überzeugend, dass die Lufthansa eine erste Serie in Auftrag gab. Der Prototyp stellte zudem einige Weltrekorde auf. 1940 wurde versucht, die bisher gebauten Condor für eine militärische Aufgabe nutzbar zu machen. Die Versuche befriedigten aber nicht, da die Triebwerke zu schwach waren. Zwei Maschinen wurden jedoch als Reiseflugzeuge für Hitler umgebaut, eine weitere Maschine erhielt Göring. Im Lauf des Krieges zeigte sich jedoch der Bedarf nach einem Langstreckenbomber und Aufklärer. Daher entschloss man sich beim RLM, die Fw 200C in Auftrag zu geben, die eine verstärkte Zelle mit Bodenwanne, in der sich auch ein Bombenschacht befand, sowie neue 1.200-PS-Motoren erhielt. Diese Maschinen waren vor allem über dem Atlantik als Seeaufklärer und Bomber im Einsatz. Da die Geleitzüge zunächst nur schwach verteidigt wurden, waren die Fw 200 eine Zeit lang sehr erfolgreich. Im Einsatz von französischen oder norwegischen Basen aus spürten sie für die U-Boote Ziele auf oder griffen selbst mit Bomben und später auch mit Hs 293 Schiffe an. Von August 1940 bis Februar 1941 versenkten die Fw 200 eines Verbandes 85 Schiffe der Alliierten mit insgesamt 363.000 BRT.

Fw 200C-8 des KG 40 mit Hs 293 zur Schiffsbekämpfung.

ARADO AR 234

	Ar 234B-2
Typ:	Schnellbomber und Aufklärer
Besatzung:	1 Mann
Leergewicht/max. Startgewicht:	5.200 kg/9.850 kg
Länge/Spannweite/Höhe:	12,64 m/14,10 m/4,30 m
Triebwerk:	zwei Junkers-Jumo-004B-Strahltriebwerke mit je 890 kp Schub
Höchstgeschwindigkeit:	740 km/h in 6.000 m
Dienstgipfelhöhe:	10.000 m
Reichweite:	1.630 km
Bewaffnung:	2 x starre, nach hinten feuernde 20-mm-MG151/20 im Heck, bis zu 2.000 kg Bomben unter den Tragflächen

Ar 234B-2.

Die Arado AR 234 war der erste einsatzfähige Strahlbomber der Welt. Arado entwickelte ab 1941 einen Aufklärungsbomber mit zwei Strahltriebwerken und stellte 1943 die Versuchsmuster vor. Um Gewicht zu sparen, starteten diese mit einem abwerfbaren Startwagen und landeten auf Kufen. Allerdings bewährte sich dieses System nicht, sodass die Serienmaschinen ein Dreibein-Fahrwerk erhielten. Nicht nur der Strahlantrieb war revolutionär, die Ar 234 war auch mit einem Schleudersitz ausgerüstet. Die Ar 234 B-1 Aufklärungsversion führte bis zu vier Kameras mit und tauchte im Juni 1944 auf, gefolgt von der Bomberversion (Ar 234 B-2) mit Dreiachsen-Autopilot und BZA-Bombenrechner. Sie konnte bis zu 2.000 kg Bomben extern tragen. Der Bomber kam erstmals beim KG 76 bei der Ardennen-Offensive im Dezember 1944 zum Einsatz. Die Einsätze der Ar 234 mussten im April 1945 wegen Treibstoffmangels aufgegeben werden.

HEINKEL HE 177 GREIF

He 177A-3 des KG 100 in Chateaudon, 1944.

He 177A-5 der 3. KG 1 in Ostpreußen, Sommer 1944.

Bereits 1938 forderte das RLM einen schweren Bomber, der eine Geschwindigkeit von 540 km/h, eine Zuladung von 2.000 kg und Sturzflugfähigkeit besitzen sollte. So entwarf man bei Heinkel ein technisch anspruchsvolles und innovatives Flugzeug. Die He 177 flog erstmals im November 1939 und sah wie ein zweimotoriges Flugzeug aus, war jedoch tatsächlich viermotorig. Um den Luftwiderstand zu senken, waren eigentlich nur zwei Triebwerke geplant, da jedoch keine in der entsprechenden Leistungsklasse zur Verfügung standen, koppelte man bei Daimler-Benz je zwei DB 601 zu einem Verbundtriebwerk DB 606 zusammen. Allerdings funktionierte dieses Triebwerk nie zuverlässig und überhitzte ständig, was der He 177 Spitznamen wie „Reichsfeuerzeug" und „Reichsfackel" einbrachte. Schon bei der Erprobung der Prototypen stürzten mehrere wegen Motorbränden oder Strukturversagens ab. Ab Mitte 1942 wurden die ersten He 177 A-1 ausgeliefert, noch immer von Strukturproblemen geplagt, die man erst mit der A-3 ab Ende 1942 in den Griff bekam. Die Motoren blieben jedoch die Schwachstelle der He 177. Die meisten He 177 wurden im Westen bei Angriffen gegen England oder auf Schiffe eingesetzt. Daher war auch die Mitführung von Hs 293 oder Fritz X möglich. Die A-5 besaß eine erneut verstärkte Struktur für schwerere Abwurflasten und die verbesserten DB-610-Triebwerke, die aus zwei DB 603 bestanden, aber noch immer nicht völlig zuverlässig waren. In wenigen Exemplaren wurde auch noch die A-7 gebaut, bei der man für eine bessere Höhenleistung die Spannweite auf 36,6 m erhöhte. Im Herbst 1944 endete die Produktion der He 177. Bis dahin waren noch nicht einmal 900 Maschinen gebaut worden. Potenziell war die He 177 ein hervorragendes Kampfflugzeug, aber die unzuverlässigen Motoren und das Verzetteln der Produktion mit zahlreichen Versuchsmustern und Rüstsätzen minderten die Leistungsfähigkeit erheblich.

	He 177A-5
Typ:	schwerer Bomber
Besatzung:	6–7 Mann
Leergewicht/max. Startgewicht:	16.800 kg/31.000 kg
Länge/Spannweite/Höhe:	20,40 m/31,44 m/6,39 m
Triebwerk:	zwei Daimler-Benz-DB-610A/B-Verbundtriebwerke (jeweils bestehend aus zwei Daimler-Benz-DB-603 hängenden V-12) mit je 2.950 PS (2.170 kW) Normal- und 3.100 PS (2.282 kW) Notleistung
Höchstgeschwindigkeit:	490 km/h in 6.000 m
Dienstgipfelhöhe:	8.000 m
Reichweite:	5.500 km mit zwei HS 293
Bewaffnung:	1 x 7,92-mm-MG81 im Bug, 1 x 20-mm-MG151/20 vorn und 1 x 7,92-mm-MG81Z hinten in der Bodenwanne, ein ferngesteuerter Waffenstand auf dem Rumpf mit 2 x 13-mm-MG131, 1 x 13-mm-MG131 im Drehturm auf dem Rumpf, 1 x 20-mm-MG151/20 im Heckstand, bis 6.000 kg Abwurflasten intern und extern

FIESELER FI 156 STORCH

	Fi 156C-2
Typ:	Verbindungs- und Aufklärungsflugzeug
Besatzung:	2 Mann
Leergewicht/max. Startgewicht:	930 kg/1.325 kg
Länge/Spannweite/Höhe:	9,90 m/14,25 m/3,05 m
Triebwerk:	ein Argus-As10C-3 hängender V-8-Motor mit 240 PS (179 kW)
Höchstgeschwindigkeit:	175 km/h in Meereshöhe
Dienstgipfelhöhe:	4.600 m
Reichweite:	385 km
Bewaffnung:	ein bewegliches, nach hinten gerichtetes 7,92-mm-MG15

Der Fieseler Storch.

Die Fieseler Fi 156, besser bekannt unter dem Namen Storch, entstand aufgrund einer Ausschreibung für ein Verbindungs- und Beobachtungsflugzeug mit kürzester Start- und Landestrecke. Das erste von drei Versuchsflugzeugen startete am 10. Mai 1936 zum Erstflug. Schon während der Erprobung stand fest, dass die Konkurrenz gegenüber dem Fieseler-Modell keine Chance hatte. Vorflügel und über die gesamte Flügelhinterkante laufende Klappen sorgten für die gewünschten exzellenten Lande- und Starteigenschaften. Eine großzügig verglaste Kabine verschaffte ausgezeichnete Sicht nach unten. Nach der Erprobung der Kleinserien A und B lief die Serienfertigung erst mit der Variante C-1 an. Alles in allem wurden rund 2.900 Fi 156 gebaut. Die C-1 wurde bald von der C-2 abgelöst, die mit einem MG15 in Linsenlafette zur Abwehr gegen Angriffe von hinten ausgestattet war. Die größte Stückzahl erreichte die Ausführung C-3, von der es auch noch die Variante C-3 Trop gab, die für Einsätze in Afrika ausgerüstet war. Daneben ergab sich bald die Notwendigkeit, eine Variante für den Transport von Verwundeten (D-0 bzw. D-1) zu schaffen. Störche wurden häufig für Sonderaufgaben herangezogen, z. B. für den Flug von Hanna Reitsch in das eingeschlossene und zerstörte Berlin am 26. April 1945.

Fi 156C-3 in Nordafrika.

HENSCHEL HS 126

Hs 126B-1.

	Hs 126B-1
Typ:	Nahaufklärer
Besatzung:	2–3 Mann
Leergewicht/max. Startgewicht:	2.030 kg/3.090 kg
Länge/Spannweite/Höhe:	10,95 m/14,50 m/3,75 m
Triebwerk:	ein BMW-Bramo-323A-1-9-Zyl.-Sternmotor mit 850 PS (634 kW)
Höchstgeschwindigkeit:	310 km/h
Dienstgipfelhöhe:	8.300 m
Reichweite:	720 km
Bewaffnung:	1 x 7,92-mm-MG17 starr im Rumpf, 1 x 7,92-mm-MG15 beweglich im hinteren Cockpit, eine 50 kg oder fünf 10-kg-Bombe(n) extern

Während der ersten Kriegsjahre war die Henschel Hs 126 der Standard-Nahaufklärer der Luftwaffe. Ein erster Prototyp war 1936 fertig. 1937 baute Henschel zunächst eine Vorserie von zehn Maschinen. Nach deren positiver Bewertung wurden über 600 Hs 126 gebaut. Ab 1942 wurde der Typ langsam zurückgezogen und durch die Fw 189 ersetzt. Der erste Kriegseinsatz der Hs 126 fand bei der Legion Condor im Spanischen Bürgerkrieg auf Seiten der Nationalisten statt, und die restlichen Maschinen verblieben in Spanien. Im Einsatz bei der Luftwaffe bewährte sich der Typ gut. Durch die Hochdeckerbauweise war die Sicht nach unten sehr gut, die Maschine war zudem robust und bot ausreichend Raum für den Piloten, einen Beobachter und/oder einen Schützen.

FOCKE-WULF FW 189 UHU

Die Fw 189 flog meist an der Ostfront und bewährte sich bestens. Da sie sehr wendig war, konnte sie angreifenden Jägern trotz ihrer relativ langsamen Geschwindigkeit oft entkommen.

	Fw 189A-1
Typ:	Nahaufklärer
Besatzung:	2–3 Mann
Leergewicht/max. Startgew.:	2.805 kg/3.950 kg
Länge/Spannweite/Höhe:	13,85 m/13,80 m/5 m
Triebwerk:	2 Argus-As-410A-1E hängende V-12 mit je 465 PS (347 kW)
Höchstgeschwindigkeit:	335 km/h in 2.500 m
Dienstgipfelhöhe:	7.000 m
Reichweite:	680 km
Bewaffnung:	2 x 7,92-mm-MG17 starr in den Flügelwurzeln, 2 x bewegliche 7,92-mm-MG15 im hinteren Cockpit, bis zu vier 50-kg-Bomben unter den Tragflächen

Die Fw 189 Uhu geht auf eine Ausschreibung des RLM von 1937 für einen Nahaufklärer zurück, der optimale Sichtverhältnisse bieten sollte. Focke-Wulf entwarf eine Ganzmetall-Maschine mit doppelten Leitwerksträgern und einem stark verglasten Rumpf. Das Spornradfahrwerk ließ sich in die Leitwerksträger einziehen. Im Rumpf war Platz für den Piloten, einen Schützen/Navigator und den Beobachter/Ingenieur. Hauptserienmodell war die Variante A, die Ausf. B war ein Schulflugzeug. Der Prototyp für ein leichtes Schlachtflugzeug trug die Bezeichnung Fw 189C. Wenn auch die Argus-Motoren geradezu legendär zuverlässig waren, wäre mehr Leistung wünschenswert gewesen. Daher wurden bei der Ausf. E Versuche mit französischen 700-PS-Gnome-Rhone-Sternmotoren angestellt, die jedoch nicht erfolgreich waren. Das Modell F wurde mit 580-PS-Argus-As-411MA-1-Motoren ausgerüstet und glich ansonsten sehr der Fw 189A-2. Insgesamt wurden 864 Uhus produziert.

MESSERSCHMIDT ME 321 UND ME 323 GIGANT

	Me 323E-2
Typ:	Transportflugzeug
Besatzung:	5 Mann und Bordschützen
Leergewicht/max. Startgew.:	29.060 kg/45.000 kg
Länge/Spannweite/Höhe:	28,50 m/55 m/9,60 m
Triebwerk:	sechs Gnome-Rhone-14N-14-Zyl.-Sternmotoren mit je 1.140 PS (850 kW)
Höchstgeschwindigkeit:	240 km/h in 1.500 m
Dienstgipfelhöhe:	4.500 m
Reichweite:	1.300 km
Bewaffnung:	2 x 20-mm-MG151/20 und bis zu 7 x 13-mm-MG131 beweglich in Rumpfständen, weitere 7,92-mm-MG in den Seitenfenstern mögl., max. Zuladung 15.000 kg

Für die geplante Invasion Großbritanniens (Unternehmen Seelöwe) wurde ein riesiger Lastensegler in Auftrag gegeben, der auch Panzer oder bis zu 200 Mann transportieren sollte. Die Me 321 machte jedoch erst im Februar 1941 ihren Jungfernflug, als das Unternehmen bereits abgesagt war. Die Maschinen kamen vor allem an der Ostfront zum Einsatz, wobei sie von drei Bf 110 oder einer speziellen He-111-Variante geschleppt wurden. Dieses Verfahren war gefährlich und umständlich, weshalb man die Me 321 motorisierte. Da deutsche Triebwerke knapp waren, griff man auf sechs französische Beute-Sternmotoren zurück. Die Transporter wurden unter der Bezeichnung Me 323 D-1 ab Sommer 1942 in Serie gebaut. Ab November 1942 wurden sie vor allem im Mittelmeerraum zum Nachschubtransport nach Nordafrika eingesetzt. Als die Luftstreitkräfte der Alliierten dort die Oberhand gewannen, setzte man die Me 323 an der Ostfront ein. Bis August 1944 waren 201 Exemplare vom Band gelaufen. Die Me 323 war das größte Transportflugzeug ihrer Zeit und durch ihre große Bugklappe einfach zu beladen. Allerdings war sie auch sehr schwerfällig und litt unter den unzuverlässigen Gnome-Rhone-Motoren.

Me-323 D-1 des TG 5, Ostfront, Winter 1943/44.

JUNKERS JU 52

	Ju 52/3mg6e
Typ:	Transportflugzeug
Besatzung:	3–4 Mann
Leergewicht/max. Startgewicht:	6.560 kg/10.515 kg
Länge/Spannweite/Höhe:	18,90 m/29,25 m/4,50 m
Triebwerk:	drei BMW-132T-2-9-Zyl.-Sternmotoren mit je 830 PS (619 kW)
Höchstgeschwindigkeit:	295 km/h auf Meereshöhe
Dienstgipfelhöhe:	5.500 m
Reichweite:	1.290 km
Bewaffnung:	1 x 7,92-mm-MG15 beweglich auf dem Rumpf, 2 x 7,92-mm-MG15 in den Seitenfenstern, bis zu 17 Passagiere oder entsprechend Fracht

Bereits 1929 begann man bei Junkers mit der Konstruktion der einmotorigen Ju 52/1m. Diese Maschine führte zur Entwicklung des dreimotorigen Transport- und Passagierflugzeugs Ju 52/3m, das im März 1932 erstmals flog. Das Flugzeug erhielt Junkers-Doppelflügel zur Auftriebserhöhung und eine charakteristische Wellblechbeplankung des Rumpfes und der Flächen. In dieser Form wurde die Maschine schon bald zum Rückgrat der Lufthansa und der Transporteinheiten der Luftwaffe. Da die neu entstandene Luftwaffe dringend einen Behelfsbomber suchte, bis die He 111 und Do 17 in ausreichender Zahl zur Verfügung standen, wurden Ju 52/3m mit einem MG-Stand auf dem Rumpfrücken, einem einfahrbaren MG-Stand zwischen den Fahrwerksbeinen sowie mit Gehängen für bis 1.500 kg Bomben ausgerüstet. In dieser Form wurden Ju 52/3m bei der Legion Condor und auch noch in den ersten Monaten des Zweiten Weltkrieges eingesetzt.

Ju 52g6e des TG 3, Ostfront, Winter 1942/43.

Bei Ausbruch des Krieges waren rund 1.000 Ju 52/3m im Dienst, und bis zu dessen Ende sollten über 4.800 Exemplare hergestellt werden. „Tante Ju", wie die Truppe sie nannte, wurde in praktisch allen Rollen eingesetzt, von Transportaufgaben bis zum Minenräumen (dafür existierte eine Version mit einem großen Aluminiumring, der unter Strom ein starkes Magnetfeld erzeugte). Während des Krieges wurden 13 Hauptvarianten gebaut, die sich in verbesserter Funkausstattung, stärkeren Motoren, schwererer Bewaffnung sowie auswechselbaren Schwimmer-, Ski- oder Radfahrgestellen voneinander unterschieden und einen Eindruck der vielfältigen Anforderungen der Luftwaffe gaben. Obgleich im Lauf des Krieges veraltet, war die Maschine wegen ihrer Zuverlässigkeit und Robustheit sehr beliebt. In Spanien baute man 170 Ju 52/3m unter der Bezeichnung CASA 352. Nach dem Krieg produzierte Frankreich die Maschine als AAC.1 Toucan und setzte sie bis in die späten 1950er-Jahre ein.

Ju 52 im Landeanflug. Man beachte die Junkers-Doppelflügel.

ARADO AR 196

Die Arado Ar 196 war mit rund 500 Exemplaren das meistgebaute deutsche Schwimmerflugzeug des Zweiten Weltkrieges, wobei Modell A-3 mit 401 Einheiten die wichtigste Version war. Die Prototypen flogen 1938, ab 1939 gingen die ersten Ar 196 in Dienst. Die Ar 196 befand sich als Erkundungsflugzeug an Bord der meisten deutschen Kreuzer und Schlachtschiffe, von denen sie per Katapult starteten, dann aber auf dem Wasser neben dem Schiff landen und per Kran an Bord gehievt werden mussten. Die Ar 196 diente auch bei Küstenfliegerstaffeln und Seekaufklärungsgruppen, wo sie als sehr wendiges Flugzeug mit recht schwerer Bewaffnung gern für Seepatrouillen und Aufklärungsaufgaben eingesetzt wurde. Obwohl die Ar 196 überwiegend aus Metall konstruiert war, wurde das Rumpfheck mit Stoff bespannt. Neben Arado selbst bauten sie auch SNCA in Frankreich und Fokker in den Niederlanden auf Anweisung der deutschen Besatzungsbehörden. Die letzten Maschinen wurden im August 1944 an die Truppe ausgeliefert.

	Ar 196A-3
Typ:	Borderkunder und Küstenaufklärer
Besatzung:	2 Mann
Leergewicht/max. Startgewicht:	2.990 kg/3.730 kg
Länge/Spannweite/Höhe:	11 m/12,4 m/4,45 m
Triebwerk:	ein BMW-132K-9-Zyl.-Sternmotor mit 960 PS (706 kW)
Höchstgeschwindigkeit:	310 km/h in 4.000 m
Dienstgipfelhöhe:	7.000 m
Reichweite:	1.070 km
Bewaffnung:	2 x 20-mm-MGFF starr in den Tragflächen, 1 x 7,92-mm-MG17 starr im oberen Rumpf, 1 x bewegliches 7,92-mm-MG15 im hinteren Cockpit, 2 x 50-kg-Bomben unter den Tragflächen

Ar 196A-3.

HEINKEL HE 115

Daten für: He 115C-1	
Typ:	Aufklärer und Bomber
Besatzung:	3 Mann
Leergewicht/max. Startgewicht:	6.861 kg/10.665 kg
Länge/Spannweite/Höhe:	17,30 m/22,26 m/6,57 m
Triebwerk:	zwei BMW-132K-9-Zyl.-Sternmotoren mit je 960 PS (715 kW)
Höchstgeschwindigkeit:	288 km/h
Dienstgipfelhöhe:	5.170 m
Reichweite:	2.785 km
Bewaffnung:	1 x 7,92-mm-MG15 beweglich im Bug, 1 x 15-mm-MG151 starr unter dem Bug, 1 x 7,92-mm-MG15 im hinteren Cockpit, 2 x 7,92-mm-MG17 starr nach hinten in den Motorgondeln, bis 750 kg Abwurflast intern oder extern (Torpedo LTF 5 od. LTF 6b, Minen oder 3 x 250-kg-Bomben)

He 115C-1.

Die He 115, deren Erstflug 1936 stattfand, war ein zweimotoriger Mitteldecker in Ganzmetallbauweise mit zwei Schwimmern. Der Prototyp stellte ohne Bewaffnung sechs Weltrekorde für Schwimmerflugzeuge auf. 1940 war sie als Minenleger im Einsatz, ausgestattet mit einer einzelnen magnetischen 920-kg-Mine. Die Küstenfliegergruppen 106 und 406 flogen regelmäßige Mineneinsätze an der Ost- und Südküste Großbritanniens. Ende 1940 erschien die He 115C-1 mit zusätzlichem MG151 in einer Gondel unter dem Bug und zwei nach hinten feuernden MG17 in den Motorgondeln. Eine Untervariante hatte verstärkte Schwimmer zur Landung auf Eis und gefrorenem Schnee. Die C-4 war eine auf Torpedo-Angriffe spezialisierte Variante, welche bei mehreren Gelegenheiten gegen die Nordkap-Geleitzüge eingesetzt wurde. Die He 115 war bei den Küstenfliegergruppen bis zum Kriegsende im Einsatz.

BLOHM UND VOSS BV 138

Bv 138C-1. Von ihren Besatzungen wurden die Maschinen wegen ihres etwas bizarren Aussehens auch „fliegender Holzschuh" getauft.

	BV 138C-1
Typ:	Seeaufklärungsflugboot
Besatzung:	5 Mann
Leergewicht/max. Startgew.:	8.100 kg/14.700 kg
Länge/Spannweite/Höhe:	19,9 m/27 m/6,6 m
Triebwerk:	drei Junkers-Jumo-205D-Dieselmotoren mit je 880 PS (656 kW)
Höchstgeschwindigkeit:	275 km/h in Meereshöhe
Dienstgipfelhöhe:	5.000 m
Reichweite:	5.000 km
Bewaffnung:	1 x 20-mm-MG151/20 im Bugdrehturm, 1 x 20-mm-MG151/20 im Heckdrehturm, 1 x 13-mm-MG131 im offenen Stand hinter mittlerer Motorgondel, bis 6 x 50-kg-Bomben oder 4 x 150-kg-Wasserbomben unter den Tragflächen

Das RLM gab 1933 eine Ausschreibung für einen Seefernaufklärer mit Dieselmotoren heraus, die von einem Entwurf mit zwei Motoren und Knickflügeln der Hamburger Werft Blohm und Voss gewonnen wurde. Das Modell erhielt die Bezeichnung Ha 138, später BV 138. Bald aber war klar, dass die geplanten Motoren nicht zur Verfügung stehen würden, weshalb der Entwurf für drei Jumo 205 umkonstruiert wurde. Der dritte Motor wurde in einem Aufbau über dem Rumpf montiert. Erste Flugversuche verliefen enttäuschend, die Konstruktion musste erneut überarbeitet werden. 1939 wurden die ersten Serienmodelle (A-1) mit 605 PS Jumo 205C ausgeliefert. Die Version B-1 verfügte über stärkere Jumo-205D-Motoren, eine robustere Struktur und verstärkte Bewaffnung. Das Modell C-1 wurde ebenfalls struktur- und bewaffnungsmäßig verstärkt. Während des Krieges wurden BV-138 vor allem zu Aufklärungsflügen eingesetzt. Als Seenotrettungsflugzeuge eigneten sie sich weniger. Eine spezielle Version (BV 138 MS) trug einen Aluminiumring, welcher unter Strom ein starkes Magnetfeld zur Minenräumung erzeugte. Es wurden 279 BV 138 gebaut, das Modell C-1 war mit 227 Exemplaren die wichtigste Variante.

DORNIER DO 24

Die niederländische Regierung suchte 1935 Ersatz für ihre Dornier-Wal in Niederländisch-Ostindien und wandte sich erneut an Dornier. Dornier wandelte den Konkurrenzentwurf zur BV 138 den holländischen Wünschen gemäß ab und rüstete ihn mit 875 PS (652 kW) starken Wright-Sternmotoren aus. Ab 1937 begann bei Aviolanda in den Niederlanden die Lizenzfertigung der Do 24K. Bei der Besetzung durch deutsche Truppen 1940 wurden drei Flugboote erbeutet und in Deutschland getestet. Da diese sich der He 59 und BV 138 als Seenotrettungsmaschinen weit überlegen zeigten, wurde die Produktion in den Niederlanden weitergeführt, und die Do 24 avancierte zum Standardflugzeug der Seenotrettung der Luftwaffe. Aufgrund des hohen Bedarfs produzierte auch die französische SNCA ab 1942 48 Do 24. Auch nach der Befreiung lief die Fertigung weiter, und 40 Exemplare gingen an die französische Luftwaffe. Im Juni 1944 wurden zwölf Do 24T-3 nach Spanien geliefert und dienten auf Mallorca bis Mitte der 1970er-Jahre als Such- und Rettungsmaschinen. Insgesamt wurden rund 240 Do 24 aller Versionen gebaut.

	Do 24T
Typ:	Seeaufklärungs- und Seenotrettungsflugboot
Besatzung:	5 Mann
Leergewicht/max. Startgew.:	9.200 kg/18.400 kg
Länge/Spannweite/Höhe:	19,9 m/27 m/6,6 m
Triebwerk:	drei BMW-Bramo-323-R-2-9-Zyl.-Sternmotoren mit je 1.000 PS (736 kW)
Höchstgeschwindigkeit:	340 km/h in Meereshöhe
Dienstgipfelhöhe:	5.000 m
Reichweite:	2.900 km
Bewaffnung:	Je 1 x 7,92-mm-MG15 in Bug- und Heckturm, 1 x 20-mm-MG151/20 im Rückenturm

Do 24N-1 noch mit US-Sternmotoren aus holländischen Beständen. Als keine Wright-Sternmotoren mehr verfügbar waren, verwendete man 1.000-PS-BMW-Bramo-323-R-2-Triebwerke.

FIAT C.R.42 FALCO

Die Fiat C.R.42 Falco (Falke) hatte ihren Erstflug am 23. Mai 1938. Obgleich ein robuster, sauberer und attraktiver Entwurf, war die C.R.42 bei Beginn der Produktion bereits veraltet. Trotzdem wurde die C.R.42 nach Belgien (34), Ungarn (68) und Schweden (72) exportiert. Während der ersten Zeit des Krieges zeigte sich die Unterlegenheit der Falco. Sie war zwar wendig, aber zu schwach bewaffnet und zu langsam. Während der Luftschlacht um England wurde sie deklassiert. Etwas besser sah es im Mittelmeerraum aus, denn auch die Briten hatten dort anfangs veraltetes Material. Als modernere Jäger wie die M.C. 202 zur Verfügung standen, wurde die Falco in die Jagdbomber- und Schulungsrolle gedrängt. Nach dem italienischen Seitenwechsel im September 1943 gelangten 112 Falco zur Luftwaffe. Sie wurden hauptsächlich Nachtschlachtgruppen (NSGr.) zugewiesen und flogen Einsätze gegen Partisanen. Zusätzlich ließ die Luftwaffe noch einmal rund 150 C.R.42 einer Nachtangriffsversion bauen. Bis Ende 1944 wurden 1.780 Falco produziert. Die letzten Einsätze von C.R.42 der NSGr. fanden noch im Mai 1945 statt.

	C.R.42
Typ:	Jagdflugzeug
Besatzung:	1 Mann
Leergewicht/max. Startgew.:	1.782 kg/2.295 kg
Länge/Spannweite/Höhe:	8,27 m/9,70 m/3,59 m
Triebwerk:	ein Fiat-A.74-RC-38-14-Zyl.-Sternmotor mit 840 PS (626 kW)
Höchstgeschwindigkeit:	430 km/h in 5.000 m
Dienstgipfelhöhe:	10.200 m
Reichweite:	775 km
Bewaffnung:	2 x 12,7-mm-MG Typ SAFAT starr im Bug, bis 200 kg Abwurflast extern

Fiat C.R.42, Sizilien, Frühjahr 1941.

FIAT G.50 FRECCIA

	G.50
Typ:	Jagdflugzeug
Besatzung:	1 Mann
Leergewicht/max. Startgewicht:	1.975 kg/2.415 kg
Länge/Spannweite/Höhe:	7,79 m/10,96 m/2,96 m
Triebwerk:	ein Fiat-A.74-RC-38-14-Zyl.-Sternmotor mit 840 PS (626 kW)
Höchstgeschwindigkeit:	472 km/h in 5.000 m
Dienstgipfelhöhe:	9.835 m
Reichweite:	670 km
Bewaffnung:	2 x 12,7-mm-MG Typ SAFAT starr im Bug

Fiat G.50bis, Libyen, Sommer 1941.

Die Fiat G.50 Freccia (Pfeil) war Italiens erster Jagdeindecker in Metallbauweise mit geschlossenem Cockpit und einziehbarem Fahrwerk. Die Entwurfsarbeiten begannen 1935, der Erstflug fand Anfang 1937 statt. Die Maschine wurde im Spanischen Bürgerkrieg von der Aviazione Legionaria getestet. Bereits da zeigte sich, dass die G.50 untermotorisiert war. Zudem verlangten die italienischen Piloten ein offenes statt des geschlossenen Cockpits. Daher wurde ab der 45. Maschine erneut ein offenes Cockpit eingebaut. Im Krieg wurde die Basisversion G.50sie von der verbesserten Variante G.50bis abgelöst (Erstflug 9. September 1940), die ebenfalls mit offenem Cockpit, größeren Tanks und verstärkter Panzerung ausgerüstet war. Die Freccia war zwar erstaunlich wendig, doch machte das die schwache Triebwerksleistung und die mangelhafte Bewaffnung von lediglich zwei 12,7-mm-MG nicht wett. Bei ersten Kämpfen mit britischen Hurricane wurden diese Mängel zum Todesurteil vieler Piloten. Bei Sturzfluggeschwindigkeiten von über 500 km/h ließ sich die Maschine nur noch schwer manövrieren. Es konnte vorkommen, dass sich einzelne Teile der Tragflächen oder des Rumpfes lösten. Insgesamt wurden 774 G.50, einschließlich 108 zweisitziger Trainer G.50B, gebaut.

FIAT G.55 CENTAURO

	G.55/I
Typ:	Jagdflugzeug und Jagdbomber
Besatzung:	1 Mann
Leergewicht/max. Startgewicht:	2.630 kg/3.718 kg
Länge/Spannweite/Höhe:	9,37 m/11,85 m/3,13 m
Triebwerk:	ein Fiat-RA-1050-RC-58-Tifone hängender V-12-Motor mit 1.475 PS (1.085 kW)
Höchstgeschwindigkeit:	630 km/h
Dienstgipfelhöhe:	12.300 m
Reichweite:	1.200 km
Bewaffnung:	1 x 20-mm-MG151/20 als Motorkanone durch die Propellernabe schießend, 20-mm-MG151/20 starr in den Tragflächen, 2 x 12,7-mm-MG Typ SAFAT starr im Bug, bis 320 kg Abwurflasten extern

Eine der wenigen für die Regia Aeronautica gebauten Fiat G.55.

Die Fiat G.55 Centauro stellte gegenüber ihrer Vorgängerin G.50 eine erhebliche Verbesserung dar, vor allem wegen des besseren Triebwerks, einem in Lizenz gebauten DB 605. Der Erstflug der G.55 fand am 30. April 1942 statt, die Einsatzerprobung begann erst im März 1943. Das italienische Luftfahrtministerium hatte zu diesem Zeitpunkt jedoch schon die Serienproduktion beschlossen. Diese Fertigung endete allerdings bereits im September 1943 nach lediglich 16 G.55/0 und 15 G.55/1 für die Regia Aeronautica. Sämtliche danach produzierten Maschinen gingen an Mussolinis faschistisch-italienische Luftstreitkräfte. Bis zum Ende des Krieges wurden noch 274 Centauro produziert. Dank der robusten Struktur, der ausgezeichneten Sicht sowie der Schnelligkeit und guten Manövrierfähigkeit war die G.55 sehr erfolgreich und bei den Piloten sehr beliebt. Im Frühjahr 1944 rüstete man zwei Prototypen mit dem deutschen DB-603A-Triebwerk aus. Dieses G.56 genannte Flugzeug war den besten deutschen und alliierten Typen ebenbürtig oder sogar überlegen. Eine Serienfertigung kam aber wegen des akuten Mangels an DB-603-Triebwerken nicht mehr zustande. Auch die Luftwaffe nutzte 1944/45 einige G.55 und bewertete die Maschine sehr positiv. Nach dem Krieg verwendete Fiat übrig gebliebende Teile aus der Kriegsproduktion der G.55 zum Bau von G.55A für die italienische Luftwaffe und für Argentinien. Die argentinischen Maschinen wurden 1948 teilweise an Ägypten weitergeben und kämpften noch im gleichen Jahr gegen israelische Avia 199.

Fiat G.55 der Aeronautica Nazionale Repubblicana (A.N.R). Die A.N.R war die Luftwaffe der nach 1943 von Mussolini in Norditalien geführten faschistischen Republik.

MACCHI M.C. 200 SAETTA

Macchi M.C. 200, Libyen, Juni 1941.

	M.C. 200
Typ:	Jagdflugzeug und Jagdbomber
Besatzung:	1 Mann
Leergewicht/max. Startgewicht:	1.895 kg/2.590 kg
Länge/Spannweite/Höhe:	8,19 m/10,58 m/3,50 m
Triebwerk:	ein Fiat-A.74-RC-38-14-Zyl.-Sternmotor mit 840 PS (626 kW)
Höchstgeschwindigkeit:	502 km/h in 4.500 m
Dienstgipfelhöhe:	8.900 m
Reichweite:	870 km
Bewaffnung:	2 x 12,7-mm-MG Typ SAFAT starr im Bug, spätere Serienmaschinen zusätzlich 2 x 7,7-mm-SAFAT-MG in den Tragflächen

Die M.C. 200 Saetta (Blitz) war in Ganzmetall-Schalenbauweise konstruiert. Das Tiefdeckertragwerk war wie das Leitwerk frei tragend, das gesamte Heckradfahrwerk war einziehbar. Macchi begann 1936 mit dem Entwurf, um die veralteten Doppeldecker Fiat C.R.32 abzulösen. Der erste Prototyp flog Weihnachten 1937 und war mit einer geschlossenen Kanzel versehen. Da den italienischen Piloten ein offenes Cockpit mehr zusagte, baute man die späteren Serienmaschinen diesem Wunsch entsprechend. Später wurden zum Windschutz noch verglaste Seitenklappen angebracht. 1938 wurde eine erste Bestellung über 99 Flugzeuge aufgegeben. Ab Oktober 1939 begann die Auslieferung an die Regia Aeronautica, sodass Italien bei Kriegseintritt im Sommer 1940 über 156 Saetta verfügte. Der erste Kampfeinsatz erfolgte erst im Herbst gegen Malta. Obwohl die M.C. 200 über gute Flugeigenschaften verfügte, war sie aufgrund der schwachen Bewaffnung und des schwachen Sternmotors gegenüber Jagdflugzeugen anderer Länder im Nachteil. M.C. 200 wurden zunächst in Griechenland, Nordafrika, Jugoslawien und später an der Ostfront eingesetzt. 23 Exemplare dienten nach der Kapitulation Italiens im September 1943 in der freien italienischen Luftwaffe auf Seiten der Alliierten. Für den Einsatz in Nordafrika gab es die Variante M.C. 200 AS, die M.C. 200 CB war ein Jagdbomber. Es wurden 1.153 Saetta produziert.

MACCHI M.C. 202 FOLGORE UND M.C. 205 VELTRO

	M.C. 202	M.C. 205
Typ:	Jagdflugzeug und Jagdbomber	Jagdflugzeug und Jagdbomber
Besatzung:	1 Mann	1 Mann
Leergewicht/max. Startgewicht:	2.350 kg/3.010 kg	2.581 kg/3.408 kg
Länge/Spannweite/Höhe:	8,85 m/10,58 m/3,04 m	8,85 m/10,58 m/3,04 m
Triebwerk:	ein Alfa-Romeo-RA-1000-RC-41-1-Monsone hängender V-12-Motor mit 1.175 PS (876 kW)	ein Fiat-RA-1050-RC-58-Tifone hängender V-12-Motor mit 1.475 PS (1.085 kW)
Höchstgeschwindigkeit:	595 km/h in 5.000 m	642 km/h
Dienstgipfelhöhe:	11.500 m	11.300 m
Reichweite:	765 km	1.040 km
Bewaffnung:	2 x 12,7-mm-MG Typ SAFAT starr im Bug, spätere Serienmaschinen zusätzlich 2 x 7,7-mm-SAFAT-MG in den Tragflächen, teilweise Gondeln unter den Tragflächen mit je 1 x 20-mm-MG151/20	2 x 12,7-mm-MG Typ SAFAT starr im Bug, 2 x 7,7-mm-SAFAT-MG in den Tragflächen, spätere Serienmodelle anstelle der 7,7-mm-MG 20-mm-MG151/20

Mario Castoldi war davon überzeugt, dass die M.C. 200 mit einem besseren Triebwerk erfolgreicher sein könnte, weswegen der Basisentwurf zur Aufnahme eines importierten Daimler-Benz-DB-601-Motors umgerüstet wurde. Diese Maschine erhielt einen größeren Rumpf und ein geschlossenes Cockpit. Fahr-, Trag- sowie Leitwerk waren jedoch praktisch identisch mit dem Modell M.C. 200. Als M.C. 202 machte das Flugzeug am 10. August 1940 seinen Erstflug, und Castoldis Vermutungen wurden voll und ganz bestätigt. Die Produktion lief unverzüglich an. Da es jedoch Schwierigkeiten beim Import bzw. bei der Lizenzproduktion des DB-601-Triebwerks gab, wurde parallel auch weiterhin die M.C. 200 gebaut. Die Feuertaufe erlebten die M.C. 202 im November 1941 in Nordafrika, sie flogen aber auch an der Ostfront. Obgleich noch immer zu schwach bewaffnet, konnte Castoldis Entwurf nun leistungsmäßig sehr wohl mit anderen Jägern mithalten. Spätere Serienmodelle erhielten zur Verstärkung der Bewaffnung zunächst zwei

M.C. 205 der italienischen, auf alliierter Seite stehenden Co-Belligerent Air Force.

M.C. 202, Sizilien, Frühjahr 1942.

7,7-mm-MG zusätzlich, dann teilweise noch Gondeln unter den Tragflächen mit je einem 20-mm-MG151/20. Wie bei allen italienischen Jägern gab es auch hier eine Tropenversion (AS) und eine Jagdbombervariante (CB) mit max. 320 kg Bombenlast. Bei der Versorgung mit Triebwerken gab es die ganze Produktionszeit über Probleme, weswegen nur rund 1.500 M.C. 202 hergestellt wurden. Die M.C. 205 Veltro (Windhund) war eine Weiterentwicklung der M.C. 202 mit einem stärkeren DB 605 von 1.475 PS. Rumpf und Tragwerk waren annähernd identisch. Der Prototyp flog bereits am 19. April 1942. Da sich die Versorgung mit in Lizenz gebauten DB 605 jedoch verzögerte, kamen die ersten Serienexemplare erst Mitte 1943 zur Regia Aeronautica. Beim Waffenstillstand im September 1943 waren insgesamt 66 M.C. 205 ausgeliefert, von denen nur sechs auf Seiten der Alliierten zum Einsatz kamen. Der Rest flog auf Seiten der Mussolini-Truppen. Unter deutscher Aufsicht wurden nach dem Waffenstillstand in Norditalien noch rund 200 Exemplare gebaut, von denen einige auch an die Luftwaffe gingen. Die M.C. 205 war neben der Fiat G.55 sicher das beste italienische Jagdflugzeug.

C.A.N.T Z.1007 ALCIONE

Die Alcione (Eisvogel) war zunächst bei der Luftwaffe des faschistischen Italiens, der Regia Aeronautica, im Einsatz, und nach dem September 1943 dann sowohl bei den italienischen Truppen, die auf Seiten der Alliierten kämpften, als auch bei Mussolini. Der erste Prototyp der Z.1007 mit drei 825-PS-Isotta-Frachini-Motoren flog erstmalig im März 1937.

Die Leistungen waren aufgrund der schwachen Triebwerke allerdings enttäuschend, weshalb die Maschine zur Aufnahme dreier Piaggio-Sternmotoren umkonstruiert wurde. Im Zuge dessen wurde zudem der Rumpf tiefer und breiter gestaltet. Die Z.1007bis genannte Maschine ging ab 1939 bei C.A.N.T in Monfalcone in Produktion. Zunächst hatten die Maschinen ein einfaches Seitenleitwerk. Im Lauf der Produktion wurde jedoch ein doppeltes Leitwerk eingeführt, um dem Schützen im Drehturm auf dem Rumpf ein besseres Schussfeld zu geben. Die Z.1007bis war komplett aus Holz gebaut, was unter extremen klimatischen Bedingungen zu Problemen führen konnte. Dennoch war die Alcione ein hervorragender Bomber und von der Sahara bis Russland im Einsatz. Die Z.1007ter besaß drei 1.150-PS-Piaggio-Triebwerke und erreichte 500 km/h, wurde aber nur noch in wenigen Exemplaren gebaut. Insgesamt wurden nur 561 Z.1007 aller Varianten hergestellt.

	Z.1007bis
Typ:	Bomber
Besatzung:	5 Mann
Leergewicht/max. Startgew.:	9.395 kg/13.620 kg
Länge/Spannweite/Höhe:	18,35 m/24,80 m/5,22 m
Triebwerk:	drei Piaggio-P.XI-R2C.40-Sternmotoren mit je 1.000 PS (736 kW)
Höchstgeschwindigkeit:	465 km/h in 4.000 m
Dienstgipfelhöhe:	8.200 m
Reichweite:	1.750 km
Bewaffnung:	1 x 12,7-mm-MG Typ SAFAT oder Scotti in einem Drehturm auf dem Rumpf, weiteres 12,7-mm-MG dieses Typs nach hinten-unten schießend, 2 x seitlich 7,7-mm-MG Typ SAFAT, bis zu 1.200 kg Abwurflast intern oder extern

C.A.N.T Z.1007bis der 230a Squadriglia 95° Gruppo über Griechenland, 1940.

SAVOIA-MARCHETTI S.M.79 SPARVIERO

Im Oktober 1934 stellte Savoia-Marchetti den Prototypen eines achtsitzigen Transportflugzeugs vor, der im September 1935 sechs Weltrekorde aufstellte. Daraufhin gab die italienische Luftwaffe ein modifiziertes Modell als Bomber in Auftrag, das im Oktober 1936 erstmals flog. Es unterschied sich aber bis auf den MG-Stand auf der Rumpfoberseite, eine Bodenwanne für den Bombenschützen an der Rumpfunterseite und das erhöhte Cockpit (daher der Spitzname „buckliger Bomber") strukturell nicht wesentlich von der Transportversion.

	S.M.79-I
Typ:	Bomber
Besatzung:	5–6 Mann
Leergewicht/max. Startgewicht:	6.800 kg/10.480 kg
Länge/Spannweite/Höhe:	15,80 m/21,20 m/4,30 m
Triebwerk:	drei Alfa-Romeo-126-RC.34-Sternmotoren mit je 780 PS (582 kW)
Höchstgeschwindigkeit:	430 km/h in 4.000 m
Dienstgipfelhöhe:	6.500 m
Reichweite:	1.900 km
Bewaffnung:	1 x 12,7-mm-MG Typ SAFAT über dem Cockpit starr nach vorn gerichtet, 1 x 12,7-mm-MG auf dem Rumpfrücken, 1 x 12,7-mm-MG in der Bodenwanne, 1–2 7,7-mm-MG Typ SAFAT seitlich in den Fenstern des Mittelrumpfs, bis 1.250 kg Abwurflast intern

Ihre Feuertaufe erhielt die Sparviero (Sperber), wie viele andere deutsche und italienische Kampfflugzeuge jener Zeit, im Februar 1937 im Spanischen Bürgerkrieg. Bei Kriegsausbruch besaß die Regia Aeronautica 594 S.M.79, die bald an allen Fronten eingesetzt wurden. Da eigentlich leicht untermotorisiert, erhielt die Torpedo-Bomberversion S.M.79-II stärkere Piaggio-Triebwerke von 1.000 PS und erwies sich in dieser Form als vorzügliche Maschine. Insgesamt war die Sparviero sehr vielseitig, denn sie flog als Höhen- und Torpedobomber, Schlachtflieger, Transporter und auch als Aufklärer. Die letzte Version S.M.79-III erschien 1943 und besaß leistungsstärkere Triebwerke sowie aerodynamische Verbesserungen. Nach dem Waffenstillstand zwischen Italien und den Alliierten im September 1943 kämpfte die Sparviero bei den Luftstreitkräften der von Mussolini geführten RSI (Repubblica Sociale Italiana) auf Seiten Deutschlands weiter, während sie von der Co-Belligerent Air Force auf alliierter Seite nur noch als Transporter verwendet wurde. Eine zweimotorige Version (S.M.79B) wurde nach Rumänien, in den Irak und nach Brasilien exportiert. Jugoslawien kaufte vor dem Krieg 45 S.M.79-I. Zwischen Oktober 1936 und Juni 1943 wurden rund 1.300 S.M.79 gebaut.

Eine S.M.79-III der A.N.R, stationiert in Faggioni, 1944.

Eine S.M.79-I eines frühen Bauloses im Einsatz für die spanischen Nationalisten.

FIAT BR.20 CIGOGNA

Den Erstflug absolvierte die Fiat BR.20 Cigogna (Storch) am 10. Februar 1936. Das Flugzeug verfügte über ein einziehbares Spornradfahrwerk sowie Ganzmetallflügel und einen z. T. aus Metall hergestellten Rumpf. Ab Herbst 1936 lieferte Fiat die Cigogna an die Regia Aeronautica aus. Bis 1940 wurden 233 Exemplare hergestellt, wovon einige für Venezuela und 85 für Japan bestimmt waren, das sie in China einsetzte. Berichten zufolge waren die japanischen Heeresflieger aber nicht sehr angetan von der Cigogna. Außerdem kamen einige BR.20 bei der Aviazione Legionara im Spanischen Bürgerkrieg zum Einsatz. 1940 erhielt die italienische Luftwaffe die neue Version BR.20M, die eine neue Bugpartie und eine glattere Außenhaut besaß. Bis Frühjahr 1942 wurden von dieser Version 264 Stück gebaut. Eine mit stärkeren Motoren und verbesserter Abwehrbewaffnung ausgestattete Variante BR.20bis wurde 1943 15-mal gebaut. Bei Kriegseintritt am 10. Juni 1941 verfügte die Regia Aeronautica über172 BR.20, die im Anschluss an den Frankreichfeldzug auch an der Luftschlacht um England beteiligt waren.

	BR.20
Typ:	Bomber
Besatzung:	5 Mann
Leergewicht/max. Startgewicht:	6.400 kg/9.900 kg
Länge/Spannweite/Höhe:	16,10 m/21,56 m/4,30 m
Triebwerk:	zwei Fiat-A.80-RC-41-18-Zyl.-Sternmotoren mit je 1.000 PS (736 kW)
Höchstgeschwindigkeit:	432 km/h in 5.000 m
Dienstgipfelhöhe:	9.000 m
Reichweite:	3.000 km
Bewaffnung:	1 x 12,7-mm-MG Typ SAFAT oder Scotti in einem Stand auf dem Rumpf, 1 x 7,7-mm-MG Typ SAFAT im Bug, 1 x 7,7-mm-MG im unteren Rumpf, bis 1.600 kg Abwurflast intern

Eine BR.20 mit den Hoheitszeichen der spanischen Nationalisten, auf deren Seite die italienische Aviazione Legionara kämpfte.

PIAGGIO P.108

Die Piaggio P.108 war der einzige viermotorige italienische Langstreckenbomber des Krieges. Der Erstflug fand am 24. November 1939 statt. Die P.108 war in vier Versionen geplant, aber nur die P.108B (für Bombardiere) wurde in größeren Stückzahlen gebaut. Eine weitere Version entstand zunächst als zivile Transportmaschine für 32 Passagiere, wurde dann aber zu Truppentransportern für bis zu 56 Soldaten umgerüstet. Die P.108B wurde im Mai 1941 in Dienst gestellt, kam aber erst ein Jahr später zur 274. Fernbomberstaffel, die wegen technischer Schwierigkeiten nie mehr als sieben oder acht Maschinen einsatzklar melden konnte. Piaggio-Bomber unternahmen Nachtangriffe auf Gibraltar und algerische Häfen während des alliierten Landeunternehmens „Torch" im November 1942. Technisch interessant war der Einbau ferngesteuerter Waffenstände mit je einem 12,7-mm-MG im hinteren Teil der beiden äußeren Motorgondeln. Im August 1943 wurde die Produktion nach nur 163 Maschinen aller Varianten eingestellt. Die P.108B war schlecht zu manövrieren und litt unter technischen Schwierigkeiten. Über 95 % der Maschinen waren bei der Kapitulation Italiens zerstört. Die restlichen flogen bei Mussolinis Luftstreitkräften weiter oder wurden direkt von der Luftwaffe übernommen.

	P.108B
Typ:	Bomber
Besatzung:	6–7 Mann
Leergewicht/max. Startgewicht:	17.325 kg/29.885 kg
Länge/Spannweite/Höhe:	22,3 m/32 m/6 m
Triebwerk:	vier Piaggio-P.XII-RC.35-Sternmotoren mit je 1.500 PS (1.120 kW)
Höchstgeschwindigkeit:	430 km/h in 4.200 m
Dienstgipfelhöhe:	8.500 m
Reichweite:	3.520 km
Bewaffnung:	bis 6 x 12,7-mm-MG Typ SAFAT in verschiedenen Rumpfpositionen, 2 x 12,7-mm-MG in fernbedienten Ständen in äußeren Motorgondeln, bis 3.500 kg Abwurflast intern

Italiens einzigem viermotorigen Bomber, Piaggio P.108, war kein wirklicher Erfolg beschieden, obwohl die Maschine zahlreiche innovative Details aufwies.

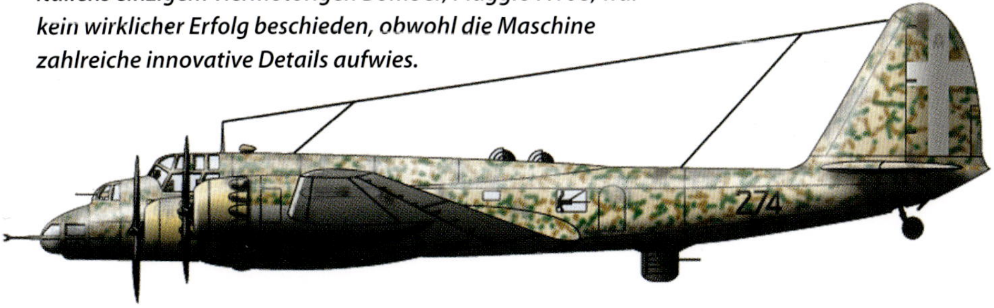

NAKAJIMA KI-27 SETSU (NATE)

	Ki-27a
Typ:	Jagdflugzeug
Besatzung:	1 Mann
Leergewicht/max. Startgewicht:	1.110 kg/1.790 kg
Länge/Spannweite/Höhe:	7,53 m/11,31 m/3,25 m
Triebwerk:	ein Nakajima-Ha-1b-Sternmotor mit 710 PS (529 kW)
Höchstgeschwindigkeit:	470 km/h
Dienstgipfelhöhe:	10.200 m
Reichweite:	625 km
Bewaffnung:	2 x 7,7-mm-MG Typ 97 starr im Bug

Ki-27 (Nate).

Die Nakajima Ki-27 war ein Ganzmetall-Tiefdecker mit starrem Fahrwerk und wurde ab 1937 in Serie gebaut. Nach einigen Vorserienmaschinen war die Version Ki-27a die erste Variante, die an die Jagdstaffeln ausgegeben wurde. Ihre Feuertaufe erlebte die Ki-27a im März 1938 über Nordchina, wo sie sich als sehr erfolgreich gegen die chinesischen Typen erwies. Erst mit dem Auftauchen der Polikarpow I-16 geriet sie ins Hintertreffen. Bei Ausbruch des Pazifikkrieges stellten die Ki-27a oder Ki-27b, eine nur leicht veränderte Version, einen großen Teil der Jagdflugzeuge des kaiserlichen Heeres. Von den Alliierten erhielt die Ki-27 zunächst den Codenamen „Abdul", später dann „Nate". Ab Anfang 1943 wurde die Ki-27 von der Front abgezogen und diente vor allem als Schulmaschine, bis sie vor Kriegsende als Kamikaze-Flugzeug verwendet wurde. 1937–1942 wurden 3.399 Ki-27 gebaut.

NAKAJIMA KI-43 HAYABUSA (OSCAR)

	Ki-43IIa
Typ:	Jagdflugzeug/Jagdbomber
Besatzung:	1 Mann
Leergewicht/max. Startgewicht:	1.910 kg/2.590 kg
Länge/Spannweite/Höhe:	8,92 m/10,84 m/3,27 m
Triebwerk:	ein Nakajima-Ha-115-Sternmotor mit 1.150 PS (858 kW)
Höchstgeschwindigkeit:	530 km/h in 4.000 m
Dienstgipfelhöhe:	11.200 m
Reichweite:	1.600 km
Bewaffnung:	2 x 12,7-mm-MG Typ 1 starr im Bug, bis zu 500 kg Abwurflast extern, z. B. zwei 250-kg-Bomben unter den Tragflächen

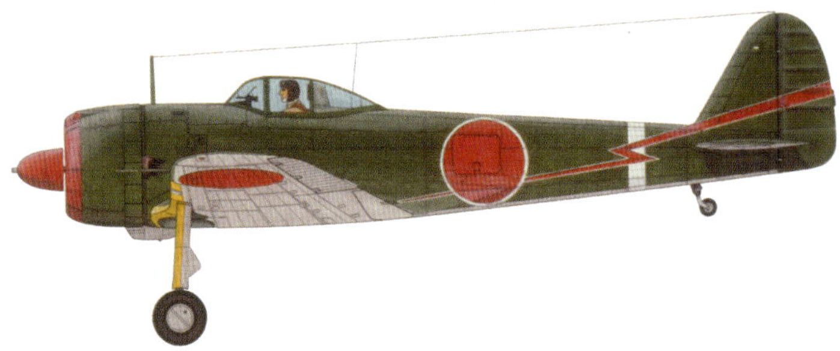

Ki-43IIa (Oscar), Burma, Mitte 1943.

Der Prototyp der Ki-43 war ein Ganzmetall-Tiefdecker mit einziehbarem Fahrwerk und hatte seinen Erstflug im Januar 1939, wobei sich allerdings die Manövrierfähigkeit als schlecht erwies. Daher wurden Änderungen an den Tragflächen und Klappen vorgenommen. Die modifizierten Maschinen gingen ab Anfang 1941 als Ki-43Ia in Serie. Die Bewaffnung bestand aus zwei 7,7-mm-MG. Den Antrieb besorgte ein 975-PS-Nakajima-Sakae-Triebwerk. Die Alliierten gaben ihr den Codenamen „Oscar". Obwohl sich die Maschinen in der Anfangsphase des Krieges aufgrund ihrer Wendigkeit als sehr erfolgreich erwiesen, gab es doch auch manche Kritikpunkte, die man durch unterschiedliche Varianten zu beheben versuchte. So wurde die Bewaffnung auf zwei 12,7-mm-MG verstärkt (Ki-43Ic), und die Version Ki-43II erhielt einen stärkeren Motor (1.150 PS), geschützte Treibstofftanks und Panzerung für Piloten und Triebwerk. Zudem konnten max. 50 kg an Abwurflast mitgeführt werden. Da das Nachfolgemodell Ki-44 kein rechter Erfolg war, lief die Produktion der Ki-43 weiter. So blieb die Ki-43 bis Kriegsende in Produktion und wurde mit 5.919 Exemplaren der meistgebaute Jäger der japanischen Heeresflieger. 1945 entstand noch eine Ki-43III mit besseren Höhenleistungen und Triebwerk, sie wurde aber nur als Prototyp gebaut. Wie fast alle anderen japanischen Kampfflugzeuge wurde auch die Hayabusa für Kamikaze-Einsätze benutzt.

KAWASAKI KI-45 TORYU (NICK)

Im Frühjahr 1937 erhielt Kawasaki von der kaiserlichen japanischen Armee (IJA) den Auftrag, einen zweimotorigen Langstreckenjäger für Einsätze im Pazifikraum zu konstruieren. Im Januar 1939 flog der Prototyp der als Ki-45 Toryu (Drachentöter) bezeichneten Maschine mit 820-PS-Nakajima-Ha-25-Sternmotoren. Die Leistung war allerdings enttäuschend, weshalb eine erneute Verzögerung eintrat, bis Modifikationen zur Aufnahme des stärkeren Mitsubishi Ha-102 durchgeführt waren. Dieses wiederum steckte voller technischer Probleme. Daher wurden die ersten Serienmodelle der Ki-45 erst im September 1941 produziert. Aufgrund weiterer Verzögerungen nahm der Typ erst im August 1942 den Dienst auf. Dann erwiesen sich die Maschinen allerdings als effektive Jagdflugzeuge (Ki-45 KAIa), Nachtjäger (Ki-45 KAIc) sowie Schlacht- und Schiffbekämpfungsflugzeuge (Ki-45 KAIb und KAId). Die Alliierten gaben ihr den Codenamen „Nick". Insgesamt wurden 1.698 Ki-45 hergestellt.

	Ki-45 KAIc
Typ:	Schwerer Jäger/Nachtjäger
Besatzung:	2 Mann
Leergewicht/max. Startgewicht:	4.000 kg/5.500 kg
Länge/Spannweite/Höhe:	11 m/15,05 m/3,7 m
Triebwerk:	zwei Mitsubishi-Ha-102-Sternmotoren mit je 1.080 PS (805 kW)
Höchstgeschwindigkeit:	545 km/h in 7.000 m
Dienstgipfelhöhe:	10.000 m
Reichweite:	2.000 km
Bewaffnung:	1 x starre 37-mm-MK im Bug, 2 x 20-mm-MK Typ 99 schräg nach oben feuernd im Rumpf, 1 x 7,7-mm-MG Typ 92 im hinteren Cockpit, bis zu 500 kg Abwurflast extern

Kawasaki Ki-45 KAIa (Nick).

MITSUBISHI KI-46 HEI (DINAH)

	Ki-46 II
Typ:	Aufklärer
Besatzung:	2 Mann
Leergewicht/max. Startgewicht:	3.263 kg/5.800 kg
Länge/Spannweite/Höhe:	11 m/14,7 m/3,88 m
Triebwerk:	zwei Mitsubishi-Ha-102-Sternmotoren mit je 1.080 PS (805 kW)
Höchstgeschwindigkeit:	604 km/h in 5.800 m
Dienstgipfelhöhe:	10.720 m
Reichweite:	2.480 km
Bewaffnung:	1 x 7,7-mm-MG Typ 92 im hinteren Cockpit

Die Ki-46 Hei war eine der besten Aufklärungsmaschinen ihrer Zeit und bestach durch hohe Geschwindigkeit, Flughöhe und Reichweite. Der Prototyp startete Ende November 1939 zum Erstflug und zeigte Leistungen, welche allen anderen japanischen Flugzeugen überlegen waren, obwohl die ursprünglichen Vorgaben noch nicht ganz erreicht wurden. Als Ki-46 I ging die Maschine in Serie, wurde aber bald von der verbesserten Ki-46 II abgelöst, die nun die verlangten Leistungen sogar übertraf. Die im Dezember 1942 vorgestellte Ki-46 III zeigte erneut verbesserte Leistungen (630 km/h, 4.000 km Reichweite), es kam jedoch zu Lieferengpässen bei Ha-112II-Motoren, weshalb Mitsubishi auch weiterhin Ki-46 II fertigen musste. Die Ki-46 war in den ersten Jahren des Krieges kaum abzufangen und versorgte die Japaner mit wertvollen Aufklärungsergebnissen. Gegen Ende des Krieges wurden einige Ki-46 III zu Ki-46-III-KAI-Jagdflugzeugen umgebaut. Insgesamt wurden 1.742 Ki-46 produziert, davon 1.093 Typ II und 611 Typ III. Angeblich soll die Luftwaffe an einer Lizenzherstellung der Ki-46 interessiert gewesen sein, verwirklicht wurden diese Pläne jedoch nicht.

Mitsubishi Ki-46 II (Dinah).

KAWASAKI KI-61 HIEN UND KI-100 GOSHIKI (TONY)

	Ki-61 Ic	Ki-100 Ib
Typ:	Jagdflugzeug/Jagdbomber	Jagdflugzeug/Jagdbomber
Besatzung:	1 Mann	1 Mann
Leergewicht/max. Startgewicht:	2.630 kg/3.470 kg	2.700 kg/3.670 kg
Länge/Spannweite/Höhe:	8,95 m/12 m/3,7 m	8,80 m/12 m/3,7 m
Triebwerk:	ein Kawasaki hängender V-12-Motor mit 1.175 PS (876 kW)	ein Mitsubishi-Ha-112-II-Sternmotor mit 1.500 PS (1.119 kW)
Höchstgeschwindigkeit:	560 km/h in 4.000 m	590 km/h in 10.000 m
Dienstgipfelhöhe:	10.000 m	10.700 m
Reichweite:	1.900 km	2.000 km
Bewaffnung:	2 x 12,7-mm-MG Ho-103 im Bug, 2 x 20-mm-MK Ho-5 in den Tragflächen, bis zu 500 kg Abwurflasten extern, z. B. zwei 250-kg-Bomben oder zwei Abwurftanks	2 x 12,7-mm-MG Ho-103 im Bug, 2 x 20-mm-MK Ho-5 in den Tragflächen, bis zu 500 kg Abwurflasten extern, z. B. zwei 250-kg-Bomben oder zwei Abwurftanks

Die Ki-61 Hien (Schwalbe) war der einzige japanische Jäger mit Reihenmotor, der im Zweiten Weltkrieg zum Einsatz kam. Wie die italienischen Modelle beruhte auch die Ki-61 auf dem Transfer deutscher Triebwerkstechnologie, konkret auf der Lieferung von Daimler-Benz-DB-601-V-12-Motoren. Der erste Prototyp der Hien flog im Dezember 1941 und wurde umgehend in Produktion gegeben, allerdings machten die in Lizenz gebauten DB 601 (japanische Bezeichnung Kawasaki Ha-40) zunächst einige Probleme, weswegen die ersten Einsatzverbände erst im April 1943 mit der Ki-61 ausgerüstet wurden. Dann allerdings erwies sich die Maschine als gefährlicher Gegner der alliierten Flugzeuge. Sie bekam den alliierten Codenamen „Tony" und wurde zu Anfang irrtümlich für eine Lizenzversion der deutschen Bf 109 gehalten. Die Hien wurde in zwei Hauptvarianten der Ki-61 I und II gebaut, die sich im Wesentlichen in ihrer Bewaffnung und in der besseren Höhenleistung voneinander unterschieden. Insgesamt wurden 2.666 Ki-61 produziert. Als im Januar 1945 die Fertigungsstätten des Ha-40-Triebwerks von US-Bombern völlig zerstört wurden, musste für die vorhandenen Rümpfe ohne Motoren dringend ein neues Triebwerk gefunden werden. In einer schier unglaublichen Improvisationsleistung schafften es die Ingenieure von Kawasaki, innerhalb nur eines Monats die Ki-61 II zur Aufnahme eines Sternmotors umzurüsten. Mit einem Mitsubishi-Ha-112-II-Sternmotor mit 1.500 PS zeigte die nun Ki-100 Ia genannte Variante sogar noch bessere Flugleistungen als die Ki-61 und galt als einer der besten japanischen Jäger. Nach den 275 umgerüsteten Rümpfen der Ki-61 II wurden auch noch 99 neue, überarbeitete Ki-100 Ib hergestellt, die eine neue Cockpithaube und eine neues Heckteil hatten.

Eine Ki-100 im Royal-Air-Force-Museum Hendon.

NAKAJIMA KI-84 HAYATE (FRANK)

Nakajima Ki-84 Ia (Frank).

Zum Glück für die Alliierten kam die Nakajima Ki-84 Hayate (Sturm) erst im Sommer 1944 zum Einsatz, denn die „Frank“ – so ihr alliierter Codename – war bis 9.000 m Höhe den besten US-Jägern ebenbürtig und einer der gefürchtetsten Gegner der Alliierten über Asien und dem Pazifik. Erst in großen Höhen machte sich der geringe Ladedruck des Nakajima-Triebwerks negativ bemerkbar. Die Ki-84 verfügte über eine bessere Steiggeschwindigkeit und Wendigkeit als ihre Kontrahenten und war zudem noch recht schwer bewaffnet. Von Anfang an waren alle Ki-84 mit Panzerung und selbstdichtenden Treibstofftanks ausgestattet. Die Entwurfsarbeiten begannen im Frühjahr 1942, und nach erfolgreicher Erprobung zweier Prototypen begann Ende 1943 die Serienproduktion des Modells Ki-84 Ia. Nachfolgende Modelle erhielten vor allem eine schwerere Bewaffnung, z. B. die Ki-84 Ib vier 20-mm-MK und die Ki-84 Ic zwei 20-mm- und zwei 30-mm-MK. Die Modelle Ki-84 IIa, b und c waren analog zur der Ki-84-I-Reihe, jedoch teils aus Holz hergestellt, um wertvolle Rohstoffe zu sparen. Die Ki-84 litt unter der im weiteren Kriegsverlauf immer schlechter werden Qualität von Material und zunehmend unerfahrenen Piloten, sodass sie ihr wahres Potenzial kaum zur Geltung bringen konnte. Verschiedene Weiterentwicklungen der Ki-84 kamen aufgrund der Kriegslage nicht mehr über das Versuchsstadium hinaus. Insgesamt wurden 3.514 Ki-84 gebaut.

	Ki-84 Ia
Typ:	Jagdflugzeug/Jagdbomber
Besatzung:	1 Mann
Leergewicht/max. Startgewicht:	2.660 kg/3.890 kg
Länge/Spannweite/Höhe:	9,92 m/11,24 m/3,39 m
Triebwerk:	ein Nakajima-Ha-45-Sternmotor mit 1.900 PS (1.416 kW)
Höchstgeschwindigkeit:	631 km/h in 6.100 m
Dienstgipfelhöhe:	10.500 m
Reichweite:	2.160 km
Bewaffnung:	2 x 12,7-mm-MG Typ 1 starr im Bug, 2 x 20-mm-MK Ho-103 in den Tragflächen, bis zu 500 kg Abwurflast extern, z. B. zwei 250-kg-Bomben unter den Tragflächen

Die Ki-84 war einer der besten japanischen Jäger des Zweiten Weltkrieges.

MITSUBISHI A6M REI-SEN (ZERO ODER ZEKE)

	A6M5b
Typ:	Jagdflugzeug/Jagdbomber
Besatzung:	1 Mann
Leergewicht/max. Startgewicht:	1.895 kg/2.950 kg
Länge/Spannweite/Höhe:	9,07 m/12 m/3,50 m
Triebwerk:	ein Nakajima-NK1F-Sakae-21-Sternmotor mit 1.130 PS (843 kW)
Höchstgeschwindigkeit:	560 km/h in 7.000 m
Dienstgipfelhöhe:	10.700 m
Reichweite:	1.800 km
Bewaffnung:	1 x 13,2-mm-MG Typ 3 im Bug, 2 x 13,2-mm-MG Typ 3 und 2 x 20-mm-MK Typ 99 in den Tragflächen, bis zu 300 kg Abwurflasten extern, z. B. eine 250-kg-Bombe oder ein Zusatztank oder zwei 60-kg-Bomben

Die Mitsubishi A6M Rei-Sen Typ Null war und ist wohl das bekannteste japanische Jagdflugzeug des Zweiten Weltkrieges. Ihre Bezeichnung Typ Null (daher „Zero") rührt von ihrem Einführungsjahr bei der kaiserlichen Marine (nach japanischer Zeitrechnung 2600, nach westlicher Rechnung 1940) her. Die A6M – alliierter Codename eigentlich „Zeke" – war zu Beginn des Krieges im Pazifik eine unangenehme Überraschung für die Alliierten, obwohl aus China bereits Berichte über diesen neuen Jäger vorlagen. Die A6M war wendig, schnell und besaß eine große Reichweite, daher war dem Muster zuerst kein anderes Flugzeug im Pazifik gewachsen. Der Erstflug der Zero fand im April 1940 statt und verlief so gut, dass sofort 15 Vorserienmaschinen A6M1 zum Einsatz in China geordert wurden. Diese waren dermaßen erfolgreich, dass im Juli 1940 sofort mit der Produktion der A6M2 begonnen wurde. Ein halbes Jahr vor Ausbruch des Krieges im Pazifikraum wurde der Prototyp der A6M3 getestet. Im Gegensatz zu den Vorgängermodellen, bei denen nur die Flügelspitzen umklappbar waren, konnten bei der A6M3 die kompletten Flügel hochgeklappt werden, um an Bord von Flugzeugträgern wertvollen Platz zu sparen. In den ersten Monaten des Krieges beherrschten die Zero den Himmel über dem Pazifik und Asien ohne jede Konkurrenz. Aber natürlich hatte auch sie Schwachpunkte: Ihre Leis-

A6M5 Zero einer der Kamikaze-Einheiten, im Oktober 1945 auf den Philippinen stationiert.

A6M2 Zero, im Dezember 1941 auf dem Flugzeugträger Akagi stationiert.

Bis Mitte 1943 beherrschte die Zero den Himmel über Asien und dem Pazifik (oben ein Nachbau, unten das Original bei einer Flugshow).

tungsfähigkeit war durch die extreme Leichtbauweise und den Verzicht auf jede Art von Defensivschutz erkauft worden. Obwohl sie wendig war, beherrschte die Zero keine schnellen Sturzflüge. Als die alliierten Piloten diese Schwachpunkte herausfanden, verlor die A6M ihre Überlegenheit. Und als auf amerikanischer Seite neue, leistungsstärkere Baumuster (Hellcat, Corsair oder die P-38 Lightning) zum Einsatz kamen und die US-Piloten an Erfahrung gewannen, änderte sich das Bild völlig. Unter dem Druck wachsender Verluste bemühte sich Mitsubishi, die Zero durch stärkere Triebwerke, Panzerung und Bewaffnung zu verbessern. So wurde die Baureihe A6M3 im Herbst 1943 durch die abermals verbesserte A6M5 abgelöst. Da diese Version schon Mitte 1944 kaum noch konkurrenzfähig war, wurde sie bei Kamikaze-Angriffen und als Jagdbomber eingesetzt. Wenn die Zero auch ihren Zenit bereits überschritten hatte, baute Japan diesen Typ weiter in großen Stückzahlen, und es erschienen sogar neue Modelle. Die A6M6 erhielt ein stärkeres Triebwerk, die A6M7 war eine Sturzbomberversion, und die A6M8 mit einem 1.560-PS-Motor stellte den letzten Versuch dar, den technischen Rückstand wieder aufzuholen. Sie wurde aber nur noch als Prototyp gebaut. Insgesamt liefen 10.937 Zeros aller Versionen vom Band.

Während des Krieges erbeuteten die US-Streitkräfte zahlreiche A6M, von denen einige in den USA erprobt wurden, wie auch diese A6M2.

AICHI D3A KAUBAKU (VAL)

Die Aichi D3A war ein Ganzmetall-Eindecker mit starrem Fahrwerk, dessen Entwicklung 1936 begann und von Heinkel-Entwürfen stark beeinflusst war. Die ersten Vorserienmaschinen kamen ab März 1939 bei der japanischen Marine zum Einsatz. Die ersten Einsatzmuster hatten noch 1.000-PS-Mitsubishi-Triebwerke, die später auf 1.070 PS aufgewertet wurden. Die D3A1 wurde zum Standard-Sturzbomber an Bord japanischer Flugzeugträger und gehörte beim Überfall auf Pearl Harbor zur ersten Angriffswelle. Aufgrund des hohen Ausbildungsstandes der Piloten und der guten Flugeigenschaften der „Val", wie ihr Codename war, erzielten sie zunächst erstaunliche Erfolge. So versenkten sie im April 1942 die britischen Kreuzer Cornwall und Dorsetshire vor der Küste Ceylons sowie vier Tage später den Flugzeugträger HMS Hermes und den Zerstörer HMS Vampire. Die verbesserte Version D3A2 hatte einen stärkeren 1.300-PS-Sternmotor, ein neues Cockpit und größere Treibstofftanks für ca. 2.500 km Reichweite. Gegen Kriegsende war die Val ihren Gegnern weit unterlegen und wurde als Schulmaschine oder als Einsitzer für Kamikaze-Flüge eingesetzt. Insgesamt wurden rund 1.500 Maschinen beider Serien gefertigt.

	D3A1 (späteres Serienmodell)
Typ:	Trägergestützter Sturzkampfbomber
Besatzung:	2 Mann
Leergewicht/max. Startgewicht:	2.408 kg/3.650 kg
Länge/Spannweite/Höhe:	10,19 m/14,36 m/3,84 m
Triebwerk:	ein Mitsubishi-Kinsei-44-Sternmotor mit 1.070 PS (798 kW)
Höchstgeschwindigkeit:	385 km/h in 3.000 m
Dienstgipfelhöhe:	9.300 m
Reichweite:	1.470 km
Bewaffnung:	2 x 7,7-mm-MG Typ 97 starr im Bug, 1 x 7,7-mm-MG Typ 92 im hinteren Cockpit, bis zu 370 kg Abwurflast extern, z. B. eine 250-kg-Bombe unter dem Rumpf und zwei 60-kg-Bomben unter den Tragflächen

Aichi D3A (Val).

YOKOSUKA D4Y SUISEI (JUDY)

	D4Y2
Typ:	Trägergestützter Sturzkampfbomber
Besatzung:	2 Mann
Leergewicht/max. Startgew.:	2.440 kg/4.250 kg
Länge/Spannweite/Höhe:	10,22 m/11,50 m/3,74 m
Triebwerk:	ein Aichi-Atsuta-32 hängender V-12-Motor mit 1.400 PS (1.044 kW)
Höchstgeschwindigkeit:	560 km/h
Dienstgipfelhöhe:	10.700 m
Reichweite:	1.465 km, mit Zusatztanks bis zu 3.600 km
Bewaffnung:	2 x 7,7-mm-MG Typ 97 starr im Bug, 1 x 7,92-mm-MG Typ 1 im hinteren Cockpit, bis 560 kg Abwurflasten intern und extern

Die D4Y war das einzige japanische Trägerflugzeug mit Reihenmotor.

Die Yokusuka D4Y Suisei war das einzige japanische Trägerflugzeug mit Reihenmotor. Der Entwurf begann Ende 1938. Als Triebwerk war ein von Aichi in Lizenz gebauter DB-600-Motor vorgesehen. Wie bei vielen japanischen Flugzeugen, die vor dem Krieg entworfen waren, wurden die verblüffenden Leistungsdaten durch Leichtbauweise und den weitgehenden Verzicht auf Panzerung oder selbstdichtende Treibstofftanks erkauft. So stellte sich bei der Erprobung der D4Y auch heraus, dass die Tragflächenstruktur dem Sturzkampfeinsatz nicht gewachsen war, weshalb die ersten Serienmodelle D4Y-1C Ende 1942 als Aufklärer eingesetzt wurden. Ab März 1943 kam eine Variante mit verstärkter Tragflächenstruktur als Sturzkampfflugzeug zum Einsatz, die D4Y1. Die Suisei wurde je nach Einsatzzweck (Bomber, Aufklärer) in unterschiedlichen Varianten gebaut, die sich aber meist nur in Details unterschieden. Die einzige Ausnahme bildete die D4Y3, die mit einem 1.580-PS-Mitsubishi-Kinsei-Sternmotor ausgestattet war. Die D4Y2-S war eine Nachtjägerversion ohne jegliche Trägerausrüstung, dafür mit einer schräg nach oben feuernden 20-mm-MK im Rumpf. Aufgrund der fehlenden Defensivausrüstung und der erdrückenden alliierten Luftüberlegenheit erlitt die Suisei recht hohe Verluste. In den letzten Kriegsmonaten kam auch die D4Y als Kamikaze-Maschine zum Einsatz. Insgesamt wurden 2.038 Suisei aller Varianten gebaut.

D4Y Judy.

NAKAJIMA B5N2 KANKOH (KATE)

Eine B5N (Kate) beim Start.

	B5N1
Typ:	Trägergestützter Torpedobomber/Bomber
Besatzung:	3 Mann
Leergewicht/max. Startgewicht:	2.279 kg/4.100 kg
Länge/Spannweite/Höhe:	10,30 m/15,52 m/3,70 m
Triebwerk:	ein Nakajima- Sakae-11-Sternmotor mit 1.000 PS (736 kW)
Höchstgeschwindigkeit:	370 km/h
Dienstgipfelhöhe:	8.260 m
Reichweite:	1.935 km
Bewaffnung:	1 x 7,7-mm-MG Typ92 im hinteren Cockpit, bis zu 800 kg Abwurflasten extern, z. B. ein 800-kg-Torpedo oder drei 250-kg-Bomben

Die Nakajima B5N, Codename „Kate", war der einzige trägergestützte Torpedobomber der japanischen Marine bei Ausbruch des Pazifikkrieges. Ende 1941 war die Kate allerdings beinahe veraltet, denn ihr Entwurf stammte von 1935. Dennoch zeigte sie bessere Leistungen als ihr Gegenstück der US-Marine, die Douglas TBD Devastator. Bis zum Erscheinen der Grumman Avenger war die Kate daher der beste Torpedobomber im pazifischen Raum. 40 mit Torpedos und 105 mit Bomben bewaffnete B5N waren maßgeblich am japanischen Angriff auf Pearl Harbor beteiligt. Die Kate hatte ihre größten Erfolge bei der Versenkung der US-Flugzeugträger USS Yorktown, Lexington und Hornet. Ab 1943 wurde die B5N weitgehend durch ihren Nachfolger, die B6N, ersetzt und diente als Schulmaschine, Zielflugzeug und zur U-Boot-Bekämpfung. Für letztere Rolle wurde der Typ mit frühen Radargeräten und Sensoren zum Aufspüren magnetischer Anomalien ausgestattet. Der letzte große Einsatz der Kate erfolgte bei der Schlacht um die Philippinen im Oktober 1944. Insgesamt wurden rund 1.150 Maschinen gebaut.

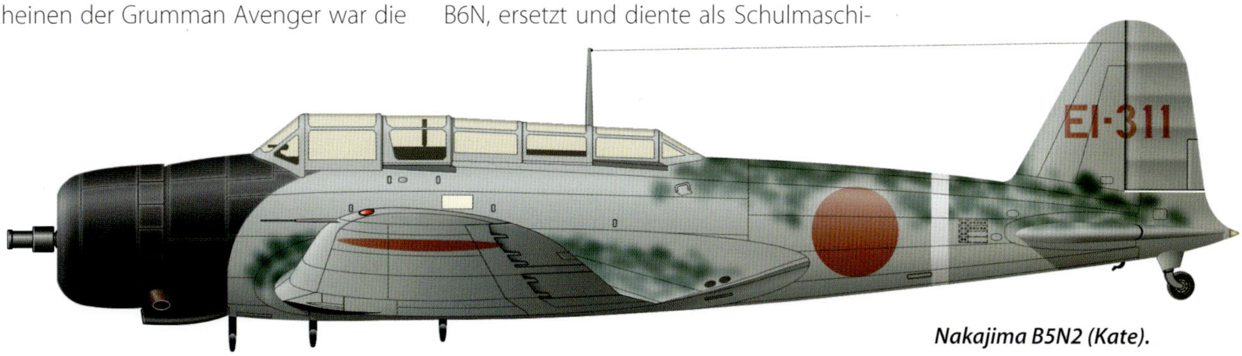

Nakajima B5N2 (Kate).

NAKAJIMA B6N2 TENZAN (JILL)

	B6N2
Typ:	Trägergestützter Torpedobomber/Bomber
Besatzung:	3 Mann
Leergewicht/max. Startgewicht:	3.010 kg/5.650 kg
Länge/Spannweite/Höhe:	10,87 m/14,89 m/3,80 m
Triebwerk:	ein Mitsubishi-MK 4T-Kasei-25-Sternmotor mit 1.850 PS (1.380 kW)
Höchstgeschwindigkeit:	468 km/h
Dienstgipfelhöhe:	9.040 m
Reichweite:	2.960 km
Bewaffnung:	1 x 7,7-mm-MG Typ 92 im hinteren Cockpit, 1 x 7,7-mm-MG Typ 92 nach hinten-unten gerichtet im Rumpfboden, bis zu 800 kg Abwurflasten extern, z. B. ein 800-kg-Torpedo oder drei 250-kg-Bomben

Die Nakajima B6N war das Nachfolgemodell der B5N und ähnelte dieser sehr, da die kaiserliche Marine verlangte, dass die Tenzan keine größeren Abmessungen als die B5N haben durfte (wegen der Größe der Aufzüge an Bord der japanischen Träger). Schon 1939 begann Nakajima mit der Konstruktion der neuen Torpedobomber, der Erstflug fand jedoch erst im Sommer 1941 statt. Der Prototyp der Tenzan verfügte entgegen der Forderung der Marine, die einen Mitsubishi-Kasei-Sternmotor vorgezogen hätte, über ein Nakajima-Momaru-Sterntriebwerk, von dem man sich einen niedrigeren Treibstoffverbrauch und ein größeres Entwicklungspotenzial versprach. Die Flugversuche verliefen wenig erfolgreich, sodass Änderungen an Motor und Leitwerk notwendig waren. So nahm die Maschine erst Ende 1942 die Trägererprobung auf, bei der sich erneut Probleme mit dem Motor und vor allem dem Fanghaken zeigten. Als B6N1 ging eine überarbeitete Version ab Anfang 1943 in die Serienfertigung, aber nach nur 135 Exemplaren wurde die Produktion wieder gestoppt, da die Marine nun doch auf dem Mitsubishi-Kasei-Triebwerk bestand. Mit diesem Motor ausgerüstete Muster wurden als B6N2 bezeichnet. Doch selbst so konnte die Tenzan nur von den größten Flottenträgern eingesetzt werden, da sie eine lange Startstrecke benötigte und Träger zu jener Zeit noch nicht über Katapulte verfügten. Doch als die B6N Mitte 1944 endlich in größerer Zahl zur Verfügung stand, waren die meisten japanischen Flugzeugträger bereits versenkt, zudem herrschte ein akuter Pilotenmangel. Daher fanden die meisten B6N-Einsätze von Landbasen aus statt. Mittlerweile beherrschten jedoch die alliierten Kampfflugzeuge den Himmel über dem Pazifik, und die Tenzan erzielte keine wirklichen Erfolge mehr, auch nicht im Kamikaze-Einsatz. Insgesamt wurden 1.268 B6N produziert.

Nakajima B6N2 (Jill).

MITSUBISHI G4M HAMAKI (BETTY)

	G4M3
Typ:	Bomber
Besatzung:	7 Mann
Leergewicht/max. Startgew.:	8.350 kg/12.500 kg
Länge/Spannweite/Höhe:	19,50 m/25 m/6 m
Triebwerk:	zwei Mitsubishi-MK-4T-Kasei-25-Sternmotoren mit je 1.825 PS (1.361 kW)
Höchstgeschwindigkeit:	470 km/h in 5.000 m
Dienstgipfelhöhe:	9.220 m
Reichweite:	4.350 km
Bewaffnung:	je 1 x 20-mm-MK Typ 99 im Bug-, Heck-, Rumpfboden- und Rückenstand, 2 x 7,7-mm-MG Typ 92 in seitlichen Rumpfständen, bis zu 1.000 kg Abwurflast intern oder extern, z. B. ein 800-kg-Torpedo oder vier 250-kg-Bomben

Die G4M war der japanische zweimotorige Standardbomber

Die G4M Hamaki war der bekannteste und meistverwendete schwere Bomber der japanischen Marineflieger während des Krieges. Von den Alliierten erhielt sie den Codenamen „Betty". Die G4M war ein Ganzmetall-Mitteldecker mit einziehbarem Fahrwerk und leistungsfähigen Triebwerken. Da die kaiserliche Marine einen Langstreckenbomber suchte, war die Reichweite der G4M groß, allerdings wurde dies wiederum durch Leichtbauweise und Verzicht auf Panzerung bzw. geschützte Tanks erreicht. Die Entwicklung begann 1937 als Nachfolgemuster der G3M. Nach ihrem Erstflug im Oktober 1939 wurden die G4M im Mai

Mitsubishi G4M1 (Betty).

1941 erstmalig im Chinesisch-Japanischen Krieg eingesetzt. Während der ersten Monate des Pazifikkrieges konnten die Bomber einige spektakuläre Erfolge verzeichnen: So waren sie maßgeblich an der Versenkung der britischen Schlachtschiffe HMS Prince of Wales und HMS Repulse beteiligt. G4M dienten als Träger für die bemannten Bomben des Typs Yokosuka MXY-7 Ohka, und schließlich transportierten G4M die japanische Kapitulationsdelegation am 19. August 1945 nach Iwo Jima.

Insgesamt hatte die Betty nach dem Sommer 1942 ihren Zenit überschritten. Nach der Schlacht von Guadalcanal im August 1942 hatte sich herausgestellt, dass die großen, ungepanzerten und trägen Maschinen bei einem Treffer sofort in Flammen aufgingen – eine Folge der ungeschützten Benzintanks. Das brachte der G4M den Spitznamen „One-Shot Lighter" (Einmal-Feuerzeug) ein. Die G4M wurde in vier Hauptversionen gebaut: G4M1 Modell 11, G4M2 Modell 22, G4M3 Modell 34 und die G6M1, die sich hauptsächlich in ihrer Motorisierung und Abwehrbewaffnung unterschieden. Daneben gab es einige Unterversionen, wie die G6M1-L2, die als Transporter ausgelegt war. Insgesamt wurden 2.479 Maschinen gebaut, von denen bei Kriegsende noch etwa 160 vorhanden waren.

MITSUBISHI KI-21 (SALLY)

	Ki-21 IIb
Typ:	Bomber
Besatzung:	5–7 Mann
Leergewicht/max. Startgewicht:	6.070 kg/10.610 kg
Länge/Spannweite/Höhe:	16,60 m/22,50 m/3,70 m
Triebwerk:	zwei Mitsubishi-Ha-101-Sternmotoren mit je 1.500 PS (1.119 kW)
Höchstgeschwindigkeit:	485 km/h in 7.000 m
Dienstgipfelhöhe:	10.000 m
Reichweite:	2.700 km
Bewaffnung:	je 1 x 7,7-mm-MG Typ 92 im Bug, seitlich und unter dem Rumpf, 1 x 7,7-mm-MG Typ 92 fernbedient im Heck, 1 x 12,7-mm-MG auf dem Rumpfrücken (hinteres Cockpit), bis zu 1.000 kg Abwurflast intern

Mitsubishi Ki-21 (Sally).

In den ersten Monaten des Pazifikkrieges war die Ki-21 der Standardbomber der japanischen Heeresflieger und blieb bis Ende 1944 in vorderster Front im Einsatz. Die Alliierten gaben ihr den Codenamen „Sally". Die Konstruktion begann 1936, und ab 1938 wurde das erste Serienmodell (Ki-21 Ia) im Chinesisch-Japanischen Krieg eingesetzt. Erste Erfahrungen zeigten, dass die Ki-21 eine zu schwache Abwehrbewaffnung besaß, weshalb die verbesserte Ki-21 Ib in Auftrag gegeben wurde. Die Ki-21 Ic verfügte über zusätzliche Treibstofftanks und war für Langstreckeneinsätze vorgesehen. Das nächste Modell, die Ki-21 IIa, besaß stärkere Motoren und eine erneut verstärkte Abwehrbewaffnung. Letztes Produktionsmodell war die Ki-21 IIb, die sich aber nur in Details von der Ki-21 IIa unterschied. Interessant war das fernbediente MG im Heckkonus der Ki-21. Dafür, dass die Sally als schwerer Bomber eingestuft wurde, waren Bewaffnung und Bombenlast zu gering. Wie viele japanische Flugzeuge war auch die Ki-21 sehr beschussempfindlich und fiel ab 1943 reihenweise den Jägern der Alliierten zum Opfer. Daher wurde sie ab Mitte bis Ende 1944 von der Front abgezogen. Bis zur Einstellung der Produktion wurden 2.064 Sally hergestellt, die überall im Pazifik zum Einsatz kamen.

NAKAJIMA KI-49 DONRYU (HELEN)

Nakajima Ki-49 (Helen).

	Ki-49 IIb
Typ:	Bomber
Besatzung:	8 Mann
Leergewicht/max. Startgewicht:	6.530 kg/11.400 kg
Länge/Spannweite/Höhe:	16,50 m/20,42 m/4,25 m
Triebwerk:	zwei Nakajima-Ha-109-Stern-otoren mit je 1.500 PS (1.119 kW)
Höchstgeschwindigkeit:	492 km/h in 5.000 m
Dienstgipfelhöhe:	9.300 m
Reichweite:	2.950 km
Bewaffnung:	5 x 12,7-mm-MG Typ 1 in Ständen im Bug, Heck, Unterseite und Rumpfseiten, 1 x 20-mm-MK auf dem Rumpfrücken, bis zu 1.000 kg Abwurflast intern

Als Nachfolger der Ki-21 flog die Ki-49 erstmals im August, verfügte aber mit zwei 950-PS-Nakajima-Ha-5-Sternmotoren nicht über den erforderlichen Antrieb, weshalb schon der zweite Prototyp auf 1.250-PS-Nakajima-Ha-41 umgerüstet wurde. In dieser Form ging der Typ als Ki-49 I in Produktion und wurde sowohl in China als auch bei den ersten Kämpfen im Pazifik eingesetzt. Obwohl die Ki-49 eigentlich so leistungsfähig sein sollte, dass sie keinen Begleitschutz benötigen würde, stellte sich heraus, dass weder Bombenlast noch Geschwindigkeit, Schutz oder Reichweite den Anforderungen genügten. Im Frühjahr 1942 wurde daher die Version Ki-49 II mit stärkeren Nakajima-Ha-109-Triebwerken, selbstversiegelnden Treibstofftanks, verbessertem Schutz und Abwehrbewaffnung vorgestellt. Aber die „Helen", so ihr Codename, blieb den Gegnern unterlegen und hatte hohe Verluste. Daher wurde im Dezember 1944 nach 819 Exemplaren die Produktion eingestellt. In der letzten Phase des Krieges diente sie vor allem als Transporter, U-Boot-Jagdflugzeug und für Kamikaze-Einsätze.

KAWANISHI H8K (EMILY)

	H8K2
Typ:	Seeaufklärungsflugboot
Besatzung:	9–10 Mann
Leergewicht/max. Startgew.:	18.380 kg/32.500 kg
Länge/Spannweite/Höhe:	28,13 m/38 m/9,15 m
Triebwerk:	vier Mitsubishi-MK-4Q-Kasei-22-Sternmotoren mit je 1.850 PS (1.380 kW)
Höchstgeschwindigkeit:	472 km/h in 5.000 m
Dienstgipfelhöhe:	8.600 m
Reichweite:	7.100 km
Bewaffnung:	je 1 x 20-mm-MK Typ 99 im Bug-, Heck- und Rückendrehturm, 2 x 20-mm-MK Typ 99 in seitlichen Rumpfständen, bis 6 x 7,7-mm-MG Typ 92 in Rumpfluken, bis zu 2.000 kg Abwurflast intern oder extern, z. B. zwei 800-kg-Torpedos, acht 250-kg-Bomben oder Wasserbomben unter den Tragflächen.

Kawanishi H8K2 (Emily).

Die H8K war das leistungsstärkste Aufklärungsflugboot Japans im Zweiten Weltkrieg, und wahrscheinlich das beste Flugboot. Der alliierte Codename war „Emily", und es wurden nur 167 Maschinen gebaut. Die H8K wies beachtliche Leistungsreserven und eine hohe Nutzlastkapazität auf, allerdings war dadurch auch die Flächenbelastung relativ hoch (200 kg/m^2). So wurden nur besonders geschulte Piloten eingesetzt. Der Prototyp dieses Schulterdeckers mit vier Motoren (H8K1) flog erstmals am 31. Dezember 1940, wies jedoch einige Schwächen auf. Insbesondere auf dem Wasser war die Maschine sehr instabil. Erst nach weitreichenden Veränderungen des Rumpfs gingen 1941 die ersten H8K in Serie und nahmen im März 1942 den Dienst auf. Hauptserienmodell war die H8K2 mit 112 Exemplaren. Die H8K2 hatte Radar, geschützte Treibstofftanks sowie eine verstärkte Bewaffnung und Panzerung. Die H8K2-L war ein Transporter für 29–64 Passagiere und verfügte über eine reduzierte Bewaffnung. Sie wurde 36-mal gebaut. Weitere Prototypen (H8K3 und 4) kamen über das Versuchsstadium nicht hinaus. Aufgrund ihrer hohen Reichweite (bis 20 Stunden Flugdauer), starken Bewaffnung und der Ausrüstung mit Radar erwies sich die Emily als sehr erfolgreicher Aufklärer.

MORANE-SAULNIER M.S.406

Morane-Saulnier M.S.406.

	M.S.406C-1
Typ:	Jagdflugzeug
Besatzung:	1 Mann
Leergewicht/max. Startgewicht:	1.900 kg/2.470 kg
Länge/Spannweite/Höhe:	8,15 m/10,60 m/2,80 m
Triebwerk:	ein Hispano-Suiza-12Y-31-V-12-Motor mit 860 PS (641 kW)
Höchstgeschwindigkeit:	485 km/h in 5.000 m
Dienstgipfelhöhe:	9.400 m
Reichweite:	8.000 km
Bewaffnung:	1 x 20-mm-MK HS404 als Motorkanone durch die Propellernabe schießend, 2 x 7,5-mm-MG MAC 1934 in den Tragflächen

Die M.S.406 war Frankreichs erstes Jagdflugzeug mit geschlossenem Cockpit und einziehbarem Fahrwerk. Ihr Prototyp flog erstmals im August 1938. Die Armée de l'Air orderte 1938 1.000 Maschinen des leicht veränderten Serientyps M.S.406 als neuen Standardjäger, die Fertigung in den neu geschaffenen Staatsbetrieben lief jedoch so schleppend (es fehlte an Ersatzteilen und vor allem an Hispano-Suiza-Triebwerken), dass der zunächst abgelehnte Konkurrent Bloch M.B.151 zusätzlich in Serie gebaut wurde, um die französische Luftwaffe möglichst rasch mit modernen Jagdflugzeugen zu versorgen. Bei Beginn des Zweiten Weltkrieges waren 572 M.S.406 ausgeliefert. Diese wurden von den deutschen Bf 109 allerdings deklassiert und erlitten große Verluste. Insgesamt wurden 1.081 M.S.406 aller Versionen gebaut. Nach der Kapitulation Frankreichs übernahmen Luftwaffe und Regia Aeronautica alle verfügbaren M.S.406 und setzen sie als Trainingsmaschinen ein. Allerdings war man nicht sehr zufrieden mit diesem Typ, weshalb die M.S.406 an Verbündete abgegeben wurde. So erhielt Finnland zusätzlich 68, Kroatien 48 und Bulgarien 20 M.S.406. Die Finnen modifizierten 41 ihrer Maschinen mit erbeuteten russischen Klimow-Triebwerken zu so genannten Mörkö Morane, die bessere Leistungen zeigten. Die Schweiz hatte 1938 die Lizenzrechte für die M.S.406 erworben und produzierte daher zunächst 82 D-3800 genannte Modelle und später 207 verbesserte D-3801, die als Schulmaschinen bis 1959 flogen.

DEWOITINE D.520

	D.520
Typ:	Jagdflugzeug
Besatzung:	1 Mann
Leergewicht/max. Startgewicht:	2.036 kg/2.677 kg
Länge/Spannweite/Höhe:	8,60 m/10,20 m/2,57 m
Triebwerk:	ein Hispano-Suiza-12Y-45-V-12-Motor mit 935 PS (697 kW)
Höchstgeschwindigkeit:	534 km/h in 5.500 m
Dienstgipfelhöhe:	10.500 m
Reichweite:	1.530 km
Bewaffnung:	1 x 20-mm-MK HS404 als Motorkanone durch die Propellernabe schießend, 4 x 7,5-mm-MG MAC 1934 in den Tragflächen

Dewoitine D.520.

Die D.520 war ein modernes, potenziell sehr leistungsfähiges französisches Flugzeug, das jedoch zu spät zum Einsatz kam. Sie machte im Oktober 1938 ihren Erstflug, und obwohl zunächst einige Probleme mit dem Kühler auftraten, war die D.520 offenkundig das beste französische Kampfflugzeug und sogar der Bf 109 gewachsen. Aufgrund politischer Querelen und der Umstrukturierung der französischen Luftfahrtindustrie (Dewoitine wurde Teil des Staatsbetriebes SNCAM) begann die Massenproduktion jedoch erst 1940. Daher waren nur wenige Staffeln bei Beginn des deutschen Angriffs schon vollständig auf D.520 umgerüstet. Viele Verbände befanden sich noch in der Einführungsphase des neuen Jägers. Obwohl sie noch einige Erfolge erzielen konnten, reichten die 437 hergestellten (von denen allerdings nur 351 ausgeliefert wurden) D.520 nicht aus, um das Blatt zu wenden. In den letzten Tagen vor dem Fall Frankreichs entkamen einige Staffeln nach Nordafrika oder in den unbesetzten Teil Frankreichs. 1941 begann die Produktion für die Vichy-Luftwaffe, die 550 Exemplare bestellte. Die meisten wurden bei der Besetzung Südfrankreichs durch die Wehrmacht erbeutet und an Luftwaffen-Schulverbände oder an Jagdstaffeln der Rumänen, Bulgaren und Italiener weitergegeben.

BLOCH M.B.151 UND M.B.152

Im Juli 1934 nahm Avions Marcel Bloch an einem Wettbewerb der französischen Luftwaffe für einen modernen Ganzmetall-Eindecker teil. Sieger wurde schließlich der Morane-Saulnier- Entwurf. Blochs M.B.150 hatte während dieses Wettbewerbs ernsthafte Schwierigkeiten, denn es gelang ihr einfach nicht, sich in die Luft zu erheben! Dennoch gab Bloch nicht auf und modifizierte den Entwurf tiefgreifend. Obgleich der Typ dann flugfähig war und durchaus gute Leistungen erzielte, war er für die Serienproduktion gänzlich ungeeignet, weshalb eine erneute und gründliche Überarbeitung der Konstruktion nötig wurde. Als M.B.151 flog dieses Modell erstmals im August 1938, woraufhin die Produktion anlaufen sollte. Bis April 1939 waren aber erst vier M.B.151 ausgeliefert. Während dieser Zeit hatten die Ingenieure von Bloch (mittlerweile Teil des Staatskonzerns SNCASO) ein wiederum verbessertes Modell, die M.B.152, entwickelt. Insgesamt erhielt die SNCASO den Auftrag für 160 M.B.151 und 340 M.B.152, aber die Produktionsgeschwindigkeit blieb weiterhin überaus langsam, sodass im September 1939 nur 120 M.B.151 und 152 ausgeliefert waren. Ende November 1939 waren schließlich 358 Exemplare ausgeliefert, allerdings heißt das noch lange nicht, dass diese auch kampffähig gewesen wären. Gut der Hälfte der Maschinen fehlten nämlich die Propeller, die Visiergeräte oder gar beides. Dies änderte sich nur langsam, sodass die Piloten beim deutschen Angriff noch nicht ausreichend mit ihren potenziell leistungsfähigen Jägern vertraut waren und daher nur wenig ausrichten konnten. Nach der Niederlage Frankreichs flogen sechs Staffeln der Luftwaffe der Vichy-Regierung den Typ weiter. Nachdem die Wehrmacht im November 1942 auch jenen Teil Frankreichs besetzt hatte, gingen die noch vorhandenen M.B.151 und M.B.152 an Rumänien und an deutsche Jagdfliegerschulen.

Die leistungsfähige und moderne Bloch M.B.152 kam zu spät, um noch viel ausrichten zu können.

	M.B.152
Typ:	Jagdflugzeug
Besatzung:	1 Mann
Leergewicht/max. Startgewicht:	2.020 kg/2.680 kg
Länge/Spannweite/Höhe:	9,10 m/10,55 m/3,95 m
Triebwerk:	ein Gnome-Rhone-Sternmotor-14N-25 mit 1.080 PS (805 kW)
Höchstgeschwindigkeit:	515 km/h in 4.000 m
Dienstgipfelhöhe:	10.000 m
Reichweite:	600 km
Bewaffnung:	2 x 7,5-mm-MG MAC 1934 und 2 x 20-mm-HS404-MK. oder 4 x 7,5-mm-MG

Bloch M.B.152.

POTEZ-63-BAUREIHE

	Potez 63.11
Typ:	Aufklärungs- und Verbindungsflugzeug
Besatzung:	3 Mann
Leergewicht/max. Startgewicht:	3.135 kg/4.530 kg
Länge/Spannweite/Höhe:	10,93 m/16 m/3,08 m
Triebwerk:	zwei Gnome-Rhone-Sternmotoren 14M-6/7 mit je 700 PS (522 kW)
Höchstgeschwindigkeit:	425 km/h in 5.000 m
Dienstgipfelhöhe:	8.500 m
Reichweite:	1.500 km
Bewaffnung:	1 x 7,5-mm-MG MAC 1934 starr im Bug, 1 x 7,5-mm-MG im hinteren Cockpit, 1 x 7,5-mm-MG nach hinten-unten im Rumpf, bis 200 kg Abwurflast

Die Aufklärer- und leichte Angriffsversion Potez 63.11.

Die Potez-63-Baureihe war ursprünglich als Familie von schweren zweimotorigen Jägern und Aufklärern geplant. Der Erstflug des Prototypen fand am 25. April 1936 statt. Die Serienfertigung begann schon 1937, Probleme bei der Belieferung mit Motoren, Propellern und Waffen verzögerten jedoch die Auslieferung, sodass bei Kriegsausbruch erst 291 Maschinen zur Verfügung standen. Die Jägerversion Potez 630 wurde von Hispano-Suiza, die Potez 631 von Gnome-Rhone-Motoren angetrieben, sonst waren beide Versionen annähernd gleich. Sie entsprachen in ihrer Grundkonzeption der Bf 110 und wurden als Zerstörer und Nachtjäger eingesetzt. Die Potez 632 war ein leichter Bomber, die Potez 633 ebenfalls, allerdings als Exportvariante. Die letzen Maschinen wurden bei Kriegsausbruch von den Franzosen beschlagnahmt. Zur Modernisierung der Aufklärerstaffeln entstand die Potez 63.11 mit eckig verglastem Rumpfbug und verkürzter Führerkabine, von der 850 Maschinen ausgeliefert wurden. Die Potez hatten erstklassige Flugeigenschaften, waren aber als Jäger untermotorisiert. Über 600 Potez blieben nach der Niederlage im unbesetzten Teil Frankreichs und in Algerien zurück, wo sie zunächst von der Luftwaffe der Vichy-Regierung eingesetzt wurden. Die deutsche Luftwaffe ließ unter ihrer Aufsicht weitere Potez herstellen und nutzte mindestens 100 Potez 61.11 als Schul- und Verbindungsflugzeuge.

BREGUET-690-BAUREIHE

Breguet Bre. 693.

	Bre. 693
Typ:	Bomber
Besatzung:	2 Mann
Leergewicht/max. Startgewicht:	3.010 kg/4.900 kg
Länge/Spannweite/Höhe:	9,67 m/15,37 m/3,19 m
Triebwerk:	zwei Gnome-Rhone Sternmotoren 14M-6/7 mit je 700 PS (522 kW)
Höchstgeschwindigkeit:	490 km/h in 5.000 m
Dienstgipfelhöhe:	9.500 m
Reichweite:	1.350 km
Bewaffnung:	1 x 20-mm-MK HS404 und 2 x 7,5-mm-MG MAC 1934 starr im Bug, 1 x 7,5-mm-MG im hinteren Cockpit, zunächst 1 x, später 3 x 7,5-mm-MG starr in Rumpf und Motorgondeln, bis zu 400 kg Abwurflast intern

Breguet nahm die Konstruktion eines Jagdzweisitzers 1935 in Angriff. Dessen Prototyp (Bre. 690) absolvierte den Erstflug im März 1938. Schließlich wollte die Armée de l'Air eine ganze Flugzeugfamilie auf der Basis der Bre. 690. Die erste Serienversion (Breguet 691) hatte Hispano-Suiza-Reihenmotoren. Da diese Triebwerke aber knapp waren, entschied man sich, Gnome-Rhone-Sternmotoren zu benutzen. Diese Version hieß Bre. 693 (Erstflug Oktober 1939). Schließlich entstand noch die sehr ähnliche Bre. 695 mit Triebwerken von Pratt & Whitney. Die Kombination eines französischen Entwurfs mit US-Triebwerken führte jedoch zu einer Verschlechterung der Leistung. Der Prototyp der Bre. 695 flog Anfang 1940. Der schwere Jäger Bre. 697 kam nicht über das Prototypenstadium hinaus. Der erste Kampfeinsatz der 693 fand am 12. Mai 1940 statt, mit katastrophalem Ausgang: Zehn von elf Bre. 693 wurden abgeschossen oder stark beschädigt. Bis zur Niederlage Frankreichs war die Hälfte der Maschinen vernichtet, danach flogen noch wenige Bre. 690 für das Vichy-Regime weiter. Im November 1942 wurden die restlichen Flugzeuge von den Deutschen konfisziert und der Luftwaffe oder den italienischen Streitkräften übergeben, die sie als Trainer nutzten. Von allen Bre.-690-Versionen wurden ca. 300 Maschinen hergestellt.

BLOCH M.B.174 UND M.B.175

	M.B.175 B.3
Typ:	Bomber
Besatzung:	3 Mann
Leergewicht/max. Startgewicht:	5.660 kg/8.023 kg
Länge/Spannweite/Höhe:	12,43 m/17,95 m/3,55 m
Triebwerk:	zwei Gnome-Rhone Sternmotoren 14N-48/49 mit je 1.140 PS (850 kW)
Höchstgeschwindigkeit:	540 km/h in 5.200 m
Dienstgipfelhöhe:	11.000 m
Reichweite:	1.600 km
Bewaffnung:	2 x 7,5-mm-MG MAC 1934 starr im Bug, 2 x 7,5-mm-MG im hinteren Cockpit, 3 x 7,5-mm-MG im unteren Rumpf, bis 600 kg Abwurflast intern

Antoine de Saint-Exupéry, Autor des Buches „Der kleine Prinz", flog im Frühjahr 1940 eine M.B.174.

Die Bloch M.B.174 und 175, leichte Bomber und Aufklärer, waren die besten Maschinen, die den Franzosen 1940 zur Verfügung standen. Bereits 1936 begann bei Bloch die Konstruktion, der Prototyp (M.B.170.01) flog erstmals im Februar 1938. Nach einigen Veränderungen wurde daraus die M.B.174, die sich im Januar 1939 in die Luft erhob. Die Flugversuche verliefen zunächst gut, dann stellten sich Probleme mit der Motorkühlung ein. So wurden die ersten Serienmodelle erst im März 1940 ausgeliefert. Der Typ entpuppte sich als erstklassiger Aufklärer, aber der Bombenschacht der M.B.174 war zu klein, um mehr als 50-kg-Bomben aufzunehmen. Nach der 50. Maschine änderte man die Größe des Bombenschachts (M.B.175). Vor der Niederlage Frankreichs wurden nur noch 25 Exemplare ausgeliefert. Da die Versorgung mit Gnome-Rhone-Triebwerken ständig stockte, wurden als M.B.176 auch 23 Exemplare mit amerikanischen Pratt-&-Whitney-Triebwerken hergestellt. Die meisten M.B.174, 175 und 176, die am 10. Juni 1940 noch vorhanden waren, wurden von ihren Besatzungen zerstört. Einige Maschinen entkamen auch in den unbesetzten Teil Frankreichs. Die Luftwaffe nützte wenige erbeutete und 56 aus fertigen Teilen montierte M.B.175 als Schulflugzeuge.

BOULTON PAUL P.82 DEFIANT

	Defiant Mk. II
Typ:	Nachtjäger
Besatzung:	2 Mann
Leergewicht/max. Startgewicht:	2.849 kg/3.821 kg
Länge/Spannweite/Höhe:	10,77 m/11,99 m/3,34 m
Triebwerk:	ein Rolls-Royce-Merlin-XX mit 1.280 PS (954 kW)
Höchstgeschwindigkeit:	504 km/h in 5.790 m
Dienstgipfelhöhe:	9.250 m
Reichweite:	748 km
Bewaffnung:	4 x 7,7-mm-Browning-MG in einem Turm auf dem Rumpfrücken

Defiant Mk. I, No. 410 Squadron, Schottland, Herbst 1941.

Die Defiant war ein ungewöhnliches Jagdflugzeug, da sie keine starr nach vorn gerichtete Bewaffnung, sondern einen motorgetriebenen MG-Turm mit vier 7,7-mm-MG hatte. Grundgedanke dabei war, dass so die Bewaffnung über ein viel breiteres Schussfeld eingesetzt werden und der Pilot sich auf das Führen der Maschine konzentrieren könne. Die Konstruktion begann 1935, der Erstflug des Prototypen war am 11. August 1937. Ab dem Sommer 1939 lief das Modell Mk. I der RAF zu. Trotz beachtlicher Anfangserfolge – insbesondere da deutsche Piloten die Defiant mit der Hurricane verwechselten und nicht auf das Feuer aus dem MG-Turm gefasst waren – erwies sich das Konzept als untauglich, da die Luftwaffe die Defiant bald von vorn angriff. Deshalb wurde dieser Typ von August 1940 an nur noch zur Nachtjagd verwendet. Die zweite Serienvariante Mk. II mit Bordradar wurde im September 1941 in Dienst gestellt. Bis zur Ablösung durch die Beaufighter waren 13 Nachtjagdstaffeln mit Defiant-Jägern ausgerüstet. Danach diente sie als Zielschlepper und beim Seenoteinsatz. Insgesamt wurden 1.065 Exemplare gebaut.

GLOSTER S.S.37 GLADIATOR

Die Gloster Gladiator war das letzte Doppeldecker-Jagdflugzeug der Royal Air Force. Der Prototyp der Gladiator flog erstmals im September 1934, die ersten Serienexemplare wurden allerdings erst Anfang 1937 ausgeliefert. Neben 151 Gladiator Mk. I für die RAF wurden auch 147 Maschinen dieser Reihe für Exportkunden bestellt, obgleich die Gladiator gegenüber zeitgenössischen Eindeckern veraltet war. Die Variante Mk. I wurde bald von der Mk. II abgelöst, welche einen Dreiblattpropeller, einen elektrischen Starter, Staubfilter für den Motor und ein stärkeres Triebwerk erhielt. Rund 100 Mk. II wurden zur Trägerversion Sea Gladiator umgerüstet und dienten in sechs Staffeln an Bord der britischen Flugzeugträger. Bei Ausbruch des Zweiten Weltkrieges war die Gladiator gegenüber modernen Einsitzern wie der Bf 109 chancenlos und wurde von der RAF deshalb nur auf Nebenschauplätzen wie dem Mittelmeer eingesetzt. Auch die Sea Gladiator kam nach der Verteidigung Norwegens 1940 vor allem im Mittelmeer zu Einsatz, wo sich beide Modelle jedoch einen Namen bei der Verteidigung Maltas machten. Insgesamt wurden 746 Gladiator aller Modelle gebaut.

	Gladiator Mk. II
Typ:	Jagdflugzeug
Besatzung:	1 Mann
Leergewicht/max. Startgewicht:	1.562 kg/2.206 kg
Länge/Spannweite/Höhe:	8,36 m/9,83 m/3,53 m
Triebwerk:	ein Bristol-Mercury-VIIIA-Sternmotor mit 850 PS (625 kW)
Höchstgeschwindigkeit:	414 km/h in 4.450 m
Dienstgipfelhöhe:	10.210 m
Reichweite:	708 km
Bewaffnung:	je 2 x 7,7-mm-Browning-MG starr im Bug und unter den unteren Tragflächen

Gloster Gladiator.

HAWKER HURRICANE

Die Hurricane diente zunächst als Tag- und Nachtjäger, später vor allem als Jagdbomber bzw. Erdkampfflugzeug. Ihre einfache, aber sehr robuste Konstruktion und die etwas schlechteren Leistungsdaten ließen sie immer etwas im Schatten der berühmten Spitfire stehen, obwohl die Hurricane in der Luftschlacht um England mehr Abschüsse erzielen konnte. Der Prototyp startete am 6. November 1935 zum Erstflug. Rumpf und Flächen bestanden aus einem Stahlrohrgerüst, das größtenteils stoffbespannt war. Bewaffnet war die Hurricane zunächst mit acht 7,7-mm-MG in den Tragflächen. 1939 wurden eine Reihe von Verbesserungen vorgenommen, dazu gehörten ein verbesserter Dreiblattpropeller, die Beplankung der Tragflächen mit Metall und der Einbau eines Rolls-Royce-Merlin-III-Motors.

Eine Hurricane Mk. IIB mit zwölf 7,7-mm-MG in den Tragflächen.

	Hurricane Mk. IIB
Typ:	Jagdbomber
Besatzung:	1 Mann
Leergewicht/max. Startgewicht:	2.498 kg/3.311 kg
Länge/Spannweite/Höhe:	9,82 m/12,19 m/4,65 m
Triebwerk:	ein Rolls-Royce-Merlin-XX-V-12 mit 1.280 PS (954 kW)
Höchstgeschwindigkeit:	530 km/h in 6.705 m
Dienstgipfelhöhe:	11.125 m
Reichweite:	772 km
Bewaffnung:	12 x 7,7-mm-Browning-MG starr in den Tragflächen, bis 454 kg Abwurflasten extern, z. B. zwei 227-kg-Bomben

Hurricane Mk. I, No. 1 Squadron, Northolt (Middlesex), August 1940.

Nach Frankreich entsandte Staffeln konnten jedoch gegen die Übermacht der deutschen Luftwaffe zunächst nicht viel ausrichten. Während der Luftschlacht um England jedoch vereitelten 32 Hurricane-Staffeln alle Versuche der Luftwaffe, die Luftherrschaft über Großbritannien zu erringen. Während sich die 19 Spitfire-Staffeln auf deutsche Jäger konzentrierten, griffen Hurricane die Bomber an. Daneben kam die Hurricane auch im Mittelmeerraum und in Nordafrika zum

Hurricane Mk. IIC Trop, No. 73 Squadron, Nordafrika 1942.

Hurricane Mk. I.

Einsatz. Im Lauf des Krieges kamen immer stärkere Motoren und Bewaffnung zum Einbau. Zudem trat die Jägerrolle der Hurricane immer mehr in den Hintergrund, und Hawker konzentrierte sich darauf, die Erdkampfkapazität des Modells zu verbessern, z. B. wurde das Mitführen von Außenlasten wie Raketen, Bomben, Zusatztanks oder Kanonenbehältern möglich.

Die Mk. IID beispielsweise verfügte über zwei 40-mm-MK und wurde vor allem zur Panzerjagd in Nordafrika eingesetzt. Unter eigenen Bezeichnungen wurden in Kanada ebenfalls Hurricane gefertigt, meist mit von Packard gebauten Merlin-Motoren ausgerüstet. Für den Einsatz auf Flugzeugträgern bei der Fleet Air Army (FAA), der britischen Marineluftwaffe, wurden verschiedene Varianten mit einer speziellen Ausrüstung für den Einsatz auf Flugzeugträgern versehen. Insgesamt wurden 14.231 Hurricane gebaut. Vor dem Krieg gab es eine Reihe von Exportkunden. So wurden Hurricane z. B. an Jugoslawien, Belgien, die Türkei und Persien verkauft. Auch nach 1945 gingen noch Hurricane in den Export, etwa nach Portugal, Irland und Persien. Während des Zweiten Weltkrieges wurden zudem rund 3.000 Maschinen an die sowjetische Luftwaffe geliefert.

Die Mk. IIC war mit vier 20-mm-MK bewaffnet.

SUPERMARINE SPITFIRE

Das ohne Zweifel bekannteste Jagdflugzeug Großbritanniens ist sicherlich die Supermarine Spitfire. Im Vereinigten Königreich genießt die Spitfire eine geradezu mythische Verehrung, ganz besonders aufgrund ihrer Rolle in der Luftschlacht um England. Jedes Jahr am 15. September (Battle of Britain Day) feiert die Royal Air Force ihren Sieg mit einem Vorbeiflug von Spitfire. Supermarines langjährige Erfahrungen mit Rekord-Wasserflugzeugen gingen ab 1935 in die Entwicklung der Spitfire durch Konstrukteur Reginald J. Mitchell ein. Der Entwurf besaß einen schlanken, aerodynamischen Rumpf mit elliptisch abgerundeten Tragflächen, die eine perfekte Auftriebsverteilung garantierten, sowie einen Rolls-Royce-Merlin-12-Zylinder-V-Motor. Der Erstflug des Prototypen war am 5. März 1936. Aufgrund der guten Leistung bestellte das Air Ministry umgehend 370 Spitfire Mk. I. Bei Beginn der Luftschlacht 1940 verfügte das Fighter Command über 370 Spitfire in 19 Staffeln.

Das Hauptmodell jener Zeit war die Mk. IA, die zwar leichter als die Bf 109E bewaffnet, dafür aber steigfreudiger und wendiger war. Die Entwicklung und der Bau der Spitfire gingen während des gesamten Krieges in zahlreichen Varianten und Untervarianten weiter. Das erste Großserienmodell (6.664 Exemplare) Mk. V führte die variable Flügelbewaffnung ein, mit der alle folgenden Modelle ausgestattet wurden, z. B. mit acht 7,7-mm-MG (A), zwei 20-mm-MK und vier 7,7-mm-MG (B), vier 20-mm-MK (C) oder zwei 20-mm-MK und zwei 12,7-mm-MG sowie bis zu 454 kg Bomben (E). Mit diesem Modell ging die Royal Air Force ab Frühjahr 1941 zur Offensive an der Kanalfront über und flog Angriffe auf Frankreich. Ende jenes Jahres waren 43 Staffeln mit der Mk. V ausgerüstet, die ab 1942 gegenüber der FW 190 allerdings ins Hintertreffen geriet. Meistgenutzte Version war in den letzten drei Kriegsjahren das Modell Mk. IX mit Vierblattpropeller und 1.665-PS-Merlin-Motor, das 658 km/h in 7.626 m Höhe erreichen konnte. Gegen Ende des Krieges erschien die Mk. XIV mit Fünfblattpropeller, Tropfenhaube und einem neuen Motor. Sie erreichte mit dem 2.050-PS-Griffon-Motor bis zu 717 km/h. Eine Spitfire dieses Typs schoss als erste britische Maschine eine Me 262 ab.

Die elliptischen Tragflächen der Spitfire sorgten für eine optimale Auftriebsverteilung.

	Spitfire Mk. VB
Typ:	Jagdflugzeug
Besatzung:	1 Mann
Leergewicht/max. Startgewicht:	2.267 kg/2.911 kg
Länge/Spannweite/Höhe:	9,12 m/11,23 m/3,02 m
Triebwerk:	ein Rolls-Royce-Merlin-XX mit 1.480 PS (1.103 kW)
Höchstgeschwindigkeit:	594 km/h in 5.945 m
Dienstgipfelhöhe:	11.125 m
Reichweite:	1.827 km
Bewaffnung:	2 x 20-mm-Hispano-Suiza-MK und 4 x 7,7-mm-Browning-MG starr in den Tragflächen

Spitfire Mk. IXB, No. 421 Squadron, Tangnere (Sussex), Juni 1944.

Für den Einsatz in Nordafrika und dem Mittelmeerraum erhielten die Spitfire große Sandfilter vor dem Lufteinlauf am Bug, was die klaren Linien des Flugzeugs erheblich störte, wie bei dieser Mk. VC Trop.

Spitfire Mk. IA, 66. Squadron, Kenley (Surrey), September 1940.

Spitfire Mk. VE.

Die Spitfire diente nicht nur als Jagdflugzeug und -bomber, sondern flog auch als Fotoaufklärer (FR. und PR.) und von Flugzeugträgern aus. Diese Variante Seafire wurde ab Januar 1942 ausgeliefert und in 2.556 Exemplaren gebaut, obgleich das schmalspurige, fragile Fahrwerk für Trägereinsätze nicht ideal war. Spitfire flogen nicht nur bei der RAF, sondern bei praktisch allen Alliierten. Als die Produktion im Oktober 1947 auslief, waren insgesamt 20.351 Spitfire verteilt auf 20 verschiedene Baureihen hergestellt worden.

HAWKER TYPHOON

Die RAF wünschte als Nachfolger der Hurricane einen Jäger, der von einem noch in der Entwicklung befindlichen Napier Sabre (24-Zylinder-H-Motor) oder Rolls-Royce Vulture (24 Zylinder-X-Motor) angetrieben werden sollte. Da die Entwicklung des Rolls-Royce Vulture abgebrochen wurde, startete im Februar 1940 der Prototyp der Typhoon mit Napier-Sabre-Motor zum Jungfernflug. Allerdings ergaben sich massive Probleme mit Triebwerk und Festigkeit von Zelle und Flächen, sodass der Typ komplett überarbeit werden musste. 1943 waren die meisten Mängel an der Zelle und am Triebwerk überwunden. Dennoch konnte sich die Typhoon weder in der Rolle als Abfangjäger gegen die Fw 190 noch in der Rolle als Begleitjäger bewähren. Da mit der Spitfire IX mittlerweile ein erstklassiger Jäger zur Verfügung stand, bestand kein Bedarf mehr für die Typhoon als Jagdflugzeug, es gab jedoch Bedarf an einem leistungsfähigen Jagdbomber. Die Maschinen wurden daraufhin für Tiefangriffe eingesetzt. Sie begleiteten die Alliierten von Frankreich nach Deutschland hinein und erwiesen sich als erstklassige Jagdbomber und Erdkampfflugzeuge. Mit ihren vier 20-mm-MK und acht Raketen unter den äußeren Flächen oder Bomben wurden die Typhoon zum Schrecken der Wehrmacht. Die Gesamtproduktion betrug 3.330 Maschinen.

	Typhoon Mk. IB
Typ:	Jagdbomber und Erdkampfflugzeug
Besatzung:	1 Mann
Leergewicht/max. Startgewicht:	3.992 kg/5.171 kg
Länge/Spannweite/Höhe:	9,74 m/12,67 m/4,67 m
Triebwerk:	ein Napier-Sabre-IIA-24-Motor in H-Form mit 2.180 PS (1.626 kW)
Höchstgeschwindigkeit:	652 km/h in 5.500 m
Dienstgipfelhöhe:	10.365 m
Reichweite:	821 km
Bewaffnung:	4 x 20-mm-Hispano-Suiza-MK starr in den Tragflächen und bis 908 kg Abwurflasten extern (z. B. zwei 454-kg-Bomben oder acht 41-kg Raketen)

Typhoon Mk. IB, No. 440 Squadron, Frankreich, Juli 1944.

GLOSTER G.41 METEOR

Gloster Meteor Mk. III.

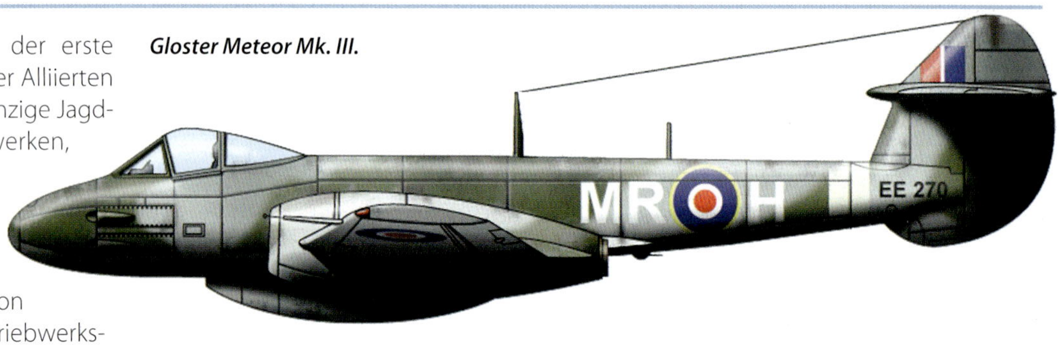

Die Gloster Meteor war der erste strahlgetriebene Jäger der Alliierten und neben der Me 262 das einzige Jagdflugzeug mit Turbinentriebwerken, das im Zweiten Weltkrieg in größerer Zahl zum Einsatz kam. Wie bei den deutschen Strahlflugzeugen kam es bei der Meteor aufgrund von Problemen mit der neuen Triebwerkstechnologie zu großen Verzögerungen. Wenn die Konstruktionsarbeiten auch bereits 1940 begonnen hatten, flög der erste Prototyp erst im März 1943. 20 Vorserienexemplare (Mk. I) mit Rolls-Royce-Welland-Turbinen von 771 kp Schub kamen ab Juli 1944 zum Einsatz. Ihre Leistung enttäuschte allerdings, da nur 668 km/h erreicht wurden und Stabilitätsprobleme auftraten. Zunächst verblieben die Meteor daher in Großbritannien, wo sie sich im Einsatz gegen die V1 bewährten. Die erste Serienversion (Mk. III) erhielt stärkere Turbinen und erreichte damit eine akzeptable Geschwindigkeit. Sie kam ab Mitte Dezember 1944 zu den RAF-Staffeln. Kurz vor Kriegsende wurden noch einige Meteor nach Holland verlegt und flogen auch Einsätze über Deutschland. Insgesamt entstanden 3.875 Meteor.

	Meteor F. Mk. III (frühe Version)
Typ:	Jagdflugzeug
Besatzung:	1 Mann
Leergewicht/max. Startgewicht:	4.771 kg/6.314 kg
Länge/Spannweite/Höhe:	12,58 m/13,11 m/3,96 m
Triebwerk:	zwei Rolls-Royce W.2B/23- Welland-1-Strahltriebwerke mit je 906 kp Schub
Höchstgeschwindigkeit:	768 km/h in 3.000 m
Dienstgipfelhöhe:	13.100 m
Reichweite:	1.100 km
Bewaffnung:	4 x 20-mm-Hispano-Suiza-MK starr im Bug

BRISTOL TYP 152 BEAUFORT

Die Bristol Beaufort basierte auf der Blenheim, verfügte aber über wesentlich kräftigere Motoren und einen tieferen und breiteren Rumpf. Die Beaufort flog erstmals am 15. Oktober 1938, wurde aber nicht vor Januar 1940 in Dienst gestellt, da die Bristol-Taurus-Triebwerke zunächst Schwierigkeiten machten. Auch während der Dienstzeit der Beaufort machte der neuartige Motor mit Schieber- statt Ventilsteuerung immer wieder Probleme, was einmal zu einem Startverbot für alle Maschinen führte. Die Beaufort wurde auch in Australien produziert, allerdings hatten sich die Australier schon früh für die zuverlässigeren Pratt-&-Whitney-Sternmotoren aus den USA entschieden. Die australischen Beaufort wurden von Mitte 1942 bis zum Kriegsende im Pazifik eingesetzt. Bei der RAF war die Beaufort trotz aller Schwierigkeiten 1940–1943 der landgestützte Standard-Torpedobomber und Minenleger.

Bristol Beaufort. Mit Radar ausgerüstete Maschinen wurden nicht nur in Großbritannien, sondern auch im Mittelmeerraum verwendet. Insgesamt entstanden über 1.900 Beaufort aller Versionen.

	Beaufort Mk. I
Typ:	Torpedobomber
Besatzung:	4 Mann
Leergewicht/max. Startgewicht:	5.945 kg/9.630 kg
Länge/Spannweite/Höhe:	13,59 m/17,63 m/3,78 m
Triebwerk:	zwei Bristol-Taurus-Sternmotoren mit je 1.130 PS (843 kW)
Höchstgeschwindigkeit:	418 km/h in 1.830 m
Dienstgipfelhöhe:	5.030 m
Reichweite:	1.670 km
Bewaffnung:	je 2 x Browning-7,7-mm-MG im Rückendrehturm und fernbedientem Waffenstand unter dem Bug, bis zu 681 kg Abwurflast intern, ein 728-kg-Torpedo

BRISTOL TYP 142M, 149 UND 160 BLENHEIM

	Blenheim Mk. I
Typ:	leichter Bomber
Besatzung:	3 Mann
Leergewicht/max. Startgew.:	3.810 kg/5.670 kg
Länge/Spannweite/Höhe:	12,12 m/17,2 m/3 m
Triebwerk:	zwei Bristol-Mercury-VIII-9-Zyl.-Sternmotoren mit je 840 PS (626 kW)
Höchstgeschwindigkeit:	428 km/h in 3.600 m
Dienstgipfelhöhe:	8.320 m
Reichweite:	1.810 km
Bewaffnung:	1 x Browning-7,7-mm-MG starr in rechter Tragflächen, ein Vickers-K-7,7-mm-MG im Rückendrehturm, bis 454 kg Abwurflast intern

Bristol Blenheim Mk. I.

Die Blenheim basiert auf einem der ersten Geschäftsreiseflugzeuge. Die Bristol Typ 142 übertraf bei ihrem Erstflug im April 1935 alle Erwartungen, da sie um etwa 50 km/h schneller war als die damaligen Jäger der Royal Air Force. Nun interessierte sich auch das Luftfahrtministerium für den Typ 142, und Bristol entwarf eine militarisierte Version, die 142M. Mit Ausnahme der stoffbespannten Steuerflächen war die 142M ganz aus Metall hergestellt und erhielt die Bezeichnung Blenheim Mk. I. Der Erstflug fand am 25. Juni 1936 statt, und die ersten Exemplare liefen der RAF im März 1937 zu. Sie wurden nicht nur als Bomber, sondern auch mit einer MG-Gondel (vier 7,7-mm-MG) unter dem Rumpf und Radarausrüstung als Nachtjäger verwendet. Einem Blenheim-Nachtjäger gelang im Juli 1940 der erste radargeführte Abschuss der Welt. Die Mk. I wurde durch die Blenheim Mk. IV (Typ 149) ersetzt, welche eine längere Nase für den Beobachter und seine Ausrüstung besaß. Dieser Typ rüstete auf dem Höhepunkt seines Einsatzes 70 Staffeln der Royal Air Force aus und basierte auf der in Kanada gebauten Variante Bolingbroke, die aber dort nur zu Schulzwecken eingesetzt wurde. Die letzte Version war die Blenheim Mk. V (Typ 160) mit zusätzlicher Panzerung und Bewaffnung, jedoch den gleichen Triebwerken, was sie sehr langsam und schwerfällig machte. Daher wurde sie schon bald wieder von der Front abgezogen. Die Blenheim wurde vor 1939 in zahlreiche Länder exportiert (Finnland, Jugoslawien, Rumänien, Türkei). Während des Krieges flogen die RAF, RCAF, RSAAF, die freie französische Luftwaffe, Portugal und Griechenland diese Maschine. Von allen Versionen der Blenheim, inklusive der in Kanada gebauten Modelle, wurden 3.983 Exemplare hergestellt.

BRISTOL TYP 156 BEAUFIGHTER

	Beaufort Mk. X
Typ:	Schwerer (Nacht-)Jäger/Torpedobomber/Schiffsbekämpfungsflugzeug
Besatzung:	2 Mann
Leergewicht/max. Startgew.:	5.945 kg/9.630 kg
Länge/Spannweite/Höhe:	12,71 m/17,63 m/4,83 m
Triebwerk:	zwei Bristol-Hercules-XVII-Sternmotoren mit je 1.770 PS (1.320 kW)
Höchstgeschwindigkeit:	488 km/h in 400 m
Dienstgipfelhöhe:	4.570 m
Reichweite:	2.365 km
Bewaffnung:	4 x starre 20-mm-Hispano-Suiza- MK im Bug, 6 x Browning 7,7-mm-MG in den Tragflächen, 1 x Vickers-K-7,7-mm-MG auf dem Rumpfrücken, ein Torpedo (728/966 kg), anstelle der Tragflächen-MG acht 41-kg-Luft-Boden-Raketen oder zwei 113-kg-Bomben

Der Typ 156 wurde bei Bristol eigentlich als schwerer Langstreckenjäger auf Basis der Beaufort entwickelt und daher Beaufighter getauft. Im Lauf des Krieges wurden die Beaufighter jedoch auch als Nachtjäger, Torpedobomber sowie als Schiffs- und Tiefangriffsflugzeuge eingesetzt. Ihren Erstflug machte die Beaufighter am 17. Juli 1939 und erwies sich unmittelbar als hervorragende Maschine. Zunächst wurde sie vor allem als Nachtjäger eingesetzt (Mk. IF), da ihr Rumpf groß genug für die noch recht sperrigen Radargeräte war. Im September 1940 erhielt die RAF die ersten Maschinen und konnte bald durchschlagende Erfolge gegen die Luftwaffe erzielen. Sobald die Mosquito in ausreichender Zahl für die Nachtjagd zur Verfügung stand, wurden Beaufighter vor allem als schwere Jäger und Schiffsbekämpfungsflugzeuge eingesetzt. Auch die Transportstaffeln der Luftwaffe machten auf ihrem Weg nach Nordafrika böse Erfahrungen mit der Beaufighter. Australien baute die Beaufighter in Lizenz und nutzte sie im Kampf gegen die Japaner. Die unterschiedlichen Varianten differierten vor allem in ihrer Motorisierung und Bewaffnung. Zahlreiche Modelle waren auch mit Radar ausgestattet. Bis zur Einstellung der Produktion 1945 wurden 5.562 Exemplare gebaut.

Eine Beaufighter startet im Juli 1942 zu einem Anti-Schiffseinsatz.

VICKERS WELLINGTON

Die Vickers Wellington war in der ersten Hälfte des Krieges eine der Hauptstützen des britischen Bomber Command bei Angriffen auf Kontinentaleuropa. Ihr Erstflug fand am 15. Juni 1936 statt.

Die Wellington war insofern interessant, als ihr Rumpf und ihre Flächen nach alter Art stoffbespannt waren, die Struktur in geodätischer Bauweise aus frei tragenden Leichtmetallverstrebungen nach Art eines Luftschiffs galt jedoch als äußerst beschussfest. Dennoch erlitt die „Wimpey", wie ihre Besatzungen sie nannte, bei Tagesangriffen zunächst schwere Verluste. Dies veranlasste das RAF-Bomberkommando, sich auf Nachtangriffe zu verlegen. Wellington-Bomber trugen bis 1942 die Hauptlast der Angriffe auf Deutschland und leisteten auch Pionierarbeit bei der Einführung elektronischer Verfahren zur Zielfindung. Beim ersten Tausend-Bomber-Angriff gegen Köln in der Nacht zum 31. März 1941 waren 600 Wellington beteiligt.

Ab 1943 wurde die Wellington aus den Bomberstaffeln abgezogen, blieb jedoch im Mittelmeerraum und beim Costal Command weiterhin als Minensucher, Torpedoflugzeug und U-Boot-Jäger im Einsatz. Bei den Schulverbänden war die „Wimpey" sogar noch 1954 vertreten. Wellington-Maschinen flogen 63.977 Einsätze für das Bomber Command der Royal Air Force, und als die Produktion im Oktober 1945 eingestellt wurde, waren insgesamt 11.461 Maschinen aller Modelle gebaut worden. Die einzelnen Versionen unterschieden sich hauptsächlich in ihrer Motorisierung (meist Bristol-Sternmotoren, aber auch Rolls-Royce-Merlin- oder Pratt-&-Whitney-Triebwerke), ihrer Bewaffnung und in ihrer elektronischen Ausrüstung voneinander.

Wellington B.Mk. III, No. 426 Squadron, Dishforth (Yorkshire), Frühjahr 1943.

	Wellington B.Mk. III
Typ:	mittlerer Bomber
Besatzung:	6 Mann
Leergewicht/max. Startgewicht:	8.417 kg/13.381 kg
Länge/Spannweite/Höhe:	18,54 m/26,26 m/5,31 m
Triebwerk:	zwei Bristol-Hercules-XI-Sternmotoren mit je 1.500 PS (1.119 kW)
Höchstgeschwindigkeit:	410 km/h in 3.810 m
Dienstgipfelhöhe:	5.790 m
Reichweite:	2.478 km
Bewaffnung:	2 x 7,7-mm-Browning-MG im Bug, 4 x 7,7-mm-MG im Heckdrehturm, 2 x 7,7-mm-MG in seitlichen Rumpfständen, bis 2.041 kg Abwurflast intern

Wellington B.Mk. II.

DE HAVILLAND D.H. 98 MOSQUITO

Die D.H. 98 Mosquito wurden in den unterschiedlichsten Rollen eingesetzt, z. B. als Bomber, Jagdbomber, Nachtjäger, Aufklärer, Schiffsbekämpfer, Schulflugzeug, trägergestütztes Kampfflugzeug, Transporter und zuletzt als Zielschleppmaschinen. Auf private Initiative De Havillands hin begannen 1938 Entwurfsarbeiten für einen Schnellbomber. Um Rohstoffe zu sparen, bestanden große Teile der Maschine aus Holzlaminat. Das britische Luftfahrtministerium lehnte den Vorschlag zunächst jedoch ab. Erst als sich die Kriegslage verschärfte, sah man die Vorteile eines nicht aus dem knappen Leichtmetall bestehenden Bombers ein.

So startete am 25. November 1940 ein erster Prototyp der Mosquito und verblüffte mit einer Höchstgeschwindigkeit von über 630 km/h – was damals nicht einmal die Spitfire der RAF erreichte. Zudem war die Mosquito in der Lage, die Last eines damaligen mittleren Bombers zu transportieren. Das überzeugte das Air Ministry, und es gab drei Varianten in Auftrag: einen Aufklärer (Modell PR: Photo Reconnaisance), einen Bomber (Modellbezeichnung B) und einen Nachtjäger (NF: Night Fighter). Schon der erste kriegsmäßige Einsatz am 14. Juli 1941 bestätigte alle Erwartungen, die man in dieses Flugzeug gesetzt hatte. Eine PR Mk. I flog über Frankreich drei deutschen Bf 109 einfach davon. Ab Anfang 1942 waren dann die ersten mit der B Mk. IV ausgerüsteten Staffeln einsatzbereit und begannen mit nächtlichen Bombenangriffen auf Deutschland. Schon Ende Dezember 1941 waren mit Radar ausgerüstete NF Mk. II zu Einsätzen gestartet. Die Mosquito zeigte bald, dass sie trotz ihrer hölzernen Struktur eine Menge einstecken konnte, und entwickelte sich zu einem überaus erfolgreichen Flugzeug.

Neben den drei schon genannten Modellen folgten noch zahlreiche weitere Versionen. Meistgebaute und wichtigste Variante mit 2.718 Exemplaren wurde die Anfang 1943 eingeführte Jagdbomberversion FB Mk. VI (FB: Fighter Bomber). Neben einer schweren Bugbewaffnung aus MK und MG konnten diese Maschinen auch Bomben und Raketen tragen. In der Bomberrolle übernahmen Mosquitos immer mehr die Rolle von „Pfadfindern", die mit so genannten Christbäumen (Leuchtbomben) Ziele für die schweren Lancaster und Halifax markierten. Auch in Kanada und Australien wurden Mosquito gefertigt. Im Pazifik bewährten sich die Maschinen allerdings nicht ganz so hervorragend wie in Europa. Das feuchte, warme Klima machte den Holzteilen zu schaffen, und mehr als eine Mosquito löste sich buchstäblich in der Luft auf. Insgesamt wurden 7.781 Mosquito aller Modelle gebaut, davon 1.134 in Kanada und 212 in Australien.

Mosquito NF Mk. II, No. 23 Squadron, Malta, Januar 1943.

Mosquito FB Mk. VI, No. 418 Squadron, Hendon (Hertfordshire), Herbst 1944.

	Mosquito FB Mk. VI
Typ:	Jagdbomber
Besatzung:	2 Mann
Leergewicht/max. Startgewicht:	6.486 kg/10.115 kg
Länge/Spannweite/Höhe:	12,47 m/16,51 m/4,65 m
Triebwerk:	zwei Rolls-Royce-Merlin-25-V-12 mit je 1.620 PS (1.208 kW)
Höchstgeschwindigkeit:	583 km/h in 1.675 m
Dienstgipfelhöhe:	10.070 m
Reichweite:	2.655 km
Bewaffnung:	4 x 20-mm-Hispano-Suiza-MK, 4 x 7,7-mm-Browning-MG starr im Bug, bis 908 kg Abwurflasten intern und extern (z. B. zwei 113-kg-Bomben intern und acht 41-kg-Luft-Boden-Raketen unter äußeren Tragflächen

Mosquito-Nachtbomber waren von den deutschen Nachtjägern praktisch nicht abzufangen.

SHORT S.29 STIRLING

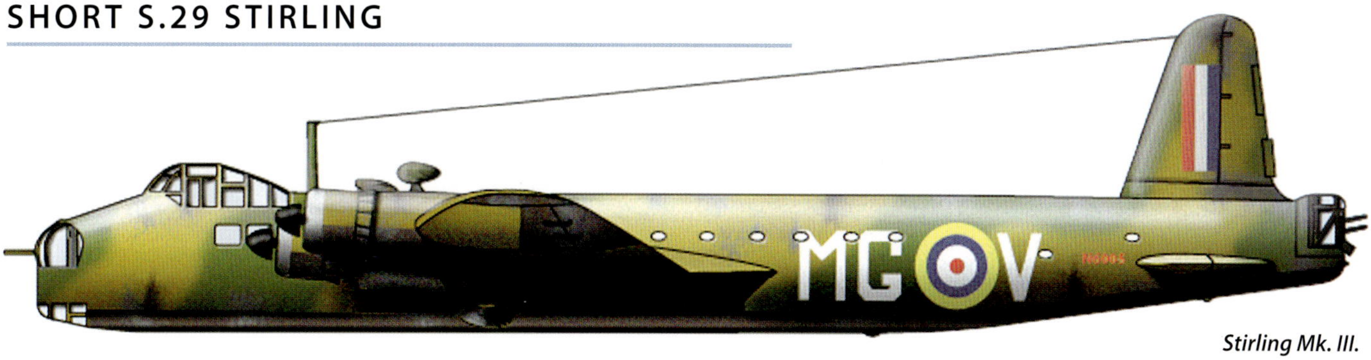

Stirling Mk. III.

Der Erstflug des Prototypen der S.29 fand am 14. Mai 1939 statt. Ab Februar 1941 flogen Stirling die ersten Einsätze für das RAF Bomber Command. In wachsender Zahl waren zunächst die Mk. I, später die Mk. III an Einsätzen im besetzten Europa beteiligt. Auf dem Höhepunkt ihrer Karriere flogen schließlich elf Staffeln des Bomber Command Short Stirling. Auch als „Pfadfinder", d. h. als Maschine, die ein Ziel mittels Leuchtbomben („Christbäume") markierte, kamen Stirling zum Einsatz. Als genügend Halifax und Lancaster zur Verfügung standen, wurde die Stirling für Aufgaben in der zweiten Reihe abgestellt, denn sie erreichte nicht genug Gipfelhöhe und hatte einen zu kleinen Bombenschacht, der die neuen 1.816-kg-Bomben nicht aufnehmen konnte. Ab 1944 waren das Schleppen von Lastenseglern und der Transport von Fallschirmjägern ihre Hauptaufgabe. Speziell dafür gebaute Exemplare trugen die Bezeichnung Mk. IV und Mk. V. 1946 wurden die letzten Stirling aber auch aus diesen Rollen abgezogen. Insgesamt wurden 2.383 Stirling aller Modelle produziert.

	Stirling Mk. III
Typ:	schwerer Bomber
Besatzung:	7 Mann
Leergewicht/max. Startgewicht:	19.595 kg/31.751 kg
Länge/Spannweite/Höhe:	26,89 m/30,2 m/6,93 m
Triebwerk:	vier Bristol-Hercules-XVI-Sternmotoren mit je 1.650 PS (1.230 kW)
Höchstgeschwindigkeit:	435 km/h in 4.400 m
Dienstgipfelhöhe:	5.180 m
Reichweite:	3.090 km
Bewaffnung:	je 2 x 7,7-mm-Browning-MG im Bug- und Rückendrehturm, 4 x 7,7-mm-MG im Heckdrehturm, bis 6.350 kg Abwurflast intern

AVRO LANCASTER

Die exzellenten Rolls-Royce-Merlin-Triebwerke der Lancaster trugen maßgeblich zu ihrem Erfolg bei.

	Lancaster Mk. I
Typ:	schwerer Bomber
Besatzung:	7 Mann
Leergewicht/max. Startgewicht:	16.738 kg/31.751 kg
Länge/Spannweite/Höhe:	21,18 m/31,09 m/6,10 m
Triebwerk:	vier Rolls-Royce-Merlin-XX-V-12-Motoren mit je 1.280 PS (942 kW)
Höchstgeschwindigkeit:	448 km/h in 3.500 m
Dienstgipfelhöhe:	7.468 m
Reichweite:	4.072 km
Bewaffnung:	je 2 x Browning 7,7-mm-MG im Bug- und Rückendrehturm, 4 x 7,7-mm-MG im Heckdrehturm, normal bis 6.350 kg Abwurflast intern

Die Avro Lancaster war und ist mit Abstand der bedeutendste und wohl auch beste schwere britische Bomber des Zweiten Weltkrieges. Dabei liegen ihre Wurzeln in der wenig erfolgreichen zweimotorigen Avro Manchester, die ihre kurze Dienstzeit über mit mannigfaltigen Problemen zu kämpfen hatte. Um diese Schwierigkeiten zu überwinden, überarbeitete Avro die Konstruktion komplett und rüstete das neue Modell mit vier zuverlässigen Rolls-Royce-Merlin-Motoren anstatt der zwei problematischen Vulture-Triebwerke aus. Der Prototyp der Lancaster hatte in dieser Form am 9. Januar 1941 seinen Erstflug, und im September des gleichen Jahres begann die Schulung der Besatzungen auf den ersten Serienmaschinen. Den ganzen Krieg über wurde nur recht wenig am Grundentwurf geändert, was für die Güte der Konstruktion spricht. Neben der die Kriegszeit hindurch gebauten Mk. I gab es natürlich weitere Versionen, die sich jedoch hauptsächlich in Bewaffnung und Triebwerken unterschieden. Die Mk. II verfügte über Bristol-Hercules-Sternmotoren, die Mk. III wurde von in den USA gebauten Versionen des Merlin angetrieben. Das Modell Mk. X entstand in Kanada. Die Mk. VII verfügte über Drehtürme mit einem 12,7-mm-MG. Besonders zu erwähnen sind die „Special"-Versionen B Mk. I, die zur Aufnahme der 9.979 kg schweren „Grand-Slam"-Bombe modifiziert wurde, die vor allem gegen U-Boot-Bunker verwendet wurde, sowie die B Mk. III, welche 1943 die berühmten „Dambuster"-Angriffe mit speziellen Rollbomben, die wie Steine über das Wasser hüpften, gegen die Möhne-, Sorpe- und Edertalsperren durchführten. Auch die 5.396 kg schwere „Tallboy"-Bombe wurde von Lancaster-Bombern der Royal Air Force u. a. mehrfach gegen das deutsche Schlachtschiff Tirpitz eingesetzt, das damit schließlich auch versenkt wurde.

Während des Krieges flogen 59 Staffeln des Bomber Command der RAF die Lancaster, und dieser Typ war auch die Hauptwaffe bei nächtlichen Einsätzen gegen deutsche Städte. Hierbei wurde eine nie ausgemerzte Schwäche vielen

Lancaster Mk. II, No. 426 Squadron, Linton-on-Ouse (Yorkshire), Ende 1943.

Lancaster Mk. X, No. 419 Squadron, Durham, Juni 1944.

Die Lancaster war neben der Halifax der schwere Standardbomber der RAF.

Lancaster-Maschinen zum Verhängnis: ihre fehlende Bewaffnung an der Unterseite. Viele Lancaster trugen dort die Kuppel ihres Radars zur Bodenzielauffassung, was sie nach unten hin blind machte. Die Nachtjäger der Luftwaffe nutzten dies aus, indem sie sich den Bombern von unten her näherten, dann parallel unterhalb flogen und mit einer starr nach schräg oben gerichteten Bewaffnung (schräger Musik) das Feuer eröffneten. Dennoch war die Lancaster der wohl erfolgreichste Bomber der RAF und hatte einen großen Anteil am Sieg der Alliierten. Maschinen dieses Typs flogen über 156.000 Einsätze und warfen 618.350 t Spreng- sowie 51 Millionen Brandbomben ab. Für den Einsatz im Fernen Osten war eine Version mit größerer Reichweite in Planung, kam aber vor Kriegsende nicht mehr zum Einsatz. Neben der RAF flogen auch die Luftwaffen Kanadas (RCAF) und Australiens (RAAF) sowie die französische Marine Lancaster. Die letzte von insgesamt 7.377 Lancaster lief im Februar 1946 vom Band.

HANDLEY PAGE H.P.57 HALIFAX

	Halifax B. Mk. III
Typ:	schwerer Bomber
Besatzung:	7 Mann
Leergewicht/max. Startgewicht:	17.345 kg/29.484 kg
Länge/Spannweite/Höhe:	21,82 m/31,75 m/6,32 m
Triebwerk:	vier Bristol-Hercules-XVI-Sternmotoren mit je 1.615 PS (1.204 kW)
Höchstgeschwindigkeit:	454 km/h in 4.100 m
Dienstgipfelhöhe:	7.315 m
Reichweite:	4.072 km
Bewaffnung:	je 4 x Browning-7,7-mm-MG im Rücken und Heckdrehturm, 1 x 7,7-mm-MG im Bug, bis 5.897 kg Abwurflast intern

Hier eine Halifax Mk. II.

Die Handley Page Halifax war während des Zweiten Weltkrieges neben der Lancaster der wichtigste schwere Bomber der RAF. Sie war ursprünglich mit zwei Rolls-Royce-Vulture-Triebwerken geplant, da Handley Page aber bald Zweifel an der Zuverlässigkeit dieser Motoren hatte, konstruierte man den Typ für vier Rolls-Royce Merlin um, was eine viel größere und schwerere Maschine ergab. Ein erster Prototyp der H.P.57 genannten Maschine flog am 25. Oktober 1939. Um einen großen Bombenschacht zu erhalten, war die ganz aus Metall gebaute Halifax als Mitteldecker ausgelegt. Im Bereich des inneren Flügels wurden zwei weitere Schächte für Abwurflasten geschaffen. Ab November 1940 nahm die Halifax Mk. I den Dienst auf. Diese Version hatte noch keinen MG-Turm auf dem Rumpf. Da sich Tagesangriffe als verlustreich zeigten, ging man Ende 1941 zu Nachtangriffen über, bei denen sich die Halifax als erfolgreich erwies. Halifax waren die ersten Maschinen, die mit den neuen, streng geheimen H2S-Radaranlagen zur Bodenzielauffassung ausgerüstet wurden, und dienten schließlich bei 38 Staffeln des Bomber Command. Halifax wurden in einer großen Variantenvielfalt gebaut. So führte die Mk. II einen MG-Turm auf dem Rumpf ein, hatte dafür aber keinen Bugturm mehr. Die Mk. III besaß anstatt der Merlin-Triebwerke Bristol-Hercules-Sternmotoren. Insgesamt wurden 6.178 Halifax-Maschinen aller Modelle produziert.

Obwohl die Halifax im Schatten der Lancaster stand, war sie doch wohl das bessere Mehrzweckflugzeug. Bis 1945 flogen sie 75.532 Einsätze und warfen 231.252 t Bomben ab. Zusätzlich war die Halifax bei neun Staffeln des Costal Command als Seeaufklärer und U-Boot-Jäger im Einsatz, schleppte Lastensegler, transportierte Fallschirmjäger und flog auch geheime nächtliche Einsätze, um Agenten abzusetzen oder Partisanen und Widerstandskämpfer mit an Fallschirmen abgeworfenen Waffen und Ausrüstung zu versorgen.

FAIREY SWORDFISH

Fairey Swordfish Mk. I.

	Swordfish Mk. I
Typ:	trägergestützter Torpedobomber und Aufklärer
Besatzung:	2–3 Mann
Leergewicht/max. Startgew.:	2.145 kg/3.419 kg
Länge/Spannweite/Höhe:	10,89 m/13,86 m/3,76 m
Triebwerk:	ein Bristol-Pegasus-III-M.3-Sternmotor mit 690 PS (515 kW)
Höchstgeschwindigkeit:	222 km/h
Dienstgipfelhöhe:	3.260 m
Reichweite:	874 km
Bewaffnung:	1 x 7,7-mm-Vickers-MG im Bug, 1 x 7,7-mm-Vickers-MG beweglich im hinteren Cockpit, ein 728-kg-Torpedo oder bis 681 kg Abwurflasten extern

Die Swordfish entstand, weil das Air Ministry 1930 einen Torpedobomber und Aufklärer für den Trägereinsatz suchte. Faireys erster Prototyp war zunächst kein Erfolg und stürzte sogar ab, erst die zweite Maschine erfüllte die Erwartungen und ging ab 1935 als Swordfish Mk. I in Serie. Die Swordfish war ein stoffbespannter Doppeldecker mit starrem Fahrwerk, dessen Tragflächen für die Unterbringung in Trägerhangars faltbar waren. Bei Kriegsausbruch flogen 13 Staffeln der Marineluftwaffe diesen Typ. Im November 1940 griffen Swordfish mit Erfolg die in Tarent (Süditalien) vor Anker liegende italienische Flotte an, und im Mai 1941 flog eine Swordfish den Torpedoangriff auf die Bismarck. Ab 1942 wurde die Maschine meist von den Decks kleinerer Flugzeugträger zur U-Boot-Jagd verwendet. 1943 erschien die Mk. II, die einen stärkeren Motor und metallverstärkte untere Tragflächen besaß, von denen Raketen abgefeuert werden konnten. Ende 1943 kam die Mk. III zu Einsatz, die eigentlich eine Mk. II mit einer großen Kuppel für ein Radargerät zwischen den Fahrwerksbeinen war. Für den Einsatz in extrem kalten Regionen wurden einige Swordfish (Mk. IV) auch mit geschlossenen Cockpits versehen. Bis 1944 waren insgesamt 2.391 Exemplare hergestellt worden.

SHORT S.25 SUNDERLAND

Die Short Sunderland flog vor allem Seeaufklärungs- und U-Boot-Jagd-Einsätze, diente aber auch zur Seenotrettung und als Transporter. Der Erstflug des auf dem zivilen Flugboot S.23 beruhenden Typs war am 16. Oktober 1937. Im Herbst 1938 traten die ersten Maschinen den Dienst beim Coastal Command an. Zur Sicherung von Geleitzügen und der U-Boot-Jagd wurden Sunderlands ab 1940 mit einem Luft-Boden-Suchradar (ASV) ausgerüstet. Die Luftwaffe taufte die Sunderland wegen ihrer Abwehrbewaffnung „fliegendes Stachelschwein“. Einer Sunderland soll es gelungen sein, von acht angreifenden Ju 88 drei abzuschießen. Da ihr Rumpfboden wasserdicht sein musste, wurden die Bomben vor dem Angriff auf Schienen laufend aus seitlichen Rumpfluken unter die Innenflügel gekurbelt. Insgesamt wurden 749 Maschinen in fünf Serien gebaut, die sich vor allem durch ihre Motorisierung unterschieden.

Short Sunderland Mk. III mit ASV-Schiffssuchradar auf dem Rumpfrücken.

	Stirling Mk. III
Typ:	Seeaufklärungs- und U-Boot-Jagd-Flugboot
Besatzung:	10 Mann
Leergewicht/max. Startgew.:	14.969 kg/26.308 kg
Länge/Spannweite/Höhe:	26,01 m/34,38 m/9,79 m
Triebwerk:	vier Bristol-Pegasus-XVIIII-Sternmotoren mit je 1.065 PS (794 kW)
Höchstgeschwindigkeit:	341 km/h in 1.500 m
Dienstgipfelhöhe:	4.570 m
Reichweite:	4.828 km
Bewaffnung:	je 2 x 7,7-mm-Browning-MG im Bug- und Rückendrehturm, 4 x 7,7-mm-MG im Heckdrehturm, 2 x 12,7-mm-Browning-MG in seitlichen Rumpfständen, 4 x starre 7,7-mm-MG im Bug, bis 2.250 kg Abwurflast intern

POLIKARPOW I-16

Polikarpow I-16.

	I-16 Typ 24
Typ:	Jagdflugzeug und Jagdbomber
Besatzung:	1 Mann
Leergewicht/max. Startgewicht:	1.475 kg/2.060 kg
Länge/Spannweite/Höhe:	6,04 m/8,88 m/2,41 m
Triebwerk:	ein M-62-Sternmotor mit 1.000 PS (736 kW)
Höchstgeschwindigkeit:	490 km/h
Dienstgipfelhöhe:	9.470 m
Reichweite:	600 km
Bewaffnung:	4 x 7,62-mm-MG-SchKAS starr im Bug und Tragflächen oder 2 x 7,62-mm-MG im Bug und 2 x 20-mm-MK-SchWAK, bis 200 kg Abwurflasten extern

Die Polikarpow I-16 war das erste Serien-Jagdflugzeug der Welt in Eindeckerbauweise mit einziehbarem Fahrwerk. Die I-16 war in Gemischbauweise aus Holz, Stahl und Alumium mit Stoffbespannung gebaut. Ende 1933 flog der erste Protoyp, die Serienfertigung des Typs 1 begann Mitte 1934. Ende Oktober 1936 wurden erste I-16 an die spanischen Republikaner geliefert, die dort den Namen „Mosca" (Fliege) bekamen. Insgesamt wurden 157 Maschinen nach Spanien entsandt und weitere 30 dort in Lizenz gebaut. Auf Seiten der Faschisten nannte man sie „Rata" (Ratte). Zunächst war die I-16 das beste in Spanien vorhandene Jagdflugzeug, erwies sich aber der modernen Bf 109 als unterlegen. Bei den sowjetisch-japanischen Grenzstreitigkeiten 1939 kämpfte die I-16 genauso wie im Winterkrieg gegen Finnland 1939/40. Sie kam dabei nicht nur als Jäger, sondern auch als Jagdbomber zum Einsatz. Die I-16 war gegenüber den Typen der Luftwaffe hoffnungslos veraltet, und oft blieb den Piloten nur noch, gegnerische Flugzeuge zu rammen. Ende 1943 wurde die I-16 endgültig aus dem Fronteinsatz gezogen, da zu diesem Zeitpunkt bessere Maschinen in ausreichender Zahl zur Verfügung standen. Bis dahin waren rund 7.000 I-16 aller Versionen gebaut worden.

MIKOJAN-GUREWITSCH MIG-1 UND MIG-3

Das berühmte sowjetische Konstrukteursteam Mikojan und Gurewitsch gab mit der MiG-1 1940 sein Debüt im Bereich Kampfflugzeuge. Zunächst sah es allerdings nicht so aus, als ob diese Partnerschaft später einmal sehr erfolgreich werden sollte. Der Prototyp der MiG-1 flog erstmals am 5. April 1940. Die bis Dezember 1940 gebauten rund 100 Serienmaschinen erreichten zwar 628 km/h, waren aber nur leicht bewaffnet (zwei 7,62-mm-MG). Wesentlich schlimmer waren jedoch die geringe Flugstabilität und eine mangelhafte Reichweite. Eine verbesserte Version, die MiG-3, zeichnete sich durch exzellente Höhenleistungen aus und erreichte in 7.800 m Flughöhe 640 km/h, war aber unterhalb von 5.000 m – wo die meisten Kämpfe stattfanden – den Maschinen der Luftwaffe klar unterlegen. Auch ihre Bewaffnung von einem 12,7-mm- und zwei 7,62-mm-MG war nicht ausreichend. Die Produktion dieser beiden Jäger wurde im Sommer 1942 nach 3.322 Maschinen eingestellt, da inzwischen in den Werken hinter dem Ural die Massenfertigung der Jäger vom Typ Jak und LaGG angelaufen war. Der Name MiG tauchte erst wieder nach 1945 auf.

MiG-3 einer unbekannten Einheit in Wintertarnung.

	MiG-3
Typ:	Jagdflugzeug
Besatzung:	1 Mann
Leergewicht/max. Startgewicht:	2.595 kg/3.350 kg
Länge/Spannweite/Höhe:	8,27 m/10,20 m/3,50 m
Triebwerk:	ein Mikulin-AM-35A-V-12 mit 1.350 PS (1.007 kW)
Höchstgeschwindigkeit:	640 km/h in 7.800 m
Dienstgipfelhöhe:	12.000 m
Reichweite:	1.195 km
Bewaffnung:	1 x 12,7-mm-MG UBS, 2 x 7,62-mm-MG-SchKAS starr im Bug, bis 200 kg Abwurflast extern (z. B. zwei 100-kg-Bomben oder acht RS-82-Raketen)

LAWOTSCHKIN LAGG-1, LAGG-3, LA-5 UND LA-7

	La-7
Typ:	Jagdflugzeug und Jagdbomber
Besatzung:	1 Mann
Leergewicht/max. Startgewicht:	2.625 kg/3.400 kg
Länge/Spannweite/Höhe:	8,60 m/9,80 m/2,80 m
Triebwerk:	ein 14-Zylinder-Doppelsternmotor Schwezow ASch-82FN mit 1.775 PS (1.306 kW)
Höchstgeschwindigkeit:	665 km/h
Dienstgipfelhöhe:	11.800 m
Reichweite:	635 km
Bewaffnung:	2–3 20-mm-MK-SchWAK oder -B-20 starr im Bug, bis 200 kg Abwurflast extern (z. B. zwei 100-kg-Bomben oder acht RS-82 Raketen)

Die Lawotschkin-Baureihe von Jagdflugzeugen war neben den Jak-Modellen die wichtigste Serie von sowjetischen Jägern während des Zweiten Weltkrieges. Allen Lawotschkin-Flugzeugen gemeinsam war ihre Konstruktion aus Holz. Lawotschkin beschäftigte sich seit den 1930er-Jahren mit der Entwicklung leistungsfähiger Jagdflugzeuge in Ganzholzbauweise. 1938 entwarf er mit M. I. Gudkow und W. P. Gorbunow einen Jäger, der aus kunstharzgetränktem Sperrholz aus sibirischer Birke bestand und am 30. März 1940 zum Erstflug startete. Dieses Flugzeug war allerdings überhastet entwickelt und voller Probleme, daher wurden von der LaGG-1 nur 100 Stück gebaut. Die verbesserte LaGG-3 flog erstmals am 14. Juni 1940, kränkelte aber an einem zu schweren und zu schwachen Motor, woraufhin Lawotschkin mehrere andere Triebwerke testete. Bei Kriegsbeginn zeigte sich die LaGG-3 zudem den deutschen Bf 109F unterlegen, was zur Entwicklung der La-5 führte. Bis dahin sollen schätzungsweise 6.528 Flugzeuge LaGG-3 gebaut worden sein.

Der La-5 wurde anstelle des V-12-Triebwerks ein Schwezow-ASch-82-Sternmotor eingebaut, wodurch die Konstruktion komplett überarbeitet werden musste. Damit war die La-5, die im April 1942 ihre Flugerprobung aufnahm und ab Juni in Serie gebaut wurde, praktisch eine Neuentwicklung. Sie bewährte sich insbesondere im Süden der Ostfront bestens, was ihr den Beinamen „Hölzerner Retter von Stalingrad" einbrachte.

La-7 des 16. Garde-Jagdgeschwaders, Ostfront 1945.

Als im Frühjahr 1943 der nochmals verbesserte ASch-82FN-Motor mit Direkteinspritzung verfügbar war, entstand die La-5FN mit dem charakteristischen, ganz nach vorn gezogenen Lufteinlass auf der oberen Rumpfseite sowie dem abgesenkten Rumpfrücken hinter dem Cockpit für eine bessere Rundumsicht. Dieser Typ war die leistungsstärkste Variante der La-5 und trug dazu bei, dass sich ab Sommer 1943 das Blatt zugunsten der Sowjets wendete. Insgesamt sollen rund 10.000 La-5 aller Versionen gebaut worden sein. Die La-7 war eine Weiterentwicklung der La-5FN. Sie bekam gänzlich schließende Fahrwerksverkleidungen, und der strömungsgünstigere Ölkühler wurde nach hinten unter das Cockpit verlegt. Ab Mitte 1944 erhielten die Fronteinheiten die ersten La-7. Insgesamt wurden 5.753 La-7 gefertigt.

LaGG-3.

JAKOWLEW JAK-1, JAK-3, JAK-7 UND JAK-9

	Jak-3
Typ:	Jagdflugzeug
Besatzung:	1 Mann
Leergewicht/max. Startgewicht:	2.105 kg/2.660 kg
Länge/Spannweite/Höhe:	8,49 m/9,20 m/2,42 m
Triebwerk:	ein Klimow-VK-105PF-2-V-12 mit 1.300 PS (969 kW)
Höchstgeschwindigkeit:	655 km/h in 3.100 m
Dienstgipfelhöhe:	10.700 m
Reichweite:	900 km
Bewaffnung:	eine 20-mm-MK-SchWAK durch die Propellernabe schießend, 2 x 12,7-mm-MG-UBS starr im Bug, bis 200 kg Abwurflast extern

Eine heute noch flugfähige Jak-3 in den Farben des Normandie-Niemen-Geschwaders.

Die zahlenmäßig bedeutendste Baureihe von Jagdflugzeugen der Sowjetunion im Zweiten Weltkrieg kam aus dem Jakowlew-Konstruktionsbüro. Die Jak-1 entstand, um die veralteten Doppeldecker der Jagdflieger zu ersetzen. Der Erstflug eines Prototypen fand am 13. Januar 1940 statt, die Serienfertigung begann im Dezember. Die Jak-1 war eine stoffbespannte Stahlrohr-Konstruktion mit hölzernen Tragflächen und einziehbarem Fahrwerk. Nach den ersten Fronterfahrungen im Sommer 1941 wurden Verbesserungen vorgenommen: Die Flügelenden wurden etwas spitzer gestaltet, und ab 1942 erhielt der Jak-1B genannte Typ wegen der besseren Rundumsicht einen abgesenkten Rumpfrücken. Die Produktion der Jak-1 lief bis 1943 und endete nach 8.721 Maschinen. Anfang 1942 begann bei Jakowlew die Arbeit zur Verbesserung der Serie. Vor allem ging es um eine Verringerung des Gewichts und einen stärkeren Motor. Schließlich wurde die Jak-3 das leichteste Jagdflugzeug des Zweiten Weltkrieges. Im April 1943 begann ihre Flugerprobung, und im August 1944 waren die ersten Jak-3-Staffeln einsatzbereit. Die Jak erwies sich als erstklassiges Jagdflugzeug, das auch als Jagdbomber eingesetzt werden konnte. Am deutlichsten wird dies durch den Befehl des deutschen Luftwaffenoberkommandos Ende 1944, Luftkämpfe mit der Jak-3 unter 5.000 m Höhe zu vermeiden. Trotz ihrer Geschwindigkeit, Wendigkeit und Steigfähigkeit ließ die Reichweite zu wünschen übrig. Insgesamt wurden 4.848 Maschinen dieses Typs gebaut. Die Jak-7 war ursprünglich als zweisitzige Schulversion für die Jak-1 entwickelt worden, wurde jedoch auch als Frontjäger eingesetzt. Insgesamt wurden von ihr 6.399 Stück gebaut. Die Jak-9 flog erstmals 1943 und wurde mit 16.769 Maschinen das meistgebaute Flugzeug der Jak-Reihe. Sie diente vor allem als Jagdbomber und Langstreckengeleitjäger und verfügte über den etwas stärkeren Klimow-VK-107A-Motor mit 1.600 PS. Zur Schulung wurde die zweisitzige Jak-9UTI entwickelt. Auch nach 1945 wurde die Jak weiterhin eingesetzt, z. B. auf kommunistischer Seite im Koreakrieg.

Jak-3 des aus Exil-Franzosen gebildeten Normandie-Niemen-Geschwaders, Ostpreußen, Frühjahr 1945.

Jak 9-T, unbekannte Einheit, Kuban, Sommer 1943.

ILJUSCHIN IL-2 UND IL-10 STURMOWIK

Eine einsitzige Iljuschin Il-2.

	Il-2
Typ:	Schlachtflugzeug
Besatzung:	2 Mann
Leergewicht/max. Startgewicht:	4.525 kg/6.360 kg
Länge/Spannweite/Höhe:	8,27 m/10,20 m/3,50 m
Triebwerk:	ein Mikulin-AM-38F-V-12 mit 1.700 PS (1.282 kW)
Höchstgeschwindigkeit:	410 km/h in 1.500 m
Dienstgipfelhöhe:	4.525 m
Reichweite:	765 km
Bewaffnung:	2 x 23-mm-MK-VYa, 2 x 7,62-mm-MG-SchKAS starr in den Tragflächen, 1 x 12,7-mm-MG UBT im hinteren Cockpit, bis 600 kg Abwurflast intern und extern

Die Iljuschin Il-2 war eines der bedeutendsten Kampfflugzeuge des Zweiten Weltkrieges. Insgesamt sollen 36.163 Il-2 aller Varianten gebaut worden sein. Am 12. Oktober 1940 flog der erste Prototyp, zu diesem Zeitpunkt noch in einsitziger Ausführung. Die ersten Serienmaschinen kamen im Mai 1941 zur sowjetischen Luftwaffe. In den ersten Monaten des Russlandfeldzugs wurden sie intensiv eingesetzt, hatten aber aufgrund der deutschen Luftüberlegenheit hohe Verluste. Im Februar 1942 wurde daher beschlossen, eine zweisitzige Version Il-2M einzuführen, deren Beobachter mit einem 12,7-mm-MG für die Verteidigung nach hinten sorgen sollte. Die nächste wichtige Version war die ab Anfang 1943 gebaute Il-2M3, deren Tragflächenendstücke eine stärkere V-Stellung aufwiesen und die über einen leistungsfähigeren Motor verfügte.

Iljuschin Il-2M3, 269. Sturm.Rgt., Kursk 1943.

Die Hauptaufgabe der Sturmowik war die Bekämpfung von gepanzerten Fahrzeugen und Bodentruppen. Die Il-2 war umfassend 6–13 mm stark gepanzert, um Motor, Piloten, Treibstofftank und in den zweisitzigen Versionen auch den Beobachter zu schützen. Die deutschen Soldaten nannten die Il-2 auch „Eiserner Gustav" oder „Schwarzer Tod". Die Bewaffnung der Sturmowik bestand neben MG und MK bis zum Kaliber 37 mm aus Bomben oder ungelenkten Luft-Boden-Raketen RS-82 oder RS-132. Die Il-2 wurde zunächst in Gemischtbauweise, später in Metallbauweise hergestellt. Die Marine verwendete eine Torpedobomber-Version der Il-2. Eine verbesserte Version wurde unter der Bezeichnung Il-10 ab Anfang 1945 produziert. Wie wichtig die Il-2 für die sowjetischen Streitkräfte war, lässt sich aus einem Telegramm Josef Stalins ermessen, in dem er sich über Lieferengpässe bei der Il-2 äußerte: „Die Rote Armee braucht die Il-2 wie Luft oder Brot. Ich verlange mehr Maschinen. Das ist meine letzte Warnung!"

POLIKARPOW PO-2

Die unscheinbare Po-2 ist eines der meistgebauten Flugzeuge der Welt.

	Po-2
Typ:	Leichter Nachtbomber
Besatzung:	2 Mann
Leergewicht/max. Startgewicht:	770 kg/1.268 kg
Länge/Spannweite/Höhe:	8,27 m/10,20 m/3,50 m
Triebwerk:	ein 5-Zylinder-Sternmotor Schwezow M-11D mit 125 PS (92 kW)
Höchstgeschwindigkeit:	130 km/h in Bodennähe
Dienstgipfelhöhe:	1.300 m
Reichweite:	350 km
Bewaffnung:	1 x 7,62-mm-MG-SchKAS im hinteren Cockpit, bis zu 300 kg Abwurflast extern

Die Polikarpow Po-2, ursprüngliche Bezeichnung U-2, wurde 1927 primär als Schulflugzeug entworfen. Im Januar 1928 führte der Prototyp seinen Erstflug durch. Die Maschine zeichnete sich durch einfache Bedienung und Wartung sowie durch große Flugstabilität aus, weshalb sie ab 1930 in Serienfertigung ging. Das Gerüst bestand aus Holz, die vordere Rumpfsektion war sperrholzbeplankt, das Rumpfheck sowie das Tragwerk waren mit Stoff bespannt. In kurzer Zeit entstanden neben der eigentlichen Ausbildungsvariante u. a. eine Sprühversion für Insektizide, eine Version zum Krankentransport, eine Schwimmerversion sowie ein Passagierflugzeug. Als Deutschland die Sowjetunion angriff, befanden sich etwa 13.000 Po-2 im Einsatz. Aus der Not heraus entstanden etliche militärische Varianten, etwa als Verbindungs- und Aufklärungsmaschinen. Berühmt wurde sie durch den Einsatz als leichter Nachtbomber bei nächtlichen Störangriffen gegen die deutschen Truppen. Diese Flugzeuge, aufgrund ihres Motorgeräusches von den deutschen Soldaten „Nähmaschine" getauft, waren recht erfolgreich und inspirierten die Luftwaffe, veraltete und erbeutete Typen für ähnliche Einsätze zu nutzen. Insgesamt sollen rund 33.000 U-2/Po-2 gebaut worden sein, was sie zu einem der meistgebauten Typen der Luftfahrtgeschichte macht.

TUPOLEW SB-2

Die Tupolew SB-2, auch bekannt als ANT-40, war bei ihrem Erscheinen 1934 eine der modernsten Maschinen ihrer Art. Mit einer Höchstgeschwindigkeit von über 400 km/h flog sie schneller als die meisten Jagdflugzeuge. Die Entwicklung der SB-2 begann ab 1933, der Prototyp flog erstmals am 7. Oktober 1934. Die zweite, Ende Dezember 1934 vorgestellte Version wurde als Serienmodell akzeptiert, daher die Bezeichnung SB-2. 1936 lieferte die Sowjetunion 210 SB-2 an die republikanischen Streitkräfte in Spanien. Die SB-2 flog auch Einsätze während der sowjetisch-japanischen Grenzkonflikte 1939/40, im Winterkrieg gegen Finnland und auf chinesischer Seite gegen die Japaner. Waren die SB-2 dort noch einigermaßen erfolgreich, so hatten sie gegen die deutsche Luftwaffe im Sommer 1941 praktisch keine Chance. Die deutschen Truppen erbeuteten auf ihrem Vormarsch zahlreiche Flugzeuge, die sie an Bulgarien und Finnland weitergaben. Wenige wurden auch kurzzeitig von der Luftwaffe selbst verwendet. Auf sowjetischer Seite blieben einige der insgesamt 6.466 gebauten Exemplare trotzdem noch bis 1943 im Fronteinsatz, bis sie danach für Schulungs- und Verbindungszwecke in die hinteren Linien verlegt wurden. Avia in der Tschechoslowakei baute ab 1938 unter der Bezeichnung B.71 dieses Muster in wenigen Exemplaren in Lizenz.

Eine chinesische SB-2, die 1938 gegen die Japaner im Einsatz war.

	SB-2bis
Typ:	leichter Bomber
Besatzung:	3 Mann
Leergewicht/max. Startgewicht:	4.768 kg/7.880 kg
Länge/Spannweite/Höhe:	12,57 m/20,33 m/3,42 m
Triebwerk:	zwei M-103-V-12 mit je 950 PS (716 kW)
Höchstgeschwindigkeit:	450 km/h
Dienstgipfelhöhe:	7.800 m
Reichweite:	2.300 km
Bewaffnung:	je 1–2 7,62-mm-MG-SchKAS im Bug, Rumpfrücken und Unterrumpf, bis 1.000 kg Abwurflast intern

ILJUSCHIN DB-3 UND IL-4

DB-3.

Die Iljuschin DB-3 war zusammen mit ihrer Weiterentwicklung Il-4 das wichtigste Modell der sowjetischen Fernflieger während des Zweiten Weltkrieges. Die Entwicklung begann 1934. Ein Jahr später flog der erste Prototyp, ausgerüstet mit zwei M-85-Motoren, einem Lizenzbau des französischen Gnome-Rhone-Triebwerks. Eine zweite Maschine begann im Mai 1936 die Flugerprobung und stellte zwischen Juli und September 1936 fünf verschiedene Nutzlast-Weltrekorde auf. Einiges internationales Aufsehen wurde erregt, als eine DB-3 von Moskau aus nonstop 8.000 km in die USA flog.

	DB-3M	Il-4
Typ:	mittlerer Bomber	mittlerer Bomber
Besatzung:	3–4 Mann	3 Mann
Leergewicht/max. Startgewicht:	5.270 kg/7.660 kg	5.800 kg/11.300 kg
Länge/Spannweite/Höhe:	14,22 m/21,44 m/4,19 m	14,80 m/21,44 m/4,10 m
Triebwerk:	zwei M-87B-Sternmotoren mit je 950 PS (708 kW)	zwei M-88B-Sternmotoren mit je 1.100 PS (820 kW)
Höchstgeschwindigkeit:	445 km/h	430 km/h
Dienstgipfelhöhe:	9.700 m	9.700 m
Reichweite:	3.800 km	3.800 km
Bewaffnung:	je 1 x 7,62 mm MG SchKAS in Bug-, Rücken- und Unterrumpfständen, bis 1.500 kg Abwurflasten intern oder extern	je 1 x 7,62 mm MG SchKAS im Bug und Unterrumpfstand, 1 x 12,7-mm-MG-UBS im Drehturm auf dem Rumpfrücken, bis 2.500 kg Abwurflasten intern oder extern

Il-4.

Schon 1937 begann die Serienfertigung des Typs unter der Bezeichnung DB-3b. Die DB-3 wurde bis 1941 in 1.528 Exemplaren gebaut und erschien in verschiedenen Ausführungen, u. a. neben der Bomberversion noch als Torpedobomber und Minenleger für die sowjetischen Marinefliegerkräfte. Im Sowjetisch-Finnischen Winterkrieg kam die DB-3 erstmals zum Einsatz. Die Iljuschin Il-4 war eine verbesserte Version der DB-3. Gegenüber der DB-3 war die augenscheinlichste Veränderung der verglaste und spitz zulaufende Rumpfbug. Die Il-4 war in Ganzmetall-Halbschalenbauweise entworfen worden, später mussten aber einzelne Baugruppen (Außenflügel, Rumpfbug und -heck) aufgrund der kriegsbedingten Metallknappheit durch Holzteile ersetzt werden. Dies wirkte sich negativ auf die Flugleistungen aus, doch durch die Verwendung von leistungsstärkeren M-88B-Motoren konnten das Fluggewicht und die Bombenzuladung gesteigert werden. Die zunächst DB-3F betitelte Maschine flog erstmals Mitte 1939, und Anfang des folgenden Jahres begann die Serienproduktion. Bis 1944 wurden 5.256 Maschinen der Reihe DB-3F/Il-4 gebaut. Die Il-4 nahm an allen größeren Schlachten der Ostfront teil, wobei sie nicht nur Fernbombeneinsätze flog, sondern auch der direkten Bodenunterstützung diente. Die Il-4 flog bis 1949 bei den sowjetischen Luftstreitkräften.

PETLJAKOW PE-2

	Pe-2FT
Typ:	leichter Bomber
Besatzung:	3 Mann
Leergewicht/max. Startgewicht:	6.200 kg/8.520 kg
Länge/Spannweite/Höhe:	12,78 m/17,11 m/3,42 m
Triebwerk:	zwei Klimow-VK-105PF-V-12 mit je 1.260 PS (940 kW)
Höchstgeschwindigkeit:	580 km/h
Dienstgipfelhöhe:	9.000 m
Reichweite:	1.770 km
Bewaffnung:	2 x 7,62-mm-MG-SchKAS starr in den Tragflächen, 1 x 12,7-mm-MG-UBT im hinteren Cockpit, 2 x 7,62-mm-MG-SchKAS im Unterrumpf, bis 1.000 kg Abwurflast intern und extern

Die Petljakow Pe-2 wurde aus dem erfolglosen Höhenjägerprototypen VI-100 entwickelt. Sie erhob sich Ende Dezember 1939 erstmals in die Luft, die erste Serienmaschine flog im November 1940. Die Pe-2 erwies sich als erstklassiger leichter Bomber. Der Ganzmetall-Tiefdecker besaß ein Doppelleitwerk und ein einziehbares Heckspornfahrwerk. Die Kabine war nicht druckbelüftet. Bei Kriegsausbruch waren 458 Exemplare ausgeliefert, die sich bewährten. Der Typ avancierte daher zum taktischen Standardbomber der sowjetischen Luftwaffe, wurde aber auch zur Erdkampfunterstützung, zur Tag- und Nachtjagd sowie zur Aufklärung eingesetzt. Die robuste Zelle ließ es zu, dass die Maschine auch als Sturzkampfbomber verwendet werden konnte. Bei Einstellung der Fertigung waren 11.427 Maschinen hergestellt worden. Die Versionen der Pe-2 unterschieden sich vor allem in ihrer Abwehrbewaffnung und unterschiedlichen Modellen des VK-105-Triebwerks. Die Pe-3M war eine Jagdversion. Ab Ende 1944 wurde die Pe-2 zunehmend durch die Tu-2 ersetzt.

Pe-2.

TUPOLEW TU-2

	Tu-2
Typ:	mittlerer Bomber
Besatzung:	4 Mann
Leergewicht/max. Startgewicht:	7.474 kg/11.360 kg
Länge/Spannweite/Höhe:	13,80 m/18,86 m/4,55 m
Triebwerk:	zwei 14-Zylinder-Doppelsternmotoren Schwezow ASch-82FNV mit je 1.850 PS (1.380 kW)
Höchstgeschwindigkeit:	550 km/h
Dienstgipfelhöhe:	9.500 m
Reichweite:	1.400 km
Bewaffnung:	2 x 20-mm-MK-SchWAK starr in den Tragflächen, je 1 x 12,7-mm-MG-UBT im hinteren Cockpit sowie auf dem Rumpfrücken und unter dem Rumpf, bis 4.000 kg Abwurflast intern und extern

Die Tupolew Tu-2 war ein leistungsfähiger mittlerer Bomber. Außergewöhnlich an ihr waren jedoch weniger ihre Leistungen, als die Tatsache, dass sie von Andrej Tupolew – im Rahmen der stalinistischen Verhaftungswelle festgenommen – im Gefängnis konstruiert wurde. Die ersten Studien zu diesem zweimotorigen Bomber, der die Junkers Ju 88 übertreffen sollte, wurden bereits 1937 durchgeführt. Es dauerte allerdings bis zum 29. Januar 1941, ehe sich die erste Tu-2 in die Luft erhob. Der Grund waren Motorprobleme, aber auch die schlechten Arbeitsverhältnisse unter Haftbedingungen. Die ersten Serienflugzeuge liefen der Truppe im November 1942 zu. Das in seiner Konzeption recht klassische Muster wies eine unkomplizierte Linienführung auf und bot den vier Besatzungsmitgliedern dank der großzügigen Verglasung eine gute Sicht. Von Ende 1942 bis 1945 kam die in 1.111 Exemplaren gebaute Tu-2 an allen Fronten zum Einsatz und bewährte sich dank ihrer guten Flugeigenschaften. Als 1948 die Fertigung beendet wurde, waren 2.527 Tu-2 gebaut worden. Das Flugzeug blieb bis Ende der 1950er-Jahre im Dienst. Zum Dank für seinen gelungenen Entwurf wurde Tupolew 1943 aus dem Gefängnis entlassen und mit dem Stalinpreis ausgezeichnet.

Tu-2.

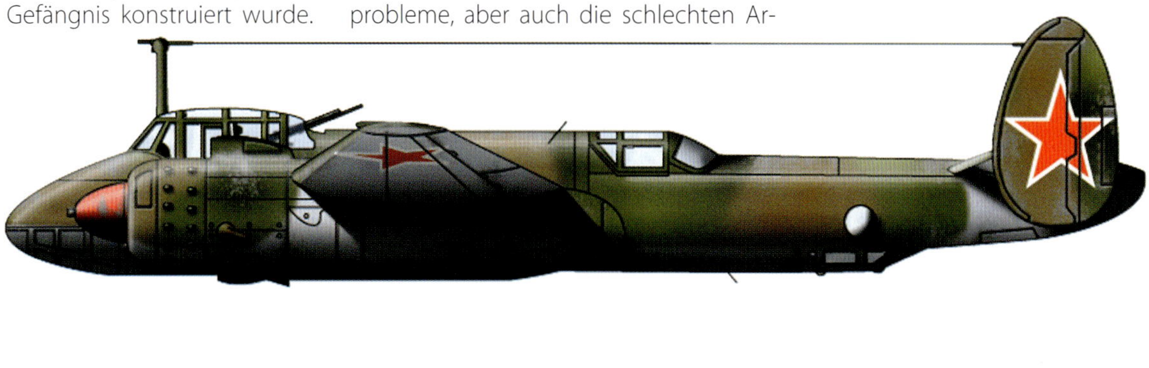

LOCKHEED P-38 LIGHTNING

Die Lockheed P-38 Lightning gehört zu den bekanntesten und erfolgreichsten US-Kampfflugzeugen des Zweiten Weltkrieges. Die Ausschreibung war so anspruchsvoll, dass sie sich 1937/38 nur mit zwei Motoren erfüllen ließ. Die vorgesehene Verwendung von Abgasturboladern führte zur unkonventionellen Doppelrumpfanordnung. Der Erstflug des Prototypen war am 27. Januar 1939. Nach einigen Vorserienmustern und in relativ kleiner Stückzahl hergestellten Serienversionen kam die P-38E ab 1942 in größerer Stückzahl zur Truppe. Im Pazifik erwies sie sich als gefährlicher Gegner der japanischen A6M Zero. Auch die Briten erhielten P-38 (dort Lightning genannt), waren aber nicht mit ihr zufrieden, da sie keine Turbolader besaß. Die Luftwaffe stieß erstmals Ende 1942 in Nordafrika auf die P-38. Ab Anfang 1943 flogen P-38 als Begleitjäger der Bomber der 8. US Air Force über dem Reichsgebiet. Beim Luftkampf mit der Bf 109 und FW 190 zeigte die P-38 die typischen Nachteile zweimotoriger Jäger, vor allem mangelnde Wendigkeit. Sie wurde in dieser Rolle durch die P-47 und P-51 abgelöst. Die Lightning blieb aber mit ihrer schweren Bugbewaffnung und bis zu 1.816 kg Bomben und Raketen ein sehr effektiver Jagdbomber. Ihr deutscher Spitzname lautete nicht umsonst „Gabelschwanzteufel“. Die Lightning wurde auch als Fotoaufklärer eingesetzt. Aus der Gesamtproduktion von 9.923 P-38 wurden etwa 1.400 Exemplare unter der Bezeichnung F-4 oder F-5 zu Fotoaufklärern umgerüstet. Kurz vor Kriegsende erschien noch eine zweisitzige Nachtjägervariante (P-38M) mit Radar im Bug. Diese Maschinen kamen aber nur noch vereinzelt zum Einsatz.

P-38J, 8. US Air Force, England, Frühjahr 1944.

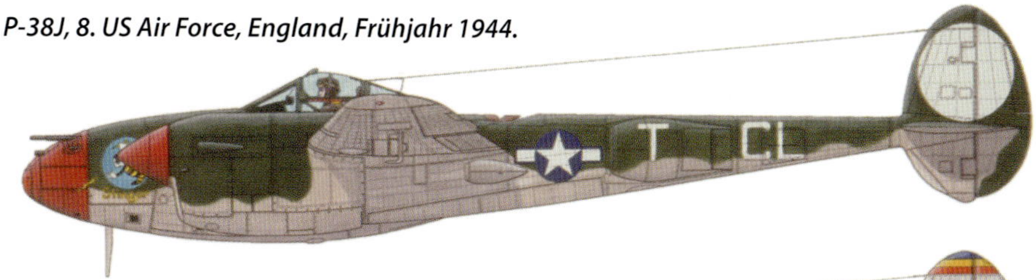

P-38L, 5. US Air Force, Philippinen, Dezember 1944.

	P-38L
Typ:	Langstrecken-Jagdflugzeug und Jagdbomber
Besatzung:	1 Mann
Leergewicht/max. Startgewicht:	5.800 kg/9.798 kg
Länge/Spannweite/Höhe:	11,55 m/15,88 m/3,91 m
Triebwerk:	zwei Allison-V-1710-111-V-12 mit 1.600 PS (1.176 kW)
Höchstgeschwindigkeit:	666 km/h in 7.620 m
Dienstgipfelhöhe:	13.410 m
Reichweite:	725 km ohne und 3.620 km mit Zusatztanks
Bewaffnung:	1 x 20-mm-Hispano-MK und 4 x 12,7-mm-Browning-MG starr im Bug, bis 1.816 kg Abwurflast extern (z. B. zwei 908-kg-Bomben und zehn 127-mm-Raketen oder Zusatztanks)

Die Doppelrumpfauslegung der P-38 ist hier gut zu erkennen.

Die beiden US-Jagdpiloten mit den meisten Abschüssen, Bong und McGuire, erzielten beide ihre Luftsiege mit der P-38. Einer auf den Salomonen stationierten Staffel von P-38 gelang am 18. April 1943 der Abschuss der Mitsubishi G4M des japanischen Flottenchefs Admiral Yamamoto.

CURTISS MODEL 81/87 P-40 WARHAWK

Die P-40 kann man mit Sicherheit nicht zu den besten Kampfflugzeugen des Zweiten Weltkrieges rechnen, und doch wurden fast 14.000 produziert. Der erste Prototyp flog am 14. Oktober 1938, die ersten Serienmaschinen für die US-Heeresluftwaffe verließen im Mai 1940 die Curtiss-Werke. Frankreich hatte noch vor seiner Niederlage 185 P-40 bestellt, die von der RAF übernommen und dort Tomahawk genannt wurden. Da diese aufgrund ihres hohen Gewichts nicht mit der Bf 109 konkurrieren konnte, wurde sie als Schulflugzeug und Jagdbomber in Nordafrika eingesetzt. Auch die verbesserten P-40-Modelle (Tomahawk II und Kittyhawk I–IV) wurden meist in Nordafrika oder im Mittelmeerraum als Jagdbomber eingesetzt. Die auf dem pazifischen Kriegsschauplatz eingesetzten P-40, die vor allem die A6M Zero zum Gegner hatten, hatten große Schwierigkeiten, sodass die P-40 dort als unterlegen angesehen wurde. Im Rahmen des Leih- und Pacht-Abkommens wurde die P-40 auch an die Sowjetunion geliefert.

P-40E, 5. US Air Force, Neu-Guinea, 1942. Obwohl verschiedene Versionen der P-40 mit immer stärkeren Motoren ausgerüstet wurde, blieben ihre Flugleistungen stets hinter den Hochleistungsjägern anderer Nationen zurück.

	P-40N
Typ:	Jagdbomber
Besatzung:	1 Mann
Leergewicht/max. Startgewicht:	2.812 kg/4.014 kg
Länge/Spannweite/Höhe:	10,16 m/11,38 m/3,76 m
Triebwerk:	ein Allison-V-1710-81-V-12 mit 1.200 PS (895 kW)
Höchstgeschwindigkeit:	552 km/h in 4.570 m
Dienstgipfelhöhe:	9.450 m
Reichweite:	1.738 km
Bewaffnung:	6 x 12,7-mm-Browning-MG starr in den Tragflächen, bis 681 kg Abwurflast extern (z. B. drei 227-kg-Bomben)

BELL P-39 AIRCOBRA

Die P-39 war ein einzigartiges Flugzeug: Sie war der erste Jäger weltweit mit Bugradfahrwerk, und ihr Allison-Triebwerk war nicht im Bug, sondern im Mittelrumpf hinter dem Cockpit eingebaut. Von dort aus trieb es über eine lange Welle, in die eine 37-mm-MK integriert war, den Propeller an. Man hatte diese Konfiguration gewählt, um den Einbau dieser schweren Bewaffnung möglich zu machen. Zudem versprach man sich vom Einbau des Motors in Schwerpunktnähe eine außergewöhnliche Wendigkeit. Der Prototyp der P-39 machte am 6. April 1939 seinen Erstflug, die ersten Serienmodelle kamen im April 1941 zu den Fronteinheiten der USAAF. Auch die RAF orderte P-39, war aber über die Leistung enttäuscht. Daher wurden P-39 meist als Jagdbomber im Mittelmeerraum eingesetzt. In dieser Rolle schlugen sie sich recht ordentlich. Gut die Hälfte aller 9.504 Serienmaschinen wurde an die Sowjets geliefert. Dort wurde die Aircobra mit großem Erfolg für Tiefangriffe und zur Panzerbekämpfung eingesetzt. Die P-63 Kingcobra (Erstflug 7. Dezember 1942) war eine Weiterentwicklung der P-39 mit stärkerem Motor und aerodynamisch ausgefeilter. Insgesamt wurden rund 3.300 P-63 gebaut, die von Frankreich noch im Indochinakrieg Anfang der 1950er-Jahre eingesetzt wurden.

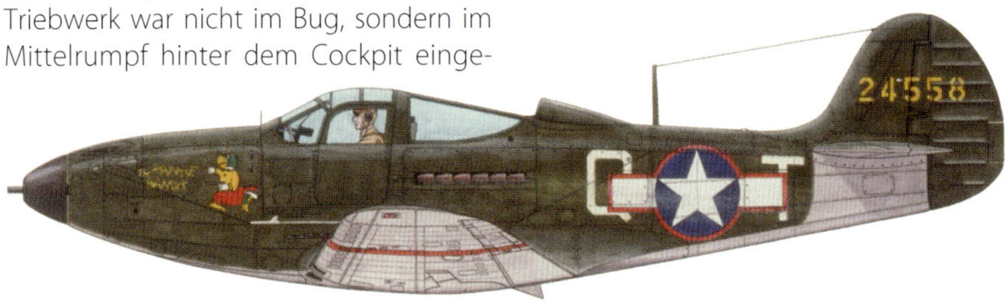

P-39L, 12. US Air Force, Tunesien, 1943.

	P-39M
Typ:	Jagdbomber
Besatzung:	1 Mann
Leergewicht/max. Startgewicht:	2.545 kg/3.810 kg
Länge/Spannweite/Höhe:	9,19 m/10,36 m/3,61 m
Triebwerk:	ein Allison-V-1710-83-V-12 mit 1.200 PS (895 kW)
Höchstgeschwindigkeit:	621 km/h in 2.900 m
Dienstgipfelhöhe:	10.970 m
Reichweite:	1.050 km
Bewaffnung:	durch die hohle Propellerwelle schießende 37-mm-T9-MK, 2 x 12,7-mm-Browning-MG starr im Bug, 4 x 7,62-mm-Browning-MG in den Tragflächen, bis 227 kg Abwurflast extern

GRUMMAN F4F WILDCAT

Die Grumman F4F Wildcat war das erste Ganzmetall-Eindecker-Jagdflugzeug mit einziehbarem Fahrwerk der US-Marine. Der Prototyp flog am 2. September 1937, allerdings ergaben sich Stabilitätsprobleme, weswegen erst ein im Bereich des Leitwerks überarbeitetes Modell im August 1939 in Serie ging. Die Wildcat trug anfangs die Hauptlast der Kämpfe im Pazifik. Obwohl eigentlich der A6M Zero unterlegen, entwickelten die Piloten der US Navy schließlich spezielle Taktiken, um diesem Typ gewachsen zu sein. Neben der US Navy war die britische Marine Hauptnutzer der F4F. Bei der Royal Navy hieß das Muster zuerst Martlet, im Januar 1944 wurde es jedoch in Wildcat umbenannt. Ab Anfang 1943 wurde die Wildcat in der Rolle als Jagdflugzeug auf den größeren Trägern nach und nach von der Grumman F6F Hellcat abgelöst. Auch nachdem Grumman die Produktion auf die F6F umgestellt hatte, produzierte General Motors die Wildcat weiter, zunächst unter der Bezeichnung FM-1 und später in der Version FM-2. Aufgrund ihrer Fähigkeit, mit kurzen Flugdecks auszukommen, wurden Wildcats noch bis zum Ende des Zweiten Weltkrieges von kleineren Begleitträgern aus eingesetzt, u. a. zur U-Boot-Bekämpfung.

F4F-3, VF-3, USS Lexington, Februar 1942.
Neben ihrer Rolle als Jagdflugzeug schützten Wildcats Geleitzüge, bekämpften U-Boote und leisteten Erdkampfunterstützung.

	F4F-4
Typ:	trägergestütztes Jagdflugzeug und Jagdbomber
Besatzung:	1 Mann
Leergewicht/max. Startgewicht:	2.612 kg/3.607 kg
Länge/Spannweite/Höhe:	8,76 m/11,58 m/3,62 m
Triebwerk:	ein Pratt-&-Whitney-R-1830-36-Twin-Wasp-4-Zyl.-Doppelsternmotor mit 1.200 PS (895 kW)
Höchstgeschwindigkeit:	512 km/h in 5.915 m
Dienstgipfelhöhe:	12.010 m
Reichweite:	1.240 km
Bewaffnung:	6 x 12,7-mm-Browning-MG starr in den Tragflächen, bis 90,8 kg Abwurflast extern

GRUMMAN F6F HELLCAT

	F6F-5
Typ:	trägergestütztes Jagdflugzeug und Jagdbomber
Besatzung:	1 Mann
Leergewicht/max. Startgewicht:	4.152 kg/6.991 kg
Länge/Spannweite/Höhe:	10,24 m/13,06 m/4,11 m
Triebwerk:	ein Pratt-&-Whitney-R-2800-10W-Double-Wasp-18-Zyl.-Doppelsternmotor mit 2.000 PS (1.491 kW)
Höchstgeschwindigkeit:	621 km/h in 7.130 m
Dienstgipfelhöhe:	11.370 m
Reichweite:	2.462 km mit 568 l Zusatztank
Bewaffnung:	6 x 12,7-mm-Browning-MG starr in den Tragflächen, bis 908 kg Abwurflast extern

F6F-5, VF-84, USS Bunker Hill, Anfang 1945.

Die F6F Hellcat ist die unverkennbare Nachfolgerin der F4F Wildcat. Der Prototyp flog am 26. Juni 1942 erstmals, die ersten Serienexemplare F6F-3 im Oktober. Ab Januar 1943 stieß die Hellcat zu den Jagdstaffeln auf den US-Flugzeugträgern. Obwohl größer und schwerer als die Wildcat, zeigte die F6F doch beträchtlich bessere Flugleistungen und trug eine höhere Waffenlast. Mit diesem Modell erkämpften die Amerikaner endgültig die Luftherrschaft im Pazifik. Von den 6.477 bestätigten Luftsiegen der US Navy errang die F6F Hellcat 4.947. Auch die britische Marineluftwaffe setzte dieses Flugzeug zunächst unter dem Namen Gannet, später dann mit der üblichen Bezeichnung Hellcat ein. Die Nachtjägerversion der Hellcat war mit einem tragflächenmontierten Radar ausgerüstet. Die Hellcat diente auch zur Schiffsbekämpfung und Erdkampfunterstützung mit Bomben und Raketen. Erste Hauptserienversion mit 4.402 gebauten Exemplaren war die F6F-3. Es folgte die F6F-5 mit kleinen Verbesserungen und 6.341 Exemplaren. Die letzte Hauptserie war die F6F-5N als Nachtjäger. Die Produktion lief nach 12.272 Exemplaren im November 1945 aus.

REPUBLIC P-47 THUNDERBOLT

Republic P-47N Thunderbolt.

	P-47D
Typ:	Langstrecken-Jagdflugzeug und Jagdbomber
Besatzung:	1 Mann
Leergewicht/max. Startgewicht:	4.513 kg/7.938 kg
Länge/Spannweite/Höhe:	11,02 m/12,43 m/4,47 m
Triebwerk:	ein Pratt-&-Whitney-R-2800-59W-Double-Wasp-18-Zyl.-Doppelsternmotor mit 2.535 PS (1.864 kW)
Höchstgeschwindigkeit:	695 km/h in 7.620 m
Dienstgipfelhöhe:	12.495 m
Reichweite:	3.200 km mit drei Zusatztanks
Bewaffnung:	8 x 12,7-mm-Browning-MG starr in den Tragflächen, bis 1.134 kg Abwurflast extern (z. B. zwei 454-kg-Bomben oder zehn 127-mm-Raketen, Napalm- oder Zusatztanks)

Die Republic P-47 Thunderbolt war das größte und schwerste einmotorige Jagdflugzeug ihrer Zeit. Ihre Piloten nannten sie „Jug", eine Abkürzung von „Juggernaut", was umgangssprachlich „dicker Brummer" bedeutet – ein durchaus passender Name für diese Maschine. Von März 1943 bis August 1945 flogen P-47 545.575 Einsätze und vernichteten dabei rund 7.000 Flugzeuge und 9.000 Lokomotiven, über 86.000 LKWs und rund 6.000 gepanzerte Fahrzeuge. Die Verlustquote der P-47 bei diesen Einsätzen betrug nur 0,7 %!

Ursprünglich wollte Alexander Kartveli von Republic einen leichtgewichtigen Jäger mit zwei MG konstruieren. Berichte über die Kampferfahrungen in Europa ließen ihn jedoch umdenken, und er entwarf die Maschine rund um den stärksten zur Verfügung stehenden Motor, den Pratt-&-Whitney R-2800. Der Erstflug der P-47 fand am 6. Mai 1941 statt, zunächst war dieser Typ jedoch von mannigfaltigen Problemen geplagt. Daher wurde erst die P-47C ab April 1943 auf dem europäischen Kriegsschauplatz einsetzt. Die

Eine frühe P-47 D Razorback.

meistgebaute Variante der P-47 war die Ausführung D (12.602 Exemplare) mit zunächst noch hohem (Razorback), später mit abgesenktem Rumpfrücken und Vollsichtkanzel, stärkerem Motor und erhöhter Waffenlast. Die P-47M war eine Hochgeschwindigkeitsvariante zum Kampf gegen die deutschen Düsenjäger (130 Stück), und die P-47N war für Langstreckeneinsätze gedacht, weswegen sie eine größere Tragfläche mit größeren Treibstofftanks erhielt. In der Rolle als Begleitjäger war die P-47 aufgrund ihrer Größe nicht ganz so überzeugend wie die P-51 Mustang und wurde daher zunehmend als Jagdbomber eingesetzt. In dieser Rolle leistete die P-47 allerdings Hervorragendes – nicht nur aufgrund ihrer Feuerkraft, sondern auch wegen ihrer Robustheit und der Fähigkeit ihres Pratt-&-Whitney-Triebwerks, schwerste Schäden wegzustecken. Insgesamt wurden 15.677 P-47 aller Varianten gebaut. Nach 1945 flogen P-47 bei zahlreichen Luftwaffen in der ganzen Welt und besonders in Südamerika noch viele Jahre lang.

P-47D-30, 1. Tactical Air Force, Frankreich, Herbst 1944.

P-47D-5 (Razorback), 8. US Air Force, England, März 1944.

Die farbenprächtige „Tarheel Hal" von vorn.

In der Endphase des Krieges trugen viele alliierte Flugzeuge, wie diese P-47D, so genannte Invasionsstreifen, um von den eigenen Truppen besser erkannt zu werden.

USA

NORTH AMERICAN P-51 MUSTANG

P-51D, 8. US Air Force, England, November 1944.

Die P-51 Mustang war wohl das beste und wichtigste Jagdflugzeug des Zweiten Weltkrieges. Wie bei vielen anderen großen Maschinen sah es zu Beginn ihrer Einsatzzeit allerdings nicht danach aus. Die britische Regierung trat Anfang 1940 an North American Aviation mit der Bitte heran, die P-40 für die RAF in Lizenz zu produzieren. North American Aviation überzeugte die Briten jedoch, dass die Firma selbst einen viel besseren Jäger hervorbringen könne als die mittelmäßige P-40. Nach nur 117 Tagen Entwicklungszeit startete am 26. Oktober 1940 die von einem Allison V-1710 angetriebene NA-73 zu ihrem Erstflug. Die NA-73 war mit einem speziellen Kühler, der nicht nur wesentlich weniger Luftwiderstand hatte als der Kühler der P-40, sondern auch noch zusätzlichen Schub erzeugte, und einem Laminarflügel ausgestattet, der den Widerstand noch weiter herabsetzte. Dementsprechend erwies sich die NA-73, von der RAF „Mustang" getauft, als das deutlich schnellere Flugzeug. Trotzdem war die RAF alles andere als zufrieden, denn der Allison-Motor zeigte über 5.000 m sehr schlechte Leistungen, sodass die Mustang nicht als Jagdflugzeug einzusetzen war. Sie wurde daher ab Mai 1942 ausschließlich als Jagdbomber und Aufklärer in niedrigen Höhen verwendet. Dennoch bestellte die USAAF ebenfalls diesen Typ, welcher als Jagdflugzeug P-51 und P-51A genannt bzw. in der Sturzkampfbomberrolle als A-36A Apache bezeichnet wurde. Ab Anfang 1943 wurden Versuche unternommen, die P-51 durch Verwendung des Rolls-Royce Merlin zu einem wirklich erstklassigen Jagdflugzeug zu machen. Ergebnis war die P-51B, mit einem von Packard in den USA in Lizenz gebauten Merlin. Die P-51B und die identische, nur in einem anderen Werk gebaute P-51C flogen ab Ende 1943 als Langstrecken-Begleitjäger, um die schweren Bomber der 8. Air Force bis tief ins Deutsche Reich zu eskortieren. Aufgrund von Kampferfahrungen wurden weitere Verbesserungen vorgenommen. So erhielt die Mustang ein abgesenktes Rumpfhinterteil und eine tropfenförmige Vollsichtkanzel, damit der Pilot eine 360-Grad-Rundumsicht hatte. Dieses Modell

P-51H.

	P-51D
Typ:	Langstrecken-Jagdflugzeug und Jagdbomber
Besatzung:	1 Mann
Leergewicht/max. Startgewicht:	3.230 kg/5.262 kg
Länge/Spannweite/Höhe:	9,84 m/11,29 m/4,10 m
Triebwerk:	ein Packard-V-1650-7-V-12 mit 1.600 PS (1.176 kW)
Höchstgeschwindigkeit:	703 km/h in 7.620 m
Dienstgipfelhöhe:	12.500 m
Reichweite:	2.092 km ohne und 3.302 km mit Zusatztanks
Bewaffnung:	6 x 12,7-mm-Browning-MG starr in den Tragflächen, bis 908 kg Abwurflast extern (z. B. zwei 454-kg-Bomben oder zehn 127-mm-Raketen oder Zusatztanks)

Zahlreiche P-51 fliegen noch heute und sind bei Flugschauen zu bewundern.

wurde als P-51D bekannt und verfügte zudem über einen besseren Motor, verstärkte Flügel und zwei zusätzliche, in den Flügeln angebrachte Maschinengewehre des Kalibers 12,7 mm. Die Bedeutung der P-51 für die US-Luftoffensive gegen Deutschland kann nicht hoch genug eingeschätzt werden. Von Ende 1943 an wurde sie in allen Flughöhen gefürchtet und begleitete immer größere Bomberströme zu ihren Zielen. Ohne ihre Begleitjäger hätten diese Bomber aber wohl so große Verluste erlitten, dass die Angriffe nicht aufrechterhalten worden wären. Die Mustangs dienten zwar primär dem Begleitschutz, griffen selbst aber auch Bodenziele im Tiefflug an. Auch für die Bombenangriffe der Boeing B-29 auf Japan wurden Mustangs als Begleitjäger eingesetzt, allerdings in geringerer Zahl als über Deutschland. Die Einsätze dort waren noch länger. Gegenüber den in den üblichen großen Einsatzhöhen wesentlich schwächeren japanischen Jägern verfügte die P-51 über eine erdrückende technische Überlegenheit.

Im Zweiten Weltkrieg wurde die Mustang fast ausschließlich als Jäger, Jagdbomber und Aufklärer eingesetzt, die A-36 auch als Sturzkampfflugzeug. Neben der P-51D kam in größeren Zahlen in den letzten Kriegsmonaten auch noch die P-51H zum Einsatz, die über ein 2.200-PS-Triebwerk verfügte. Nach 1945 verwendeten zahllose Luftstreitkräfte die P-51, da diese aus US-Beständen billig zu erwerben waren. Die USA selbst setzten P-51 noch im Koreakrieg als Jagdbomber ein. Auch die Israelis nutzten P-51, z. B. im Krieg von 1956. In lateinamerikanischen Staaten flogen P-51 noch bis in die 1980er-Jahre. Insgesamt wurden 15.586 P-51 aller Varianten gebaut, einschließlich der in Australien in Lizenz produzierten.

Mustang Mk. I, No. 414 Squadron RCAF, Dunsfold (Surrey), Frühjahr 1943.

P-51B, 8. US Air Force, England, Juni 1944.

NORTHROP P-61 BLACK WIDOW

Eine P-61A bei Erprobungsflügen über Kalifornien. Zunächst war dieses Muster von erheblichen Problemen geplagt.

	P-61B
Typ:	Nachtjäger und Jagdbomber
Besatzung:	2–3 Mann
Leergewicht/max. Startgewicht:	10.637 kg/16.420 kg
Länge/Spannweite/Höhe:	15,11 m/20,11 m/4,47 m
Triebwerk:	zwei Pratt-&-Whitney-R-2800-65-Double-Wasp-18-Zyl.-Doppelsternmotoren mit je 2.000 PS (1.491 kW)
Höchstgeschwindigkeit:	589 km/h in 6.100 m
Dienstgipfelhöhe:	11.500 m
Reichweite:	4.820 km mit Zusatztanks
Bewaffnung:	4 x 20-mm-MK starr unter dem Bug, 4 x 12,7-mm-Browning-MG in einem ferngesteuerten Stand auf dem Rumpf, bis 2.904 kg Abwurflast extern (z. B. vier Zusatztanks, Bomben oder 127-mm-Raketen)

Die Northrop P-61 Black Widow (Schwarze Witwe) war das erste speziell für die Nachtjagd entwickelte Kampfflugzeug der USAAF. Der Rumpf des aus Ganzmetall gefertigten Typs befand sich zwischen zwei langen Motorgondeln, die das Leitwerk trugen. Schon 1940 forderte die Heeresluftwaffe der USA unter dem Eindruck der deutschen Nachtangriffe auf Großbritannien einen mit Radar bestückten Nachtjäger. In Großbritannien war es zu diesem Zeitpunkt gelungen, ein autonomes Radarsystem zum Einbau in Flugzeuge zu entwickeln, das Airborne Intercept Radar oder kurz: AI-Radar. Unter Verwendung der Daten dieses Geräts entwickelte man in den USA eine verbesserte Version, mit welcher der neue Nachtjäger ausgerüstet werden sollte.

Northrop stellte im Mai 1942 einen ersten Prototypen vor, doch Probleme verhinderten die Einsatzreife vor Mitte 1944. Besonders der MG-Turm auf dem Rumpfrücken führte zu gefährlichen Vibrationen, wenn man ihn abfeuerte. Als diese Probleme gelöst waren, erwies sich die P-61 aber als hervorragender Nachtjäger und wurde in Europa und dem Pazifik mit großem Erfolg eingesetzt. Die P-61 fand, da sie eine ansehnliche Abwurflast tragen konnte, nicht nur als Nachtjäger Verwendung. Trotz der guten Flugeigenschaften und vergleichsweise hohen Abschusszahlen wurden nur 742 Flugzeuge (einschließlich der Aufklärungsversion F-15 Reporter) produziert, da die P-61 erst kurz vor Kriegsende erschien und die Strahlflugzeuge ihr den Rang abliefen. Hauptserienversion war die P-61B, die Hochgeschwindigkeitsvariante P-61C kam nur noch in 15 Exemplaren zur Truppe. Die letzten P-61 wurden 1950 ausgemustert.

CHANCE-VOUGHT F4U CORSAIR

F4U-1A, VF-17, Salomonen, Dezember 1943.

	F4U-1
Typ:	trägergestütztes Jagdflugzeug und Jagdbomber
Besatzung:	1 Mann
Leergewicht/max. Startgewicht:	4.074 kg/6.350 kg
Länge/Spannweite/Höhe:	10,16 m/12,50 m/4,90 m
Triebwerk:	ein Pratt-&-Whitney-R-2800-8-Double-Wasp-18-Zyl.-Doppelsternmotor mit 2.000 PS (1.491 kW)
Höchstgeschwindigkeit:	671 km/h in 6.100 m
Dienstgipfelhöhe:	11.247 m
Reichweite:	1.633 km
Bewaffnung:	6 x 12,7-mm-Browning-MG oder 4 x 20-mm-MK starr in den Tragflächen, bis 908 kg Abwurflast extern (z. B. zwei 454-kg-Bomben oder sechs 127-mm-Raketen)

FG-1D Corsair Mk. IV, 1841 Squadron FAA, HMS Formidable, Pazifik, August 1945.

Die Chance-Vought F4U Corsair wird von vielen Fachleuten für das beste Marinekampfflugzeug des Zweiten Weltkrieges gehalten. Die F4U war beim US Marine Corps und der US Navy im Einsatz, zusätzlich flogen die meisten Commonwealth-Staaten diesen Typ. Das Grundkonzept war minimaler Luftwiderstand und maximale Geschwindigkeit durch den stärksten verfügbaren Motor. Daher setzte man den R-2800 von Pratt & Whitney in den kleinstmöglichen Rumpf. Um die 2.000 PS dieses Doppelsternmotors auch in Geschwindigkeit umsetzen zu können, war ein großer Propeller mit über 4 m Durchmesser nötig. Die Streben des Heckradfahrwerks hätten also sehr lang und damit instabil sein müssen – nicht ideal für eine Trägermaschine. Daher griffen die Konstrukteure zu einem Trick, durch den die F4U ihr typisches Aussehen bekam, und versahen sie mit geknickten Tragflächen. Der Erstflug des Prototypen fand am 29. Mai 1940 statt. Zunächst war ein Einsatz von Flugzeugträgern aus allerdings nicht möglich, da aufgrund des ausladenden Motors und des weit hinten liegenden Cockpits der Pilot eine sehr lange Motorhaube vor sich hatte, welche die Sicht nach vorn extrem beschränkte. Erst nach einer Erhöhung des Cockpits um 16 cm wurde die F4U auch auf Trägern eingesetzt. Der Motor entwickelte jedoch beim Start ein so hohes Drehmoment, dass die Maschine nur mit Mühe in der Spur zu halten war. Unerfahrenen Piloten konnte dies zum Verhängnis werden, weswegen die F4U auch den Spitznamen „Ensign Killer"oder „Ensign Eliminator" (etwa „Fähnrichs-Mörder") erhielt. Einmal in der Luft, war die F4U jedoch ein gefürchtetes Kampfflugzeug, das sich für den Luft- wie für den Erdkampf gleichermaßen eignete. Die F4U-1 Corsair wurde bei Goodyear (als FG-1) und Brewster (als F3A-1) in Lizenz gefertigt. Nach dem Krieg wurde die Maschine noch bis 1952 gebaut und von den USA im Koreakrieg sowie von der französischen Aeronavale verwendet. Nach der Ausmusterung wurden zahlreiche Maschinen von kleineren Luftwaffen erworben.

Eine Corsair der französischen Marine, welche den Typen bis in die 1960er-Jahre flog.

DOUGLAS TBD DEVASTATOR

Douglas Devastator.

	TBD-1
Typ:	trägergestützter Torpedobomber
Besatzung:	3 Mann
Leergewicht/max. Startgewicht:	2.804 kg/4.624 kg
Länge/Spannweite/Höhe:	10,67 m/15,24 m/4,60 m
Triebwerk:	ein Pratt-&-Whitney-R-1830-8-Twin-Wasp-Sternmotor mit 900 PS (671 kW)
Höchstgeschwindigkeit:	332 km/h in 2.440 m
Dienstgipfelhöhe:	6.005 m
Reichweite:	700 km mit Torpedo/1.150 km mit 454-kg-Bombenlast
Bewaffnung:	starres 7,62-mm- oder 12,7-mm-Browning-MG im Bug, 1 x 7,62-mm-Browning-MG im hinteren Cockpit, 533-mm-Torpedo oder 454-kg-Bombe extern unter dem Rumpf

Die Douglas TBD Devastator war der erste Eindecker-Torpedobomber der US Navy und das erste Ganzmetall-Flugzeug mit hydraulisch hochklappbaren Flügeln der Welt. Der Prototyp flog am 15. April 1935, und ab Juni 1937 begann Douglas mit der Auslieferung der ersten von 129 Maschinen. Bis 7. Dezember 1941 war die Devastator der Standard-Torpedobomber auf den US-Flugzeugträgern. Allerdings war der Navy klar, dass die Maschine zu diesem Zeitpunkt nicht mehr erste Wahl war, weshalb bereits die Entwicklung des Nachfolgers TBF Avenger in Auftrag gegeben wurde. Während der Schlacht im Korallenmeer am 7./8. Mai 1942 waren Devastator noch maßgeblich an der Versenkung eines japanischen Flugzeugträgers beteiligt, in der Schlacht bei Midway (4.–7. Juni 1942) kam jedoch das Ende ihrer Einsatzzeit. Als 41 TBD zum Torpedo-Angriff auf die japanischen Träger ansetzten, wurden sie reihenweise von A6M Zeros abgeschossen. Allerdings waren dadurch die Zeros so beschäftigt, dass die hoch fliegenden Douglas-SBD-Sturzbomber mit nur geringen Verlusten drei japanische Träger versenken oder schwer beschädigen konnten. Aufgrund dessen wurde die TBD sofort aus dem Einsatz genommen.

GRUMMAN TBF AVENGER

	TBM-3
Typ:	trägergestützter Torpedobomber, Bomber und Aufklärer
Besatzung:	3 Mann
Leergewicht/max. Startgewicht:	4.787 kg/8.278 kg
Länge/Spannweite/Höhe:	10,06 m/12,65 m/3,94 m
Triebwerk:	ein Wright-Cyclone-R-2600-20-14-Zyl.-Doppelsternmotor mit 1.750 PS (1.305 kW)
Höchstgeschwindigkeit:	430 km/h in 4.570 m
Dienstgipfelhöhe:	7.130 m
Reichweite:	1.820 km
Bewaffnung:	2 x starre 12,7-mm-Browning-MG in den Tragfl., 1 x 12,7-mm- Browning-MG im Drehturm auf dem Rumpfrücken, 1 x 7,62-mm-Browning-MG in Bauchposition, bis 908 kg Abwurflast intern

TBM-3 Avenger.

Die ersten TBF kamen im Januar 1942, nur einen Monat nach dem Überfall auf Pearl Harbor, in den Dienst. Obwohl Grumman keine Erfahrung mit Torpedobombern hatte, bekam man am 8. April 1940 den Auftrag. Der Ganzmetall-Prototyp flog am 1. August 1941. Obwohl die Fertigung bei Grumman auf Hochtouren lief, benötigte die Navy mehr Maschinen. Daher übernahm General Motors einen Teil der Produktion. Dort hergestellte Avenger tragen die Bezeichnung TBM. Insgesamt bauten Grumman und GM 9.836 Avenger. Wichtigstes Serienmodell war zunächst die TBF-1 bzw. TBM-1, die ab Anfang 1942 zu den Staffeln kam. Die TBF-3 bzw. TBM-3 wurde ab Mitte 1944 eingesetzt, konnte 127-mm-Raketen unter ihren Tragflächen tragen und mit Radar ausgerüstet werden. Über 900 TBF/TBM gingen an die britische Royal Navy (zunächst Tarpoon Mk. I, später Avenger Mk. I genannt), und 63 Maschinen wurden an die neuseeländische Luftwaffe geliefert. Neben Torpedo- und Bombenangriffen flogen Avenger auch Aufklärungs- und Anti-U-Boot-Einsätze.

DOUGLAS SBD DAUNTLESS

Douglas SBD Dauntless.

	SBD-6
Typ:	trägergestützter Sturzkampfbomber und Aufklärer
Besatzung:	2 Mann
Leergewicht/max. Startgewicht:	2.964 kg/4.318 kg
Länge/Spannweite/Höhe:	10,06 m/12,65 m/3,94 m
Triebwerk:	ein Wright-Cyclone-R-1820-66-Sternmotor mit 1.350 PS (1.007 kW)
Höchstgeschwindigkeit:	410 km/h in 4.265 m
Dienstgipfelhöhe:	7.680 m
Reichweite:	1.244 km
Bewaffnung:	2 x starre 12,7-mm-Browning-MG im Bug, 2 x 7,62-mm-Browning-MG im hinteren Cockpit, bis 762 kg Abwurflast unter dem Rumpf und 295 kg unter den Tragflächen

Die Douglas SBD Dauntless gilt als der erfolgreichste US-Sturzkampfbomber. Der Produktionsauftrag wurde im April 1939 unterzeichnet, und ab Ende 1940 waren die ersten Staffeln einsatzbereit. Dauntless waren maßgeblich am Sieg über die japanische Flotte beteiligt und bewährten sich bis Ende 1944. Bei der Schlacht im Korallenmeer am 7./8. Mai 1942 zeichneten sie sich ebenso aus wie bei der Schlacht von Midway (4.–7. Juni 1942), wo ihnen die Versenkung dreier japanischer Träger gelang. Dank ihrer Beschussfestigkeit hatten SBD die niedrigste Verlustrate aller US-Flugzeuge im Pazifik. Die Douglas A-24 Banshee war eine landgestützte Version der Dauntless, die 1940–1942 in etwa 500 Exemplaren an die USAAF geliefert wurde. Dort erwies sie sich jedoch als weniger erfolgreich als bei der Navy. Nach 5.936 Dauntless wurde die Produktion im Juli 1944 eingestellt.

CURTISS SB2C HELLDIVER

Die Curtiss SB2C Helldiver war wohl eines der schlechtesten Flugzeuge, das je in großen Stückzahlen gebaut wurde. Die US Navy und Curtiss hatten sich viel von diesem Typ versprochen, doch die SB2C litt unter Entwicklungsschwierigkeiten und wurde erst am 11. November 1943 im Kampf eingesetzt. Der Ganzmetall-Prototyp mit faltbaren Tragflächen flog allerdings schon im November 1940! Wenige Tage vor Pearl Harbor wurde er aber bei einem Flugunfall zerstört. Der Unfall, seine Untersuchung und die Überarbeitung des Entwurfs aufgrund der inzwischen vorliegenden Kampferfahrungen sorgten dafür, dass der Erstflug der ersten Serienmaschine erst im Juni 1942 stattfand. 900 Exemplare gingen als A-25A auch an die Heeresluftwaffe (USAAF) und 26 Maschinen an die Briten, wurden aber für untauglich befunden und nicht im Kampf eingesetzt. Die Helldiver war schwerfällig und hatte einige unangenehme Flugeigenschaften, vor allem bei Start und Landung. So war sie bei ihren Besatzungen im Gegensatz zur Dauntless alles andere als beliebt. Dennoch wurden rund 7.000 Helldiver gebaut und auch nach 1945 noch eingesetzt.

Während ihrer gesamten Einsatzzeit wurde die Helldiver von Problemen geplagt.

	SB2C-3
Typ:	trägergestützter Sturzkampfbomber und Aufklärer
Besatzung:	2 Mann
Leergewicht/max. Startgewicht:	2.964 kg/4.318 kg
Länge/Spannweite/Höhe:	10,06 m/12,65 m/3,94 m
Triebwerk:	ein Wright Cyclone-R-2600-20-14 Zyl.-Doppelsternmotor mit 1.900 PS (1.417 kW)
Höchstgeschwindigkeit:	472 km/h in 5.180 m
Dienstgipfelhöhe:	8.140 m
Reichweite:	1.930 km
Bewaffnung:	2 x starre 20-mm-MK in den Tragflächen, 2 x 7,62-mm-Browning-MG im hinteren Cockpit, bis 908 kg Abwurflast intern und 454 kg unter den Tragflächen

USA

DOUGLAS A-20 BOSTON/HAVOC

	A-20B
Typ:	leichter Bomber
Besatzung:	3 Mann
Leergewicht/max. Startgewicht:	k.A./9.403 kg
Länge/Spannweite/Höhe:	14,40 m/18,69 m/5,46 m
Triebwerk:	zwei Wright-Cyclone-R-2600-3-14-Zyl.-Doppelsternmotoren mit je 1.600 PS (1.193 kW)
Höchstgeschwindigkeit:	490 km/h in 3.050 m
Dienstgipfelhöhe:	8.000 m
Reichweite:	2.500 km
Bewaffnung:	4 x 7,62-mm- oder 2 x 12,7-mm-Browning-MG starr seitlich im Bug, 2 x 7,62-mm-Browning-MG im hinteren Cockpit, 1 x in Bauchposition, bis 908 kg Abwurflast intern

Eine A-20B der USAAF. Man beachte den schlanken Rumpf der DB-7-Serie.

Die Douglas A-20, werksintern DB-7 genannt, war der wichtigste leichte Bomber der USAAF und wurde auch von fast allen anderen alliierten Luftstreitkräften verwendet. Der aus der A-20 entwickelte Nachtjäger bekam die Bezeichnung P-70. Zudem wurde die DB-7 auch als Aufklärer eingesetzt. Die Entwicklung der DB-7 begann 1937. Der Prototyp machte am 26. Oktober 1938 seinen Erstflug. Trotz der Erfüllung aller Anforderungen der US-Heeresluftwaffe an einen neuen leichten zweimotorigen Bomber schien das US Army Air Corps (USAAC) zunächst kein Interesse am Kauf zu haben. Der erste Kunde war 1939 Frankreich mit einer Bestellung über 100 Maschinen DB-7A, die nach Kriegsausbruch um 170 Maschinen ergänzt wurde. Zum Zeitpunkt des deutschen Angriffs waren erst 70 Maschinen geliefert worden. Einige Maschinen gingen verloren, und ein großer Teil entkam nach Großbritannien oder wurde Teil der Luftwaffe der Vichy-Regierung. Der Großteil des französischen Auftrags wurde jedoch in den USA einbehalten oder ging an die Royal Air Force, die dringend einen leichten Bomber bzw. Nachtjäger brauchte. Die RAF nannte ihre Maschinen Havoc bzw. Boston. Die erste in größeren Stückzahlen hergestellte Version war die A-20B, die auch vom USAAC bestellt wurde. Meisthergestellte Variante war die A-20G mit festem Rumpfbug mit sechs 12,7-mm-MG, 1.816 kg Bombenlast und einem motorbetriebenen MG-Stand auf dem Rumpf (2.850 Exemplare).

Insgesamt wurden bis September 1944 bei Douglas 7.385 Maschinen der DB-7 Reihe gebaut, einschließlich der Nachtjägerversion P-70. Zahlreiche DB-7 aller Versionen gingen im Zuge des Leih- und Pacht-Abkommens auch an die Sowjetunion.

Douglas A-20B der US Army Air Force. Die A-20 bewährte sich während ihrer gesamten Einsatzzeit bestens. Ihre gute Aerodynamik war aber auch zugleich einer der Hauptnachteile dieser Baureihe. Der Rumpf war nämlich so schlank, dass die Besatzungsmitglieder während des Fluges nicht die Positionen tauschen konnten. Falls der Pilot also getroffen wurde, konnte dies fatal sein. Daher erhielten A-20 mit verglaster Nase dort rudimentäre Steuerungseinrichtungen für den Bombenschützen.

DOUGLAS A-26 INVADER

Daten für: A-26B	
Typ:	leichter Bomber
Besatzung:	3 Mann
Leergewicht/max. Startgewicht:	10.365 kg/15.867 kg
Länge/Spannweite/Höhe:	15,24 m/21,34 m/5,64 m
Triebwerk:	zwei Pratt-&-Whitney-R-2800-27-Double-Wasp-18-Zyl.- Doppelsternmotoren mit je 2.000 PS (1.491 kW)
Höchstgeschwindigkeit:	571 km/h in 4.570 m
Dienstgipfelhöhe:	7.700 m
Reichweite:	2.253 km
Bewaffnung:	6 x 12,7-mm-Browning-MG starr im Bug, je 2 x 12,7-mm-Browning-MG in ferngesteuertem Stand auf und unter dem Rumpf, bis 1.816 kg Abwurflast intern und extern

Auch nach 1945 verwendete die USAF noch A-26.

Die Douglas A-26 Invader wurde als Nachfolgemodell der A-20 entworfen. Der Erstflug des Prototypen fand am 10. Juli 1942 statt, im April 1944 wurden die ersten Serienmaschinen ausgeliefert. Die 9. US-Luftflotte flog im November 1944 die ersten Einsätze in Europa. Kurz darauf kam die Invader auch im Pazifik zum Einsatz. Bis Kriegsende flog die A-26 noch rund 11.000 Einsätze in Europa. Die Invader war der wendigste US-Bomber des Krieges. Ihre Piloten schwärmten, sie flöge sich wie ein Jäger. Zwei Hauptversionen wurden während des Krieges gebaut: die A-26B mit festem Rumpfbug und sechs starren 12,7-mm-MG sowie die A-26C mit einer verglasten Nase für einen Bombenschützen. Es wurden insgesamt 1.355 A-26B und 1.091 A-26C produziert. Die Invader wurde auch in Korea und Vietnam noch intensiv eingesetzt, viele A-26 gelangten nach ihrer Ausmusterung auf den zivilen Markt.

MARTIN B-26 MARAUDER

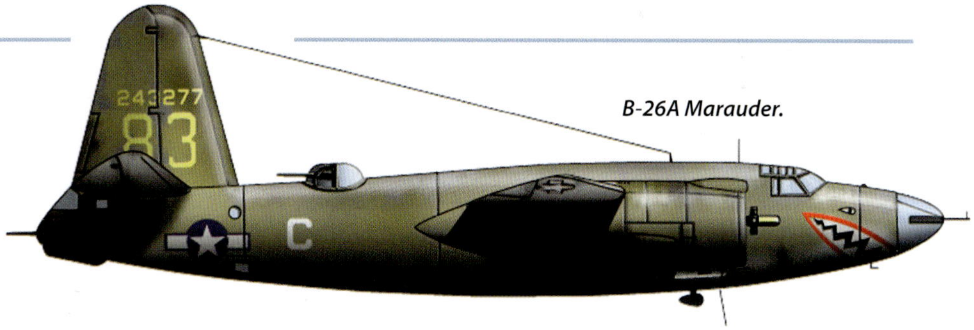

B-26A Marauder.

Die Martin B-26 Marauder war der zweite mittlere US-Bomber, der zum Einsatz kam. Erstflug des Prototyps war am 25. November 1940. Das ungewohnte Bugradfahrwerk, die hohe Flächenbelastung sowie die hohe Landegeschwindigkeit führten zunächst zu großen Problemen. Unerfahrene Piloten konnten die B-26 nur schwer beherrschen, und Abstürze häuften sich, was dem Typ den Spitznamen „Widow Maker" (Witwenmacher) eintrug. Zu Unrecht, denn in Kämpfen hatten die B-26 mit einer Verlustrate von unter einem 1 % die niedrigste aller US-Bomber. Die Marauder spezialisierten sich auf Präzisionsangriffe gegen Flugplätze, Brücken, Eisenbahnanlagen, Depots und ähnliche Ziele, wobei sie sich als außerordentlich beschussfest und robust erwiesen. Schwerpunkt der B-26-Einsätze war Europa und der Mittelmeerraum, wo diese Maschinen 129.943 Einsätze flogen und dabei 169.382 t Bomben abwarfen. Die Bordschützen der Marauder meldeten außerdem, 402 feindliche Jäger abgeschossen zu haben.

Neben der USAAF flogen auch die RAF und die freien französischen Luftstreitkräfte die B-26. Insgesamt wurden 5.157 B-26 aller Versionen gebaut, die sich jedoch nicht wesentlich voneinander unterschieden.

	B-26B
Typ:	mittlerer Bomber
Besatzung:	5–7 Mann
Leergewicht/max. Startgew.:	10.986 kg/16.783 kg
Länge/Spannweite/Höhe:	17,75 m/21,64 m/6,55 m
Triebwerk:	zwei Pratt-&-Whitney-R-2800-43-Double-Wasp-18-Zyl.-Doppelsternmotoren mit je 1.920 PS (1.432 kW)
Höchstgeschwindigkeit:	454 km/h in 4.570 m
Dienstgipfelhöhe:	6.400 m
Reichweite:	1.851 km
Bewaffnung:	5 x starre, 1 x bewegliche 12,7-mm-Browning-MG im Bug, je 2 x 12,7-mm-Browning-MG Turm, Rumpf und Heckstand, je 1 x seitlich-unten, bis 2.359 kg Abwurflast intern

USA

NORTH AMERICAN B-25 MITCHELL

	B-25J
Typ:	mittlerer Bomber
Besatzung:	5 Mann
Leergewicht/max. Startgew.:	8.836 kg/15.876 kg
Länge/Spannweite/Höhe:	16,13 m/20,60 m/4,98 m
Triebwerk:	zwei Pratt-&-Whitney-R-2800-43-Double-Wasp-18-Zyl.-Doppelsternmotoren mit je 1.920 PS (1.432 kW)
Höchstgeschwindigkeit:	454 km/h in 4.570 m
Dienstgipfelhöhe:	6.400 m
Reichweite:	1.851 km
Bewaffnung:	5 x starre 12,7-mm-Browning-MG im Bug, je 2 x 12,7-mm-Browning-MG im Turm auf Rumpf und Heckstand, je eins in zwei seitlichen Positionen, bis 1.361 kg Abwurflast intern und acht 127-mm-Raketen extern

Die letzte Serienversion der B-25 war die B-25J mit zwölf 12,7-mm-MG.

Die North American B-25 Mitchell war der wichtigste mittlere US-Bomber des Zweiten Weltkrieges. Über 11.000 Mitchell flogen für die Luftstreitkräfte fast aller alliierter Staaten. Die B-25 entstand aufgrund einer Ausschreibung der US-Heeresluftwaffe und flog erstmals im Januar 1939. Im August 1940 wurden die ersten Serienmaschinen ausgeliefert. Zu Ehren des Generals Billy Mitchell erhielt die Maschine seinen Namen. Der wohl berühmteste Einsatz der B-25 war der Angriff von Oberstleutnant James Doolittle auf Tokio, bekannt als „Doolittle Raid", am 18. April 1942. 16 B-25B starteten vom Flugzeugträger USS Hornet aus, konnten aber aufgrund ihrer Größe nicht wieder darauf landen. Deswegen mussten sie versuchen, China zu erreichen, was auch fast allen B-25B gelang. Wenn dieser Angriff auch keine schweren Schäden verursachte, sorgte er doch dafür, dass die Japaner von nun an stets Abfangjäger zur Verteidigung der Heimat bereithielten,

Der Prototyp der B-25G mit einer 75-mm-Kanone und zwei 12,7-mm-MG im Bug. Allerdings war diese Ausführung aufgrund der manuell geladenen 75-mm-Kanone kein Erfolg. Erst die B-25H mit automatischer Ladeeinrichtung überzeugte als Schiffsbekämpfer.

B-25C, 9. US Air Force, Tunesien, April 1943.

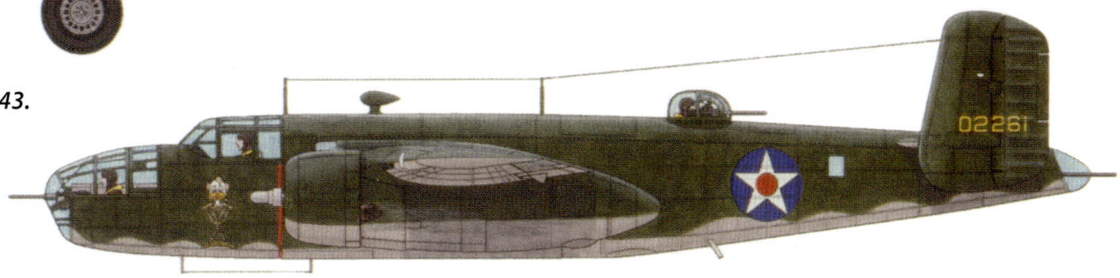

B-25B, geflogen von Oberstleutnant Doolittle beim Angriff auf Tokio am 18. April 1942.

welche dann an der Front fehlten. Die Ausführungen A bis D waren sich sehr ähnlich und unterschieden sich nur in Motordetails oder in ihrer Abwehrbewaffnung voneinander. Die B-25G fiel durch ihre starke Bewaffnung im Rumpfbug auf (eine 75-mm-Kanone und zwei 12,7-mm-MG), welche bei der B-25H sogar nochmals verstärkt wurde. Die B-25H trug eine 75-mm-Kanone und acht 12,7-mm-MG oder nur zwölf 12,7-mm-MG im Bug. Zusätzlich war das Mitführen von bis zu acht 127-mm-Raketen unter den äußeren Tragflächen möglich. Diese Variante war besonders bei der Schiffsbekämpfung im Pazifik erfolgreich. Die Mitchell kam in Europa ab Mitte 1942 im Mittelmeerraum und Anfang 1943 auch über Westeuropa zum Einsatz. Die Sowjetunion und Großbritannien erhielten größere Mengen an Mitchell im Zuge des Leih- und Pacht-Abkommens. Die B-25 blieb bis zum Kriegsende und auch darüber hinaus im Einsatz. Die letzten Mitchell der USAF wurden erst 1960 ausgemustert.

CONSOLIDATED PBY CATALINA

	PBY-5A
Typ:	Seeaufklärungs-, Seenotrettungs- und U-Boot-Jagd-Amphibienflugzeug
Besatzung:	9 Mann
Leergewicht/max. Startgew.:	9.885 kg/16.607 kg
Länge/Spannweite/Höhe:	19,47 m/31,70 m/6,15 m
Triebwerk:	zwei Pratt-&-Whitney-R-1830-92-Twin-Wasp-Doppelsternmotoren mit je 1.200 PS (895 kW)
Höchstgeschwindigkeit:	315 km/h
Dienstgipfelhöhe:	4.000 m
Reichweite:	4.050 km
Bewaffnung:	2 x 7,62-mm-Browning-MG in der Bugkanzel, 1 x 7,62-mm-Browning-MG in Bauchposition, je 1 x 12,7-mm-Browning-MG in seitlichen Rumpfständen, bis 1.816 kg Abwurflast extern

Eine Consolidated PBY-5A der US-Küstenwache 1945 in San Francisco.

Die Consolidated PBY Catalina war das wichtigste Seeaufklärungsflugboot der Alliierten. Sie wurde von der US-Marine, der Royal Navy, verschiedenen Commonwealth-Staaten sowie den Seefliegern der Sowjetunion eingesetzt. Der Erstflug der Catalina erfolgte 1935, im Oktober 1936 flog die erste PBY-1 für die US Navy, 1938 erschien die PBY-4 mit 1.200 PS Twin Wasp und den blasenförmigen Kanzeln für die Beobachter/MG-Schützen am hinteren Rumpf. Die Catalina war ein Ganzmetall-Flugzeug mit weit oben montierten Tragflächen, um die Motoren vor Spritzwasser zu schützen. Eine Besonderheit waren die in die Flügelspitzen einklappbaren Stützschwimmer sowie ab 1940 mit der PBY-5, die Fähigkeit von Land und Wasser aus zu starten und zu landen. Aufgrund ihrer großen Reichweite war die PBY für die Fernaufklärung und die Sicherung von Geleitzügen bestens geeignet. So entdeckte eine Catalina im Mai 1941 die Bismarck im Atlantik und führte die britischen Seestreitkräfte an sie heran. Insgesamt wurden über 3.300 Catalinas hergestellt, was diesen Typ zum meistgebauten Flugboot aller Zeiten macht.

USA

BOEING B-17 FLYING FORTRESS

Ein erstklassiges Bild einer heute noch flugfähigen B-17G, dem Star vieler Flugshows. Auch die Aufnahme auf der nächsten Seite oben stammt von einer Flugshow.

	B-17G
Typ:	schwerer Bomber
Besatzung:	8–10 Mann
Leergewicht/max. Startgewicht:	14.855 kg/29.700 kg
Länge/Spannweite/Höhe:	22,80 m/31,63 m/5,85 m
Triebwerk:	vier Wright-R-1820-97-Cyclone-9-Zylinder-Sternmotoren mit je 1.200 PS (895 kW)
Höchstgeschwindigkeit:	485 km/h in 4.570 m
Dienstgipfelhöhe:	11.900 m
Reichweite:	6.034 km ohne Bombenlast, 1.760 km mit max. Bombenlast
Bewaffnung:	je 2 x 12,7-mm-Browning-MG im Kinn-, Rücken- und Unterrumpfturm, 2 x 12,7-mm-Browning-MG im Heckstand, je eins in vier seitlichen Positionen im Bug, der Rumpfmitte und auf dem Rumpfrücken im Funkerstand, bis 5.800 kg Abwurflast intern

Die Boeing B-17 Flying Fortress (Fliegende Festung) ist neben der P-51 Mustang sicher das bekannteste amerikanische Kampfflugzeug des Zweiten Weltkrieges. Die B-17 trug neben der B-24 die Hauptlast der Angriffe der 8. US-Luftflotte auf das besetzte Europa. Der Prototyp der B-17 machte bereits am 28. Juli 1935 seinen Erstflug.

Die B-17 war ursprünglich als Kampfflugzeug für den Patrouillendienst vor der US-Küste entworfen worden, daher verdienten die ersten Modelle die Bezeichnung „fliegende Festung" noch in keiner Weise. Zunächst glaubte man sich auf die Geschwindigkeit und Höhenleistung des Typs verlassen zu können, denn die B-17 war weltweit der erste Bomber mit Turbolader. Erst die Ausführung E (Erstflug 5. September1941) wurde anhand der Erfahrungen der Royal Air Force in Europa mit verstärkter Panzerung und Feuerkraft umkonstruiert, deutlich sichtbar am Heckstand unterhalb der Seitenflosse, die nun weit nach vorn gezogenen war. Mit einem Tagesangriff gegen Frankreich eröffnete die 8. US-Luftflotte am 17. August 1942 ihre Operationen über dem besetzten Kontinent. Die B-17E (512 Exemplare) bildete mit ihren zehn Mann Besatzung das Ausgangsmuster zweier maßgeblicher Baureihen, die von Mai 1942 bis Juli 1945 bei Boeing, Douglas und Lockheed vom Band liefen: Die F-Reihe (3.405 Exemplare) war gegenüber der Ausführung E noch einmal stärker bewaffnet und gepanzert und kam erstmals am 27. Januar 1943 zum Einsatz. Die G-Version war seit Herbst 1943 wichtigstes Serienmodell

Bei dieser B-17G wurden Kinn- und Unterrumpfturm entfernt, stattdessen trägt die Maschine eine Radarkuppel unter dem Rumpf.

(8.680 Exemplare). Sie trug zum Schutz vor frontal anfliegenden Jägern einen dritten, ferngesteuerten Drehturm unter dem Rumpfbug (Kinnturm) und war mit gesamt 13 12,7-mm-Browning-MG die am stärksten bewaffnete Version der B-17. In dichter Staffelung fliegend (Battle Box) empfingen die Flying Fortresses so die deutschen Jagdflieger mit einer Unmenge schwerer MG. Dennoch mussten sie auf Einsätzen ohne Jagdschutz schwere Verluste hinnehmen. Bei einem Angriff auf die Kugellagerwerke von Schweinfurt und die Messerschmidt-Werke in Regensburg am 17. August 1943 wurden von 376 angreifenden B-17-Bombern 60 abgeschossen und 176 mehr oder weniger schwer beschädigt. Die USAAF stellte diese unbegleiteten Angriffe im Sommer/Herbst 1943 daher vorübergehend ein. Erst unter dem Schutz der neuen Mustang-Begleitjäger setzte man die Offensive Anfang 1944 fort. Die Flying Fortress überstand schwerste Beschussschäden, ließ sich leicht steuern und war wegen ihrer Zuverlässigkeit bei ihren Besatzungen sehr beliebt.

In Sonderversionen diente sie als Fotoaufklärer, Seenotrettungsflugzeug und VIP-Transporter. Beim britischen Costal Command flog die B-17 unter der Bezeichnung Fortress als Patrouillenbomber und Wetteraufklärer. Die Luftwaffe flog einige Beutemaschinen als Demonstrationsmodelle für Jagdpiloten und unter der Bezeichnung Do 200 als Agententransporter beim KG 200. Es wurden 12.731 B-17 produziert, zu Spitzenzeiten 16 Maschinen täglich.

Bei dieser B-17G wurden Kinn- und Unterrumpfturm entfernt, stattdessen trägt die Maschine eine Radarkuppel unter dem Rumpf.

Die Boeing B-17G war in den letzten Kriegsmonaten das Standardmodell.

USA

CONSOLIDATED B-24 LIBERATOR

	B-24J
Typ:	schwerer Bomber
Besatzung:	10 Mann
Leergewicht/max. Startgewicht:	17.250 kg/27.216 kg
Länge/Spannweite/Höhe:	21,16 m/33,55 m/5,49 m
Triebwerk:	vier Pratt-&-Whitney-R-1830-65-Twin-Wasp-Doppelsternmotoren mit je 1.200 PS (895 kW)
Höchstgeschwindigkeit:	480 km/h in 8.500 m
Dienstgipfelhöhe:	9.150 m
Reichweite:	3.380 km mit 2.270 kg Bombenlast
Bewaffnung:	je 2 x 12,7-mm-Browning-MG im Bug-, Rücken-, Unterrumpf- und Heckdrehturm, je eines in zwei seitlichen Positionen in der Rumpfmitte, bis 5.450 kg Abwurflast intern

Eine Consolidated B-24J über Friedrichshafen, 1944/45.

Die Consolidated B-24 Liberator stand immer ein wenig im Schatten der geradezu legendären B-17 Flying Fortress, obwohl von der B-24 wesentlich mehr Maschinen hergestellt wurden. Insgesamt verließen 19.203 Flugzeuge dieser Baureihe die Werkshallen. Die B-24 entstand aufgrund eines Auftrags der USAAF, einen Bomber zu entwickeln, der die B-17 an Zuladung und Reichweite übertreffen sollte. Der Erstflug des Prototyps der B-24 fand am 29. Dezember 1939 statt. Charakteristisch für diese Maschine waren der voluminöse Rumpf mit dem Doppelleitwerk und der hoch angesetzte, sehr schlanke Flügel mit Davis-Hochauftriebsprofil, dem die B-24 ihre große Reichweite von bis 7.400 km verdankte. Gleichzeitig sorgte diese Tragfläche jedoch auch für eine sehr hohe Flächenbelastung, was die Flugeigenschaften der Maschinen recht schwierig machte. Besonders der Start mit einer voll beladenen B-24 verlangte ihren Piloten einiges ab. Auch in der Luft war die Flugstabilität nicht gut herzustellen, daher war es für die Piloten beschädigter B-24 nicht einfach, sich zu retten.

Die ersten Einsatzmuster gingen 1941 an die Royal Air Force, die insgesamt 1.694 Stück abnahm und die Liberator genannte Maschine aufgrund ihrer großen Reichweite als Patrouillenbomber über dem Atlantik zur U-Boot-Bekämpfung und Geleitsicherung einsetzte. Zu diesem Zweck erhielt sie ASV-Radar und vier 20-mm-MK in einer Gondel unter dem Rumpf. In der gleichen Rolle diente die B-24 auch bei der US Navy als PB4Y. Ein Großteil der B-24 operierte jedoch als schwere Bomber über dem Pazifik, dem Mittelmeer und über Europa, insbesondere dem Deutschen Reich. Gemeinsam mit der B-17 bildete sie hier das Rückgrat der US-Tagesangriffe. Da die B-24 allerdings eine schlechtere Höhenleistung als das Boeing-Modell besaß, flogen beide Typen meist getrennt.

Die B-17 hatte zudem den Ruf, Kampfschäden besser zu widerstehen als die B-24. Eine Analyse der von der 8. US-Luftflotte in Europa erlittenen Verluste zeigte jedoch, dass die Verlustquote der B-24 sogar etwas niedriger war als die der Boeing. Erstes Großserienmodell war die B-24D mit verglastem Rumpfbug mit handbetätigtem MG und einem einziehbaren MG-Turm auf der Rumpfunterseite. Aufgrund von Kampferfahrungen wurde ab der Version B-24H ein Bugturm mit zwei 12,7-mm-MG eingeführt. Das Standardmodell ab 1944 und die meistproduzierte Variante der B-24 überhaupt war die Ausführung J. Unter der Bezeichnung Consolidated C-87 wurde das Muster außerdem als Passagier- und Frachtflugzeug eingesetzt. Eine verbesserte Variante der B-24 mit einfacher Seitenflosse wurde für die US Navy als Consolidated Privateer gebaut und diente dort als Seeaufklärer und Bomber.

Bei dieser unbewaffenten B-24 einer Schuleinheit sind die lang gesteckten Davis-Flügel des Typs gut zu erkennen.

Eine B-24J Liberator der 15. US-Luftflotte über Mühldorf, Süddeutschland, 19. März 1945.

B-24D.

BOEING B-29 SUPERFORTRESS

	B-29
Typ:	schwerer Bomber
Besatzung:	10 Mann
Leergewicht/max. Startgewicht:	31.815 kg/56.245 kg
Länge/Spannweite/Höhe:	30,18 m/43,05 m/9,02 m
Triebwerk:	vier Wright-R-3350-23-23A-41-97-Cyclone-18-Zyl.-Doppelsternmotoren mit Turbolader mit je 2.200 PS (1.641 kW)
Höchstgeschwindigkeit:	576 km/h in 7.620 m
Dienstgipfelhöhe:	10.200 m
Reichweite:	5.200 km
Bewaffnung:	je 2 x 12,7-mm-Browning-MG in vier fernbedienten Waffenständen auf und unter dem Rumpf, 3 x 12,7-mm-Browning-MG oder zwei MG und eine 20-mm-MK im bemannten Heckstand, bis zu 9.072 kg Abwurflast intern

Die B-29 verfügte über eine umfassende Abwehrbewaffnung, die 1945 jedoch oft entfernt wurde, da Jägerangriffe nicht mehr zu befürchten waren.

Die Boeing B-29 Superfortress war der größte und leistungsfähigste Bomber, der im Zweiten Weltkrieg zum Einsatz kam. Das maximale Abfluggewicht der B-29 konnte mitunter mehr als das Doppelte des Gewichts der B-17 betragen. Der Ursprung der B-29 geht auf 1940 zurück, als die USA mit der Niederlage Großbritanniens rechneten und daher einen Langstreckenbomber in Auftrag gaben, der Ziele in Europa angreifen sollte. Boeings Entwurf für dieses Flugzeug betrat auf vielen Gebieten technisches Neuland, so war die B-29 der erste serienmäßig mit einer Druckkabine ausgerüstete Bomber der Welt. Die B-29 verfügte über vier strömungsgünstige Waffenstände, die von Schützen im Rumpf fernbedient wurden. Von Bell gebaute B-29B hatten sogar schon einen radargesteuerten Heckstand. Insgesamt war die Fertigung der B-29 das vielschichtigste und umfassendste militärische Produktionsprogramm bis dahin. Buchstäblich tausende von Zulieferfirmen steuerten Komponenten und Bauteile bei, aus denen ein komplexes Kampfflugzeug entstand, das – wie nicht anders zu erwarten war – zunächst einige Probleme zu überwinden hatte. Der Prototyp der B-29 flog am 21. September 1942 und verfügte über Flügel hoher Streckung mit riesigen Fowler-Klappen zur Verringerung der Landegeschwindigkeit. Erhebliche Schwierigkeiten machte am Anfang die Kühlung der Wright-Doppelsternmotoren. Die ersten Serienexemplare wurden im Sommer 1943 ausgeliefert, allerdings fanden die ersten Kampfeinsätze nicht vor Juni 1944 statt.

Die B-29 wurde aufgrund ihrer großen Reichweite ausschließlich im pazifischen Raum eingesetzt. Zunächst flogen B-29 tagsüber in großer Höhe Präzisionsangriffe auf japanische Industrieanlagen, die jedoch aufgrund der meist ungünstigen Wetter- und Windverhältnisse nicht erfolgreich waren. Nach der Übernahme des Kommandos durch General LeMay änderte dieser die Angriffstaktik der B-29-Bomberflotte: Man flog nun Nachtangriffe. Da Präzisionsangriffe nachts schwieriger waren als tagsüber, gingen die B-29 daraufhin zu Flächenbombardements aus geringer Höhe auf die überwiegend aus Holz gebauten Städte über, bei denen hunderttausende ums Leben kamen. Beim größten Angriff dieser Art auf Tokio starben in einer Nacht vermutlich mehr Menschen als durch den Atombombenangriff auf Hiroshima. B-29 warfen auch die Atombomben auf Hiroshima und Nagasaki. Bei Kriegsende hatte die USAAF 2.132 Superfortresses erhalten. Nach 1945 lief die Produktion weiter, und insgesamt wurden 3.970 B-29 gebaut.

Die klare Linienführung der B-29 wird hier besonders deutlich.

CURTISS C-46 COMMANDO

	C-46
Typ:	Transportflugzeug
Besatzung:	4 Mann
Leergewicht/max. Startgewicht:	13.302 kg/23.154 kg
Länge/Spannweite/Höhe:	23,96 m/32,91 m/6,62 m
Triebwerk:	zwei Pratt-&-Whitney-R-2800-34-Double-Wasp-Doppelsternmotoren mit je 2.000 PS (1.491 kW)
Höchstgeschwindigkeit:	394 km/h in 4.000 m
Dienstgipfelhöhe:	8.412 m
Reichweite:	2.900 km
Zuladung:	bis zu 40 Personen oder die entsprechende Menge Fracht

Eine Curtiss C-46 Commando über den Bergen Chinas.

Die Curtiss C-46 Commando war die militärische Ausführung der zivilen Curtiss CW-20. Sie war insofern ungewöhnlich, als der Rumpf einen Querschnitt aus zwei Kreissegmenten besaß, damit er ausreichend Raum für Passagiere und Fracht bot. Von vorn erinnert die Zelle daher an eine Acht. Nach Pearl Harbor stellte die USAAF fest, dass sie dringend Transportflugzeuge benötigte. Daher bestellt man bei Curtis 200 CW-20B (militärische Bezeichnung C-46A Commando). Die Flugzeuge bekamen eine seitliche Frachtluke und einen verstärkten Kabinenboden, außerdem reichten Klappsitze. Ab der C-46B wurden Pratt-&-Whitney-R-2800-Motoren verwendet. Wegen ihrer Reichweite und Robustheit kam die Commando vor allem in Asien und im Pazifikraum zum Einsatz. Bei der US-Marine wurde die C-46 als R5C-1 bezeichnet. Auch nach 1945 wurden C-46 z. B. bei der Berliner Luftbrücke und in Korea eingesetzt. Die letzten C-46 wurden von der USAF erst 1955 außer Dienst gestellt. Noch heute fliegen ehemals militärische C-46 für zivile Betreiber in der Dritten Welt.

DOUGLAS C-47 SKYTRAIN/DAKOTA

Die C-47 Skytrain war eine Militärversion der Douglas DC-3. Die DC-3 hatte ihren Erstflug im Dezember 1935 und war zu ihrer Zeit ein sehr innovatives Flugzeug, das teils bis heute in Dienst steht. Die C-47 verfügte gegenüber der DC-3 über einen verstärkten Kabinenboden, stärkere Motoren sowie größere Frachtluken und war während des Zweiten Weltkrieges das wichtigste Transportflugzeug der Alliierten. Die C-47 war als Transporter, Schleppflugzeug, Sanitätsflugzeug und Passagierflugzeug sowie zum Absetzen von Fallschirmjägern im Einsatz. Die RAF nannte ihre Flugzeuge „Dakota", und auch in den USA gab es zahlreiche unterschiedliche Bezeichnungen für diesen Typ, z. B. R4D bei der US Navy. Es gab eine spezielle Frachtversion mit einer breiteren, doppelten Ladetür (Cargo Door), um das Be- und Entladen zu vereinfachen, sowie zahllose andere Varianten. In der Sowjetunion wurde die DC-3 als Lisunow Li-2 in Lizenz gebaut und intensiv während des Krieges eingesetzt. In Japan baute Nakajima eine eigene Variante der DC-3 für den Militäreinsatz. Nach 1945 diente die C-47 noch lange in aller Welt weiter. Die USA verwendeten diesen Typ auch während der Berliner Luftbrücke.

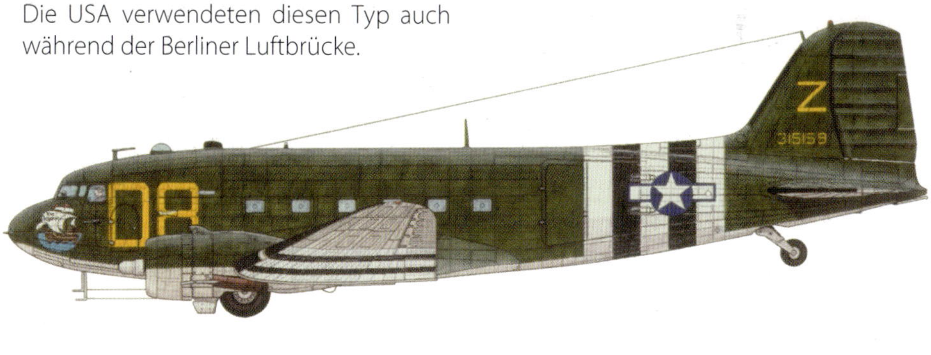

C-47A, 9. US Air Force, England, Juni 1944.

	C-47A
Typ:	Transportflugzeug
Besatzung:	4 Mann
Leergewicht/max. Startgewicht:	7.650 kg/11.800 kg
Länge/Spannweite/Höhe:	19,65 m/28,96 m/5,17 m
Triebwerk:	zwei Pratt-&-Whitney-R-1830-92-Twin-Wasp-Doppelsternmotoren mit je 1.200 PS (895 kW)
Höchstgeschwindigkeit:	370 km/h in 2.950 m
Dienstgipfelhöhe:	7.070 m
Reichweite:	3.420 km
Zuladung:	bis zu 2.722 kg Fracht oder 28–35 Personen

SCHIFFE

U-486

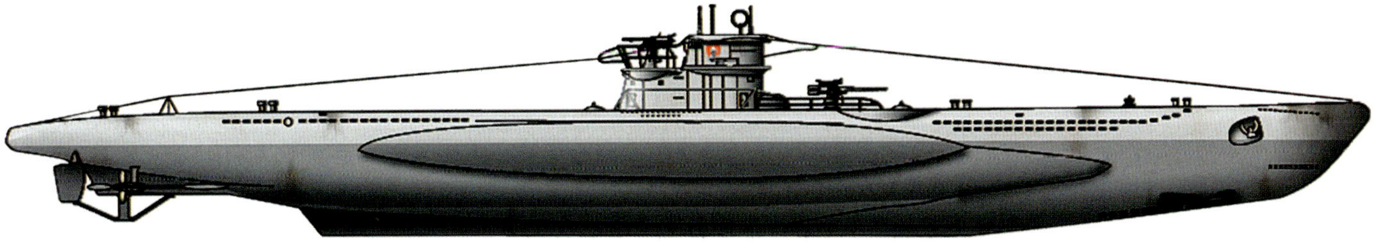

U-486 wurde am 12. April 1945 vor Bergen versenkt.

Der in mehreren Versionen gebaute U-Boot-Typ VII bildete mit mehr als 700 Booten 1935–1945 das Rückgrat der U-Boot-Flotte der Kriegsmarine. Es wurden die Modelle VII A bis VII F gebaut, von denen die Version VII C mit 663 Booten die häufigste war und die Hauptlast der Kämpfe im Atlantik und Mittelmeer trug. Zunächst waren diese Boote sehr erfolgreich, mit der Verbesserung der alliierten Abwehrmethoden, wie Radar und ASDIC/Sonar, sowie der Überwachung der Seewege durch Flugzeuge stiegen die Verluste. So wurde ab 1942/43 die Fla-Bewaffnung erheblich verstärkt und das 8,8-cm-Geschütz oft entfernt. In so genannten Wintergärten achtern des Turms befanden sich mehrere 2-cm- und 3,7-cm-Flak in Einzel- oder Zwillingsaufstellung, teils sogar als Vierling. Durch eine Verstärkung des Druckkörpers erhöhte man die Tauchtiefe auf 200 m. Zusätzlich hatte ab 1943 die Ausrüstung eine klappbare Schnorchelvorrichtung. Damit konnte man die Batterien während der Tauchfahrt aufladen und mit Dieselantrieb weite Entfernungen geschützt unter Wasser zurücklegen. Zudem sollten passive Radarwarngeräte helfen, Gefahren frühzeitig zu erkennen. Dennoch kehrten von 40.600 U-Boot-Männern 30.246 nicht zurück. 5.338 gerieten in Gefangenschaft. Und obwohl 2.882 Handelsschiffe mit über 14 Millionen BRT und 175 Kriegsschiffe von deutschen U-Booten versenkt wurden, gingen von den 863 U-Booten, die zum aktiven Einsatz gelangten, 784 verloren.

U-486 unternahm nur zwei Feindfahrten in Nordsee und Ärmelkanal, dabei versenkt es vier Schiffe mit rund 20.000 BRT, bevor es selbst am 12. April 1945 vor Bergen vom britischen U-Boot HMS Tapir versenkt wurde.

	U-Boot des Typs VII C
Indienststellung:	22.04.1944
Schicksal:	12.04.1945 durch Torpedos des britischen U-Bootes HMS Tapir vor Bergen versenkt
Verdrängung:	769 ts (getaucht 871 ts)
Länge/Breite/Tiefgang:	67,1 m/6,2 m/4,8 m
Panzerung Seiten/Deck:	keine
Antrieb (Überwasser/ Unterwasser):	zwei MAN Diesel mit zusammen 3.200 PS (2.355 kW)/zwei E-Motoren mit zusammen 750 PS (552 kW)
Höchstgeschwindigkeit:	17,6 kn (7,6 kn getaucht)
Fahrbereich:	8.500 sm bei 10 kn Überwasser/80 sm bei 4 kn Unterwasser
Besatzung:	44 Mann (später bis 57 aufgrund der vermehrten Flak)
Bewaffnung:	vier Bug- und ein Hecktorpedorohr 533 mm (14 Torpedos oder Minen), eine 8,8-cm- und eine 2-cm-Flak
Tauchtiefe:	100 m

U-35 war ein Boot des Typs VII A. Es wurde am 29. November 1939 in der Nordsee durch britische Zerstörer versenkt.

U-107

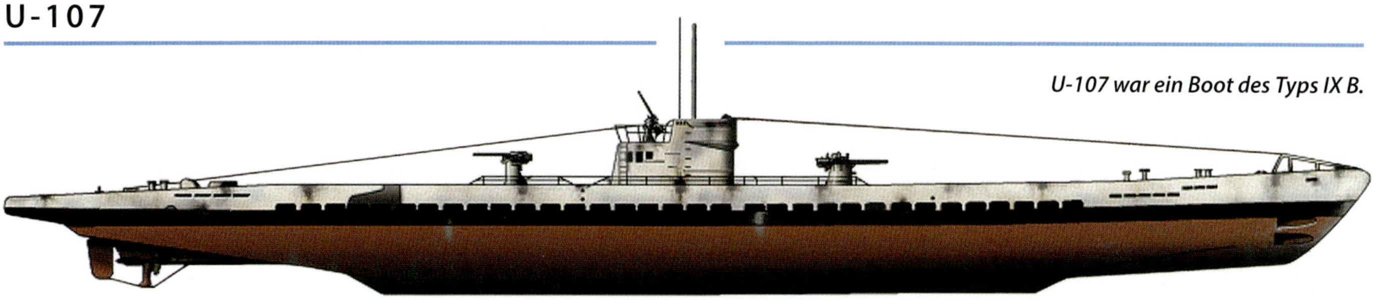

U-107 war ein Boot des Typs IX B.

Mit über 200 gebauten Booten in sieben Varianten stellte der Typ IX die zweitwichtigste U-Boot-Klasse der Kriegsmarine dar. Dank guter Seeeigenschaften und eines großem Fahrbereichs (erst 10.500 sm, bei den letzten Varianten 31.500 sm bei 10 Knoten) wurde dieser Typ in der Hauptsache vor den Küsten der Vereinigten Staaten, im Südatlantik und im Indischen Ozean eingesetzt. Wie beim Typ VII stellten die verschiedenen Varianten fortlaufende Verbesserungen der ursprünglichen Version dar, selbst wenn der Unterschied nur gering war. Auch der Typ IX erhielt im Lauf des Krieges eine verstärkte Fla-Bewaffnung und Schnorchel. Das U-107 wurde 1940 gebaut und versenkte auf 14 Feindfahrten 39 Schiffe mit 216.795 BRT. Am 18.08.1944 wurde U-107 mit der gesamten Besatzung westlich La Rochelle durch eine britische Sunderland versenkt.

	U-Boot des Typs IX B
Indienststellung:	08.10.1940
Schicksal:	18.08.1944 im Atlantik versenkt
Verdrängung:	1.051 ts (getaucht 1.178 ts)
Länge/Breite/Tiefgang:	76,5 m/6,76 m/4,7 m
Panzerung Seiten/Deck:	keine
Antrieb (Überwasser/ Unterwasser):	zwei MAN-Diesel mit zusammen 4.400 PS (3.284 kW)/ zwei E-Motoren mit zusammen 1.000 PS (736 kW)
Höchstgeschwindigkeit:	18,2 kn (7,7 kn getaucht)
Fahrbereich:	12.000 sm bei 10 kn Überwasser/63 sm bei 4 kn Unterwasser
Besatzung:	48 Mann (später bis 60 aufgrund der vermehrten Flak)
Bewaffnung:	vier Bug- und zwei Hecktorpedorohre 533 mm (22 Torpedos oder 6 Torpedos und 32 Minen), 1 x 10,5-cm-, 1 x 3,7-cm- und 1 x 2-cm-Flak
Tauchtiefe:	150 m

U-2511

	U-Boot des Typs XXI
Indienststellung:	29.09.1944
Schicksal:	Kriegsbeute Großbritannien
Verdrängung:	1.610 ts (getaucht 1.833 ts)
Länge/Breite/Tiefgang:	76,6 m/8 m/6,86 m
Panzerung Seiten/Deck:	keine
Antrieb (Überwasser/ Unterwasser):	zwei MAN-Diesel mit zusammen 4.000 PS (2.944 kW)/zwei E-Motoren mit zusammen 5.000 PS (3.680 kW) und zwei E-Motoren für Schleichfahrt mit zusammen 226 PS (166 kW)
Höchstgeschwindigkeit:	15,5 kn (17,5 kn getaucht)
Fahrbereich:	14.000 sm bei 10 kn Überwasser/420 sm bei 4 kn Unterwasser
Besatzung:	57 Mann
Bewaffnung:	sechs Bugtorpedorohre 533 mm (23 Torpedos oder 17 Torpedos und 12 Minen), 4 x 3-cm- oder 2-cm-Flak
Tauchtiefe:	200 m

Der Typ XXI, auch Elektro-Boot genannt, sollte den U-Booten ihre Überlegenheit zurückgeben. Um eine höhere Unterwassergeschwindigkeit zu erzielen, waren die Rümpfe und Türme dieser Boote möglichst strömungsgünstig gestaltet und die Leistung der Elektromotoren sowie der Batterien drastisch erhöht worden. Zusätzlich besaßen die U-Boote Torpedo-Schnellladeinrichtungen und eine umfangreiche Sonar- und Elektronikausstattung. Zur schnelleren Fertigstellung sollten die Boote dieses Typs in Sektionsbauweise im Binnenland vorgefertigt und an der Küste zusammengesetzt werden. Aufgrund der zahlreichen technischen Neuerungen kam es jedoch zu starken Verzögerungen im Bauprogramm. Obwohl der Auftrag über zunächst 200 Boote (später auf 1.300 erhöht) schon im Juni 1943 erteilt worden war, waren bei Kriegende erst 119 davon in Dienst gestellt. Typ XXI war richtungsweisend für den U-Boot-Bau, und zahlreiche Merkmale dieser Klasse finden sich bei nach 1945 gebauten Booten wieder. U-2511 unternahm nur eine Feindfahrt im Mai 1945 und wurde dann in Bergen, Norwegen, von den Briten erbeutet.

U-2511.

SCHNELLBOOTE DER KLASSEN S 7 UND S 100

Die Schnellboote der Kriegsmarine gelten allgemein als exzellente Vertreter ihrer Art. Da der Versailler Vertrag der deutschen Marine enge Beschränkungen auferlegt hatte, verwendete man viel Energie auf die Entwicklung von Schnellbooten, da diese nicht vom Vertrag erfasst waren. Ab 1933 wurden verschiedene Klassen von S-Booten gebaut, die sich recht ähnlich waren. Alle besaßen einen Holzrumpf mit Aluminiumspanten, zwei Torpedorohre vorn und drei Dieselmotoren, meist von Mercedes-Benz. Die Fla-Bewaffnung wurde immer weiter verstärkt, da Flugzeuge zur Hauptbedrohung wurden. Der wichtigste Typ ab 1943 war die Klasse 100, von der bis Kriegsende 74 Boote gebaut wurden. Die Klasse 100 besaß eine gepanzerte Brücke, um Fliegerangriffe besser zu überstehen. Insgesamt entstanden rund 200 Schnellboote aller Klassen. S-Boote griffen vor allem nachts die Küstenschifffahrt rund um die britischen Inseln an, wurden aber auch im Mittelmeer und Schwarzen Meer eingesetzt. Ab etwa 1943 ging die Hauptlast der durch Überwasserkräfte geführten Kämpfe auf die Schnellboote über, da die größeren Schiffe der Kriegsmarine entweder bereits vernichtet waren oder nicht mehr mit Aussicht auf Erfolg operieren konnten. Entsprechend hoch waren die Verluste der Schnellbootfahrer, obwohl sich die Boote selbst als sehr widerstandsfähig erwiesen. Die Alliierten bezeichneten die deutschen Schnellboote als „E-Boats“, eine Abkürzung für „Enemy-Boats“ (Feindboote).

	S 12 (S-7-Klasse)	S-100-Klasse
Indienststellung:	31.08.1935	–
Schicksal:	Kriegsbeute USA	–
Verdrängung:	92 ts	122 ts
Länge/Breite/Tiefgang:	31,91 m/4,9 m/1,2 m	34,94 m/5,28 m/1,67 m
Panzerung Seiten/Deck:	keine	Brücke 12 mm
Antrieb:	drei MB502-Diesel mit zusammen 3.960 PS (2.915 kW)	drei MB501A/511-Diesel mit zusammen 7.500 PS (5.520 kW)
Höchstgeschwindigkeit:	37 kn	42 kn
Fahrbereich:	600 sm	700 sm
Besatzung:	22 Mann	30–32 Mann
Bewaffnung:	zwei Torpedorohre 533 mm (2 Torpedos), 1 x 2-cm-Flak, 1 x 7,92-mm-MG	zwei Torpedorohre 533 mm (4 Torpedos), 1 x 2-cm-Flak auf der Back, 1 x 2-cm-Zwilling mittschiffs und 1 x 3,7-cm- oder 4-cm-Flak achtern

S-Boot der Klasse100. Der Panther war das Zeichen der 4. Schnellbootflottille.

S-12 vor dem Krieg in der Ostsee. Das Boot überstand den Krieg unbeschadet und ging als Beute an die Amerikaner.

Z 4 RICHARD BEITZEN

Z 4 Richard Beitzen.

	Zerstörer des Typs 34A
Stapellauf/Indienststellung:	30.11.1935/13.05.1937
Schicksal:	Kriegsbeute Großbritannien
Verdrängung:	2.232 ts
Länge/Breite/Tiefgang:	119 m/11,3 m/3,82 m
Panzerung Seiten/Deck:	keine
Antrieb:	zwei Dampfturbinen mit zusammen 70.000 WPS
Höchstgeschwindigkeit:	38 kn
Fahrbereich:	1.900 sm bei 19 kn
Besatzung:	325 Mann
Bewaffnung:	5 x 12,7-cm-SK, 4 x 3,7-cm-Flak, 6 x 2-cm-Flak, 8 x 533-mm-Torpedorohre, vier Wabo-Werfer, bis 60 Minen

Die 16 Zerstörer der Klassen 34 und 34A waren die ersten nach dem Ersten Weltkrieg in Deutschland gebauten Schiffe dieser Art, da der Versailler Vertrag zunächst solche Schiffe verbot. Neuartig war ihr Hochdruck-Heißdampf-Konzept. Während im Ausland der in der Praxis verwendete Kesseldruck 20 atü nicht überstieg, hatte man in Deutschland Kesseltypen entwickelt, die Druck bis 110 atü verwendeten, um mehr Leistung auf kleinerem Raum zu erzeugen. Allerdings erwiesen sich diese Anlagen als überaus störanfällig. Aufgrund des hohen Drucks kam es immer wieder zu Rohrrissen. Zudem galten die Schiffe als nicht sehr seetüchtig. Z 4 Richard Beitzen war bei Kriegsbeginn zunächst in der Danziger Bucht eingesetzt, ab Anfang 1940 bei Minenoperationen vor der britischen Ostküste und im Kanal. Anfang 1942 nahm sie am Unternehmen „Cerberus" teil, dem Kanaldurchbruch der Scharnhorst, Gneisenau und Prinz Eugen. Bis zum Kriegsende war sie in Norwegen, im März 1945 wurde sie durch einen Fliegerangriff schwer beschädigt. Z 4 wurde als Kriegsbeute nach Großbritannien ausgeliefert und dort 1949 verschrottet.

Z 25

Der Zerstörertyp 36 war eine Weiterentwicklung des Typs 34. Da man das Topgewicht verringert, die Aufbauten flacher gestaltet und die Breite erhöht hatte, war dieser Typ nun seetüchtiger. Zusätzlich wurde die Maschinenanlage verbessert. Der Typ 36 A erhielt statt der 12,7-cm-SK eine 15-cm-Bewaffnung. Z 25 diente zunächst in Nordnorwegen, wurde dann nach Frankreich verlegt, um Anfang 1942 am Unternehmen „Cerberus" teilzunehmen. Danach bildete Z 25 gemeinsam mit Z 24 und Z 26 die Zerstörergruppe Arktis in Nordnorwegen. Dort beschädigten Z 25 und Z 24 im April 1942 den britischen Kreuzer HMS Edinburgh so schwer, dass er aufgegeben werden musste. Ab März 1943 sicherte Z 25 U-Boote in der Biskaja. Vom Sommer 1944 bis zum Kriegsende blieb der Zerstörer in der Ostsee.

	Zerstörer des Typs 36A
Stapellauf/Indienststellung:	16.03.1940/30.11.1940
Schicksal:	Kriegsbeute Frankreich
Verdrängung:	2.232 ts
Länge/Breite/Tiefgang:	127 m/12 m/3,92 m
Panzerung Seiten/Deck:	keine
Antrieb:	zwei Dampfturbinen mit zusammen 70.000 WPS
Höchstgeschwindigkeit:	38 kn
Fahrbereich:	2.500–2.900 sm bei 19 kn
Besatzung:	332 Mann
Bewaffnung:	5 x 15-cm-SK, 4 x 3,7-cm-Flak, 6 x 2-cm-Flak, 8 x 533-mm-Torpedorohre, vier Wabo-Werfer,bis 60 Minen

Z 25 wurde französische Kriegsbeute und fuhr dort bis 1958 unter dem Namen Hoche.

ADMIRAL GRAF SPEE

Die Admiral Graf Spee wurde nach dem Konzept „schneller als jedes stärkere, stärker als jedes schnellere Schiff" gebaut.

	Panzerschiff der Deutschland-Klasse
Stapellauf/Indienststellung:	30.06.1934/06.01.1936
Schicksal:	17.12.39 Selbstversenkung Rio de la Plata, Argentinien
Verdrängung:	12.100 ts
Länge/Breite/Tiefgang:	188 m/21,7 m/7 m
Panzerung Seiten/Deck:	max. 80 mm/45 mm
Antrieb:	acht MAN-9-Zylinder-Diesel-motoren mit zusammen 55.400 PS (40.770 kW)
Höchstgeschwindigkeit:	28 kn
Fahrbereich:	9.100 sm bei 19 kn
Besatzung:	1.150 Mann
Bewaffnung:	6 x 28-cm-SK in zwei Drillingstürmen, 8 x 15-cm-SK, 6 x 10,5-cm-Flak, 8 x 3,7-cm-Flak, 8 x 2-cm-Flak, 8 x 533-mm-Torpedorohre, zwei Arado-Ar-196-Bordflugzeuge

2004 wurde damit begonnen, das Wrack der Admiral Graf Spee, das im seichtem Wasser liegt, teilweise zu heben.

Der Versailler Vertrag verbot Deutschland den Besitz von Kriegsschiffen über 10.000 ts Verdrängung. Da somit kein Bau von Schlachtschiffen möglich war, suchte man einen Ausweg, indem man einen neuen Typ schuf, der schneller als ein Schlachtschiff und stärker als Kreuzer sein sollte. Dieses im englischen Sprachraum „Pocket-Battleship" genannte Konzept funktionierte, da die großen Seemächte eng an im Washingtoner Flottenabkommen festgelegte Schiffstypen gebunden waren. Mit 28 kn waren die Graf Spee und ihre Schwesterschiffe Admiral Scheer und Deutschland (ab November 1939 Lützow) Mitte der 1930er-Jahre tatsächlich schneller als die meisten Schlachtschiffe, und mit sechs 28-cm-Geschützen stärker bewaffnet als schwere Kreuzer. Neuartig war bei ihnen der Dieselantrieb, der einen hohen Fahrbereich und relativ rauchfreies Fahren ermöglichen sollte.

Die Graf Spee befand sich bei Kriegsausbruch schon mit voller Ausrüstung im Südatlantik, wo sie auch direkt mit dem Versenken von Handelsschiffen begann. Bis Dezember 1939 versenkte sie neun Handelsschiffe mit zusammen 50.089 BRT. Am 13. Dezember 1939 wurde sie von dem britischen schweren Kreuzer HMS Exeter und den leichten Kreuzern HMS Ajax und HMS Achilles vor der argentinischen Küste gestellt. Im folgenden Gefecht wurde die Exeter schwer beschädigt, aber auch alle anderen Schiffe erhielten Treffer. Daraufhin zog sich Langsdorff, der Kapitän der Graf Spee, in den Hafen von Montevideo zurück. Da sich das Schiff dort nicht länger als 72 Stunden aufhalten durfte und die Gefechtsschäden in dieser Zeit nicht zu reparieren waren, Kapitän Langsdorff zudem falsche Angaben über die Stärke der Gegner vor dem Hafen vorlagen, entschloss er sich, die Graf Spee am 17. Dezember 1939 vor der La-Plata-Mündung zu versenken. Die Besatzung wurde in Argentinien interniert, und Kapitän Langsdorff nahm sich am 20. Dezember 1939 das Leben.

ADMIRAL HIPPER

Die Admiral Hipper war die Namensgeberin einer ganzen Klasse von schweren Kreuzern der Kriegsmarine, zu der auch noch Blücher, Prinz Eugen, Seydlitz und Lützow gehörten. Die Blücher ging bereits während der Besetzung Norwegens 1940 verloren. Prinz Eugen erlangte durch die Unternehmung mit der Bismarck 1941 Bekanntheit und endete als Zielschiff bei Atombombenversuchen. Die Seydlitz sollte zum Flugzeugträger umgebaut werden, wurde jedoch nie fertig gestellt. Auch die Lützow, 1940 an die Sowjetunion verkauft und halbfertig hingeschleppt, wurde nie fertig gestellt. Für ihre beachtliche Größer von fast 14.000 ts waren die Schiffe zu schwach bewaffnet und gepanzert, zudem war ihr Fahrbereich dürftig. Obwohl bereits Ende April 1939 in Dienst gestellt, war die Hipper am 1. September 1939 noch nicht voll einsatzfähig. Ihre Feuertaufe erlebte sie im April 1940 bei der Besetzung Norwegens (Unternehmen „Weserübung"). Am 8. April kam es zu einem Gefecht mit dem britischen Zerstörer HMS Glowworm, bei dem dieser versenkt wurde. Im Juni 1940 nahm das Schiff mit Scharnhorst und Gneisenau an der Operation „Juno" teil, bei der drei kleinere gegnerische Schiffe versenkt wurden. Danach führte die Admiral Hipper Handelskrieg zwischen dem Nordkap und Spitzbergen und versenkte einen Frachter. Am 30. November 1940 lief das Schiff in den Atlantik aus. Bei zwei Einsätzen beschädigte es den schweren Kreuzer HMS Berwick und versenkte 15 Frachter. Über Deutschland wurde der Kreuzer dann nach Norwegen verlegt, wo er im Juli 1941 vergeblich gegen den Geleitzug PQ17 eingesetzt wurde. Am 30. November 1942 lief Hipper mit dem Panzerschiff Lützow und sechs Zerstörern zum Angriff auf den Konvoi JW51B aus. Silvester kam es zum Kampf mit britischen Sicherungseinheiten, die den Konvoi erfolgreich schützten, sogar einen deutschen Zerstörer versenkten und die Hipper beschädigten. Nach dem Scheitern dieser „Regenbogen" genannten Operation soll Hitler getobt und sämtliche Großkampfschiffe als „nutzlos" bezeichnet haben. Daher wurde die Hipper am 1. April 1943 außer Dienst, im März 1944 jedoch als Schulschiff wieder in den Dienst gestellt. Am 30. Januar 1945 lief sie mit 1.530 Flüchtlingen an Bord von Gotenhafen nach Kiel aus. Dort erhielt sie am 3. April einen Bombentreffer, und am 3. Mai 1945 wurde das Schiff im Dock gesprengt.

	schwerer Kreuzer der Hipper-Klasse
Stapellauf/Indienststellung:	06.02.1937/29.04.1939
Schicksal:	03.05.1945 Selbstversenkung in Kiel
Verdrängung:	13.900 ts
Länge/Breite/Tiefgang:	195 m/21,3 m/7,7 m
Panzerung Seiten/Deck:	max. 80 mm/max. 30 mm
Antrieb:	drei Dampfurbinen mit insgesamt 132.000 PS (97.680 kW)
Höchstgeschwindigkeit:	32,5 kn
Fahrbereich:	6.800 sm bei 19 kn
Besatzung:	1.600 Mann
Bewaffnung:	8 x 20,3-cm-SK in vier Zwillingstürmen, 12 x 10,5-cm-Flak, 12 x 3,7-cm-Flak, 8 x 2-cm-Flak, 12 x 533-mm-Torpedorohre, drei Arado-Ar-196-Bordflugzeuge

Die Hipper hatte während ihrer gesamten Einsatzzeit mit Maschinenproblemen zu kämpfen.

BISMARCK

Die Bismarck im Atlantik, aufgenommen von der Prinz Eugen aus.

Die Bismarck und ihr Schwesterschiff Tirpitz stellten die beiden größten Einheiten der Kriegsmarine dar und waren zugleich deren einzige vollwertige Schlachtschiffe, da Scharnhorst und Gneisenau artilleristisch möglichen Gegnern weit unterlegen waren. Nach Abschluss des Deutsch-Britischen Flottenabkommens 1935 war es dem Deutschen Reich erlaubt, Schlachtschiffe bis zu 35.000 ts Verdrängung zu bauen, sodass die Bismarck am 1. Juli 1936 auf Kiel gelegt wurde. Durch zahllose Änderungen, die während der Bauphase eingebracht wurden, verdrängte die Bismarck nach ihrer Fertigstellung allerdings 45.950 ts. Zu ihrer Zeit waren Bismarck und Tirpitz die modernsten Schlachtschiffe der Welt. Die Royal Navy verfügte über keine vergleichbaren Einheiten, denn mit wenigen Ausnahmen stammten alle britischen Schlachtschiffe noch aus der Zeit vor 1918.

Nachdem die Bismarck am 24. August 1940 in Dienst gestellt worden war, erlangte sie ihre Einsatzfähigkeit erst im Frühjahr 1941. Am 18. Mai 1941 lief die Bismarck dann gemeinsam mit Prinz Eugen zur Handelskriegsführung in den Atlantik aus. Nach einen Stopp in Norwegen wurden die Schiffe jedoch von britischen Aufklärungsflugzeugen und Kreuzern entdeckt und standen von nun an unter Beobachtung. Die Briten schickten den Schlachtkreuzer HMS Hood und das neue Schlachtschiff HMS Prince of Wales zum südlichen Ausgang der Dänemarkstraße, um den deutschen Verband abzufangen. Am 24. Mai 1941 kam es zum Gefecht, das zur Versenkung der Hood und Beschädigung der Prince of Wales führte. Die Prince of Wales drehte ab. Prinz Eugen wurde nicht beschädigt, Bismarck aber durch Prince of Wales dreimal getroffen, wobei ein Brennstoffbunker im Vorschiff zerstört wurde und Brennstoff auslief. Jetzt rächte sich, dass die Bismarck zuvor in Norwegen keinen Treibstoff gebunkert hatte, denn längere Operationen waren nun unmöglich. Admiral Lütjens entschied, Bismarck von Prinz Eugen zu trennen, welche selbstständig Handelskrieg führen sollte, während Bismarck direkt nach St. Nazaire in Frankreich laufen sollte. Durch ein Täuschungsmanöver entkamen beide Schiffe der Beobachtung durch britische Kreuzer. Ein Catalina-Flugboot der RAF entdeckte jedoch die nun allein fahrende Bismarck, woraufhin am 26. Mai Swordfish-Torpedobomber der HMS Ark Royal einen Treffer in der Ruderanlage erzielen konnten. Damit war die Bismarck manövrierunfähig. Am Morgen des 27. Mai stellte eine britische Kampf-

	Schlachtschiff der Bismarck-Klasse
Stapellauf/Indienststellung:	14.02.1939/24.08.1940
Schicksal:	27.05.1941 im Atlantik von britischen Einheiten schwer beschädigt, daraufhin Selbstversenkung
Verdrängung:	45.590 ts
Länge/Breite/Tiefgang:	250,5 m/30 m/10,5 m
Panzerung Seiten/Deck:	max. 320 mm/max. 170 mm
Antrieb:	drei Dampfturbinen mit insgesamt 150.170 PS (110.525 kW)
Höchstgeschwindigkeit:	30,1 kn
Fahrbereich:	8.100 sm bei 19 kn
Besatzung:	ca. 2.200 Mann
Bewaffnung:	8 x 38-cm-SK in vier Zwillingstürmen, 12 x 15-cm-SK, 16 x 10,5-cm-Flak, 16 x 3,7-cm-Flak, 20 x 2-cm-Flak, 6 x 533-mm-Torpedorohre, 4–6 Arado-Ar-196-Bordflugzeuge

24. Mai 1941: Die Bismarck feuert eine Breitseite auf die Hood.

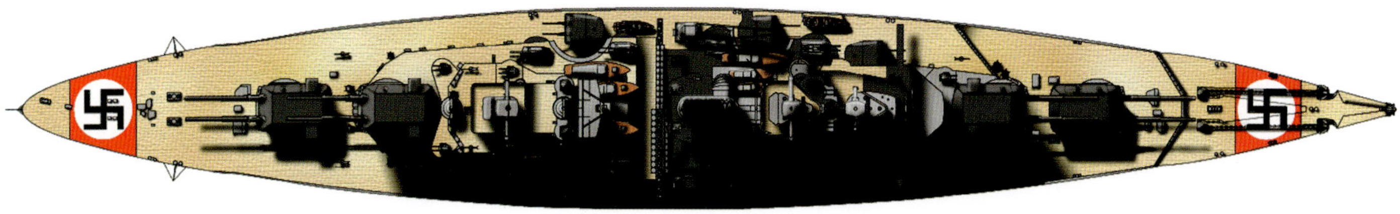

An Bug und Heck trug die Bismarck große Fliegererkennungszeichen.

Obwohl man ein Schiff dieser Größe natürlich nicht verbergen kann, sollte die Tarnbemalung der Bismarck einen Gegner über ihre Größe und Geschwindigkeit hinwegtäuschen.

gruppe – darunter die Schlachtschiffe HMS King George V. und HMS Rodney sowie mehrere Kreuzer und Zerstörer – die Bismarck. Nach dem etwa 90-minütigen Gefecht war die Bismarck ein treibendes Wrack, das durch Torpedos zum Sinken gebracht werden sollte. Die Maschinenanlage funktionierte jedoch noch, nur hatten vier Treffer aus nächster Nähe den Seitenpanzer durchschlagen. Lütjens befahl dann jedoch vermutlich die Selbstversenkung durch Sprengladungen und Öffnen der Bodenventile. Die Bismarck ging um ca. 10.36 Uhr unter. Von ihrer Besatzung überlebten nur 118 Männer.

Die Tirpitz, das Schwesterschiff der Bismarck, verbrachte einen Großteil ihrer Einsatzzeit vor Anker in norwegischen Fjorden oder auf der vergeblichen Jagd auf Konvois im Nordmeer. Im September 1943 von britischen Kleinst-U-Booten schwer beschädigt, wurde sie immer wieder von Bombern der RAF angegriffen. Am 12. November 1944 warfen Avro-Lancaster-29-Bomber 5,4 t schwere Tallboy-Bomben ab. Zwei davon trafen die Tirpitz direkt, weitere Nahtreffer rissen den Rumpf auf. Das Schlachtschiff kenterte. 1.204 Mann der Besatzung kamen dabei ums Leben, 890 konnten gerettet werden.

Die Bismarck in einem norwegischen Fjord.

SCHARNHORST

	Schlachtschiff der Scharnhorst-Klasse
Stapellauf/Indienststellung:	03.10.1936/07.01.1939
Schicksal:	26.12.1943 im Nordmeer durch britische Einheiten versenkt
Verdrängung:	31.500 ts
Länge/Breite/Tiefgang:	234,9 m/30 m/10,5 m
Panzerung Seiten/Deck:	max. 350 mm/max. 100 mm
Antrieb:	drei Dampfturbinen mit insgesamt 160.000 PS (117.760 kW)
Höchstgeschwindigkeit:	31,5 kn
Fahrbereich:	10.000 sm bei 15 kn
Besatzung:	ca. 1.800 Mann
Bewaffnung:	9 x 28-cm-SK in drei Drillingstürmen, 12 x 15-cm-SK; 14 x 10,5-cm-Flak, 16 x 3,7-cm-Flak, 38 x 2-cm-Flak, 6 x 533-mm-Torpedorohre, vier Arado-Ar-196-Bordflugzeuge

Die Scharnhorst und ihr Schwesterschiff Gneisenau waren als vergrößerte Panzerschiffe geplant, entwickelten sich aber zu Schlachtschiffen, um mit der französischen Dunkerque-Klasse mitzuhalten. Beide waren die ersten Neubauten, die wesentlich über dem im Versailler Vertrag festgelegten Limit von 10.000 ts lagen. Aufgrund politischer Erwägungen – man wollte Großbritannien nicht beunruhigen – beschränkte man sich auf das Kaliber 28 cm. Dadurch waren Scharnhorst und Gneisenau unterbewaffnet, weswegen die Umrüstung auf 38-cm-SK geplant war.

Scharnhorst und Gneisenau verbrachten bis 1942 fast die gesamte Zeit zusammen. Im November 1939 versenkten beide bei Island den britischen Hilfskreuzer HMS Rawalpindi. Während der Besetzung Norwegens kam es zum Gefecht mit dem britischen Schlachtkreuzer HMS Renown, bei dem sowohl dieser als auch Gneisenau beschädigt wurden. Vom 4. bis 10. Juni 1940 nahmen Scharnhorst und Gneisenau mit Hipper und vier Zerstörern an der Operation „Juno" teil. Dabei wurden der britische Flugzeugträger HMS Glorious, die Begleitzerstörer HMS Ardenif und HMS Acasta, ein Tanker, ein Truppentransporter sowie der Minensucher HMS Juniper versenkt. Die Scharnhorst erhielt einen Torpedotreffer, wodurch Mittel- und Steuerbordmaschine und der hintere Drillingsturm ausfielen. Ab Dezember 1940 folgte die Handelskriegsfuhrung im Atlantik, bei der 22 Schiffe mit 115.600 BRT versenkt wurden. Bis Februar 1942 blieben beide Schiffe in Brest, wo es zu Bombenangriffen der RAF kam. Daher wagten sie gemeinsam mit Prinz Eugen am 11. Februar 1942 den Kanaldurchbruch in Richtung Deutschland. Der Durchbruch glückte, doch erhielten Scharnhorst und Gneisenau Minentreffer. Scharnhorst fuhr nach Norwegen, während Gneisenau in Kiel von Bombern getroffen und außer Dienst gestellt wurde. Am 25. Dezember 1943 liefen Scharnhorst und fünf Zerstörer aus, um einen Geleitzug anzugreifen. Schwere britische Einheiten, u. a. das neue Schlachtschiff HMS Duke of York, erfassten die Scharnhorst mit ihren überlegenen Radargeräten und versenkten sie am 26.12.1943. Dabei fand bis auf 36 Mann die gesamte Besatzung den Tod.

Obwohl sie als solches klassifiziert wurde, war die Scharnhorst noch kein vollwertiges Schlachtschiff.

SS EUGENIO DI SAVOIA

Die Eugenio di Savoia 1939.

Die Eugenio di Savoia gehört zur Duca-d'Aosta-Klasse leichter Kreuzer. Die Schiffe galten als gut ausbalanciert und seetüchtig. Besonders beeindruckend war ihre hohe Geschwindigkeit, die der eines Zerstörers gleichkam. Dennoch entsprachen sie von Bewaffnung und Panzerung her anderen leichten Kreuzern. Einzig ihr Fahrbereich ließ zu wünschen übrig, doch da sie im Mittelmeer operierten und nicht auf dem Atlantik, war dies kein großer Nachteil. Die Eugenio di Savoia nahm an allen wichtigen Gefechten der italienischen Marine 1940–1943 teil, überstand den Krieg unbeschadet und ging als Kriegsbeute nach Griechenland. Dort fuhrt sie bis zu ihrer Abwrackung 1964 als Helli.

	leichter Kreuzer der Duca-d'Aosta-Klasse
Stapellauf/Indienststellung:	16.03.1935/16.01.1936
Schicksal:	Kriegsbeute Griechenland
Verdrängung:	8.747 ts
Länge/Breite/Tiefgang:	186,9 m/17,5 m/6,5 m
Panzerung Seiten/Deck:	max. 70 mm/max. 35 mm
Antrieb:	zwei Dampfturbinen mit insgesamt 110.000 PS (80.960 kW)
Höchstgeschwindigkeit:	36,5 kn
Fahrbereich:	3.900 bei 14 kn
Besatzung:	578 Mann
Bewaffnung:	8 x 15,2-cm-SK in vier Zwillingstürmen, 6 x 10-cm-Flak, 8 x 3,7-cm-Flak, 12 x 13,2-mm-Fla-MG, 6 x 533-mm-Torpedorohre, bis 185 Minen, zwei Ar-196-Bordflugzeuge

ANDREA DORIA

SS Andrea Doria.

Die Andrea Doria gehörte zur Caio Duilio-Klasse und wurde bereits 1916 in Dienst gestellt, jedoch 1937–1940 umfassend modernisiert. U. a. erhielt sie eine neue Maschinenanlage und Aufbauten. Der Rumpf wurde um rund 10 m verlängert und die Bewaffnung modernisiert. So wurden die alten 30,5-cm-SK auf das Kaliber 32 cm aufgebohrt, eine neue Mittelartillerie und neue Fla-Waffen installiert. Während des Krieges war ihre Geschichte symptomatisch für fast alle großen Überwassereinheiten der italienischen Marine: Außer einigen erfolglosen Vorstößen gegen britische Konvois wurden kaum Einsätze gefahren. Ab März 1942 wurde die Andrea Doria nicht mehr operativ eingesetzt. Nach der Kapitulation Italiens nach Malta überführt, kehrte das Schiff im Juni 1944 nach Italien zurück und diente bis zu seiner Abwrackung 1957 als Schulschiff.

	Schlachtschiff der Caio-Duilio-Klasse
Stapellauf/Indienststellung:	30.03.1913/13.06.1916
Schicksal:	nach dem Krieg Schulschiff, 1957 abgewrackt
Verdrängung:	29.000 ts
Länge/Breite/Tiefgang:	186,9 m/28 m/10,4 m
Panzerung Seiten/Deck:	max. 70 mm/max. 35 mm
Antrieb:	zwei Dampfturbinen mit insgesamt 85.000 PS (62.560 kW)
Höchstgeschwindigkeit:	27 kn
Fahrbereich:	3.400 bei 20 kn
Besatzung:	1.495 Mann
Bewaffnung:	10 x 32-cm-SK in zwei Zwillings- und zwei Drillingstürmen 12 x 13,5-cm-SK, 10 x 9-cm-Flak, 19 x 3,7-cm-Flak, 12 x 2-cm-Flak

I-400

Die I-400 war ein U-Boot der Sen-Toku-Klasse. Die drei Boote dieser Klasse waren die größten je gebauten U-Boote mit konventionellem Antrieb und sollten mit ihren Bordflugzeugen den Panamakanal angreifen. Die je drei Aichi M6A1 der Boote konnten je einen Torpedo oder bis 800 kg Bomben tragen und waren in einem wasser- sowie druckfesten Hangar untergebracht. Vor dem Turm befand sich ein Katapult, von dem die M6A1 starteten. Alle drei Flugzeuge konnten binnen 45 Minuten nach dem Auftauchen zusammengebaut, betankt, munitioniert und gestartet werden. Das Boot war aufgrund deutscher Einflüsse mit einem Schnorchel und einem 1 cm dicken, gummiartigen Überzug versehen, der Radar- und Sonarsignale dämpfen sollte. Zu einem Kampfeinsatz kam I-400 wegen des Kriegsendes jedoch nicht mehr. Das Boot wurde an die USA ausgeliefert und 1946 bei Zielübungen versenkt.

2005 wurde ein wie die I-400 zur Sen-Toku-Klasse gehörendes U-Boot vor Hawaii entdeckt.

	U-Kreuzer der Sen-Toku-Klasse
Stapellauf/Indienststellung:	18.01.1944/15.12.1944
Schicksal:	Kriegsbeute USA, 1946 als Zielschiff versenkt
Verdrängung:	5.223 ts (6.560 ts getaucht)
Länge/Breite/Tiefgang:	122 m/12 m/7 m
Panzerung Seiten/Deck:	keine
Antrieb:	vier Diesel mit zusammen 7.700 PS (5.667 kW), zwei E-Motoren mit zusammen 2.400 PS (1.766 kW)
Höchstgeschwindigkeit:	18,75 kn (6,5 kn getaucht)
Fahrbereich:	35.000 sm bei 14 kn
Besatzung:	144 Mann
Bewaffnung:	acht Torpedorohre 533 mm (20 Torpedos), 1 x 14-cm-SK, 10 x 2,5-cm-Flak, drei Bordflugzeuge Aichi M6A1 Seiran
Tauchtiefe:	100 m

ISOKAZE

Isokaze teilte das Schicksal der meisten Zerstörer der Kagero-Klasse: Sie wurde versenkt.

Die Isokaze war ein japanischer Zerstörer der Kagero-Klasse. Diese Klasse von 19 Zerstörern galt durch ihre Kombination aus Seetüchtigkeit, Fahrbereich, Feuerkraft und Geschwindigkeit als gelungenste Schiffe dieser Art der japanischen Marine. Ihr Mangel an Radar- und Sonarausrüstung dämpfte im Verlauf des Krieges jedoch ihren Einsatzwert. Von 19 Schiffen dieser Klasse gingen 18 verloren – so auch die Isokaze, die nach einer wechselvollen Kriegszeit, bei der sie an fast allen wichtigen japanischen Operationen im Pazifik beteiligt war, am 7. April 1945 sank. Die Isokaze war Begleitzerstörer der Yamato. Auf ihrem Weg nach Okinawa wurde dieser Verband von US-Trägermaschinen angegriffen, wobei Isokaze so stark beschädigt wurde, dass sie später vom Zerstörer Yukikaze versenkt werden musste.

	Zerstörer der Kagero-Klasse
Stapellauf/Indienststellung:	19.06.1939/30.11.1940
Schicksal:	07.04.1945 von US-Trägerflugzeugen schwer beschädigt, Selbstversenkung nahe Okinawa
Verdrängung:	2.490 ts
Länge/Breite/Tiefgang:	118,5 m/10,8 m/3,8 m
Panzerung Seiten/Deck:	keine
Antrieb:	zwei Dampfturbinen mit zusammen 52.000 PS (38.272 kW)
Höchstgeschwindigkeit:	35 kn
Fahrbereich:	5.000 sm bei 18 kn
Besatzung:	240 Mann
Bewaffnung:	6 x 12,7-cm-Mehrzweckgeschütze, bis zu 28 x 2,5-cm-Flak, 4 x 13,2-mm-Fla-MG-8 x 609-mm-Torpedorohre, 36 Wabos

KONGO

Die Kongo, Namensgeberin einer Klasse von vier Großkampfschiffen, wurde 1912/13 bei Großbritannien gebaut. Damit war die Kongo das letzte im Ausland gebaute Großkampfschiff der japanischen Marine. 1929–1931 und 1936–1937 wurde die Kongo-Klasse umfassend umgebaut, d. h. sie erhielt neue Maschinen, eine stärkere Deckpanzerung und Torpedowulste sowie verstärkte Fla-Bewaffnung. Vor dem Umbau galten die Schiffe als Schlachtkreuzer, danach als schnelle Schlachtschiffe. Die Kongo war zunächst an Operationen gegen Borneo, Celebes und Sumatra beteiligt, danach erfolgte ein Vorstoß in Richtung Ceylon. 1942 war sie an den Schlachten von Midway (Juni) und Guadalcanal (Oktober) beteiligt. 1944 lieferte sie sich im Golf von Leyte Gefechte mit US-Einheiten. Am 21. November 1944 versenkte das U-Boot Sealion (SS 315) die Kongo nahe Taiwan. Nur 237 Mann der Besatzung konnten aus schwerer See gerettet werden.

Man beachte die nachträglich angebrachten Torpedo-Wulste der Kongo, die sie jedoch nicht vor der Versenkung durch die USS Sealion schützen konnten.

	Schlachtschiff der Kongo-Klasse
Stapellauf/Indienststellung:	18.05.1912/16.08.1913
Schicksal:	21.11.1944 nahe Taiwan durch USS Sealion (SS 315) torpediert und gesunken
Verdrängung:	36.600 ts
Länge/Breite/Tiefgang:	222 m/31 m/9,7 m
Panzerung Seiten/Deck:	max. 203 mm/max. 51–127 mm
Antrieb:	vier Dampfturbinen mit insgesamt 136.000 PS (100.096 kW)
Höchstgeschwindigkeit:	30 kn
Fahrbereich:	9.800 sm bei 18 kn
Besatzung:	1.437 Mann
Bewaffnung (1944):	8 x 35,6-cm-SK in vier Zwillingstürmen, 14 x 15,2-cm-SK; 4 x 12,7-cm-Flak, bis 118 x 2,5-cm-Flak, drei Bordflugzeuge

ISE

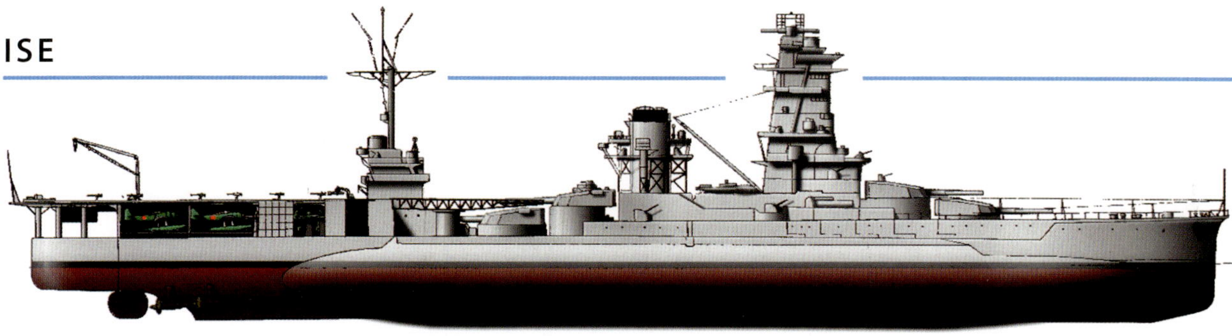

	Schlachtschiff der Hyuga-Klasse
Stapellauf/Indienststellung:	12.11.1916/15.12.1917
Schicksal:	28.07.1945 in Kure durch US-Trägerflugzeuge schwer beschädigt und auf Grund gesetzt
Verdrängung:	35.350 ts
Länge/Breite/Tiefgang:	219,6 m/33,8 m/9,3 m
Panzerung Seiten/Deck:	max. 305 mm/max. 51–120 mm
Antrieb:	vier Dampfturbinen mit insgesamt 80.825 PS (59.487 kW)
Höchstgeschwindigkeit:	25,3 kn
Fahrbereich:	9.450 sm bei 16 kn
Besatzung:	1.463 Mann
Bewaffnung (nach 1943):	8 x 35,6-cm-SK in vier Zwillingstürmen; 16 x 12,7-cm-Flak, bis 104 x 2,5-cm-Flak, 22 Bordflugzeuge

Die Ise nach ihrem Umbau von September 1942 bis September 1943.

Die Ise gehörte zu Hyuga-Klasse von Schlachtschiffen und war ein Veteran des Ersten Weltkrieges. 1935–1937 erfolgte eine Modernisierung. Nach der Schlacht von Midway im Juni 1942 wurden Ise und Hyuga zu Halbflugzeugträgern umgebaut, um den Verlust an Trägern zumindest teilweise auszugleichen. Zwei der ursprünglich sechs Türme der Hauptbewaffnung wurden entfernt und stattdessen eine Flugzeughalle mit Flugdeck und Katapulten errichtet. Von dort aus sollten bis zu 22 Maschinen starten. Landen sollte diese auf begleitenden „echten" Trägern. Eine Bewährung blieb diesem einmaligen Konzept allerdings verwehrt, da die vorgesehenen Flugzeuge nicht mehr geliefert werden konnten und stattdessen nur einige Schwimmermaschinen zum Einsatz kamen. Ise und Hyuga erhielten in der Schlacht im Golf von Leyte am 26. Oktober 1944 Bombentreffer. Danach wurden sie zur Reparatur nach Kure (Japan) verlegt, wo sie am 28. Juli 1945 von Flugzeugen der US-Träger Lexington und Ticonderoga angegriffen und schwer beschädigt wurden. Daraufhin wurden sie im flachen Wasser auf Grund gesetzt und 1946 an Ort und Stelle abgewrackt.

YAMATO

Die Yamato im Jahr 1942.

1945 hatte die Yamato noch eine erheblich verstärkte Fla-Bewaffnung erhalten.

Die Yamato und ihr Schwesterschiff Musashi (das Schwesterschiff Shinano wurde als Flugzeugträger, die Kii gar nicht mehr fertig gestellt) waren die größten, schwerstbewaffneten und gepanzerten Schlachtschiffe, welche die damalige Welt je gesehen hatte – und dennoch wurden beide durch Angriffe von Trägerflugzeugen versenkt. Nachdem Japan 1934 den Völkerbund verlassen und Ende 1936 den Washingtoner Vertrag zur Marine-Rüstungskontrolle gekündigt hatte, begannen Planungen für eine Klasse von Super-Schlachtschiffen, die allen erdenklichen Gegnern überlegen sein sollten. Insbesondere sollten eventuell im Gegenzug gebaute US-Schlachtschiffe so groß werden müssen, dass sie nicht mehr in der Lage wären, den Panamakanal zu passieren. Da zu jener Zeit alle Werften der USA, die solch große Schiffe bauen und reparieren konnten, an der Ostküste lagen, hätte dies einen enormen strategischen Vorteil für Japan bedeutet. Der Entwurf der Yamato-Klasse enthielt zahlreiche neue Merkmale, z. B. die so genannte Kanponlinie des Rumpfes zur Vermeidung von Biegespannungen, die überaus ungewöhnliche Form des Rumpfes und seine widerstandsarme Durchbildung unterhalb der Wasserlinie. Die Panzerung war so ausgelegt, dass sie gegen 40,6-cm-Granaten und aus 3.500 m Höhe abgeworfene 1000-kg-Bomben halten sollte. Auch der Unterwasserschutz galt als besonders stark, denn die Seitenpanzerung wurde (in sich von 410 auf 75 mm verringender Stärke) bis zum Schiffsboden hin fortgesetzt. Als Hauptbewaffnung wählte man das größte und stärkste je auf einem Schiff verwendete Geschütz im Kaliber 46 cm L/45. Das Panzergeschoss dieser Waffe wog 1.460 kg und durchschlug auf 44 km Entfernung 60 cm Panzerstahl. Bei Midway war die Yamato das Flottenflaggschiff, blieb aber ohne Feindberührung. Dem amerikanischen U-Boot Skate (SS 305) gelang am 25. Dezember 1943 ein Torpedotreffer. Für die Reparatur fuhr die Yamato nach Kure, wo die seitlichen 15,5-cm-Türme ausgebaut und dafür zusätzliche12,7-cm-Flak und ein neues Radar installiert wurden.

Am 24. Oktober 1944 nahm die Yamato zusammen mit der Musashi an der Schlacht von Leyte teil. Dabei versenkten sie gemeinsam mit der Kongo den Geleitflugzeugträger USS Gambier Bay und drei Zerstörer. Musashi wurde am 24. Oktober 1944 von Trägerflugzeugen versenkt, Yamato selbst erhielt drei Bombentreffer, die aber nur geringen Schaden anrichteten. Danach fand die Reparatur in Kure statt, bei der die leichte Fla-Bewaffnung verstärkt wurde. Im April 1945 sollte Yamato die US-Invasionsflotte vor Okinawa

	Schlachtschiff der Yamato-Klasse
Stapellauf/Indienststellung:	08.09.1940/16.12.1941
Schicksal:	07.04.1945 durch US-Trägerflugzeuge versenkt
Verdrängung:	69.646 ts
Länge/Breite/Tiefgang:	263,5 m/38,9 m/10,8 m
Panzerung Seiten/Deck:	max. 410 mm/max. 200–250 mm
Antrieb:	vier Dampfturbinen mit insgesamt 165.000 PS (121.323 kW)
Höchstgeschwindigkeit:	28 kn
Fahrbereich:	7.500 sm bei 16 kn
Besatzung:	3.332 Mann
Bewaffnung (1945):	9 x 46-cm-SK in drei Drillingstürmen; 6 x 15,5-cm-SK, 24 x 12,7-cm-Flak, bis 150 x 2,5-cm-Flak, 12 Startgeräte für je 28 ungelenkte Flugabwehrraketen 12 cm, 7 Bordflugzeuge

Der Bau der Yamato.

Eine Probefahrt der Yamato, Oktober 1941.

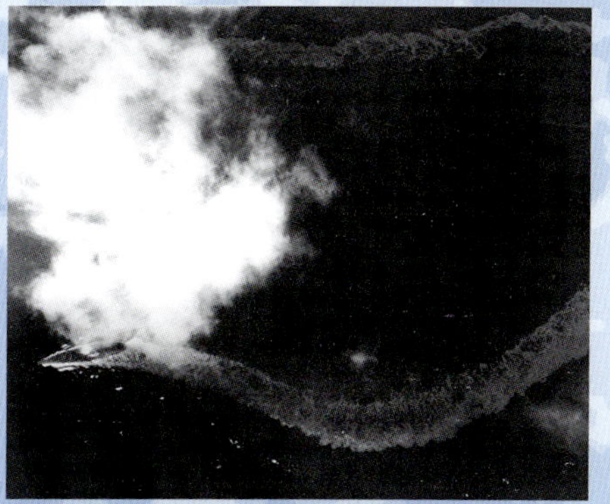

Die Yamato im Bombenhagel der angreifenden US-Trägermaschinen. Aufnahmen der US-Navy.

angreifen. Da man sich bei der japanischen Marine aber darüber im Klaren war, dass sie diesen Angriff kaum überstehen würde, wurde nur Treibstoff für den Weg nach Okinawa, nicht aber für den Rückmarsch gebunkert. Die Yamato wurde auf dem Weg dorthin am 7. April von insgesamt 386 US-Trägerflugzeugen angegriffen, die 13 Torpedo- und acht Bombentreffer erzielten. Zudem beschädigten zahlreiche Nahtreffer den Schiffskörper. Um 14.23 Uhr kenterte das Schiff. Dabei wurde es von einer Explosion im vorderen Munitionsmagazin in zwei Hälften zerrissen. Nur 269 Mann der Besatzung wurden gerettet.

JAPAN

KAGA

Die Kaga wurde 1921 als Schlachtkreuzer begonnen, durfte aber aufgrund der Beschränkungen des Washingtoner Flottenabkommens nicht als solcher in Dienst gestellt werden. Daher wurde sie 1928 als Flugzeugträger fertig gestellt. Im Dezember 1941 gehörte sie zum Flottenverband, der den Angriff auf Pearl Harbor durchführte. Zusammen mit der Akagi unterstützte die Kaga die Invasion Rabauls im Januar 1942, kurz danach lief sie auf ein Riff und musste repariert werden. Im Februar 1942 griffen ihre und Akagis Kampfflugzeuge Darwin in Nordaustralien an und versenkten dabei neun Schiffe, darunter den Zerstörer USS Peary.

	Flugzeugträger
Stapellauf/Indienststellung:	17.11.1921/31.03.1928
Schicksal:	04.06.1942 durch US-Trägerflugzeuge bei Midway versenkt
Verdrängung:	38.813 ts
Länge/Breite/Tiefgang:	260,7 m/31,3 m/9,44 m
Panzerung Seiten/Deck:	max. 280 mm/max. 102–152 mm
Antrieb:	vier Dampfturbinen mit insgesamt 127.000 PS (93.427 kW)
Höchstgeschwindigkeit:	31,25 kn
Fahrbereich:	10.000 sm bei 16 kn
Besatzung:	ca. 2.000 Mann
Bewaffnung:	10 x 20,3-cm-SK in Kasematten, 16 x 12,7-cm-Flak, 22 x 2,5-cm-Flak, 72 Bordflugzeuge (plus 25 zerlegt als Reserve)

Bei der Schlacht um Midway wurde die Kaga am 4. Juni 1942 von SBD Dauntless der USS Enterprise bombardiert. Das Schiff geriet in Brand, und die verursachten Schäden waren so groß, dass die Kaga kurz darauf sank.

Kaga.

AKAGI

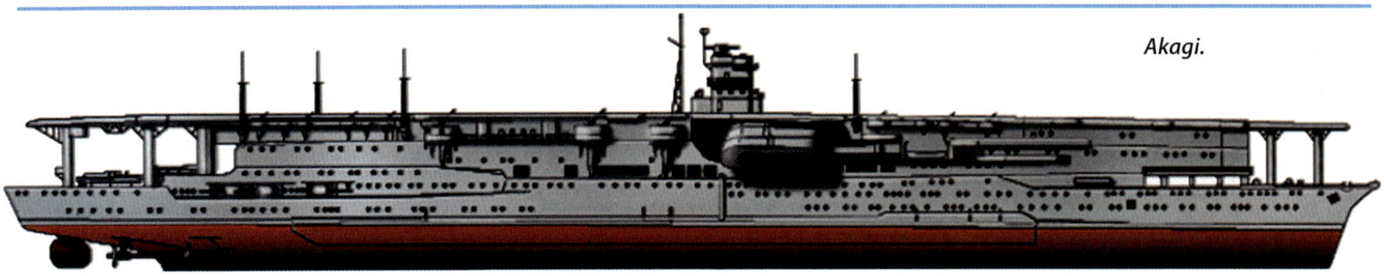

Akagi.

Die Akagi wurde wie die Kaga als Schlachtkreuzer begonnen, dann jedoch aufgrund des Washingtoner Flottenabkommens als Träger fertig gestellt. Nach ihrer Beteiligung am Angriff auf Pearl Harbor war sie gemeinsam mit der Kaga an der Invasion Rabauls und der Bismarck-Inseln beteiligt. Sie nahm am Angriff auf Darwin (Australien) teil und lieferte sich weiterhin Kämpfe mit alliierten Seestreitkräften bei Sumatra, Java und im Indischen Ozean. Während der Schlacht von Midway wurde sie von Sturzkampfbombern der USS Enterprise und Yorktown angegriffen und geriet in Brand. Munition und Flugbenzin explodierten, und das ausgebrannte Wrack wurde am nächsten Morgen durch Torpedos japanischer Zerstörer versenkt.

	Flugzeugträger
Stapellauf/Indienststellung:	22.04.1925/27.03.1927
Schicksal:	04.06.1942 durch US-Trägerflugzeuge bei Midway schwer beschädigt, durch Begleitzerstörer am 05.06. versenkt
Verdrängung:	37.080 ts
Länge/Breite/Tiefgang:	260,68 m/31,8 m/9,1 m
Panzerung Seiten/Deck:	max. 254 mm/max. 102–152 mm
Antrieb:	vier Dampfturbinen mit insgesamt 133.000 PS (97.888 kW)
Höchstgeschwindigkeit:	31,2 kn
Fahrbereich:	8.200 sm bei 16 kn
Besatzung:	ca. 2.020 Mann
Bewaffnung:	6 x 20,3-cm-SK in Kasematten, 12 x 12,7-cm-Flak, 28 x 2,5-cm-Flak, 66 Bordflugzeuge (plus 25 zerlegt als Reserve)

HMS UPHOLDER

Die ersten Boote der U-Klasse wurden 1936 als unbewaffnete Zielschiffe für U-Boot-Jäger fertig gestellt. Später gebaute wurden jedoch mit zunächst sechs, dann vier Bugtorpedorohren bewaffnet, da man feststellte, dass diese Boote sich aufgrund ihrer Größe ideal für die Nordsee und das Mittelmeer eigneten. Insgesamt wurden 46 Boote der U-Klasse sowie 20 der sehr ähnlichen V-Klasse gebaut. HMS Upholder stand unter dem Kommando von Kapitänleutnant Wanklyn und versenkte über 90.000 ts deutschen und italienischen Schiffsraum im Mittelmeer. Seit dem 14. April 1942 wird die Upholder im Mittelmeer vermisst, und wahrscheinlich wurde sie durch einen italienischen U-Boot-Jäger versenkt.

Die HMS Upholder war eines der erfolgreichsten U-Boote der Royal Navy.

	U-Boot der U-Klasse
Stapellauf/Indienststellung:	08.07.1940/31.10.1940
Schicksal:	14.04.1942 vermisst
Verdrängung:	648 ts (730 ts getaucht)
Länge/Breite/Tiefgang:	59,69 m/4,8 m/4,8 m
Panzerung Seiten/Deck:	keine
Antrieb:	zwei Paxman Diesel mit zusammen 615 PS (453 kW), zwei E-Motoren mit zusammen 825 PS (607kW)
Höchstgeschwindigkeit:	11,75 kn (9 kn getaucht)
Fahrbereich:	4.050 sm bei 10 kn (23 sm bei 8 kn getaucht)
Besatzung:	33 Mann
Bewaffnung:	vier Torpedorohre 533 mm (8 Torpedos), 1 x 7,62-cm-Flak
Tauchtiefe:	60 m

HMCS LA MALBAIE

Korvetten der Flower-Klasse wie die HMCS La Malbaie leisteten unschätzbare Dienste bei der Bewachung der für Großbritannien so überaus lebenswichtigen Konvois.

Als die Royal Navy bei Kriegsausbruch feststellte, dass ihr Konvoibegleit- und U-Jagd-Schiffe fehlen, griff sie auf den Entwurf eines kommerziellen Walfangbootes zurück, woraus die Korvetten der Flower-Klasse entstanden. Vorteil dieses Entwurfs waren die geringe Größe und einfache Bauweise. Insgesamt entstanden 145 dieser Korvetten auf britischen und rund 120 auf kanadischen Werften. Obwohl die Lebensbedingungen auf diesen Schiffen extrem hart waren und die Besatzung das Wort „Seekrankheit" besser nur von Hörensagen kannte, bewährten sie sich doch beim harten und eintönigen Patrouillendienst im Nordatlantik. In der ersten Hälfte des Krieges waren Korvetten der Flower-Klasse das Rückgrat der britischen und kanadischen Konvoibegleiter. Dazu gehörte auch die hier gezeigte HMCS La Malbaie, die von Mitte 1942 bis zum Kriegsende zuverlässig ihre Aufgabe versah und bei der Überwachung des Nordatlantiks half.

	Korvette der Flower-Klasse
Stapellauf/Indienststellung:	25.10.1941/28.04.1942
Schicksal:	28.06.1945 außer Dienst gestellt
Verdrängung:	980 ts
Länge/Breite/Tiefgang:	63,5 m/10 m/3,4 m
Panzerung Seiten/Deck:	keine
Antrieb:	eine Dreifachexpansions-Dampfmaschine mit 2.750 PS (2.024 kW)
Höchstgeschwindigkeit:	16 kn
Fahrbereich:	3.500 sm bei 12 kn
Besatzung:	85 Mann
Bewaffnung:	1 x 10,2-cm-Mehrzweckgeschütz, 1 x 4-cm-Flak, 2 x 2-cm-Flak, 2 x Hedgehog-Wabo-Mörser, 2–4 Wabowerfer

HMS COSSACK

HMS Cossack fischte die Bordkatze der Bismarck – Oscar genannt – aus den Fluten des Atlantiks.

HMS Cossack war ein Zerstörer der Tribal-Klasse. Diese Klasse umfasste insgesamt 27 Schiffe, davon 16 für Großbritannien, acht für Kanada und drei für Australien. Da diese Schiffe einen der modernsten und stärksten Zerstörertypen der Royal Navy darstellten, wurden sie intensiv eingesetzt, wobei zwölf der 16 Tribal-Klasse-Schiffe der RN verloren gingen. Die HMS Cossack nahm am Versuch der Royal Navy zur Verhinderung der deutschen Besetzung Norwegens teil und wurde dann in den Atlantik zum Konvoischutz verlegt. Im Mai 1941 war sie Teil der Kampfgruppe, welche die Bismarck versenken sollte. Am 24. Oktober 1941 wurde die Cossack beim Begleiten eines Konvois durch einen Torpedotreffer von U-563 schwer beschädigt. Ein Schlepper versuchte das Schiff nach Gibraltar zu schleppen, was aber misslang. Die Cossack sank am 27. Oktober 1941 westlich von Gibraltar mit 159 Mann ihrer Besatzung.

	Zerstörer der Tribal-Klasse
Stapellauf/Indienststellung:	08.06.1937/07.06.1938
Schicksal:	24.10.1941 westlich Gibraltar von U-563 torpediert und versenkt
Verdrängung:	1.850 ts
Länge/Breite/Tiefgang:	114,9 m/11,13 m/3 m
Panzerung Seiten/Deck:	keine
Antrieb:	zwei Dampfturbinen mit zusammen 44.000 PS (32.384kW)
Höchstgeschwindigkeit:	36 kn
Fahrbereich:	5.700 sm bei 17 kn
Besatzung:	190 Mann
Bewaffnung:	8 x12-cm-Mehrzweckgeschütze, 1 x 4-cm-Flakvierling, 2 x 12,7-mm-Fla-MG-Vierling, 4 x 533-mm-Torpedorohre, 1 Wabo-Ablaufbühne, 2 Wabowerfer

HMS TRUMPETER

HMS Trumpeter war als Geleitflugzeugträger der Bogue-Klasse in den USA gebaut, aber im Zuge des Leih- und Pacht-Abkommens an Großbritannien geliefert worden. Dort hieß diese Gruppe von Trägern Ameer-Klasse. Die Bogue-Klasse war aus umgerüsteten Frachtschiffen entstanden und diente vor allem zur Konvoibegleitung und U-Boot-Jagd. Insgesamt wurden 46 Schiffe dieser Art in zwei Baulosen fertig gestellt. Diese und viele andere Geleitträger leisteten den Alliierten unschätzbare Dienste, da sie die großen Flottenträger für wichtigere Aufgaben freistellten und zugleich wertvolle Hilfe im Kampf gegen die deutschen U-Boote leisteten.

Geleitträger wie die HMS Trumpeter halfen den Alliierten, die U-Boot-Gefahr abzuwenden.

	Geleitflugzeugträger der Ameer-Klasse
Stapellauf/Indienststellung:	15.12.1942/04.08.1943
Schicksal:	19.06.1946 außer Dienst gestellt
Verdrängung:	7.800 ts
Länge/Breite/Tiefgang:	151 m/21,2 m/7,9 m
Panzerung Seiten/Deck:	keine
Antrieb:	eine Dampfturbine mit 8.500 PS (6.256 kW)
Höchstgeschwindigkeit:	18 kn
Fahrbereich:	keine Angabe
Besatzung:	890 Mann
Bewaffnung:	2 x 12,7-cm-Mehrzweckgeschütze, 10 x 4-cm-Flak, 20 x 2-cm-Flak, bis 24 Bordflugzeuge

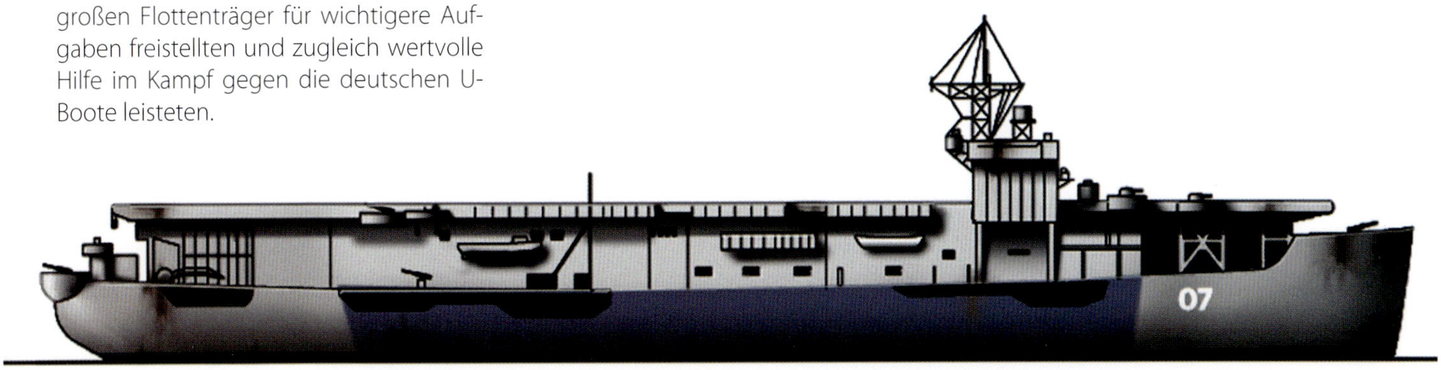

HMS MANCHESTER

HMS Manchester, ein für ihre Zeit modernes und leistungsfähiges Schiff, wurde am 4. August 1938 in Dienst gestellt und erlebte ihre Feuertaufe während des vergeblichen Versuchs der Royal Navy, die Besetzung Norwegens durch die Deutschen zu verhindern. Danach diente sie vor allem zur Konvoisicherung. Malta befand sich 1942 im Belagerungszustand und benötigte dringend Nachschub. Ein Konvoi aus 14 Handels- und mehreren Kriegsschiffen versuchte im August 1942, dorthin durchzubrechen. Als Geleitschutz dabei war auch HMS Manchester. Doch italienische Schnellboote und Flugzeuge entdeckten den Verband und griffen an. Am 13. August setzten zwei Torpedos italienischer Schnellboote den Kreuzer außer Gefecht. 15 Männer starben. Mit ausgefallener Antriebsanlage trieb das Schiff vor der tunesischen Küste, daher gab Kapitän Drew den Befehl zur Selbstversenkung. Drew musste sich dafür vor einem Kriegsgericht verantworten und erhielt niemals mehr ein Kommando.

	leichter Kreuzer der Gloucester-Klasse
Stapellauf/Indienststellung:	12.04.1937/04.08.1938
Schicksal:	13.08.1942 nach Torpedierung durch ein italienisches Schnellboot Selbstversenkung vor der tunesischen Küste
Verdrängung:	9.650 ts
Länge/Breite/Tiefgang:	180 m/19,7 m/6,3 m
Panzerung Seiten/Deck:	max. 124 mm/max. 51 mm
Antrieb:	vier Dampfturbinen mit insgesamt 82.500 PS (60.720 kW)
Höchstgeschwindigkeit:	32 kn
Fahrbereich:	8.400 sm bei 15 kn
Besatzung:	750 Mann
Bewaffnung:	12 x 15,2-cm-SK in vier Drillingstürmen, 8 x 10,2-cm-Flak, 8 x 4-cm-Flak, 8 x 12,7-mm-Fla-MG, 6 Torpedorohre 533 mm, 2 Bordflugzeuge

HMS Manchester war mit 12 x 15,2-cm-SK für einen leichten Kreuzer schwer bewaffnet.

HMS EXETER

	schwerer Kreuzer der York-Klasse
Stapellauf/Indienststellung:	18.07.1929/21.07.1931
Schicksal:	01.03.1942 in der Java-See durch japanische Kreuzer versenkt
Verdrängung:	8.520 ts
Länge/Breite/Tiefgang:	175,6 m/17,7 m/6,2 m
Panzerung Seiten/Deck:	max. 76 mm/max. 51 mm
Antrieb:	vier Dampfturbinen mit insgesamt 80.000 PS (58.880 kW)
Höchstgeschwindigkeit:	32 kn
Fahrbereich:	8.500 sm bei 14 kn
Besatzung:	630 Mann
Bewaffnung (nach 1941):	6 x 20,3-cm-SK in drei Zwillingstürmen, 8 x 10,2-cm-Flak, 16 x 4-cm-Flak, 6 Torpedorohre 533 mm, 2–3 Bordflugzeuge

Die HMS Exeter war ein schwerer Kreuzer der York-Klasse und das vierte Schiff der Royal Navy mit diesem Namen. Bekannt wurde die Exeter durch das Gefecht mit der Admiral Graf Spee vor dem Rio de la Plata am 13. Dezember 1939. Exeter gelang es dabei, gemeinsam mit den leichten Kreuzern HMS Ajax und HMS Achilles die überlegen bewaffnete Graf Spee so zu beschädigen, dass sie in Montevideo Zuflucht suchen musste. Exeter wurde dabei selbst so stark beschädigt, dass sie nur mit Mühe die Falklands erreichte und dort bis Anfang 1940 notdürftig repariert wurde. Nach der endgültigen Wiederherstellung in Devonport bis März 1941 wurde die Exeter in den Fernen Osten verlegt, wo sie am 1. März 1942 bei der Verteidigung Niederländisch-Indiens (heute Indonesien) von japanischen Kreuzern und Zerstörern versenkt wurde.

HMS Exeter wurde durch ihr Gefecht mit der Graf Spee bekannt.

HMS WARSPITE

DIe HMS Warspite, ein Veteran des Ersten Weltkrieges, wurde 1943 beinahe durch deutsche Fritz-X-Lenkbomben versenkt.

	Schlachtschiff der Queen-Elizabeth-Klasse
Stapellauf/Indienststellung:	26.11.1913/19.03.1915
Schicksal:	März 1946 Außerdienststellung
Verdrängung:	31.500 ts
Länge/Breite/Tiefgang:	196,8 m/31,7 m/9,7 m
Panzerung Seiten/Deck:	max. 330 mm/max. 102 mm
Antrieb:	vier Dampfturbinen mit insgesamt 80.000 PS (58.880 kW)
Höchstgeschwindigkeit:	23 kn
Fahrbereich:	4.200 sm bei 14 kn
Besatzung:	ca. 1.180 Mann
Bewaffnung:	8 x 38,1-cm-SK in vier Zwillingstürmen, 8 x 15,2-cm-SK, 8 x 10,2-cm-Flak, 32 x 4-cm-Flak, 15 x 2-cm-Flak, 16 x 12,7-mm-Fla-MG, 2–3 Bordflugzeuge

HMS Warspite war ein Schlachtschiff der Queen-Elizabeth-Klasse, das noch während des Ersten Weltkrieges fertig gestellt wurde und schon an der Skagerakschlacht teilnahm. 1934–1937 wurde die Warspite umfassend modernisiert, d. h. es wurden eine neue Maschinenanlage eingebaut, die Panzerung bzw. der Schutz verstärkt, die Mittelartillerie reduziert und dafür mehr Fla-Waffen installiert. Hinzu kamen neue Aufbauten und Bordflugzeuge. Bei Kriegsausbruch 1939 befand sich die Warspite im Mittelmeer, wurde aber schnell zur Home Fleet zurückbeordert. 1940 wurde sie beim britischen Angriff auf den norwegischen Erzhafen Narvik eingesetzt und versenkte dort u. a. einen deutschen Zerstörer. Danach folgte eine erneute Verlegung ins Mittelmeer. Die Warspite beteiligte sich zusammen mit ihren Schwesterschiffen HMS Barham und HMS Valiant am 24. März 1941 an der Versenkung der italienischen Kreuzer Zara, Pola und Fiume. Am 22. Mai 1941 erhielt sie durch deutsche Sturzkampfbomber vor Kreta schwere Treffer und lief zur Reparatur in die USA.

Nach einem kurzen Aufenthalt im Pazifik gehörte sie ab April 1943 wieder zur Mittelmeerflotte. Im Juli 1943 war die Warspite an der Landung der Alliierten in Sizilien, im September an der Landung bei Salerno beteiligt. Dort wurde sie am 16. September von deutschen Lenkbomben des Typs Fritz X schwer beschädigt. Eine der Bomben durchschlug mittschiffs das Panzerdeck und sechs weitere Decks, bevor sie schließlich explodierte. Dabei entstand ein riesiges Loch im Rumpf, durch das 5.000 t Wasser eindrangen. Die Folge war der komplette Ausfall des Antriebs und damit der Energiezufuhr für alle Systeme. Die Warspite konnte zwar noch nach Malta geschleppt werden, aber die folgende Reparatur setzte das Schiff für neun lange Monate außer Gefecht.

Im Juni 1944 unterstützte das Schiff dann die Landung in der Normandie. Als die Warspite auf dem Weg nach England war, um ausgeschossene Geschützrohre auswechseln zu lassen, lief sie am 13. Juni 1944 auf eine Mine und wurde erneut schwer beschädigt. Nach einer provisorischen Reparatur nahm sie dennoch an einer erneuten Beschießung von Landzielen in Frankreich teil. Im März 1946 wurde sie außer Dienst gestellt und schließlich abgewrackt.

HMS HOOD

Der HMS Hood wurde ihre zu dünne Horizontalpanzerung zum Verhängnis.

Die HMS Hood galt lange Zeit als das größte und stärkste Schlachtschiff der Welt. Zunächst als reinrassiger Schlachtkreuzer geplant, wurde sie nach den Erfahrungen in der Skagerakschlacht 1916 doch noch mit verstärkter Panzerung versehen. Allerdings blieb ihr Panzerdeck dennoch verhältnismäßig schwach, was ihr letztendlich zum Verhängnis werden sollte. 1929–1931 wurde das Schiff modernisiert. Die Hood war der Stolz der Royal Navy und wurde häufig auf Auslandsreisen eingesetzt. Bei Kriegsausbruch war das Schiff bei der Home Fleet und machte im November 1939 Jagd auf die Scharnhorst und die Gneisenau, als diese sich im Atlantik befanden. Im Mai 1941 sollte die Hood gemeinsam mit der HMS Prince of Wales das Durchbrechen der Bismarck und Prinz Eugen in den Atlantik verhindern. Am Morgen des 24. Mai trafen die beiden britischen Schiffe in der Dänemarkstraße südlich von Grönland auf ihre deutschen Kontrahenten:

HMS PRINCE OF WALES

	Schlachtschiff der King-George-V.-Klasse
Stapellauf/Indienststellung:	03.05.1939/31.03.1941
Schicksal:	10.12.1941 östlich Malaysia durch japanische Flugzeuge versenkt
Verdrängung:	38.000 ts
Länge/Breite/Tiefgang:	227,1 m/31,4 m/10,9 m
Panzerung Seiten/Deck:	max. 381 mm/max. 177
Antrieb:	vier Dampfturbinen mit insgesamt 110.000 PS (80.960 kW)
Höchstgeschwindigkeit:	28 kn
Fahrbereich:	14.500 sm bei 10 kn
Besatzung:	1.521 Mann
Bewaffnung (1941):	10 x 35,6-cm-SK in zwei Vierlings- und einem Zwillingsturm, 12 x 13,3-cm-Mehrzweckgeschütze, 49 x 4-cm-Flak , 8 x 2-cm-Flak, 2 Bordflugzeuge

Die HMS Prince of Wales war noch nicht einmal sieben Monate im Dienst, als sie am 10.12.1941 versenkt wurde.

Die HMS Prince of Wales war ein Schlachtschiff der King-George-V.-Klasse und repräsentierte mit ihren Schwesterschiffen King George V., Duke of York, Howe und Anson den modernsten Schlachtschiffentwurf der Royal Navy im Zweiten Weltkrieg. Zugunsten starker Panzerung, aber auch um das Wettrüsten zur See nicht weiter anzufachen, hatte man während der Konstruktionsarbeiten in den 1930er-Jahren auf ein höheres Kaliber als 35,6 cm verzichtet. Ursprünglich waren zwölf Geschütze dieses Kalibers geplant. Da man im Lauf der Zeit jedoch eine weitere Verstärkung des Horizontalschutzes für nötig erachtete, beschränkte man die Anzahl auf zehn Kanonen in zwei Vierlings- und einem Zwillingsturm, einer völlig neuartigen Anordnung. Neu war auch der völlige Verzicht auf eine Mittelartillerie und die Einführung eines neuen Mehrzweckgeschütztyps vom Kaliber 13,3 cm, der sowohl gegen Luft- als auch Seeziele einsetzbar sein sollte.

Die Prince of Wales war kaum in Dienst gestellt, als sie zusammen mit der Hood den Durchbruch der deutschen Bismarck und Prinz Eugen in den Atlantik verhindern sollte. Im Gefecht mit diesen beiden Einheiten am 24. Mai 1941 wurde das

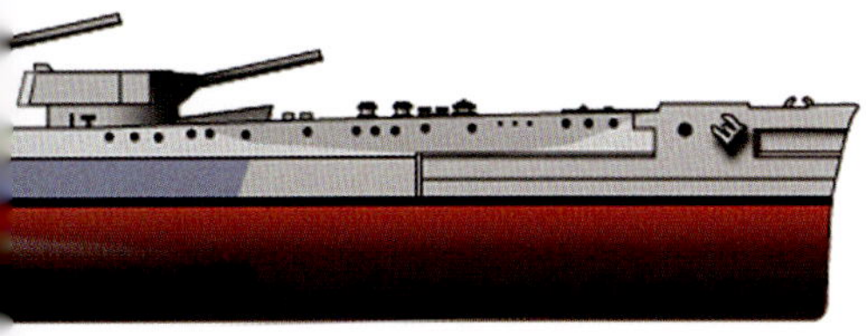

	Schlachtkreuzer
Stapellauf/Indienststellung:	22.08.1918/05.03.1920
Schicksal:	24.05.1941 südlich Grönlands durch Bismarck versenkt
Verdrängung:	41.200 ts
Länge/Breite/Tiefgang:	262,2 m/31,7 m/8,9 m
Panzerung Seiten/Deck:	max. 305 mm/max. 51 (stellenweise 102 mm)
Antrieb:	vier Dampfturbinen mit insgesamt 150.000 PS (110.400 kW)
Höchstgeschwindigkeit:	32 kn
Fahrbereich:	5.200 sm bei 18 kn
Besatzung:	1.419 Mann
Bewaffnung (1941):	8 x 38,1-cm-SK in vier Zwillingstürmen, 6 x 14-cm-SK, 14 x 10,2-cm-Flak, 24 x 4-cm-Flak , 20 x 12,7-mm-Fla-MG, 5 x Starter für ungelenkte Fla-Raketen

zwei Schlachtschiffe gegen ein Schlachtschiff und einen Kreuzer. Der Bismarck gelang nach nur sechsminütigem Feuergefecht mit ihrer fünften 38-cm-Salve ein Treffer in die hintere Munitionskammer der Hood, der diese explodieren ließ. Eine gewaltige Detonation fegte die hinteren 38,1-cm-Türme und das Oberdeck förmlich in die See. Dann sank das Schiff innerhalb kürzester Zeit. Dabei fanden bis auf drei alle Mann an Bord der Hood den Tod. Die Ursache für dieses schnelle Ende der Hood war ihre Auslegung als Schlachtkreuzer, wodurch sie zwar eine recht hohe Geschwindigkeit erreichte, dies aber durch die mangelhafte Dicke ihres Panzerdecks erkaufen musste. Die Granaten der Bismarck konnten daher praktisch ohne jeden Widerstand direkt in die Munitionskammern einschlagen.

Die beschädigte Prince of Wales drehte daraufhin ab, das weitere Schicksal der Bismarck und Prinz Eugen ist bekannt.

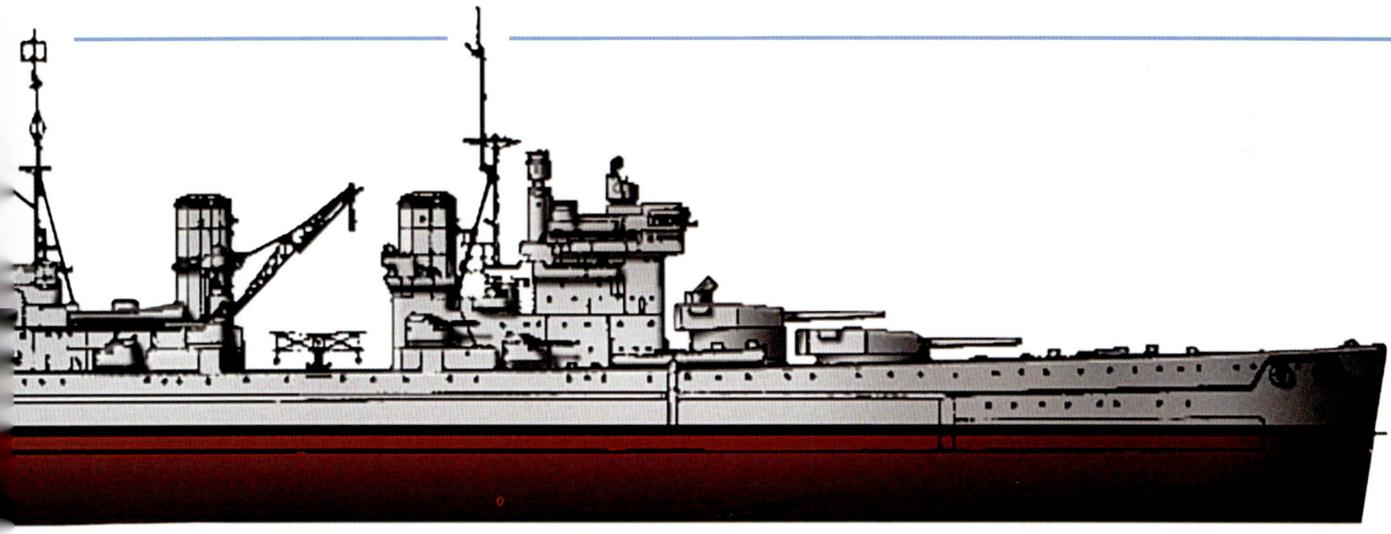

Schiff erheblich beschädigt. So tötete ein Treffer der Bismarck die gesamte Brückenbesatzung außer dem Kapitän und einem Signalgasten. Weitere Treffer schalteten den vorderen Artillerieleitstand aus und durchschlugen die Seitenpanzerung, was zu einem Wassereinbruch von ca. 500 t führte. Das Schiff drehte daraufhin ab und beendete das Gefecht. Nach ihrer Reparatur brachte die Prince of Wales den britischen Premierminister Churchill vom 9. bis 12. August 1941 zu Verhandlungen mit Roosevelt nach Kanada.

Im Herbst 1941 wurde das Schiff dann nach Südostasien verlegt. Am 10. Dezember 1941 wurde die Prince of Wales – zusammen mit dem Schlachtkreuzer HMS Repulse von Singapur kommend – von japanischen Flugzeugen mit Bomben und Torpedos vor der Ostküste der malayischen Halbinseln versenkt. Das Schicksal dieser beiden Schiffe machte endgültig deutlich, dass auch ein damals modernes, gut gepanzertes Schlachtschiff mit angemessener Fla-Bewaffnung gegen einen konzentrierten Fliegerangriff nichts ausrichten konnte.

HMS ARK ROYAL

	Flugzeugträger
Stapellauf/Indienststellung:	13.04.1937/16.12.1938
Schicksal:	13.11.1941 von U-81 torpediert und am 14.11. östlich Gibraltars gesunken
Verdrängung:	22.000 ts
Länge/Breite/Tiefgang:	243,83 m/28,88 m m/8,5 m
Panzerung Seiten/Deck:	max. 114 mm/max. 64 mm
Antrieb:	drei Dampfturbinen mit insgesamt 102.000 PS (75.072 kW)
Höchstgeschwindigkeit:	31 kn
Fahrbereich:	7.600 sm bei 20 kn
Besatzung:	1.580 Mann
Bewaffnung (1941):	16 x 11,4-cm-Flak, 48 x 4-cm-Flak, 32 x 12,7-mm-Fla-MG, 60–72 Bordflugzeuge

Die HMS Ark Royal war der erste moderne Flottenträger der Royal Navy. Ihr Flugdeck war nicht mehr auf den Rumpf „aufgesetzt“, sondern integraler Bestandteil der Struktur. Das Schiff verfügte über zwei übereinander liegende Hangars, die (je nach Flugzeugtyp) 60–72 Maschinen Platz boten, und zwei Katapulte. Ein weiteres Merkmal war die Seiten- und Horizontalpanzerung, ohne die noch mehr Raum für Flugzeuge gewesen wäre. Nach Kriegsbeginn im September 1939 sollte der Träger zusammen mit anderen britischen Einheiten den Ausbruch deutscher Kampfschiffe aus der Nordsee in den Atlantik verhindern. Dabei wurde das Schiff von U-39 mit drei Torpedos angegriffen und entging nur knapp der Versenkung, denn die Torpedos zündeten zu früh. Nach der Teilnahme am vergeblichen Versuch, die Besetzung Norwegens zu verhindern, bei der es Flugzeugen des Trägers jedoch gelang, den deutschen leichten Kreuzer Königsberg zu versenken, wurde die Ark Royal ins Mittelmeer und den Atlantik verlegt. Im Mai 1941 wurde sie Teil der Einheiten der Royal Navy, die Jagd auf die Bismarck machten. Am 26. Mai gelang es Swordfish-Torpedobombern der Ark Royal, einen Treffer in der Ruderanlage der Bismarck zu erzielen und das Schlachtschiff manövrierunfähig zu machen. Am 13. November 1941 wurde die Ark Royal östlich von Gibraltar von U-81 angegriffen und mittschiffs getroffen. Zunächst wurde noch ein Versuch unternommen den Träger nach Gibraltar zu schleppen, am 14. November jedoch – 20 Meilen vor dem Ziel – kenterte die Ark Royal und sank.

Als Kuriosum ging in die Geschichte ein, dass die Ark Royal bis zu ihrem Untergang der Bordkatze der Bismarck, Oscar, ein Heim bot. Ark Royal hatte die Katze von dem Zerstörer HMS Cossack übernommen, der ebenfalls versenkt worden war. Oscar hatte also offenbar drei Schiffen wenig Glück gebracht, überlebte aber auch den Untergang der Ark Royal und fand sein neues Quartier beim Hafenmeister von Gibraltar.

Die HMS Ark Royal am 13.11.1941 nach dem Torpedotreffer durch U-81.

HMS ILLUSTRIOUS

HMS Illustrious.

Die HMS Illustrious war das Typschiff der gleichnamigen Klasse von vier Flugzeugträgern (Illustrious, Victorious, Formidable, Indomitable), die sich besonders durch ihre umfassende Panzerung auszeichneten. So waren die Rumpf- und Hangarseiten 102 mm, das Flugdeck 76 mm und der Hangarboden 51 mm stark gepanzert. Im Gegensatz zur HMS Ark Royal waren die Schiffe daher kürzer und hatten kein zweites Hangardeck, um das Gewicht innerhalb vertretbarer Grenzen zu halten und sie nicht instabil werden zu lassen. So konnten zunächst nur 36, und als man Maschinen auch an Deck abstellte, bis zu 54 Flugzeuge an Bord genommen werden.

HMS Illustrious hatte eine bewegte Dienstzeit. Am berühmtesten ist sicher der Angriff ihrer Swordfish-Torpedobomber auf die im Hafen von Tarent vor Anker liegende italienische Flotte in der Nacht vom 11. zum 12. November 1940, bei dem ein Schlachtschiff versenkt und zwei schwer beschädigt wurde. Am 10. Januar wurde die Illustrious nahe Sizilien durch acht Treffer von deutschen Sturzkampfbombern schwer beschädigt und lief zu Reparaturarbeiten nach Malta, wo sie erneut durch Luftangriffe beschädigt wurde. Daher verlegte man sie – notdürftig flott gemacht – zunächst nach Alexandria und dann nach Norfolk, Virgina, wo sie bis Anfang 1942 in der Werft war. Dann folgte ein Einsatz im Indischen Ozean bei der Besetzung Madagaskars, danach die Rückkehr ins Mittelmeer, wo sie an der Landung in Salerno 1943 teilnahm. Nach einem erneuten Werftaufenthalt war die Illustrious im Fernen Osten stationiert. Dort wurde sie zweimal von Kamikaze-Angriffen getroffen, dank ihrer Panzerung aber nicht ernsthaft beschädigt. Nach dem Krieg diente die Illustrious weiter bei der Royal Navy. Ende 1954 wurde sie außer Dienst gestellt und 1956 abgewrackt.

	Flugzeugträger der Illustrious-Klasse
Stapellauf/Indienststellung:	05.04.1939/23.05.1940
Schicksal:	Ende 1954 außer Dienst gestellt
Verdrängung:	23.100 ts
Länge/Breite/Tiefgang:	224 m/29,2 m (Wasserlinie)/8,5 m
Panzerung Seiten/Deck:	max. 102 mm/max. 76 mm (Flugdeck), 51 mm (Hangarboden)
Antrieb:	drei Dampfturbinen mit insgesamt 110.000 PS (80.850 kW)
Höchstgeschwindigkeit:	30,5 kn
Fahrbereich:	11.000 sm bei 14 kn
Besatzung:	1.200 Mann
Bewaffnung (1941):	16 x 11,4-cm-Flak , 48 x 4-cm-Flak , 50 x 2-cm-Flak, 36–54 Bordflugzeuge

Die starke Panzerung der Illustrious-Klasse erwies sich bei Fliegerangriffen als überaus wertvoll.

USS WAHOO (SS-238)

USS Wahoo (SS-238).

Die Gato-Klasse war das Rückgrat der amerikanischen U-Boot-Flotte und des U-Boot-Krieges gegen Japan. Über 200 Boote dieses sehr gelungenen Entwurfs wurden bis 1945 in Auftrag gegeben und erzielten Erfolge, die sich durchaus mit denen der deutschen U-Boote messen können. Die USS Wahoo (SS-238) war eines der berühmtesten U-Boote der US Navy und versenkte auf sieben Feindfahrten insgesamt 22 japanische Schiffe mit 69.000 BRT, davon19 Schiffe mit 55.000 BRT unter ihrem zweiten Kommandanten, Dudley „Mush" Morton. Morton ist allerdings nicht unumstritten, da auf seinen Befehl hin am 26. Januar 1943 die im Wasser treibenden Überlebenden des Truppentransporters Buyo Maru beschossen wurden. Auf ihrer siebten Feindfahrt wurde die Wahoo am 13.10.1943 nördlich von Hokkaido im japanischen Meer von einem japanischen U-Jagd-Flugzeug versenkt.

	U-Boot der Gato-Klasse
Stapellauf/Indienststellung:	14.02.1942/15.05.1942
Schicksal:	11.10.1943 durch japanische Flugzeuge versenkt
Verdrängung:	1.525 ts (2.424 ts getaucht)
Länge/Breite/Tiefgang:	95 m/8,3 m/4,6 m
Panzerung Seiten/Deck:	keine
Antrieb:	vier Diesel mit zusammen 5.400 PS (3.974 kW), vier E-Motoren mit zusammen 2.740 PS (2.017 kW)
Höchstgeschwindigkeit:	20,3 kn (8,75 kn getaucht)
Fahrbereich:	11.000 sm bei 10 kn (96 sm bei 2 kn getaucht)
Besatzung:	60 Mann
Bewaffnung:	zehn (sechs vorn, vier achtern) Torpedorohre 533 mm (24 Torpedos), 1 x 10,2-cm-Mehrzweckgeschütz, 2 x 2-cm-Flak
Tauchtiefe:	90 m

PT-309

Die US-Marine verwendete während des Zweiten Weltkrieges zwei in Großserie gebaute Schnellboottypen. Der eine wurde von der Higgins-Werft in New Orleans, der andere bei Elco in New Jersey produziert. Insgesamt wurden über 700 Boote beider Typen hergestellt, die vor allem im Pazifik, Ärmelkanal und Mittelmeer zum Einsatz kamen. PT-309 wurde bei Higgins gebaut und Ende Januar 1944 in Dienst gestellt. Als das Boot in New York auf den Transfer nach Europa wartete, traf sein Kommandant, Leutnant Barker, Frank Sinatra, der einverstanden war, das Boot auf den Namen „Oh Frankie" zu taufen. Während seines Einsatzes im Mittelmeer erzielte das Boot erstaunliche Erfolge, ohne selbst auch nur einen Mann zu verlieren. Bei 75 Einsätzen versenkte PT-309 fünf feindliche Schiffe und kaperte ein italienisches Schnellboot. Heute befindet sich das Boot im Admiral-Nimitz-Museum in Fredericksburg, Texas.

PT-309: „Oh Frankie".

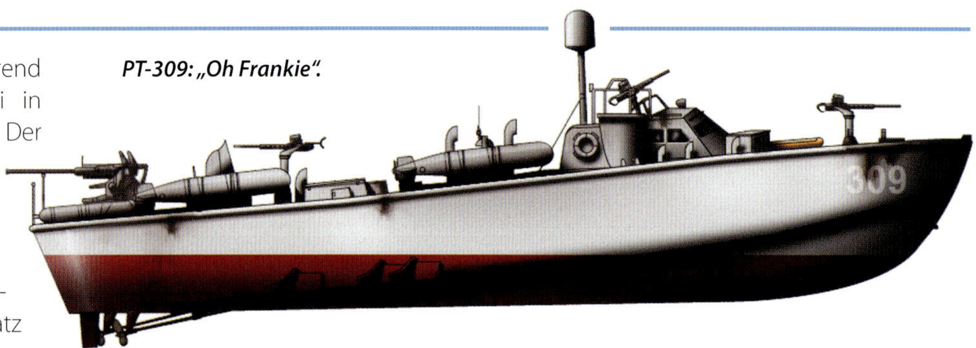

	Schnellboot vom Typ Higgins
Indienststellung:	Januar 1944
Schicksal:	nach Kriegsende außer Dienst gestellt, heute Museumsboot
Verdrängung:	43 ts
Länge/Breite/Tiefgang:	23,77 m/6,07 m/1,6 m
Panzerung Seiten/Deck:	keine
Antrieb:	drei Packard Benzinmotoren mit 4.050 PS (2.981 kW)
Höchstgeschwindigkeit:	41 kn
Fahrbereich:	520 sm bei 35 kn
Besatzung:	11 Mann
Bewaffnung:	vier Torpedos, 1 x 4-cm-Flak, 2 x 2-cm-Flak, 4 x 12,7-mm-Fla-MG

USS DOWNES (DD-375)

USS Downes (DD-375) vor dem Angriff auf Pearl Harbor.

Die USS Downes gehörte zur Mahan-Klasse, von der 1935–1937 22 Zerstörer für die US Navy gebaut wurden. Die USS Downes wurde beim japanischen Angriff auf Pearl Harbor so schwer beschädigt, dass sie unter normalen Umständen verschrottet worden wäre. Da aber dringend Zerstörer gebraucht wurden, baute man unter Verwendung aller noch brauchbaren Teile ein quasi neues Schiff, das wiederum den Namen Downes erhielt und am 15. November 1943 erneut in Dienst gestellt wurde. Bis Kriegsende war der Zerstörer dann im Pazifik im Einsatz. Nach Kriegsende wurde die Downes außer Dienst gestellt und verschrottet.

	Zerstörer der Mahan-Klasse
Stapellauf/Indienststellung:	22.04.1936/15.01.1937
Schicksal:	17.12.1945 außer Dienst gestellt
Verdrängung:	1.500 ts
Länge/Breite/Tiefgang:	104 m/10,7 m/2,8 m
Panzerung Seiten/Deck:	keine
Antrieb:	zwei Dampfturbinen mit zusammen 49.000 PS (36.064 kW)
Höchstgeschwindigkeit:	37 kn
Fahrbereich:	6.500 sm bei 12 kn
Besatzung:	158 Mann
Bewaffnung (1941):	5 x 12,7-cm-Mehrzweckgeschütze, 4 x 12,7-mm-Fla-MG, 12 x 533-mm-Torpedorohre, 2 Wabo-Ablaufbühnen

USS FLETCHER (DD-445)

USS Fletcher (DD-445).

Die USS Fletcher (DD-445) war Namensgeberin und Typschiff einer Klasse von 175 Zerstörern, die 1942–1944 für die US Navy gebaut wurden. Die Fletcher-Klasse wird als der beste Zerstörertyp des Zweiten Weltkrieges angesehen. Viele Schiffe dieses überaus gelungenen Entwurfs wurden nach dem Krieg an Seestreitkräfte in aller Welt verkauft oder verliehen. Das hatte zur Folge, dass einige Schiffe der Fletcher-Klasse noch bis in die 1990er-Jahre hinein in Dienst blieben. Die USS Fletcher selbst verbrachte den Krieg im Pazifik, wo sie an fast allen wichtigen Operationen teilnahm. Am 11. Februar 1943 versenkte das Schiff das japanische U-Boot RO-102 mit Wasserbomben, und am 14. Februar 1945 wurde die Fletcher in der Bucht von Manila durch japanische Küstenbatterien leicht beschädigt. Nach dem Krieg fuhr sie bis 1969 für die Navy, dann wurde sie außer Dienst gestellt.

	Zerstörer der Fletcher-Klasse
Stapellauf/Indienststellung:	03.05.1942/30.06.1942
Schicksal:	1969 außer Dienst gestellt
Verdrängung:	2.083 ts
Länge/Breite/Tiefgang:	112 m/12 m/4,2 m
Panzerung Seiten/Deck:	keine
Antrieb:	zwei Dampfturbinen mit zusammen 60.000 PS (36.064 kW)
Höchstgeschwindigkeit:	38 kn
Fahrbereich:	6.500 sm bei 15 kn
Besatzung:	273 Mann
Bewaffnung (1941):	5 x 12,7-cm-Mehrzweckgeschütze, 4 x 2,8-cm-Flak, 4 x 2-cm-Flak, 10 x 533-mm-Torpedorohre, Wabo-Ablaufbühnen

USS BIRMINGHAM

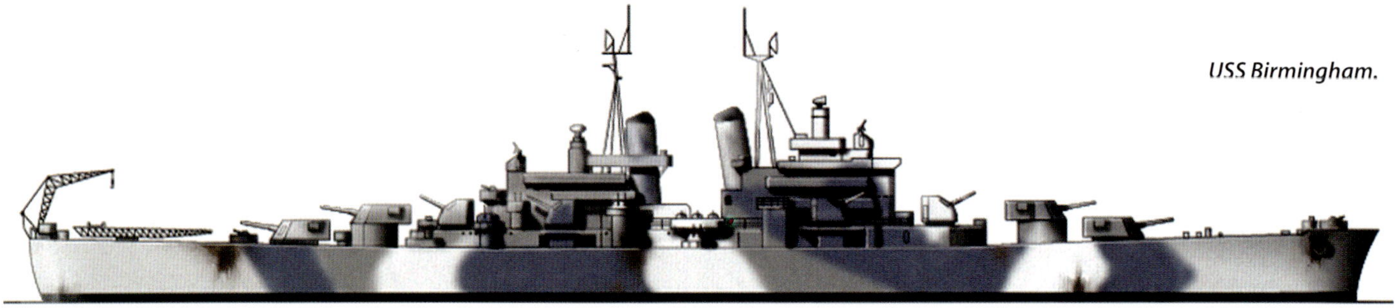

USS Birmingham.

Die USS Birmingham war ein leichter Kreuzer der Cleveland-Klasse, von der 27 Einheiten gebaut wurden und die damit die zahlenmäßig stärkste Kreuzer-Klasse war, welche jemals gebaut wurde. Zusätzliche neun Schiffe der Cleveland-Klasse wurden nicht als Kreuzer, sondern als Träger der Independence-Klasse fertig gestellt. Die Cleveland-Klasse zeichnete sich besonders durch eine starke Fla-Bewaffnung aus und galt allgemein als überaus gelungener und ausgewogener Entwurf.

Die USS Birmingham kam vor allem im Pazifik zum Einsatz und wurde dort mehrfach schwer beschädigt. Nach der Indienststellung Ende Januar 1943 lief der Kreuzer zunächst ins Mittelmeer und unterstützte die Landung auf Sizilien im Juli 1943. Danach wurde das Schiff der Pazifikflotte zugewiesen. Am 8. November erhielt sie bei Bougainville zwei Bomben- und einen Torpedotreffer durch japanische Flugzeuge, worauf das Schiff bis zum 18. Februar 1944 in die Werft musste. Nach der Rückkehr zur Pazifikflotte nahm sie an zahlreichen Operationen teil, die sie unbeschadet überstand. In der Schlacht um den Golf von Leyte versuchte die Birmingham, dem durch einen Bombenangriff schwer angeschlagen leichten Flugzeugträger USS Princeton zur Seite zu stehen, als eine heftige Explosion den Träger zerriss. Der Kreuzer wurde dabei selbst schwer beschädigt und hatte 237 Tote und 426 Verwundete sowie in großen Teilen zerstörte Aufbauten zu beklagen. Nach einem erneuten Werftaufenthalt bis Januar 1945 nahm das Schiff an der Invasion Iwo Jimas und Okinawas teil. Vor Okinawa wurde die Birmingham am 4. Mai 1945 Ziel von mehreren Kamikaze-Angriffen. Nachdem sie drei Angreifer abgeschossen hatte, schlug der vierte am Bug ein und beschädigte den Kreuzer schwer. 51 Tote und 81 Verwundete sowie eine erneute Reparatur bis August 1945 waren das Ergebnis. Nach dem Krieg kehrte die USS Birmingham nach San Francisco zurück, wo sie am 2. Januar 1947 in den Reservestatus gestellt wurde.

	leichter Kreuzer der Cleveland-Klasse
Stapellauf/Indienststellung:	20.03.1942/29.01.1943
Schicksal:	02.01.1947 in Reservestatus versetzt
Verdrängung:	10.800 ts
Länge/Breite/Tiefgang:	186 m/20,2 m/7,6 m
Panzerung Seiten/Deck:	max. 127 mm/max. 51 mm
Antrieb:	vier Dampfturbinen mit insgesamt 100.000 PS (73.600 kW)
Höchstgeschwindigkeit:	33 kn
Fahrbereich:	8000 sm bei 15 kn
Besatzung:	1.200 Mann
Bewaffnung:	12 x 15,2-cm-SK in vier Drillingstürmen, 12 x 12,7-cm-Flak, 28 x 4-cm-Flak, 10 x 2-cm-Flak, 4 Bordflugzeuge

USS Birmingham nach ihrem ersten Werftaufenthalt Februar 1944.

USS INDIANAPOLIS

Der Kapitän der USS Indianapolis wurde später wegen des Untergangs seines Schiffs vor ein Kriegsgericht gestellt und aus der Navy entlassen. Man warf ihm vor, keine Maßnahmen zum Schutz vor U-Boot-Angriffen getroffen zu haben.

Die USS Indianapolis war ein Kreuzer der nur zwei Schiffe umfassenden Portland-Klasse und verbrachte den gesamten Krieg im pazifischen Raum. Das Schiff nahm an zahlreichen Operationen teil und war Flaggschiff der 5. Flotte von Admiral Spruance. 1945 beteiligte sich die Indianapolis an den Landungen auf Iwo Jima und Okinawa. Während einer der Landung vorausgehenden Beschießung Okinawas wurde der Kreuzer am 31. März von einem Kamikaze-Flieger getroffen und beschädigt, konnte aber mit eigener Kraft in das Mare Island Marine Arsenal an der Westküste der USA laufen, um dort repariert zu werden. Danach erhielt das Schiff den Auftrag, Teile der Atombomben nach Tinian zu bringen.

Nach Erledigung lief die Indianapolis via Guam nach Leyte. Auf dem Weg dorthin wurde sie um 00.15 Uhr am 30. Juli 1945 mittschiffs von zwei Torpedos des japanischen U-Boots I-58 getroffen. Innerhalb von zwölf Minuten kenterte das Schiff, doch fast 900 Seeleute konnten sich noch retten. Die Indianapolis hatte keinen Notruf mehr absetzen können, und aus unerfindlichen Gründen wurde sie an ihrem Zielhafen zunächst nicht vermisst. Daher trieben die Überlebenden, meist ohne Rettungsboote oder Flöße und ständigen Haiangriffen ausgesetzt, im Wasser, bevor sie durch Zufall erst nach drei Tagen von einem Patrouillenflugzeug entdeckt wurden. Die letzten der 317 Schiffbrüchigen, die man noch retten konnte, wurden am fünften Tag nach dem Untergang des Schiffes aus dem Pazifik gefischt.

USS Indianapolis, aufgenommen am 20.4.1942 vor dem Mare Island Marine Arsenal.

	schwerer Kreuzer der Portland-Klasse
Stapellauf/Indienststellung:	07.11.1931/15.11.1932
Schicksal:	30.07.1945 durch japanisches U-Boot I-58 versenkt
Verdrängung:	10.110 ts
Länge/Breite/Tiefgang:	186,3 m/20,2 m/7,4 m
Panzerung Seiten/Deck:	max. 127 mm/max. 63,5 mm
Antrieb:	vier Dampfturbinen mit insgesamt 107.000 PS (78.752 kW)
Höchstgeschwindigkeit:	32,75 kn
Fahrbereich:	10.000 sm bei 15 kn
Besatzung:	1.199 Mann
Bewaffnung (ab 1944):	9 x 20,3-cm-SK in drei Drillingstürmen, 8 x 12,7-cm-Flak, 26 x 4-cm-Flak, 20 x 2-cm-Flak, 4 Bordflugzeuge

SURCOUF

Die Surcouf war ein wahrer U-Kreuzer, denn zu ihrer Zeit war sie das größte und am stärksten bewaffnete U-Boot der Welt.

Die Surcouf war vor dem Zweiten Weltkrieg das größte U-Boot der Welt. Die Bewaffnung des Bootes bestand nicht nur aus Torpedos, sondern auch aus 2 x 20,3-cm-Geschützen vor dem Kommandoturm und einem Bordflugzeug in einem wasser- und druckfesten Hangar hinter dem Turm. Im Zweiten Weltkrieg entzog sich die Surcouf dem deutschen Zugriff durch Flucht nach Großbritannien und kämpfte auf Seiten der Freien Französischen Streitkräfte. Am 18. Februar 1942 ging die Surcouf durch eine Kollision mit einem US-Frachter in der Nähe des Panamakanals verloren, bei der es keine Überlebenden gab.

	U-Kreuzer
Stapellauf/Indienststellung:	18.11.1929/15.12.1932
Schicksal:	18.02.1942 bei Kollision gesunken
Verdrängung:	2.880 ts (4.304 ts getaucht)
Länge/Breite/Tiefgang:	110 m/9 m/7,2 m
Panzerung Seiten/Deck:	keine
Antrieb:	zwei Diesel mit zusammen 7.600 PS (5.594 kW), zwei E-Motoren mit zusammen 3.400 PS (2.535 kW)
Höchstgeschwindigkeit:	18,5 kn (10 kn getaucht)
Fahrbereich:	12.000 bei 10 kn
Besatzung:	150 Mann
Bewaffnung:	acht Torpedorohre 551 mm (10 Torpedos), vier Torpedorohre 400 mm (vier Torpedos) 2 x 20,3-cm-SK, 2 x 3,7-cm-Flak, 4 x 13,2-mm-Fla-MG, ein Bordflugzeug
Tauchtiefe:	100 m

RICHELIEU

	Schlachtschiff der Richelieu-Klasse
Stapellauf/Indienststellung:	17.01.1939/15.06.1940
Schicksal:	ab 1955 Schulschiff, 1968 abgewrackt
Verdrängung:	37.832 ts
Länge/Breite/Tiefgang:	247,85 m/33,08 m/9,9 m
Panzerung Seiten/Deck:	max. 330 mm/max. 190 mm
Antrieb:	vier Dampfturbinen mit insgesamt 179.000 PS (131.744 kW)
Höchstgeschwindigkeit:	32,6 kn
Fahrbereich:	9.836 sm bei 16 kn
Besatzung:	1.550 Mann
Bewaffnung (nach 1943):	8 x 38-cm-SK in zwei Vierlingstürmen; 9 x 15,2-cm-SK, 12 x 10-cm-Flak, 56 x 4-cm-Flak, bis 50 x 2-cm-Flak, 3 Bordflugzeuge

Die Richelieu war eines der modernsten Schiffe ihrer Zeit. Ungewöhnlich war die Konzentration der Hauptbewaffnung in zwei Vierlingstürmen auf dem Vorschiff und der Mittelartillerie in drei Drillingstürmen achtern. Grund hierfür war, dass damit die Abmessungen des Schiffes und damit auch der zu panzernden Fläche begrenzt werden konnten. Kurz nach ihrer Indienststellung wurde die Richelieu bereits nach Dakar verlegt, um der Erbeutung durch die Wehrmacht zu entgehen. Da sie jedoch zunächst den Kampf nicht auf Seiten der Freien Französischen Streitkräfte fortsetzten wollte, wurde sie in Dakar von Flugzeugen des Trägers HMS Hermes und dann vom Schlachtschiff HMS Barham angegriffen und beschädigt. Im November 1940 schloss sie sich dann den Freien Französischen Streitkräften an. Daraufhin wurde sie nach New York verlegt und bis Oktober 1943 neu ausgerüstet sowie repariert. Zunächst diente sie im Mittelmeer, später bei der britischen Home Fleet, schließlich ab März 1944 im Fernen Osten. Nach einer kurzen Rückkehr nach Frankreich im Oktober 1944 blieb sie bis zum Kriegsende in Asien.

Man beachte die ungewöhnliche Konzentration der schweren Artillerie der Richelieu auf dem Vorschiff.

USS MISSOURI BB-63

USS Missouri.

Die USS Missouri war ein Schlachtschiff der auf sechs Einheiten geplanten Iowa-Klasse, von der jedoch nur vier Schiffe fertig gestellt wurden (Iowa, New Jersey, Missouri, Wisconsin). Diese Schiffe waren die größten und stärksten je in den USA gebauten Schlachtschiffe. Die Iowa-Klasse war vor allem als Eskorte der US-Trägerkampfgruppen gedacht, um diese vor Überwassereinheiten und Flugangriffen zu schützen. Deshalb erreichte diese Klasse eine hohe Geschwindigkeit von 33 kn. Damit stellte die Iowa-Klasse die schnellsten Schiffe dieser Art auf der Welt. Beim Entwurf wurde weni-

USS Missouri feuert eine Breitseite ihrer mächtigen 40,6-cm-Geschütze.

	Schlachtschiff der Iowa-Klasse
Stapellauf/Indienststellung:	29.01.1944/11.06.1944
Schicksal:	heute Museumsschiff in Pearl Harbor
Verdrängung:	48.500 ts
Länge/Breite/Tiefgang:	270,43 m/32,98 m/11,6 m
Panzerung Seiten/Deck:	max. 310 mm/max. 355 mm
Antrieb:	vier Dampfturbinen mit insgesamt 212.000 PS (156.032 kW)
Höchstgeschwindigkeit:	33 kn
Fahrbereich:	16.600 sm bei 15 kn
Besatzung:	2.800 Mann
Bewaffnung (1945):	9 x 40,6-cm-SK in drei Drillingstürmen, 20 x 12,7-cm-Flak, 80 x 4-cm-Flak, 49 x 2-cm-Flak, 4 Bordflugzeuge

Admiral Nimitz, Befehlshaber der Pazifikflotte, unterzeichnet am 02.09.1945 an Bord der USS Missouri die japanische Kapitulation.

ger Wert auf eine verstärkte Bewaffnung, sondern besonders auf die Standfestigkeit gelegt. So erreichte die Dicke der Panzerdecks addiert 355 mm, wobei allerdings im Bereich der Kesselräume das untere, 152 mm starke Panzerdeck fehlt. Somit überstieg erstmalig im Schlachtschiffbau die Dicke des Horizontalpanzers die des Seitenpanzers. Zusätzlich erhielten die Schiffe Vierfach-Torpedoschotte und einen Dreifachboden gegen Minentreffer. Die Geschütze der Iowa-Klasse feuerten bis 1.200 kg schwere Geschosse maximal 39 km weit. Die kurze Bauzeit dieser Schiff (32–41 Monate) gibt einen guten Eindruck von der Leistungsfähigkeit der US-Schiffbauindustrie während des Krieges.

Die USS Missouri wurde am 11. Juni 1944 in Dienst gestellt und nach Beendigung der Ausbildung der Besatzung Flaggschiff der Pazifikflotte. Sie leistete bei der Eroberung Iwo Jimas und Okinawas Feuerunterstützung. Am 11. April gelang es einer A6M Zero, den dichten Flakschirm des Schiffes zu durchbrechen und sich auf die Missouri zu stürzen. Das Schiff erlitt jedoch nur oberflächlichen Schaden, da die Zero nur gegen die gepanzerte Bordwand und nicht auf das Oberdeck prallte. Während des Angriffs auf Okinawa gelang der Flak der Missouri der Abschuss von fünf feindlichen Flugzeugen und die Beschädigung sechs weiterer. Im Juli 1945 beschoss das Schiff als Teil einer Kampfgruppe Tokio und industrielle Ziele in Japan. Als Flaggschiff der Flotte wurde der Missouri am 2. September 1945 eine weltgeschichtliche Rolle zuteil, denn eine japanische Delegation unterschrieb an Bord des Schlachtschiffs, das in der Bucht von Tokio vor Anker lag, die Kapitulation des Kaiserreichs. Der Zweite Weltkrieg war damit auch in Asien beendet.

Nach 1945 wurde die Missouri, wie auch die anderen Schiffe der Iowa-Klasse, mehrfach in den Reservestatus und wieder in den aktiven Dienst versetzt, wenn die USA Krieg führten. So nahmen die Missouri und ihre Schwesterschiffe am Korea- und Vietnamkrieg teil, wo sie insbesondere Küstenziele beschossen. In den 1980er-Jahren wurden sämtliche Schiffe der Iowa-Klasse einer Modernisierung unterzogen, d. h., die leichten Flak gingen von Bord, dafür kamen radargesteuerte Phalanx-Fla-Systeme, Tomahawk-Marschflugkörper und Harpoon-Anti-Schiffs-FK an Bord. Auch die Elektronik wurde auf den neuesten Stand gebracht. In dieser Form nahm die Missouri 1991 am ersten Golfkrieg teil und feuerte Marschflugkörper auf den Irak ab. 1992 wurde das Schiff endgültig außer Dienst gestellt und liegt heute als Museumsschiff in Pearl Harbor. Auch die New Jersey und Wisconsin dienen heute als Museen, wobei letztere jederzeit reaktiviert werden könnte. Iowa liegt als Teil der Reserveflotte in der Nähe von San Francisco vor Anker.

USS ALABAMA BB-60

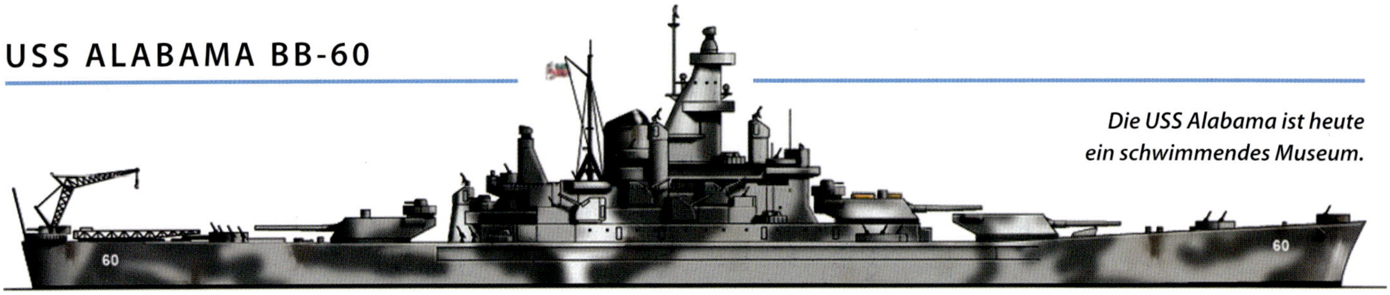

Die USS Alabama ist heute ein schwimmendes Museum.

Die USS Alabama war ein Schlachtschiff der South-Dakota-Klasse, die insgesamt vier Schiffe umfasste (South Dakota, Indiana, Massachusetts und Alabama). Die Planungen für diese Schiffe begannen noch vor dem Zweiten Weltkrieg im Rahmen eines Programms zur Wiederbewaffnung der USA. Dennoch wurde die Konstruktion von dem noch geltenden Washingtoner Flottenabkommen beeinflusst, das die Größe von Schlachtschiffen auf 35.000 ts beschränkte. Um die gewünschte Schlag- und Standkraft zu erreichen, mussten daher Abstriche in Bezug auf die Geschwindigkeit gemacht werden. Um Gewicht zu sparen, wurde der Rumpf recht kurz gehalten (207,5 m), was zu schlechten Manövriereigenschaften führte, jedoch zugunsten einer starken Panzerung in Kauf genommen wurde. Auch die Aufbauten waren recht gedrängt, was aber den Vorteil hatte, dass so die Silhouette der Schiffe klein gehalten werden konnte.

	Schlachtschiff der South-Dakota-Klasse
Stapellauf/Indienststellung:	16.02.1942/16.08.1942
Schicksal:	heute Museumsschiff nahe Mobile, Alabama
Verdrängung:	38.000 ts
Länge/Breite/Tiefgang:	207,5 m/32,9 m/11 m
Panzerung Seiten/Deck:	max. 310 mm/max. 184 mm
Antrieb:	vier Dampfturbinen mit insgesamt 130.000 PS (95.680 kW)
Höchstgeschwindigkeit:	27,5 kn
Fahrbereich:	15.000 sm bei 15 kn
Besatzung:	ca. 2.200 Mann
Bewaffnung (1945):	9 x 40,6-cm-SK in drei Drillingstürmen, 20 x 12,7-cm-Flak, 48 x 4-cm-Flak, 42 x 2-cm-Flak, 3 Bordflugzeuge

Die USS Alabama war von Frühjahr 1943 an Teil der britischen Home Fleet und unternahm mit dieser Operationen im Nordatlantik und in der Nordsee. Nachdem sie Anfang August 1943 nach Norfolk zurückkehrte, lief sie am 20. August in Richtung Pazifik aus, wo sie u. a. als Teil von Trägerkampfgruppen an den Schlachten um die Gilbert-Inseln, im Philippinischen Meer, um den Golf von Leyte und um die Marshallinseln teilnahm. 1945 war die Alabama an Trägerangriffen gegen Formosa (heute Taiwan), Japan selbst und an der Invasion Okinawas beteiligt. Da das Schiff und seine Besatzung all diese Kampfeinsätze ohne Schäden überstanden, bekam die Alabama den Beinamen „Lucky A". Am 9. Januar 1947 wurde sie außer Dienst gestellt und lag dann zunächst in Reserve in Bremerton, bis sie schließlich am 1. Juni 1962 aus der Bestandsliste gestrichen wurde. Am 16. Juni 1964 wurde das Schiff passenderweise an den Bundesstaat Alabama übereignet und liegt seit September 1964 nahe Mobile als schwimmendes Museum vor Anker.

USS COPAHEE CVE-12

	Geleitträger der Bogue-Klasse
Stapellauf/Indienststellung:	21.10.1941/15.06.1942
Schicksal:	05.07.1946 in den Reservestatus, 1961 aus der Bestandsliste gestrichen
Verdrängung:	7.800 ts
Länge/Breite/Tiefgang:	151 m/21,2 m (Wasserlinie)/7,9 m
Panzerung Seiten/Deck:	keine
Antrieb:	eine Dampfturbine mit 8.500 PS (6.256 kW)
Höchstgeschwindigkeit:	17 kn
Fahrbereich:	k. A.
Besatzung:	890 Mann
Bewaffnung (ab 1943):	2 x 12,7-cm-Mehrzweckgeschütze, 16 x 4-cm-Flak, 27 x 2-cm-Flak, bis 24 Bordflugzeuge

Die USS Copahee war ein Geleitträger des ersten Bauloses der 46 Schiffe umfassenden Bogue-Klasse. Die Träger basierten auf den Rümpfen umgerüsteter Frachtschiffe und wurden vor allem zur Konvoibegleitung, U-Boot-Jagd und zum Flugzeugtransport eingesetzt. Eine Anzahl dieser Träger wurde auch an die Royal Navy ausgeliehen (dort Attacker oder Ameer-Klasse genannt). Die typische Flugzeugausstattung dieser Träger bestand aus zwölf Grumman-Wildcat-Jägern und neun Grumman-Avenger-Torpedobombern. Die Copahee war während des Krieges im Pazifik im Einsatz und überstand all ihre Fahrten unbeschadet. 1946 wurde sie der Reserve zugewiesen.

Die USS Copahee transportiert hier erbeutete japanische Flugzeuge in die USA, Juli 1944.

USS SAIDOR CVE-117

Die USS Saidor war ein Geleitträger der Commencement-Bay-Klasse, die ursprünglich 33 Schiffe umfassen sollte. Da ihr Bau aber erst kurz vor Kriegsende begann, wurden nur 19 Einheiten in Dienst gestellt. Die Träger stellten sozusagen die Ideallösung für einen Geleitträger dar und beseitigten viele der Probleme früherer Klassen. Das war vor allem möglich, weil sie zwar auf dem Entwurf eines großen Tankers beruhten, aber bei Planung und Bau von Anfang an der spätere Einsatzzweck berücksichtigt wurde. So waren die Träger dieser Klasse auch die einzigen noch nach 1945 eingesetzten. USS Saidor kam für einen Einsatz im Zweiten Weltkrieg zu spät, diente als Träger für Fotoaufklärer während der Atomversuche im Bikini-Atoll, wurde aber bereits 1947 in die Reserve überstellt.

	Geleitträger der Commencement-Bay-Klasse
Stapellauf/Indienststellung:	17.03.1945/04.09.1945
Schicksal:	12.09.1947 in den Reservestatus, 1970 aus der Bestandsliste gestrichen
Verdrängung:	11.370 ts
Länge/Breite/Tiefgang:	176,04 m/22,86 m (Wasserlinie)/9,35 m
Panzerung Seiten/Deck:	keine
Antrieb:	zwei Dampfturbinen mit zusammen 16.000 PS (6.256 kW)
Höchstgeschwindigkeit:	19 kn
Fahrbereich:	keine Angabe
Besatzung:	1.066 Mann
Bewaffnung (ab 1943):	2 x 12,7-cm-Mehrzweckgeschütze, 36 x 4-cm-Flak, 20 x 2-cm-Flak, bis 33 Bordflugzeuge

USS Saidor wurde nicht mehr im Zweiten Weltkrieg eingesetzt.

USS LEXINGTON CV-2 UND USS SARATOGA CV-3

Der große Flugzeugträger USS Lexington 1933 vor Hawaii.

Die USS Saratoga und ihr Schwesterschiff USS Lexington waren die ersten großen Flugzeugträger der US-Marine. Ursprünglich waren beide Schiffe als Schlachtkreuzer geplant, konnten aber als solche aufgrund der Beschränkungen des Washingtoner Flottenabkommens nicht fertig gestellt werden, weshalb man sich entschloss, die bereits begonnenen Schiffe zu Trägern umzurüsten. Beide Schiffe entgingen dem Angriff auf Pearl Harbor, da sie sich zu Manövern im Pazifik aufhielten.

Die Saratoga wurde am 11. Januar 1942 von einem japanischen U-Boot torpediert und musste daraufhin mehrere Monate in die Werft. Dabei ersetzte man die ursprünglich vorhandenen vier 20,3-cm-Doppeltürme vor und hinter der Brücke durch 12,7-cm-Mehrzweckgeschütze in Zwillingslafetten und verstärkte die leichte Flak. Durch diesen Werftaufenthalt konnte die Saratoga nicht an der Schlacht von Midway teilnehmen. Im August 1942 war das Schiff bei Guadalcanal im Einsatz, kurz darauf im Gebiet der Salomonen, wo sie am 31. August erneut von einem U-Boot-Torpedo getroffen wurde. Nach ihrer Reparatur war die Saratoga ab Dezember 1942 wieder einsatzfähig und nahm an Angriffen auf japanische Basen auf Rabaul und den Gilbert-Inseln teil. Nach der Einnahme der Marshall-Inseln Anfang 1944 wurde der Träger der britischen Ostasienflotte zugeteilt und nahm an deren Einsätzen teil. Danach ging er erneut in die Werft und war ab Mitte 1944 wieder Teil der US-Pazifik-Flotte. Am 21. Februar 1945 wurde die Saratoga während des Angriffs auf Iwo Jima von drei Bomben- und ebenso vielen Kamikaze-Treffern schwer beschädigt und

Typ: Flugzeugträger	USS Lexington (1942)	USS Saratoga (ab 1944)
Stapellauf/Indienststellung:	03.10.1925/14.12.1927	07.04.1925/16.11.1927
Schicksal:	08.05.1942 in der Korallensee durch jap. Trägerflugzeuge beschädigt und anschließend von US-Zerstörern versenkt	25.07.1946 als Zielschiff bei Atomtests gesunken
Verdrängung:	33.000 ts	35.000 ts
Länge/Breite/Tiefgang:	270,7 m/32,2 m/9,7 m	274,7 m/39,6 m/9,7 m
Panzerung Seiten/Deck:	152 mm/Flugdeck 25 mm, Panzerdeck 51 mm	152 mm/Flugdeck 25 mm, Panzerdeck 51 mm
Antrieb:	vier Dampfturbinen mit zusammen 210.000 PS (154.560 kW)	vier Dampfturbinen mit zusammen 212.000 PS (156.032 kW)
Höchstgeschwindigkeit:	33,9 kn	34,5 kn
Fahrbereich:	10.000 sm bei 10 kn	10.000 sm bei 10 kn
Besatzung:	2.122 Mann	3.300 Mann
Bewaffnung (ab 1943):	12 x 12,7-cm-Mehrzweckgeschütze, 20 x 2,8-cm-Flak, 20 x 2-cm-Flak, bis 90 Bordflugzeuge	16 x 12,7-cm-Mehrzweckgeschütze, 96 x 4-cm-Flak, 32 x 2-cm-Flak, bis 80 Bordflugzeuge

USS Lexington, 1938.

USS Lexington, ca. 1934.

musste erneut längere Zeit in die Werft. Danach kehrte sie allerdings nicht in den aktiven Einsatz zurück und lag zunächst in Reserve, bis sie als Zielschiff bei Atombombentests nahe dem Bikini-Atoll am 25. Juli 1946 versenkt wurde.

Die Lexington nahm kurz nach Pearl Harbor an der Verteidigung Wake Islands teil und ging dann in die Werft, wo auch sie ihre 20,3-cm-SK gegen 12,7-cm-Mehrzweckgeschütze tauschte. Im Mai 1942 sollte der Träger die japanische Landung in Port Moresby verhindern, weswegen es in der Korallensee zum Kampf mit japanischen Trägereinheiten kam. Obwohl die Flugzeuge der Lexington noch an der Versenkung des japanischen Flugzeugträgers Shoho maßgeblich beteiligt waren, wurde sie am 8. Mai 1942 so schwer von japanischen Trägermaschinen getroffen, dass sie in Brand geriet und von ihrer Mannschaft verlassen wurde. Der amerikanische Zerstörer USS Phelps nahm die Überlebenden auf und versenkte den Träger mit vier Torpedos. Damit war die USS Lexington der erste US-Flugzeugträger, der verloren ging.

Die USS Saratoga vor ihrem Umbau 1942. Vor und hinter der Insel befinden sich noch die 20,3-cm-SK.

In der Aufsicht ist das Rufzeichen am Heck („Sara") gut zu erkennen.

USS HORNET CV-8

	Flugzeugträger der Yorktown-Klasse
Stapellauf/Indienststellung:	14.12.1940/21.10.1941
Schicksal:	26.10.1942 vor den Santa-Cruz-Inseln von japanischen Trägerflugzeugen schwer beschädigt und am 27.10.1942 durch japanische Zerstörer versenkt
Verdrängung:	20.200 ts
Länge/Breite/Tiefgang:	252,5 m/34,7 m/8,8 m
Panzerung Seiten/Deck:	102 mm/51 mm
Antrieb:	vier Dampfturbinen mit zusammen 120.000 PS (88.320 kW)
Höchstgeschwindigkeit:	32,5 kn
Fahrbereich:	10.500 sm bei 15 kn
Besatzung:	2.919 Mann
Bewaffnung (1941):	8 x 12,7-cm-Mehrzweckgeschütze, 16 x 2,8-cm-Flak, 24 x 12,7-mm-Fla-MG,, bis 96 Bordflugzeuge

USS Hornet kurz nach ihrer Fertigstellung , 27. Oktober 1941.

Die USS Hornet (CV-8) war ein Träger der Yorktown-Klasse, die aus vier Trägern bestand: den drei großen Trägern Yorktown, Enterprise und Hornet sowie der kleineren Wasp. Der Grund ihrer Entstehung war, dass nur noch der Bau eines rund 14.000 ts großen Schiffes möglich war, sonst wäre die im Washingtoner Flottenvertrag festgelegte Obergrenze für die Tonnage der Trägerflotte der US Navy überschritten worden. Insgesamt gelten diese Schiffe als sehr gelungene, vielseitige Träger. Sie trugen in den ersten Kriegsmonaten die Hauptlast der harten Kämpfe im Pazifik, sodass bis Ende 1942 alle Schiffe bis auf die Enterprise verloren waren.

Die Hornet wurde am 20. Oktober 1941 in Dienst gestellt, und bereits wenige Wochen später verließ sie mit zwei großen B-25-Mitchell-Bombern an Bord den Hafen. Zum Erstaunen der Besatzung starteten die B-25 auf hoher See, was ein absolutes Novum darstellte, denn noch nie hatten so große und schwere Flugzeuge dergleichen getan. Anfang April wurde aus dieser Übung Ernst, und die Hornet machte sich mit 16 B-25-Bombern und ihren Besatzungen auf den Weg, um den berühmten, von Oberstleutnant James Doolittle geführten Angriff auf Japan durchzuführen (18.04.1942). Die Hornet nahm an der Schlacht im Korallenmeer und der Schlacht von Midway teil. Dort gelang es ihren Flugzeugen zwar nicht, die japanischen Träger zu treffen, aber sie versenkte einen Zerstörer und beschädigte zwei Kreuzer schwer und mehrere andere Schiffe leicht. Danach beteiligte sich der Träger an den Kämpfen um die Salomonen, wo seine Maschinen am 26. Oktober 1942 den japanischen Träger Shokaku und den Kreuzer Chikuma schwer beschädigten. Allerdings wurde die Hornet währenddessen selbst das Ziel der Angriffe japanischer Sturz- und Torpedobomber, welche sie so schwer beschädigten, dass das Schiff aufgegeben werden musste. 111 Seeleute ließen dabei ihr Leben. Japanische Zerstörer versenkten das treibende Wrack am 27. Oktober mit Torpedoschüssen.

USS FRANKLIN CV-13

Die USS Franklin gehörte zur Essex-Klasse, die mit 23 Trägern die größte je gebaute Klasse von Flugzeugträgern darstellte, wobei allerdings nicht alle auch noch während des Krieges zum Einsatz kamen. Diese Schiffe bildeten in der zweiten Kriegshälfte den Kern der schnellen Träger-Kampfgruppen der US Navy und hatten einen hohen Anteil am Sieg über Japan. Die Essex-Klasse war eine direkte Weiterentwicklung der Schiffe der Yorktown-Klasse, allerdings ohne noch an die Beschränkungen des Washingtoner Flottenabkommens gebunden zu sein, weshalb sie um einiges größer und schwerer ausfiel. Neuartig und bis heute beibehalten war der seitliche Flugzeugaufzug der Essex-Klasse,

Die brennende USS Franklin von der USS Santa Fe aus aufgenommen.

der den Flugbetrieb weit weniger störte. Die Träger gelten als die besten Flugzeugträger ihrer Zeit und wurden nach 1945 meist modernisiert und noch Jahrzehnte eingesetzt. Die USS Lexington (CV-16) diente noch bis 1991 als Schulschiff.

Die USS Franklin wurde am 31. Januar 1944 in Dienst gestellt und kam nach Erprobungs- und Trainingseinsätzen im Juni 1944 zur Pazifikflotte. Dort nahm sie an zahlreichen Landungsoperationen und Angriffen auf japanische Stützpunkte teil. Am 13. September entging das Schiff knapp größerem Schaden, als es von zwei Flugzeugtorpedos verfehlt wurde und ein Kamikaze-Pilot in einem so flachen Winkel auf das Schiff traf, dass sein Flugzeug nur brennend über das Flugdeck rutschte und ins Meer stürzte. Während der Träger den Angriff auf die Philippinen unterstützte, traf eine Bombe am 16. Oktober den Decksaufzug und beschädigte das Schiff leicht. In der Schlacht von Leyte wurde der Träger am 30. Oktober erneut von Kamikaze-Flugzeugen getroffen – dieses Mal so schwer, dass das Schiff in die USA in die Werft musste.

	Flugzeugträger der Essex-Klasse
Stapellauf/Indienststellung:	14.10.1943/31.01.1944
Schicksal:	1964 außer Dienst gestellt
Verdrängung:	27.100 ts
Länge/Breite/Tiefgang:	264,9 m/44,96 m/10,4 m
Panzerung Seiten/ Deck:	102 mm/Flugdeck 38 mm, Panzerdeck 63,5 mm
Antrieb:	vier Dampfturbinen mit zusammen 150.000 PS (110.400 kW)
Höchstgeschwindigkeit:	33 kn
Fahrbereich:	15.000 sm bei 15 kn
Besatzung:	3.448 Mann
Bewaffnung (1941):	12 x 12,7-cm-Mehrzweckgeschütze, 32 x 4-cm-Flak, 46 x 2-cm-Flak, 80–100 Bordflugzeuge

Im März 1945 war die Franklin nur 50 sm (ca. 90 km) vor Japan unterwegs. Am Morgen des 19. März durchbrach ein einzelnes japanisches Flugzeug die Wolkendecke und traf den Träger mit zwei 250-kg-Bomben, die das Flugdeck durchschlagen und im Hangar darunter Treibstoff und Munition in Brand setzen. Das Schiff geriet in Brand, sämtliche Energiequellen fielen aus. 724 Seeleuten wurden getötet sowie 264 verwundet. Trotz starker Schlagseite kann die Franklin jedoch – auch durch die Hilfe der herbeigeeilten USS Santa Fe (CL-18) – vor dem Sinken bewahrt werden.

Obwohl der Träger repariert wurde, kam er nie wieder in den aktiven Flottendienst, sondern lag zunächst in Reserve, bis er 1964 aus dem Bestand gestrichen wurde.

REGISTER

BILDNACHWEIS

2g Corbis Corporation, 6u Corbis Corporation, 7o US Air Force, 7u Deutsches Wehrkundearchiv, Herford, 8g Shutterstock, Inc., 9g Shutterstock, Inc., 10o Corel Stock Photo, 10u Corel Stock Photo, 11mr Deutsches Wehrkundearchiv, Herford, 11u Vincent Bourguignon, Rochefort, Belgien, 12o Public Domain, 12u Corel Stock Photo, 13m Deutsches Wehrkundearchiv, Herford, 13u Public Domain, 14m Vincent Bourguignon, Rochefort, Belgien, 14ul Deutsches Wehrkundearchiv, Herford, 14ur Deutsches Wehrkundearchiv, Herford, 15m Deutsches Wehrkundearchiv, Herford, 15m Public Domain, 15u Vincent Bourguignon, Rochefort, Belgien, 16mr Deutsches Wehrkundearchiv, Herford, 16u Vincent Bourguignon, Rochefort, Belgien, 17u Corbis Corporation, 18o Deutsches Wehrkundearchiv, Herford, 18u Vincent Bourguignon, Rochefort, Belgien, 19o Paul Scarlata, Asheboro, USA, 19u Vincent Bourguignon, Rochefort, Belgien, 20o Paul Scarlata, Asheboro, 20u Vincent Bourguignon, Rochefort, Belgien, 21o Akira Takizawa, Tokio, Japan, 21u Akira Takizawa, Tokio, Japan, 22o Vincent Bourguignon, Rochefort, Belgien, 22u Paul Scarlata, Asheboro, USA, 23o Vincent Bourguignon, Rochefort, Belgien, 23o Vincent Bourguignon, Rochefort, Belgien, 23u Vincent Bourguignon, Rochefort, Belgien, 24o Vincent Bourguignon, Rochefort, Belgien, 24u Corel Stock Photo, 25o Corel Stock Photo, 25u Vincent Bourguignon, Rochefort, Belgien, 26o Vincent Bourguignon, Rochefort, Belgien, 26u Vincent Bourguignon, Rochefort, Belgien, 27o Vincent Bourguignon, Rochefort, Belgien, 27u Vincent Bourguignon, Rochefort, Belgien, 28o Vincent Bourguignon, Rochefort, Belgien, 28u Vincent Bourguignon, Rochefort, Belgien, 29o Vincent Bourguignon, Rochefort, Belgien, 29u Vincent Bourguignon, Rochefort, Belgien, 30o Public Domain, 30u Oliver Missing, Vallendar, 31o Vincent Bourguignon, Rochefort, Belgien, 31u Corbis Corporation, 32o Corel Stock Photos, 32u Corel Stock Photos, 33o Vincent Bourguignon, Rochefort, Belgien, 33u Paul Scarlata, Asheboro, USA, 34g Corbis Corporation, 35mr stock.xchng, 35ml Oliver Missing, Vallendar, 35u Vincent Bourguignon, Rochefort, Belgien, 36o Corel Stock Photo, 36u Corel Stock Photo, 37o Vincent Bourguignon, Rochefort, Belgien, 37ur Oliver Missing, Vallendar, 38g Corbis Corporation, 39o Corbis Corporation, 40g Shutterstock, Inc., 41g Shutterstock, Inc., 42o Shutterstock, 42u Deutsches Wehrkundearchiv, Herford; Zeichner: Grzegorz Jackowski, 43o Vincent Bourguignon, Rochefort, Belgien, 43u Deutsches Wehrkundearchiv, Herford, 44o Deutsches Wehrkundearchiv, Herford; Zeichner: Grzegorz Jackowski, 44u Deutsches Wehrkundearchiv, Herford; Zeichner: Grzegorz Jackowski, 45o Deutsches Wehrkundearchiv, Herford; Zeichner: Grzegorz Jackowski, 45u Vincent Bourguignon, Rochefort, Belgien, 46m Vincent Bourguignon, Rochefort, Belgien, 47o Deutsches Wehrkundearchiv, Herford , 47m Deutsches Wehrkundearchiv, Herford, 47u Vincent Bourguignon, Rochefort, Belgien, 48o Vincent Bourguignon, Rochefort, Belgien, 48u Vincent Bourguignon, Rochefort, Belgien, 49o Vincent Bourguignon, Rochefort, Belgien, 49u Vincent Bourguignon, Rochefort, Belgien, 50o Vincent Bourguignon, Rochefort, Belgien, 50u Jaap Meijer, Assen, Niederlande, 51o Oliver Missing, Vallendar, 51u Jaap Meijer, Assen, Niederlande, 52o Jaap Meijer, Assen, Niederlande, 52u Oliver Missing, Vallendar, 53o Deutsches Wehrkundearchiv, Herford, 53u Vincent Bourguignon, Rochefort, Belgien, 54m Deutsches Wehrkundearchiv, Herford, 54u Deutsches Wehrkundearchiv, Herford, 55o Oliver Missing, Vallendar, 55u Oliver Missing, Vallendar, 56ml Shutterstock, Inc., 56mr Oliver Missing, Vallendar, 56u Oliver Missing, Vallendar, 57o Vincent Bourguignon, Rochefort, Belgien, 57u Oliver Missing, Vallendar, 58u Vincent Bourguignon, Rochefort, Belgien, 59u Jaap Meijer, Assen, Niederlande, 60g Deutsches Wehrkundearchiv, Herford, 61g Deutsches Wehrkundearchiv, Herford, 62o Deutsches Wehrkundearchiv, Herford; Zeichner: Grzegorz Jackowski, 62u Vincent Bourguignon, Rochefort, Belgien, 63o Deutsches Wehrkundearchiv, Herford; Zeichner: Grzegorz Jackowski, 63u Vincent Bourguignon, Rochefort, Belgien, 64or Deutsches Wehrkundearchiv, Herford, 64u Deutsches Wehrkundearchiv, Herford; Zeichner: Grzegorz Jackowski, 65m Deutsches Wehrkundearchiv, Herford; Zeichner: Grzegorz Jackowski, 65u Deutsches Wehrkundearchiv, Herford; Zeichner: Grzegorz Jackowski, 66o Deutsches Wehrkundearchiv, Herford; Zeichner: Grzegorz Jackowski, 66m Deutsches Wehrkundearchiv, Herford; Zeichner: Grzegorz Jackowski, 66u Deutsches Wehrkundearchiv, Herford, 67o Deutsches Wehrkundearchiv, Herford, 67m Deutsches Wehrkundearchiv, Herford; Zeichner: Grzegorz Jackowski, 67u Deutsches Wehrkundearchiv, Herford; Zeichner: Grzegorz Jackowski, 68m Deutsches Wehrkundearchiv, Herford, 68u Deutsches Wehrkundearchiv, Herford; Zeichner: Grzegorz Jackowski, 69o Deutsches Wehrkundearchiv, Herford, 69u Deutsches Wehrkundearchiv, Herford; Zeichner: Grzegorz Jackowski, 70o Deutsches Wehrkundearchiv, Herford, 70m Deutsches Wehrkundearchiv, Herford; Zeichner: Grzegorz Jackowski, 70u Deutsches Wehrkundearchiv, Herford; Zeichner: Grzegorz Jackowski, 71o Deutsches Wehrkundearchiv, Herford; Zeichner: Grzegorz Jackowski, 71u Deutsches Wehrkundearchiv, Herford, 72o Deutsches Wehrkundearchiv, Herford; Zeichner: Grzegorz Jackowski, 72m Deutsches Wehrkundearchiv, Herford; Zeichner: Grzegorz Jackowski, 72u Deutsches Wehrkundearchiv, Herford, 73o Vincent Bourguignon, Rochefort, Belgien, 73m Vincent Bourguignon, Rochefort, Belgien, 73u Public Domain, 74o Vincent Bourguignon, Rochefort, Belgien, 74m Deutsches Wehrkundearchiv, Herford; Zeichner: Grzegorz Jackowski, 74u Deutsches Wehrkundearchiv, Herford; Zeichner: Grzegorz Jackowski, 75o Deutsches Wehrkundearchiv, Herford, 75ul Deutsches Wehrkundearchiv, Herford, 75ur Deutsches Wehrkundearchiv, Herford, 76o Vincent Bourguignon, Rochefort, Belgien, 76u Vincent Bourguignon, Rochefort, Belgien, 77o, 77u Vincent Bourguignon, Rochefort, Belgien, Deutsches Wehrkundearchiv, Herford; Zeichner: Grzegorz Jackowski, 78mr Vincent Bourguignon, Rochefort, Belgien, 78ul Deutsches Wehrkundearchiv, Herford, 79ol Vincent Bourguignon, Rochefort, Belgien, 79u Vincent Bourguignon, Rochefort, Belgien, 80m Deutsches Wehrkundearchiv, Herford, 80u Deutsches Wehrkundearchiv, Herford; Zeichner: Grzegorz Jackowski, 81o Deutsches Wehrkundearchiv, Herford; Zeichner: Grzegorz Jackowski, 81u Deutsches Wehrkundearchiv, Herford, 82o Deutsches Wehrkundearchiv, Herford, 82u Vincent Bourguignon, Rochefort, Belgien, 83o Vincent Bourguignon, Rochefort, Belgien, 83ul Deutsches Wehrkundearchiv, Herford, 83ur Vincent Bourguignon, Rochefort, Belgien, 84mr Vincent Bourguignon, Rochefort, Belgien, 84ul Deutsches Wehrkundearchiv, Herford, 84ur Deutsches Wehrkundearchiv, Herford, 85o Deutsches Wehrkundearchiv, Herford; Zeichner: Grzegorz Jackowski, 85u Deutsches Wehrkundearchiv, Herford; Zeichner: Grzegorz Jackowski, 86m Vincent Bourguignon, Rochefort, Belgien, 86u Vincent Bourguignon, Rochefort, Belgien, 87o Deutsches Wehrkundearchiv, Herford, 87ml Vincent Bourguignon, Rochefort, Belgien, 87mr Deutsches Wehrkundearchiv, Herford; Zeichner: Grzegorz Jackowski, 86o Deutsches Wehrkundearchiv, Herford, 86u Deutsches Wehrkundearchiv, Herford; Zeichner: Grzegorz Jackowski, 87o Vincent Bourguignon, Rochefort, Belgien, 87u National Archives and Record Administration, USA, 90o Vincent Bourguignon, Rochefort, Belgien, 90u Vincent Bourguignon, Rochefort, Belgien, 91o Corbis Corporation, 91u Vincent Bourguignon, Rochefort, Belgien, 92o Vincent Bourguignon, Rochefort, Belgien, 92ul National Archives and Record Administration, USA, 92ur National Archives and Record Administration, USA, 93o Corbis Corporation, 93u Vincent Bourguignon, Rochefort, Belgien, 94o Deutsches Wehrkundearchiv, Herford, 94u Vincent Bourguignon, Rochefort, Belgien, 95o Vincent Bourguignon, Rochefort, Belgien, 95u Vincent Bourguignon, Rochefort, Belgien, 96o Vincent Bourguignon, Rochefort, Belgien, 96u Vincent Bourguignon, Rochefort, Belgien, 97o Vincent Bourguignon, Rochefort, Belgien, 97u Vincent Bourguignon, Rochefort, Belgien, 98o Vincent Bourguignon, Rochefort, Belgien, 98u Vincent Bourguignon, Rochefort, Belgien, 99o Jaap Meijer, Assen, Niederlande, 99u Vincent Bourguignon, Rochefort, Belgien, 100o Jaap Meijer, Assen, Niederlande, 100u Vincent Bourguignon, Rochefort, Belgien, 101o Vincent Bourguignon, Rochefort, Belgien, 101u Deutsches Wehrkundearchiv, Herford, 102o Vincent Bourguignon, Rochefort, Belgien, 102ml Deutsches Wehrkundearchiv, Herford; Zeichner: Grzegorz Jackowski, 102mr Vincent Bourguignon, Rochefort, Belgien, 103m Vincent Bourguignon, Rochefort, Belgien, 103u Vincent Bourguignon, Rochefort, Belgien, 104o Shutterstock, Inc., 104m Vincent Bourguignon, Rochefort, Belgien, 104u Vincent Bourguignon, Rochefort, Belgien, 105o Vincent Bourguignon, Rochefort, Belgien, 105mr Deutsches Wehrkundearchiv, Herford, 105u Deutsches Wehrkundearchiv, Herford, 106o Vincent Bourguignon, Rochefort, Belgien, 106ml Vincent Bourguignon, Rochefort, Belgien, 106mr Vincent Bourguignon, Rochefort, Belgien, 107mr Vincent Bourguignon, Rochefort, Belgien, 107ul Vincent Bourguignon, Rochefort, Belgien, 108o Vincent Bourguignon, Rochefort, Belgien, 108m Vincent Bourguignon, Rochefort, Belgien, 108u

Corbis Corporation, 109o Vincent Bourguignon, Rochefort, Belgien, 109m Vincent Bourguignon, Rochefort, Belgien, 109u Corbis Corporation, 110o Vincent Bourguignon, Rochefort, Belgien, 110u Vincent Bourguignon, Rochefort, Belgien, 111o Deutsches Wehrkundearchiv, Herford; Zeichner: Grzegorz Jackowski, 111u Public Domain, 112o Vincent Bourguignon, Rochefort, Belgien, 112u Vincent Bourguignon, Rochefort, Belgien, 113ol Deutsches Wehrkundearchiv, Herford, 113om Deutsches Wehrkundearchiv, Herford, 113u Vincent Bourguignon, Rochefort, Belgien, 114or Shutterstock, Inc., 114ml Deutsches Wehrkundearchiv, Herford, 115o Deutsches Wehrkundearchiv, Herford; Zeichner: Grzegorz Jackowski, 115m Deutsches Wehrkundearchiv, Herford; Zeichner: Grzegorz Jackowski, 115u stock.xchng, 116o Vincent Bourguignon, Rochefort, Belgien, 116ul Deutsches Wehrkundearchiv, Herford, 116ur Deutsches Wehrkundearchiv, Herford, 117o Vincent Bourguignon, Rochefort, Belgien, 117u Deutsches Wehrkundearchiv, Herford, 118u Deutsches Wehrkundearchiv, Herford, 119o Deutsches Wehrkundearchiv, Herford; Zeichner: Grzegorz Jackowski, 119m Vincent Bourguignon, Rochefort, Belgien, 119u Vincent Bourguignon, Rochefort, Belgien, 120o Vincent Bourguignon, Rochefort, Belgien, 120u Vincent Bourguignon, Rochefort, Belgien, 121o Vincent Bourguignon, Rochefort, Belgien, 121u Vincent Bourguignon, Rochefort, Belgien, 122o Deutsches Wehrkundearchiv, Herford, 122m Oliver Missing, Vallendar, 122u Oliver Missing, Vallendar, 123o Vincent Bourguignon, Rochefort, Belgien, 123m Vincent Bourguignon, Rochefort, Belgien, 124o Jaap Meijer, Assen, Niederlande, National Archives and Record Administration, USA, 124u Vincent Bourguignon, Rochefort, Belgien, National Archives and Record Administration, 125o Shutterstock, Inc., 125ul Vincent Bourguignon, Rochefort, Belgien, 125ur Vincent Bourguignon, Rochefort, Belgien, 126u National Archives and Record Administration, USA, 127o Oliver Missing, Vallendar, 127m Public Domain, 127u Oliver Missing, Vallendar, 128o Vincent Bourguignon, Rochefort, Belgien, 129or Vincent Bourguignon, Rochefort, Belgien, 129u Public Domain, 130o Deutsches Wehrkundearchiv, Herford; Zeichner: Grzegorz Jackowski, 130u National Archives and Record Administration, USA, 131ol Vincent Bourguignon, Rochefort, Belgien, 131or National Archives and Record Administration, USA, 131u Vincent Bourguignon, Rochefort, Belgien, 132mr Vincent Bourguignon, Rochefort, Belgien,132ur Vincent Bourguignon, Rochefort, Belgien, 133o Oliver Missing, Vallendar, 133m National Archives and Record Administration, USA, 133u National Archives and Record Administration, USA, 134m Vincent Bourguignon, Rochefort, Belgien, 135o Vincent Bourguignon, Rochefort, Belgien , 135u Vincent Bourguignon, Rochefort, Belgien, 136m Vincent Bourguignon, Rochefort, Belgien, 137o Vincent Bourguignon, Rochefort, Belgien, 137m Vincent Bourguignon, Rochefort, Belgien, 137u National Archives and Record Administration, USA, 138m Vincent Bourguignon, Rochefort, Belgien, 138u Vincent Bourguignon, Rochefort, Belgien, 139o Vincent Bourguignon, Rochefort, Belgien, 139u Corbis Corporation, 140g Corbis Corporation, 141g Corbis Corporation, 142o Deutsches Wehrkundearchiv, Herford, 142u Deutsches Wehrkundearchiv, Herford, 143o Deutsches Wehrkundearchiv, Herford, 143m Deutsches Wehrkundearchiv, Herford, 143u Deutsches Wehrkundearchiv, Herford, 144o Vincent Bourguignon, Rochefort, Belgien, 144u Deutsches Wehrkundearchiv, Herford, 145o Vincent Bourguignon, Rochefort, Belgien, 145u Deutsches Wehrkundearchiv, Herford, 146o Deutsches Wehrkundearchiv, Herford, 146u Deutsches Wehrkundearchiv, Herford, 147o Deutsches Wehrkundearchiv, Herford, 147u Deutsches Wehrkundearchiv, Herford, 148o Deutsches Wehrkundearchiv, Herford, 148u Deutsches Wehrkundearchiv, Herford, 149o Deutsches Wehrkundearchiv, Herford, 149u Deutsches Wehrkundearchiv, Herford, 150ml Deutsches Wehrkundearchiv, Herford, 150mr Deutsches Wehrkundearchiv, Herford, 150u Deutsches Wehrkundearchiv, Herford, 151or Deutsches Wehrkundearchiv, Herford, 151ml Deutsches Wehrkundearchiv, Herford, 151ul Deutsches Wehrkundearchiv, Herford, 151um Deutsches Wehrkundearchiv, Herford, 151ur Deutsches Wehrkundearchiv, Herford, 152or Deutsches Wehrkundearchiv, Herford, 152u Deutsches Wehrkundearchiv, Herford, 153o Vincent Bourguignon, Rochefort, Belgien, 153u Philippe Carmoy, Frankreich, 154u Vincent Bourguignon, Rochefort, Belgien, 155o Corbis Corporation, 155u Vincent Bourguignon, Rochefort, Belgien, 156o Vincent Bourguignon, Rochefort, Belgien, 156u Vincent Bourguignon, Rochefort, Belgien, 157o Shutterstock, Inc., 157u Vincent Bourguignon, Rochefort, Belgien, 158o Vincent Bourguignon, Rochefort, Belgien, 158u Deutsches Wehrkundearchiv, Herford, 159o Deutsches Wehrkundearchiv, Herford, 159u Deutsches Wehrkundearchiv, Herford, 160o Corbis Corporation, 160u Vincent Bourguignon, Rochefort, Belgien, 161o Vincent Bourguignon, Rochefort, Belgien, 161u Corbis Corporation, 162o Vincent Bourguignon, Rochefort, Belgien, 162u Deutsches Wehrkundearchiv, Herford, 163o Oliver Missing, Vallendar, 163u stock.xchng, 164m Oliver Missing, Vallendar, 164u Oliver Missing, Vallendar, 165o Oliver Missing, Vallendar, 165u Corbis Corporation, 166o Shutterstock, Inc., 166u Deutsches Wehrkundearchiv, Herford, 167o Shutterstock, Inc., 176u Deutsches Wehrkundearchiv, Herford, 168o Deutsches Wehrkundearchiv, Herford, 168u Deutsches Wehrkundearchiv, Herford, 169o Vincent Bourguignon, Rochefort, Belgien, 169u Vincent Bourguignon, Rochefort, Belgien, 170o Corbis Corporation, 170u Shutterstock, Inc., 171o Vincent Bourguignon, Rochefort, Belgien, 171ul National Archives and Record Administration, USA, 171ur National Archives and Record Administration, USA, 172o National Archives and Record Administration, USA, 172u Vincent Bourguignon, Rochefort, Belgien, 173o National Archives and Record Administration, USA, 173u National Archives and Record Administration, USA, 174 o Shutterstock, Inc., 174u Shutterstock, Inc., 175mr Deutsches Wehrkundearchiv, Herford, 175ul Deutsches Wehrkundearchiv, Herford, 175ur Deutsches Wehrkundearchiv, Herford, 176g Corbis Corporation, 177g Corbis Corporation, 178 o Deutsches Wehrkundearchiv, Herford, 178u Vincent Bourguignon, Rochefort, Belgien , 179o Deutsches Wehrkundearchiv, Herford, 179u Vincent Bourguignon, Rochefort, Belgien, 180mr Deutsches Wehrkundearchiv, Herford, 180ml Deutsches Wehrkundearchiv, Herford; Zeichner: Grzegorz Jackowski, 180um Deutsches Wehrkundearchiv, Herford, 180ur Deutsches Wehrkundearchiv, Herford, 181o Public Domain, 181u Vincent Bourguignon, Rochefort, Belgien, 182mr Peter Woodcock/Norman Yates, England, 182u Shutterstock, Inc., 183ul Corbis Corporation, 183ur Public Domain, 184o Corbis Corporation, 184u Public Domain, 185ol Oliver Missing, Vallendar, 185or Oliver Missing, Vallendar, 185u Public Domain, 186or iStock International Inc., 186u Corbis Corporation, 187o Corbis Corporation, 187u US Air Force, 188g Corbis Corporation, 189g Corbis Corporation, 190u Public Domain, 191o Corel Stock Photo, 191m Corel Stock Photo, 191u Corel Stock Photo, 192m Corel Stock Photo, 192u Corel Stock Photo, 193o Corel Stock Photo, 193u Deutsches Wehrkundearchiv, Herford; Zeichner: Grzegorz Jackowski, 194m Deutsches Wehrkundearchiv, Herford; Zeichner: Grzegorz Jackowski, 194u US Air Force, 195o Corel Stock Photo, 195u Corel Stock Photo, 196o Corel Stock Photo, 196u Vincent Bourguignon, Rochefort, Belgien, 197u US Air Force, 198o Vincent Bourguignon, Rochefort, Belgien, 198u Deutsches Wehrkundearchiv, Herford; Zeichner: Grzegorz Jackowski, 199o Deutsches Wehrkundearchiv, Herford, 199u Deutsches Wehrkundearchiv, Herford, 200o Deutsches Wehrkundearchiv, Herford; Zeichner: Grzegorz Jackowski, 200u Vincent Bourguignon, Rochefort, Belgien, 201o Deutsches Wehrkundearchiv, Herford; Zeichner: Grzegorz Jackowski, 201u Vincent Bourguignon, Rochefort, Belgien, 202o Deutsches Wehrkundearchiv, Herford, 203o Deutsches Wehrkundearchiv, Herford; Zeichner: Grzegorz Jackowski, 203u Deutsches Wehrkundearchiv, Herford, 204o Vincent Bourguignon, Rochefort, Belgien, 204u Vincent Bourguignon, Rochefort, Belgien, 205o Vincent Bourguignon, Rochefort, Belgien, 205u US Air Force, 206o Deutsches Wehrkundearchiv, Herford; Zeichner: Grzegorz Jackowski, 206m Deutsches Wehrkundearchiv, Herford; Zeichner: Grzegorz Jackowski, 207or Corel Stock Photo, 207m Deutsches Wehrkundearchiv, Herford; Zeichner: Grzegorz Jackowski, 207u Mikhail Bykov, Moskau, Russland, 208o Vincent Bourguignon, Rochefort, Belgien, 208u Vincent Bourguignon, Rochefort, Belgien, 209m Deutsches Wehrkundearchiv, Herford; Zeichner: Grzegorz Jackowski, 209u Di Freeze, Westminster, USA, 210o Vincent Bourguignon, Rochefort, Belgien, 210u Vincent Bourguignon, Rochefort, Belgien, 211o Mikhail Bykov, Moskau, Russland, 211u Public Domain, 212o Corel Stock Photo, 218u Corel Stock Photo, 219or Public Domain, 219u Mikhail Bykov, Moskau, Russland, 220o Corel Stock Photo, 220u Mikhail Bykov, Moskau, Russland, 221o Corel Stock Photo, 221u Public Domain, 222m Deutsches Wehrkundearchiv, Herford; Zeichner: Grzegorz Jackowski, 222u Vincent Bourguignon, Rochefort, Belgien, 223o Vincent Bourguignon, Rochefort, Belgien, 223u Vincent Bourguignon, Rochefort, Belgien, 218o Akira Takizawa, Tokio, Japan, 218u Corel Stock Photo, 219o Vincent Bourguignon, Rochefort, Belgien, 219u Vincent Bourguignon, Rochefort, Belgien, 220u Corel Stock Photo, 220u Thomas Genth, Münster, 221o Vincent Bourguignon,

Rochefort, Belgien, 221u Public Domain, 222m Corel Stock Photo, 222u Corel Stock Photo, 223o Corel Stock Photo, 223u US Air Force, 224o Vincent Bourguignon, Rochefort, Belgien, 224u Public Domain, 225o Akira Takizawa, Tokio, Japan, 225m Akira Takizawa, Tokio, Japan, 225u Mikhail Bykov, Moskau, Russland, 226o Mikhail Bykov, Moskau, Russland, 226u Public Domain, 227o Vincent Bourguignon, Rochefort, Belgien, 227mr Akira Takizawa, Tokio, Japan, 228o Vincent Bourguignon, Rochefort, Belgien, 228u Vincent Bourguignon, Rochefort, Belgien, 229o Vincent Bourguignon, Rochefort, Belgien, 229u Vincent Bourguignon, Rochefort, Belgien, 230o Vincent Bourguignon, Rochefort, Belgien, 230u Public Domain, 231o Vincent Bourguignon, Rochefort, Belgien, 231u Vincent Bourguignon, Rochefort, Belgien, 232o Vincent Bourguignon, Rochefort, Belgien, 232u Corel Stock Photo, 233u Corel Stock Photo, 234 Corel Stock Photo, 234u Corel Stock Photo, 235o Corel Stock Photo, 235m Royal Air Force, 235u Shutterstock, Inc., 236o Corel Stock Photo, 236u Corel Stock Photo, 237o Corel Stock Photo, 237m Corel Stock Photo, 237u Royal Air Force, 238o Corel Stock Photo, 238u Vincent Bourguignon, Rochefort, Belgien, 239o Vincent Bourguignon, Rochefort, Belgien, 239u Vincent Bourguignon, Rochefort, Belgien, 240u Royal Air Force, 241o Corel Stock Photo, 241u Royal Air Force, 242o Corel Stock Photo, 242u Corel Stock Photo, 243o Corel Stock Photo, 243u Vincent Bourguignon, Rochefort, Belgien, 244o Corel Stock Photo, 245o Corel Stock Photo, 245m Corel Stock Photo, 245u Corel Stock Photo, 246o Royal Air Force, 246u Royal Air Force, 247o Vincent Bourguignon, Rochefort, Belgien, 247u Vincent Bourguignon, Rochefort, Belgien, 248o Corel Stock Photo, 248u Vincent Bourguignon, Rochefort, Belgien, 249o Corel Stock Photo, 249u Vincent Bourguignon, Rochefort, Belgien, 250o Public Domain, 250m Corel Stock Photo, 250u Deutsches Wehrkundearchiv, Herford; Zeichner: Grzegorz Jackowski, 251o Mikhail Bykov, Moskau, Russland, 251u Deutsches Wehrkundearchiv, Herford; Zeichner: Grzegorz Jackowski, 252o Mikhail Bykov, Moskau, Russland, 252u Vincent Bourguignon, Rochefort, Belgien, 253o Mikhail Bykov, Moskau, Russland, 253u Mikhail Bykov, Moskau, Russland, 254o Vincent Bourguignon, Rochefort, Belgien, 254u Vincent Bourguignon, Rochefort, Belgien, 255o Corel Stock Photo, 255m Corel Stock Photo, 255u US Air Force, 256o Corel Stock Photo, 256u Corel Stock Photo, 257o Corel Stock Photo, 257u Corel Stock Photo, 258o US Air Force, 258u US Air Force, 259o Corel Stock Photo, 259mo Corel Stock Photo, 259mu stock.xchng , 259u Corel Stock Photo, 260o Corel Stock Photo, 260u US Air Force, 261o Corel Stock Photo, 261m Corel Stock Photo, 261u Corel Stock Photo, 262o US Air Force, 263o Corel Stock Photo, 263m Corel Stock Photo, 263u Corel Stock Photo, 264o Mikhail Bykov, Moskau, 264u Corel Stock Photo, 265o Corbis Corporation, 265u Vincent Bourguignon, Rochefort, Belgien, 266o US Air Force, 266u US Air Force, 267o Corel Stock Photo, 267u Vincent Bourguignon, Rochefort, Belgien, 268o Shutterstock, Inc., 268u US Air Force, 269o Corel Stock Photos, 269m Corel Stock Photos, 269u Corbis Corporation, 270o Shutterstock, Inc., 270u US Air Force, 271o Corel Stock Photo, 271m US Air Force, 271u Vincent Bourguignon, Rochefort, Belgien, 273ol US Air Force, 273or US Air Force, 273u US Air Force, 274o Vincent Bourguignon, Rochefort, Belgien, 274u US Air Force, 275o US Air Force, 275u Corel Stock Photo, 276g Corbis Corporation, 277g Corbis Corporation, 278o Vincent Bourguignon, Rochefort, Belgien, 278u Deutsches Wehrkundearchiv, Herford, 279o Vincent Bourguignon, Rochefort, Belgien, 279u Vincent Bourguignon, Rochefort, Belgien, 280m Vincent Bourguignon, Rochefort, Belgien, 280u Deutsches Wehrkundearchiv, Herford, 281o Deutsches Wehrkundearchiv, Herford, 281u Deutsches Wehrkundearchiv, Herford, 282o Deutsches Wehrkundearchiv, Herford, 282m Vincent Bourguignon, Rochefort, Belgien, 283u Deutsches Wehrkundearchiv, Herford, 284o Deutsches Wehrkundearchiv, Herford, 284u Deutsches Wehrkundearchiv, Herford, 285o Vincent Bourguignon, Rochefort, Belgien, 285m Vincent Bourguignon, Rochefort, Belgien, 285u Deutsches Wehrkundearchiv, Herford, 286u Deutsches Wehrkundearchiv, Herford, 287o Corbis Corporation, 287u Vincent Bourguignon, Rochefort, Belgien, 288o Vincent Bourguignon, Rochefort, Belgien, 2888u Vincent Bourguignon, Rochefort, Belgien, 289o Vincent Bourguignon, Rochefort, Belgien, 289u Vincent Bourguignon, Rochefort, Belgien, 290o Vincent Bourguignon, Rochefort, Belgien, 290m Vincent Bourguignon, Rochefort, Belgien, 291ol Public Domain, 291or Public Domain, 291ml US Navy, 291mr US Navy, 292o Vincent Bourguignon, Rochefort, Belgien, 292u Vincent Bourguignon, Rochefort, Belgien, 293o Vincent Bourguignon, Rochefort, Belgien, 293u Vincent Bourguignon, Rochefort, Belgien, 294o Vincent Bourguignon, Rochefort, Belgien, 294u Department of National Defence/National Archives of Canada, 295o Vincent Bourguignon, Rochefort, Belgien, 295u Vincent Bourguignon, Rochefort, Belgien, 296o Vincent Bourguignon, Rochefort, Belgien, 296u Vincent Bourguignon, Rochefort, Belgien, 297o Vincent Bourguignon, Rochefort, Belgien, 298o Vincent Bourguignon, Rochefort, Belgien, 299u Vincent Bourguignon, Rochefort, Belgien, 300u Corbis Corporation, 301o Vincent Bourguignon, Rochefort, Belgien, 301u Royal Navy, 302o Vincent Bourguignon, Rochefort, Belgien, 302u Vincent Bourguignon, Rochefort, Belgien, 303o Corbis Corporation, 303u Vincent Bourguignon, Rochefort, Belgien, 304o Vincent Bourguignon, Rochefort, Belgien, 304u US Navy, 305o Corbis Corporation, 305u US Navy, 306o Vincent Bourguignon, Rochefort, Belgien, 306u Corbis Corporation, 307m US Navy, 308o Vincent Bourguignon, Rochefort, Belgien, 309o US Navy, 309u US Navy, 310o US Navy, 311ol US Navy, 311or US Navy, 311m Vincent Bourguignon, Rochefort, Belgien, 311u Vincent Bourguignon, Rochefort, Belgien, 312o US Navy, 312u Corbis Corporation, 313u Corbis Corporation

Vincent Bourguignons Website: http://ww2drawings.jexiste.fr

Jaap Meijers Website: http:// www.armymotorcars.com

Oliver Missings Website: http://www.o5m6.de

Akira Takizawas Website: http://www3.plala.or.jp/takihome